印度尼西

Indonesia

日本《走遍全球》编辑室 编著

U0630651

中国旅游出版社

本书中所使用的主要图标

为了更方便地让读者了解到所介绍城市在各个岛屿的位置，特意将介绍的城市在地图中用 ★ 标识。

基础信息栏中罗列了城市的人口、电话区号、机场代码、活动信息等内容，城市海拔则是以市中心所处的地理位置提取的参考数据。

前往景区的交通方式，所需时间可能会根据实际路况略有变化，可以当成一个参考数据。

TEL 电话号码
MAP 对应的地图页
营业 营业时间
入场 入场·开馆时间
费用 入场费·参观费
URL 官网网址（省略 http:// 前缀）

投稿 ✉ 该栏介绍读者的来信内容。

Jalan 意为大道，书中表示地址时简写为"Jl."，Gang 意为小巷，书中表示地址时简写为"Gg."。

目的地的观光指数用 ★ 标识，出自编辑室的整理与总结，可以作为旅游时的参考。

★★★ ＝绝对不要错过！！
★★ ＝时间充裕的话一定要来瞧瞧！
★ ＝适合对这里感兴趣的游客

可以在地图上找到该景区的相应位置

对于规模较大的城市，观光内容也会分区域介绍

夜生活
餐馆
购物
酒店

是否提供该项设施及相关服务

POOL 健身 美容
有　无　根据实际情况决定提供与否或收费

酒店客房的种类　Ⓢ 单人房　Ⓓ 双人房
酒店客房内的设备概览　费用 AC HOT Cold TV 标准客房 ⒮Ⓓ Rp.250000 ～
AC HOT Cold TV 高档客房 ⒮Ⓓ Rp.350000 ～
是否设有空调　是否设有热水淋浴系统　　　是否设有电视
　　　　　是否设有凉水淋浴系统

※ 房费价格以房间为单位收费（最大限员情况下每间客房的房间价格，并非按入住人数核算）

地图

- 酒店
- 餐馆
- 夜店
- 商店
- 按摩场所
- 旅行社
- 网咖
- 旅游咨询处
- 巴士总站
- 巴士站
- 银行
- 货币兑换处
- 便利店
- 瑜伽教室
- 画廊
- 加油站
- 医院
- 警察局
- 电话局
- 邮局
- 寺院 & 王宫
- 民俗表演场所
- 清真寺
- 遗迹
- 主题公园
- 潜水点
- 冲浪点
- 文化教室

地址 地址
TEL 电话号码
FAX 传真号码
FD 免费电话
MAP 对应的地图页
营业 营业时间
税费 税费 & 服务费
信用卡 信用卡
URL 网址
Wi-Fi 情况

信用卡概况
- A 美国运通卡
- D 大来卡
- M 万事达卡
- V VISA 卡

■本书的特点

本书以打算前往印度尼西亚旅游的自由行读者为受众群体，介绍印度尼西亚各城市的交通线路、观光看点、各色酒店、商店以及餐馆信息，使得读者朋友可以更深度地体会印度尼西亚旅游的乐趣。当然如果你是跟团旅行，本书中的丰富内容也会令你锦上添花。

■关于书中所记载的信息

编辑部尽量收集时下最新鲜正确的信息，但是随着时间的推移，当地的规则和政策可能会发生一些改变，而且对于信息的理解也可能存在歧义。基于这些情况给读者带来的损失本社不承担任何责任，请提前了解。另外也请你为了自身利益，根据自身情况与立场灵活运用书中的旅游信息及建议，做出最好的判断。

■当地资料的取材及资料调查时期

本书中的资料大体取材于 2019 年上半年。但是随着时间流转，记载的信息也会有调整的情况，特别是酒店和餐馆的费用，很有可能与你真正在旅行中接触的价格会有出入。此外使用各类交通工具所需的时间可能也会根据路况的变化而有所调整，因此书中的信息仅供参考，想要了解详细信息，最保险的手段还是在旅行目的地当地获取最新的旅行指南。

■关于读者来信

读者的投稿多少会带有些主观色彩，但编辑部本着尊重读者的初衷，几乎都未做修改，关于读者的来信内容，编辑部避免发生误导读者的情况，也做了追踪调查，敬请放心。但是随着时间的推移，价格等信息可能会发生改变。

走遍全球 GLOBE-TROTTER TRAVEL GUIDEBOOK

印度尼西亚
Indonesia

6
特辑 1

与多彩的文化·自然·民族相遇！
前往印度尼西亚的魅力诸岛

8
特辑 2

前往景色震撼的遗迹 & 大自然
印度尼西亚世界遗产
Best Photo Spots

16
特辑 3

雅加达、日惹、泗水
爪哇岛　3 都市巡游

32
特辑 4

苏门答腊岛海岸线边的乐园小岛
在邦加岛 &
勿里洞岛度假

36
特辑 5

将诱人的当地菜肴一网打尽！
印度尼西亚的
美食菜单

40
特辑 6

探寻融合多样风格的各地特色礼品"欧莱欧莱"
印度尼西亚
伴手礼目录

Column & Information Selection

国旗

红白旗。红色象征勇敢和正义，白色象征自由、公正、纯洁。

正式国名

印度尼西亚共和国 Republic of Indonesia

国歌

《伟大的印度尼西亚》Indonesia Raya

面积

约 191 万 3578 平方公里

人口

约 2.62 亿（2019 年）

首都

雅加达 Jakarta。首都人口约为 1027.7 万人

国家元首

现任总统佐科·维多多

国家政体

总统制共和制，人民代表会议根据大选结果任命总统（2004 年起总统改为由国民直接投票选举）

民族构成

包括爪哇人、巽他人、巴塔人等在内的绝大部分民族都是马来系原住民，此外还有华裔及巴布亚系原住民。

宗教

伊斯兰教占比 87%，其余宗教由新教 7%、天主教 3%、印度教 1.7%、佛教 0.7% 等组成。

语言

官方用语为印度尼西亚语，在印尼（印度尼西亚的简称，下文可用印尼来表示）国内还常见爪哇语和巴厘语，各民族也都有其独特的语言体系。雅加达和巴厘岛内的度假区域通常都可以用英文交流。

旅行用语→ p.458

货币与汇率

货币单位为印度尼西亚卢比 Rupiah（简称为 Rp.）。1 元 =Rp.2129（2019 年 12 月 24 日）。

目前流通的纸币分为 1000、2000、5000、10000、20000、50000、100000 共 7 种面值。硬币分为 100、200、500、1000 共 4 种面值。

1000 卢比　　　　2000 卢比

5000 卢比　　　　10000 卢比

20000 卢比　　　　50000 卢比

100000 卢比　　　　100 卢比

200 卢比

500 卢比

1000 卢比

货币兑换及买东西后商家找回的零钱通常都是旧版币种

※2016 年 12 月起，印度尼西亚发行了新款纸币和硬币，但是旧版纸币和硬币依然也被认可，可以在市面流通

旅行预算→ p.428
ATM 利用方法→ p.429
使用 ATM 兑换货币更加方便→ p.430

出入境

中国公民前往印度尼西亚旅游,可以办理落地签。

禁止入境物品→ p.436

中国飞往印度尼西亚所需时间

北京前往印度尼西亚首都雅加达的航班通常都需要在南部城市(深圳、广州、香港等)进行转机,航程约 10 小时;前往巴厘岛登巴萨的航线则设有东航及印尼鹰航运营直飞航班,航程约 7 小时。

印度尼西亚的方法→ p.432

气候

印度尼西亚地处赤道,可谓名副其实的热带性气候,季节明显地划分为干季和雨季,基本上每年5~10 月为印度尼西亚的干季,11 月~次年4 月则是这里的雨季,干季期间湿度不是很高,气候比较宜人,雨季期间经常会在午后突降暴雨,湿度也明显升高。

景区里还可以租赁雨伞

旅行的季节→ p.457

雅加达的气温和降水量

气 温

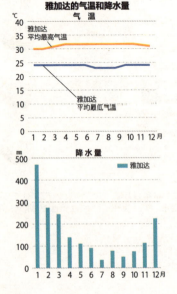

降水量

时差和夏令时

印度尼西亚国内根据地理位置不同,分为西部(爪哇岛、苏门答腊岛、加里曼丹岛中西部)时间,中部(巴厘岛、努沙登加拉群岛、苏拉威西岛、加里曼丹岛东南部)时间,东部(巴布亚)时间共 3 个时间带。首都雅加达比中国晚 1 个小时(GMT+7),巴厘岛(GMT+8)则和中国没有时差。印度尼西亚未设有夏令时。

时差 Map →参照折页地图

营业时间

以下介绍的是一般单位的工作时间,商店、餐馆等服务业会有所不同。各个地区的营业时间也不尽一致。

● 银行：周一~周五。通常营业时间为 9:00~16:00,周六 9:00~12:00。周日及节假日都不营业。
● 商店：大城市和观光景区的营业时间通常在每天的 10:00~21:00,便利店大多数都是24 小时营业。
● 餐馆：城市和观光景区的营业时间通常在每天的 10:00~22:00,最后的点菜时间一般是闭店时间前的 30 分钟到 1 小时。大城市也会存在一些经营到深夜或是24 小时开放的餐馆。

兴都教静居日前夜巴厘岛各地的印度教教徒便会高举"Ogoh-ogohs"的恶魔雕像进行游行

网络事宜→ p.449

主要的节日

大多数节日都遵从相应宗教的教历,除了新年、五一劳动节、独立纪念日、圣诞节外的节日,每年的具体时间都会有所变动(不固定日期的节日用 ※ 标记),请注意。

此外巴厘岛的特有节日——加隆安节(每210 天举办一次),在节日期间大多数店铺也会停业休息。

时间		节日名称
1 月	1 日	新年 Tahun Baru Masehi
	25 日	※ 农历新年 Tahun Baru Imlek
3 月	22 日(2020 年)	※ 先知穆哈默德登霄日 Isra Miraj Nabi Muhammad SAW
	25 日	※ 印度教静居日 Hari Raya Nyepi(印度教沙卡历新年)

4月	10日 （2020年）	※耶稣受难日 Wafat Yesus Kristus
5月	1日	国际劳动节 Hari Buruh Internasional
	7日	※佛教卫塞节 Hari Raya Waisak（佛教重大节日）
	21日 （2020年）	※耶稣升天日 Kenaikan Yesus Kristus
	24日 ～25日	※开斋节 Idul Fitri（伊斯兰教徒斋戒禁食）
6月	1日	※班查西拉诞生日 Hari Lahir Pancasila（建国五基诞生日）
	6月中下旬	※政令指定休息日 Cuti Bersama
	6月中下旬	※政令指定休息日 Cuti Bersama
7月	31日	※易杜尔·阿多哈 Idul Adha（宰牲节）
8月	17日	印度尼西亚共和国独立纪念日 Hari Kemerdekaan RI（国庆节）
	20日	※伊斯兰历新年 Tahun Baru Hijriyah
10月	29日	※先知穆哈默德圣经节 Maulid Nabi Muhammad SAW
12月	12月下旬	※政令指定休息日 Cuti Bersama
	25日	圣诞节 Hari Raya Natal

电压和插头

电压220V，频率为50Hz。插座为两眼圆孔插座（C类型），电压与中国国内一致，但是插座和中国不同，是两个圆孔的，中国的电器插头

国内的电器产品需要使用转换器才可用（左）。大多数咖啡馆都有提供Wi-Fi（右）

无法插入。需要转换插头。

视频制式

与中国的 PAL 制式相同。在印度尼西亚购买的 DVD 在国内无法播放，因为中国的 DVD 区域为 6，印度尼西亚的 DVD 区域为 3。

小费

餐馆和酒店的费用中如果包含了服务费，基本上都不需要额外支付小费。当然如果你确实享受到了很棒的服务，或者给对方添了很大的麻烦，完全可以再给一些小费，全看你的心情。金额根据实际情况或个人财力的不同会有所差异，基本上可以以下文的金额作为参考。

● **餐馆**：餐馆的等级不尽一致，大多数可以额外支付餐费 5%~10% 的金额作为小费，在结账时凑个整数埋单。也可以将店家找回的零钱留在餐桌上作为小费。

● **酒店 &SPA**：拜托行李工搬运行李或享受到很好的按摩体验时，通常支付 Rp.20000 左右的金额作为小费。

● **打车**：如果找回的零钱金额较小可以留给司机作为小费。

饮用水

印度尼西亚国内大部分地区都是软水水质，巴厘岛的水质比较特别，是硬水。无论哪种水质都绝对不可以直接饮用，渴了的话可以从超市或者便利店购买矿泉水（500mL 的矿泉水，便利店的价格通常在 Rp.5000 左右）。餐馆提供的饮用水不一定都是白开水，冷饮

从中国往印度尼西亚拨打电话的方法

国际电话识别号码	+	印度尼西亚的国家代码	+	地区号码（去掉前面第一个0）	+	对方的电话号码
00		62		××		××××××

从印度尼西亚往中国拨打电话的方法

国际电话识别号码	+	中国的国家代码	+	地区号码（去掉前面第一个0）	+	对方的电话号码
001		86		××		×××××

→电话·网络 p.448

上述为普通电话拨打方式，若从酒店客房拨打，还需在 00 前加拨酒店连接外线的号码

里的冰块大多数也都是用自来水直接制作而成的，所以如果你的肠胃不是很好，尽量不要加冰而是点一杯冰矿泉水解暑吧。

邮政

印度尼西亚的邮局称作"泼斯·印度尼西亚 POS INDONESIA"，由此寄出的 EMS 包裹可以通过网站进行追踪查询（URL ems.posindonesia.co.id）。

印度尼西亚的邮筒

邮局的营业时间通常是周一~周六的 8:00~18:00，邮票除了可以从邮局购买，在杂货店也有售卖。如果你入住的是高级酒店，还可以拜托酒店前台代替你进行邮寄工作。

城镇中的小邮局

● **邮寄费用**：寄往中国的明信片费用在 Rp.10000 左右，50g 以下的信件费用在 Rp.27500 左右，1kg 以下 EMS 包裹的费用是 Rp.209500~，通常需要 5~10 天便可以抵达中国。

税金

中级以上的酒店通常会在房费中额外加收税费（5%~11%）以及服务费（5%~10%），对于游客更青睐的高级餐馆和按摩会所，费用中也大多会包含服务费。

2010 年起雅加达和巴厘岛开始实施退税政策（VAT），持外国护照的游客（停留期需要短于 2 个月）如果在指定的商店单次消费金额超过 500 万卢比（免税价格）便可以享受退税服务，不过值得一提的是，目前这样的商店并不多见。

增值税（VAT）退税制度→ p.454

治安与纠纷

● **小偷**：在雅加达和日惹的繁华地段、市内公交、车站中的偷窃案件屡见不鲜，如果你即将出入游客较多的区域，请一定要多加注意，贵重物品最好存放在酒店的保险柜中。

● **骑车抢劫**：在巴厘岛的库塔＆雷吉安等地，曾发生过多起骑车抢劫游客的事件，为了避免成为受害者，贵重物品请不要随身携带，或者将装有贵重物品的挎包置于胸前或是背在远离马路的那一侧肩上。

● **货币兑换问题**：巴厘岛观光景区会有一些私营的货币兑换商，从他们那里换钱经常会遇到"缺斤短两"的情况，如果你没当场点清兑换的货币金额，过了一会儿发现少给了钱再想找他们理论，他们则会概不承认。我们首先推荐你前往银行或是官方的货币兑换处进行外汇兑换，万不得已要和货币兑换商打交道的话，也要当场点清交易金额。

兑换外币后请当场点清交易金额

旅行中的突发事件与安全信息→ p.462

年龄限制

部分景点设置了 12 岁以下儿童的儿童票，值得一提的是印度尼西亚对于饮酒和吸烟没有特别的年龄限制，不过大多数当地人都是 17 岁左右才开始接触烟酒产品。

度量衡

和中国一样，长度单位为米，重量单位为克和千克，温度单位是摄氏度，液体单位是升。但是值得注意的是，服饰和鞋子的尺码可能与国内不尽相同，请你经过亲自试穿后再进行购买。

其他

● **洗手间**：洗手间读作卡玛尔·柯启尔 Kamar Kecil，说托依莱 Toilet 当地人也听得懂。城镇中几乎没有公共卫生间，如果内急的话可以前往餐馆或快餐店的洗手间解决燃眉之急。观光景区内虽然会设有公共卫生间，但是清洁程度可能会不尽如人意。

● **禁忌＆礼节**：巴厘岛举行印度教静居日期间，严禁外出或任何用火的事宜，如果不是紧急情况而随意走出酒店，即使是外国游客也要被警方逮捕。另外伊斯兰教认为左手是不净之手，请不要用左手拿食物或是与他人握手。当地人将脑袋当作精灵栖息的神圣部位，即使觉得孩子可爱也请不要摸他的脑袋。很多印尼人都信仰伊斯兰教，所以他们不饮酒也不吃猪肉，请不要与他们的信仰产生冲突。

※ 本书的数据由印度尼西亚旅游局、印度尼西亚鹰航空公司等友情提供

与多彩的文化·自然·民族相遇！

前往印度尼西亚的魅力诸岛

位于赤道南北两侧，东西延绵长达5110公里，是世界上岛屿数量最多的国家——印度尼西亚。
上万座岛屿组成了印度尼西亚，每片地区都有其独树一帜的文化与自然美景。
本书从印度尼西亚的8座小岛以及相对应的区域对这个多民族的国家进行介绍。

苏门答腊岛
Sumatera
→p.331

传承着山岳民族独特文化的魅力岛屿，岛上设有3处覆盖着热带雨林的国家公园，已经登录在世界遗产名录之列。

加里曼丹岛
Kalimantan
→p.391

包括猩猩在内的各类野生动物栖息在岛上茂密的热带雨林地区，河畔沿岸的古都充满着人文魅力，令纷至沓来的游客流连忘返。

加里曼丹岛
kalimantan

苏拉威西岛
sulawesi

**苏门答腊的
热带雨林**
→p.340

苏门答腊岛
sumatera

爪哇岛
jawa

普兰巴南寺庙群
→p.127

乌戎库隆国家公园
→p.79

巴厘岛
bali

努沙登加拉群岛
nusa tenggara

龙目岛
lombok

爪哇岛　Jawa
→p.45

自古以来便是王国文化的核心地带，也是印度尼西亚的政治、经济中心。婆罗浮屠寺庙群等世界文化遗产则集中分布在爪哇岛的城市——日惹周边。

巴厘岛　Bali
→p.163

在这里享受海滩与溪谷等大自然馈赠的优美环境，在人气颇高的乌布村体验一次巴厘岛的传统舞蹈与宗教仪式。

婆罗浮屠寺庙群
→p.119

**桑吉兰
早期人类遗址**
→p.142

苏拉威西岛 Sulawesi
→p.363

因作为潜水胜地而闻名于世，保存在塔纳托拉雅的舟形民居和岩窟壁墓都很有看点。

巴布亚 Papua
→p.411

位于全世界第二大岛屿，新几内亚岛的西半部分（旧称伊里安岛）。在巴列姆山谷中可以看到远古时期人们的生活模式，仿佛来了一次时空旅行。

努沙登加拉群岛 Nusa Tenggara
→p.307

由1000多座大小不一、文化迥异的岛屿所组成（努沙登加拉的意思便是东南方位的群岛）。由各式装饰图案绘制而成的伊卡纺织品也十分出名。

🔺 世界自然遗产
🔺 世界文化遗产

巴布亚
papua

洛伦茨国家公园
Map p.413/B3

科莫多国家公园
→p.313

龙目岛 Lombok
→p.281

被称为"第二座巴厘岛"的纯天然岛屿，特别是其西北部的吉利三岛，常年都是游客的热门目的地。

印度尼西亚旅行的关键词

记住下面的单词肯定会让你的旅途锦上添花，减去许多沟通的困扰！

罗思门 Losmen
民宿。印度尼西亚当地通常用"罗思门"称呼价格比较低廉的平价住宿设施。

曼地 Mandi
泼水澡。在不提供淋浴设施的平价旅店，用木桶盛水后泼在身上洗净身体。

帕萨尔 Pasar
集市。基本都位于城市的市中心地带，在这里可以看到当地居民生活的最真实状态。

瓦隆 Warung
小铺子。提供简餐及杂货的街景小店。

佳兰 Jalan
大道。本书中在标示地址时简写为"JL."。

贝莫 Bemo
公共迷你小巴。部分地区称之为安科塔或密克罗莱。

贝治 Becak
人力车。至今仍活跃在爪哇岛的交通方式，深受游客喜爱。

欧杰 Ojek
摩托出租车。在堵车严重的路段可谓交通利器，乘坐时要多加注意安全。

前往景色震撼的遗迹 & 大自然
印度尼西亚世界遗产
Best Photo Spots

清晨被朝霞渲染后的婆罗浮屠寺庙群剪影颇具神秘梦幻色彩

World Heritage

悠久历史地区所缔造的
文化遗产与自然遗产，极其上镜，
这样的景色令每一位到访的游客都深深动容。
当你来到这片宛如奇迹般存在的绝景之地，
一定不要吝啬按快门的次数，尽可能多地留下
这次今生难忘的旅行回忆吧。

特意布置成相框造型，
是适合拍照发朋友圈的拍照点

Travel Tips

清晨 5:30 左右是最佳的拍照时段，
此时的朝霞分外动人。推荐头天晚
上入住遗迹公园内（或遗迹周边）
的酒店，方便第二天清早直接前往
拍摄地，近水楼台先得月。

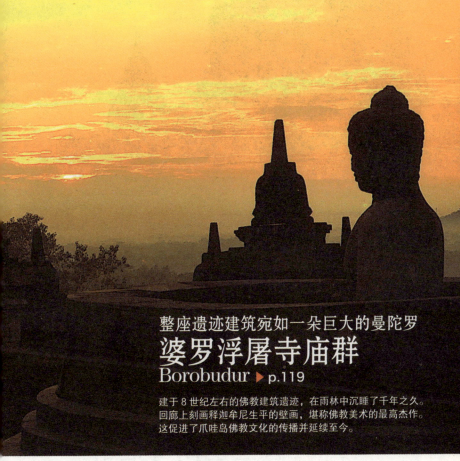

整座遗迹建筑宛如一朵巨大的曼陀罗

婆罗浮屠寺庙群
Borobudur ▶ p.119

建于 8 世纪左右的佛教建筑遗迹，在雨林中沉睡了千年之久。
回廊上刻画释迦牟尼生平的壁画，堪称佛教美术的最高杰作。
这促进了爪哇岛佛教文化的传播并延续至今。

in Indonesia

9

印度教和佛教的混合遗迹群

普兰巴南寺庙群
Prambanan ▶ p.127

夕阳时从伯克丘眺望这里
也可以欣赏到动人的美景

坐落在寺院中央的湿婆神殿可谓是印度教美术文化的标志

方圆约5公里的范围内
坐落着这座巨大的寺庙群——普兰巴南。
湿婆神殿内的拉腊·琼河格兰寺院，
是印度尼西亚国内
最大规模的印度教遗迹。

Travel Tips Travel Tips 在遗迹公园中搭乘免费观光巴士进行游览会更为便利。此外你也可以租赁自行车（Rp.10000）从遗迹中心前往塞武神殿。

固有动植物的栖息地
苏门答腊热带雨林
Tropical Rainforest Heritage of Sumatra ▶ p.341

苏门答腊岛上共有包括勒塞尔火山国家公园在内的 3 座国家公园（占地面积约 250 万公顷），优良的自然环境使其登录在世界自然遗产名录之列。当你在热带雨林漫步时还可以偶遇猩猩，十分有趣。

骑乘大象游览
唐卡汉村落

Travel Tips 武吉拉旺地区有很多带领游客前往猩猩森林的导游，有了他们的陪伴你的旅途会更加安心。

在武吉拉旺的森林中巧遇猩猩母子俩！

见一见龙族后裔
科莫多国家公园
Taman Nasional Komodo ▶ p.313

食肉为生的科莫多巨蜥生性冷血，捕食猎物的时候极具压迫感。

宛如小恐龙般的"科莫多巨蜥"所栖息的岛屿。环岛的海域经常有鲸鲨和双髻鲨等大型鱼类出没，危险与乐趣同倍递增，是知名的潜水胜地。

美丽的海域现在已经被指定为当地的海洋保护区

Travel Tips
体重足有 100kg 的科莫多巨蜥奔跑起来后，时速可以达到 18 公里，由于它们是食肉动物，可能会出现攻击人类的可能，参观时一定要多加小心！

至今在乌戎库隆半岛上仍可以看到爪哇犀的身影！

从雅加达出发来一场生态之旅
乌戎库隆国家公园
Taman Nasional Ujung Kulon ▶ p.79

位于爪哇岛西面的喀拉喀托群岛自然保护区与乌戎库隆半岛共同组成了乌戎库隆国家公园，爪哇犀和印度蓝孔雀等珍贵保护动物至今仍栖息生活在这片园区之中。

在海面上连绵不绝的喀拉喀托群岛

Travel Tips
如果你打算前往喀拉喀托群岛观光，可以向 Java Rhino Eco-Tour（URL www.krakatautour.com）咨询

滋养身心的水域美景
令人振奋的巴厘岛世界遗产

总覆盖面积达 19500 公顷的 4 个区域，共同组成了这片体现着人类、自然、神灵和谐共存哲学思想的"巴厘省文化景观"，并于 2012 年登录在世界遗产名录之中。
你在这里可以看到人杰地灵的水神庙，神秘莫测的巴图尔湖，恬静宜人的水稻梯田……
创造于 9 世纪的水利系统（苏巴克）更是这个景区的灵魂之所在，
不如亲自前往领略它古老而实用的灌溉理念所创造的静美风光吧。

净化身心的神圣湖畔
巴图尔湖&巴图尔水神庙
Danau Batur & Pura Ulun Danu Batur　▶ p.271

作为巴厘岛水源的巴图尔湖被当地居民认为是女神"戴维·达努"栖息的圣地。
位于这座火山湖旁的巴图尔水神庙，也是用来祭祀这位火山湖女神达努。现在这里也因是巴厘岛屈指可数的灵力地之一而颇负盛名。

被水渠包围的壮丽寺庙
塔曼阿云寺
Pura Taman Ayun
▶ p.250

环绕寺院的水渠缓缓流向田间，滋养着周边村落的水稻农业，而其中最有名的当数登录在世界遗产名录之中的苏巴克景观梯田。你在寺庙内可以看到 10 座以阿贡火山为原型而设计的高塔，十分气派。

被评为巴厘岛最华丽的寺院，游客可以隔墙参观。

苏巴克及幸福三要素哲学理念

官方对于登录在世界遗产名录中"巴厘省文化景观"的简介是展现"幸福三要素"哲学思想的苏巴克灌溉系统。
苏巴克 Subak 指代这里延续上千年的水利灌溉管理系统，巴厘岛内共有 1200 余个集水点，它们在苏巴克水利系统的导流下将水源送往乡间的稻田，推动并维持着巴厘岛农业的进程。
幸福三要素 Tri Hita Karana 指的是巴厘岛人所信仰的哲学理念：幸福的前提首先需要满足人类与神灵，人类与自然，人类与人类之间是和谐的氛围。当你来到巴厘岛后，看到他们与世无争，崇仰神灵，仿佛融入大自然中的生活状态后，便会更加理解幸福三要素的理念。

在巴图尔湖畔矗立的巴图尔火山，这里被称为"世界第一灵山"

浸身于传说之泉充盈身心
帕克里桑河流域
Sungai Pakerisan ▶ **p.247**

帕克里桑河流域中遗留着古老的苏巴克水利系统景观，你在这片河域还可以看到涌现着传说泉水的圣泉寺，以及遗留有古代遗迹的卡威石窟。

来到圣泉寺一定要沐浴这里的泉水祈求祝福

艺术绝伦的美丽梯田在巴厘语中读作"嘉迪卢维"，为绝美之意

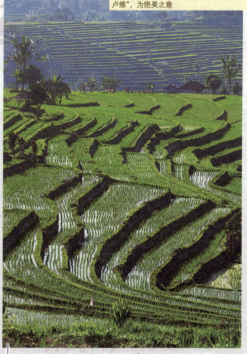

宛如滚滚海浪般震撼的梯田绝景
巴图卡鲁山保护区
Catur Angga Batukaru ▶ **p.250**

以巴图卡鲁山脉为中心，绵延17000公顷的山地保护区。尤以巴图卡鲁山脚下一望无垠的嘉迪卢维梯田最为知名，在巴厘岛团队观光游中不时会作为午餐地而令更多游客领略到了这里动人的美景。

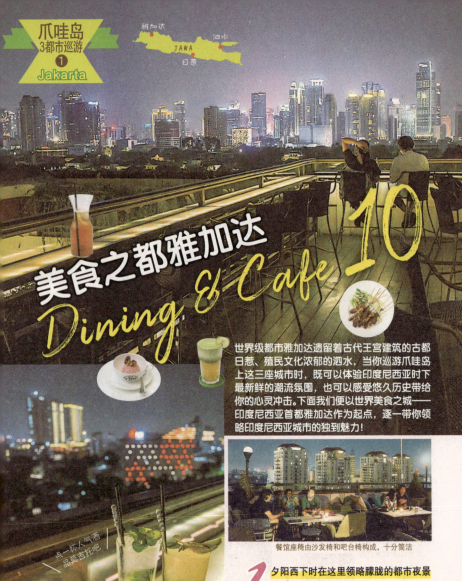

JAWA
雅加达
日惹
泗水

美食之都雅加达
Dining & Cafe 10

世界级都市雅加达遗留着古代王宫建筑的古都日惹、殖民文化浓郁的泗水，当你巡游爪哇岛上这三座城市时，既可以体验印度尼西亚时下最新鲜的潮流氛围，也可以感受悠久历史带给你的心灵冲击。下面我们便以世界美食之城——印度尼西亚首都雅加达作为起点，逐一带你领略印度尼西亚城市的独到魅力！

点一杯人气酒
品尝吉托吧

餐馆座椅由沙发椅和吧台椅构成，十分简洁

1 拉瓦屋顶酒吧

夕阳西下时在这里领略朦胧的都市夜景

La Vue Rooftop

雅加达首屈一指的屋顶露天酒吧，视野超群，十分开阔。不过由于是纯露天的建筑设计，所以去之前最好看一下天气预报。如果你不胜酒力，可以品尝一下这里用热带水果调制的无酒精鸡尾酒（Rp.95000～）。**MAP** p.63/C3

地址 Jl. Cilacap No.1, RT.11/RW.5, Menteng
TEL（021）3192-6888
URL www.hermitagejakarta.com
营业 免费10:00～23:00　税费&服务费 +21%
信用卡 Ａ Ｍ Ｖ　Wi-Fi 免费

炸鸡 Rp.85000，晨雀鸡尾酒 Rp.150000～

位于门腾地区赫米蒂奇酒店屋顶上的拉瓦屋顶酒吧

无论夜景还是鸡尾酒都备受好评的屋顶酒吧。入场需要注意着装要求（穿着拖鞋短裤都是不允许进入酒吧的），打扮一番再来享受这个美妙的成人之夜吧。

Rooftop Bar

鸡尾酒吧也十分可爱讨喜♥

2 雅加达人挚爱的夜间酒吧♪

手摇鸟
Rp.185000

豪斯·屋顶酒吧
Hause Rooftop

在这里可以遇到不少上班族女性，下班后这里可谓是她们的小基地。原创鸡尾酒 Rp.135000~，甄选各类食材而烹调的菜品也不会令你失望，经常需要排队入场。

MAP p.77
地址 MD Place Tower2 Rooftop,
Jl. Setiabudi Selatan No.7
TEL（021）2952-9852
URL hausemade.com
营业 每天9:00~24:00（周五、周六、周日营业~次日2:00）
税费&服务费 +21% 信用卡 **J** **M** **V** **Wi-Fi** 免费

薰衣草奋气的知名鸡尾酒

玻璃豪斯鸡尾酒
Rp.175000

汉堡三兄弟
Rp.85000

混合水果莫吉托
Rp.160000

露天席位消费超过 Rp.300000 后可以升级为中号菜品

每天 20:00 前是畅饮时段

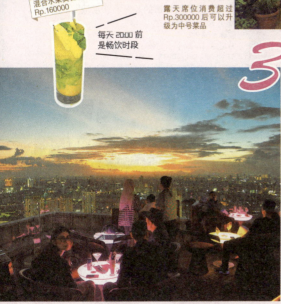

3 适合情侣到访的别致酒吧

云端酒廊
Cloud Lounge

位于高层建筑的第 49 层，从这里的露天席位可以欣赏到绝赞的日落美景。酒廊主打嘻哈音乐，深夜后的氛围会更加火热。菜品 Rp.140000~，甜品 Rp.75000~。

MAP p.62/B1
地址 The Plaza 49F,Jl. MH Thamrin No.28-30
TEL（021）2992-2450
URL cloudjakarta.com
营业 每天16:00~次日2:00
税费&服务费 +17.5%
信用卡 **A** **D** **J** **M** **V** **Wi-Fi** 免费

露天席位可以欣赏到绝美的落日景色，室内席位则更加安静雅致

印度尼西亚风格的特色卷卷

旅行中肯定不能错过当地的传统美食，在环境宜人的优雅餐馆品尝印度尼西亚的地道菜品，可谓乐哉乐哉。

Fine Dining

诺娜·奥皮亚春卷
Rp.58000

殖民风格的餐馆装饰，萦绕着荷兰巴达维亚的异域风情

由鱼肉搭配各式佐料蒸制而成

印度尼西亚荷叶蒸鱼
Rp.98000

餐馆布置很有旧时殖民时代的氛围，你在这里还可以找到咖啡馆和配套商店

2人份印度尼西亚小菜拼盘 Rp.488000，5人份价格是 Rp.1250000，印度尼西亚的特色菜品几乎都可以在拼盘中品尝到

4 雅加达有代表性优雅餐馆

图谷·昆斯库林宫
Tugu Kunstkring Paleis

　　建于 1914 年，荷兰殖民时代的高雅餐馆，用艺术品装点的餐馆宛如一座美术馆。你在这里可以品尝到地道的亚洲 & 印度尼西亚菜肴，服务也是绝对到位。

MAP p.62/A2
地址 Jl. Teuku Umar No.1, Menteng
TEL（021）390-0899　URL www.tuguhotels.com
营业 每天11:00~24:00　税费&服务费 +15%
信用卡 A J M V　Wi-Fi 免费

5 来到雅加达一定要去这家餐馆尝一尝！

茂物咖啡馆
Bogor Cafe

牛尾汤可谓雅加达人的最爱！

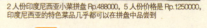

　　想要品尝印度尼西亚的特色牛尾汤，来这里就对了。醇厚的汤头搭配入口即化的软嫩牛肉，滋味绝佳。选用新鲜水果制作的奢华果汁（Rp.98000）也绝对会给你带来惊喜！

MAP p.61/B3
地址 Jl. Lapangan Banteng Selatan,
Jakarta Pusat　TEL（021）380-5555
URL www.hotelborobudur.com
营业 24小时营业　税费&服务费 +21%
信用卡 A D J M V　Wi-Fi 免费

牛尾汤
Rp.208000

位于婆罗浮屠酒店1层的地道餐馆

雅加达的下午茶餐馆现在可是人气暴涨！
你可以在这里用一个下午的时间
细细品味甜品的美妙滋味。
传统的食疗香草茶
与果酱特饮也一定不要错过。

Tea Room

店家的招牌
甜品

6 菜品茶饮样样俱到的
TWG 茶沙龙
TWG Tea Salon

TWG 松饼
Rp.115000

新加坡红茶品牌 TWG 的直营餐馆，包括红茶、绿茶、中国茶等各色茶叶的种类多达 450 余种，绝对有你对口的一款。每天 15:00~18:00 期间，还会推出下午茶套餐，三种甜品与开胃饼搭配自选茶品，价格 Rp.120000~。

下午茶套餐
Rp.275000
（2人份）

静静度过悠闲
的下午茶时光♪

MAP p.77　地址 Plaza Senayan, Level 1, Unit 109A, Jl. Asia Afrika No.8, Senayan　TEL（021）572-5276
URL www.twgtea.com　营业 每天10:00~22:00
税费&服务费 +10%　信用卡 Ａ Ｊ Ｍ Ｖ　 Wi-Fi 免费

挪威三文鱼
Rp.170000

店员还会热情地为你
推荐各色红茶

中意的茶品还可以
买几罐馈赠亲友

7 晒着午后慵懒的阳光静看时光的流逝
刘易斯 & 卡罗尔
Lewis&Carroll

自创品牌的茶餐馆，每壶茶 Rp.40000~，共有 48 种茶叶可供选择。牛油果吐司（Rp.65000）及各式意面（Rp.85000~）构成了丰富的简餐菜单，在这里吃顿午饭完全可以填饱肚子。

MAP p.77　地址 Jl. Bumi No.4, Kebayoran Baru
TEL（021）270-2660
URL www.lewisandcarrolltea.com
营业 每天8:00~22:00　税费&服务费 +10%
信用卡 Ｊ Ｍ Ｖ　 Wi-Fi 免费

甜度与酸度调配
得恰到好处

马斯卡彭蛋糕
Rp.650000

很多旅居在此的欧美人经常
到访这里

8 在这家咖啡馆可以品尝到声名远扬的美味果酱特饮
苏维·欧拉果酱咖啡馆
Suwe Ora Jamu

经营民间食疗饮品——香草茶的"果酱咖啡馆"，你在这里可以品尝到招牌果酱特饮以及无酒精的特色鸡尾酒（Rp.30000~）。女老板诺法女士家族代代相传的果酱特饮十分好喝，非常受欢迎。

喜欢的话可以买一瓶
天然果酱特饮带回家

具有促进血液
循环的功效♪

图姆·昆奇特饮
Rp.35000

MAP p.58/B2
地址 Jl. Petogogan1 No.28B, Gandaria Utara
TEL（021）7279-0590
营业 每天15:00~24:00（周五、周六、周日从11:00开始营业）
税费&服务费 +12.5%　信用卡 Ｍ Ｖ
Wi-Fi 免费

你在这里还可以进行
亲手制作饮品的体验

复古广告与各式杂货更
是增添了店内的情趣

一瓶果酱特饮 Rp.30000~

19

来喜欢音乐的雅加达人
所中意的夜店看一看。
无论你是独自一人还是三五成群，
都可以进来欣赏这里高水平
的歌手与乐队演奏

Night Spots

看着演出喝着酒，不知不觉到深夜

9 佳雅酒吧
The Jaya Pub

菜单的价位也
很公道

啤酒 Rp.60500
炸鱼条 Rp.31000

在吧台就可以欣赏到极具魅力的现场表演

你在这里可以欣赏到流行音乐、摇滚音乐、爵士音乐等多样曲风的演出，每晚 21:15 开始现场演出，提供点歌服务。这家酒吧位于萨利纳商场所在十字路口街角的一栋建筑内侧，周末经常观众爆满，人气极高。

MAP p.62/A1　地址 Jl. M.H. Thamrin No.1–2
TEL（021）3192–5633　营业 每天18:00~次日1:15（周五、周六营业~次日2:30）
税费&服务费 +15.5%　信用卡 **M** **V**

10
演奏水准颇受好评的夜间好去处

雅加达蓝色韵律酒吧
Motion Blue Jakarta

下酒菜的
种类很多

　一边听着高水平的爵士乐、流行乐演奏，一边喝着酒品尝着地道的下酒菜，在这里度过美好的一晚。每晚 20:00 起开始现场音乐表演，乐手轮番上阵，入场费 Rp.150000~。鸡尾酒 Rp.110000~。

左 / 炸鱿鱼须 Rp.75000，啤酒 Rp.55000
上 /20:00 开始现场音乐表演。酒吧位于费尔蒙酒店的 3 层

MAP p.77
地址 Fairmont Jakarta 3F, Jl. Asia Afrika No.8
TEL（021）2903–9189
URL motionbluejakarta.com
营业 周一~周六18:00~次日0:30
税费&服务费 +10%　信用卡 **A** **D** **J** **M** **V**　**Wi-Fi** 免费

不妨也来瞧瞧偶像组合 JKT48 的演出♥

　以雅加达为中心而演出活跃的偶像女团组合 JKT48，是日本知名女团 AKB48 的海外分队。你在这里可以听到用印尼语翻唱的 AKB48 组合经典歌曲，她们的粉丝大多是当地的年轻人，偶尔也有一些外国人混杂其中，表演过后可以与女团成员在场地出口击掌庆祝。

上 /JKT48 的演出宣传页
右 / 开演前 20~30 分钟准备入场的观众，表演场地内设有 250 个座位席以及 100 个站席

●JKT48剧场
MAP p.77
地址 fX Sudirman F4,Jl. Jend Sudirman Pintu Satu Senayan
URL jkt48.com/theater
演出时间 周二~周五19:00~、周六14:00~19:00，周日及节假日12:00~16:00（具体演出时间及票价可以在官网进行确认）。
费用 女团成员表演Rp.120000（小学生~高中生/女性票价Rp.60000），女团练习生表演票价统一为Rp.60000。

左 /DVD 价格在 Rp.80000~250000 不等 右 / 周边文件夹 Rp.30000

美食之街 @ 塞诺帕蒂地区

作为高档住宅区聚集地的塞诺帕蒂地区，你可以在这里找到各式人气咖啡馆和特色餐馆，宛如"雅加达的三里屯"，下文将为你介绍颇具好评的网红店铺。

用老爷车装饰餐馆空间的别致创意

皇家果酱特饮 Rp.50000

香煎牛排 Rp.190000

融合国际风味的菜肴很受认可

阿塔林 Attarine

添加香草煎焙的烟熏金枪鱼（Rp.190000），酥松外皮的炸鱼料理（Rp.145000）可谓口感与味觉的绝妙双响曲。

`MAP` p.21
地址 Jl. Gunawarman No.11A, Jakarta Selatan
TEL（021）2277-1256
营业 每天11:00~23:00（周五·周六·周日~24:00）
税费&服务费 +20% 信用卡 A J M V Wi-Fi 免费

邂逅梦幻蛋糕

柯莱特 & 罗拉
Colette&Lola

走进这家蛋糕店，仿佛来到了一个童话世界，所有的甜品都十分上镜，每个季节都会推出符合时下氛围的特色蛋糕，一角蛋糕 Rp.38000 左右。绚烂的用色与恰到好处的甜度，使这家蛋糕店一直人气高涨。

马卡龙 Rp.13000~、每块彩虹蛋糕 Rp.38000

`MAP` p.21
地址 Jl. Senopati Raya 69, Jakarta Selatan
TEL（021）726-8898 URL www.colettelola.com
营业 每日9:00~ 21:00 税费&服务费 +10%
信用卡 A M V Wi-Fi 免费

深受年轻人喜爱的汉堡店

三个汉堡饼
Three Buns

仓库外观的建筑与室内原木餐桌所营造的用餐环境非常舒适。设有 10 款甄选 100% 纯牛肉而制作的美味汉堡，点餐时如果告知店员"蛋白质风味 Protein Style"就可以将馅料中的汉堡饼换为新鲜生菜。

鸭宝宝辉儿汉堡 Rp.90000

`MAP` p.21
地址 Jl. Senopati No.90, Kebayoran Baru, Jakarta Selatan
TEL（021）2930-7780
URL www.threebuns.com
营业 每日11:00~24:00（周五·周六营业~次日1:00）
税费&服务费 +17% 信用卡 A J M V Wi-Fi 免费

古纳瓦尔曼大道上的地标餐馆

古纳瓦尔曼大道的索菲亚
Sofia at The Gunawarman

深受当地女性喜爱的下午茶咖啡馆，有时间的话不妨在这个繁花盛开的咖啡馆来一场下午茶（每天 14:00~18:00，2 人份 Rp.275000）。

店内会根据时下的季节设计特别的主题装饰

`MAP` p.21
地址 Jl. Gunawarman No.3, Jakarta Selatan
TEL（021）2277-0007
URL www.thegunawarman.com
营业 每日7:30~次日24:30 税费&服务费 +21%
信用卡 A J M V Wi-Fi 免费

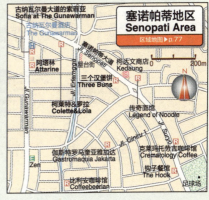
塞诺帕蒂地区
Senopati Area
区域地图 ▶p.77

古纳瓦尔曼大道的索菲亚
Sofia at The Gunawarman
古纳瓦尔曼酒店
The Gunawarman
阿塔林 Attarine
三个汉堡饼 Three Buns
柯莱特 & 罗拉 Colette&Lola
柯达文商店 Kedaung
传奇面馆 Legend of Noodle
克莱玛托劳吉咖啡馆 Crematology Coffee
伽斯特罗马奎亚雅加达 Gastromaquia Jakarta
Zen
钩子餐馆 The Hook
比利安咖啡馆 Coffeebeerian
足球场

在古都日惹探访
苏丹生活的
气派王宫

目前王宫四分之一的
空间对外开放参观

8世纪由印度教王国建造而成，
18世纪以后作为马塔兰王国的首都而蓬勃发展的古都日惹。
现在当地的君主(苏丹)依旧代代相传地居住在古都里的王宫中，
使得这里依旧保持着十足的独到古韵。

融合印度教和原住
民信仰的驱魔神卡
拉的画像经常可以
在各地看到

王宫（克拉通）周边
Around Kraton

区域地图 ▶ p.103/B1

0   200m

王宫北广场
Alun-Alun Lor

巴克米·帕克·佩莱餐摊
Bakmi Pak Pele

王宫马车博物馆
Museum
Kareta Kraton

王宫（北）

⑥继位之屋

⑦　　⑤小剧院

历代苏丹肖像画

阿芒咖啡馆
Among Coffee

伽德里餐馆
Gadri Resto

①仪式之屋

伽蓉姆集市
Pasar Ngasem

会客之屋②　③蜡染工艺陈列室

王宫（南）

清真寺洞窟
Masjid
Dalam Tanah

水城堡咖啡馆
Water Castle Cafe

第九代苏丹博物馆

要塞遗迹
Pulo Cemeti

芭乐劳斯餐馆
Bale Raos

水宫
Taman Sari

达勒姆格比恩酒店
nDalem Ngabean

坎佩克蜡染画廊
S. Kampek Batik

Sasono Hinggil
（皮影戏舞台）

王宫南广场
Alun-Alun Kidul

普陀罗皮影店
Putro Wayang

N

王宫（北）📷 Photo Point

举办王族仪式的地区，步行道
一直延伸到王宫南部，沿途有
许多值得合影拍摄的人偶造
型。

王宫（南）📷 Photo Point

入口镇守着当地的守护神拉克
萨萨，象征友善的青克罗博罗
坐落在大门的右侧，象征邪恶的
巴拉·乌坡托则位于左侧，是很
有人气的拍照地点。

1 仪式之屋
Bangsal Sri Manganti

展厅中罗列着印度尼西亚的传统打击乐器甘美兰，每天上午都会在这里进行爪哇岛的传统音乐及舞蹈表演。

2 会客之屋
Bansal Kencana

会见外国政要的特别建筑。房屋由驱魔守护神卡拉以及象征子孙繁荣的灵蛇造型所装点。

3 蜡染工艺陈列室

王族相传已久的蜡染制品以及历代苏丹王妃亲手制作的蜡染作品都在这里进行展示（内部禁止摄影）。

4 第九代苏丹博物馆

馆内展示治理独立时期动荡时代的第九代苏丹的照片及个人用品，至今当地的人们仍十分敬爱这位苏丹国王。

5 小剧院

你在这里可以观看到现任苏丹兼日惹特区区长——哈孟古布沃诺十世的继位仪式和欢庆游行的相关影像资料。

6 继位之屋
Bangsal Agung Siti Hinggil

举行王位继承仪式的特别建筑，1949 年首任印度尼西亚总统也是在这里举办了就任典礼。

7 历代苏丹肖像画

每幅肖像画和照片都详细说明了所对应苏丹的出生姓名、出生日期以及继承王位的具体年份。

每天 11:30 都可以看到为苏丹上茶的餐饮队

Memo --------------------------------

王宫（克拉通）在1765年由初代苏丹——哈孟古布沃诺一世建造而成。在王国时代作为政治与文化的中心而存在，王政废弃后作为苏丹子孙的居住地而延续至今。名为阿布迪·达拉姆 Abdi Dalam 的2000余位家臣现在仍恪守着他们的职责，悉心保卫着这座苏丹王宫。

23

漫步王宫周边
品味探索宫廷美食＆传统工艺品 ♪

漫步于王宫周边的城镇，
品味浓郁爪哇风味的特色美食、搜罗当地的特色旅行纪念品！

宫廷美食

充满王官文化的特色菜品

芭乐劳斯餐馆
Bale Raos

你在这里可以品尝到王宫晚宴才提供的菜肴哦·

　　根据现任苏丹王后的创意而开设的餐馆，经营历代苏丹国王喜好的传统菜肴。爪哇风味牛排（Rp.60000）和鸡杂汤（Rp.30000）是这里的招牌菜。

左／蜡染布料与爪哇人偶所布置的餐馆环境，十分有氛围
中／贝贝·斯瓦尔·溪鲁，由鸭肉搭配菠萝酱所制作的特色菜品，是第九代苏丹王钟爱的菜肴
右／位于（南）王宫出口设有隔断的芭乐劳斯餐馆

MAP p.22　地址 Jl. Magangan Kulon No.1
TEL（0274）415-550　URL www.baleraos.co.id
营业 每天10:00～21:30　税费&服务费 +16%　信用卡 MV　WiFi 免费

融合爪哇传统与殖民风格的混合装饰

宫廷美食

通过菜品间接体会王族生活中的零星片段

伽德里餐馆 Gadri Resto

　　由部分乔斯科王子的府邸改造而成的餐馆。经营爪哇岛经典的家庭菜肴以及改良过的苏丹国王养生饮品，菜品独具一格。 MAP p.22

地址 Jl. Rotowijayan
No.5, Kraton
TEL（0274）373-520
营业 每天10:00～18:00
税费&服务费 +17%
信用卡 不可　WiFi 免费

伽德里拼盘Rp.68000（最下方），椰子饭周围摆放着一圈各色美食。非常适合拍照

用餐时不但可以参观王族建筑的内饰，还可以观赏到蜡染工艺的制作过程

24

店内氛围像是在家一样，令人十分放松

阿芒咖啡馆
Among Coffee

　　甄选女老板所青睐的高级咖啡豆，特调咖啡价格 Rp.13000，手工制作的香蕉蛋糕（Rp.8000）等每日甜品也很美味。

MAP p.22　**地址** Jl. Sidomukti No.32
TEL 0857-2602-2650（手机）
营业 每天7:00～18:00
税费&服务费 含　**信用卡** 不可

左／正在调配咖啡的女店主——德安女士
上／咖啡馆外还布置了露天席位

全世界享誉盛名的艺术作品

S. 坎佩克蜡染画廊
S. Kampek Batik

　　由蜡染大师坎佩克经营的私家画廊，其独特的创作风格颇具好评，画作的价格可以商量，如果有你看上的作品一定要果断下手，不要留下遗憾。

MAP p.22　**地址** Ngadisuryan KT.1/172
TEL（0274）386-611
营业 每天8:00～16:00　**信用卡** J M V

作品 Rp.950000 起～，画作的规格不同，价格也有所差异

一大早便熙熙攘攘的当地居民市集

伽瑟姆集市
Pasar Ngasem

　　集市上可以找到许多售卖当地点心的摊位，10:00前到达这里几乎可以饱览印尼当地的各色点心。此外经营多样当地美食的档口和冷饮站也屡见不鲜，完全可以解决一顿餐食。

MAP p.22　**地址** Jl. Ngasem
营业 每天5:00～14:00左右

品尝爪哇本地点心的好去处

非物质文化遗产的皮影艺术

普陀罗皮影店
Putro Wayang

　　售卖皮影道具的专卖店，你在这里可以观赏到选用水牛皮手工制作皮影的工艺流程，店内的简易舞台上不时还会上演精简版的皮影戏。

MAP p.22
地址 Jl. Patehan Lor RT. 18 RW.04
TEL 0813-2969-9992（手机）
营业 每天8:00～16:30　**信用卡** M V

Rp.300000 左右的皮影礼品价格划算，适合买来作为礼物馈赠亲友

小摊位大惊喜！

巴克米·帕克·佩莱餐摊
Bakmi Pak Pele

　　许多游客在参观完周围的广场后经常会来这个餐摊吃一顿面条，你可以选择加入鸡蛋后微微发黄的手擀面或者选由小麦粉制作的白色弹牙面条，特别推荐带有汤头的巴克米汤面。

MAP p.22
地址 SD Keputran, Alun-Alun Utara
营业 每天18:00～24:00

左／巴克米炒面 Rp.22000，
右／巴克米汤面 Rp.22000

\体验大自然的无限活力/

日惹郊外极其
上镜的**绝色**佳景

可以眺望世界遗产的绝佳赏景地与天然钟乳洞，
充满梦幻光景的日惹周边景区。
从日惹古城出发，拍摄绝对可以上传到朋友圈的至美风光！

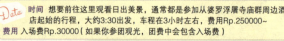

可以眺望到婆罗浮屠寺庙群的绝佳赏景地

斯屯布山
Punthuk Setumbu

上／伴随着黎明的到来，默拉皮火山的轮廓也逐渐明了，云海内若隐若现的婆罗浮屠寺庙群变得更加耐人寻味
右／以遗迹和田园风光作为照片背景，自豪地发到朋友圈吧

从这里可以欣赏到在朝雾中若隐若现的婆罗浮屠寺庙群，此外以山间田野为背景而特意设置的拍照相框更是女性们的最爱，地点位于遗迹公园西面3公里的地方，4:00左右便已经聚集了不少观光游客。

Data 时间 想要前往这里观看日出美景，通常都是参加从婆罗浮屠寺庙群周边酒店起始的行程，大约3:30出发，车程在3小时左右，费用Rp.250000~
费用 入场费Rp.30000（如果你参团观光，团费中会包含入场费）

坐落在密林中的奇特建筑

鸡教堂
Gereja Ayam

这里在1990年因作为教堂而被建造起来，2000年由于建筑开销过于高昂，这座教堂不得不关闭，渐渐地成了一座废墟。但是其独特的建筑造型却勾起了越来越多游客的好奇心，纷纷到访这里。从斯屯布山步行15分钟便可以抵达这座鸡教堂，跟随旅游团的脚步也可以让你轻松地找到这里。

左／小鸟雕塑的嘴部规划成了展望台，本身就是一个值得一看的景点。跟团或是包车游览婆罗浮屠寺庙群周边时请不要错过 右上／从高度为20米左右的展望台眺望远处的婆罗浮屠寺庙群 右下／这里也曾被当作康复中心使用，至今仍可以看到墙上留下的启蒙励志壁画

Data 入场 每天6:00~17:00
费用 进入教堂的入场费
Rp.30000（包含炸木薯简餐）

炅布琅洞窟
Goa Jomblang

洞窟直径55米，借助绳索可以下到40米的地方。通过手电筒给脚下打光，慢慢顺着洞窟里的泥路前行，便会来到一处名为"鲁文·格鲁布"，宛如天堂洒落下来的光芒照射进来。在每个晴天的中午时段，从洞口都会照射进来这样的阳光，被当地人称为"天堂之光"，可谓年轻游客的拍照地首选。

首先需要借助威亚绳索下降40米的高度

Data 时间 每天10:00左右发团，通常在14:00左右折返
费用 40米高度的绳索升降费Rp.500000（步行加20米高度绳索升降费为Rp.350000），团费中包含登山鞋的租赁费以及午餐餐费。从日惹前往这里的一日游行程，每人收费Rp.650000~（包含入场门票费）

在近百米的洞下感受照射进来的天堂之光，一定不要错过这种神秘氛围所营造的独特拍照环境

和好朋友一起探索，洞洞更是乐趣翻倍！

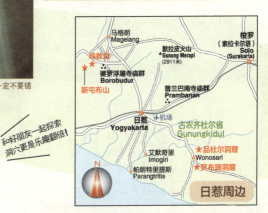

马格朗 Magelang
楼罗（索拉卡尔塔）Solo（Surakarta）
默拉皮火山 Gunung Merapi（2911米）
烛教堂
婆罗浮屠寺庙群 Borobudur
斯屯布山
普兰巴南寺庙群 Prambanan
日惹 Yogyakarta
机场
古农齐杜尔省 Gunungkidul
艾默奇里 Imogiri
品杜尔洞窟 Wonosari
炅布琅洞窟
帕朗特里提斯 Parangtritis
N
日惹周边

品杜尔洞窟
Goa Pindul

乘坐气垫船伴随着洞窟中的水流缓缓地领略这条长约350米的洞窟内景。导游用英文在一旁讲解，让你更加深入地了解这座洞窟。洞窟游览仅需40分钟的时间，如果还想参加欧约河的漂流活动，则可以在洞窟参观后搭乘卡车前往漂流点，总时长大约2小时。

Data URL www.goapinduljogja.com
营业 每天7:00~17:00
费用 配有英文导游讲解的洞窟漂流项目，每小时收费Rp.65000。从日惹参加一日游行程每人收费Rp.225000~（门票额外收费）

品杜尔洞窟的出口附近有一处露天开口，正午时分会有阳光倾斜到洞窟内

How to 交通方式

通常都是从日惹参加当地的跟团游行程到访各个景点（旅行社信息参照p.104）。
如果你是多人结伴出游，包车可能会是更好的旅游体验，游览更加自由，费用也和参团相差无几。你可以致电或通过邮件与Bagus Bintang Tour & Travel（URL bagusbintang.com）沟通，包车6小时的费用为Rp.700,000~。

热带树木与殖民风格建筑所营造的氛围令人
十分向往，客房共有 143 间

静看泗水历史岁月的
古老殖民
酒店

建于印度尼西亚第二大城市泗水中的满者伯夷酒店，
可谓酒店迷心中的胜地。由建造新加坡莱佛士酒店的
薛克兹出资建造，并于1911年对外营业。至今这里
仍尽可能地保留着20世纪的建筑风格，回廊里复古的
瓷砖与古典吊灯等各式怀旧装饰随处可见，最普通的
经典房型面积也有44平方米，十分宽敞舒适，入住后
让人不禁有穿越时空回到殖民时代的错觉。

用彩色玻璃打造的酒店大堂，宛如老电影的
取景地一般

满者伯夷传奇套房的卧室实景，客房内
依然沿用着开业时的古老家具

总统套房的浴室实景，淋浴设
施都是镀金材质，十分奢华

满者伯夷酒店
Hotel Majapahit

MAP p.144/C1
地址 Jl. Tunjungan No.65
TEL（031）545-4333
URL www.hotel-majapahit.com
税费&服务费 +21% 信用卡 A J M V
Wi-Fi 客房OK・免费
费用 经典客房Rp.1448000、
　　 高级客房Rp.1697000、
　　 满者伯夷传奇套房 Rp.2650000、
　　 总统套房Rp.3200000

历任印度尼西亚总统与卓别林都居住过
的总统套房

印第戈餐馆 Indigo
营业 每天11:00~22:00
经营国际风味菜肴及亚洲创意菜,人气很高。

萨克斯海鲜餐馆 Sarkies Seafood
营业 每天12:00~14:00、19:00~22:00
餐馆装饰风格仿佛带你回到了20世纪30年代,这
里的海鲜菜肴以及中餐都十分不错。

大堂酒廊 Lobby Lounge
营业 每天10:00~21:00
在Art Deco有机线条装饰风格的酒廊静静品味
下午茶(Rp.125000)时光。

酒店的泳池也给人一种沙漠绿洲的畅快与清凉

SPA 设施中随处可以看到超一流化妆品牌所提供的
洁面用品

满者伯夷酒店的历史

　　1910年荷兰殖民统治时期作为"橙色酒店"首度对外开放,在被日军侵略期间曾一度改名为"大和酒店",作为荷兰俘虏的收容所而被军方使用。印度尼西亚独立战争期间,还曾作为"泗水之战"的舞台在历史长河中留下庄重的一笔。1945年策划再度殖民印度尼西亚的荷兰人在这家酒店升起了荷兰国旗,不久便被愤慨的印度尼西亚爱国青年强行撕掉了荷兰国旗最下面的蓝色部分,转而在这里升起了印度尼西亚的红白国旗。这面旗帜至今仍作为印度尼西亚独立的象征而飘扬在酒店园区。此外第33号满者伯夷传奇套房(独立房间)曾是荷兰军队重要官员的房间,起居室的窗外设有一条通往邻近村落的小路,至今你仍然可以在这个房间看到这条小路,客房中的家具也是当时的古典家具,非常古色古香。

参加免费巴士观光
游览泗水的旧城区

作为荷兰殖民时期要地的泗水古镇，至今街上仍保存着不少当时建造的殖民风格建筑。来到这里不妨坐上免费的观光巴士巡游市内的历史遗迹。

推荐搭乘巴士在炎热的泗水进行游览

观光巴士的行程内容根据出发时间的不同也会有所差异

1 三宝麟之屋 House of Sampoerna

印度尼西亚有代表性的香烟品牌，三宝麟的工厂兼博物馆。收购了旧时的孤儿院，在1932年改建而成这座博物馆，在这里你不仅可以了解到烟厂的历史，还可以参观手工卷烟的过程，肚子饿了的话不如顺便去博物馆内并设的咖啡馆品尝一下当地的特色菜品。

地址 Jl. Taman Sampoerna No.6
TEL（031）353-9000 入场 每天9:00~18:00
费用 免费

泗水市内首屈一指的观光景点

泗水遗产观光巴士
Surabaya Heritage Track

办公地设置在景点"三宝麟之屋"的入口处，运营泗水市内的免费巴士观光游。每天发车3班，在不到1小时的时间里带你前往3处市内景点，途中可以看到不少保存在街头巷尾的古老历史建筑，车上还有会讲英语&印尼语的导游为你介绍沿途的景观历史。

巴士行程 周一~周五 10:00~11:00、13:00~14:00、15:00~16:30。
周六·周日10:00~11:30、13:00~14:30、15:00~16:30。

最新的巴士行程可以在官网（URL houseofsampoerna.museum）进行最终确认。

街上殖民风情浓厚的古老建筑

近距离感受荷兰殖民时期的独特时代感

2 印度尼西亚银行博物馆
Museum Bank Indonesia

将建于1829年的建筑改建为博物馆并对公众开放参观（改建时间是1973年）。过去这里曾是用金制品兑现现金的场所，警备十分森严，现在你仍然可以看到换钱柜台被铁栏杆围得像个牢房的原始造型。

入场 周一~周五9:00~17:00 费用 免费

3 坎特 PTPN XI Kantor PTPN XI

1925年由荷兰使用时下最先进技术指导的防震结构。为了避难之用，还延伸建造了多条地下通道。

入场 周一~周五8:00~16:00 费用 免费

庙宇不大但却是众多华侨们的精神支柱

4 北安寺
Hok An Kiong Temple

建于1830年，是泗水市内最古老的中国寺院。寺院的入口不大，但是进入之后会感到十分宽敞，当时这里曾是移民至此的中国人祈祷供奉神灵之地，祭祀着保佑航海平安和捕鱼顺利的神灵。

入场 随时　费用 免费

寺内房梁很高，十分有空间的开阔感

泗水邮局 5
Kantorpos Kebonrojo

建于1881年的古老建筑，1925年这里还曾是一所当地的高中，印度尼西亚初任总统便是在这里上的学，现在这座建筑改建为泗水的主要邮局，邮局里至今仍展示着与荷兰交战期间用来快速传信而使用的自行车以及旧时的古老邮筒。

入场 周一~周六8:00~18:00
费用 免费

矗立着英雄纪念碑的广场也是当地市民的休憩场所

圣佩拉万玛丽亚教堂 6
Gereja Katolik Santa Perawan Maria

建于1889年，是泗水市内最古老的天主教堂，新哥特式风格的教堂内部使用了大量彩色玻璃进行装饰，非常值得一看。另外据说这座教堂的构造会让唱诗班的歌声更加余音绕梁。

入场 每天8:00~19:00　费用 免费

7 英雄纪念碑
Monumen Tugu Pahlawan

为了纪念印度尼西亚独立战争中最激烈的泗水之战（1945年11月10日）而建立的纪念碑。广场上还有一座介绍战争内容的博物馆。

入场 随时 博物馆为8:00~14:00
费用 免费（博物馆为Rp.5000）

当地居民也称呼这座教堂为库莱佳·库庞贞

猪肉炒饭
Rp.27500

在旧城区的民间菜馆解决午餐

鲁曼马坎沙巴餐馆是一家于1955年便在旧城区开业的中餐馆。你在这里可以吃到在伊斯兰国家很难吃到的猪肉烹制的炒饭，浇汁炒面（Rp.31000）也推荐一尝。

R 鲁曼马坎沙巴餐馆
Rumah Makan Sabar
地址 Jl. Mliwis No.43, Krembangan
TEL（031）352-6857
营业 每天8:00~18:30

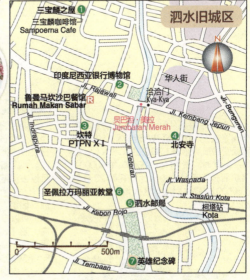

泗水旧城区

三宝麟之屋 ①
三宝麟咖啡馆
Sampoerna Cafe
印度尼西亚银行博物馆 ②
Jl. Rajawali　华人街
洽洽门 Kya-Kya
鲁曼马坎沙巴餐馆 R
Rumah Makan Sabar
灵巴西·美拉
Jembatan Merah
③ 坎特
PTPN XI
北安寺
Jl. Veteran
Jl. Indrapura
Jl. Waspada
圣佩拉万玛丽亚教堂 ⑥
Jl. Stasiun Kota
泗水邮局
柯塔站
Kota
Jl. Kabon Rojo
0　500m
Jl. Tembaan
⑦ 英雄纪念碑

苏门答腊岛海岸线边的乐园小岛
在邦加岛 & 勿里洞岛度假

位于苏门答腊岛东南不远处的邦加岛 & 勿里洞岛可谓即使是当地的雅加达人都心之所向的度假岛屿。虽然这两座小岛目前仍处于旅游资源的开发阶段，但是正因为如此这里才没有过多的商业气息，让你可以体验最纯粹的当地风情以及最原始的大自然姿态。最佳的到访季节当数每年4~10月印尼干季；往返邦加岛 & 勿里洞岛的飞机和游船班次很多，交通问题无须担心烦忧。

雅加达起始的飞机航程大约需要1小时

邦加岛&勿里洞岛

新加坡
坤甸
加里曼丹岛
巴东
苏门答腊岛
▶p.33
邦加岛
巨港
▶p.35
勿里洞岛
雅加达
爪哇岛

品味惬意小岛氛围
邦加岛 *Pulau Bangka*

度假酒店鳞次栉比地排列在美丽海滩的沿岸，
是当地印度尼西亚人心中的度假休闲岛屿。
你在这里看到更多的会是印度尼西亚本国的游客，
来自海外度假客的数量占比仍处于起步阶段。
同时邦加岛也是世界知名的锡矿产地。

⚑ How to Access

从雅加达每天共有14班包括狮航、斯利维查雅航空、印尼鹰航、连城航空等航空公司运营的航班前往邦加岛的滨港机场（航程1~1.5小时，费用Rp.400000~1400000）。下飞机后打车前往市中心大约耗时20分钟（Rp.60000），前往烈港地区大约用时1小时（Rp.200000）。

机场内便设有
观光指南站

⚑ Vacance Style

邦加岛中心位于机场附近的滨港（邦加–勿里洞省的首府），如果你打算前往这里度假，推荐你入住烈港地区海滩沿岸的酒店。各家酒店中虽然都设有餐馆，但是你也可以去滨港市内的街头菜馆品尝地道的异国风味。雅加达的旅行社虽然也经营前往这里的跟团游，但是如果你会讲英文或印尼语，完全可以自己设计行程，乘坐飞机来到邦加岛，到了当地再包车（每天Rp.650000~）来一次自由行。

烈港地区建有
不少舒适的酒店

卡欧琳湖
梦幻的湖面极具视觉冲击力，
拍一张发到朋友圈吧。

帕莱腾吉里沙滩
非常适合观赏日出的地方，你
在这里可以欣赏到纯白的沙滩
以及湛蓝的海水，海岸边建有
不少舒适的度假酒店。

邦加岛最佳的度假场所非帕莱腾
吉里沙滩莫属

Hotel List

H 帕莱沙滩度假酒店 Parai Beach Resort
TEL 0812-717-4888（手机）
建在帕莱腾吉里沙滩的度假酒店，共有60间客房。
房费 Ⓓ Rp.700000~（周末价格Rp.850000~）

H 伊斯塔娜泳池别墅酒店 Istana Pool Villas
TEL（0717）92-888
建于帕莱腾吉里沙滩的别墅酒店，共有20间客房。
房费 Ⓓ Rp.3200000~（周末价格Rp.4300000~）

H 丹绒佩索纳度假酒店 Tanjung Pesona
TEL（0717）94-560
URL www.tanjung-pesona.com
建于丹绒佩索纳海滩的度假酒店，共有63间客房。
房费 Ⓓ Rp.698000~

邦加岛

普特利岛
Pulau Putri
佩纽斯克海滩
Pantai Penyusuk

帕莱腾吉里沙滩
Pantai Parai Tenggiri

盖栋村

帕莱沙滩度假酒店 Ⓗ
伊斯塔娜泳池别墅酒店 Ⓗ

烈港
Sungai Liat

丹绒佩索纳假酒店 Ⓗ

丹绒佩索纳海滩
Pantai Tanjung Pesona

滨港
Pangkai Pinang

0   20km

卡欧琳湖方向60公里
Danau Kaolin

N

把这里当作大本营巡游周边岛屿

勿里洞岛 Pulau Belitung

作为海岛游中最适合浮潜的地方，
你可以在这里欣赏到各色热带鱼群以及被珊瑚礁包围的"海底龙宫"。
此外你还会发现许多非常上镜的巨石小岛，
不少电影都把这里当作取景地，这进一步提高了勿里洞岛的人气。

丹戎廷吉海滩
位于勿里洞北部的平静海滩。因作为不少电影的取景地而人气大涨

🚩 How to Access

从雅加达每天共有10班包括狮航、斯利维查雅航空、印尼鹰航、连城航空等航空公司运营的航班前往勿里洞岛的丹戎彭登机场（航程约1小时，费用Rp.372000~1177000）。下飞机后打车前往市中心大约30分钟的时间（Rp.95000）。

从勿里洞岛可以搭乘飞机前往邦加岛

🚩 Vacance Style

位于勿里洞岛中心地带的丹戎彭登地区建有许多酒店和餐馆，此外你还可以从勿里洞岛出航，前往布满巨石的小岛，在伦库亚斯岛周边浮潜。在克帕杨岛（格德岛）品味海鲜美食。你可以从雅加达参加跟团游行程，也可以自由行前往这里，悠哉地待上两三天时间。

距离勿里洞岛 1 公里左右的巴图·巴拉雅尔岛（意为石帆船）Batu Berlayar 是著名的拍摄地点。

巴图梅塔斯
在这里的酒店还可以巧遇世界上最小的猴类——眼镜猴

巴图·巴拉雅尔岛
小岛上巨石林立，上传这里的图片到你的朋友圈绝对有面儿♥

克帕杨岛（格德岛）
你在这座海龟保护中心的小岛可以接触到各种海洋生物

印度尼西亚版《二十四只眼睛》的背景舞台

勿里洞岛是安德莱·稀腊塔的小说作品《天虹战队小学》（出版于 2005 年）的舞台，描述了新人女教师与小岛学生们的故事。该作品目前已被翻译为 20 余种语言在世界多国相继出版，2008 年剧组还在勿里洞岛拍摄了同名电影。该电影创造了印度尼西亚电影史上最高的观影人数，450 万人。此后还被拍摄为电视剧，电影取景地也作为当地的景区而人气高涨。

⚑ Hotel List

Ⓗ 罗琳·布里桐酒店 Lorin Belitung
TEL（0719）24-100
URL www.lorinbelitung.com/contact-us.html
位于丹戎廷吉海滩的优质酒店，共有20间客房。
房费Ⓓ Rp.500000~（周五·周六费用为Rp.750000~）

Ⓗ BW套房酒店 BW Suite
TEL（0719）23-898
URL www.bwsuitebelitung.com
位于丹戎彭登地区的大型酒店，共有202间客房。
房费Ⓓ Rp.798000~

Ⓗ 哈利卡·爪亚酒店 Harlika Jaya
TEL（0719）24-633
位于丹戎彭登地区的度假酒店，共有15间客房。
房费Ⓓ Rp.114000~

勿里洞岛

克帕杨岛（格德岛）
Pulau Kepayang (Gede)
伦库亚斯岛
库拉杨岛
巴图·巴拉雅尔岛
Pulau Batu Berlayar
罗琳·布里桐酒店
丹戎库拉杨海滩（环岛游起始点）
武吉帕加马
Bukit Peramum
（观景台）
丹戎廷吉海滩
Pantai Tanjung Tinggi
柯腊帕
Kelapa
BW套房酒店
哈利卡·爪亚酒店
市场
丹戎彭登
Tanjung
Pandang
卡利恩·布里桐湖
巴图梅塔斯方向15公里
Batu Mentas

0　　　　　10km
N

饭类 & 肉菜

杂菜饭
Nasi Campur

Campur 为混合之意，Nasi Campur 便是将米饭和各类菜品混合烹饪所制作的印尼有代表性的菜肴——杂菜饭。

印尼炒饭
Nasi Goreng

印尼市井最常见的炒饭，通常会配有荷包蛋、虾饼、印尼咸菜等佐餐小菜。

印尼炸鸡
Ayam Goreng

将腌制过的鸡肉煮熟后，再用热油煎炸一下，味道类似于 BBQ 烤肉，是爪哇中部的特色菜式。

印尼烤鸡串
Sate Ayam

印尼版的烤鸡串，可以根据口味选择甜花生酱或者印尼叁巴酱作为配料。烤山羊（读作坎滨）串也很好吃。

印尼鸡粥
Bubur Ayam

加入鸡汤悉心熬煮的软烂粥品，通常会在上面摆上熟鸡肉碎和炸洋葱作为佐粥小菜。适合肠胃不好的食客食用。

印尼蛋包饭
Fu Yun Hai

以松软煎蛋为主角的印尼风味蛋包饭。搭配甜酸酱食用，是印尼中餐的经典菜品。

椰奶炖牛肉
Rendang Sapi

将牛肉与椰奶以及各种香料一起精心慢炖的苏门答腊岛东風味菜品，也是巴东地区的代表菜肴。

印尼咖喱鸡
Kari Ayam

将各种辛辣香料与香甜椰奶完美调和的印尼风味咖喱鸡美食，口感柔和，不会很辣。

印尼烤鱼
Ikan Bakar

用炭火烤制新鲜捕捞的河鱼，吃的就是一个鲜字，也可选择白星笛鲷等海鱼作为食材，搭配各式蘸料为焦香的烤鱼再添一抹风味。

印尼烤虾
Udang Bakar

通常都是搭配香辣的印尼叁巴酱作为烧烤酱料，当然如果你吃不了辣，也可以选择海盐或者酸橙风味的印尼烤虾。

印尼香辣鸡汤
Soto Ayam

使用大量香料熬制的印尼经典鸡汤。许多当地人都是直接用鸡汤泡饭解决一顿日常餐食。

牛尾汤
Sop Buntu

选用牛尾熬制的高营养汤品。浓厚的口味让人还没吃完第一次就已经开始惦记下次什么时候再吃了。

印度尼西亚是一个饮食大国，各个岛屿通过其盛产的食材与特色佐料烹饪出独树一格的风味美食，来到印尼一定不要错过这里充满民族风情的本土菜肴！

Masakan Indonesia!

面类·炒菜

印尼炒面
Mie Goreng

肚子有点微饿的时候可以在街头餐摊来一份印尼炒面稍微垫一下。最地道的味道肯定是街上的餐摊了。

肉丸面
Mie Bakso

加入肉丸（牛肉或鱼肉丸）和豆腐的浇汁面，太阳西下后经常会在路边看到售卖肉丸面的小餐摊。

鸡菜面
Mie Ayam

以酱油鸡和青菜作为菜码的印尼风味拉面。如果觉得味道较淡还可以倒一点印尼参巴酱进去自行改良一下。

浓汤捞面
Mie Kuah

选用浓厚汤头的印尼面条，不同的餐馆添加的菜码也不尽相同，有的餐馆除了加入鸡肉和蔬菜外，还会放一点虾仁进去。

鸡肉馄饨面
Mie Ayam Pangsit

以鸡肉作为面卤核心的馄饨面，既可以混着吃，也可以将面和馄饨分开来吃。

印尼脆面
I Fu Mie

将蔬菜和肉块调制的酱卤浇在脆面上的印尼小吃面。

蔬菜沙拉
Gado-Gado

熟鸡蛋、煎豆腐搭配绵软土豆和生菜的蔬菜沙拉，通常会加些花生酱搅拌，让沙拉更有风味。

炒空心菜
Kangkung Ca

将大量空心菜与鸡肉和蘑菇炒制的中国风味菜肴。想吃些绿菜的话就点这道吧。

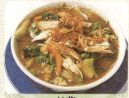

炒菜
Cap Cai

发音就是中文的"炒菜"，在中餐基础上加入了印尼的调味料，在各个印尼岛屿上都能吃到这道改良过的中式菜肴。

蔬菜炒酸豆角
Sayue Asam

"Sayue"意为蔬菜，"Asam"指的是酸味，这道酸味十足的菜品以罗望子（酸豆角）作为主要食材烹制而成，是一道非常提味的菜品。

椰香碎豆角
Lawar Sayur

将长豆角剁碎后与椰肉薄片和各式调味料一起炒制的巴厘风味菜品。

豆腐炒豆芽
Tahu Goreng

将外皮香脆的炸豆腐与熟豆芽炒制的菜品，上面还会放几个虾片摆盘，是一道经常搭配花生酱食用的健康菜式。

印度尼西亚各地的特色菜

脏鸭餐
Bebek Betutu

将柠檬草填入鸭子中制作的特色烤鸭，最后将烤鸭放在芭蕉叶上摆盘上桌的巴厘岛名菜。俗话说到巴厘岛不吃脏鸭餐，等于没有来过巴厘岛。

烤乳猪
Babi Guling

节日期间巴厘岛各户人家的家宴菜品，香脆的烤乳猪外皮可谓这道菜的精华所在。

叉烧猪肉
Siobak

巴厘岛北部十分常见的一种叉烧菜品，选用各个部位的猪肉制作而成，肉汁浓厚。

菠萝蜜鸡肉饭
Nasi Gudek

以菠萝蜜和鸡肉作为主要食材炖煮的日惹名菜，汤头中加入砂糖和香料后使这道菜品的味道更加浓郁。

蕉叶烤鱼
Pepes Ikan

将鱼肉包裹在芭蕉叶中烤制的菜品，最初是爪哇岛的本地菜，现在在巴厘岛也可以吃到。

豆豉炖豆腐
Tahu Tempe Bacam

用豆豉搭配甜辣酱料煮制的爪哇中部菜肴，有点类似关东煮的味道，是当地人的佐餐小食。

龙目烤鸡
Ayam Pelecing

将印尼叁巴酱涂抹在鸡肉上烤制而成的菜品，去龙目岛游玩的话一定要尝尝这道当家菜品。

苏拉威西烤鱼
Ikan Bakar Corocoro

先将鱼肉用盐和酸橙腌制一段时间，入味后再烤制的特色烤鱼，通常要搭配番茄叁巴酱一起食用，是苏拉威西岛的著名菜品。

美娜多炖鸡
Ayam Rica Rica

将鸡肉与各式香料一同炖煮的苏拉威西岛美娜多特色菜品，味道浓厚，适合喜欢吃辣的朋友。

班贾尔索多
Soto Banjar

将米酿、面条、鸡肉混合熬制的浓厚汤品，滋味醇厚，是加里曼丹岛的招牌美食。

水牛肉辣汤
Sop Saudara

印尼语意为"兄弟汤"，使用水牛肉煮制的辣味汤品，以望加锡北部渔场熬制的汤品最为地道。

水牛骨汤
Sop Kikil

将水牛骨髓悉心炖煮的望加锡地区特色高汤。此外使用水牛肉脏烹饪的"乔特望加锡"也很出名，来到望加锡的话一定要尝尝。

甜品 & 小吃

香兰糯米丸
Kelepon

包有液体棕榈糖的糯米丸子，通常糯米表面还会覆上一层椰蓉，是巴厘岛的知名小吃。

椰奶黑米粥
Bubur Injin

用椰奶煮制的黑米粥，味道微甜，当地人也称之为黑米布丁（black rice pudding）。

椰蓉可丽饼
Dadar Gulung

以米浆为原料制作的可丽饼将用棕榈糖水腌渍过的椰子片卷裹起来所制作的巴厘岛传统小吃。入口醇香，回味无穷。

麻团
Onde Onde

口感弹压的芝麻团子，味道几乎和国内的麻团一样，吃几口齿间便会留有浓郁的芝麻香。

蒸糕
Roti Kukus

印尼风味的蒸糕，巴厘岛将这种小吃称为佳焦酷库斯，举办典礼仪式时也常将这种小吃作为贡品。

班塔尔
Bantal

将糯米与红豆包裹在芭蕉叶中蒸制的甜品，类似粽子，适合喝茶时作为佐茶小吃。

千层糕
Kue Lapis

这种由大米面制作的千层糕，通常都会设计成包含多种颜色在内的造型，非常具有视觉冲击力，味道相比中国的发糕会略甜一些。

糯米糕
Wajik

蘸棕榈糖吃的糯米糕，是印度尼西亚最常见的甜品，吃一点便会觉得有饱腹感。

印尼刨冰
Es Buah

加入水果、琼胶（即寒天冻）、椰肉在内的印尼风味刨冰。

椰奶煎蕊
Es Cendol

加入多彩煎蕊（糯米小丸子）和椰奶制作的甜味刨冰。

米糊饼
Srabi

用大米粉制作的印尼松饼。椰奶的甘甜是米饼的主旋律，搭配淡淡的盐味更加精炼了米饼的醇香。刚出炉的米糊饼绵软弹牙，是梭罗当地的知名小吃。

满煎糕
Martabak

小麦粉制作的饼皮夹裹鸡蛋小葱馅料煎制而成的印尼街头馅饼。肚子饿了的话不妨就买上一块来尝一尝吧。

印度尼西亚
伴手礼目录
Oleh Oleh Indonesia!

印度尼西亚这个国度拥有多彩的民族风格，除了木雕和纺织品等声名远扬的经典地方特产，表现各地独立文化的"欧莱欧莱（特色礼品）"也十分值得入手。
在巴厘岛和雅加达当地的街市上经常可以看到售卖这些"欧莱欧莱"的摊贩，不用特意前往商店挑选购买。

灵力宝石
印尼人非常喜欢宝石，特意分出许多种类的灵石，其中以水晶灵石和玛瑙灵石最为抢手。

布包
印有当地语言及文化图案的各式布包可以在各个岛屿的小商店里见到。物美价廉，种类繁多，可谓馈赠亲友的佳品。

居家杂货
如果看到心仪的居家装饰品，带回国后每每看到便会勾起旅行的回忆。这次要不要用巴厘岛举行典礼仪式时用到的礼伞模型装饰你的小家呢？

手工编织篮
朴素简洁的编织篮可谓巴厘岛上最知名的旅行纪念品。通常这些篮子都是在龙目岛和加里曼丹岛等印尼各岛加工制作而成的。

餐具
南国风情十足的餐盘以及设计别致的小茶杯都十分令人着迷。看到喜欢的就不要犹豫，买回家装点你的餐桌吧。

木雕制品

木质工艺品可谓是印尼各个岛屿上最受欢迎的土特产了。你在纪念品商店除了可以看到当地传统文化的人偶木雕，还有融合时尚元素的时尚木质杂货。皮影戏造型的工艺品更是别具印尼特色。

收纳小盒

亚洲风情浓厚的小型收纳盒是杂货中比较实用的一款纪念品了。你可以买来当作首饰盒使用，也可以把它作为其他礼品的包装盒，里面再买一些当地的特色礼品馈赠亲友。

蜡染工艺品

蜡染（爪哇蜡染）是印度尼西亚的代表性传统工艺品，丝绸上搭配各式图案制作的披肩符合各个年龄层女性的审美。印有蜡染的挎包和薄垫也很适合赠送亲友。

伊卡纺织品

印度尼西亚的传统纺织品，适合买来作为室内装饰。许多印尼岛屿都制作这种伊卡纺织品，上面绘制的图案非常具有地方代表色彩，不会撞货。

T恤

T恤可谓在世界各国旅游时都可以买来当作礼物的万金油土特产。印尼当地的T恤款式非常多样，质感也比想象中要好得多。

银制品

你在印尼各地都可以买到做工精细的银质首饰。商品从以壁虎、水牛等民俗图案为设计元素的银制品到刻有梵语的吊坠，足以让你眼花缭乱

Rp.12500

能量棒
肚子饿了的话就吃上一根，口味多样的当地零食，好吃的话可以多买一些回国馈赠亲友。

ULTRA护发膏
富含头发所需的高浓度维生素。可以根据自身发量的多少自行调整用量，十分实用

Rp.18500

杜果干
加入白糖腌渍过的水果干，适合喝茶时吃几片给嘴里来点甜味。

Rp.19900

Rp.97000

罗望子蜂蜜
罗望子（酸豆角）味道的蜂蜜，独特的烟熏风味使其获得了不少美食家的心。

Rp.14000

雅加达
可以在市内多个地区找到的人气商店
美食广场
Food Hall

柠檬茶肥皂
加入传统柠檬草精油的香皂，具有除臭功效。

MAP p.77
地址 Plaza Senayan,
Jl. Asia Afrika No.8, Gelora Bung Karno
TEL (021) 5790-0055　**URL** foodhall.co.id
营业 每天10:00~22:00　**信用卡** M V
　　当地知名的小型超市，网罗了各式食品及化妆品。你在这里可以买到许多品质很高的咖啡粉以及当地的特色调味料，是为亲友挑选当地礼品的好去处。

Rp.14100

印尼炒饭调料包
回国后也可以在家里再现印尼炒饭的异域风味。

Rp.92000

Rp.122000

Rp.35000

**Monggo
巧克力礼盒**
Monggo是爪哇当地最知名的巧克力品牌，购买礼盒包装的高档款送人非常有面子。

天然椰子油
当地知名品牌Javara所出品的高品质椰子油，非常值得入手。

美白脸霜
以艺伎 "kojie-san" 为外包装设计的当地化妆品牌的旗下商品。

Rp.54500

什锦干果
包含腰果、夏威夷果、枸杞等7种干果在内的什锦零食。

身体乳
提取巴西莓精华制作的美白身体乳，容量很大，可以用上一段时间。

雅加达
当地的小资品牌超市
凯姆奇克斯
KEM Chicks

Rp.88500

MAP p.72
地址 Jl. Kemang Raya
No.3-5, Kemang
TEL (021)7179-0065
营业 每天8:00~22:00　**信用卡** M V
　　超市内汇集雅加达当地高档品牌的各类旗下商品以及各式进口商品，是当地中产阶级的购物首选。你在这里可以找到不少其他商场买不到的尖货，作为送礼佳品再好不过。

可研磨的黑胡椒调料瓶
选用印尼高档黑胡椒制作的调味品，用料珍贵。

Rp.133000

超市可谓是给亲友选购旅行纪念品的宝地，当地各类物美价廉的食品以及化妆品都可以在超市中买到。下文将为你介绍一些雅加达以及巴厘岛当地有代表性的超市商品，不妨作为礼品参考。

※ 随着时间推移，商品的价格可能发生改变

以丰富的健康食品作为特色

岚池超市
Ranch Market

`MAP` p.58/B2
地址 Jl. Darmawangsa 6-9,
Darmawangsa Square
TEL（021）7278-6480
URL www.ranchmarket.co.id
营业 每天9:00~22:00 信用卡 A M V

以绿色健康食品和商品作为卖点的特色超市，在雅加达多地都开有分店。

Rp.21000

印尼鸡汤粉
将鸡汤粉冲配后加入鸡肉碎、粉丝和蔬菜，便可以还原印尼当地的地道味道。每盒包含3袋鸡汤粉，每袋都是2人份。

Rp.64000

人参精华洗发水
加入人参精华的滋补润洗发水，可以促进血液循环并且能够让头发更有光泽。

Rp.50200

调味料
适合搭配油炸食物的混合调味料，口味清香，颇具回味。

Rp.25500

棕榈砂糖
有机棕榈砂糖，为单独管状包装，一盒包含40支。

PAPAYA
Whitening Soap

Rp.30350

木瓜肥皂
加入了木瓜酵素可以更有效地去除毛孔杂质，所含的维生素也更具护肤功能。

Rp.33500

黑胡椒·盐
用天然海盐与黑胡椒混合制作的调味料，非常具有印尼风味。

Rp.5000

Rp.6500

马尼斯酱油
咸甜口的印尼风味酱油，搭配辣味叁巴酱可以调制出甜辣口感的别致酱料。

发胶喷雾漾
UV 效果十足的发胶喷雾，用后头发上会留有淡淡花香。

Super Cream
Gizi

Rp.18500

超级面霜
添加海藻精华的 GIZI 面霜，去皱效果拔群。

Rp.23500

叁巴酱
可以使菜品中肉类和鱼类的味道更佳提鲜的印尼特色辣椒酱。

网罗最适合游客购买的旅行纪念品

宾堂超市
Bintang Supermarket

`MAP` p.187/B3
地址 Jl. Raya Seminyak No.17, Seminyak
TEL（0361）730-552
营业 每天8:00~23:00 信用卡 M V

超市一层售卖食品与日用品，二层则是家庭用品卖场，芳香商品以及巴厘岛特色杂货都可以在这里找到，可谓名副其实的礼品选购区，在乌布也开有这家超市的分店。

Rp.23000

护发油
品牌的招牌商品，添加椰奶精华，护发养发二合一。♥

Rp.22500

香薰提神油
通过挤压按钮将精油涂抹在脸上，滚珠式设计十分实用，这种精油对于治疗头痛也很有帮助。

REFRESHING
TAKE CARE

走遍全球系列

新版

本系列即将出版丛书
涵盖世界70个国家和地区

爪哇岛

Jawa

爪哇岛从古代开始便十分盛行佛教和印度教文化。尤其是王宫文化色彩浓郁的中部古都日惹市周边至今仍保留着婆罗浮屠、普兰巴南神庙、发现爪哇猿人头骨的桑吉兰早期人类化石遗址等多个被列为世界遗产的古迹。此外还能欣赏到以甘美兰音乐、皮影戏为代表的宫廷技艺以及由蜡染布料巴迪为首的手工艺品同样充满了民族性，非常美丽。另外还有乌戎库隆国家公园、婆罗摩火山等丰富的自然遗产。

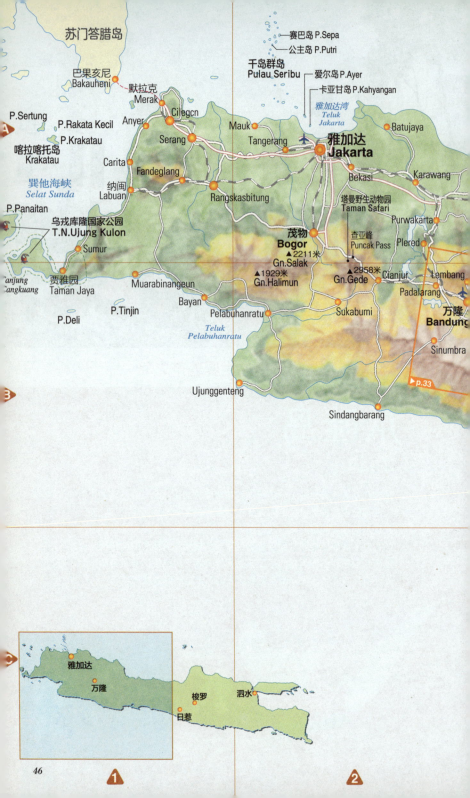

苏门答腊岛

赛巴岛 P.Sepa
公主岛 P.Putri
千岛群岛
Pulau Seribu
爱尔岛 P.Ayer
卡亚甘岛 P.Kahyangan

巴果亥尼
Bakauheni
默拉克
Merak
Anyer
Cilegcn
Mauk
Tangerang
雅加达
Jakarta
Batujaya
雅加达湾
Teluk
Jakarta

P.Sertung
P.Rakata Kecil
P.Krakatau
Serang
Bekasi
Karawang
喀拉喀托岛
Krakatau
Carita
塔曼野生动物园
Taman Safari
Purwakarta
巽他海峡
Selat Sunda
Fandeglang
纳闽
Labuan
Rangkasbitung
茂物
Bogor
查亚峰
Puncak Pass
Plered
P.Panaitan
▲2211米
Gn.Salak
▲2958米
Gn.Gede
Cianjur
Lembang
乌戎库隆国家公园
T.N.Ujung Kulon
Sumur
▲1929米
Gn.Halimun
Padalarang
anjung
angkaung
贾雅园
Taman Jaya
Muarabinangeun
Sukabumi
万隆
Bandung
P.Deli
P.Tinjin
Bayan
Pelabuhanratu
Sinumbra
Teluk
Pelabuhanratu
P.33
Ujunggenteng
Sindangbarang

雅加达
万隆
梭罗
泗水
日惹

46

爪哇岛（西部）
West Jawa

爪哇海
Laut Jawa

Ramanukan

Indramayu

Karangampel

Subang

芝阿特
Ciater

井里汶
Cirebon

Sumedang

Cileunyi

Brebes Tegal

北加浪岸
Pekalongan

Kuningan

Ciledug

Pemalang

Weleri

芝巴纳斯
Cipanas

牙律
Garut

Tasikumalaya

Ciamis

邦加
Banjar

迪延高原
Dieng Plateau

3432米▲
Gn.Slamet

Gn.
Papandayan

龙村
Kampung Naga

Banjar Sari
Gn.Tilu
1800米▲

庞岸达兰
Pangandaran

Purwokerto

Purbalingga

Sokaraja

沃诺索博
Wonosobo

Pameungpeuk

Sidareja

Bahyumas

Cijulang

Kalipucang

Kroya

Kebumen

Purworejo

Cipatujah

绿色峡谷
Green Canyon

庞岸达兰湾
Teluk Pangandaran

芝拉札
Cilacap

海龟湾
Teluk Penyu

庞岸达兰国家公园
T.N. Pangandaran

印度洋
Samudera Hindia

A

B

C

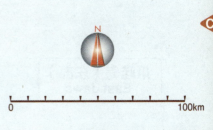

N

0   100km

卡里摩爪哇群岛
Pulau Karimunjawa

爪哇海
Laut Jawa

Tayu

贾帕拉
Jepara

▲1602米
Gn.Muria

Colo

Pati

Rembang

Lasem

Bulu

Pacirar

肯德尔
Weleri Kendal

Demak

Kudus

Purwodadi

Blora

Tuban

Babal

三宝垄
Semarang

梅莎史提拉水疗度假村
Mesa Stila Resort

Bojonegoro

Ambarawa

Salatiga

▶p.142

Ngawi

Caruban

惹班
Mojokerto

马格朗
Magelang

Boyolali

Nganjuk

Jombang

Kertosono

▲2911米
默拉皮火山
Gn.Merapi

梭罗（苏拉卡尔塔）
Solo(Surakarta)

Gn.Lawu

Mangetan

Madiun

谏义里
Kediri

Pare

特洛武兰
Trowula

Muntilan

Wates

日惹
Yogyakarta

沃诺吉利
Wonogiri

Gn.Wilis
2563米

Ponorogo

帕朗特里蒂斯
Parangtritis

▶p.118

Punung

巴齐丹
Pacitan

Tulungagung

帕纳塔兰神庙
Candi Panataran

布里达
Blitar

婆罗浮屠寺庙群
Borobudur

普兰巴南寺庙群
Prambanan

N

爪哇岛（东部）
East Jawa

0   100km

48

1   2

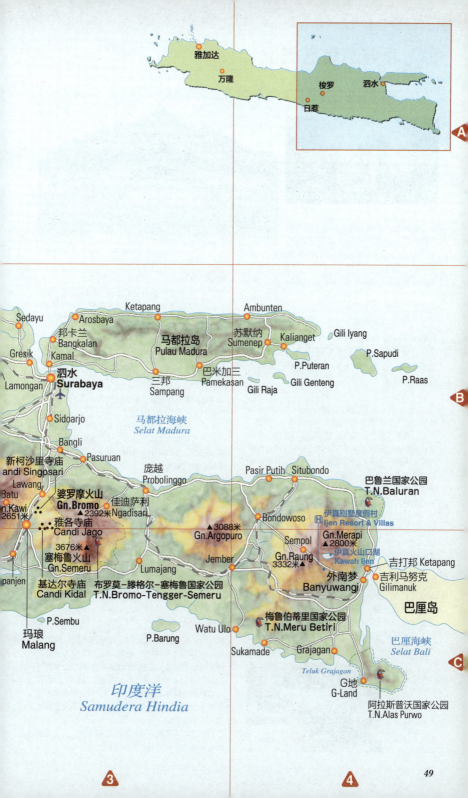

雅加达

万隆

梭罗　泗水

日惹

A

Sedayu
Arosbaya
Ketapang
Ambunten

邦卡兰
Bangkalan
马都拉岛
Pulau Madura
苏默纳
Sumenep
Kalianget
Gili Iyang

Gresik
Kamal
P.Sapudi

泗水
Surabaya
三邦
Sampang
巴米加三
Pamekasan
P.Puteran
P.Raas

Lamongan
Gili Raja
Gili Genteng

B

Sidoarjo
马都拉海峡
Selat Madura

Bangli

Pasuruan
庞越
Probolinggo
Pasir Putih
Situbondo
巴鲁兰国家公园
T.N.Baluran

新柯沙里寺庙
andi Singosari
Lawang
婆罗摩火山
Gn.Bromo
佳迪萨利
Ndadisari
Bondowoso
伊真别墅度假村
Ijen Resort & Villas

Batu
▲2392米
Gn.Merapi
▲2800米

n.Kawi
2651米
雅各寺庙
Candi Jago
▲3088米
Gn.Argopuro
Sempol
伊真火山口湖
Kawah Ijen
吉打邦 Ketapang

3676米
塞梅鲁火山
Gn.Semeru
Lumajang
Jember
Gn.Raung
3332米▲
外南梦
Banyuwangi
吉利马努克
Gilimanuk

panjen
基达尔寺庙
Candi Kidal
布罗莫－滕格尔－塞梅鲁国家公园
T.N.Bromo-Tengger-Semeru
巴厘岛

P.Sembu
梅鲁伯蒂里国家公园
T.N.Meru Betiri

玛琅
Malang
P.Barung
Watu Ulo
巴厘海峡
Selat Bali

Sukamade
Grajagan
C

印度洋
Samudera Hindia
Teluk Grajagan
G地
G-Land
阿拉斯普沃国家公园
T.N.Alas Purwo

3　　　　　**4**

49

爪哇岛信息概况

爪哇岛基本信息

爪哇岛的皮影戏

被列为世界文化遗产的婆罗浮屠寺庙群

地理 & 人口▶ 爪哇岛位于印度尼西亚的中西部，东西由细长的火山连接而成。面积仅占国土总面积的7%（13.2万平方公里），却集中了六成的人口（1亿4514万人），是拥有首都雅加达和古都日惹的政治·经济中心地。

民族 & 宗教▶ 属于马来人种的爪哇人（9000万人）占据了总人口的六成左右。万隆周边居住着巽他人（3260万人）、马都拉岛居住着马都拉人。大部分人信仰的是伊斯兰教，但居住在婆罗摩火山的腾格尔人则一直遵守着古老的印度教的教义。

文化 & 历史▶ 雅加达在荷兰殖民地时期被称作巴达维亚，居住在这里的人被叫作巴达维人。巽他、爪哇、马来等很早就来到这里的民族与欧洲、中国文化相融合，形成了独特的巴达维文化，在音乐和舞蹈（列侬等）上都留下了巨大的影响。日惹、梭罗等中爪哇省市则是华丽的宫廷文化繁盛的地方，透过王宫等依旧可以看见其余韵。另外，以万隆为中心的地区又有独自的巽他文化。

爪哇的历史是从100万年前的爪哇猿人开始的。从以大陆开始的民族迁徙为开端，纪元前后又加入了印度裔民族，开始传播稻作。8~9世纪，中爪哇的夏连特拉佛教王国、印度教的古马塔兰王国十分繁荣昌盛，给随后世留下了不少大型寺庙。14世纪中期，满者伯夷王朝迎来了最鼎盛的时期，爪哇印度文化也十分成熟，但也正是从这段时间开始，伊斯兰教通过商人传播开来。17世纪初期，荷兰东印度公司成立，爪哇岛成了殖民地，也加快了伊斯兰教文化的传播。第二次世界大战时爪哇岛被日本军队入侵，战后独立。

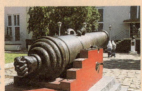

在雅加达的旧城区还依旧可以感受到荷兰殖民时期的线影

亮点

最大的亮点当数日惹周边的寺庙群探访。世界规模最大的佛教遗迹婆罗浮屠，以及传扬爪哇印度教成熟形态的普兰巴南寺庙群等，这些被列为世界文化遗产的大型遗迹均可以在这里参观、游览。作为起点的古都日惹有大量的酒店，也有着大量可以接触到爪哇岛的文化·技艺的机会。残留着独特恬静风情王宫的梭罗市也很值得从日惹出发前去游览。首都雅加达在接触印度尼西亚最先端的同时，旧城区则依旧保留着巴达维时代的样貌，同样十分值得游览。

爪哇还拥有丰富的自然资源。被列为世界自然遗产的西部的乌戎库隆国家公园、东部的巴鲁兰国家公园作为热门的生态旅游目的地也备受关注。喜欢爬山的人推荐你前往婆罗摩火山和默拉皮火山进行山麓游览。

王宫之城日惹是爪哇观光的起点

旅行提示

货币兑换和物价▶ 城市和观光地的银行、购物中心、便利店都有ATM，提取印尼卢布现金十分简单。反而随着货币兑换处数量的逐年减少，要想在城市内找到兑换所变得不太容易。国内中国银行可以预约兑换印尼卢布，也可以到当地用人民币或美元兑换印尼卢布。美元兑换处比人民币兑换处多，汇率也更高。

物价在印度尼西亚中属于较高水准，尤其是雅加达等城市地区的酒店价格颇高。

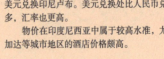

旅行的难易度▶飞机、铁路、公交等交通设施完善。从雅加达、日惹等地出发的市内游、郊外游线路也很丰富，家庭或者团队出行建议包车进行观光游览。

城市和观光地酒店资源充裕，各个级别的酒店应有尽有（但是万隆和泗水等大城市中很少有面向背包客的价格便宜的酒店）。另外值得一提的是，在莫纳斯的酒店咨询处KAHA进行预订的话，会比直接联系中高档酒店进行预订更为便宜。

纪念品▶日惹和梭罗是蜡染布料的知名产地。专卖店和市场等出售丰富的商品。此外还能买到以木偶剧中的木偶为主的革制品、木刻品、银制品等不错的物品。建议先到大城市的百货商场等了解商品的形状、价格等，然后再去专卖店进行对比，比较后再去购买。

爪哇的名产艺术蜡染作品十分值得购买

🔺 安全信息

在游客较多的大城市中，公交车上以及繁华街区等地都可能有小偷出没，请保管好自身财产。尽量不要携带行李乘坐市内公交车，进行长

在雅加达等大城市一定注意小偷等安全问题

距离的移动如果也是乘坐区间公共汽车的话，也有被偷盗之类的风险，一定格外注意。

雅加达的出租车抢劫案件也逐渐增多。夜晚尽量不要乘坐路上空驶的出租车。

➡ 雅加达的安全提示—— p.64

➡ 雅加达的安全提示—— p.64

Information

斋月和 开斋节

印度尼西亚是世界上伊斯兰教徒最多的国家。虽然平时也有喝啤酒的人，但是在一年一度的斋月里，教徒们为了感谢神明都会进行闭斋。除了病人、婴幼儿等人群外，这一个月每天日出至日落期间，既不能吃饭也不能喝水（如果喝水的话，其斋月的时间也要相应延长）。

斋月期间因为饥饿导致整体工作效率降低，司机开车也会变得较为急躁（雅加达等地气候炎热，不喝水的话想必会非常难受）。饮品店、按摩店也会改变营业时间或者停止营业，部分商家甚至不会向游客出售酒精类饮品。

然而，对于伊斯兰教徒来说这漫长的一个月结束后，就将举行盛大的开斋节。年轻人们在中心街区乘坐卡车和汽车，敲锣打鼓，一直持续到深夜，此后的1周~10天左右的时间，公司、学校都会放假。在城市工作的人纷纷返乡，与家族、亲戚共度欢乐时光，因为大部分人都会外出旅行，这也给交通机构、酒店带来了巨大的压力。

因为在伊斯兰历法中，1年只有354天，与太阳历相比快了11天，因此每年的斋月都会稍微提前一些。

开斋节夜晚城市中的游行

🔺 气候和季节性

海洋性热带气候，11月~次年3月属于雨季，此外均为干季，但是气候变化比较平缓温和。近年来雨季期间，早晚都会出现类似梅雨的持续降雨情况，因此观光的话建议选择干季。平原地区年平均降水量为2000mm，高原地区为3000mm左右。气温因海拔不同有明显差异。西部受季风影响，湿度较大。

雅加达地全年气候图

月份	1月	2月	3月	4月	5月	6月	7月	8月	9月	10月	11月	12月	全年
平均气温（℃）	26.3	26.5	26.9	27.5	27.7	27.3	27.1	27.1	27.5	27.7	27.4	26.8	27.2
相对湿度（%）	86	84	83	82	80	78	75	74	73	75	78	82	77
降水量（㎜）	461.3	269.4	249.8	144.7	112.1	93.6	46.8	75.8	53.2	78.0	109.1	233.7	1927.5

▶ 岛内交通

飞机 ▶ 爪哇岛上以雅加达、日惹、泗水为中心的航线十分发达。近年来民营航空公司航线增多，城市间形成了适当的竞争状态。尤其是雅加达~日惹之间，根据航空公司以及日期的不同，部分航班甚至要低于火车一等座的票价。但实际上，廉价机票的数量、售卖时期都有一定的限制，还有出现搭乘航班被取消的可能，请购票前提前确认。

巴士 ▶ 爪哇岛内道路状况良好，线路·发车数量很多，价格也较为便宜。但是，大城市的巴士枢纽站有偷盗现象，请一定注意，保护好自己的私人财产。长途巴士根据运营的公司、巴士等级（是否有空调、洗手间、调节座椅等）价格有所差异。其中最便宜的是经济型巴士，但是会出现超载的情况，十分便于小偷下手，因此不推荐。如果携带行李的话，建议选择更令人安心的豪华型巴士。

雅加达共有 5 个去往不同方向的主要巴士枢纽站

旅游巴士 ▶ 在爪哇岛上，有从入住酒店开往目的地酒店的区间巴士（也被叫作"小巴"、旅游巴士），这种巴士一般在游客较多的区间运营。在低中档酒店前台、旅行社都可以进行预约，安全性较高。但是部分线路因为游客减少，可能并不运行，请注意提前确认。

在一些大型便利店可以预约购买火车票

铁路 ▶ PT.Kereta Api（URL www.kereta-api.co.id）铁路公司的铁路线网罗、涵盖了整个爪哇岛。虽然大城市之间以外的班次不多，但是因为火车站大多位于城市的中心地区，因此十分便利。火车分为 3 个等级，最高为 1 等的 Special（特殊型）和 Kelas Eksekutif（豪华型），其次是 2 等的 Bisnis（商务型），最后是 3 等的 Ekonomi（经济型）。1 等列车空调设施完善，座椅可以调节（每个座位都有电源插口）。每节车厢都有洗手间。2 等列车近年来空调也逐渐完善，座椅也比较舒适。3 等列车为散座，虽然价格便宜，但是车厢内十分吵闹，人多、行李多，十分拥挤。车厢内均为木质座椅，长时间乘坐的话也很疲惫，短途的话还可以考虑（空调列车和风扇列车混在一起）。通过当地的便利店可以进行车票的预约和购买，也可以通过网站购买（URL tiket.com）。（→也可以参考 p.444 的爪哇岛铁路）。

船舶 ▶ 印尼国家海运公司（PELNI）的渡轮仅往返于雅加达（丹戎不碌港口）、三宝垄、泗水这 3 地的港口，作为岛内的交通手段实用性偏低。

火车票的购买方法

如果是乘坐长途列车的话，车票一般可以在出发前 90 天于车站的专用窗口（一般位于邻接的另外一栋建筑物内）、旅行社、便利店等地购头。周末、节假日等区间时段的列车有售罄的可能，建议确定好行程后尽早进行预约（预约免费）。

除了车站的窗口外，也可以在作为出发终端的便利店购买到车票。在印尼语中，购票人姓名 Nama、列车名 Nama Kereta Api、始发站 Dari~、终点站 Ke~、出发日期 Tanggal、时间 Jam、等级 Kelas、张数 Banyaknya、成人或儿童 Dewasa/Anak。如果是在网上、便利店购票的话，会收到一个预约号码作为凭证，截至出发前的 1 小时，通过车站的出票机器换取车票（出发前 24 小时可以开始换取车票）。如果不会操作机器的话，请前往乘车中心或售票窗口。另外，在窗口可以进行车票的取消，也可以购买从其他地方行驶的车票。如果是在出发当日购票的话，售票窗口按照目的地不同分开售票，最长排队需要 30 分钟以上的时间。短途的经济型列车车票，通常是在出发前 1 小时开始售票。

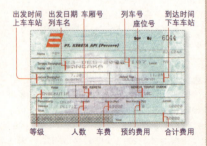

出发时间　出发日期　车厢号　列车号　到达时间
上车车站　列车名　　　　　　座位号　下车车站

等级　　　人数　　车费　　预约费用　　合计费用

爪哇岛的外部交通

飞机▶ 雅加达的苏加诺—哈达国际机场是印度尼西亚空中航线的中心。不光国内线呈放射线状四通八达，与各国之间的国际航班也是频繁起降。

中国国航、印尼鹰航、南方航空、厦门航空等在北京、上海、广州等地有直飞航班前往雅加达。另外如果有打算在东南亚长期旅游计划的游客，可以考虑新加坡～雅加达等地之间的航班，航线更为便利。

陆路▶ 从巴厘岛、苏门答腊岛出发，有包含渡轮的直达长途巴士运营。

水上航线▶ 印尼国家海运公司（PELNI）的大型渡轮在国内的各个岛屿、雅加达、泗水、三宝垄的港口，每周均有数趟航班运营。另外，虽然没有国际航路，但是可以从雅加达出发，到达宾当岛的基姜港 Kijang（所需时间 40～45 小时，费用 Rp.326000～1083000），然后可以乘坐高速客船进入新加坡（→ p.446）。

此外每天有大批渡轮频繁从巴厘岛（吉利马努克～吉打拜）、三宝垄（巴果亥尼～姆拉）出发前往爪哇岛。

雅加达的苏加诺—哈达国际机场

连接巴厘岛与爪哇岛的渡轮每隔 45 分钟开航一次

爪哇岛铁路　主要线路时刻表

		列车名	站　名	出发时间	到达时间	等级	费用（Rp.）	备　注
雅加达出发	前往泗水	Argo Bromo Anggrek 2	Gambir - Pasar Turi	9:30	18:30	Eksekutif	375,000 ～	
		Gumarang 78	Pasar Senen - Pasar Turi	15:45	2:56	Bisnis	250,000 ～	
		Bima 44	Gambir - Gubeng	16:30	5:38	Eksekutif	395,000 ～	※ 经停日惹
		Sembrani 48	Gambir - Pasar Turi	19:15	5:43	Eksekutif	375,000 ～	
		Argo Bromo Anggrek 4	Gambir - Pasar Turi	21:30	6:30	Eksekutif	375,000 ～	
	前往日惹	Fajar Utama YK 118	Pasar Senen - Yogyakarta	6:15	14:35	Bisnis	215,000 ～	
		Taksaka 52	Gambir - Yogyakarta	8:30	16:25	Eksekutif	260,000 ～	
		Senja Utama YK 120	Pasar Senen - Yogyakarta	19:00	3:13	Bisnis	220,000 ～	
		Taksaka 54	Gambir - Yogyakarta	20:45	4:15	Eksekutif	260,000 ～	
日惹出发	前往雅加达	Fajar Utama YK 117	Yogyakarta - Pasar Senen	7:00	15:02	Bisnis	215,000 ～	
		Taksaka 51	Yogyakarta - Gambir	8:00	15:42	Eksekutif	260,000 ～	
		Argo Lawu 7	Yogyakarta - Gambir	8:57	16:27	Eksekutif	285,000 ～	梭罗始发
		Senja Utama YK 119	Yogyakarta - Pasar Senen	17:45	2:05	Bisnis	150,000 ～	
		Taksaka 53	Yogyakarta - Gambir	20:00	3:45	Eksekutif	260,000 ～	
		Gajayana 41	Yogyakarta - Gambir	20:30	4:27	Eksekutif	350,000 ～	玛琅始发
		Argo Dwipamgga 9	Yogyakarta - Gambir	20:57	4:37	Eksekutif	285,000 ～	梭罗始发
	前往泗水	Mutiara Selatan 112	Yogyakarta - Gubeng	1:38	6:24	Bisnis	165,000 ～	万隆始发
		Bima 44	Yogyakarta - Gubeng	0:52	5:38	Eksekutif	225,000 ～	雅加达始发
		Turangga 50	Yogyakarta - Gubeng	3:30	8:14	Eksekutif	210,000 ～	万隆始发
		Sancaka 84	Yogyakarta - Gubeng	6:45	11:37	Eksekutif	165,000 ～	
						Eknomi	105,000 ～	
		Argo Wilis 6	Yogyakarta - Gubeng	16:00	20:19	Eksekutif	210,000 ～	万隆始发
		Sancaka 86	Yogyakarta - Gubeng	16:40	21:55	Eksekutif	165,000 ～	
						Eknomi	105,000 ～	
泗水出发	前往雅加达	Argo Bromo Anggrek 1	Pasar Turi - Gambir	8:00	17:00	Eksekutif	375,000 ～	
		Bima 43	Gubeng - Gambir	17:00	5:43	Eksekutif	395,000 ～	
		Gumarang 77	Pasar Turi - Pasar Senen	15:30	2:31	Bisnis	250,000 ～	
		Sembrani 47	Pasar Turi - Gambir	17:50	4:15	Eksekutif	375,000 ～	
		Argo Bromo Anggrek 3	Pasar Turi - Gambir	20:00	5:00	Eksekutif	375,000 ～	
	前往日惹	Argo Wilis 5	Gubeng - Yogyakarta	7:00	11:18	Eksekutif	210,000 ～	
		Sancaka 83	Gubeng - Yogyakarta	7:30	12:45	Eksekutif	165,000 ～	
						Eknomi	105,000 ～	
		Turangga 49	Gubeng - Yogyakarta	16:30	21:19	Eksekutif	210,000 ～	
		Bima 43	Gubeng - Yogyakarta	17:00	21:46	Eksekutif	240,000 ～	
		Sancaka 85	Gubeng - Yogyakarta	17:25	22:32	Eksekutif	165,000 ～	
						Eknomi	105,000 ～	
		Mutiara Selatan 111	Gubeng - Yogyakarta	19:00	0:00	Bisnis	165,000 ～	

■随着时间的推移可能发生改变。最新时刻表、费用请登录 URL tiket.com/kereta-api 或 www.kereta-api.co.id 确认。

Jawa

雅加达

人 口	1018 万
海 拔	不足 10 米
区 号	021
机场代码	CGK

活动信息

● 6~7月中旬

与 6 月 22 日的雅加达市政纪念日一起，将举办雅加达节。马腰兰等地区会有活动上演。

● 8月17日

印度尼西亚独立纪念日当天会进行游行、文化节。

机场建设费

国际线、国内线机票均包含了机场建设费，无须在机场另行支付。

雅加达 *Jakarta*

多样性文化并存的印度尼西亚共和国首都

呈现在莫纳斯观景台前的城市街景

印度尼西亚共和国的首都雅加达是政治、经济的中心地区。来自全球的商务人士长期居住于此，游客数量同样众多，大多是以此地作为印尼国内交通的起点或者是特意来这里游览大都市独有的旅游景区。

过去这片地区曾是一个名为帆船码头的小港口。伊斯兰王国通过与马六甲（马来西亚）的贸易往来逐渐繁荣，受此影响，印度尼西亚的沿岸地区均逐渐开始信奉伊斯兰教。随后，伊斯兰教势力占领了这个港口，并将这里改称为查雅加达（伟大的胜利）。此后荷兰东印度公司将据点设在了如今的科塔地区，将查雅加达改名为巴达维亚，这里作为印度尼西亚殖民地的中心开始了急速发展。日军占领后又将查雅加达改名为近似的雅加达，如今作为东南亚最大的都市不断发展。北部的科塔地区周边还保留着一些能见证当时荷兰东印度公司繁荣盛景的残影，还可以看到历史建筑以及运河。

从机场前往市内的各式交通！

从 2018 年 1 月开始，连接苏加诺－哈达国际机场和位于市内中心地区的苏迪曼巴鲁站的机场快轨（ARL）开始正式运营。苏加诺－哈达机场站 Bandara Soekarno Hatta 始发，每天 6:10~23:27 发车，苏迪曼巴鲁站 Sudirman Baru 始发，每天 4:21~22:33 发车，每小时 1~2 班（全程需 1 小时，Rp.70000）。如果乘坐机场~市内的机场快轨的话，可以避开雅加达特色的堵车风险。未来也计划开通芒加莱站、科塔站等主要车站。

通过连接 1 号航站楼和 2 号航站楼的"空中列车 Skytrain"（每小时 2~3 班，免费乘坐）可以前往机场站（也标识为 Stasiun Kereta）。

此外从 2016 年开始大鸟公司的机场摆渡车也开始投入运营。虽然与已经存在的 DAMRI 机场巴士相比班次较少，但其优势在于可以在纱丽太平洋酒店、塔马瑞尼宜必思酒店等中心地区酒店，以及 FX 苏迪曼购物中心等人气商业街区上下车。

● 机场快轨

URL www.railink.co.id

● 大鸟

URL www.blueb irdgroup.com/pro mo/airportshuttle

大鸟巴士的机场柜台

◎ 交通方式

飞机

苏加诺—哈达国际机场Pelabuhan Udara Internasional Sukarno Hatta 位于雅加达西北部，距离市中心25公里，是印度尼西亚最大的机场，有大量国际线、国内线起降。

空中列车连接着航站楼

● 从机场前往市内

国际线到达大厅内设有出租车柜台，在这里买票后可以立即上车出发。前往雅加达市中心需要30~60分钟，Rp.180000（途中需支付高速费用Tol Rp.16000左右，请提前确认）。平日早晚、周五晚上道路非常拥堵，单程需要2~3小时，请提前预留好时间。

航站楼外有按里程收费的出租车站点（前往市中心含高速费用Rp.160000~200000）。周围会有司机主动上来拉客，请尽量避免与他们交流。

想省钱的话推荐乘坐 Damri 机场巴士或大鸟 Big Bird 机场巴士。巴士站位于从机场到达大厅附近，可以到达市中心的甘比尔站西口（莫纳斯一侧）、布洛克 M 广场购物中心、市内巴士枢纽站等主要地点。费用方面，两家公司均为 Rp.40000。从机场出发前往市内，Damri 机场巴士从机场出发，前往市内的时间段为5:00~24:00（从甘比尔站出发，前往机场为3:00~20:00），发车间隔为15~30分钟一班。

飞往雅加达的飞机（雅加达出发→ p.442）

从日惹出发	印尼鹰航、印尼狮航、印尼亚航、斯利维查雅航空等，每天27~40班，所需时间1~1.5小时，Rp.336000~1998000
从泗水出发	印尼鹰航、印尼狮航、连城航空、印尼亚航等，每天57~72班，所需时间1.5小时，Rp.450000~1644000
从登巴萨出发	印尼鹰航、印尼狮航、连城航空、印尼亚航等，每天51~59班，所需时间2小时，Rp.538000~1951000
从龙目岛出发	印尼鹰航、印尼狮航、巴泽航空等，每天10~13班，所需时间2小时，Rp.726000~1935000
从棉兰出发	印尼鹰航、印尼狮航、连城航空、印尼亚航等，每天40~50班，所需时间2.5小时，Rp.667000~2454000
从巴东出发	印尼鹰航、印尼狮航、连城航空、斯利维查雅航空等，每天21~27班，所需时间2小时，Rp.475000~2012000
从美娜多出发	印尼鹰航、印尼狮航、巴泽航空、连城航空、等，每天13~14班，所需时间3.5小时，Rp.1131000~3538000
从望加锡出发	印尼鹰航、印尼狮航、连城航空、斯利维查雅航空等，每天41~44班，所需时间2.5小时，Rp.733000~2493000
从马辰出发	印尼鹰航、印尼狮航、连城航空等，每天17~19班，所需时间1~2小时，Rp.742000~2000000
从巴厘巴板出发	印尼鹰航、印尼狮航、巴泽航空、连城航空等，每天19~22班，所需时间2~2.5小时，Rp.928000~2215000
从查亚普拉出发	印尼鹰航、印尼狮航、巴泽航空、连城航空等，每天4~5班，所需时间5.5~7.5小时，Rp.1973000~6155000

机场起降指南
TEL（021）550-5307
URL soekarnohatta-airport.co.id

苏加诺–哈达国际机场

机场设有1、2、3号航站楼，入口按照航空公司分为A~U。乘坐出租车或机场搭巴士前往机场时请注意下车地点。

各个航站楼之间有免费摆渡车行驶（发车间隔5~15分钟，24小时运营）。上车地点位于2层各自的出发大厅前。

● 1A·1B 航站楼
印尼狮航

● 1C 航站楼
连城航空 Citilink、巴泽航空 Batik、航空 Transnusa、印尼捷运航空 Airfast Indonesia。

● 2D·2E 航站楼
除印尼鹰航以外（代码共享航班除外）的国际线

● 2F 航站楼
斯利维查雅 Sriwijaya 航空（南穆 NAM 航空）、印尼亚洲航空 Air Asia Indonesia

● 3U 航站楼
印尼鹰航、海外航空公司的国内线和国际线
※ 有时会出现临时变更航站楼的情况，请出发前提前做好确认

印尼国家海运公司（PELNI）售票处

MAP p.61/A4

印尼国家海运公司的大型渡轮通过丹戎布诺港口往来于国内各地的港口，周期为2周的时间。船票可以在旅行社、PELNI 公司的办公地买到。
地址 Jl. Angkasa No.18
TEL （021）424-1963
营业 周一~周五 7:30~14:30
　　　周六　　　7:30~11:30

雅加达地铁

2019年3月，连接雅加达市中心的印尼广场~南部的塞纳扬的地铁 MRT 正式开通。从塞纳扬出发的前半部分为地上段，途经布洛克 M 广场购物中心，可以到达勒勃克布鲁斯巴士枢纽站。

● MRT
URL jakartamrt.co.id

🌸 贴士　从苏加诺—哈达国际机场出发前往万隆，可以搭乘 Xtrans、Primajasa、Jackal Holidays 等数家公司运营的巴士。7:15~23:30，每小时1~5班，所需时间4~5小时，费用为Rp.115000~210000。

巴士车票预约网站
- RedBus
URL www.redbus.id
- Bosbis
URL www.bosbis.com

市内的主要巴士枢纽站
- 布罗格邦巴士枢纽站
Pulogebang
`MAP` p.59/B4
位于市区东部，距离市中心约15公里。巴士往返于日惹、万隆、井里汶、泗水、巴厘岛、苏门答腊等各地。快速公交的车站为Terminal Terpadu Pulogebang。

- 拉瓦曼古恩巴士枢纽站
Rawamangun
`MAP` p.59/B4
位于市中心以东约10公里处。中等规模的枢纽站，与苏门答腊、万隆、日惹等地均开通了巴士线路。

- 坎邦红毛丹巴士枢纽站
Kampung Rambutan
`MAP` p.59/C3
TEL（021）840-0063
位于城市东南方向，与市中心相距22公里。巴士主要往返于茂物、万隆等南部城市。另外有少量巴士往返日惹、梭罗、庞岸巴兰。

- 勒巴克布鲁斯巴士枢纽站
Lebak Bulus
`MAP` p.58/C2
TEL（021）750-9773
位于市区西南方向15公里处，有豪华巴士往返日惹、泗水、巴厘岛。

- 卡里德雷斯巴士枢纽站
Kalideres
`MAP` p.58/A1
TEL（021）544-5348
位于市区以西约15公里处。巴士主要往返于西爪哇岛的万丹、姆拉等城市。

市内的主要火车站
- 科塔站 Jakarta Kota（JAK）
`MAP` p.69/B1
雅加达郊外通勤列车的主要车站，往返于茂物方向等地。没有长途列车往返于爪哇岛其他地区。

- 甘比尔站 Gambir（GMR）
`MAP` p.60/C2
主要是豪华型（1等）列车，往返爪哇岛各地。

- 帕萨尔塞宁站 Pasar Senen
`MAP` p.61/C4
主要是商务型（2等）、经济型（3等）列车，往返爪哇岛各地。

巴士

巴士枢纽站 Terminal Bis 按照目的地方向分为布罗格邦、拉瓦曼古恩、坎邦红毛丹、勒巴克布鲁斯、卡里德雷斯这5个车站。每一个都距离市内较远。

位于东部郊外的拉万曼达巴士枢纽站

●连接巴士枢纽站和市内的新交通系统

各个巴士枢纽站与市内都通过雅加达快速公交系统（→p.65）连接。从拉瓦曼古恩出发，乘坐快速公交2号线可以到达甘比尔站和莫纳斯。从坎邦红毛丹可以乘坐7号线、5号线前往市区。从布罗格邦乘坐11号线、从勒巴克布鲁斯乘坐8号线可以到达市中心。从卡里德雷斯出发可以乘坐3号线，到达1号线Harmoni的车站。快速公交内的换乘，只要不出闸机，价格就不会变动。

前往雅加达的巴士	
从茂物出发	前往布罗格邦、拉瓦曼古恩、坎邦红毛丹、勒巴克布鲁斯等地，每小时数班，所需时间45~60分钟，Rp.16000
从万隆出发	前往布罗格邦、拉瓦曼古恩、坎邦红毛丹等地，每小时数班，所需时间3~4小时，Rp.65000~195000
从井里汶出发	前往布罗格邦、坎邦红毛丹等地，每天10多班，所需时间4~5小时，Rp.40000~、空调车 Rp.50000~255000
从日惹出发	前往坎邦红毛丹、勒巴克布鲁斯等地，每天约10班，所需时间12~15小时，Rp.85000~300000
从梭罗出发	前往坎邦红毛丹、勒巴克布鲁斯等地，每天20多班，所需时间12.5~14小时，Rp.120000~305000
从泗水出发	前往布罗格邦、坎邦红毛丹、拉瓦曼古恩等地，每小时1班，所需时间12~18小时，Rp.250000~340000
从巴厘岛的登巴萨出发	前往所有巴士枢纽站，每天10多班，所需时间22~32.5小时，Rp.425000~500000
从苏门答腊岛的巴东出发	前往所有巴士枢纽站，每天数班，所需时间27~30小时，Rp.300000~460000

铁路

主要的火车站 Stasiun Kereta Api 有科塔站、甘比尔站、帕萨尔塞宁站等。长途线路根据列车不同，终点站也不相同，购买车票时请提前确认。

出发、到达的通勤列车

前往雅加达的火车	
从茂物出发	郊外通勤列车每小时2~5班（4:00~21:47出发），所需时间1.5小时，Rp.6000
从万隆出发	Argo Parahyangan 号每天8~17班（4:15~20:50出发），所需时间3~3.5小时，Rp.70000~300000
从井里汶出发	Cirebon Ekspres 号等每小时3班（5:25~次日2:42出发），所需时间2.5~3.5小时，Rp.49000~525000
从日惹出发	每天12~17班（7:00~22:00出发），所需时间7~9小时，Rp.74000~600000
从梭罗出发	每天10班（8:00~20:58出发），所需时间8~11小时，Rp.74000~700000
从泗水出发	每天11班（8:00~21:00出发），所需时间9~14小时，Rp.104000~700000

🪷 **贴士** 位于雅加达东部郊外的普罗加多巴士枢纽站的功能，于2016年末开始由"布罗格邦 Pulogebang"巴士枢纽站接替，可以称得上是东南亚最大的巴士枢纽站。

从雅加达出发的旅游线路

从雅加达出发有许多旅游线路，比起单独雇导游更加便宜，也比乘坐市内公交移动更加安全、方便。一般旅游团均是英语导游，也有中文导游同行的旅游团（价格相应更贵）。下面介绍一些比较有代表性的从当地出发的行程（目的地、时间、价格、餐食根据组团社而定）。可以提供住宿酒店或市内指定场所的接送服务。所有线路最少 2 人成团。

● 雅加达 1 日游
时间 8:30~17:00
费用 Rp.1350000~
游览国家博物馆、莫纳斯、帆船码头、印度尼西亚缩影公园等地。

帆船码头

● 雅加达半日游
时间 8:30~12:30
费用 Rp.770000~
中午前游览国家博物馆、莫纳斯、总统府、帆船码头等市内的主要观光景点。

● 雅加达北部游
时间 13:00~17:00
费用 Rp.770000~
游览雅加达历史博物馆、哇扬戏博物馆等，在北部感受巴达维亚情怀。

茂物植物园

● 游览茂物 & 缩影公园
时间 8:30~17:00
费用 Rp.1430000~
前往茂物的植物园，回程时参观印尼缩影公园。

● 印尼千岛 2 天 1 晚
时间 2 天
费用 Rp.1700000
从雅加达前往海上由无数岛屿构成的千岛。费用根据所前往的岛屿而异，包含住宿费和船票。

打车软件 Grab 的使用方法

在印度尼西亚的大城市中，人们一般都会根据手机使用打车软件。其中 Grab 公司因为在 2018 年将美国 Uber 的东南亚业务收购后，服务规模得到了飞跃式的提升。如果想使用的话，下载 Grab 的免费软件，输入姓名、邮箱、可以在印尼拨通的手机号、密码后即可登录。登录后，可以接送的汽车、摩托车会在 GPS 地图上显示出来。输入出发地和目的地后，会显示接单的司机和其位置信息（部分司机会发 SMS 或打电话确认上车地点）。如果登记了信用卡信息的话，也可以直接用信用卡支付。Grab 的打车软件终端在购物中心、餐馆也逐渐增多。蓝鸟出租车的 My Blue Bird、GO-JEK 的打车软件等的使用方法也都大致相同。

左 / 手机的 Google Map 上显示的位置信息
右 / 也可以使用购物中心的打车终端

贴士 与铁路相比，巴士虽然班次多，价格便宜，但是巴士枢纽站距离市中心较远，不是十分方便。尤其是距离科塔站 30 公里左右的坎邦红毛丹站，无论是快速公交还是出租车，都需要等 1~2 小时甚至以上的时间。

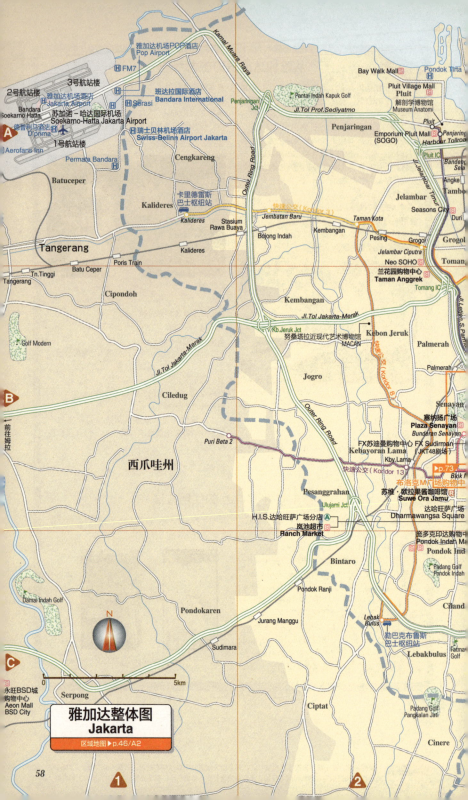

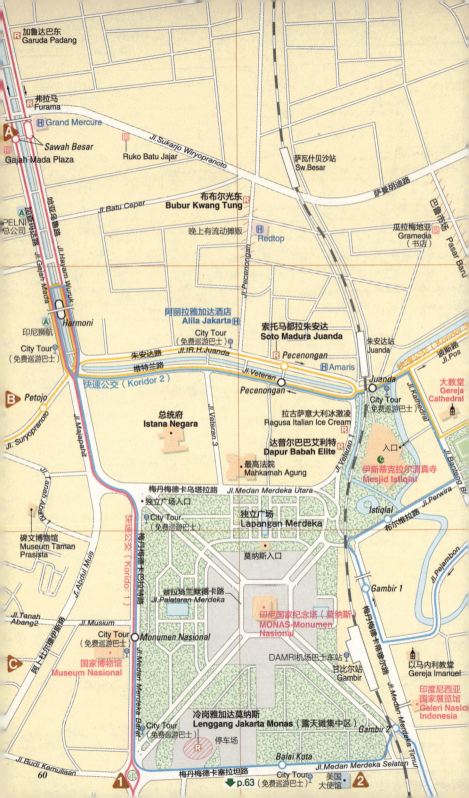

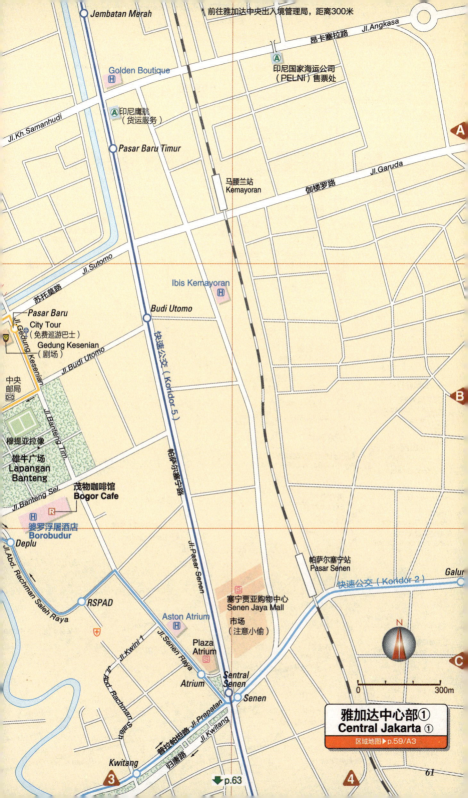

Jembatan Merah

Jl.Angkasa

昂卡塞拉路

Golden Boutique

印尼国家海运公司
（PELNI）售票处

印尼鹰航
（货运服务）

Jl.Kh.Samanhudi

Pasar Baru Timur

Jl.Garuda

马腰兰站
Kemayoran

伽楼罗路

Jl.Sutomo

苏托莫路

Ibis Kemayoran

Pasar Baru
City Tour
（免费巡游巴士）

Budi Utomo

Gedung Kesenian
（剧场）

Jl.Gedung Kesenian

Jl.Budi Utomo

中央
邮局

Jl.Banteng Tim.

穆提亚拉像

雄牛广场
Lapangan
Banteng

茂物咖啡馆
Bogor Cafe

快速公交（Koridor 5）

帕萨尔塞宁路

Jl.Banteng Sel.

婆罗浮屠酒店
Borobudur

Deplu

Jl.Abd. Rachman Saleh Raya

RSPAD

帕萨尔塞宁站
Pasar Senen

Galur

快速公交（Koridor 2）

Jl.Pasar Senen

Aston Atrium

塞宁贾亚购物中心
Senen Jaya Mall

市场
（注意小偷）

Jl.Kwini 1

Jl.Senen Raya

Plaza
Atrium

N

Sentral
Senen

Atrium

Jl.Abd. Rachman S.

Senen

0   300m

Kwitang

Jl.Prapatan

Jl.Kwitang

雅加达中心部①
Central Jakarta ①

区域地图 ▶ p.59/A3

3

▼ p.63

4

A

B

C

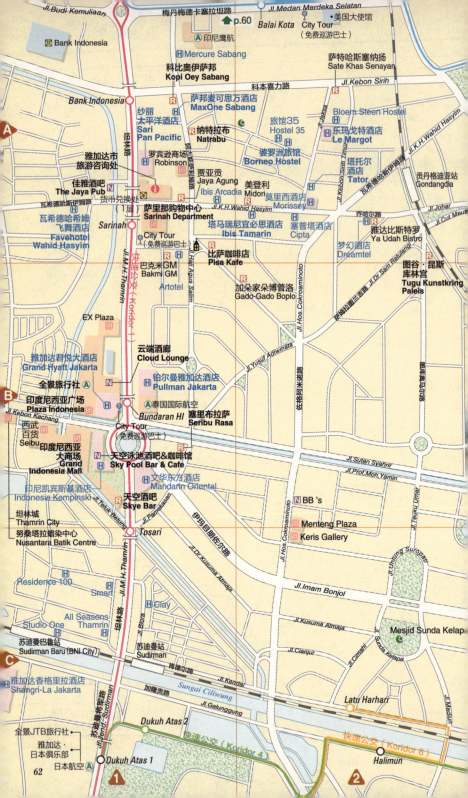

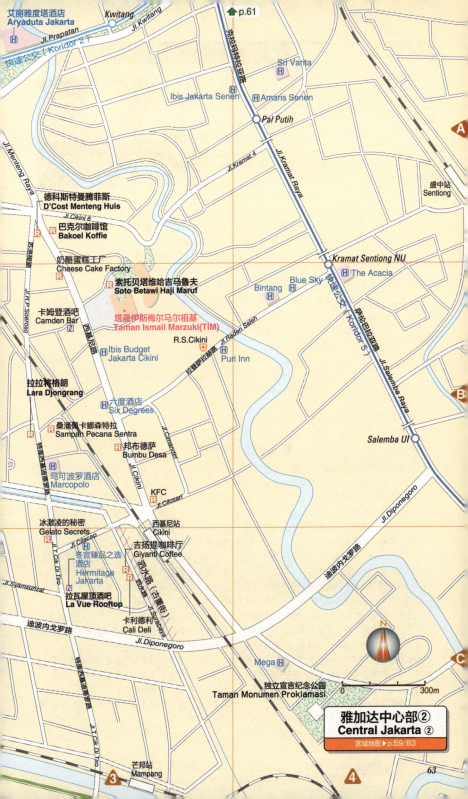

艾丽雅度塔酒店
Aryaduta Jakarta

Kwitang

↑ p.61

Jl.Prapatan
快速公交（Koridor 2）

Jl.Kwitang

Sri Varita

Ibis Jakarta Senen   Amaris Senen

A

Pal Putih

德科斯特曼腾菲斯
D'Cost Menteng Huis

Jl.Cikini 6
巴克尔咖啡馆
Bakoel Koffie

奶酪蛋糕工厂
Cheese Cake Factory

Kramat Sentiong NU

索托贝塔维哈吉马鲁夫
Soto Betawi Haji Maruf

The Acacia

盛中站
Sentiong

Jl.Kramat 4

Jl.Kramat Raya

Bintang   *Blue Sky*

卡姆登酒吧
Camden Bar

塔曼伊斯梅尔马尔祖基
Taman Ismail Marzuki(TIM)

R.S.Cikini

Ibis Budget
Jakarta Cikini

Puri Inn

拉拉将格朗
Lara Djongrang

六度酒店
Six Degrees

Salemba UI

桑潘佩卡娜森特拉
Sampan Pecana Sentra

邦布德萨
Bumbu Desa

马可波罗酒店
Marcopolo

KFC
Jl.Cilosari

Jl.Cikini

Jl.Diponegoro

冰激凌的秘密
Gelato Secrets

西基尼站
Cikini

Jl.Cilacap

吉扬提咖啡厅
Giyanti Coffee

冬宫臻品之选
酒店
**Hermitage
Jakarta**

拉瓦屋顶酒吧
La Vue Rooftop

卡利德利
Cali Deli

迪波内戈罗路

Jl.Diponegoro

Mega

C

独立宣言纪念公园
Taman Monumen Proklamasi

0   300m

雅加达中心部②
Central Jakarta ②

区域地图 ▶ p.59/B3

3 *Mampang*
芒邦站

4

63

在雅加达收集信息

● **雅加达市旅游咨询处**
MAP p.62/A1
地址 Jl. M.H. Thamrin No.9
TEL (021) 315-4094
营业 每天 8:00~17:00
URL Jakarta-tourism.go.id

● **雅加达市游客中心**
地址 苏加诺—哈达国际机场内
营业 每天 8:00~23:00

关于换汇

城市中的银行、货币兑换处、高档酒店内的旅行社都可以用美元进行兑汇。银行的营业时间一般为周一~周六的 8:00~16:00（周六~11:30）。贾克萨路西侧的阿古斯萨利姆路等地均有 24 小时营业的货币兑换处。

雅加达评价较好的货币兑换处有萨里纳百货商场北侧游客中心一层的货币兑换处（MAP p.62/A1）和位于布洛克 M 广场购物中心 3 层（2F）的 Tri Tunggal（MAP p.73）等。

高档酒店林立的坦林路

雅加达的中心是高 132 米的国家纪念塔——莫纳斯。纪念塔位于独立广场 Lapangan Merdeka 的中心，是一座让人在周边步行的时候就能大致知道方向的地标性建筑。原印尼总统苏加诺居住的总统府 Istana Negara 也建于广场的北侧，如今成了招待国宾的会场。

独立广场的东侧是甘比尔站，广场南侧是贾克萨路 Jl. Jaksa 地区，这里集中着许多中低档酒店，游客众多，非常热闹。

独立广场西侧是梅丹梅德卡巴拉特路，再往南走是坦林路，这条大街是雅加达最繁华的街道之一，建有许多购物中心和高档酒店。再往南走便是繁华街区布洛克 M 广场购物中心（→p.73）和克芒地区（→p.72）。相反从梅丹梅德卡巴拉特路往北走是加查玛路路，最后可以到达科塔地区 Kota，游览荷兰统治时期的雅加达残影，其中心的法塔西拉广场 Taman Fatahillah 周边有多座博物馆，也是热门的观光区域之一。

在雅加达如果不乘坐交通工具的话，很难前往观光地和巴士枢纽站。从安全方面考虑，尽量避免乘坐小巴等交通工具，建议乘坐出租车或参加当地出发的旅游团。

---

for your Safety

雅加达的安全提示

近年来雅加达的偷盗事件、出租车抢劫事件频发，格外引人注目。尤其是在巴士枢纽站的受害案件众多，回避危险的第一步就是尽量不要乘坐市公交车，不要靠近公交车站。关于印尼的最新治安信息可以登录中国驻印尼大使馆的主页网站进行确认。

URL www.fmprc.gov.cn/ce/ceindo/chn/

● **市公交车上的小偷**

市公交车上有专门以外国游客为目标的小偷组织，因此最好不要乘坐（尤其是在低价酒店集中的贾克萨路地区上车最为危险）。小偷会以 6~7 人为一组，在公交车满载的情况下，聚集在目标游客的周围，即使再小心注意也会被小偷得手。他们其中一人会装作十分亲切的样子主动与游客交谈，以此来分散游客的注意力，然后其他人趁此间隙会将腰包等用小刀割开，偷走贵重物品和现金。

● **在巴士枢纽站需要注意**

巴士枢纽站和火车站也有小偷出没，一定要格外注意安全。经常出现乘坐夜行巴士后，精神稍有恍惚，行李就被偷走的情况发生。尤其是各个巴士枢纽站还距离市中心较远，因此虽然费用会贵一些，但建议最好还是在市内的旅行社购买包含往返巴士枢纽站的车票。

● **在市内及观光景点**

日本大使馆周边等中心地区的大街上，也会有小偷、强盗出没，最好不要单独一个走在市区里，并且时刻注意周边的情况。另外，萨里纳百货商场的纪念品商店、博物馆等观光景区里，有说英语、汉语、日语，并且十分和蔼的人主动上前搭话，一定注意远离这类人群。

● **出租车抢劫**

深夜在布洛克 M 广场购物中心等繁华街区有来历不明的出租车，上车后会被带到与目的地无关的地方，然后司机会拿出刀等利器威胁乘客。乘坐蓝鸟和银鸟等正规公司的出租车相对来说较为安全。

贴士 手机软件 GO-JEK（→p.447 边栏）可以叫到摩托出租车，通过 GO-BUSWAY 可以确认公交线路的运行状况。市内的乘车指南可以登录 URL transit.navitime.com/ja-id 进行确认。

交通指南

●出租车

市内各处都有按里程收费的出租车行驶。部分司机会在里程器上做些手脚，上车后一定让其将里程归零后再出发。各个公司的起步价均为1公里Rp.6500~，然后每行驶100米加Rp.280~410（同时使用计时器）。距离较短的话可能不打表（需要事先沟通）。

●快速公交

行驶于首都主要街道的空调巴士。除了往返于各个巴士枢纽站之间外，还可以到达莫纳斯、科塔地区、拉古南动物园等，对于游客来说是非常便利的交通手段。因为行驶在专用车道上，因此也不用担心堵车的问题。专用站台位于中央隔离带，购买储蓄

巴士前进方向一侧是女性专用车厢

式IC卡后即可进入。车上只能乘坐定员以内的乘客数量，另外中途不能随意上下车。

●市内公交

带有空调的DAMRI公司的大型公交车行驶在市内各地。另外小巴主要往返于市内的13个巴士枢纽站。下车时按铃示意司机。此外还有叫作米克罗雷特的小型公交，也是往返于科塔~巴鲁市场等地。与DAMRI的公交车不同，跟司机说"Ki LI!（=向左）"后就会靠边停车。价格根据乘坐的距离而定。

蓝鸟出租车公司的评价不错

●三轮车

在中近距离上，三轮车可以作为准出租车乘坐使用。价格由双方沟通决定，会考虑到目的地的距离以及路况，但实际上司机不同，要价也有很大差异（参考价格几乎和出租车价格相同）。

●通勤列车

雅加达市内和近郊区间有郊外通勤列车Commuter运营。早晚通勤时段列车非常拥挤，但是白天很空，根据利用的区间，是很方便的交通手段。车票是充值形式的IC卡，最开始需要到窗口买卡（Rp.10000），并进行充值或告知工作人员目的地车站。

以科塔站、塔纳阿邦站为起点，开往南部的茂物、东部的丹戎不碌港等，共有6条线路运营。

通勤列车的线路图

蓝鸟出租车公司的评价不错

蓝鸟出租车
TEL（021）794-1234
URL www.bluebirdgroup.com

分为淡蓝色、普通车型的蓝鸟出租车和黑色、车型更大的银鸟出租车两种，24小时营业。在酒店的出租车柜台更容易叫到该公司的出租车。

该公司还下设有金鸟出租车，如果是会讲英语的司机，还可以包车。4小时包车费用为Rp.480000。

快速公交
Transjakarta-Busway
URL transjakarta.co.id

共有13条主线路，被叫作Koridor，下设有分线。运营时间为5:00~22:00（白天间隔3分钟一趟，清晨和夜晚间隔5~6分钟）。每次乘车的费用为Rp.3500（5:00~7:00为Rp.2500）。首次乘坐时需购买价格为Rp.40000的"IC卡"（Rp.20000为车费，剩下的Rp.20000是购卡成本费）。如果卡内余额不足的话，可以到窗口进行充值。通勤时段窗口比较拥挤，最好在其他空闲时间进行充值。

连接各条线路的换乘站台因目的地不同，上车口也不一样，请注意。出站台后，不管换乘多少次，价格都不会变。

DAMRI的大型公交车车费
Rp.4000（空调车是Rp.8000）

小巴车费
Rp.4000

三轮车的标准费用
步行需要10分钟左右的距离，费用为Rp.20000左右。

行驶于市内的小巴

 贴士   虽然部分快速公交的乘车站台与私营巴士共用，但是不能使用快速公交的车票乘车使用。私营巴士的车身为浅蓝色，前挡风玻璃上标有"via Jalur Busway"。

65

雅加达中心部

MAP p.63/B3

印尼国家纪念塔（莫纳斯）

入场 周二~周日 8:00~16:00、19:00~22:00（最后入场为 21:00）

费用 Rp.10000（观景台门票需另付 Rp.20000）

快速公交1号线、2号线的"Monas"站下车。

塔曼伊斯梅尔马尔祖基
Taman Ismail Marzuki

可以称得上是雅加达"文化·艺术的殿堂"，占地内有多功能性大厅、室外剧场、各种展览会场、图书馆、天文馆、电影院、餐馆。雅加达等地的演剧团都会来这里进行公演，对印度尼西亚的现代文化·艺术感兴趣的不妨来此参观。

TEL（021）3193-7530
URL tamanismailmarzuki.jakarta.go.id
入场 周二~周六 10:00~17:00

多样化设施入驻的塔曼伊斯梅尔马祖基

雅加达中心部的标志
印尼国家纪念塔（莫纳斯）
MONAS-Monumen Nasional

★★

Map p.60/C2

市内观光的时候也是地标建筑

高 132 米的印尼国家纪念塔被称作莫纳斯（Monumen Nasional 的缩写），是印尼首都的标志性建筑。顶端是一个用 50 公斤黄金制成的火炬雕塑，纪念塔建于雅加达中央、四周长均约为 1 公里的独立广场的正中央。

基座内是一间独立大厅，其中央墙壁上有一扇大门，每到整点大门就会开启，持续几分钟的时间，在此期间会播放"为了国家 Bagimu Negeri"的爱歌歌曲，随后首任总统苏加诺签署的《独立宣言》会呈现在游客眼前，并播放原声录音磁带。另外，地下的博物馆还全面展示和介绍了印尼历史的相关资料。爪哇猿人的诞生、大航海时代、独立宣言等，就如同看到了宏大的历史物语一般。可以眺望市区的莫纳斯观景台也有着很高的人气，白天时电梯经常排起长队，建议一大早就去游览观光。

苏加诺总统签署的《独立宣言》

饱含印度尼西亚的文化遗产
国家博物馆
Museum Nasional

★★

Map p.60/C1

国家博物馆

TEL（021）386-8172
URL www.museumnasional.or.id
入场 周二~周五 8:00~16:00
　　 周六·周日 8:00~17:00
※ 周五 11:30~13:00 闭馆
费用 Rp.10000
馆内暂无中文讲解。

位于独立广场西侧，是印度尼西亚首屈一指的博物馆。1 层是时代久远的陶瓷器收藏，陈列着国内各地的文艺道具、房屋模型、民族分布图等，可以充分了解印尼的文化和历史。另外中庭还摆放着爪哇岛印度教时期的石像。

新馆 4 层宝物室内陈列着从夏连特拉王朝的遗迹中发掘出来的物品和满者伯夷国的宝物都非常值得一看。此外还展示了在中爪哇的桑吉兰出土的爪哇猿人骨头的复制品。

陈列有大量印度教、佛教的石像

雅加达规模最大的博物馆

贴士 **R** 冷岗雅加达莫纳斯 Lenggang Jakarta Monas（**MAP** p.60/C1）是位于独立广场南侧的露天摊街道，这里聚集了 100 家左右的餐馆和纪念品摊贩。每天 5:00~22:00 营业。

伊斯蒂克拉尔清真寺

Mesjid Istiqlal　　　　　　　　　Map p.60/B2

东南亚规模最大的伊斯兰礼拜堂。始建于 1961 年，当时印尼的领导人还是首任总统苏加诺，于 1978 年完工，是一座耗时 17 年才建成的大型建筑物。伊斯兰教信徒做礼拜的 2 层（1F）虽然不让进入，但是其他地方都可以自由参观。每周五，无数的伊斯兰教徒都会聚集在一起做礼拜，倾听导师的说教，在这里可以感受到他们虔诚、热情的信仰之心。

印度尼西亚的伊斯兰教圣地

大教堂

Gereja Cathedral　　　　　　　　Map p.60/B2

约 90% 的印度尼西亚国民都信奉伊斯兰教，其次便是天主教徒，而信仰的中心便是这座大教堂，与伊斯蒂克拉尔清真寺只相隔一条马路，让人在了解这个国家的宗教政策方面有着重要的作用。

印度尼西亚国家展览馆

Galeri Nasional Indonesia　　　　Map p.60/C2

云集了印度尼西亚近代之后绘画作品的一座美术馆。位于中央的建筑物是策划展览会场，旁边的建筑物是常设展览会场。从荷兰殖民时期开始，到独立时期，以及现代艺术作品一应俱全，可以欣赏到印度尼西亚的艺术编年史。网页上也记载着收藏品的介绍（印尼语、英语）。

入口处格外显眼的雕塑

伊斯蒂克拉尔清真寺

入场 每天 4:00~21:00（游客入场截止时间为 18:00）
内部需脱鞋进入，行李寄存在 1 层（BF）的客房内后便可进场。必须捐款，但是金额随意。3 层（2F）等位置可以拍摄内部的照片。因为这是伊斯兰教象征性的建筑物，因此可能会有成为印尼国内宗教对立发生冲突的地方，请注意自身安全。

装饰雅致的大教堂

大教堂

从甘比尔站往北步行 15 分钟。

印度尼西亚国家展览馆

URL galeri-nasional.or.id
入场 周二～周日 9:00~16:00（常设展）
　　 每天 10:00~18:00（策划展）
费用 免费
馆内禁止使用照相机拍照（关闭闪光灯后可以使用手机拍照）。前台的行李寄存处可以存放行李。

免费周游巴士

乘坐 City Tour（别称 Bus Wisata）免费巡游巴士可以游览雅加达的观光景点。每天有 4 条线路运营（BW1、BW2、BW4、BW5），周六下午仅有两条线路（BW3、BW6）。下列的两条线路在每天的 10:00~18:00（周日 12:00~19:00）之间运营，便于游客使用。

● BW1 Sejarah Jakarta（History of Jakarta）
莫纳斯→国家博物馆→印度尼西亚银行博物馆→ BNI46（科塔站北侧）→巴鲁市场→朱安达（伊斯蒂克拉尔清真寺）

● BW2 Jakarta Baru（Jakarta Modern）
莫纳斯→萨里纳（百货商场）→印度尼西亚广场→萨里纳→国家博物馆→巴鲁市场→朱安达（伊斯蒂克拉尔清真寺）

巴士车站的 City Tour 站牌十分显眼

贴士　首都的新交通系统"快速公交"行驶在优先车道上，车内也有空调，非常舒适。但是为了避免拥挤，有乘车限制，部分时间段可能很难上车。

前往法塔西拉广场交通方式

快速公交1号线终点"Kota"站下车（从雅加达中心部出发需要20~30分钟）。

从贾克萨路周边出发的话，可以在贡丹格迪亚站乘坐各站停车的火车，也可以到达科塔站（所需时间15分钟，Rp.3000）。

雅加达历史博物馆

MAP p.69/B1

TEL（021）692-9101

入场　周二~周日 9:00~17:00

费用 Rp.5000

绘画陶瓷器博物馆　p.69/B1

TEL（021）690-7062

入场　周二~周日 9:00~17:00

费用 Rp.5000

绘画陶瓷器博物馆

哇扬戏博物馆

MAP　p.69/B1

TEL（021）692-9560

入场　周二~周日 9:00~16:30

费用 Rp.5000

印度尼西亚银行博物馆

MAP　p.69/B1

TEL（021）260-0158

入场　周二~周五 8:00~15:30

　　　周末　　　8:00~16:00

费用 Rp.5000

雅加达北部

在感受往日风情的同时巡游博物馆

法塔西拉广场　　　Map p.69/B1
Taman Fatahillah

★★

在雅加达历史博物馆内可以回顾荷兰统治时期留下的残影

科塔站北侧的法塔西拉广场 Taman Fatahillah 是旧巴达维亚的中心地。广场用石板铺设，四周是东印度公司时代建设的大型建筑物。不妨来到以博物馆为中心的风情区漫步吧。

广场南侧的雅加达历史博物馆 Museum Sejarah Jakarta 是 1707 年作为市政厅建设而成的。2层陈列着荷兰总督曾经使用过的家具。

广场东侧的绘画陶瓷器博物馆 Museum Seni Rupa & Keramik 是旧巴达维亚的法院，采用古典样式设计建造，外观优美。博物馆以原副总统亚当·马利克收集的陶瓷器为首，展示着现代的陶器、绘画作品。

广场西侧的哇扬戏博物馆 Museum Wayang 曾经是基督新教的教堂。馆内收集了来自全国、代表印尼传统文化的哇扬戏（皮影戏、木偶戏）的物品、资料。

科塔站前的印度尼西亚银行博物馆 Museum Bank Indonesia 采用殖民风格建筑设计，外观非常吸引人眼球。原本是印度尼西亚的中央银行，现在可以通过影像资料、立体模型等学习国家历史与财政之间的关系。

Column

在科塔地区体验时间旅行

科塔地区（MAP p.69/A1）至今还保留着大量荷兰殖民时期的建筑物，街道本身就宛如一座时代博物馆。首先可以来到巴达维亚时代繁荣起来的巽他卡拉巴港口 Sunda Kelapa。过去这里曾是满载着交易品的船只停靠的地方，十分热闹，如今这里停泊着一些木造船，周围有一种独特、淳朴的气息。

海洋博物馆 Bahari Museum（MAP p.69/A1 TEL（021）669-3406 入场 每天 7:00~16:30 费用 Rp.5000）建于 1718 年，原本是东印度公司的调味品仓库。如今这里陈列着大航海时代的船只模型、航海图等，可以学习到印度尼西亚的海运历史。内部如同时间倒流静止

在殖民风格的海洋博物馆小憩

一般，充满了怀旧的氛围。不妨坐在庭院的长凳上一边休息，一边追忆巴达维亚时代的精彩。从港口俯瞰，可以看到一座被称作木那拉沙班达尔的瞭望塔 Watch Tower，该塔建于 1839 年，可以登到顶部，眺望科塔地区的风景。

以架于贝沙河上的吊桥 Drawbridge 为起点，沿卡里贝沙路往南，朝法塔西拉广场方向走，马路两旁都是古老的殖民风格建筑。虽然其中有

科塔地区保留下来的吊桥

许多都已经变成了废墟，但是却是许多影视作品外景拍摄的取景地。其中比较显眼的一座红色建筑被叫作托克梅拉 Toko Merah，是 1730 年建成的、东印度公司高官的住宅，如今已被列为了文化遗产。

贴士　曾经萧条过一段时期的科塔地区，近年来开始再次开发，重新焕发出了活力。哇扬戏博物馆和印度尼西亚银行博物馆之间，由仓库改造而成的复古咖啡馆颇具人气。

琳琅满目、五彩缤纷的"中国商品" ★

唐人街
Glodok

Map p.69/B1

爪哇岛

中餐馆一家接着一家，展现出独特的活力，是可以体验唐人街特有风情的一个区域。其中最热闹的是加查玛达路西边的班芝兰 Jl.Pancoran 周边。这里有许多店铺，出售中药（→边栏）、中国的食材、点心、汉字书籍、五颜六色的布料等。沿胜利路 Jl. Kemenangan 的露天市场一直往南，可以看到名为金德院 Dharma Bhakti 的中国寺院。

左 / 在唐人街感受独特活力　右 / 柜台上摆放着各种各样的中药

前往唐人街的交通方式

紧邻科塔地区，距离科塔站步行约 10 分钟。或者坐快速公交 1 号线在"Glodok"下车。

唐人街的中药店

雅加达北部的唐人街地区分布着几家中药店。正宗的药店会在柜台调药，有不少当地人都拿着药方来这里，很热闹。该地区的所有药店都有市面上售卖的中药，非常齐全，跟店员说自己的症状后，他们就会找来相对应的中药。还有利于便秘、美肌、瘦身的茶饮等，深受女性喜爱。

雅加达

 投稿　法塔西拉广场周边的步行街区里，每到周末会有各类街头艺人出现。表演质量很高，不妨前去观看。拍照的需要付钱！

寻梦园
TEL（021）2922-2222
URL www.ancol.com
费用 门票 Rp.25000（各个娱乐设施的门票需另付费）

杜尼亚幻想主题公园
TEL（021）2922-2222
营业 周一～周五 10:00~17:00
周末 10:00~20:00
费用 门票 Rp.200000（平日）、Rp.295000（周末）
※印度尼西亚的学校假期和新学期开学前的 6 月中旬开始的约 40 天里，营业时间为 10:00~20:00

海洋世界水族馆
营业 每天 9:00~18:00
费用 Rp.85000（平日）、Rp.105000～（周末、节假日）
※可以购买包含水族馆、杜尼亚幻想主题公园、海底梦幻游乐场的套票，费用有一定优惠。喂食时间等活动可以登录官网查询

拉古南动物园
TEL（021）7884-7114
营业 周二～周日 7:00~16:00
费用 成人 Rp.4000、儿童 Rp.3000
※入园时购买预付卡（Rp.30000），可以用于支付收费项目和餐馆费用。
动物园位于市区南部，相距 16 公里。于快速公交 6 号线南部终点 "Ragunan" 站下车，然后步行 1 分钟即可到达。也可以在布洛克 M 广场购物中心乘坐小巴前往动物园。

印度尼西亚缩影公园
TEL（021）2937-8595
URL www.tamanmini.com
营业 每天 7:00~22:00、园内的博物馆 9:00~16:00
费用 门票 Rp.15000。博物馆、鸟园需另外购买门票（Rp.5000~65000）。
位于市区东南部，相距 20 公里。打车需要 30 分钟，Rp.60000~70000。从坎邦红毛丹枢纽站出发，可以乘坐开往公园的 40 路小巴。
在园内可以租赁自行车（1 小时 Rp.15000），园内专用车（1 小时 Rp.150000）。

雅加达最大的主题公园 ★★

寻梦园
Ancol Taman Impian
Map p.69/A2

海洋世界水族馆

无论大人、小孩都可以尽情游玩的一座娱乐设施。寻梦园占地面积巨大，整体达 552 公顷，其中杜尼亚幻想主题公园 Dunia Fantasi、拥有水上设施的亚特兰蒂斯水上探险乐园

Atlantis Water Adventures 等人气较高。此外，还有可以欣赏观赏海豚、海狮表演的海底梦幻游乐场 Samudra、海洋世界水族馆 Seaworld Ancol、艺术市场 Pasar Seni、人气海滩餐馆等。因为这里很难一天就玩完，推荐入住地内面朝潘泰因达海岸 Pantai Indah 的酒店。

还可以在海湾处体验水上运动

雅加达南部

在绿意盎然的动物园悠闲度日 ★

拉古南动物园
Kebun Binatang Ragunan
Map p.59/C3

动物园位于雅加达南部郊区，可以在自然状态下，近距离观察印度尼西亚固有的动物。苏门答腊象、婆罗洲猩猩等，栖息着来自国内各地的、各种各样的动物。其中巨大的科莫多巨蜥非常值得一看，成年巨蜥体长可达 3 米，体重超过 100kg。

人气颇高的苏门答腊象

可以真实感受到印度尼西亚多样性的公园 ★★

印度尼西亚缩影公园
Taman Mini Indonesia Indah (TMLL)
Map p.59/C4

将印尼各地多样的民族文化，在超过 100 公顷的主题公园内再现。中央的人造湖上是仿造印尼国土再现的无数小岛，周围是构成印度尼西亚全州的各个展馆。内部陈列了服饰、生活用具、展板等，可以了解各个民族的生活方式。另外还可以购买民艺品，周日还会举办民族文艺表演。用地内还有水族馆、各个主题的博物馆、鸟园等许多娱乐设施，待上一整天也不会感觉厌倦。

再现了米南加保地区传统房屋的苏门答腊馆

贴士 艺术：一新博物馆（MAP p.69/B2 URL www.mondecor.com）是一座现代美术馆，主要陈列的是印度尼西亚新锐艺术家们的作品。开放时间为周二～周日 10:00~18:00（周末~16:00），费用为 Rp.150000。

购物
Shopping

雅加达的购物中心都是大型的娱乐设施。除了购物之外，还有电影院、美食区，是当地人约会的场所。其中印度尼西亚广场、塞纳扬广场等大型购物中心是最为热闹、繁华的地方。各式各样的商品、品牌一应俱全，很有高级感。

近年来作为购物区域备受关注的是克芒地区（→ p.72）。拥有许多时尚的店铺。

雅加达中心部

萨里那购物中心
Sarinah Department

◆位于坦林路，是印度尼西亚首个大型商场。5层有印尼的物产·民艺品·传统工艺品，4~5层出售蜡染布料等商品。5层的皮影人偶哇扬（Rp.125000~）、面具等值得购买。地下有美食区，可以在这里用餐。

便于购买纪念品	Map p.62/A1

地址 Jl. M.H. Thamrin No.11
TEL（021）3192-3008
营业 每天 9:00~22:00
信用卡 各个店铺不同

出售民艺品的楼层商品也很齐全

印度尼西亚大商场
Grand Indonesia Mall

◆印度尼西亚规模最大的超大型购物中心，分为东馆和西馆，面积宽阔，馆内有香奈儿、古驰、阿玛尼等众多奢侈品牌。如果想购买工艺品、服装等作为纪念品的话，可以到4层找一找。饿了的话可以到5层的美食区"Food Print"。

高级的购物中心	Map p.62/B1

地址 Jl. M.H. Thamrin No.1
TEL（021）2358-0001
营业 每天 10:00~22:00
信用卡 各个店铺不同

当地人气极高的购物地

印度尼西亚广场
Plaza Indonesia

◆ H 与雅加达君悦酒店相连、地理位置绝佳的大型综合购物中心。店内有世界顶尖品牌的店铺，跟国内的高档商场氛围相似。地下有大型超市，可以购买日用品等，非常方便。6层（5F）有许多餐馆，可以品尝到各国美食，想省钱的话也可以到美食街。7层的娱乐馆有电影院，非常热闹。

地处高档酒店区域的购物中心	Map p.62/B1

地址 Plaza Indonesia, Jl. M.H. Thamrin No.28-30
TEL（021）2992-0000
营业 每天 10:00~22:00
信用卡 各个店铺不同

最适合来这里挑选有品位的纪念品

Information
购物途中按摩休息

在各地的购物中心里都可以轻松地体验到美容、按摩服务。FX苏迪曼购物中心内的国誉 Kokuo（MAP p.77 TEL（021）2911-0300 URL www.kokuo.co.id 营业 周日~周四 10:00~21:00、周五·周六 10:00~23:00）在雅加达拥有10家连锁店，人气颇高。60分钟的足底按摩费用 Rp.120000~。

想在克芒地区做SPA的话，推荐放松生活 Relax Living（MAP p.72 TEL（021）719-4051 营业 9:00~21:00）。75分钟的按摩费用为 Rp.225000~、45分钟的秀发护理费用为 Rp.185000。

可以在人气购物中心体验国誉的服务

贴士 S 兰花园购物中心 Taman Anggrek（MAP p.58/B2 TEL（021）564-3777 营业 每天 10:00~22:00）是位于国际机场和市中心之间的一座大型购物中心。还拥有雅加达唯一的一个溜冰场。

勒索克
Le Souq

◆一家室内装饰杂货店，出售使用丝绸织物制作而成的布料商品、亚洲风格家具等。除了垫子套（Rp.280000~）、编织筐（Rp.250000）等，还有描绘雅加达风物诗的原创餐具（Rp.75000~）、笔记本（Rp.175000）等也都是人气商品。

茶杯、茶托上印有露天摊、三轮车等图案，费用为 Rp.175000

必看的原创餐具	Map p.72

地址 KOI Restaurant 2nd Floor, Jl. Kemang Raya No.72　TEL（021）719-5668
营业 每天 9:00~21:00
URL lesouqinteriordecorating.com
信用卡 J M V

从 KOI 餐馆入口东坐电梯到 2 层即可到达店铺

西克市场
Chic Mart

◆搜罗了亚洲各地的时尚小物件、杂货品的一家收藏品商店。搭配丝织物的小箱子（Rp.42000~）、黄铜摆件（Rp.100000）均是热卖商品。2 层有印着印尼露天摊、美食的化妆包（Rp.75000~）等，还有一些当地设计师的作品。

很适合寻找具有民族特色的纪念品

亚洲杂货宝盒	Map p.72

地址 Jl. Kemang Raya No.55, Kemang
TEL（021）719-7813
营业 每天 9:00~19:00（周日 10:00~17:00）
信用卡 M V

位于克芒地区的繁华街区

露西的蜡染
Lucy's Batik

Map p.72

◆人气精品店，拥有丰富的蜡染时尚商品。从化妆包、手提包等小物件到使用丝绸蜡染制成的高档连衣裙等，商品样式丰富多彩。丝绸制的上衣费用约为 Rp.1350000，人造纤维上衣的费用为 Rp.550000 左右。腰部系有丝带的沙龙风格裙子（Rp.880000）等休闲服饰以及更加成熟的风格商品也广受好评。

丝绸披肩费用为 Rp.345000

将蜡染布料穿出流行风格

地址 Lippo Mall Kemang L1. Jl. Pangeran Antasari No.36, Kemang
TEL（021）2952-8536
URL www.lucysbatik.com
营业 每天 10:00~22:00
信用卡 A J M V

魅力四射的时尚商品琳琅满目

克芒地区
Kemang Area
区域地图 ▶ p.59/B3

贴士 S 克芒利浦购物中心 Lippo Mall Kemang（MAP p.72 URL www.lippomallkemang.com 营业 每天 10:00~22:00）内均是精选的商店。规模不大，逛起来比较适宜。

帕萨拉亚
Pasaraya

◆位于繁华街区布洛克 M 购物中心的一家大型百货商场。卖场面积巨大，商品陈列十分宽绰，便于顾客逛街。时尚商品内容丰富，如果想在雅加达购买纪念品的话，一定要先来这里逛一逛。商场分为 A、B 两馆，从 1 层到 UG、M、2 层（1F）均是出售箱包、化妆品、服装的楼层。两个馆的 3 层（2F）都是以印尼的纪念品为主，包括木雕、皮影人偶、银制品、咖啡豆等，一应俱全。B 馆 6 层（5F）是玩具和儿童服装的楼层。

布洛克 M 的大型百货商场	Map p.73

地址 Jl. Iskandarsyah, Blok M
TEL（021）726-0170
营业 每天 10:00~22:00
信用卡 各个店铺不同

丰富的纪念商品

达纳哈迪
Danar Hadi

◆一家蜡染商店，位于靠近布洛克 M 购物中心的美拉瓦拉亚路，白色的外观格外引人注目。因为是印度尼西亚屈指可数的品牌店，商品都极具品位，种类繁多。1~3 层是卖场，围巾 Rp.65000~、衬衫 Rp.197000~、桌布 Rp.200000~。手提包、小挎包等 Rp.60000~。棉质的吊带衫价格合适，很有人气。根据季节有时会有特价或者清仓商品出售。

高档蜡染品牌店	Map p.73

地址 Jl. Melawai Raya No.69-70
TEL（021）723-7659
营业 每天 9:00~20:00（周日 10:00~）
信用卡 Ａ Ｊ Ｍ Ｖ

使用蜡染制成的小件商品种类也很丰富

塞纳扬广场
Plaza Senayan

◆建于塞纳扬地区的购物中心。以芬迪、蒂芙尼等高档品牌为主，此外还有不少吸引女性顾客的精品店、咖啡馆，还有 SOGO 百货商场也在这里。

塞纳扬地区的地标建筑	Map p.77

地址 Jl. Asia Afrika No.8, Gelora Bung Karno
TEL（021）572-5555
营业 每天 10:00~22:00
信用卡 各个店铺不同

帕帕亚新鲜超市
Papaya Fresh Gallery

◆位于布洛克 M 购物中心的一家超市，食材丰富。虽然价格偏高，但是有各种调味品、新鲜的寿司、蔬菜、便当，对于当地人来说非常方便。

有不少外国人去	Map p.73

地址 Jl. Melawai Raya No.28, Blok M
TEL（021）7279-3777
营业 每天 9:00~21:00
信用卡 Ｊ Ｍ Ｖ

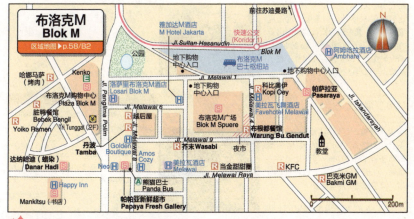

贴士 布洛克 M 广场东南侧每天晚上都有美食夜市。其中 Ⓡ 布根都餐馆 Warung Bu Gendut（MAP p.73 营业 每天 19:00~24:00）提供 40 余种蔬菜，是人气颇高的露天摊贩。

餐馆
Restaurant

印尼所有的民族都居住在雅加达，所以在这里可以品尝到苏门答腊岛的巴东菜、爪哇菜、巴厘菜等各地美食。另外因为有许多来自世界各国的旅行者、常住人口，所以规格档次较高的国际美食餐馆的数量也不在少数。

印度尼西亚菜 & 中餐

拉拉将格朗
Lara Djongrang

◆由知名古董收藏家经营的、雅加达有代表性的餐馆。店内按主题分成各个房间，佛像、古董等博物馆级别的艺术品摆放在店内。餐馆以印度尼西亚王宫料理为主，种类非常丰富。印度尼西亚各地的美食都汇聚于此，每种菜系的味道也都非常正宗。菜品摆盘也十分精美，可以作为雅加达旅行的亮点之一。主菜价格 Rp.88000~。

享受王宫料理

体验印度尼西亚风情　　Map p.63/B3
地址　Jl. Cik Di Tiro No.4
TEL（021）315-3252
营业　每天 11:00～次日 1:00
税费 & 服务费 +15%
信用卡 A J M V

塞里布拉萨
Seribu Rasa

◆在时尚的餐馆内享受当地美食，第一次吃印尼菜的话，来这里准没错。推荐品尝嗡鱼蔬菜（Rp.190000），配上椰奶和调料蘸酱，味道非常不错。此外还有种类丰富的当地甜点，波罗蜜、椰子等组成的拼盘（Rp.56000）看起来非常新鲜，摆盘也很精美。

气氛极佳，深受情侣喜爱

在时尚的空间内享受极致的美食料理　Map p.62/B1
地址　Jl. H. Agus Salim No.128, Menteng
TEL（021）392-8892
URL www.seriburasa.com
营业　每天 11:00~15:00、18:00~22:00
（周末 11:00~22:00）
税费 & 服务费 +15.5%
信用卡 A J M V
Wi-Fi 免费

索托马都拉朱安达
Soto Madura Juanda

◆位于朱安达火车站西侧的一家餐馆。入口虽然不太显眼，但是内部非常宽敞，复古风格的室内装修很有韵味。餐馆的一面墙上贴着100张左右名人的照片和点评。店名中的 Soto 是汤的意思，也是这家的特色，其中最为推荐的是牛肉汤（Rp.78000）、鸡肉汤（Rp.29000）。米饭放在各个桌子上，并用叶子包了起来，可以自己盛取（Rp.6000）。

店内贴着许多名人的照片

名人也经常造访的当地美食店　Map p.60/B2
地址　Jl. IR. H. Juanda No.16
TEL（021）350-5673
营业　每天 8:00~22:00
税费 & 服务费 +10%
信用卡 A J M V

MJS 餐馆
Warung MJS

◆大众餐馆，可以品尝到所有爪哇美食。米格多（Rp.29000）、阿亚姆郎布塞唐（Rp.25700）等当地菜肴都偏辣，味道十分正宗。店内还有花园席，绿意盎然，环境优美。

可以将自己想吃的蔬菜直接指给服务员看

品尝正宗的当地美食　　Map p.77
地址　Jl. Setiabudi Tengah No.11, Setiabudi,
Jakarta Selatan
TEL（021）525-2605
URL www.warungmjs.com
营业　每天 10:00~23:00（周日 9:00~）
税费 & 服务费 +15%
信用卡 M V
Wi-Fi 免费

贴士　R 纳特拉布 Natrabu（MAP p.62/A1 TEL（021）3193-5668 营业　每天 9:00~21:30）是一家人气巴东菜餐馆。入座后会在桌上摆满一盘盘 Rp.20000 左右的菜，结账时只需支付吃过的菜品。

达普尔巴巴艾利特
Dapur Babah Elite

◆室内的装饰、家具都很有参观价值，是一家如同美术馆一般的印尼餐馆。虽然很有高档餐馆的品位，但是菜品价格却不是很贵，例如杂菜饭（Rp.78000）、炸鱼（Rp.108000）等。室内仅有5张餐桌，室外也有座位，可以选择自己喜欢的地方落座。

充满古典风情	Map p.60/B2

地址 Jl. Veteran I No.18-19, Gambir
TEL（021）385-5653
营业 每天11:00~23:00（周五·周六~24:00）
税费＆服务费 +15%
信用卡 A D J M V
Wi-Fi 免费

菜肴味道广受好评

科比奥伊萨邦
Kopi Oey Sabang

◆以荷兰殖民地时期的建筑为形象，充满复古风格的咖啡馆，深受好评。主要提供火焰香蕉（Rp.35000）等甜点和小吃。还有蔬菜春卷（Rp.18000）、炸木薯芋头等当地的一些小吃。

室内装饰为复古的中式风格

窥探雅加达的咖啡文化	Map p.62/A1

地址 Jl. H. Agus Salim No.16A, Kebon Sirih
TEL（021）3193-4438
URL kopioey.com
营业 每天7:00~23:00（周四·周五·周六~24:00）
税费＆服务费 +10%
信用卡 A J M V
Wi-Fi 免费

德科斯特曼腾菲斯
D'Cost Menteng Huis

◆连锁海鲜餐馆，在雅加达市内有多达40家分店。餐馆与渔夫直接签订合同，采购的鱼类和贝类都非常新鲜。推荐品尝香辣蟹（Rp.79000）和炸鱼（Rp.69000）。米饭、辣椒酱Rp.3000可以随意盛取，所以放开肚子饱餐一顿吧（茶水免费）。

雅加达当地的人气餐馆	Map p.63/A3

地址 Menteng Huis Lt.2, Jl. Cikini Raya No.2-4, Menteng
TEL（021）3983-1867
URL www.dcostseafood.com
营业 每天10:30~21:00
税费＆服务费 含
信用卡 M V Wi-Fi 免费

既便宜又好吃的海鲜大餐

Information
以夜景引以为豪的夜间场所

N 天台的露西 Lucy in the Sky（MAP p.77 TEL（021）515-2308 营业 周一~周五 16:00~次日1:00、周末16:00~次日3:00）是一个可以眺望到摩天大楼的成人场所。作为一家位于商业中心的屋顶酒吧，店内的顾客大多是下班的白领和享受周末夜生活的人们，非常热闹。啤酒价格 Rp.45000~、鸡尾酒 Rp.150000~。

都市特有的现代风光

N 天空泳池酒吧＆咖啡馆 Sky Pool Bar & Cafe（MAP p.62/B1 TEL（021）2358-3800（ext.3389）营业 每天8:00~22:00）H 是一家位于印尼凯宾斯基酒店屋顶的开放式酒吧＆咖啡馆。可以在一边欣赏美丽街景的同时，一边悠闲地度过夜晚美好的生活（使用泳池的话需另付 Rp.302500，包含桑拿和按摩浴缸）。鸡尾酒价格 Rp.150000~。牛排（Rp.150000~）等美食的种类也很丰富。

傍晚时分，照明也很协调，令人心情愉悦

贴士 R 天空酒吧 Skye Bar（MAP p.62/B1 TEL（021）2358-6996 营业 周一~周五16:00~次日1:00、周末11:30~）是位于BCA塔上的一家屋顶酒吧餐馆。鸡尾酒 Rp.105000~，主菜 Rp.150000~。

巴达维亚咖啡馆
Cafe Batavia

◆位于科塔地区的法塔西拉广场，是一家时尚的咖啡＆餐馆。1805年建造的殖民风格建筑物，烘托出了一种复古的气息。菜品除了澳大利亚羊排（Rp.299000）等国际美食之外，还有印尼炒饭（Rp.95000）等当地菜肴。餐馆内的设计非常时尚，经常有各界名流造访，在品尝美食的同时享受一下美好的用餐环境吧。1层的酒吧晚上有现场爵士、钢琴演出。鲜啤价格为 Rp.55000。

2层是餐馆，1层是酒吧，环境舒适

科塔地区特有的复古咖啡馆　　Map p.69/B1

地址　Jl. Pintu Besar Utara No.14
TEL（021）691-5531
营业　每天 8:30～24:00（周五·周六～次日 1:00）
税费＆服务费 +21%
信用卡　J M V
Wi-Fi　免费

艾尔纳佛拉
Al Nafoura

◆位于雅加达艾美酒店1层的一家极具民族特色的餐馆。中东烤肉（Rp.295000）、7种口味可选的水烟（Rp.115000）。周六晚上提供用海鲜做成的近中东 BBQ（Rp.395000），周五、周六晚上还有肚皮舞表演。

按照黎巴嫩习俗，用咖啡和椰枣进行招待

高档黎巴嫩餐馆　　　　　　　Map p.77

地址　Jl. Jend Sudirman Kav.18-20
TEL（021）251-3131（ext.3788）
URL www.lemeridienjakarta.com/alnafoura
营业　周一～周五 11:30～15:00、周一～周六 18:30～23:00
税费＆服务费 +21%
信用卡　A M V
Wi-Fi　免费

酒店
Hotel

　　因为雅加达物价较高，住宿的价格也比较贵。但是根据季节和空房情况，中高档酒店经常有大幅度的优惠。高档酒店大多集中在雅加达中心部的坦林路 Jl. M.H. Thamrin 上。

　　独立广场南侧的贾克萨路周边有许多便宜的酒店。价格虽然较低，但是设施齐全，如果想入住经济一些的酒店，可以先看看这一片区域（在低价酒店一定注意保管好自身财物，预防客房内物品丢失·盗窃事件的发生）。

雅加达南部

达哈旺萨酒店
The Dharmawangsa

POOL　餐馆　早餐

◆建于住宅区的一家公寓式酒店，共有 99 间房。酒店外观雅致，近似荷兰统治时期的住宅，内饰按照满者伯夷时代的风格进行设计、布置。客房内充满了茉莉花香，很有格调，所有房型都提供 24 小时的管家服务。酒店整体极具品位，一定会为房客带去雅加达最佳的入住感受。

左／休息室里摆满了古董装饰品　右／装饰精美的卧室

可以尽情享受爪哇风情的高档酒店 Map p.59/B3

地址　Jl. Brawijaya Raya No.26, Kebayoran Baru
TEL（021）725-8181
URL www.the-dharmawangsa.com
税费＆服务费 +21%　信用卡 A D J M V
Wi-Fi　客房 OK·免费
费用　AC HOT Cold TV 行政间 S D Rp.3900000
　AC HOT Cold TV 达哈旺萨套房 Rp.5900000
　　　AC HOT Cold TV 达哈旺萨单卧室套房 Rp.6900000
　　　AC HOT Cold TV 套房 Rp.10400000

贴士　R 比萨咖啡店 Pisa Kafe（MAP p.62/A1 TEL（021）392-8568 营业 每天 11:00~24:00）历史悠久，是艺术家、政治家社交的场所。每天晚上从 21:00 开始会有现场演出。

麦卡库宁冈丽思·卡尔顿酒店
POOL 餐馆 早餐
The Ritz-Carlton Mega Kuningan

◆雅加达有代表性的奢华高档酒店，共有 333 间客房。大型泳池旁还建有凉亭，可以欣赏雅加达的美景。都市风格的客房，卧室和客厅之间还有隔断。往西二公里左右是雅加达太古广场丽思·卡尔顿酒店。

左／从泳池可欣赏到动人的夜景，在亭子小憩也很闲适　右／体验舒适的套房卧室

充满格调，富有名流气息　Map p.77

地址 Jl. Dr. Anak Agung Gde Agung, Kav. E1.1 No.1,
Mega Kuningan　TEL（021）2551-8888
URL www.ritzcarlton.com/jakartahotel
税费＆服务费 +21%　信用卡 A D J M V
Wi-Fi 客房 OK·免费
费用 AC HOT Cold TV 至尊客房 ⑤Ⓓ Rp.2400000
AC HOT Cold TV 水疗客房带露台
⑤Ⓓ Rp.3115000
AC HOT Cold TV 套房 Rp.3145000

克芒大酒店
POOL 餐馆 早餐
Grand Kemang

◆位于人气地区克芒的大型酒店，全馆共有 203 间客房。宽敞的大堂休息室、餐馆＆酒吧等设施都颇具规格。自助早餐非常好吃，每天都有新的菜单，种类很丰富。客房布局功能性很强，住起来方便、舒服。

豪华客房室内

克芒中心地区的城市酒店　Map p.72

地址 Jl. Kemang Raya 2H, Kebayoran Baru
TEL（021）719-4121
URL www.mesahotel.sandresorts.com/grandkemang
税费＆服务费 含　信用卡 A J M V
Wi-Fi 客房 OK·免费
费用 AC HOT Cold TV 豪华间 ⑤Ⓓ Rp.1300000
AC HOT Cold TV 至尊豪华间 ⑤Ⓓ Rp.1450000
AC HOT Cold TV 套房 Rp.2200000~

阿雅娜中央广场酒店
POOL 餐馆 早餐
AYANA Mid Plaza

◆雅加达有代表性的高档酒店，共有 336 间客房（2017 年从洲际酒店旗下更换至如今的品牌）。室内装潢十分温馨，卫星电视、迷你吧、保险箱等设备也非常齐全。酒店内还有水疗、健身房、商务中心等设施。

左／共有 7 间餐馆和酒吧　右／颇具格调的客房

便于观光、商业的大型酒店　Map p.77

地址 Jl. Jend Sudirman Kav.10-11
TEL（021）251-0888
URL www.ayana.com
税费＆服务费 含　信用卡 A D J M V
Wi-Fi 客房 OK·免费
费用 AC HOT Cold TV 豪华间 ⑤Ⓓ Rp.1946000
AC HOT Cold TV 高级豪华间 ⑤Ⓓ Rp.2189000
AC HOT Cold TV 俱乐部 Rp.2891000

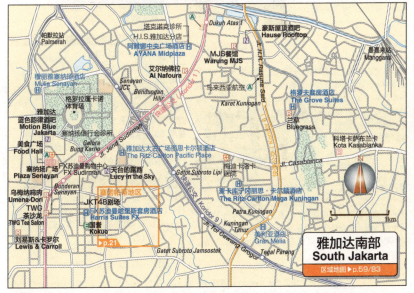

贴士　H FX 苏迪曼哈里斯套房酒店 Harris Suites FX（MAP p.77 TEL（021）2555-4333 URL fx-jakarta.harrishotels.com）位于 JKT48 剧场所在的购物中心内。⑤Ⓓ Rp.1006200~。共有 144 间客房。

格罗夫套房酒店
The Grove Suites

POOL 餐馆 早餐

◆位于雅加达南部库宁冈地区的一家高档酒店，全馆共 151 间客房。周围全是办公大楼，属于商业街区，步行就可以到达周边的购物中心和餐馆，非常方便。所有客房均为套房，房间布置宽敞明亮。房客可以免费在 1 层的高级酒吧享用下午茶（周一～周五 17:00～19:00、周末 15:00～17:00），各种服务十分周到。

设施齐全、整洁舒适的酒店	Map p.77

地址 Kawasan Rasuna Epicentrum, Jl.HR. Rasuna Said, Kuningan　TEL（021）2994-1880
URL www.thegrovesuites.com
税费＆服务费 +21%　信用卡 A J M V
Wi-Fi 客房 OK・免费
费用 AC HOT Cold TV 单卧室套房 S D Rp.1,042000～

设备齐全、现代感十足的客房

雅加达中心部

雅加达君悦大酒店
Grand Hyatt Jakarta

POOL 餐馆 早餐

◆高档酒店，位于独立广场以南 1.5 公里处、印度尼西亚购物中心内，共有 428 间客房。无论公共空间还是客房内，都散发着华丽的气息，酒店内的餐馆、咖啡馆质量也都很高。部分客房是留给长期居住者使用的，根据时期、人数不同，费用也会有所浮动。

位于市中心，便于购物

雅加达顶级规模的酒店	Map p.62/B1

地址 Jl. M.H. Thamrin Kav 28-30
TEL（021）2992-1234　FAX（021）2992-1345
URL www.jakarta.grand.hyatt.com
税费＆服务费 +21%
信用卡 A J M V
Wi-Fi 客房 OK・免费
费用 AC HOT Cold TV 豪华间 S D Rp.2350000
　　 AC HOT Cold TV 俱乐部 S D Rp.2990000
　　 AC HOT Cold TV 套房 Rp.4650000

阿丽拉雅加达酒店
Alila Jakarta

POOL 餐馆 早餐

◆位于独立广场北侧，共有 246 间客房的高层酒店。雅加达首座设计酒店，自从开业后便成了美国室内装潢杂志的封面，广受好评。市景采用现代＆极简的装饰风格。泳池、健身房、装备齐全的水疗、女性专用房间等，各类设施非常丰富。入住行政房型以上的客房，可以免费使用酒吧。

极具品位的客房，好评不断

时尚都会中的一座绿洲	Map p.60/B1

地址 Jl. Pecenongan Kav 7-17
TEL（021）231-6008　FAX（021）231-6007
URL www.alilahotels.com
税费＆服务费 +21%
信用卡 A D J M V
Wi-Fi 客房 OK・免费
费用 AC HOT Cold TV 豪华间 S D Rp.1766000
　　 AC HOT Cold TV 行政间 S D Rp.2488000
　　 AC HOT Cold TV 套房 Rp.4761000

艾丽雅度塔酒店
Aryaduta Jakarta

POOL 餐馆 早餐

◆位于甘比尔站东南方向约 500 米处，是一家拥有 304 间客房的大型酒店。商务中心、泳池、水疗、健身房等设施齐全，高档意大利餐馆"The Ambiente"等餐饮服务也很丰富。每个房间都有保险箱、迷你吧。网上预约订房会有大幅的优惠。

颇具南国风情的大型酒店

雅加达中心的 5 星酒店	Map p.63/A3

地址 Jl. Prapatan No.44-48
TEL（021）2352-1234
URL www.aryaduta.com
税费＆服务费 含
信用卡 A D J M V
Wi-Fi 客房 OK・免费
费用 AC HOT Cold TV 豪华间 S D Rp.1050000
　　 AC HOT Cold TV 高级豪华间 S D Rp.1250800
　　 AC HOT Cold TV 套房 S D Rp.1850000

婆罗洲旅馆
Borneo Hostel

POOL 餐馆 早餐

◆一家费用较为便宜的旅馆，共有 20 间房，位于贾克萨路中段往西一条马路上。由家族经营，很有在家的感觉。周围环境悠闲、舒适，可以感受一下雅加达过去的风情。

低价酒店区域的老牌旅馆	Map p.62/A2

地址 Jl. Kebon Sirih Barat Dalam No.37
TEL（021）314-0095　URL borneohosteljakarta. blogspot.com　税费＆服务费 含　信用卡 不可
Wi-Fi 客房 OK・免费
费用 AC HOT Cold TV S D Rp.130000
　　 AC HOT Cold TV S D Rp.200000

 贴士  H 婆罗浮屠酒店 Borobudur（MAP p.61/B3 TEL（021）380-5555 URL hotelborobudur.com）共有 695 间客房，一家 5 星级酒店。S D Rp.1899000～。
　　　　H 纱丽太平洋酒店 Sari Pan Pacific（MAP p.62/A1 TEL（021）2993-2888 URL www.panpacific.com/ jakarta）位于市中心，出行便利。S D Rp.915000～。共 418 间客房。

班达拉国际酒店
Bandara International　POOL 餐馆 早餐

◆机场酒店，位于苏加诺—哈达国际机场用地内（3 号航站楼以东 3 公里），共有 225 间客房。各个房间都装有电话和电视。并且有一个 18 洞高尔夫球场。酒店~机场间有免费的摆渡车服务，十分便利。

在商务人士间有着很高的人气	Map p.58/A1

地址 Bandara Soekarno-Hatta　TEL（021）559-7777
URL bandarahotel.com　税费＆服务费 +21%
信用卡 A D J M V　Wi-Fi 客房 OK・免费
费用 AC HOT Cold TV 花园景房 Ⓢ Rp.1300000
　　　AC HOT Cold TV 豪华间带露台 Ⓢ Ⓓ Rp. 1600000
　　　AC HOT Cold TV 初级套房 Ⓢ Ⓓ Rp. 2300000

瑞士贝林机场酒店
Swiss-Belinn Airport Jakarta　POOL 餐馆 早餐

◆三星级酒店，距离机场有 15 分钟的车程，共有 145 间客房。设有商务中心、水疗、健身房，房间内有热水器、迷你吧。提供机场免费接送服务。

舒适整洁的客房

全新的转机酒店	Map p.58/A1

地址 Jl. Husein Sastra Negara, Sentra Benda No.9, Cengkareng　TEL（021）2944-8888
URL www.swiss-belhotel.com
税费＆服务费 含　信用卡 A J M V
Wi-Fi 客房 OK・免费
费用 AC HOT Cold TV 豪华间 Ⓢ Ⓓ Rp.695000
　　　AC HOT Cold TV 高级豪华间 Ⓢ Ⓓ Rp. 785000

安佐尔美居酒店
Mercure Ancol　POOL 餐馆 早餐

◆位于城市北部寻梦园内的度假型酒店，共有 434 间客房。酒店内设有水疗。周末价格会上涨 40% 左右。

展望爪哇湾	Map p.69/A2

地址 Jl. Pantai Indah, Ancol　TEL（021）640-7000
URL www.mercure.com/5473　税费＆服务费 含
信用卡 J M V　Wi-Fi 客房 OK・免费
费用 AC HOT Cold TV 豪华间 Ⓢ Ⓓ Rp.608000
　　　AC HOT Cold TV 高级豪华间 Ⓢ Ⓓ Rp.708000
　　　AC HOT Cold TV 套房 Rp. 2176000

旺德洛夫特旅馆
Wonderloft　POOL 餐馆 早餐

◆步行 5 分钟即可到达法塔西拉广场，地理位置极佳。共有 3 间标准间，一间宿舍（20 张床）。提供免费徒步旅游等丰富的活动内容。

人气极高，一定要尽早预约	Map p.69/ B1

地址 Jl. Bank No.6 RT.3/RW.6, Kota Tua
TEL（021）2607-2218　URL wonderloft.id
税费＆服务费 含　信用卡 M V
Wi-Fi 客房 OK・免费
费用 AC HOT Cold TV 宿舍 Rp.120000~
　　　AC HOT Cold TV 小型标准间 Ⓢ Ⓓ Rp. 220000~
　　　AC HOT Cold TV 豪华标准间 Ⓢ Ⓓ Rp. 250000~

雅加达 短途旅行

位于爪哇岛西侧的国家公园 ★★
乌戎库隆国家公园　Map p.46/A1
Taman Nasional Ujung Kulon

　　雅加达西南防线，相距 160 公里的半岛及周边各个岛屿，于 1992 年被正式列为世界自然遗产。这里栖息着濒临灭绝的爪哇犀牛，还有鳄鱼、水牛等动物。可以参加旅游团，乘坐独木舟进行游览，观赏鸟类的话推荐到半岛北部。国家公园的管理事务所、酒店位于纳闽 Labuan，这里也是前往国家公园的起点。再往西南的 Taman Jaya 贾雅园也有酒店和管理事务所，可以安排行程。

乌戎库隆国家公园
URL www.ujungkulon.org
雅加达的卡里德雷斯巴士枢纽站，每天 3:00~22:00，每小时有多趟巴士开往纳闽，所需时间 4 小时，Rp.50000。开往贾雅园需要 4 小时，Rp.60000。
管理事务所 PHKA（纳闽）
TEL（0253）801-731

郁郁葱葱的广袤丛林

大使馆 & 公共机构

● 中华人民共和国驻印度尼西亚共和国大使馆

地址 Jl. Mega Kuningan No.2

TEL（021）5764135（领事保护热线）

使馆对外办公时间　周一～周五 08:30~12:00、14:00~17:00

领事证件办公时间　周一～周五 09:00~11:30（受理申请和发证）

签证中心办公时间　周一～周五 09:00~15:00（递交签证申请）、09:00 — 16:00（取证及缴费）

● 移民局　　　　　　MAP　p.59/B3

地址 Jl. H. R. Rasuna Said Kav X-6, Kuningan

TEL（021）522-5029

　　快速公交 6 号线 "GOR Sumantri" 站下车，步行 2 分钟。处理签证丢失、再次办理等问题。

● 雅加达中央移民局

Kantor Imigrasi Jakarta Pusat　MAP　p.59/A3

地址 Jl. Merpati Blok B12 No.3, Kemayoran

TEL（021）654-1213

营业 周一～周五 8:00~12:00、13:00~16:00

　　快速公交 5 号线 "Pasar Baru Timur" 站下车，步行 15 分钟。如果居住在雅加达市中心的话，可以来这里申请延期签证。

● 中央邮局　　　　　MAP　p.61/B3

地址 Jl. Lapangan Banteng Utara No.1

TEL（021）345-7438

航空公司

● 印尼鹰航　　　　　MAP　p.62/A1

地址 Jl. Merdeka Selatan No.13

TEL（021）231-0082、2351-9999（呼叫中心）

营业 周一～周五 8:00~16:30

独立广场对面是售票处。

● 印尼狮航　　　　　MAP　p.60/B1

地址 Jl. Gajah Mada No.7

TEL（021）6379-8000

营业 24 小时

● 印尼亚航

地址 苏加诺—哈达国际机场

TEL（021）2927-0999

■ 国泰航空

地址 18F, Jakarta Stock Exchange Bldg. Tower 1, Jl. Jend Sudirman

TEL（021）515-1747

● 新加坡航空

地址 8F Menara Kadin Indonesia, Jl. H.R. Rasuna Said Block X-5

TEL（021）5299-7888

● 马来西亚航空　　　MAP　p.77

地址 Kuningan Asrium Building Setibudi 2nd floor Suite 207A, Jl. HR Rasuna said Kav.62

TEL 0855-7467-0390（呼叫中心）

● 泰国国际航空　　　MAP　p.62/B1

地址 Wisma Nusantara, 26th floor, Jl. M.H Thamrin No.59

TEL（021）390-3588

医院

● 梅迪卡洛卡医院　　MAP　p.77

地址 Jl. Prof. Dr. Satrio Kav E-4 No.6

TEL（021）5799-1055

URL www.medikaloka.com

营业 周一～周六 8:00~17:00（周六 ~13:00）、周日休息

● SOS 梅迪卡医院

地址 Jl. Puri Sakti No.10, Cipete, Selatan

TEL（021）750-5980（预约）、750-6001（紧急）、750-5973（英语）、（021）7599-8923

营业 每天 7:00~22:00（22:00~ 次日 7:00 仅急诊）。专科诊疗必须预约。

如果有海外旅行保险的保险证明，不需要现金。可以进行预防接种。

● 塔克诺克诊所　　　MAP　p.77

Takenoko Shinryojo

地址 Sahid Sudirman Residence Jl. Jend Sudirman Kav.86

TEL（021）5785-3955、5785-3958

URL www.takenokoshinryojo.com

营业 24 小时

🅗 阿雅娜中央广场酒店旁的一家诊所。基本为预约制度。

● 塞纳扬偕行会诊所　MAP　p.77

Kaikoukai Clinic Senayan

地址 Sentral Senayan 1, Jl. Asia Afrika No.8

TEL（021）573-1010

URL www.kaikou.co.id

营业 周一～周六 8:00~22:00

该诊所除了综合内科外，也可以进行健康检查、预防接种。

贴士　OJek 摩托出租车除了火车站外，一般还会在道路入口、天桥下等标有 "OJEK" 的标牌下聚集。司机会拿着头盔，招徕乘客。

茂物 *Bogor*

有着"雨之都"之称的清凉高原城市

茂物植物园内视野极佳的餐馆

茂物位于雅加达以南60公里，是从荷兰殖民时期开始繁荣起来的高原避暑胜地。如果厌倦了首都的酷暑，不妨来到这座清静的城市享受美好的时光。

爪哇岛

雅加达／茂物

交通方式

巴士

雅加达、万隆均有许多班次前往茂物。但是，雅加达的巴士枢纽站距离市中心较远，因此从雅加达出发，乘坐火车更为便利。

茂物的长途巴士枢纽站位于植物园南侧。前往火车站可以从旁边的小巴车站出发，乘坐2路小巴，约15分钟，Rp.4000。

火车

雅加达的科塔站等有火车开往茂物。从贾克萨路周边的贡丹格迪亚站上车较为方便（甘比尔站不停车）。雅加达～茂物之间的火车早晚通勤时段较为拥挤，建议尽量避开此时段。

前往茂物的巴士

◆从雅加达出发

坎邦红毛丹等巴士枢纽站每小时有数班巴士前往茂物，所需时间45分钟。空调车Rp.16000。从苏加诺—哈达国际机场乘坐DAMRI公司的机场巴士，需要1.5小时（Rp.55000~75000）。

◆从万隆出发

路威帕尼扬巴士枢纽站每天6:00~19:00，每小时有数趟班次前往茂物。所需时间3~4小时，空调车Rp.65000~。

前往茂物的火车

◆从雅加达出发

从科塔站出发，可以乘坐通勤空调列车，5:50~23:45之间，每小时2~5趟（所需时间1.5小时，Rp.6000）。

班次很多，十分方便的通勤列车

推荐的自然流派商店

Ⓢ塞拉比博塔尼是茂物农业大学经营的有机品牌商店。出售蜂蜜肥皂（Rp.25000）、沐浴露（Rp.107000）等自然美妆品。商品质量很高，有很多忠实的客户。

Ⓢ Serambi Botani

MAP p.81

地址 Botani Square, Jl. Raya Pajajaran

TEL（0251）840-0836

营业 每天10:00~22:00

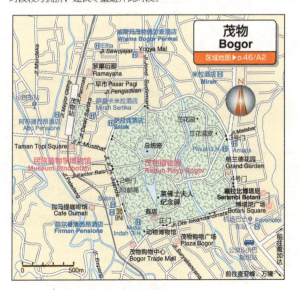

TEL（0251）838-7703
营业 周一～周六 8:00～16:00
费用 Rp.5000
　　陈列着国内各种由植物制作而成的服装和生活用具等。

茂物植物园
TEL（0251）831-1362
入场 每天 8:00～17:00
费用 Rp.25000
　　除了南侧的正门之外，还有 3 个小门。2 号门仅周日开放，4 号门周末开放，3 号门每天 17:00～22:00 开放。

茂物植物园的餐馆
　　植物园东侧的高台上有一家名为 R Grand Garden 的餐馆。在植物园走累了的话，不妨来这里一边欣赏美景，一边放松休息。

茂物 漫 步

　　游览市中心通过步行或者乘坐 2 路、3 路小巴即可，非常方便。3 路公交途经植物园、公交枢纽站。植物园周边按顺时针方向单向通行。Rp.4000。

茂物 主要景点

1817 年建造的历史悠久的植物园　　　　　　　　★★

茂物植物园
Kebun Raya Bogor　　　　　　　　Map p.81

大型的兰花园很值得一看

　　植物园内聚集了来自世界各地约 1.5 万种植物。植物园占地面积达 87 公顷，种植着世界最大的花类大王花以及丁香、肉豆蔻等印度尼西亚特产的植物，园内还有生长着荷花、纸莎草的池塘、兰花温室、莱佛士夫人纪念碑等，在绿意盎然的环境中慢慢地散步游览吧。平日白天仅开放南侧的正门。

酒店
Hotel

萨拉克酒店　　POOL 餐馆 早餐
Salak

◆植物园对面一家中档酒店，共有 140 间客房。拥有餐馆、泳池以及儿童游乐设施。提供机场的接送服务。

位于植物园对面的中档酒店　　　　　Map p.81
地址 Jl. Ir. H. Juanda No.8
TEL（0251）837-3111　FAX（0251）837-4111
URL www.hotelsalak.co.id　税费 & 服务费 +21%
信用卡 J M V　Wi-Fi 客房 OK · 免费
费用 AC HOT Cold TV 标准间 ⑤ⓓ Rp.1300000
　　 AC HOT Cold TV 高级间 ⑤ⓓ Rp.1600000
　　 AC HOT Cold TV 豪华间 ⑤ⓓ Rp.1800000

米拉酒店　　POOL 餐馆 早餐
Mirah

◆植物园东侧、人气餐馆聚集的区域内建造的一家酒店，共有 139 间客房。房间内环境舒适，提供洗衣服务，一袋的费用为 Rp.50000。

员工服务周到、亲切　　　　　　　　Map p.81
地址 Jl. Pangrango No.9A
TEL（0251）834-8040　FAX（0251）832-9423
URL www.mirahhotelbogor.com
税费 & 服务费 含　信用卡 A J M V
Wi-Fi 客房 OK · 免费
费用 AC HOT Cold TV 高级间 ⑤ⓓ Rp.820000~
　　 AC HOT Cold TV 豪华间 ⑤ⓓ Rp. 880000~
　　 AC HOT Cold TV 套房 Rp. 1358000~

威斯玛茂物佩尔麦酒店　　POOL 餐馆 早餐
Wisma Bogor Permai

◆位于火车站东北方向约 1 公里的小型酒店，共有 24 间客房。附设有一家环境优良的咖啡馆。周末十分火爆，需要提前预约。

印尼当地居民中人气较高的酒店　　　Map p.81
地址 Jl. Sawojajar No.38
FAX（0251）8381-635　TEL（0251）8381-633
税费 & 服务费 含　信用卡 不可
Wi-Fi 仅公共区域 · 免费
费用 AC HOT Cold TV 标准间 ⑤ⓓ Rp.335000
　　 AC HOT Cold TV 豪华间 ⑤ⓓ Rp.425000

菲尔曼潘西昂酒店　　POOL 餐馆 早餐
Firman Pensione

◆共 19 间客房，是价格低廉的酒店。大部分房间均朝西，可以眺望到火山。有不少背包客都选择入住这里。

酒店视野极佳　　　　　　　　　　　Map p.81
地址 Jl. Paledang No.48　TEL（0251）832-3246
税费 & 服务费 含　信用卡 不可
Wi-Fi 仅公共区域 · 免费
费用 AC HOT Cold TV ⑤ⓓ Rp.150000
　　 AC HOT Cold TV ⑤ⓓ Rp. 250000

万隆 *Bandung*

作为巽他文化中心地繁荣起来的西爪哇州首府

亚非路上一栋栋殖民风格建筑

万隆是西爪哇州一带的巽他人居住的城市，位于高原地带，气候清凉，是印尼首屈一指的大城市。1955年4月，第一次亚非会议，即万隆会议在此召开，许多世界史的教科书上都记载着这次会议。另外因为市内拥有20多座大学，因此也被称作"学园都市"，这些成了现在万隆的代名词。

巽他地区拥有独特的技艺、文化，可以体验到许多不同种类的传统表演。周围是广阔、雄伟的火山地带，还建有温泉乡，不妨前去体验。

人口	242万
海拔	700米
区号	022
机场代码	BDO

🌀 交通方式

巴士

万隆共有两个巴士枢纽站，一个是连接日惹、梭罗、井里汶的奇洽赫姆枢纽站 Cicaheum（市中心以东8公里），另一个是连接雅加达、茂物的路威帕尼扬枢纽站 Leuwi Panjang（市中心以南4公里）。

前往万隆的巴士	
从雅加达出发	每小时数班、需要3~4小时、空调车 Rp.65000~195000
从茂物出发	每小时数班、需要3~4小时、空调车 Rp.65000~
从日惹出发	1天2班（17:00出发2班）、需要8~10小时、空调车 Rp.130000~
从井里汶出发	白天每小时2班、需要5~6小时、空调车 Rp.65000~

火车

万隆站位于市区中心。从雅加达~万隆区间，可以乘坐 Argo Parahyangan 号，从甘比尔站出发，每天8~17班，非常方便。

前往万隆的火车	
从雅加达出发	Argo Parahyangan 号每天8~17班（5:05~20:00出发）、需要3~3.5小时、Rp.70000~300000
从茂物出发	Ciremai 号（21:00出发）和 Harina 号（00:16出发）每天各一班、需要4小时、Rp.90000~270000
从日惹出发	泗水、梭罗始发的急行列车，每天6班（8:08~次日0:15出发）、需要7.5~8.5小时、空调车 Rp.140000~520000

前往万隆的航班

从雅加达的哈利姆机场出发，可以乘坐狮航，每天1班（需要35分钟，Rp.401000~）。泗水、登巴萨等地，可以乘坐狮航、鹰航等，每天1班。从机场乘坐出租车前往市区需要 Rp.80000（需要跟司机商量价格）。

从巴士枢纽站前往市区

万隆建有2座长途巴士枢纽站。如果到达的是东部郊区的奇洽赫姆枢纽站，可以乘坐市公交车（30分钟，Rp.3000~7000）或者乘坐出租车（Rp.60000）到达柯本克拉帕枢纽站。

从南部郊区的路威帕尼扬枢纽站出发，可以乘坐市公交（Rp.3000）、出租车（Rp.50000~）前往柯本克拉帕枢纽站。

从万隆出发的旅行

有前往周边城市的旅游巴士（→p.52）。万隆~雅加达之间的价格为 Rp.90000~100000。奇哈佩拉斯步行街周边有很多旅行社。

● Xtrans（前往雅加达、日惹）
TEL（022）8206-2555
URL www.xtrans.co.id

H.I.S. 万隆分店

MAP p.84/B2
地址 Morning Dew FO, Jl. Ir H Juanda No.81-A
TEL（022）2045-4100
URL www.his-jkt.com/bandung
可以安排当地旅游和包车服务。

🌸 贴士　周日7:00到中午，达购路 Jl.Dago（MAP p.84/B2）是步行者们的天堂。街头艺人、街舞团、变装的学生们在街道上进行街头表演，展现了年轻人的文化，热闹非凡。

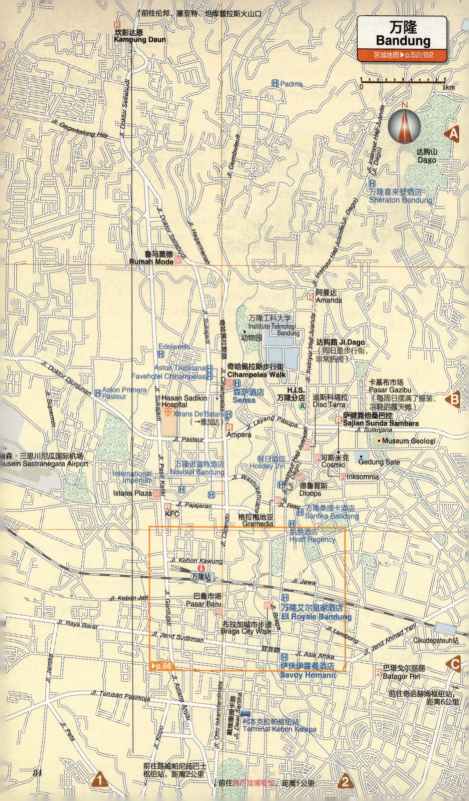

万隆 漫步

　　万隆的中心是亚非路上的阿伦阿伦广场 Alun Alun。周边即是城市的标志性建筑——亚非会议博物馆 Museum Konperensi Asia Afrika，此外邮局、银行等设施也集中在该区域。

　　市内除了有西爪哇博物馆 Museum Sri Baduga 等其他许多博物馆之外，在布拉加路 Jl.Braga 上有很多餐馆、酒吧、现场演出场所、艺术品商店，在奇哈佩拉斯路 Jl.Cihampelas 等地集中着 T恤 & 牛仔裤商店，可以在这些地方享受购物的乐趣。

交通指南

　　市内的交通工具以"angkot"小巴为主。在路边招手就会停下，乘客也是可以随时下车。主要站点是火车站南口的"St. Hall（火车站大厅）"和市区南侧的"Kebon Kelapa（柯本克拉帕枢纽站）"。

在市内行驶的"angkot"小巴和 DAMRI 公司的市公交车

价格由乘车距离而定，约为 Rp.3000~4000。需要注意的是，万隆许多地方均为单行道，去程和回程的线路可能不一样。

　　市中心和郊外东部的奇洽赫姆枢纽站之间，可以乘坐 DAMRI 公司的市公交车（1路公交，所需时间为 30~45 分钟）。从奇哇赫姆枢纽站往西行驶的市公交车均是先经过亚非路，然后到达柯本克拉帕枢纽站。反方向开往奇洽赫姆枢纽站的公交车，则经过亚非路往北一条马路的纳里潘路。车费为 Rp.3000（空调车 Rp.7000）。

蓝鸟出租车

TEL（022）756-1234（24 小时）

关于出租车

　　出租车按里程计费的话，起步价为 Rp.8500，之后每 1 公里加 Rp.4400。虽然出租车基本是按里程收费，但是下雨或夜间乘坐时，需要提前跟司机沟通费用。另外如果目的地距离较近的话，一般都会被要求支付最低 Rp.20000 的车费。蓝鸟出租车的车内有最低收费标准的标识。

万隆最大的奥特莱斯

　　鲁马莫德奥特莱斯购物中心内附设美食广场，周末有许多从雅加达来的游客来此，人气很高。汇集的品牌有 GUESS、GAP、CK 等。各个品牌的衬衫价格为 Rp.200000~。

S 鲁马莫德
Rumah Mode

　　　　　　　　MAP p.84/A1
地址 Jl. Setiabudhi No.41, Pasteur
TEL（022）203-5498
营业 每天 10:00~21:00（周末~21:30）

万隆周边的铁路摄影点

　　万隆周边可以通过车览欣赏到美丽的景色，环绕山麓的半环形铁路、穿过陡峭山谷间的铁路等，令人感到十分震撼。

齐克邦铁道桥 Jembatan Cikubang（MAP p.90）是于荷兰统治期间 1906 年建造的全长 300 米的铁桥，从绿色的峡谷之间眺望美景是爪哇铁路旅行的高光亮点。前往齐克邦铁桥可以乘坐从万隆出发、前往雅加达方向的特急列车，30~40分钟一趟。约 1 小时后在萨萨克萨特 Sasaksaat 站（海拔 595 米）下车，沿线路走 1 公里后，即可看到铁道桥。

齐拉虹铁道桥 Jembatan Cirahong（MAP p.90）也是人气的摄影地点。铁道桥建于 1893 年，全长 200 米，上下两层的结构，上层为铁道、下层为汽车道。从万隆乘约 3 小时的特急列车，铁道桥距离最近的起亚米斯 Ciamis 站有 4 公里，位于车站西侧。

高 80 米的齐克邦铁道桥。如果为了拍照的话，也可以从万隆包车前往。

高 46 米的齐拉虹铁道桥。独特的 2 层构造

🌸 **贴士** 布拉加路（MAP p.86/A2）上有许多夜间娱乐场所，是万隆最为热闹的道路之一。大部分店铺都提供酒精类饮品，这在爪哇岛上是十分罕见的，20:00 左右开始，部分酒吧有现场演出表演。

亚非会议博物馆
TEL（022）4269-0705
入场 周二～周四 8:00～12:00
　　　　　　　13:00～16:00
　周五　　　14:00～16:00
　周末　　　9:00～12:00
　　　　　　　13:00～16:00
※周一·节假日闭馆
费用 免费

轻松享受购物乐趣
奇哈佩拉斯步行街是一
个综合购物设施，建有商
店、餐馆、酒店等。商铺以
印度尼西亚当地的品牌服装
为中心。

S 奇哈佩拉斯步行街
Cihampelas Walk
MAP p.84/B2
地址 Jl. Cihampelas No.160
TEL（022）206-1122
营业 每天 10:00～22:00（各
个店铺有所不同）
URL www.ciwalk.com

西爪哇博物馆
地址 Jl. BKR No.185
TEL（022）521-0976
URL museumsribaduga.
jabarprov.go.id
入场 周二～周五 8:00～15:30
　周末　　　8:00～14:00
费用 Rp.3000

万隆 主要景点

第一次亚非会议举办地
亚非会议博物馆　　　　Map p.86/A2 ★
Museum Konperensi Asia Afrika

　　博物馆位于万隆市中心，
阿伦阿伦广场以东约200米，
是1955年4月第一次亚非会议
召开地，极具历史意义。馆内
陈列了当时的照片、资料，可
以参观会场内部。第一次亚非
会议也称万隆会议，除了主办
国印尼总统苏加诺外，与会的
还有周恩来、胡志明、纳赛尔
等29个国家代表，对此后的反
殖民主义运动产生了巨大的影响。

通过蜡像重现了1955年的会议景象

了解以巽他地区为中心的西爪哇文化
西爪哇博物馆　　　　　Map p.84/C1 外 ★
Museum Sri Baduga

　　万隆站以南3公里。西爪哇的发
掘品、石碑、黄金面具等工艺品、贵
族的日用家具、装饰品、老百姓的生
活用品、乐器等，展览内容十分丰富。

市区南部的博物馆

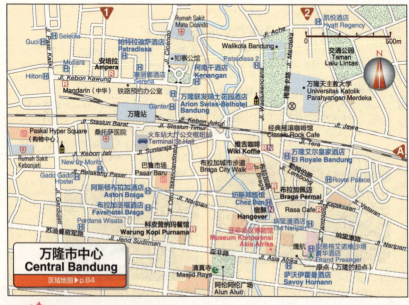

万隆市中心
Central Bandung
区域地图 ▶ p.84

贴士 **N** 宿醉 Hangover（**MAP** p.86/A2 TEL（022）426-0491 营业 每天15:00～次日1:00）是年轻人喜爱的
一家酒吧。晚上酒吧内有音乐表演或是DJ演出，非常热闹。

餐馆
Restaurant

　　万隆作为巽他地区的中心城市，保留着浓厚的传统文化。尤其是巽他料理更是印度尼西亚当地数一数二的料理文化。一定要去品尝。

坎彭达恩
Kampung Daun

◆距离万隆市区有20分钟的车程。散落在小河流上的木质凉亭有着很高的人气。推荐菜纳西·巴卡璐·特龙·谱尼（Rp.72000），香蕉包饭和叁巴酱炒茄子。

在开放式厨房烹饪

被绿色环绕的巽他菜专卖店　Map p.84/A1

地址 Jl. Sersan Bajuri Km4.7, Villa Triniti
TEL（022）278-7915
营业 每天 11:00~22:00
税费 & 服务费 +10%
信用卡 不可

安培拉
Ampera

◆万隆市内有多家连锁店，是一家巽他菜老字号餐馆。点完预先做好的家常菜后，在座位上等待，服务员会将菜品加热后端上餐桌。益康·骨腊梅（Rp.28000）等，人均Rp.50000就可以吃到很丰富的菜肴。万隆站北侧的连锁店位置便利。

通过手指的方式点菜

品尝大众巽他菜　　　　　　　Map p.86/A1

地址 Jl. Kebon Kawung No.28
TEL（022）426-6353
营业 每天 8:00~24:00
税费 & 服务费 含
信用卡 Ⓜ Ⓥ
Wi-Fi 免费

萨健巽他桑巴拉
Sajian Sunda Sambara

◆同其他的传统巽他菜餐馆一样，没有菜单，菜肴均已提前做好，直接指给服务员自己想吃的食物后，他们会进行加热，然后送到餐桌上。蔬菜类价格为Rp.10000~、肉菜类为Rp.20000~。多道菜肴、米饭、饮料加一起人均约Rp.80000，即可品尝到当地的家常美味。

菜品种类繁多，令人眼花缭乱

深受当地居民喜爱的餐馆　　　Map p.84/B2

地址 Jl. Trunojoyo No.64
TEL（022）420-8757
URL sajiansambara.com
营业 每天 10:00~22:00
税费 & 服务费 +15%
信用卡 Ⓜ Ⓥ　Wi-Fi 免费

布拉加佩迈
Braga Permai

◆在繁华的布拉加路上也拥有着顶级人气的一家咖啡馆 & 餐馆。既有综合炒菜（Rp.55000~）这样的印尼传统美食，也有在当地人气颇高的意面（Rp.51000~）、牛排（Rp.79500）等西餐。提供英文菜单。

晚餐时段有很多客人，非常热闹

夜晚一边聆听现场演出，一边享受美食　Map p.86/A2

地址 Jl. Braga No.58
TEL（022）423-3778
营业 每天 9:00~24:00
税费 & 服务费 +10%
信用卡 Ⓜ Ⓥ
Wi-Fi 免费

维吉咖啡
Wiki Koffie

◆位于布拉加路北端环形交叉路的一家咖啡馆，装修宽敞明亮，令人感觉十分舒服。除了咖啡、红茶等饮品之外，还提供泰国咖喱（Rp.25000）等快餐。另外，甜点、小吃的种类也很丰富，很适合在城市漫步的闲暇之余来这里放松。

在沙发或者籐椅上悠闲地度日

当地年轻人聚集的时尚咖啡馆　Map p.86/A2

地址 Jl. Braga No.90
TEL（022）4296-0970
营业 每天 9:00~次日 1:00
税费 & 服务费 +10%
信用卡 不可
Wi-Fi 免费

贴士 ▶科皮普纳玛餐馆 Warung Kopi Purnama（MAP　p.86/A1　TEL（022）420-1841　营业 每天 7:00~22:00）
是一家创立于1930年的咖啡馆，充满了复古风情，拥有着很高的人气，位于下城区的批发商街区。

酒店
Hotel

万隆作为印度尼西亚数一数二的大城市，大中型酒店的数量也很多。2~3星的中档酒店集中在城市南侧，陈旧的酒店也很引人注目。

万隆联发瑞士花园酒店
Arion Swiss-Belhotel Bandung

`POOL` `餐馆` `早餐`

◆位于万隆站东北方向300米，共有102间客房，酒店整体十分舒适。外观·内饰均为现代风格，屋顶有泳池，设施齐全。自助早餐的内容丰富，评价不错。

宽敞的豪华间客房

地理位置便利，方便观光、商务 Map p.86/A1

地址 Jl. Otto Iskandardinata No.16
TEL（022）424-0000　FAX（022）426-6280
URL www.swiss-belhotel.com
税费 & 服务费 含　信用卡 `A` `J` `M` `V`
`Wi-Fi` 客房OK·免费
费用 `AC` `HOT` `Cold` `TV` 豪华间 `S` `D` Rp.627000~
　　 `AC` `HOT` `Cold` `TV` 商务间 `S` `D` Rp.692000~
　　 `AC` `HOT` `Cold` `TV` 套房 Rp.1000000~

森萨酒店
Sensa

`POOL` `餐馆` `早餐`

◆靠近奇哈佩拉斯步行街的一家酒店，地理位置卓越，共有128间客房。客房布置设计人性化，干净整洁，充满现代气息。酒店内还有水疗设施。周五、周六每间客房需追加Rp.200000。

以白色为主色调的客房内饰

时尚的室内装饰很有人气 Map p.84/B2

地址 Jl. Cihampelas No.160
TEL（022）206-1111
URL www.sensahotel.com　税费 & 服务费 含
信用卡 `A` `M` `V`　`Wi-Fi` 客房OK·免费
费用 `AC` `HOT` `Cold` `TV` 高级间 `S` `D` Rp.1068000~
　　 `AC` `HOT` `Cold` `TV` 豪华间 `S` `D` Rp.1298000~
　　 `AC` `HOT` `Cold` `TV` 行政间 `S` `D` Rp.1588000~

萨沃伊霍曼酒店
Savoy Homann

`POOL` `餐馆` `早餐`

◆位于阿伦阿伦广场以东400米。酒店创立于1888年，历史悠久，共有186间客房。第一次亚非会议期间，各国首脑曾入住这家酒店，也使其名声大噪。行政间以上的房型提供迷你吧、浴缸。平日、淡季有20%~30%的折扣。

具有复古风情、历史悠久的酒店 Map p.86/A2

地址 Jl. Asia Afrika No.112
FAX（022）423-6187　TEL（022）423-2244
URL savoyhomann-hotel.com
税费 & 服务费 含　信用卡 `A` `J` `M` `V`
`Wi-Fi` 客房OK·免费
费用 `AC` `HOT` `Cold` `TV` 豪华间 `S` `D` Rp.1270000~
　　 `AC` `HOT` `Cold` `TV` 行政间 `S` `D` Rp.1573000~
　　 `AC` `HOT` `Cold` `TV` 套房 Rp.1815000

Information
芝巴纳斯温泉乡的推荐酒店

万隆郊外的芝巴纳斯温泉乡（`MAP` p.90）是市民们很爱去的地方。因为这片地区的温泉水量很大，各个酒店的浴室都是直接引用温泉水，部分酒店还建有大型的温泉池。尤其是苏木贝尔阿拉姆酒店内建有睡莲池，别墅如同漂浮在上面一般错落有致。所有71间客房内都有浴缸，水龙头直接流出的就是温泉水。单卧室别墅价格为 `S` `D` Rp.600000~、简易别墅套房Rp.1300000~。

`H` 苏木贝尔阿拉姆酒店
Sumber Alam　　　`MAP` p.90
地址 Jl. Raya Cipanas No.122, Garut
TEL（0262）237-700
URL www.resort-kampungsumberalam.com

左／如梦境般漂浮在睡莲池上的小屋别墅
右／简易别墅内带有露天浴池

  贴士　雅加达也有很多游客前往万隆游玩，因此周末（周五·周六晚）的酒店十分火爆，很难预订到房间（便宜的小酒店除外）。另外和平日相比，住宿价格也会上涨10%~20%。

阿斯顿布拉加酒店
Aston Braga

POOL 餐馆 早餐

◆ 这家城市酒店位于布拉加步行街购物中心的上层，非常便于出行，共有160间客房。酒店价格合理，自助早餐十分丰富。客房内部宽敞明亮，备有咖啡机、冰箱、保险箱，对于商务旅客来说也是一个很好的选择。高层房间是公寓式的复合房型。

左／客房内备有咖啡机、冰箱，设施齐全
右／宽敞舒适的休息室

位于繁华的布拉加路上	Map p.86/A2

地址　Jl. Braga No.99-101
TEL（022）8446-0000
URL　www.astonbraga.com
税费＆服务费　含
信用卡　A J M V
Wi-Fi 客房OK・免费
费用　AC HOT Cold TV 单间房 S D Rp.605000~
　　　AC HOT Cold TV 高级间 S D Rp.640000~

布拉加法福酒店
Favehotel Braga

POOL 餐馆 早餐

◆ 阿斯顿集团旗下的经济型酒店，共有149间客房。酒店对面就是繁华街区，有许多餐馆和酒吧，步行至亚非会议博物馆仅需5分钟，地理位置极佳。虽然所有客房均没有窗户，但如果是白天出去游玩，晚上回到酒店睡觉的话也没有太大的问题。

干净整洁的快捷酒店	Map p.86/A2

地址　Jl. Braga No.99-101　TEL（022）8446-8222
URL　www.favehotels.com　税费＆服务费　含
信用卡　A J M V　Wi-Fi 客房OK・免费
费用　AC HOT Cold TV 标准间 S D Rp.360000~
　　　AC HOT Cold TV 高级间 S D Rp.479000~

万隆艾尔皇家酒店
El Royale Bandung

POOL 餐馆 早餐

◆ 位于万隆站南口以东1公里的一家大型酒店，共有430间客房（旧称：格兰皇家庞和佳酒店）。泳池、24小时营业的便利店等设施非常齐全。部分复合式客房入住的都是长期居住者。

中心地区的地标建筑

位于市中心，便于出行的酒店	Map p.86/A2

地址　Jl. Merdeka No.2
TEL（022）423-2286
URL　bandung.el-hotels.com
税费＆服务费　含　信用卡　A D J M V
Wi-Fi 客房OK・免费
费用　AC HOT Cold TV 豪华间 S D Rp.797500
　　　AC HOT Cold TV 行政间 S D Rp.1700500
　　　AC HOT Cold TV 套房 S D Rp.2690000

柯南干酒店
Kenangan

POOL 餐馆 早餐

◆ 中档酒店，位于万隆站以北400米，共有25间客房。豪华间房型内提供冰箱。在2层的咖啡馆可以品尝到印尼菜以及各国美食。周末客房追加Rp.20000。

性价比很高的酒店，步行即可到达车站	Map p.86/A1

地址　Jl. Kebon Sirih No.4　TEL（022）423-5284
URL　www.kenanganhotel.com
税费＆服务费　含　信用卡　M V
Wi-Fi 客房OK・免费
费用　AC HOT Cold TV 标准间 S D Rp.290000~
　　　AC HOT Cold TV 豪华间 S D Rp.425000~

切斯邦旅馆
Chez Bon

POOL 餐馆 早餐

◆ 旅馆均为宿舍房型，共50张床位。宿舍房间大小不同，一间屋子内摆放着2~8张上下铺。提供公共浴室，有热水。

房内设有上下铺

对于夜游派来说地理位置极佳	Map p.86/A2

地址　Jl. Braga No.45　TEL（022）426-0600
URL　chez-bon.com
税费＆服务费　含　信用卡　不可
Wi-Fi 客房OK・免费
费用　AC HOT Cold TV 宿舍 Rp.150000

帕特拉迪萨酒店
Patradissa

POOL 餐馆 早餐

◆ 从万隆站北口出来后步行4分钟，然后从大路转进胡同内，再走50米即可到达。共有30间客房。在前台可以预约前往火山的旅游团（1辆车 Rp.650000）等。

对于乘坐晚班火车的游客来说十分便利	Map p.86/A1

地址　Jl. H. Moch. Iskat No.8
TEL（022）420-6680　FAX（022）420-8488
税费＆服务费　含　信用卡　不可
Wi-Fi 仅公共区域・免费
费用　AC HOT Cold TV 经济间 S D Rp.150000
　　　AC HOT Cold TV 标准间 S D Rp.225000
　　　AC HOT Cold TV 豪华间 S D Rp.270000

覆舟火山口
TEL（022）8278-0654
入场 每天 7:00～17:00
费用 周一～周五 Rp.200000、
周末 Rp.300000
※乘坐汽车进入需另付
Rp.25000～35000

包出租车的价格
从万隆市内出发，前往
覆舟火山口和芝阿特温泉乡的
价格为 Rp.700000～800000。

前往覆舟火山口的交通方式
从万隆站南口的车站大
厅枢纽站出发，乘坐开往苏
邦 Subang 方向的"angkot"
小巴，全程约 1 小时 20 分钟
（Rp.15000），然后在前往火
山的分叉路下车，再坐 4
公里的 OJek 摩托出租车。
但是不一定随时都有摩托出
租车。另外还可以乘坐车站
大厅枢纽站始发或途经万隆
站北口、向北行驶、开往伦
邦的"angkot"，到达伦邦
需要约 1 小时（Rp.15000）。
然后在伦邦入口、前往苏邦
方向的分叉路下车，再乘坐
OJek 摩托出租车往返火山
口。单程需 30 分钟，往返
价格 Rp.200000 左右。

前往芝阿特的交通方式
从伦邦出发，乘坐方式
同前往覆舟火山口一样，开
往苏邦 Subang 方向的小巴，
需要 40 分钟左右的时间，
Rp.10000。

芝阿特的温泉公园
URL www.sariater-hotel.com
费用 公园门票 Rp.35000
　　　泳池费用 Rp.50000

留有传说的巨大火山口 ★★

覆舟火山口
Tangkuban Perahu

Map p.90

覆舟火山的火山口

爪哇岛最大的火山
（海拔 2084 米），从山顶
可以看到雄伟壮观的火
山口。由于扁圆形的火
山锥如一叶倾覆的小舟
而得名。关于这座火山，
巽他地区还有一个叫作
《桑古里昂物语》的传
说。故事讲的是一个名
叫桑古里昂的青年，在
小的时候被赶出王宫，长大后回到了自己的故乡，意外遇到了自己的母亲，
但彼此并没有认出对方并坠入了爱河，桑古里昂更发誓要娶其为妻。母亲
在认出桑古里昂是自己的儿子后，备感困惑，为了让他放弃这个想法，
她要桑古里昂在一夜之间造出一艘大船，然后才肯嫁给他。最后他的母
亲计没有让其造船成功。桑古里昂勃然大怒，将正在建造的大船推翻，
这时山崩地裂，岩浆喷涌，于是，这片土地上就有了覆舟火山。

印度尼西亚特有的温泉乡 ★

芝阿特
Ciater

Map p.90

经过覆舟火山登山口后，车窗
外便是一大片广袤的茶园，头顶斗笠
采茶的女性们格外引人注目。芝阿特
内还有一个名为 Sari Ater 的温泉公
园。公园的占地面积很大，内部有从
瀑布流下形成的温泉河流，不少游客
都穿着衣服在这里泡温泉。周日还
可以看到斗羊 Adu Dombak、狮子舞
Sisingaan 等表演。

在芝阿特享受温泉

贴士 芝阿特的温泉公园 Sari Ater 内除了温泉池（24 小时）外，还可以参观茶园、趣味高尔夫、骑马、垂钓、
越野车、攀岩等，娱乐活动丰富多彩。

井里汶 *Cirebon*

因独特蜡染技术而闻名，是一个充满王公文化的港口城市

走入手绘蜡染工厂体验不一样的乐趣

古代与中国有着密切的海上贸易往来，这里也因此繁荣起来，如今仍有许多华裔居民居住在这座港口城市。虽然造访的游客较少，但是在当地爪哇人之间，作为 3 座王宫所在地以及蜡染工厂城市而被人所熟知。此外城市内还保留着荷兰殖民时期的古老建筑和中国寺院等，让人可以感受到各种文化交织融合的氛围。

人　口	30 万
海　拔	不到 10 米
区　号	0231

◎ 交通方式

巴士

从万隆、庞岸达兰乘坐巴士比较方便。巴士枢纽站位于西南郊外，距离市中心约 4 公里，距离火车站有 7 公里。从枢纽站可以乘坐"angkot"前往市中心。乘坐出租车的话，费用约为 Rp.40000。

前往井里汶的巴士	
雅加达出发	布罗格邦、坎邦红毛丹出发，每天 10 班以上，需要 4~5 小时，Rp.40000~255000
庞岸达兰出发	白天每小时 2 班，需要 5~6 小时，Rp.65000~

火车

从雅加达、日惹、泗水出发，乘坐火车比较方便。火车站周边有很多酒店。

前入往井里汶的火车	
雅加达出发	Cirebon Ekspres 等，每小时 2~5 班（6:15~23:00 发车），需要 2.5~3.5 小时，Rp.49000~525000
万隆出发	Ciremai 号（6:15 发车）和 Harina 号（21:15 发车）每天各一班，需要 4 小时，Rp.90000~270000
日惹出发	1 天 18 班（7:00~22:00 发车）），需要 4.5~5.5 小时，Rp.70000~455000。雅加达方向的急行列车很多
泗水出发	从帕萨尔途利站出发，每天 7 班（8:00~21:00 发车），需要 6~8.5 小时，Rp.150000~700000

殖民建筑风格的井里汶站

温泉地库宁岸

井里汶南侧的库宁岸是一个知名的温泉胜地，但实际上郊外的桑坎胡立普 Sangkanhurip 村有着更多的温泉。这里既有公共浴场，也有着带水疗设施的 H Grage Sangkan 等度假酒店，可前往的地点多种多样。从井里汶市内坐车需要 45 分钟。前往库宁岸需要 1.5 小时。

品尝乡土风味的纳西加布郎

纳西加布郎 Nasi Jamblang 是井里汶当地的著名美食。叶子上盛好米饭，然后自己从桌子上摆着的菜肴中自由选取（或者让店员盛取），市区内也有专营此类的餐馆。菜品以烧好、耐放的鱼类、肉类为主，此外豆腐、天贝、蔬菜等也都很美味。结账的时候将自己吃的食物告知店员即可。各家餐馆的营业时间不同，但基本上都是在所有食物卖完后就关门了。虽然 S 戈雷格购物中心周边有很多餐馆，但是当地人最推荐的一家店是 R 纳西加布郎芒杜尔 Nasi Jamblang Mang Dul（ MAP p.92/A1 TEL（0231）206-564）。多种菜品价格为 Rp.15000~。

随意选择自己喜爱的食物

投稿　井里汶没有大型观光景点，很适合在老城区漫步观光。另外如果前往郊外的特尔斯密的话，不妨顺路到爪哇特产的蜡染工厂参观一下。

因为华裔居民众多，所以市内也有不少中国寺院

井里汶 漫步

从井里汶站出来一直往前走，便会来到贯穿城市南北的斯里万吉路 Jl. Siliwangi，周边有很多家酒店。往南走700米经过清真寺所在的广场，然后右转是卡尔蒂尼路 Jl. R. A. Kartini。这条路旁是 S 戈雷格购物中心 Grage Mall 和中档酒店，这片地区近年来越来越热闹。

沿斯里万吉路一直往南，然后就会直接进入卡郎达斯路 Jl. Karanggetas，道路两旁有许多昔日的小商店，以及百货商店，非常热闹，道路的尽头是卡尼曼市场 Pasar Kanoman 和鸟市场 Pasar Burung。

位于市中心的卡尼曼市场

继续往南，便是井里汶的象征性建筑克斯普汉王宫，而距此500米左右，位于西北方向的则是卡茨雷柏南王宫。这座王宫所在区域的东侧，保留着不少荷兰殖民地时期的古老建筑。

井里汶市内的交通移动

井里汶的景点大多位于城市南侧，从酒店出发可以乘坐人力车。游览王宫、市场、井里汶港口、中国寺院等，3小时约 Rp.80000。单程的价格为 Rp.20000~。

关于货币兑换

银行位于城市主干道卡郎达斯路和斯里万吉路。

井里汶 Cirebon

区域地图 ▶ p.47/ B3

0   500m

前往雅加达

奥罗拉巴鲁酒店 Aurora Baru
井里汶爱玛黎丝酒店 Amaris Cirebon
西多达迪酒店 Sidodadi
Prima

市政厅 Balai Kota

井里汶站

前往特尔斯密 距离5公里

古衣萨利十字路口

井里汶广场酒店 Cirebon Plaza / Luxtor

Tryas   KFC

戈雷格购物中心 Grage Mall
BRI

井里汶戈雷格酒店 Grage Cirebon

纳西加布郎雅杜尔 Nasi Jamblang Mang Dul

纳西伦寇哈吉巴尔诺 Nasi Lengko H. Barno

Aurora

PGG

Jl. Veteran

Yogya Department

纪念品商店

哈吉摩尔海鲜 H. Moel Seafood

Surya Mall

Asia Mall

Yogya Department

Magna（中华）

井里汶港

Swiss-Belhotel

Cirebon Mall

潮觉寺（中国寺院）

Cirebon Penta
KFC

卡尼曼市场 Pasar Kanoman

卡尼曼王宫 Kraton-kanoman

鸟市场

卡茨雷柏南王宫 Kraton Kacirebonan

阿伦阿伦广场 Alun Alun

克斯普汉王宫 Kraton Kesepuhan

清真寺 Masjid Agung

前往巴士枢纽站 距离4公里

前往巴士枢纽站，距离4公里

贴士 在市区想要找一家咖啡馆或餐馆歇歇脚不是一件容易的事情。推荐去 S 戈雷格购物中心或者卡尔蒂尼路，这里有较多的大型快餐店。

在充满风趣的王宫中追忆过往

克斯普汉王宫
Kraton Kesepuhan

Map p.92/B2

王宫内展示的马车装饰品。大象、龙、鹰，由三种宗教象征融合而成的主题

王宫始建于 1430 年，并于 1529 年重新修建。建筑物的墙壁没有瓷砖，取而代之的是嵌入了中国或荷兰制造的陶瓷器。入口正对的建筑物是觐见统治者的房间。对面有两个小型博物馆，陈列了荷兰东印度公司时期的玻璃制品、甘美兰乐器、葡萄牙产的枪和大炮以及家具、刀具等展品。此外，卡尼曼王宫和卡茨雷柏南王宫也对外开放。

参观蜡染工厂

特尔斯密
Trusmi

Map p.92/A1 外

特尔斯密位于井里汶西部，距离市中心约 5 公里，这里集中着 40 余家蜡染工厂、商店。除了手绘的蜡染制品之外，还有压模的便宜的量产制品，也有古董级的高价品，雅加达每周末都有来这里的购物团，人气很高。

克斯普汉王宫
TEL（0231）225-511
入场 每天 8:00~16:00（周五 9:00~16:00）
费用 门票费 Rp.15000
　　博物馆 Rp.25000
　　含导游讲解，但需另付小费 Rp.20000 左右（不带导游有可能无法进入）。

卡尼曼王宫
MAP p.92/B2
入场 每天 8:00~16:00
费用 Rp.7000
　　博物馆只有一个房间，陈列了统治者乘坐的马车等展品。仅参观庭院是免费的。

卡茨雷柏南王宫
MAP p.92/B2
入场 每天 8:00~16:00
费用 Rp.10000
　　参观王宫内部需有导游带领进入（需支付 Rp.25000 左右的小费）。可以游览王宫的部分区域。

前往特尔斯密的交通方式
　　从井里汶市区开车前往需 15 分钟左右。如果是乘坐 "angkot" 的话，可以在 S 戈雷格购物中心所在的古农萨利十字路口 Gunung Sari 乘坐标有 "GP"、向西行驶的 "angkot"，然后在普雷德 Plered 十字路口下车（所需时间 15 分钟，Rp.4000）。最后步行 500 米或者乘坐人力车即可到达。

特尔斯密 & 井里汶的推荐工厂

古都井里汶郊外的特尔斯密及其蜡染工厂非常值得前去参观。其中 S 尼妮可伊乡 Ninik Ichsan（TEL（0231）322-300）的手绘蜡染质量在整个特尔斯密也算是上成品，设计、颜色也很符合国人的审美。虽然这是一家当地无人不知、无人不晓的名店，但大多数商品的价格都偏高。工厂内有 30 多名手艺人。

同样位于特尔斯密的 S 布迪 & 玛希娜 Budi & Masina

高品质的蜡染价格为 Rp.500000~

（TEL（0231）321-700）除了井里汶之外，还有来自爪哇其他各地的古董蜡染品。30~100 年前的作品都被视为美术品，非常珍贵。

S 卡特拉 Katura（TEL（0231）322-127）是由特尔斯密顶尖的作家卡特拉先生经营的一家商店。工厂制作的商品大多是预订产品，人气很高。另外还开设了蜡染教室。

著名作家卡特拉先生

🌸 贴士　特尔斯密的蜡染商店大部分也都是住家。因此没有准确的营业时间（大概为每天 8:00~17:00）。周日工厂休息，商店正常营业。

餐馆
Restaurant

　　来到港城井里汶，一定不要错过新鲜的海鲜美食。市内有许多既好吃又不贵的餐馆。另外在不少餐馆都能品尝到纳西加布郎、纳西伦寇等当地的家乡菜。

哈吉摩尔海鲜
H. Moel Seafood

◆井里汶知名的海鲜餐馆。卡里巴鲁路上有两家店名相同的餐馆，装修风格相近，也都带有空调，菜单基本一致，中餐的甜辣口味独具特色。炸虾（2人份 Rp.80000~）、炸鱼（2人份 Rp.80000~）。螃蟹料理也非常美味。

通过炭火烤制的海鲜

吃海鲜的话来这里就对了 Map p.92/A2
地址 Jl. Kalibaru Selatan No.39
TEL（0231）206-886（2店通用）
营业 每天 10:30~24:00
税费 & 服务费 含
信用卡 ⓂⓋ

纳西伦寇哈吉巴尔诺
Nasi Lengko H. Barno

◆纳西伦寇是井里汶当地的特色美食，是将天贝、豆芽、韭菜切碎，然后放在米饭上，但是如果只是这样吃的话可能味道比较清淡，不妨浇上一些放在桌子上的甜酱油拌一拌，味道会更好。虽然这道菜在小摊铺也能吃到，但是这家店的纳西伦寇（Rp.15000）在当地拥有着最高的人气。

品尝家常菜——纳西伦寇

深受当地人喜爱的知名美食餐馆 Map p.92/B1
地址 Jl. Pagongan 15B
TEL（0231）210-064
营业 每天 6:00~19:30
税费 & 服务费 含
信用卡 不可

酒店
Hotel

　　低中档酒店大多位于火车站东侧的斯里万吉路两边。卡尔蒂尼路上也有几家舒适性酒店。

井里汶戈雷格酒店
Grage Cirebon

POOL 餐馆 早餐

◆酒店位于井里汶站以西1公里处，和戈雷格购物中心相连，共有114间客房。酒店拥有两家餐馆和商务中心，设施齐全。提供火车站免费接送服务。

酒店近代风格的外观

井里汶的高档酒店 Map p.92/A1
地址 Jl. R. A. Kartini No.77
TEL（0231）222-999　FAX（0231）222-977
URL www.gragehotels.co.id
税费 & 服务费 含　信用卡 ⓂⓋ
Wi-Fi 客房OK·免费
费用 AC HOT Cold TV 白银间 ⓈⒹ Rp.645000
　　 AC HOT Cold TV 黄金间 ⓈⒹ Rp.1083000

井里汶亚玛黎丝酒店
Amaris Cirebon

POOL 餐馆 早餐

◆桑提卡集团旗下的经济型酒店，共有89间客房。酒店房间虽然布置简单，但给人一种干净整洁的感觉。客房比较宽敞，有窗户。

现代内饰风格的大床间

交通便利，距离车站步行仅需3分钟 Map p.92/A1
地址 Jl. Siliwangi No.70
TEL（0231）829-0066
URL www.amarishotel.com
税费 & 服务费 含　信用卡 ⒶⒿⓂⓋ
Wi-Fi 客房OK·免费
费用 AC HOT Cold TV ⓈⒹ Rp.358000~415000

奥罗拉巴鲁酒店
Aurora Baru

POOL 餐馆 早餐

◆距离井里汶站步行仅需2分钟。出站后走到斯里万吉路，然后左转马上就能找到该酒店，共有41间客房。虽然外观不太起眼，但是客房内部十分宽敞，有电视、桌椅。

房间内干净整洁

火车站附近的经济型酒店 Map p.92/A1
地址 Jl. Siliwangi No.62
TEL（0231）233-143
税费 & 服务费 含　信用卡 ⓂⓋ
Wi-Fi 客房仅公共区域·免费
费用 AC HOT Cold TV 标准间 ⓈⒹ Rp.230000
　　 AC HOT Cold TV VIP间 ⓈⒹ Rp.260000

Jawa

雅加达　三宝垄

三宝垄 *Semarang*

独立战争的舞台，印尼屈指可数的工商业城市

蜡烛形状的青年塔和白色的千重门是城市的标志性建筑

三宝垄是中爪哇州首府，印尼第五大的城市。"三宝垄"的名字起源于中国的航海英雄郑。作为一座港口城市，过去曾有许多伊斯兰商人往来于此，15世纪初期，明朝郑和率领大批舰队远征至此，华侨数量也因此增加。17世纪后期开始，受荷兰东印度公司的影响，这片地区开始了殖民化进程，19世纪后期内陆的火车线路已经十分完善，促使砂糖、橡胶、烟草等出口产业十分发达，三宝垄也作为出口港迎来了繁荣期。世界大战期间曾被日军占领。战争结束后，围绕武器交还问题，与印尼独立派发生冲突，造成1200多人死亡，此次事件也被称作三宝垄事件。

人　口	164万
海　拔	不到20米
区　号	024
机场代码	SRG

爪哇岛・井里汶＼三宝垄

旅游咨询处 TIC　MAP p.96

地址 Jl. Pemuda No.147
TEL（024）351-5451
URL www.central-java-tourism.com
营业 周一～周六 7:00~15:30
　　提供地图和手册。机场也有柜台。

从机场前往市中心
　　乘坐机场出租车前往市中心需要10分钟～、Rp.60000~。从机场出来后往前走100米，穿过铁轨，可以打到按里程收费的出租车（Rp.30000~）。

从巴士枢纽站前往市中心
　　从距离市中心5公里、位于东北部的特尔博约巴士枢纽站 Terboyo 出发，乘坐开往这旺站或市中心的公共汽车，需要15分钟，Rp.3500。打车需要10分钟，Rp.30000。从市中心南部、相距10公里的巴岩甘素昆公交枢纽站 Bayangan Sukun 出发，乘坐出租车需要20分钟，Rp.40000~。

三宝垄市公交车（BRT）
URL www.brtsemarang.com
　　三宝垄市公交车，在三宝垄叫作 BRT（Bus Rapid Transit），共有4条线路，每天5:30~19:00之间运行，发车间隔10~15分钟。车票为均一价 Rp.3500（2小时内有效）。

◎ 交通方式

飞机

　　三宝垄的艾哈迈德亚尼国际机场 Ahmad Yani 位于市中心西部，相距4公里。与国内其他地方均有大量航班往来。

飞往三宝垄的航班	
从雅加达起飞	鹰航、巴泽航空、狮航、连城航空等，每天32~35班、需要1~1.5小时、Rp.447000~1160000
从泗水起飞	狮航（飞翼航空）、鹰航、斯利维查雅航空，每天8班、需要1小时、Rp.424000~923000
从登巴萨起飞	鹰航、狮航（飞翼航空）、斯利维查雅航空，每天各1班、需要1.5小时、Rp.749000~1513000

巴士

　　三宝垄的特尔博约巴士枢纽站 Terboyo 与爪哇岛各地均有巴士往来，大部分是空调巴士。从日惹出发的巴士也停靠在巴岩甘素昆公交枢纽站 Bayangan Sukun。三宝垄市内有多个巴士枢纽站，一定要区分清楚。

开往三宝垄的巴士	
从雅加达出发	布罗格邦、坎邦红毛丹公交枢纽站有多班巴士运行，需要9~13小时、Rp.115000~300000
从日惹出发	每小时1班、需要3~4小时、Rp.30000~95000
从梭罗出发	每小时1班、需要2~3小时、Rp.25000~75000
从泗水出发	每小时1~2班、需要8~10小时、Rp.70000~205000

火车

　　主要火车站达旺站和彭切尔站位于市区北部。

 贴士　三宝垄的特色美食遮目鱼 Bandeng 可以在纪念品商店 ⑤ 斑登居华纳 Bandeng Juwana（MAP p.96 营业 每天 7:00~23:00）2层的餐馆等地品尝到。

95

市内交通

蓝鸟出租车起步价为Rp.6000~。其他的出租车公司均设有最低车费Rp.20000~。在酒店等地可以安排包车，1天Rp.500000~。

此外市公交车Rp.3500~、小巴（叫作"angkot"、大发）Rp.4000~、OJek Rp.15000~、人力车Rp.10000~等，市内的交通手段很丰富。乘坐市公交车（→p.95）前往公交枢纽站和火车站比较方便。

大清真寺
Masjid Agung

MAP p.96 外

崭新设计的大清真寺，位于市区东侧，距离市中心2公里。从99米高的观景台上可以眺望市区整体的风景，2~3层是博物馆，介绍伊斯兰教的文化。

入场 每天 8:00~11:00、12:30~14:30、15:30~17:00
费用 Rp.7000

外形巨大、颇具震撼力的大清真寺

中爪哇州博物馆
Museum Ranggawarsita

MAP p.96 外

拥有5万多件印度尼西亚国内的历史文化藏品，是中爪哇最大的博物馆。

地址 Jl. Abdul Rahman Saleh No.1
TEL（024）760-2389
入场 每天 8:00~15:00
费用 Rp.4000

独立战争时期的模型展示

新邦利马地区的豆腐摊

R 塔胡佩蒂斯普拉索霍 Tahu Petis Prasojo（MAP p.96 营业 每天16:00~24:00）是当地知名的豆腐专卖店。加入虾酱的炸豆腐 Tahu Petis（Rp.1500~）、加入炒蔬菜的 Tahu Isi 等都非常好吃。

开往三宝垄的火车	
从雅加达出发	甘比尔站和帕萨尔塞宁站每天14~15班（6:55~23:00发车），需要5.5~7小时，Rp.70000~365000
从泗水出发	帕萨尔途利站和古彭站每天11班（6:00~21:00发车），需要3.5~6.5小时，Rp.49000~525000

三宝垄 漫步

市区北部的老城区Kota Lama是比较适合漫步游览的地区。这里以1753年、荷兰统治时期建造的布伦杜克教堂 Gereja Blenduk 为中心，保留着许多殖民时代风格的建筑物，石板小路两边有不少古董商店，颇具旅途风情。南部是唐人街，然后

由信仰新教的布伦杜克教堂出资建造的旧城区

可以在新邦利马地区的小吃街品尝到当地的特色美味

途经佩姆达路 Jl. Pemuda，周边有购物中心和游客中心，继续往南，是祭奠三宝垄事件牺牲者的青年塔 Tugu Muda 和城市标志性象征的千重门 Lawang Sewu。从这里往东南方向出发，是新兴起来的新邦利马地区。这里有很多小吃摊，夜晚非常热闹。

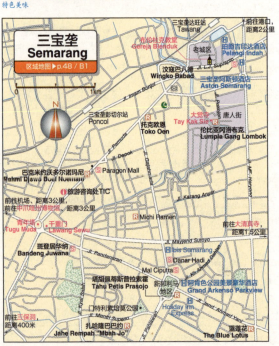

三宝垄
Semarang
区域地图 ▶p.48 / B1

贴士 R 蓝莲花 The Blue Lotus（MAP p.96 TEL（024）841-3575 营业 周二~周日10:00~22:00）是城市内人气最高的咖啡店。自制烘焙咖啡 Rp.25000~、麝香猫咖啡 Rp.80000。

三宝垄　主要景点

了解三宝垄历史的场所

千重门　　　　　　　　　Map p.96　　★★

Lawang Sewu

作为夜间拍照胜地，人气颇高

历史建筑，于1907年、荷兰统治时期，由东印度铁路公司建造。此后被日军、荷兰军队使用，如今由印度尼西亚铁路公司管理。1层是铁路博物馆和美术馆，庭院展示了当年的火车头。彩色玻璃窗也十分漂亮，夜晚灯光亮起后，千重门显得更加梦幻，充满幻想。

南洋往来·文化交流的象征

三保洞　　　　　　　Map p.96 外　　★

Sam Poo Kong

郑和（1371~1434年），小名三宝，又作三保，出生于中国云南，明朝宦官、航海家、外交家，伊斯兰教徒，因为在航海过程中曾将三宝垄作为根据地，由此建造了这座寺院。原本外观是中式风格的清真寺，但因为华侨人数的增加，佛教色彩更加强烈，如今成了印尼国内屈指可数的中式寺院。正堂后面有描绘航海的壁画，正堂是由郑和的部下进行冥想的洞窟改造而成，陈列了郑和及舰队的相关展品。

牌匾上写有"三保洞"（三保是郑和的旧名）

千重门
地址　Jl. Pemuda, Komplek
TEL（024）356-2661
入场　每天 7:00~21:00
费用　Rp.10000
提供英语导游服务，需付小费（Rp.50000 左右）

品尝佳木
℞ 扎哈隆巴巴约 Jahe Rempah "Mbah Jo"（MAP p.96
营业　周一~周五 7:00~22:00、周日 18:00~22:00）是一家可以品尝到印尼药草饮料"佳木"的餐馆。这种饮品有很多功效，如果感兴趣的话不妨前去品尝。

三保洞
地址　Jl. Simongan No.129
TEL（024）760-5277
入场　每天 7:00~20:00
费用　Rp.10000~15000、内部参观另付 Rp.30000

品尝三宝垄的特色美食

内饰也很讲究的托克欧恩

1936年创立的 ℞ 托克欧恩 Toko Oen（MAP p.96 TEL（024）354-1683 营业 每天9:30~21:30）既有当地家常菜，也有中餐、荷兰菜，菜品丰富多彩。牛排 Bestik Sapi 价格为 Rp.90000，冰激凌 Tutti Frutti 为 Rp.39700。

位于唐人街的 ℞ 伦比亚冈洛布克 Lumpia Gang Lombok（MAP p.96 TEL 081-6488-2329 手机号 营业 每天 8:00~17:00）的三宝垄风格的春卷（Rp.15000）人气很高。这是一家百年老铺，售罄后结束当天的营业。

伦比亚冈洛布克的春卷

想要吃面条的话，就来 ℞ 巴克米约沃多尔诺玛尼 Bakmi Djowo Doel Noemani（MAP p.96 TEL 0813-2920-3448 手机号 营业 每天 10:00~24:00）。爪哇面条 Bakmi Gudong（Rp.15000）堪称一绝。

巴克米约沃多尔诺玛尼的
Bakmi Gudong

想要品尝年糕米粉、椰子、砂糖混合制成的烤点心汶寇（Rp.4900~）的话，可以去老城区的名店 ⑤ 汶寇巴八德 Wingko Babad（MAP p.96 TEL（024）354-2064 营业 每天 7:00~18:30）。

当地特色点心——
汶寇巴八德

🌸 贴士　ℍ 阿肯色公园美景豪华酒店 Grand Arkenso Parkview（MAP p.96　TEL（024）845-0045）是一家位于新邦利马地区，共有165间客房的酒店。附设有购物中心。高级房 ⑤①Rp.555000~。

三宝垄阿斯顿酒店
Aston Semarang

`POOL` `餐馆` `早餐`

◆ 便于到老城区、唐人街观光，共有 156 家客房，酒店整体规格较高。客房结构布置合理，商务客人也可以选择入住。自助早餐提供传统美食，菜品非常丰富。3 层有室外泳池，各项设施也很齐全。

位于老城区的舒适城市酒店	Map p.96

地址 Jl. MT Haryono No.1
TEL（024）356-6869
URL www.aston-international.com
税费 & 服务费 含
信用卡 `A` `M` `V`
Wi-Fi 客房 OK·免费
费用 `AC` `HOT` `Cold` `TV` 高级间 ⑤ⓓ Rp.528000～
　　　`AC` `HOT` `Cold` `TV` 豪华间 ⑤ⓓ Rp.778000～
　　　`AC` `HOT` `Cold` `TV` 套房 Rp.1178000～

左 / 现代的大楼外观　右 / 高级间客房内饰

珀朗吉印达酒店
Pelangi Indah

`POOL` `餐馆` `早餐`

◆ 位于达旺站南侧的水库后面，步行仅需 3 分钟。各个房间的大小、光照强度不同，办理入住时可以要求挑选房间。共有 31 间客房。

三宝垄价格最低的酒店级别

达旺站附近朴素的平价酒店	Map p.96

地址 Jl. Merak No.28
TEL（024）358-4813
税费 & 服务费 含
信用卡 不可
Wi-Fi 客房 OK·免费
费用 `AC` `HOT` `Cold` `TV` ⑤ⓓ Rp.150000
　　　`AC` `HOT` `Cold` `TV` ⑤ⓓ Rp.200000

前往卡里摩爪哇群岛的航班
　　Airfast 公司每周二、周四有定期航班从泗水起飞，所需时间 80 分钟。Rp.380000（回程为周一、周三起飞）。
● **Airfast 公司**
TEL 0812-3777-9610（泗水）
TEL 0812-3777-9613（三宝垄）
URL www.airfastindonesia.com
开往卡里摩爪哇群岛的游船
　　从三宝垄乘坐 3 小时巴士到达贾帕拉 Japara 所在的卡尔蒂尼 Kartini 港口，然后乘坐高速游船 Express Bahari，每周一、周二、周五、周六出发（回程为周一、周三、周六、周日出发），所需时间 2.5 小时，价格 Rp.155000～，ASDP 公司为每周一、周五、周六出发（回程为周二、周四、周五、周日出发），所需时间 6 小时，费用 Rp.60000～。
　　泗水北部 2 公里远的 Tanjung Emas 港口（周六出发）、30 公里以西的肯德尔 Kendal 港口（周二、周五出发）也有高速游船航行。
卡里摩爪哇群岛的餐饮
　　本岛海边有 `R` Amore 和 `R` Coco Huts 等数家海家餐馆，中央广场 Alun Alun 周边，每天 18:30～21:00 有海鲜摊。

三宝垄 ▎短途旅行

浮在海面上的度假岛　　　★★★

卡里摩爪哇群岛
Pulau Karimunjawa

	Map p.48/A1

　　被列为国家级公园的卡里摩爪哇群岛是当地广受好评的游玩目的地。碧绿的海面上共有 27 个岛屿，充满了乐园的气氛。其中最大的卡里摩爪哇本岛上也是除了酒店之外，仅有一些小型水疗店。周边的几座离岛可以进行跳岛游，在沐浴自然风光的同时，好好享受属于自己的假期。

在卡里摩爪哇群岛上享受属于自己的宁静假期

日惹 *Yogyakarta*

王宫文化浓郁的传统古都

日惹王宫位于日惹的市中心

人　口	40万
海　拔	114米
区　号	0274
机场代码	JOG

活动信息

除了王宫外，各个剧场每天都有爪哇传统技艺表演。
▶时刻表→p.108

另外，每年都有大型文艺活动演出。具体日程可以前往旅游咨询处确认。

日惹的简称

日惹的英文简称为Jogja，印尼当地人大多这样称呼这里。另外近年来，酒店、店名也都开始使用"Jogjakarta"的拼写。

日惹的交通信息

●日惹国际机场
TEL（0274）484-261
●吉旺安巴士枢纽站
TEL（0274）410-015

日惹是爪哇岛的古都。经过佛教、印度教的流入，伊斯兰教势力的兴起，成为荷兰殖民地等一系列复杂的历史进程，如今成了印度尼西亚最具代表性的旅游胜地之一。前往市中心的王宫、周边的婆罗浮屠寺庙群、普兰巴南寺庙群等，找寻各个时代残留下来的余韵，一览世界级的大型遗址。

虽然如今日惹有90%以上的人信奉伊斯兰教，但是如今仍存于巴厘岛的印度教文化正是起源于日惹。16世纪前后，爪哇岛上的伊斯兰教势力开始壮大，印度教王国满者伯夷国虽然灭亡，但是王公贵族、僧人等大批人员逃亡至巴厘岛，并将这种在爪哇岛已经孕育成熟的文化带到了巴厘岛这片新天地，也取得了巨大的成果。

日惹的物价比较便宜，酒店、旅行社等旅游设施完善，很适合以这里作为出发地，前往爪哇岛其他地区进行旅游。市内保存着许多荷兰殖民时期的建筑，悠闲地漫步观光，感受古都特有的气氛。还可以体验哇扬戏、罗摩衍那舞蹈等爪哇传统技艺。

在日惹享受当地甜点

日惹当地最具特色的甜点当数绿豆饼，饼皮是由绿豆、炼乳等配料做成的。老字号 Ⓢ 巴皮雅皮雅 Bakpiapia（ MAP p.103/A1 TEL 0811-281-1257 手机号 URL www.bakpiapia.com 营业 每天9:00~17:00）有多家分店，点心的口味很多，人气很高。加入蓝莓奶酪、卡布奇诺的面皮十分新颖，很受好评。

Ⓢ 姆尔尼 Murni（ MAP p.103/B2 TEL（0274）376-768 营业 每天6:30~21:30）日常提供20~30种当地甜点，是当地人经常光顾的一家面包店。味道如同烤布丁的伦普尔糕、烤制的克普、将颗粒状的木薯淀粉固定住的琼脂慕蒂亚拉糕等，在甜品的世界里尽情地享受吧。

巴皮雅皮雅餐馆的绿豆饼，每4个装一盒
Rp.17000

姆尔尼的当地点心，每个Rp.1750~

交通方式

飞机

鹰航、狮航等航空公司均开通了日惹与国内各地的航班线路。国际线中，亚洲航空1天2班，从吉隆坡飞往日惹，从新加坡出发，可以乘坐亚洲航空和胜安航空等（1天2~3班）。

飞往日惹的航班（日惹出发 → p.442）

雅加达~日惹的航班数量很多，各家航空公司的竞争激烈，因此价格会有一定优惠。

雅加达出发	鹰航、狮航、亚航、斯利维查雅航空等，每天27~40班，需要1~1.5小时，Rp.336000~1998000
登巴萨出发	鹰航、狮航、亚航等，每天8班，需要1~1.5小时，Rp.432000~1543000
泗水出发	狮航（飞翼航空）、鹰航、斯利维查雅航空，每天8班，需要1~1.5小时，Rp.329000~1476000

巴士

雅加达（布罗格邦公交枢纽站）、泗水、梭罗等岛内各地均有巴士开往日惹，终点是位于市中心东南部、相距4公里的吉旺安巴士枢纽站 Terminal Giwangan。与巴厘岛的登巴萨也有巴士往来。

吉旺安巴士枢纽站

前往日惹的巴士

从雅加达出发	布罗格邦公交枢纽站等，每天约10班，需要12~15小时，Rp.100000~、空调车 Rp.120000~300000
从万隆出发	每天2班，需要8~10小时，Rp.100000~、空调车 Rp.130000~
从梭罗出发	每小时数班、需要1.5~2小时，空调车 Rp.30000~50000
从泗水出发	每小时数班、需要7~8小时，空调车 Rp.80000~100000
从登巴萨出发	每天5班，需要17~20小时，空调车 Rp.275000~300000

火车

主要为豪华型和商务型列车，于市中心的图古站往返。经济型列车往返于以东1公里的勒普阳安站。

交通便利的图古站

前往日惹的火车

从雅加达出发	每天13~17班（6:15~22:00发车）、需要7.5~8.5小时，Rp.74000~600000
从万隆出发	每天6班（7:20~19:30发车）、需要7.5~8.5小时，Rp.140000~520000
从梭罗出发	每天35~36班（5:10~次日2:40发车）、需要1小时，Rp.8000~500000。Prameks 号价格有优惠
从泗水出发	从古彭站出发，每天8~12班（7:00~19:00发车）、需要4.5~5.5小时，Rp.74000~455000

从机场前往市区

日惹国际机场位于市区东部、相距10公里。机场内有出租车售票柜台，到达市内需要15~30分钟，Rp.70000~。乘坐出租车前往梭罗需要1~2小时，Rp.290000。

出机场后就能看到日惹当地的公交车站，停靠的线路有1A、1B、3A、3B。乘坐1A路的话，可以直达索斯罗地区的马里奥博罗路，车程30分钟。3B路开往吉旺安巴士枢纽站，1A和1B路（梭罗方向）开往普兰巴南寺庙群。

鹰航 [MAP] p.116
地址 Jl. Malioboro No.60, Hotel Grand Inna Malioboro 内

从巴士枢纽站前往市区

吉旺安巴士枢纽站是所有长途、近郊线路的始发站、终点站。从枢纽站可以乘坐市公交车2、4、15路前往市中心。从市中心乘坐2路公交车，可以到达 [H] 印那加尔达酒店后面的马塔兰路 Jl. Mataram 以及普拉维塔玛地区的帕朗特里蒂斯路 Jl. Parangtritis。如果要前往马里奥博罗路可以乘坐4路公交车。均需要20~30分钟的时间。乘坐出租车需要15分钟（Rp.60000左右）。

爪哇岛的旅游巴士

旅游巴士连接日惹和爪哇岛其他主要城市，并且是酒店接送。
● 庞岸达兰
每天2班，7:00、19:00发车，所需时间6~7小时。Rp.150000~。
● 泗水出发
每天2~3班，所需时间7小时，Rp.200000~。

城市中心是马里奥博罗路 Jl. Malioboro 周边。道路两边有酒店、餐馆、游客中心、百货商场等，是非常繁华的一条街区。白天有许多露天摊，出售各式各样的商品，而到了晚

繁华的马里奥博罗路

上，这里又变成了小吃街，是日惹必去的地区。但因为人群拥挤、鱼龙混杂，有很多小偷在这里行窃，所以一定注意自身财产安全。这条街的西北侧是索斯罗贾亚恩地区 Sosrowijayan（**MAP** p.116），这里是酒店街，中低档酒店、旅行社等都集中在这里，图古火车站也位于这片地区。沿马里奥博罗路往南便是雅尼路 Jl. A. Yani，也是王宫所在的区域。市内的景点大多分布在这一带。继续往南是另一条酒店街——普拉维塔玛地区 Prawirotaman（**MAP** p.115）。这里环境更加宁静。

交通指南

●出租车

市内行驶的出租车按里程收费。起步价（1 公里以内）为 Rp.6500，之后每 50 米加收 Rp.350。另外出租车包车，1 小时的价格约为 Rp.100000。

●市内公交车（日惹公交车）

日惹市内的新公交系统。连接马里奥博罗路、吉旺安公交枢纽站、机场、普兰巴南寺庙群等区域，适合作为远距离交通工具（相较于一般的市公交车，班次较少，到站前不能中途下车，因此不适合作为短距离的交通工具）。

●市内公交车（科塔公交车）

市内小巴士，均一价 Rp.2500。车身上写有 "Bus Kota"。有很多是单向行驶，对于短期旅行的游客来说，有一定的乘车难度。小偷也较多，请注意安全。

●人力车

累了的时候，最好的选择就是人力车。上车前需要商讨价格，一般短距离 1~2 公里的价格为 Rp.15000~30000。如果按时间包车的话，大概 1 小时的价格为 Rp.50000~。

● Ojek

一个人的话，乘坐摩托出租车会更加方便。道路上没有空驶的摩托出租车，需要到车站 Pos Ojek 乘车。价格需要与司机交涉，一般总价是出租车的 50%~70%。

旅游咨询处 **MAP** p.103/A1
地址 Jl. Malioboro No.16
TEL（0274）566-000
URL www.visitingjogja.com
URL www.central-java-tourism.com
营业 周一～周四 7:30～20:00
周五·周六 7:30～19:00
周日 9:00～14:00
※ 图古站南口也设有旅游咨询处。

移民局办公室
地址 Jl.Solo Km 10, Maguwoharjo, Depok, Slemen
TEL（0274）484-370

关于货币兑换

索斯罗贾亚恩地区、普拉维塔玛地区的酒店街都有很多货币兑换处。银行虽然汇率不变，但是很多支行都只接受美元的旅行支票。汇率较好的一家货币兑换处是 H 格兰英娜马里奥博罗酒店人口右侧的 Mulia Bumi Arta（TEL（0274）563-314 营业 周一～周五 7:00~19:00、周六 7:00~15:00）

日惹公交车

现在有 1A、1B、2A、2B、3A、3B 共 6 条线路运营。运营时间为 5:00~19:30 左右（发车间隔 10~30 分钟）。车费 Rp.3500。
乘车方法是先在窗口购买磁卡，然后刷卡通过闸机，进入站台等车。在乘车口告知工作人员目的地后，所乘线路的公交车到站后，工作人员会提醒乘客上车。

适合旅行者的日惹公交车线路

从索斯罗贾亚恩地区的马里奥博罗路车站（H 格兰英娜马里奥博罗酒店前）上车，乘坐 1A 前往机场和普兰巴南寺庙群，乘坐 3A 可以到达吉旺安公交枢纽站。
从吉旺安公交枢纽站前往普拉维塔玛地区可以乘坐 3B，在普拉维塔玛地区以北的苏吉奥诺路 Jl.Sugiono 下车，然后从车站步行 10 分钟即可到达普拉维塔玛地区。普拉维塔玛地区距离车站较远，先乘坐市内公交车到达吉旺安公交枢纽站，然后换乘前往普拉维塔玛地区较为便利。

乘坐人力车欣赏古都风情

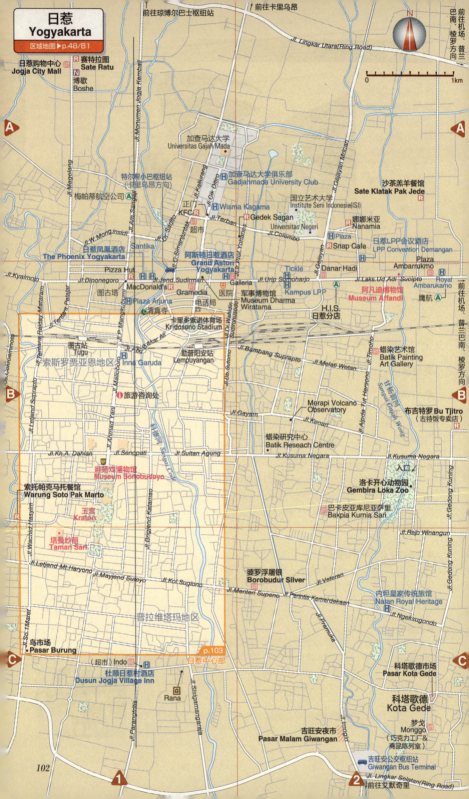

日惹
Yogyakarta

区域地图 ▶p.48/B1

日惹购物中心
Jogja City Mall

赛特拉图
▶ Sate Ratu

博歌
▶ Boshe

前往琼博尔巴士枢纽站

前往卡里乌昂

Jl. Lingkar Utara(Ring Road)

巴南、棱罗方向
前往机场、普三

N

0　　　　　　　1km

加查马达大学
Universitas Gajah Mada

特尔帕小巴枢纽站
(卦里乌昂方向)

梅帕蒂航空公司
Jl. Magelang

正门
KFC

加查马达大学俱乐部
Gadjahmada University Club

Wisma Kagama

Gedek Sagan

国立艺术大学
Institute Seni Indonesia(ISI)

沙茶盖羊餐馆
Sate Klatak Pak Jede

娜娜米亚
Nanamia

Universitas Negeri
Jl. Colombo

日惹凤凰酒店
The Phoenix Yogyakarta

Santika

超市

Pizza Hut

阿斯顿日惹酒店
Grand Aston
Yogyakarta

Plaza
Snap Cafe

日惹LPP会议酒店
LPP Convention Demangan

MacDonald's

图古塔

Plaza
Ambarrukmo

Jl. Diponegoro

Galleria

Tickle

Danar Hadi

阿凡迪博物馆
Museum Affandi

Plaza Arjuna

Gramedia

Jl. Urip Sumoharjo

Kampus LPP

Royal
Ambarrukmo

Jl. Kyaimojo

清真寺

电话局

医院

军事博物馆
Museum Dharma
Wiratama

H.I.S.
日惹分店

鹰航

前往机场、普三巴南、棱罗方向

图古站
Tugu

卡里多索诺体育场
Kridosono Stadium

蜡染艺术馆
Batik Painting
Art Gallery

索斯罗贾亚恩地区

Inna Garuda

勒普阳安站
Lempuyangan

Jl. Bambang Suprapto

Jl. Melati Wetan

布吉特罗 Bu Tjitro
(古待饭专卖店)

旅游咨询处

Jl. Gayam

Merapi Volcano
Observatory

Jl. Kenari

蜡染研究中心
Batik Reseach Centre

Jl. Kh.A. Dahlan

Jl. Sanopati

Jl. Sultan Agung

Jl. Kusuma Negara

Jl. Kusume Negara

入口

哇扬戏博物馆
Museum Borobudoyo

索托帕克马托餐馆
Warung Soto Pak Marto

玉宫
Kraton

洛卡开心动物园
Gembira Loka Zoo

巴卡皮亚库尼亚萨里
Bakpia Kurnia Sari

塔曼纱丽
Taman Sari

Jl. Letjend Mt.Haryono

Jl. Mayjend Sutoyo

Jl. Kol. Sugiono

婆罗浮屠银
Borobudur Silver

Jl. Menteri Supeno

Jl. Perintis Kemerdekaan

Jl. Veteran

内坦皇家传统旅馆
Nalan Royal Heritage

Jl. Ngeksugondo

普拉维塔玛地区

Jl. Pramuka

鸟市场
Pasar Burung

超市 Indo

p.103
日惹中心部

科塔歌德市场
Pasar Kota Gede

杜顺日惹村酒店
Dusun Jogja Village Inn

Rana

科塔歌德
Kota Gede

Monggo
(巧克力工厂&
商品陈列室)

吉旺夜市场
Pasar Malam Giwangan

吉旺安公交枢纽站
Giwangan Bus Terminal

Jl. Lingkar Selatan(Ring Road)
前往艾献奇里

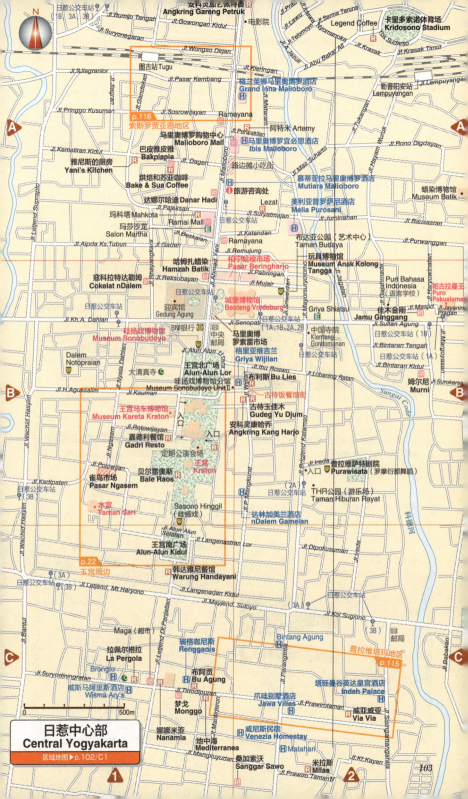

N

卡里多索诺诺体育场
Kridosono Stadium

女科灵加已减特普鲁
Angkring Gareng Petruk

Jl. Bumijo Tengah

Jl. Gowongan Kidul

电影院 • Legend Coffee

勤普阳安路
Lempuyangan

Jl. Suryonegaran

Jl. Wongso Dirjan

图古站Tugu

Jl. Pasar Kembang

格兰英娜马里奥博罗酒店
Grand Inna Malioboro

p.116
索斯罗贾亚恩地区

Jl. Sosrowijayan

Ramayana

阿特米 Artemy

马里奥博宜必思酒店
Ibis Malioboro

马里奥博罗购物中心
Malioboro Mall

巴皮雅皮雅
Bakpiapia

Yani's Kitchen
雅尼斯的厨房

Jl. Dagen

路边摊小吃街

嘉蒂亚拉马里奥博罗酒店
Mutiara Malioboro

烘焙和苏亚咖啡
Bake & Sua Coffee

旅游咨询处

Lezat

美利亚普罗萨尼酒店
Melia Purosani

蜡染博物馆
Museum Batik

达娜尔哈迪 Danar Hadi

玛科塔 Mahkota

Ramai Mall

玛莎莎龙
Salon Martha

Jl. Suryatmajan

布达亚公园【艺术中心】
Taman Budaya

玩具博物馆
Museum Anak Kolong Tangga

Ramayana

哈姆扎蜡染
Hamzah Batik

栢宁哈榄市场
Pasar Beringharjo

Puri Bahasa Indonesia【语言学校】

帕古拉曼
Puro Pakualaman

寇科拉特拉勒姆
Cokelat nDalem

城堡博物馆
Benteng Vredeburg

佳木金刚
Jamu Ginggang

Gedung Agung
迎宾馆

Griya Shiatsu

大清真寺

BNI银行

洼扬戏博物馆
Museum Sonobudoyo

中央邮局

马里奥博罗格里亚维吉兰
Griya Wijilan

姆尔尼
Murni

Dalem Notopraian

Alun-Alun Lor
王宫北广场

布利斯Bu Lies

古特玉佳木
Gudeg Yu Djum

洼扬戏博物馆分馆
Museum Sonobudoyo Unit II

王宫马车博物馆
Museum Kareta Kraton

安科灵哈乔
Angkring Kang Harjo

嘉德利餐馆
Gadri Resto

定期公演会场

王宫
Kraton

普拉维萨特剧院
Purawisata【罗摩衍那舞蹈】

贝尔雷奥斯
Bale Raos

雀乌市场
Pasar Ngasem

THR公园【游乐场】
Taman Hiburan Rayat

水宫
Taman Sari

Sasono Hinggil
哇扬戏

达林加美兰酒店
nDalem Gamelan

王宫南广场
Alun-Alun Kidul

p.22
王宫周边

韩达雅尼餐馆
Warung Handayani

Jl. Langenastran Lor

Maga【超市】

瑞格咖尼斯
Rengganis

Bintang Agung

普拉维塔玛地区
p.115

拉佩尔格拉
La Pergola

Brongto

布阿贡
Bu Agung

塔旺曼谷英达皇宫酒店
Indah Palace

威斯马阿里奥酒店
Wisma Ary's

爪哇别墅酒店
Jawa Villas

威亚威亚
Via Via

梦戈
Monggo

威尼斯民宿
Venezia Homestay

娜娜米亚
Nanamia

地中海
Mediterranea

桑加索沃
Sanggar Sawo

米拉斯
Milas

日惹中心部
Central Yogyakarta

区域地图 ▶p.102/C1

从日慈出发的旅游行程

从日慈出发，有很多旅游巴士前往近郊婆罗浮屠寺庙群（→p.119）等地。因为都是游客，所以不用担心小偷。提供酒店门口接送，并有导游，体验舒适、价格合理。通过市内的旅行社、酒店可以进行预约。除了高档酒店提供的高端旅游线路外，其他地方报名的旅游产品价格和出发时间基本相同。

※ 价格中不包含遗迹门票。最少发团人数基本均为2人

婆罗浮屠寺庙群日出团
时间 4:00~10:00　费用 Rp.110000~

深夜出发，登上 Setumbu 山丘，俯瞰被清晨的薄雾笼罩的婆罗浮屠寺庙群。然后进入遗迹公园进行参观。

婆罗浮屠寺庙群日间观光团
时间 7:30~13:30　费用 Rp.120000~

早晨从酒店出发，前往世界遗产婆罗浮屠寺庙群进行游览（虽然看不了日出，但是可以避开拥挤时段），午后的日落时间为14:00~19:00，费用为Rp.100000~。

婆罗浮屠寺庙群是爪哇岛必去的景点

婆罗浮屠寺庙群 & 普兰巴南寺庙群观光团
时间 7:15~15:00　费用 Rp.150000~

1天之内游览日慈郊外的2大景点，是非常便利的一条旅游线路。

婆罗浮屠、卡里乌昂、普兰巴南寺庙群观光团
游览日慈近郊的2大遗迹和位于默拉皮火山山脚的卡里乌昂。

迪延高原观光团
时间 7:15~17:00　费用 Rp.275000~

从日慈出发，单程3小时。游览阿朱那寺庙、西吉当火山口。

迪延高原的西吉当火山口

梭罗、苏库寺、塞托寺
时间 7:00~17:00　费用 Rp.300000~

游览梭罗市内景点，包括卡苏拉那南王宫等，以及郊外的苏库寺和塞托寺。

婆罗摩火山观光团
时间 8:00 出发（2天1晚）　费用 Rp.420000~

在山脚的嘉德萨利村或切莫罗拉旺村停留一晚，第二天早上前往婆罗摩火山观看日出。然后回到村庄吃早餐，再返回日慈（额外付费可以安排前往巴厘岛）。费用包含住宿、早餐。可以选择单程前往婆罗摩火山（Rp.180000~）。

※ 最少4人成团

婆罗摩火山 & 卡瓦伊真火山观光团
时间 8:00 出发（3天2晚）　费用 Rp.720000~

行程第二天早上前往婆罗摩火山，第三天凌晨前往卡瓦伊火山口欣赏"蓝色火焰"。※ 最少4人成团

神秘的卡瓦伊火山的"蓝色火焰"

卡里摩爪哇群岛观光团
时间 23:30 出发（4天3晚）　费用 Rp.1200000~

乘车前往贾帕拉（MAP p.48/A1）港口，然后乘船登岛。

从日慈出发前往周边地区的话，推荐选择乘车。各个酒店、旅行社都提供含司机的包车服务，手续简单、快捷。相比参团更加自由，更适合带孩子出行的游客。价格参考，婆罗浮屠寺庙群Rp.450000~（5小时）、普兰巴南寺庙群Rp.350000（3小时）、婆罗浮屠寺庙群和普兰巴南寺庙群Rp.550000~（8小时）等。市内包车的话，1小时费用为Rp.90000~。

● Great Tour　　　　　　　　MAP p.116
地址 Jl. Sosrowijayan No.29　TEL（0274）583-221
URL www.greattoursjogja.com
提供日慈周边的多条旅游线路。

● Losari Tours　　　　　　　　MAP p.115
地址 Jl. Prawirotaman No.24
TEL（0274）374-645　URL www.jogjabromotour.com
提供近郊游、婆罗摩火山 & 卡瓦伊火山等行程。可以安排包车。

● H.I.S. 日慈分店　　　　　　MAP p.102/B2
地址 Ruko Saphir Square No.5, Jl. Laksda
Adisucipto No.36　TEL（0274）554-191
URL www.his-jkt.com/yogyakarta
提供多条旅游线路及包车服务。

体验延续至今的王宫文化 ★★★

王宫
Kraton

Map p.22

由传统文化和欧式风格交织而成的王宫内部

长年统治日惹的王侯所居住的王宫，集爪哇建筑之大成，建于1756年。内部设有博物馆，陈列了历代统治者使用的家具、照片、肖像画、克里斯（爪哇特制短刀，刀刃为波浪形）、统治者的妻子制作的蜡染、交通工具等。

内部分为南北两个部分，入口、门票也是分开的。南侧王宫被称作主殿，每天有传统技艺表演；北侧的王宫曾是举办王位继承登基仪式的地方，在小剧院可以看到相关演出。从北侧的正门不能进入南侧王宫，沿白墙一直向南可以找到入口。游客入口附近放着一对守护神，用来保护王宫的安全。穿过这里，右侧是"觐见屋"。通过美丽的彩窗、从天井垂下的奢华的灯具，不难想象出当时哈库布沃诺家族权势之大。

王宫内另一个吸引人眼球的是身着爪哇传统民族服饰的老人们。他们是守护王宫的"武士"，腰上别着克里斯短刀。他们是王宫忠实的士兵，无偿地保护、管理王宫。入口处有导游，可以带领参观内部，会讲英语。

追忆过往景象的水之离宫 ★★

水宫
Taman Sari

Map p.22

建于1758年的离宫。登上正面的台阶来到阳台，可以将前庭尽收眼底。继续往内部走，沿着石阶向上，穿过一个很小的入口，一座石造的

王宫（南）
TEL（0274）373-721
入场 周六～周四 8:30～14:00
　　周五 8:30～12:30
最后入场时间为闭馆前30分钟。不能戴帽子、穿吊带背心入场。
费用 Rp.15000
拍照·摄像需另外支付Rp.1000
英语导游需另付Rp.50000。

王宫（南）表演
●周日 11:00～12:00
爪哇传统舞蹈
●周一·周二 10:00～12:00
甘美兰演奏
●周三 9:00～12:00
哇扬戏（人偶剧）
●周四 10:00～12:00
爪哇音乐、传统舞蹈
●周五 10:00～11:30
爪哇诗歌朗诵
●周六 9:00～11:30
哇扬戏（皮影戏）

王宫（北）
TEL（0274）373-177
入场 周六～周四 9:00～15:00
　　周五 9:00～13:00
费用 Rp.7000
拍照·摄像需另外支付Rp.2000

上午参观有机会接触传统音乐

体验文化之城的作坊

人气咖啡馆威亚威亚（→p.111）还设有体验工坊，乐趣十足。厨艺课程（Rp.160000～）、银制品加工课程（Rp.200000）、印尼语教学（Rp.100000）。常规的蜡染课程费用为Rp.200000（需要提前预约）。此外还有前往佳木店、药草市场、进行按摩的佳木按摩行程（Rp.275000）以及品尝当地美食＆小吃的烹饪之旅（Rp.300000）等充满个性的行程也都十分有趣。上述均为1人参团的费用（2人以上费用会更加优惠）。登录网站（URL viaviajogja.com）可以进行预约以及确认时间表。

上/1人也可以轻松报名参加各个项目

右/威亚威亚店内也可以报名参加多种行程

贴士　布达亚公园2层是玩具博物馆Museum Anak Kolong Tangga（MAP p.103/B2　TEL 0811-263-3977）。虽然规模不大，但是陈列了印度尼西亚及世界各国的玩具。入场 周二～周日 9:00～15:00、费用 Rp.5000。

水宫
入场 每天 9:00~15:00
费用 Rp.15000
　　拍照 Rp.3000
　　英语导游 Rp.50000

想要品尝药草饮料"佳木"

佳木金刚是一家佳木专营店，严格按照侍奉帕古拉曼王族的 Bilowo 先生的秘方制作。各种佳木（Rp.5000~）使用干燥的药草、新鲜的香料，并通过传统的手工作业制作而成。

S 佳木金刚
Jamu Ginggang
MAP p.103/B2
地址 Jl. Masjid No.32, Pakualaman
TEL（0274）510-466
营业 每天 9:00~20:00

柏宁哈梭市场
营业 每天 8:00~17:00

豪华泳池便出现在了眼前。泳池南侧是一个带有小窗户的房间，据说国王会在这里选择当晚陪夜的美女。被选中的美女，整理着装的小房间以及为两人准备的内室等都被保存了下来。宫殿周边，还可以参观王侯进行冥想的地下通道。

充满古都风情的水宫

接触充满活力的当地市民 ★★

柏宁哈梭市场

Map p.103/B1

Pasar Beringharjo

一整天都聚集着大批顾客的热闹的大型市场，3层是超市，商品一应俱全。不管是食品还是服装，各种生活必需品都可以在这里找到，当地百姓的日常生活也在这里一目了然。此外还有用木炭的熨斗等可以称得上是古董的商品出售。

1层主要出售服装，充满活力

古都特有的悠闲时光

日惹人经常会讲"闲聊 Nongkrong"一词，该词语是指一边悠闲聊天、一边巩固交情。每天晚上在固定场地出现的"美食摊 Angkringan"就是当地人们聚集在一起闲聊的社交场所。和坐在席子上、桌边过夜的人们待在一起，体验爪哇岛特有的文化。

图古站北侧的芒库布米路上集中着许多美食摊，其中人气最高的是 **R** 安科灵加仑佩特鲁 Angkring Gareng Petruk（MAP p.103/A2 地址 Jl. P. Mangkubumi 营业 每天 17:00~次日 1:00）。纳西克勤（包着米饭、蔬菜的小盒饭）、各种沙茶等摆集得满满当当，可以当作小吃品尝。每种费用 Rp.3000~。

R 安科灵康哈乔 Angkring Kang Harjo（MAP

p.103/B2 地址 Jl. Wijilan 营业 每天 18:00~23:00）是在一座大型集会会场建筑内的小吃摊。当地家常菜的种类很多，可以在这里饱餐一顿。因为是桌餐，所以可以慢慢地享受。

热闹的安科灵加仑佩特鲁

安科灵康哈乔的菜品种类非常丰富

投稿　在柏宁哈梭市场北侧向东延伸的胡同里，有很多出售复古生活器具的小摊，包括搪瓷质的杯子、牛铃等，很有旧时光的味道。

哇扬戏博物馆

Map p.103/B1

Museum Sonobudoyo

博物馆建于王宫和北广场之间，可以深入了解爪哇文化。内部有一个大厅，放置着甘美兰乐器，再往里走是一间间小屋子，陈列着新石器时代的陶器、8~9世纪的佛像、神像、爪哇岛最古老的清真寺模型等。其中最令人感兴趣的展览当数蜡染及

王宫对面的哇扬戏博物馆

人偶。这里详细介绍了蜡染的传统制作流程，并配有照片。而对于人偶剧、皮影戏、舞蹈剧的人偶、假面以及各个登场人物也都有详细的说明。另外在这座博物馆中，除了可以参观皮影戏人偶的制作流程，每天晚上还有皮影戏演出。

欣赏印尼近代绘画佳作　　★

阿凡迪博物馆

Map p.102/B2

Museum Affandi

属于印尼代表画家阿凡迪的个人美术博物馆，位于市区东北部。除了陈列着其初期至晚期的油画、水彩画、素描之外，还能看到阿凡迪喜爱的汽车、自行车。他那充满热情、如同热带能量般的色彩组合以及大胆的笔锋下所描绘的作品，将画家深爱的印尼百姓的表情及自然风光都栩栩如生地表达了出来。

阿凡迪的作品因独特的笔触及色彩而广为人知

哇扬戏博物馆

TEL（0274）385-664
入场 周二~周日 8:00~15:00
（周五~13:00）
费用 Rp.5000

皮影戏演出

入场 周一~周六 20:00~22:00
费用 Rp.20000

陈列着独特的皮影戏人偶

阿凡迪博物馆

地址 Jl. Laksda Adisucipto No.167
TEL（0274）562-593
入场 每天 9:00~16:00
费用 Rp.75000
　　 拍照 Rp.20000

爪哇岛

日惹

INFORMATION

巡游古都的小型博物馆

日惹，作为一座文化都市，这里建有许多小型博物馆。这座城市无论哪里都十分淳朴，如果有时间的话，不妨参观一下古都的文化遗产。

市中心的马里奥博罗路南侧尽头左手边是城堡博物馆 Benteng Vredeburg（ MAP p.103/B2 TEL（0274）586-934 入场 周二~周日 8:00~16:00 费用 Rp.10000）。利用1765年建成的荷兰要塞，被改建成了博物馆，内部主要展示了有关印尼独立战争的资料。这里经常作为小学校外授课的场所，是一个学习、了解印尼现代历史的绝佳地点。

城堡博物馆以东1公里是日惹的另一座王宫——帕古拉曼王宫 Puro Pakualaman（ MAP p.103/B2 入场 周一~周六 9:30~13:30 费用 免费）。虽然规模不

前去参观帕古拉曼王宫吧

大，但是如今部分作为博物馆对外开放，陈列了日用生活家具、照片等有关王室的物品（有时公开日可能闭馆）。然后是王宫北广场南侧、王宫西侧的王宫马车博物馆 Museum Kareta Kraton（ MAP p.22 入场 每天 9:00~16:00 费用 Rp.5000、照相 Rp.1000），陈列了王族使用的马车。

贴士　如果乘坐人力车的话，可以提前向入住酒店前台咨询一下价格，上车前一定要沟通价格。如果被人力车拉客的人围住的话，可以先躲远一些，然后主动去找停着的人力车。

在日惹观看爪哇的传统技艺

继承了王朝文化传统的日惹，如今也是爪哇中央的传统技艺中心地。进行传统技艺保存活动的集团也集中在这座古都内，几乎每天都有演出。如果时机合适，还能欣赏到正宗的特殊公开演出，一定要去体验一下成熟的爪哇传统文化。

※ 各个公开演出的最新信息可以到游客中心等地进行确认

普拉维萨特剧院的
罗摩衍那舞蹈

Wayang Kulit
哇扬戏（皮影戏）

充满乡愁的爪哇皮影戏演出。将古印度的叙事诗《罗摩衍那》和《摩诃婆罗多》所描绘的世界，通过人偶皮影戏的形式表现出来，独具一格。有时中间还会穿插现代笑话的即兴表演。

皮影戏人偶的面部表情、颜色也都有着各自的意义。像狐狸般的尖脸、高鼻梁是高贵的身份象征

哇扬戏博物馆 MUSEUM SONOBUDOYO

王宫北广场西北方向、在博物馆内的一座佛堂里进行演出，从各个方向都可以观赏到。有很多演奏甘美兰乐器的人，非常专业。灯光昏暗、不晃眼，气氛很好。

[MAP] p.103/B1
入场 每天 20:00~22:00 　费用 Rp.20000

王宫南广场 SASONO HINGGIL

王宫南广场的北侧是一座舞台，从位置上来说属于王宫的一部分。大部分观众都是当地人，与其说是观看人偶演出，更像是来这里伴随着演出打个瞌睡。

[MAP] p.22
入场 每月第二个周六 21:00~ 次日 5:30
费用 Rp.25000

Ramayana Dance
罗摩衍那舞蹈

身穿华丽服饰的舞者们，伴随着甘美兰乐器的曲调翩翩起舞，将观众带入《罗摩衍那》的世界之中。登场人物以罗摩王子和悉多公主为中心，此外还有许多形形色色、善恶不一的人物。

毗湿奴神的化身罗摩获得了神猴哈奴曼的帮助，最后打败了罗刹王罗波那

普拉维萨特剧院 PURAWISATA

王宫东侧 500 米。演出在一家大型半露天餐馆内部的半露天舞台进行。杂技演员、火焰秀等，演出内容一年比一年丰富精彩，如同甘美兰音乐剧一般。

[MAP] p.103/B2
TEL（0274）375-705
入场 每天 20:00~21:30（含晚餐 19:00~）
费用 Rp.300000（含晚餐 Rp.450000）

普兰巴南寺庙群 PRAMBANAN

普兰巴南寺庙群内的剧院也有罗摩衍那舞蹈的公开演出。演出结束后，有从剧院出发，返回日惹的摆渡车（Rp.40000）运营。

[MAP] p.128
5~10月，在室外剧场每周有 3~6 回演出。门票 Rp.125000~400000。11 月~次年 4 月，每周二、四、六在室内剧院演出。门票 Rp.125000~300000。演出时间均为 19:30~21:30。

购物
Shopping

因为日惹是知名的蜡染布料产地，市内有许多家蜡染工厂兼商店。出售普通布料的蜡染店 Toko Batik 集中在马里奥博罗路；被称作"艺术蜡染"、用作装饰的蜡染商品，集中在特尔特地普兰路周边的工厂。爪哇岛原创设计的银制品也不容错过。

爪哇岛

● 日惹

哈姆扎蜡染
Hamzah Batik

◆从室内装饰到爪哇咖啡，商品种类非常丰富，是该区域首屈一指的大型纪念商店。1层主要出售蜡染商品，楼层中央的售货亭有药草产品和化妆品等。2层以摆件、小商品为主。男款蜡染衬衫（Rp.120000~）、哇扬皮影戏人偶的钥匙圈（Rp.10000）。

推荐来这里购买印尼的民艺品

购买纪念品就来这里吧　Map p.103/B1
地址　Jl. Margo Mulyo No.9
TEL（0274）588-524
营业　每天 8:00~21:00
信用卡　A J M V

戴维塔拉
Dewi Tara

◆出售蜡染、小件古董商品，是普拉维塔玛地区的精选商店。使用旧蜡染布料制成的印花手帕（Rp.40000）、手感很好、复古风格的蜡染品（Rp.100000~）等，价格都很不错。

朴素的民艺品宝库

深受女性喜爱的可爱商品　Map p.115
地址　Jl. Parangtritis No.62
TEL 0877-3825-0624（手机号）
营业　每天 10:00~22:00
信用卡　M V

寇科拉特达勒姆
Cokelat nDalem

◆手工巧克力专卖店。爪哇风味的巧克力（Rp.15000）很符合国人的口味。推荐购买多种口味的迷你巧克力箱（Rp.50000）。包装十分可爱，可以买来作为纪念品。

挑选自己喜欢的口味吧

使用优良的、爪哇当地产的可可　Map p.103/B1
地址　Jl. Bhayangkara No.23
TEL（0274）586-858
URL www.cokelatndalem.co.id
营业　周一~周六 8:00~21:00
信用卡　M V

日惹购物中心
Jogja City Mall

◆位于市中心西北部的、日惹规模最大的购物中心。流行商店、餐馆、咖啡馆等都纷纷入驻，成了当地年轻人约会的场所。Hypermart 超市也在这里开设分店，购买当地纪念品也很方便。

大型购物中心

年轻人喜爱的场所　Map p.102/A1
地址　Jl. Raya Magelang Km6
TEL（0274）530-5855
营业　每天 10:00~22:00
信用卡　店铺不同会有所差异

Column

前往银质工艺品之城科塔歌德

科塔歌德 Kota Gede（MAP p.102/C2）位于日惹中心部的东南部，这里曾是为王族制作银制工艺品的工匠们居住的区域。银制品商店很多，在 S 婆罗浮屠银等许多店铺内，可以参观制作流程。标签上的价格都可以再优惠，如果想购买的话，可以砍价。以哇扬戏、人力车为基础制作的饰品，颇具日惹风格，很适合买来作为纪念品。

如果时间充裕，还可以前往充满当地风情的科塔歌德市场 Pasar Kota Gede（MAP p.102/C2）、吉旺安夜市 Pasar Malam Giwangan（MAP p.102/C2）。从王宫乘坐人力车，大约30分钟可以到达科塔歌德地区。

贴士　鸟市场 Pasar Burung（MAP p.102/C1　营业 每天 8:00~17:00）出售着多种鸟类，是当地的一家市场（也出售爬虫类）。爪哇岛当地人很喜欢鸟儿发出的声音。
S 桑加索沃 Sanggar Sawo［MAP p.103/C2 TEL（0274）378-277　营业 每天 8:00~22:00］是一家售卖皮影人偶艺术品（Rp.500000）的工坊。色彩鲜艳，非常好看。

爪哇岛中部的**蜡染巡礼**

蜡染是印度尼西亚传统的染色工艺。通过蜡油先进行防染，然后再染色，这就是所谓的"蜡染"技艺。制成的布料如同艺术作品，作为充满亚洲风格的室内装饰品备受关注。

爪哇岛是最大的蜡染产地，其中古都日惹和梭罗均是以王宫文化的图案作为特征。虽然如今的布料图案十分多样、没有太多讲究，但过去在图案的使用上有着严格的划分。从众多的图案中选择一款自己喜欢的蜡染布料，听一听店员讲述其由来也是一件充满乐趣的事情。

日惹的代表性设计

赛门胡克
SEMEN HUK

如同植物藤蔓延伸出来的独特线条是该设计的特征。原本是王族举办仪式时，迎接宾客的人员穿的。

斯洛布克
SLOBOK

使用几何学图形是日惹的特征之一。该图案因受年长者喜爱而被人熟知。

卡旺皮塞斯
KAWUNG PICIS

连续的铜钱图案被称作卡旺，名称根据图案大小而不同。该设计含有子孙繁荣的意味。

梭罗的代表性设计

赛普洛克威拉萨特
CEPLOK WIRASAT

象征着早晚的太阳和星星等，由各种各样的图形组合而成。一般是结婚典礼上新郎、新娘的亲戚穿着。

帕琅
PARANG

连续倾斜的图案便是帕琅。以圣剑形象进行设计，据说有辟邪的作用。

卢佳科赛特
RUJAK SENTE

卢佳科是由多种图形组合而成的花纹。在爪哇岛一般都用于装饰大厅，有很高的艺术性。

在日惹学习蜡染

蜡染是传统文化的精髓。如果对蜡染工坊感兴趣的话，还可以亲自挑战制作蜡染布料。其中日惹的水宫周边，有很多可以体验蜡染制作的工坊，来这里进行文化体验的游客也非常之多。

学习使用蜡染笔进行绘制图案、染色，成品直接作为纪念品留给客人。部分工厂还会讲解蜡染的历史、图案设计等。课程费用根据内容和老师而定，1天的课程费用大概为 Rp.50000~。

● 维诺托萨斯托罗 Winotosastro

MAP p.115

制作、售卖蜡染的大型商店。内部的工坊有体验教室，面向初学者。通过压模和手绘制作印花手帕的课程，价格为 Rp.50000（约 2 小时，需要提前预约）。

蜡染作品会是旅途美好的纪念

使用蜡染笔进行绘制

马里奥博罗购物中心
Malioboro Mall

◆马里奥博罗路上地标性的购物中心。有很多时装店、杂货店，商品齐全的太阳百货、Hero超市也都在这里开设了分店，想购买旅行用品、纪念品都很方便。EXCELSO咖啡馆等休息场所也很多，饮品种类十分丰富，顶层有美食广场。

地理位置优越的大型购物中心　Map p.103/A1

地址	Jl. Malioboro
TEL	（0274）551-888
营业	每天 10:00~22:00
信用卡	店铺不同会有所差异

位于繁华街区的大型购物中心

餐馆
Restaurant

　　普拉维塔玛和索斯罗贾亚恩这两个酒店区内，集中着很多面向游客的餐馆。如果居住在郊外的大型酒店，酒店内除了有各国的美食餐馆外，周围也有不少价格合理的餐馆，可以咨询前台。

市中心 & 普拉维塔玛地区

雅尼斯的厨房
Yani's Kitchen

◆由一位印尼华裔经营的，是当地的人气餐馆。餐馆离主街有一定距离，可以安静地享受美食。印尼炒饭（Rp.18000）、炒面（Rp.20000）等，食物的味道很贴近国人的口味。饿了的话也推荐吃肉包（Rp.15000）、鸡肉面（Rp.20000）。

便宜又好吃的秘密餐馆　Map p.103/A1

地址	Jl. Dagen No.107
TEL	（0274）514-666
营业	每天 10:00~21:00
税费 & 服务费	+10%　信用卡 不可

店内干净整洁，女性游客也很中意

威亚威亚
Via Via

◆在世界各地开设分店的旅行咖啡馆。店内会定期展示一些当地艺术家的作品。人气较高的是印度素食餐（Rp.59000）、蔬菜汉堡（Rp.40000）等健康食品。饮品的种类也很丰富，有排毒果汁（Rp.34000）、伊利咖啡（Rp.27000）等。咖啡馆2层十分宽敞，适合想要悠闲放松的顾客。此外还有体验坊（→p.114）。

在全球各地开设分店的咖啡馆　Map p.115

地址	Jl. Prawirotaman No.30
TEL	（0274）386-557
营业	每天 7:30~23:00
税费 & 服务费	+10%
信用卡	J M V　Wi-Fi 免费

普拉维塔玛地区的人气地点

烘焙和苏亚咖啡
Bake & Sua Coffee

◆2017年开业的时尚咖啡馆。牛奶苹果吐司（Rp.18000）等软软的、味道浓厚的面包是这家店的招牌。柳橙威风薄饼（Rp.18000）、卡布奇诺（Rp.20000）、榛果拿铁（Rp.23000）。

位于巴皮雅皮雅的2层，是一座显眼的黄色建筑

烤制的面包堪称极品　Map p.103/A1

地址	Jl. Dagen No.7-9
TEL	0812-1589-4744（手机号）
营业	每天 8:00~23:00
税费 & 服务费	含
信用卡	M V
Wi-Fi	免费

米拉斯
Milas

◆位于宁静住宅区的一家花园餐馆。推荐咖喱口味的杂烩饭（Rp.40000）、南瓜汤（Rp.25000）。还有种类丰富的健康饮料。

食材选择十分讲究，健康美食深受好评

品尝有机食品　Map p.103/C2

地址	Jl. Karangkajen No.127B
TEL	0851-0142-3399（手机号）
营业	周二~周日 15:00~21:00（周末 12:00~）
税费 & 服务费	含　信用卡 不可
Wi-Fi	免费

 贴士　R 随和餐馆 Easy Goin'［MAP p.115　TEL（0274）384-092　营业 每天 10:30~次日 1:00]是一家当地人气很高的休闲餐馆。10:30~19:00是欢乐时光，啤酒优惠。

爪哇岛

日惹

娜娜米亚
Nanamia

◆露天餐馆，庭院中也设有座位。共有 24 种火炉比萨，价格为 Rp.41000~71000、意面 Rp.33000~37000，价格十分公道。主厨是一位在意大利学艺的德国人，当地人都十分喜欢这里。

晚餐时段用餐的人很多

价格合理、味道正宗的意式餐馆　　Map p.103/C1
地址　Jl. Tirtodipuran No.1
TEL（0274）450-826
营业　每天 11:00~23:00（周五 13:00~）
税费 & 服务费 +10%
信用卡 MV
Wi-Fi 免费

地中海
Mediterranea

◆非常热闹的一家餐馆，有许多来自世界各地的游客光顾这里。这里有 17 种火炉比萨，价格 Rp.46000~、意面 Rp.53000~、牛排 Rp.120000~ 等都很好吃。各种甜点 Rp.35000~。还可以选择外卖送餐。店内有沙发席，非用餐时段也可以在这里放松休息。

店内空调冷气很足，布置也很精致

地中海风格的人气馆　　Map p.103/C1
地址　Jl. Tirtodipuran No.24A
TEL（0274）371-052
URL www.restobykamil.com
营业　周二 ~ 周日 8:30~23:00
税费 & 服务费 含　信用卡 AJMV
Wi-Fi 免费

布阿贡
Bu Agung

◆爪哇岛当地的经典家常美食餐馆。人气较高的是印尼杂烩饭。主菜可以从鸡肉、牛排、鱼肉等之中选择，价格 Rp.29000~34000。此外还可以单点素菜（Rp.10000）和肉菜（Rp.20000）。

印尼鸡肉杂烩饭 Rp.29000

享受爪哇岛上"母亲的味道"　　Map p.103/C1
地址　Jl. Tirtodipuran No.13
TEL（0274）387-191
营业　每天 11:30~23:00
税费 & 服务费 +10%
信用卡 AJMV

索斯罗贾亚恩地区周边

蜡染餐馆
Batik Resto

◆位于索斯罗贾亚恩路边的一家休闲餐馆，顾客多是游客和当地的年轻人。餐馆墙上都是学生和艺术家的绘画作品。既有鸡排（Rp.67000）、牛排（Rp.93000）等西餐，也有杂烩饭等印尼当地美食，菜品种类十分丰富。日惹当地的学生们经常来这里游玩，据说外国游客还可以享受 5 折优惠。13:00~20:00 是欢乐时光，大瓶啤酒 Rp.37000。

庭院和入口都有很多绿植

在当地学生中有很高的人气　　Map p.116
地址　Jl. Sosrowijayan No.10
TEL（0274）715-4255
营业　每天 7:00~23:00
税费 & 服务费 +10%
信用卡 不可
Wi-Fi 免费

Information
古待饭餐馆街

　　维吉兰路 Jl. Wijilan 两边全是专门经营日惹特色美食古待饭的餐馆。从王宫北广场步行 5 分钟就能到达该区域，约有 10 家餐馆。
　　R 布利斯 Bu Lies（MAP p.103/B2 TEL（0274）450-164 营业 每天 5:00~22:00）在这些餐馆中是人气最高的。普通的古待饭 Rp.10000，可以另加煮鸡蛋（Rp.10000）、鸡

古待饭餐馆聚集的维吉兰路

肉（根据部位，费用为 Rp.18000~27000）等。特别蔬菜大拼盘 Rp.50000。
　　R 古待玉佳木 Gudeg Yu Djum（MAP p.103/B2　TEL（0274）786-0204 营业 每天 5:00~19:00）也是一样，普通古待饭（Rp.12000），可以另加煮鸡蛋、天贝（各 Rp.3000~）。餐馆内有椅子和席子。

品尝日惹的家常美味

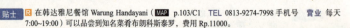
贴士　R 在韩达雅尼餐馆 Warung Handayani（MAP p.103/C1　TEL 0813-9274-7998 手机号　营业 每天 7:00~19:00）可以品尝到知名菜肴布朗科斯泰罗，费用 Rp.11000。

布吉特罗
Bu Tjitro

◆ 自 1925 年开业至今的古待饭专卖店，一直沿用着原创的秘方。加入熬制牛皮的布吉特罗风味古待饭，根据鸡肉的部位，费用为 Rp.15000~40000。豆腐天贝甜辣汤 Rp.11000。机场对面有分店。

游客也很喜爱的古待饭餐馆

在传统老店品味古待饭　　Map p.102/B2

地址 Jl. Janting Kuning
TEL（0274）564-734
营业 每天 8:00~21:00
税费 & 服务费 +10%
信用卡 M V

沙茶羔羊餐馆
Sate Klatak Pak'Jede

◆ 仅选用 7~8 个月的羔羊肉作为食材。羊肉软嫩多汁，配料只放盐和胡椒。羔羊肉没有任何膻味，好吃到根本停不下来。使用自行车辐条当签子的沙茶肉串（Rp.20000）配有羔羊肉汤。

沙茶羔羊肉串非常好吃

沙茶羔羊堪称极品　　Map p.102/A2

地址 Jl. Nologaten 46, Depok, Sleman
TEL 0812-2888-5577（手机号）
营业 每天 11:00~23:00
税费 & 服务费 含
信用卡 不可

酒店
Hotel

　　日惹的酒店无论数量还是级别都很丰富，既有高档酒店，也有便宜的旅馆。高档酒店大多集中在连接机场和市区的梭罗路和市中心的马里奥博罗路。火车站南边的索斯罗贾亚恩地区是中低档酒店较为集中的地方。尤其是建在杂乱胡同里的小旅馆，价格非常便宜。旅行节奏缓慢的游客推荐入住王宫南广场和巴士枢纽站之间的普拉维塔塔玛地区。大多数酒店的庭院中都有泳池，环境幽雅。雨季属于旅游淡季，部分中高档酒店会有 50% 左右的大幅优惠。

郊外 ~ 马里奥博罗路周边

美利亚普罗萨尼酒店
Melia Purosani

POOL 餐馆 早餐

◆ 近代建设的一家高档酒店，位于马里奥博罗路以东 300 米，共有 280 间客房。房间以白色为基调，内饰精致，浴室宽敞，牙刷等一次性用品齐全。泳池被绿植环绕，十分安静。咖啡馆 24 小时营业。

地理位置便利，距离市中心很近

环境雅致，好评如潮　　Map p.103/A2

地址 Jl. Suryotomo No.31
TEL（0274）589-521　　FAX（0274）588-071
URL www.meliajogja.com
税费 & 服务费 +21%　信用卡 A D J M V
Wi-Fi 客房 OK・免费
费用 AC HOT Cold TV 高级间 S D US$83~
　　 AC HOT Cold TV 豪华间 S D US$107~
　　 AC HOT Cold TV 套房 US$188~

日惹凯悦酒店
Hyatt Regency Yogyakarta

POOL 餐馆 早餐

◆ 从日惹市内朝婆罗浮屠方向往北 5 公里。酒店内绿植丰富，外观仿照婆罗浮屠寺庙群修建，共有 269 间客房。内部有一个绿色庭园，还附设有 9 洞高尔夫球场和网球场。

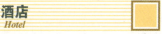

面朝高尔夫球场的大型酒店

人气很高的高级度假酒店　　Map p.118

地址 Jl. Palangan Tentara Pelajar
TEL（0274）869-123　　FAX（0274）869-588
URL yogyakarta.regency.hyatt.com
税费 & 服务费 +21%　信用卡 A D J M V
Wi-Fi 客房 OK・免费
费用 AC HOT Cold TV 标准间 S D US$60~
　　 AC HOT Cold TV 俱乐部 S D US$88~

 贴士　龙德 Ronde 是一种日惹的特色热饮，在甜生姜汤里加入了糯米、椰汁。到了晚上，0 公里路标和阿伦阿伦广场周边等市内各个地方，都会有小摊出来贩卖。

 贴士　如果入住的酒店没有洗衣服务或晾衣服的地方，可以去附近的干洗店。一般按衣服重量收费，不足 1kg 的话，约为 Rp.20000。可以向酒店工作人员咨询附近比较好的干洗店。

113

日惹凤凰酒店
The Phoenix Yogyakarta

POOL 餐馆 早餐

◆由 20 世纪初期的荷兰殖民时期建筑改建而成，非常值得推荐的一家雅致酒店。大堂十分宽敞，庭院建有泳池，空间巨大，布置合理。所有的 143 间客房设施、功能齐全，带有阳台。还有健身房、流动美食摊、自助早餐也非常好吃。员工的服务也不辱一流酒店的名号。

左／客房环境优雅　右／日惹代表性的殖民风格酒店

地址　Jl. Jenderal Sudirman No.9
TEL（0274）566-617
URL www.sofitel.com
税费 & 服务费　含
信用卡 J M V
Wi-Fi　客房 OK・免费
费用 AC HOT Cold TV 高级间 S D Rp.1074000~
　　 AC HOT Cold TV 豪华间 S D Rp.1202000~
　　 AC HOT Cold TV 行政间 S D Rp.1698000~
　　 AC HOT Cold TV 套间 Rp.1846000~

慕蒂亚拉马里奥博罗酒店
Mutiara Malioboro

POOL 餐馆 早餐

◆中档酒店，共有 119 间客房，地理位置卓越，位于市中心，无论观光还是交通都非常方便。房间内大部分是木质家具，给人一种安静、祥和的感觉。所有房间均备有迷你吧、咖啡机、浴缸。酒店分为新馆（＝多阿）和旧馆（萨特），两栋建筑紧挨在一起。

舒适整洁的客房

地址　Jl. Malioboro No.18
TEL（0274）560-250
URL www.mutiarajogja.com
税费 & 服务费　含　信用卡 M V
Wi-Fi　客房 OK・免费
费用 AC HOT Cold TV 标准间 S D US$50~
　　 AC HOT Cold TV 高级间 S D US$80~

达林加美兰酒店
nDalem Gamelan

POOL 餐馆 早餐

◆王宫以东 300 米，充满古都风情的小型酒店，仅 5 间客房。因为这是由民宅改建的酒店，因此来到这里就如同造访了日惹的一户家庭。

居住在复古的气氛之中

地址　Jl. Gamelan No.18
TEL（0274）378-721
URL www.ndalemgamelan.com
税费 & 服务费　含　信用卡 不可
Wi-Fi　客房 OK・免费
费用 AC HOT Cold TV 标准间 S D Rp.550000~

普拉维塔玛地区

杜顺日惹村酒店
Dusun Jogja Village Inn

POOL 餐馆 早餐

◆普拉维塔玛地区往南 600 米，共有 21 间客房的精品酒店。复古情调，统一的房间内饰、家具，浴室的布置十分考究，不放过任何细节，还准备了观看 DVD 的电影院。酒店中心是一个大泳池，庭园被绿植包围，环境极佳。在 21 间客房中，有 16 间是豪华客房。

人气酒店，氛围独特

地址　Jl. Menukan No.5
TEL（0274）373-031　FAX（0274）382-202
URL www.jvidusun.co.id
税费 & 服务费　含
信用卡 A M V
Wi-Fi　客房 OK・免费
费用 AC HOT Cold TV 高级间 D D Rp.775000
　　 AC HOT Cold TV 豪华间 S D Rp.850000

塔旺曼谷英达皇宫酒店
Indah Palace

POOL 餐馆 早餐

◆共 25 间客房的中档酒店，位于普拉维塔玛路以北一个街区。仿照水宫，在泳池周围建起酒店客房，给人一种悠闲、放松的感觉。所有房间配备浴缸、迷你吧、咖啡机、吹风机等，设备齐全。电视可以接收 55 个卫星频道。早餐为自助形式。提供机场、火车站的接送服务。

爪哇风格的内饰设计广受好评

地址　Jl. Sisingamangaraja No.74
TEL（0274）383-738
FAX（0274）379-359
URL hotelindahpalace.com
税费 & 服务费　含
信用卡 M V
Wi-Fi　客房 OK・免费
费用 AC HOT Cold TV 高级间 S D Rp.345000
　　 AC HOT Cold TV 豪华间 S D Rp.408000

三角洲家庭酒店
Delta Homestay

POOL 餐馆 早餐

◆距离普拉维塔玛路以南的马路西端约100米。酒店员工服务周到，是该区域内比较值得推荐的酒店之一。共有14间客房。

围绕泳池而建的客房

干净、便宜，带有泳池 Map p.115

地址 Jl. Prawirotaman MG.III/597A
TEL（0274）372-051　FAX（0274）372-064
URL www.dutagardenhotel.com
税费 & 服务费 含　信用卡 M V
Wi-Fi 客房 OK·免费
费用 AC HOT Cold TV S D Rp.250000~
　　 AC HOT Cold TV S D Rp.300000

瑞格咖尼斯
Rengganis

POOL 餐馆 早餐

◆酒店共有42间客房，无论酒店外观还是房间内部都能感受到爪哇岛的传统文化。同普拉维塔玛地区标准的酒店相比，这家酒店价格便宜，但设施齐全，客房也是干净整洁（每个房间都有晾衣服的地方）。酒店地处一片安静的区域，员工十分友善，环境十分舒适。

再现传统的殖民风格建筑

想要节省预算的人可以放心入住 Map p.103/C1

地址 Ngadinegaran MJ III/133
TEL（0274）373-833
URL www.rengganishoteljogja.com
税费 & 服务费 含　信用卡 A M V
Wi-Fi 客房 OK·免费
费用 AC HOT Cold TV 高级间 S D Rp.375000
　　 AC HOT Cold TV 豪华间 S D Rp.450000
　　 AC HOT Cold TV 套间 S D Rp.600000

水星旅馆
Mercury Guest House

POOL 餐馆 早餐

◆旅馆位于普拉维塔玛路南侧靠西，共有15间客房。酒店部分建筑拥有上百年的历史，还有一间爪哇风格的餐馆。

可以使用与旅馆相连的其他酒店的泳池

合理的价格充满魅力 Map p.115

地址 Jl. Gerilya III/595
TEL（0274）370-846
FAX（0274）372-037
税费 & 服务费 含　信用卡 不可
Wi-Fi 客房 OK·免费
费用 AC HOT Cold TV S D Rp.150000
　　 AC HOT Cold TV S D Rp.225000

❊❊❊ 索斯罗贾亚恩地区 ❊❊❊

格兰英娜马里奥博罗酒店
Grand Inna Malioboro

POOL 餐馆 早餐

◆位于索斯罗贾亚恩路北端，共有222间的大型酒店（旧名：英娜加尔德）。于1911年开业的老牌酒店，购物街、ATM等设施齐全。酒店前是日惹公交车站，便于观光。提供免费机场接机。

位于市中心，但房间内非常安静

殖民风格的老牌酒店 Map p.116

地址 Jl. Malioboro No.60
TEL（0274）566-353
URL www.grandinnamalioboro.com
税费 & 服务费 含　信用卡 A J M V
Wi-Fi 客房 OK·免费
费用 AC HOT Cold TV 高级间 D Rp.1780000~
　　 AC HOT Cold TV 豪华间 D Rp.1990000~

普拉维塔玛地区
Prawirotaman
区域地图 ▶p.103/C2
0　　　　　　200m

Bintang Agung H
Tulips 特雷普斯
Plentong 普雷通
Ya-Udah Bistro
Winosastro H
Sri Timur
Kresna Tour 埃尔朗加 Airlangga Via Via
诚和餐馆 Easy Goin'
Jari Menari
Moesson
Perwita Sari
Eclipse
Yam Yam
Il Tempo Del Gelato
Sari Kartika Spa
Jl. Tirtodipuran
Indra Kila H
Wisma Gajah
Putra Jaya
Prambanan 普兰巴南餐馆
Hanis
Losari Tours
Jl. Prawirotaman
Duta G.H. 杜塔酒店 Grand Rosela Via Via 歌莎拉酒店
Prayogo
萨里迪卡 Sartika Mona Lisa
维诺托萨斯托 Winotosastro 戴维塔拉 Dewi Tara
Seno Batik 森诺巴提克
水星旅馆 Mercury G.H.
三角洲家庭酒店 Delta H.S.
格林�旅馆 Metro G.H.
阿贡旅馆 Agung G.H. Prayogo Baru Palupi
Harmony Inn H
Jl. Sartono
爪哇别墅酒店 Jawa Villas
市场•
梧林旅馆 Greenhost
Muria
Makuta
Jl. Prawirotaman II (Jl. Gerilya)
Jl. Sisingamangaraja
塔旺曼谷英达 Indah Palace

贴士　晚上11:00以后，马里奥博罗路上基本就没有美食摊了，S 马里奥博罗购物中心（→p.111）内的麦当劳是24小时营业。如果乘坐深夜出发、到达的火车可以来这里用餐。

投稿　Didiet 先生（TEL 0812-2784-1416 手机号）是一位十分爽快的导游。包一辆车，一天的费用为600元人民币左右。人多的话，平摊下来人均费用很便宜。

马里奥博罗宫酒店
Malioboro Palace

POOL 餐馆 早餐

靠近马里奥博罗路，十分便利

◆一家便于观光、购物的酒店，共有 51 间客房。从马里奥博罗路进入索斯罗贾亚恩路后，左手边就是这家酒店。客房布置简单，适合商务旅客，十分干净整洁。

适合商务客人入住　　　　Map p.116

地址　Jl. Sosrowijayan No.3-5
TEL（0274）553-027
税费 & 服务费　含
信用卡　M V
Wi-Fi　客房 OK · 免费
费用　AC HOT Cold TV S D Rp.388000~

帕湾巧克力旅馆
Pawon Cokelat

POOL 餐馆 早餐

◆旅馆位于索斯罗贾亚恩地区尽头，共有 10 间客房。周围都是小胡同，听不到汽车的声音，非常安静。客房面积虽然不大，但是设备齐全。

位于下城区的现代旅馆　　Map p.116

地址　Jl. Sosrowijayan Watan, Gg1, No.120
TEL　0822-2534-7824（手机号）
URL　www.pawoncokelat.com
税费 & 服务费　含　信用卡　M V
Wi-Fi　客房 OK · 免费
费用　AC HOT Cold TV S D Rp.320000~

夏季酒店
Summer Season

POOL 餐馆 早餐

时尚的酒店外观

◆2012 年重装后开业的中档酒店，共有 45 间客房。房间面积虽然不大，但是打扫及时，干净整洁。距离马里奥博罗路很近，便于购物，晚上出来游玩也很方便。

地理位置便于夜晚游玩　　Map p.116

地址　Jl. Sosrowijayan No.6
TEL（0274）584-037
税费 & 服务费　含
信用卡　A J M V
Wi-Fi　客房 OK · 免费
费用　AC HOT Cold TV 高级间 S D Rp.525000
　　　AC HOT Cold TV 豪华间 S D Rp.725000

安德雷酒店
Andrea

POOL 餐馆 早餐

客房虽然布置简单，但是非常整洁

◆距离图古站南口约 200 米。酒店由亲切的瑞士人萨米先生和他的印尼妻子共同经营，共有 8 间客房。市内非常整洁，如果没有热水的话，会准备热水桶。可以安排各种旅游行程。

位于胡同、靠近火车站的舒适酒店　Map p.116

地址　Jl. Sosrowijayan Wetan GT I/140
TEL（0274）563-502
URL　andreahoteljogja.wordpress.com
税费 & 服务费　含
信用卡　不可
Wi-Fi　客房 OK · 免费
费用　AC HOT Cold TV S D Rp.140000~ Rp.175000
　　　AC HOT Cold TV S D Rp.230000~ Rp.285000

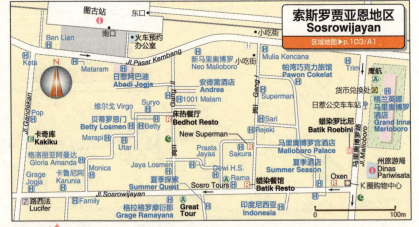

索斯罗贾亚恩地区
Sosrowijayan
区域地图▶p.103/A1

 贴士　卡奇库 Kakiku（MAP p.116　TEL（0274）514-094　营业 每天 9:00~23:00）是一家位于索斯罗贾亚恩地区的按摩店，价格比较便宜。30 分钟按摩 Rp.50000、1.5 小时 Rp.110000~。
到达日惹的图古火车站时，如果从火车站正门（东门）出来的话，前往索斯罗贾亚恩地区的酒店会绕远。推荐穿过地下通道，从南口的小门出站。

日惹 短途旅行

神圣的王室陵墓
伊摩吉利 ★ `Map p.118`
Imogiri

伊摩吉利位于日惹南部，相距 15 公里，是 1645 年之后王室的陵墓所在地。马塔兰王朝的历代国王——苏丹哈孟古布沃诺一世到九世都长眠于这座皇室陵墓。陵墓建于视野良好的山丘上，登上 345 级的石造台阶，可以眺望日惹的城区景色和默拉皮山。

皇室家族的陵墓

游览印度洋海滩
帕朗特里蒂斯 ★ `Map p.118`
Parangtritis

当地人气较高的海滩区域

位于日惹南部，相距 30 公里，是一个众所周知的欣赏夕阳的海滩，在当地游客中有着很高的人气，尤其是周末，有多家庭都会一起来到这里，十分热闹（海浪较大，大家都在海滩边游玩）。海滩沿线建有餐馆和酒店。

爪哇遗迹分布的高原地带
迪延高原 ★★ `Map p.47/B4`
Dieng Plateau

爪哇自古以来就存在对山岳的崇拜，8 世纪前后，马塔兰王朝推崇的印度教中心正是这里。现在的迪延村虽然十分贫穷，但是位于村落附近的阿朱那寺庙 Arjuna Complex 是爪哇最古老的印度遗迹，也因此被人熟知。被白烟笼罩的西吉当火山口 Kawah Sikidang，美丽的五彩湖 Telaga Warna 等观光景点也都位于这里，步行 3~4 小时可以游览所有景点。

印度教遗迹点缀在朴素的农村风光中

伊摩吉利
入场 周一 10:00~12:00
　　 周五 13:00~16:00
费用 仅捐赠
　　从日惹的吉旺安巴士枢纽站出发，乘坐巴士需要 40 分钟，Rp.25000。台阶很陡，注意安全。坟墓所在的房间仅能容纳几个人，因此排队等候的时间较长。

帕朗特里蒂斯
　　日惹的吉旺安巴士枢纽站有巴士前往这里（也可以到普拉维塔玛地区的帕朗特里蒂斯路乘车）。所需时间约 1 小时，Rp.15000~30000。从帕朗特里蒂斯出发的末班车发车时间为 17:30 左右。

德波海滩
　　德波海滩 Pantai Depok 位于帕朗特里蒂斯以西数公里处，海滩附近是一个鱼市场。在这里买完鱼后，可以到周边的小摊让人现场烹饪。

出售各种鱼类的德波海滩鱼市

前往迪延高原的交通方式
　　距离最近的城市是沃诺索博 Wonosobo，相距 26 公里。从日惹出发，乘坐开往马格朗 Magelang 方向的巴士（所需时间 1.5 小时，Rp.30000），然后换乘开往沃诺索博的小巴（所需时间 2 小时，Rp.25000）。从沃诺索博的巴士枢纽站再换乘 "angkot" 小巴前往市区（所需时间 10 分钟），然后在车站继续换乘开往迪延高原的小巴，所需时间 45 分钟，Rp.15000 左右。算上换乘，从日惹出发单程需要 5 小时。包车费用为 Rp.700000。

阿朱那寺庙
入场 每天 7:00~16:00
费用 Rp.15000
　　（前往西吉当火山口需另付 Rp.15000）

🌸 贴士　迪延村的市中心也有住宿设施，费用不低，但是设备较为简陋，推荐住在 26 公里外的沃诺索博，更为便利。参加从日惹出发的一日游（Rp.225000~）也是一个不错的选择。

默拉皮山
Gunung Merapi

前往默拉皮山的交通方式

日惹每天有大量巴士开往西北部的塞罗镇（卡塔苏拉 Kartasuro 换乘），时长 3 小时，Rp.30000。从梭罗发车的巴士，运营时间为 6:00~16:00（在博约拉利 Boyolali 换乘），时长 2.5 小时，Rp.15000。

每天 6:00~16:00，小巴从日惹的特尔帮枢纽站发车前往卡里乌昂，每小时 2 班（所需时间 1 小时），Rp.20000~。乘坐出租车的话，费用为 Rp.200000~。

前往默拉皮山的观光团

日惹有徒步团前往默拉皮山。22:00 出发的日团，游玩时间 14 小时，Rp.450000~。另外，还有乘坐吉普车、沿山道开上半山腰的岩溶之旅（Rp.350000~）。根据火山活动情况，有可能不发团，请提前确认。

Ketep Pass 的观景台

从婆罗浮屠前往塞罗镇途中，有一个可以眺望默拉皮山的观景台。设有一个影院，共 50 个座位，可以观看火山的影像资料（每 30 分钟播放一次，时长 22 分钟。带有英文字幕）。影院 2 层及周边有餐馆。
营业 每天 8:00~17:00
费用 Rp.40000

默拉皮火山博物馆
Museum Gunungapi Merapi

MAP p.118

地址 Jl. Kaliurang KM.22
TEL（0274）896-498
URL mgm.slemankab.go.id
入场 周二～周日 8:00~15:30
（周五～14:30）
费用 Rp.10000、观看影片 Rp.10000

位于卡里乌昂南侧，相距 3 公里，通过照片、模型等来介绍火山的历史。

火山的立体模型

从塞罗镇前的观景台眺望默拉皮山

海拔 2911 米，是爪哇有代表性的活火山。过去曾多次发生大规模喷发，婆罗浮屠寺庙群、普兰巴南寺庙群都曾被火山灰掩埋过。虽然作为登山地有着很高的人气，但是现在火山口不断冒出白烟，2018 年 5 月火山也曾相继喷发过，登山前一定要确认好相关信息。

登山的起点是默拉皮山北侧的塞罗镇 Selo、🅗 Agung Merapi、🅗 Ratri 等酒店都可以安排登山向导。如果要看日出，必须在凌晨 1 点左右出发（装备一定要准备齐全）。虽然也可以从默拉皮山南侧的度假地卡里乌昂出发登山，但是目前这条线路最高只能到达默拉皮山的半山腰。山顶附近虽然比较寒冷，但是视野非常棒。根据火山活动的状态，有时还能在漆黑中看到火山口周边燃烧的梦幻景象。

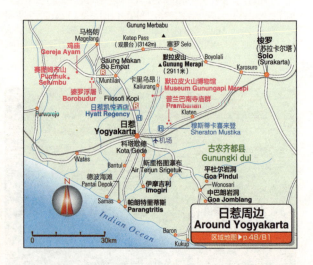

🌸 **贴士** 伊摩吉利（→ p.117）如今也是当地的神圣场所，有参拜日和时间限制，请注意不要破坏当地习俗。参拜时必须身穿爪哇风格的正装（在入口处可以租赁）。

感受悠远流长的时光
世界最大的佛教遗址
在雕刻和舍利塔的森林中
体验释迦牟尼的传说世界

印度尼西亚旅游的高光景点

Borobudur

婆罗浮屠寺庙群

雅加达
婆罗浮屠

南国的热情下孕育出的
雄伟的大乘佛教 Mahayana 石造建筑物——婆罗浮屠寺庙群。
从遥远的印度洋传播而来的佛教在这个国家的南部修得正果，
高度的艺术文化开花结果，造诣甚至凌驾于母国印度。
婆罗浮屠寺庙群正是其伟大的象征，
作为世界最大的佛教遗址，被列入了世界文化遗产。
距离日惹 42 公里，
在种植着茂密的椰子树的科杜平原上矗立着世界规模最大的佛教遗址，
刻有精致壁画的回廊，无论质地还是数量都是佛教艺术的巅峰，
看到的人都会感叹人的智慧深不可测，
这传递出了曾经繁荣一时的佛教文化的成熟度。
从出土的石碑、碑文推测，8~9 世纪前后，花费 50 年的时间，
于夏连特拉王朝时期修建而成。
建成后的 1000 多年里，一直隐身于密林之中，
被火山灰掩埋的佛教遗迹，虽然其历史价值已经毋庸置疑，
但更详细的秘密至今仍隐藏在面纱之下，仍有许多未解之谜等待破解。

交通方式

巴士▶ 从日惹得吉旺安巴士枢纽站出发，每天7:00~17:00、每小时有2~6班直达巴士运营（所需时间1.5小时、Rp.25000）。从马里奥博罗路附近、城市北侧的詹姆波尔巴士枢纽站乘坐巴士也比较方便（乘坐日惹公交车2A或2B都可以到达詹姆波尔枢纽站）。从婆罗浮屠寺庙群出发、返回日惹的末班车，发车时间为17:00，请留意时间。

也可以乘坐小型公交车到达穆提兰 Muntilan，然后再换乘前往婆罗浮屠寺庙群方向的公交车（发车间隔均为20分钟左右）。

参团 & 包车▶ 一般也会选择在日惹参团（→p.104），前往婆罗浮屠寺庙群。虽然不能参观周边的小型遗迹，但是可以在短时间内参观完主要的遗址，效率很高。如果是集体旅行的话，在日惹包车也是一个很好的选择，十分方便。一辆车，3~12小时的费用约为Rp.450000~800000。

游览方式

从婆罗浮屠的巴士站出发，步行到遗迹需要10~15分钟。在干净、设施齐全的历史遗迹公园内有摆渡车运营。

因为参观会花费很长时间，如果还计划参观门杜寺、巴望寺的话，至少需要半天以上的时间。再加上天气情况，白天阳光照射很强，而游客也非常多，比较拥挤，因此建议早晨入场，在晨雾之下一睹婆罗浮屠寺庙群原本的姿态。

还可以在公园内乘坐小火车（1次Rp.7500）

游客较多时，会限制进入圆坛部分的人数

婆罗浮屠寺庙群
MAP p.48/B1、p.126
TEL（0293）788-266　URL borobudurpark.com　入场 每天6:00~17:00（参观时间到18:00）
费用 成人US$25、儿童US$10（按当天汇率支付印尼卢布）英语导游1小时Rp.100000~

史迹说明电影 & 博物馆

在史迹公园内信息中心旁，随时都会播放介绍遗迹历史的电影（有英文字幕）。关于浮雕等的介绍也很详细。影片时长20分钟，对外国人免费。

另外公园北侧建有两座博物馆，考古学博物馆内陈列了发掘时的遗迹图片等。可以免费参观。

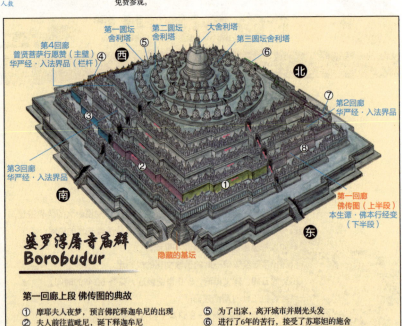

第一圆坛舍利塔
第二圆坛舍利塔
大舍利塔
第三圆坛舍利塔
第4回廊
普贤菩萨行愿赞（主壁）
华严经、入法界品（栏杆）
西
北
第2回廊
华严经·入法界品
第3回廊
华严经·入法界品
南
东
婆罗浮屠寺庙群
Borobudur
隐藏的基坛
第一回廊
佛传图（上半段）
本生谭·佛本行经变（下半段）

第一回廊上段 佛传图的典故

① 摩耶夫人夜梦，预言佛陀释迦牟尼的出现
② 夫人前往蓝毗尼，诞生释迦牟尼
③ 作为王子不断成长，参拜寺院、上学
④ 和耶输陀罗结婚，而后决定出家
⑤ 为了出家，离开城市并剃光头发
⑥ 进行了6年的苦行，接受了苏耶妲的施舍
⑦ 在菩提树下大彻大悟，成了佛陀
⑧ 横渡恒河，开始传道布教

贴士 有套票出售，包含周边遗迹的门票（仅当日、次日有效）。婆罗浮屠寺庙群和普兰巴南寺庙群US$40、婆罗浮屠寺庙群和博科王宫US$40、普兰巴南寺庙群和博科王宫US$40。

沉睡在密林中长达上千年 前往神秘的遗迹

眺望大型遗迹的外形，进入基坛部分

沿着绿意盎然的参拜道路一直向前走，不久，壮观的婆罗浮屠寺庙群就出现在眼前。寺庙群遗迹庞大的外观和密集程度，在到达遗迹前就给人一种巨大的震撼。高34.5米、最底部的基坛为正方形，边长达123米，是世界上最大的佛教遗址。

遗址位于山丘上，使用了200万个、全部高23厘米的安山岩石块堆积而成，并且没有使用任何的黏着剂，完全利用榫卯结构来固定。下面6层为方形、上面3层为圆形，遗址内部没有空间。

建造带有外壁的第一层时，可能是因为需要进行补强的原因，在最初建造的外壁内有加盖了一个"隐藏的基坛"，并刻下了浮雕和遗迹中唯一的"大理石文字"。通过东南角露出的隐藏基坛，可以看出是复杂的两重构造。这里的浮雕描绘了居住在被烦恼支配的"欲界"的人们的姿态，与享乐相反，含有佛教的"因果报应"的意思。

描述恶因恶果意思的《丑恶之脸》浮雕。上部还保存着大理石文字

婆罗浮屠日出团

史迹公园内的 H 曼诺哈拉酒店（→p.126）有在6:00开园前参观婆罗浮屠寺庙群的日出团。早上4:30从酒店出发，最先登上寺庙顶部。5:30左右，东方逐渐亮起，太阳从树林中慢慢升起。

朝霞时来这里参观，更加令人感动

早上清凉的空气和寂静环绕四周，在寺庙迎来的日出让人格外感动。6:00开园后，寺庙群内马上就会涌入大批游客，因此这条线路在自由行游客中有着很高的人气。参团费用Rp.450000，酒店房客Rp.275000。

右上／东南角"隐藏的基坛"，遗迹的二重结构由此公之于众
右下／回廊由精致的浮雕和佛像进行装饰

贴士　日出团除了在 H 曼诺哈拉酒店报名之外，也可以到遗迹周围的酒店报名参加。如果提前跟入住酒店的工作人员打好招呼的话，黎明时可以将客人送到曼诺哈拉酒店的集合地点。

浮雕图案多达万人
总长5公里的浮雕森林

象征佛教三界的寺庙

这座巨大的寺庙到底因何修建，至今仍是一个未解之谜。有寺院、皇室陵墓、皇室祠堂、禅房、曼陀罗（古印度的神域）等诸多说法，众说纷纭，没有定论。遗迹为3层结构，外围的基坛、回廊形成的方坛、最上部的圆坛分别代表"佛教的三界"（产生烦恼的"欲界"、寻求顿悟的"色界"、从物质世界脱离的"无色界"），这种解释是目前最被认可的。也就是说，从基坛到顶部上升的过程，亦是领悟佛教的道路。

从基坛登上前往第一回廊的台阶，然后就可以到建筑物内部了。回廊部分为4层结构，有关佛教典故的浮雕不断延伸。按照从俗界到顿悟的典故顺序参观的话，应该从第一回廊开始，按顺时针进行游览。

回廊的宽度约2米，左右的墙壁上雕刻着1460面《佛传图》《善财童子的善财五十三参》等典故，简直就如同进入了艺术森林一样。因为遗迹过于宏大，所以很容易迷失方向。释迦牟尼、菩萨、王族、士兵等人物浮雕多达上万个，雕刻采用融入了印度笈多王朝风格的爪哇样式，线条非常柔美。

描绘释迦牟尼的第一回廊决不能错过

第一回廊分为两段，上半段是讲述释迦牟尼的一生的佛传图《方广大庄严经》，但只雕刻到了初转法轮（释迦牟尼成道后初次宣传他的学说）。因为保存好好，是整个回廊浮雕中比较精彩的部分，所以可以多花一些时间在这里。摩耶夫人的白象梦图、释迦牟尼决心出家进行苦行图、菩提树下顿悟图等，共雕刻着120多个场面。

下半段是描绘释迦牟尼前生故事的《本生谭》《佛本行经变》。其中刻有释迦牟尼曾是一

只海龟，救助了遭遇海难的商人，并被当作食物供人充饥的浮雕图等佛教的神话故事。反复阅读这些神话，也是在不断积累功德的过程。

从第二回廊到第三回廊，描绘的是《华严经入法界品》中善财童子参访五十三位善知识（贤者）的典故浮雕。

回廊的浮雕是为了宣讲大乘佛教的教义。信奉的对象是主壁上镇守着432个佛龛的等身大的石佛。东西南北各个方向的佛像表情、手部的结印方式各不相同，可以仔细观察对比。

第一回廊上半段"佛传图"描绘了释迦牟尼的一生

◀001面 从在天界的释迦牟尼图开始佛教故事。坐在中央宫殿，天人们正在演奏音乐。

◀013面 摩耶夫人的灵梦。中地看到释迦族·净饭王的王妃化身为白象从天而降，进入了自己的腹中。

◀028面 悉达多王子出生的场面。正中央偏右是摩耶夫人，左边是王子向着7朵莲花上走去的身姿。

◀040面 冥想中的悉达多王子。5位婆罗门僧人（左侧）拜访长大后的王子以示敬意。

◀043面 净饭王和悉达多王子正在讨论婚事（中央偏左）。迎接耶输陀罗王妃。

◀065面 骑马出城的悉达多（左侧）。决定出家的王子与天神为伴。

◀081面 楼昙尴昔的悉达多（右侧）。苏耶妲在苦行林中将乳弱给了消瘦的王子。

◀095面 在菩提树下结成触地印。驱赶走阻图化身成美女的恶魔，大彻大悟成为佛陀。

◀115面 横渡恒河的佛陀（左侧）。佛陀飞到空中，横渡大河，飞向鹿野苑，开始传教之旅。

◀120面 佛陀正式开始传教。佛传图的浮雕到此结束，没有描绘涅槃等。

 贴士 婆罗浮屠内的考古学博物馆旁的萨马杜拉拉卡萨博物馆对外开放，这里陈列了根据遗迹浮雕复制的船只等展品，也介绍了海洋贸易的重要性。

圆坛部分损坏的舍利塔内露出了释迦牟尼像。佛塔被凿开的窗户从菱形变为正方形。

象征无之世界
前往大舍利塔和幸福的佛像
所等待的天界

舍利塔林立的圆坛

每往上走一层回廊，都要从卡拉（鬼面守护神）的大嘴中穿过。可以领会到巡礼者过去经历的灾难。从第四回廊开始，登上最后一个台阶，视野豁然开朗，舍利塔林立的宽阔圆坛出现在眼前。眼下是广袤的树海，还可以眺望到默拉皮山、松宾山。与浮雕所在的方形层相比，气氛截然不同。

圆坛的中央矗立着一座大舍利塔，四周有虔诚的佛教徒在做右绕（佛教礼仪）。此外还有72座吊钟型的小舍利塔，均为3层结构，透过凿开的窗户可以看到被安置在里面佛像的样子。最内层的第三圆坛舍利塔被凿开的窗户，和其他2层的窗户形状不同。外侧2层的窗户为菱形，代表不安定的俗界的人心，最内层的正方形窗户代表安定的贤者之心。最后以没有窗户、代表"无之世界"的大舍利塔作为结束。

根据印尼人的描述，将手伸进透光的格子缝隙，如果能触摸到中间幸福的佛像的右手无名指的话，任何愿望都会得以实现。

有关遗迹的众多谜团

婆罗浮屠寺庙群至今仍被团团谜题所围绕。从其名字开始就令人感到困惑。"婆罗浮屠"这

个名字的意思很可能来自梵语"Vihara Buddha Ur"，意思就是"山顶的佛寺"，但这一说法也没有强有力的证据。据说婆罗浮屠寺庙群是于中爪哇8世纪中叶强盛的夏连特拉王朝修建的，工期约为50年，但这也只是诸多说法中的一个。修建寺庙用的安山岩（共5.5万立方米！）采石场也仅仅是推测位于普罗戈河、耶罗河。

另外，为什么婆罗浮屠寺庙群会从历史中消失了长达上千年的时间也是一个巨大的谜题。为什么规模如此庞大的建筑物在建成之后，直到1814年从土中发掘出来都被人所遗忘了呢？王朝的衰退、疾病的蔓延、默拉皮火山喷发导致被掩埋等众说纷纭，婆罗浮屠的地基使用的土和覆盖寺庙的土，两者土质相同，从这一点上推测可能是在建成的同时，寺庙被掩盖了。在参观婆罗浮屠寺庙群时，不妨带着这些猜想，动用自己的想象去还原当时的场景，远古的景色也许将会活灵活现地呈现在自己的眼前。

遗迹 Q&A 建造遗迹的
夏连特拉王朝是

从8世纪中叶开始到9世纪中叶中爪哇岛上最繁荣的古代王朝。信奉大乘佛教，最强盛的时期不光是爪哇岛，就连苏门答腊岛的室利佛逝王国也是在其统治之下，但9世纪后期却淡出了历史视线。

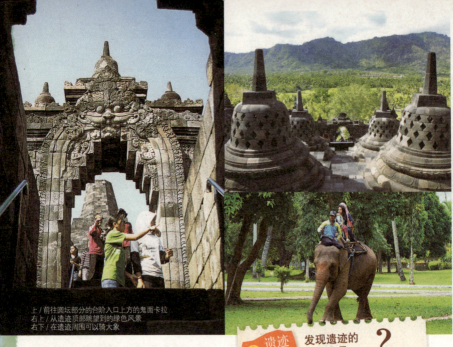

上／前往圆坛部分的台阶入口上方的鬼面卡拉
右上／从遗迹顶部眺望到的绿色风景
右下／在遗迹周围可以骑大象

婆罗浮屠不幸的历史

在东南亚拥有巨大势力范围的夏连特拉王国于公元 780~830 年间，花费 50 年建造而成。但是建成后不久，信仰佛教的夏连特拉王朝崩塌，以印度教为主导的的桑贾亚王国（古马塔兰王国）成了这里的统治者，因此婆罗浮屠从历史舞台中褪去，成了沉睡在密林深处的传说遗迹。

1814 年，英国占领爪哇，被任命为爪哇总

遗迹 Q&A　发现遗迹的莱佛士是？

作为英国东印度公司的职员开始了自己的工作生涯，奉命统筹英军远征爪哇并被任命为总督。发现遗迹后，又将新加坡建立成重要的自由港口。世界最大的花"大王花"（别名"莱佛士花"）、以及莱佛士酒店都是以其名字命名的。

婆罗浮屠年表

爪哇岛		中国	
742 年前后	夏连特拉王朝诞生	742 年	唐玄宗天宝元年
780 年前后	婆罗浮屠开工	780 年	唐德宗建中元年
830 年前后	建成后王朝崩塌	839 年	唐文宗开成四年
856 年前后	普兰巴南寺庙群建成	844 年	唐武宗会昌五年
932 年前后	古马塔兰王国崩塌	916 年	契丹国建立
1293 年	满者伯夷国建国	1271 年	元朝建立
	沉睡千年	1368 年	明朝建立
1520 年	满者伯夷国灭亡	1520 年	明朝正德十五年
1618 年	荷兰开始殖民统治	1620 年	明朝泰昌元年
1814 年	莱佛士发现遗迹	1814 年	清朝嘉庆十九年
1907 年	荷兰主导修复工作	1900 年	八国联军侵华战争
1973 年	联合国教科文组织主导修复工作	1976 年	中国与西班牙建交

督的上尉托马斯·斯坦福·莱佛士发现了这个长眠千年的遗迹。莱佛士对亚洲历史有着浓厚的兴趣，他十分相信关于巨大佛教遗址的传说，并在传言中提到的小山丘开始发掘，完成了一项历史伟业。但由于雨水的侵蚀、覆盖遗迹的树木等种种原因，发掘工作极为困难。

此后爪哇主权又归属荷兰，从 1907 年开始又花费了 4 年时间进行修复工作。1973 年联合国教科文组织资助了一次对婆罗浮屠的主要保存、修复的工作，通过最新的土木技术增设了排水渠等设施。分解时通过电脑对石块一一进行了编号，并重新组装。

修复的同时计划对遗迹周围进行公园化，终于在 1983 年建成了史迹公园。1991 年被列为世界文化遗产。

世界各地巡礼者参加的威萨克节

每年 5~6 月满月之日举办的威萨克节是为了纪念释迦牟尼诞生而举办的婆罗浮屠的节日。除了印尼外，还有来自全球各地的许多佛教徒聚集于此，他们一边吟诵经文，一边参观回廊。这天也是遗迹一年之中作为佛教寺庙氛围最为浓重的一天。巡礼者从门杜寺开始游览，途经巴望寺，最后到达婆罗浮屠寺庙群。

众多佛教徒聚集的威萨克节

124　🌸 贴士　以前可以触摸的圆坛部分的"幸福的佛教"，如今为了保护遗迹已经禁止触摸了。周围有警备员监视，会提醒违反规则的游客注意。

周边景点

保留着美丽佛教的寺庙
门杜寺
Candi Mendut   `MAP` p.126

内部安置着 3 尊巨大的石佛像，是爪哇艺术的最高杰作，每一尊佛像均是由一整块粗面岩雕刻而成的。

位于中央的如来像高约 3 米，丰满的躯体稳坐在台座之上，两手的手指结成转法轮。在黑暗中浮现出的温柔的表情令观者备感安心。如来像的右边是带着头冠的观音菩萨像。左侧的半跏像据推测是文殊菩萨。

寺院的基坛、大堂的内壁、外壁上的浮雕也非常精美。尤其是大堂中央侧壁两旁的多罗菩萨（佛教女尊）

基坛描绘的典故在婆罗浮屠也可以看到

静静矗立于此的幽静寺庙
巴望寺
Candi Pawon   `MAP` p.126

巴望寺位于婆罗浮屠和门杜寺所在的直线之间，高约 12 米，非常精致。1903 年，由荷兰主导进行修复。关于寺庙的说法也是层出不穷，其中推测这里是埋葬夏连特拉王国的因陀罗国王骨灰的说法最被认可。侧壁中央的突出部被凿开了一个小窗户，下面的浮雕以及左右侧壁上的多罗菩萨都非常好看。

描绘象征吉祥的如意树和天界人们的浮雕

安置在寺院内部中央的如来像

和以观音像为中心雕刻的佛像。另外正对大堂入口左侧墙壁上是鬼子母神像、右侧墙壁是夜叉像，两处描绘的均是照顾、保护人类、儿童的场景。

位于婆罗浮屠寺庙群以东 3 公里。可以乘坐返回日惹的小巴（30 分钟一班）。也可以步行或者乘坐 OJek 摩托出租车，另外还可以在婆罗浮屠寺庙群前的酒店租自行车。
入场　每天 6:00～18:00
费用　Rp.3500（票价包含巴望寺）

哈吉维达亚特博物馆

从婆罗浮屠寺庙群前往门杜寺的途中，是一座关于出生在爪哇岛的画家维达亚特的博物馆。维达亚特的作品是具有很强的装饰性的，在印尼美术界被尊为"装饰主义之父"。

馆内阳光照射充足，1 层陈列的是维达亚特的作品，2 层收藏着其他画家的作品。其中《樱》是维达亚特在 1960 年创作的，描写的是关于他在日本名古屋居住的体验，充满幻想的图案非常美丽。

因为在国内很少有机会鉴赏到印度尼西亚的近代绘画，因此这是一座非常珍贵的博物馆，如果时间充裕的话不妨前去参观。

接触印度尼西亚的绘画世界

哈吉维达亚特博物馆 Museum H. Widayat
`MAP` p.126
TEL 0856-4390-6999（手机号）
入场　周二～周日 8:00～16:00　费用 Rp.50000

位于婆罗浮屠以东 1.5 公里。可以乘坐 OJek 摩托出租车或步行
入场　每天 7:00～17:00
费用　Rp.3500（票价包含门杜寺）

 贴士　从婆罗浮屠寺庙群步行前往门杜寺和巴望寺可能比较远。枢纽站前的市场内有 OJek 摩托出租车的等候区，可以在这里跟司机交涉价格，前往这两个地方的价格为 Rp.50000~70000。

酒店　餐馆

　　婆罗浮屠寺庙群周边是寂静的小村庄，巴士枢纽站和遗迹入口周边有一些价格便宜的酒店。虽然不少游客都选择从日惹出发进行一日游，但更推荐在遗迹周边住上一晚，第二天早上开始再慢慢参观。餐馆大多建在遗迹入口前，此外公园内的曼诺哈拉酒店内有一个可以眺望到遗迹的餐馆。

婆罗浮屠沙拉瓦提酒店 ◆ Saraswati Borobudur　　MAP p.126

TEL（0293）788-843　信用卡 A D J M V
URL www.saraswatiborobudur.com　费用 ⑤ⓈUS$115~285　Wi-Fi 客房 OK・免费

　　酒店距离史迹公园入口步行仅需 5 分钟，共有 18 间客房。客房内十分宽敞，设备齐全。可以安排日出团。POOL 餐馆 早餐

拥有大型泳池

曼诺哈拉酒店 ◆ Manohara　　MAP p.126

TEL（0293）788-131　信用卡 A J M V　URL manoharaborobudur.com
费用 ⑤ⓈRp.2000000~　Wi-Fi 客房 OK・免费

　　位于史迹公园内部的唯一一家酒店。共有 35 间客房，全部为巴洛克风格，带有空调、电视。房客白天可以免费参观史迹公园。热门的日出团也是从这里出发。POOL 餐馆 早餐

非常便于观光的位于史迹公园内部的酒店

拉查萨酒店 ◆ Rajasa　　MAP p.126

TEL（0293）788-276　信用卡 M V
费用 ⑤ⓈRp.200000~400000　Wi-Fi 仅公共区域・免费

　　位于史迹公园停车场南部，距离约 1 公里，共 13 间客房。从客房可以眺望到田园风光。部分房间有空调、热洗澡水。POOL 餐馆 早餐

客房布置虽然简单，但干净整洁

莲花 1 号民宿 ◆ Lotus Guest House 1　　MAP p.126

TEL（0293）788-281　信用卡 不可
费用 ⑤ⓈRp.150000~350000　Wi-Fi 客房 OK・免费

　　位于史迹公园北侧，步行至巴士枢纽站需 10 分钟，适合背包客，共有 22 间客房，价格便宜。可以租借自行车（1 天 Rp.20000）。
POOL 餐馆 早餐

环境很好的民宿

婆罗浮屠周边
Around Borobudur
区域地图 ▶ p.48 / B1

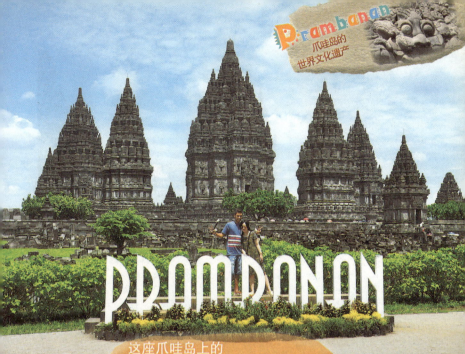

爪哇岛的
世界文化遗产

这座爪哇岛上的
印度教与佛教融合建筑令无数
游客拍案叫绝
高耸壮美的罗盅哥莨塔祠一定
不要错过

位于爪哇岛上的印度教圣地

Prambanan 普兰巴南寺庙群

雅加达
普兰巴南

9世纪时期爪哇岛的中部地区由北面的佛教王国——夏连特拉王朝和
南部受三佛齐王朝统治下的印度教王国——马打蓝王朝共同管理。
这两个王朝之间实行王族联姻，
因此关系并不受宗教信仰的不同而产生负面影响，十分友好。
著名的婆罗浮屠寺庙群与普兰巴南寺庙群便建于这两个王朝的统治时期。
在普兰巴南寺庙群方圆5公里的范围内，
坐落着许多巨大的寺庙遗迹，
而其中最引人入胜的当数祭祀着湿婆神的罗盅哥莨塔祠。
在这里你不仅可以欣赏印度教的独特美术文化，
还可以眺望到烟雾缭绕的默拉皮火山与一望无垠的印度洋美景。
低头俯瞰，绿意盎然的凯武平原更会令你心境平和，可以静心感受岁月流逝。
普兰巴南寺庙群周围至今仍坐落着众多佛教寺院遗迹，几乎和普兰巴南寺庙群一样，
都是在同一时期建造而成的。
这里完全没有城市的喧嚣，你可以在这种闲云野鹤的田园之景中
细细品味宗教文化的博大精深。

交通方式

巴士▶通常都是从日惹搭乘市内巴士直接前往普兰巴南寺庙群，无论行走在马里奥波罗大道上的"1A"公交车还是穿行于梭罗大道的"1B"公交车，行程的终点都是普兰巴南寺庙群（车程大约45分钟，费用Rp.4000）。你也可以从机场直接搭乘这两种公交车前往普兰巴南寺庙群（车程仅需15分钟）。从梭罗前往普兰巴南寺庙群时，可以先乘车前往日惹，随后在日惹搭乘直抵普兰巴南寺庙群的公交车（车程约1.5小时，费用Rp.15000）。

餐团 & 包车▶参加下午从日惹出发的普兰班南寺庙群观光游（→p.104）不仅可以完成景点的参观，晚上还可以在剧院欣赏精彩的拉玛亚娜舞蹈，可谓将时间充分利用。

从日惹或是机场直接包车游览普兰巴南寺庙群时，收费标准通常为半天Rp.350000左右，如果与你平摊车费的同伴人数足够多，费用其实比组团还更划算些。

从机场打车前往▶日惹机场与普兰巴南寺庙群大约有10公里的距离，单程打车耗时大约15分钟，费用为Rp.85000。如果你有包车的想法，可以直接在机场咨询提供包车服务的旅行社柜台，或者在机场的出租车等待区与司机私下谈价。

上／欧拉皮火山静静立在遗迹的北方
右／前往普拉巴南寺庙群游览的印尼本地人也是络绎不绝

游览方式

即使只是以罗盅哥莨塔祠为核心进行小范围的普兰巴南寺庙群参观，时间也至少需要2小时。在游览区域中不时还可以看到特色博物馆以及播放解读史迹的影像资料，时间充裕的话不妨多转一转，从多方面的角度深入了解普兰巴南寺庙群。

在核心寺庙群以外还可以看到众多被小祠堂和舍利塔所包围的小型寺院群，如果你打算将这些核心景区外的小型寺院一同游览，推荐你搭乘出租车和汽车穿行在这片方圆5公里的广阔区域之中，可以更有效地进行参观游览。

普兰巴南寺庙群 　MAP　p.48/B1 p.128　TEL（0274）496-402
URL borobudurpark.com　入场 每天6:00~17:00（18:00停止参观）
费用 成人US$25、儿童US$15（支付以当天汇率折算的卢比货币即可）聘请英语导游费用为Rp.100000~。园内博物馆定期还会上映有关于史迹的解读电影，游客可以免费观赏。
史迹公园内的观光巴士 & 自行车租赁
　在史迹公园中经常可以看到列车外观的游览巴士（以外国游客身份入园，即可免费乘车）。巴士从罗盅哥莨塔祠出发，途经史迹公园深处的塞武神殿，最终抵达公园的出口位置。如果你还打算参观核心景区外的其他寺庙，推荐你在塞武神殿下车，步行前往附近的布布拉寺院和伦邦寺院。
　此外在罗盅哥莨塔祠周围还可以找到自行车的租赁点（Rp.10000），你可以从这里沿着专门设立的自行车道直接骑行前往位于史迹公园深处的塞武神殿（1.5公里）。

用自行车骑行可以更自由地进行景点游览

普兰巴南 Prambanan

区域地图 ▶ p.48/B1

N

0 ─────── 1km

- 桑比萨利寺院 Candi Sanbi Sari
- 萨利寺院 Candi Sari
- 珀邦德瓦塔度假酒店 Poeri Devata Resort
- 罗盅哥莨塔祠 Candi Lolo Jonggrang
- 拉玛亚娜剧院
- 博物馆
- 塞武神殿 Candi Sewu
- Candi View
- 布拉寺院 Candi Bubrah
- 伦邦寺院 Candi Lumbung
- 普拉欧桑寺院 Candi Plaosan
- Water Park Galuh
- 伽伦酒店 Galuh
- 普兰巴南寺院 史迹公园 入口
- 梭罗大道 Jl. Solo
- 普兰巴南站 （日惹公交）
- BNI
- 火车站
- 贾亚库斯马酒店 Jaya Kusma
- 帕杨卡拉医院
- 卡拉桑寺院 Candi Kalasan
- 萨吉旺寺院 Candi Sajiwan
- 波克山丘 Ratu Boko
- 阿巴亚吉利餐厅 Abhayagiri
- 梭罗方向
- 日惹方向相距10公里
- 机场
- 欧巴河 KALI OBAK

贴士　普兰巴南寺庙群的门票中还有一种包含波克山丘与婆罗浮屠寺庙群在内的游览通票，有效期为购票的当日及次日（→p.120），具体详情可以登录 URL borobudurpark.com 进行了解，支持信用卡付款。

Prambanan
爪哇岛的
世界文化遗产

印度教与佛教文化交融的
罗盅哥莨塔祠

坐落在普兰巴南寺庙群中心的罗盅哥莨
塔祠，天气晴朗时可以从这里眺望到远
处的默拉皮火山。

爪哇印度教的象征，寺庙规模壮丽

据推测，罗盅哥莨塔祠 Candi Lolo Jonggrang
（ MAP p.118）是由三佛齐王朝（古代马打蓝王国）
的皮卡丹国王于公元856年下令建造而成的，这
里也是普兰巴南寺庙群的中心寺庙。矗立在正中
央的湿婆主神殿高达47米，以众神居住的圣山马
哈穆山为原型建造的寺庙建筑宛如一团烈火直
指云霄。神殿的回廊外壁上刻画着古代印度史诗
《罗摩衍那》中的诸多故事，当你穿行在各座寺庙
之中时，可以细品味罗摩衍那中劝恶扬善的故事
主旨。如果你细心的话，还可以在寺庙台阶旁边的
栏杆上看到例如狮子或是半人半鸟的石雕神像。

祭祀湿婆的主神庙南面，供奉着投山仙人
（湿婆的化身），西侧则是伽内什的雕塑（湿婆之
子象头神），北面祭祀的杜尔伽（湿婆之妻雪山
女神的多种形象之一——难近母）寺庙便是普兰

巴南寺庙群中最核心的罗盅哥莨塔祠。相传难近
母像的原型便是爪哇国的一位公主，她因不满婚
约最终被变成了现在我们看到的这座古老神庙。

湿婆神庙的左右分别坐落着梵天神庙与毗
湿奴神庙。正对这三座主神庙的是三位印度教
主神的坐骑，湿婆对应着坐骑神牛南迪、梵天
对应着坐骑白马汉莎、毗湿奴则对应坐骑大鹏
迦楼罗（金翅鸟）。至今你仍可以在寺庙群中看
到1584年被火山爆发所焚毁的数百座小祠堂，
相信在不久的将来便会开展修复工作。

罗盅哥莨塔祠的历史与传说

三佛齐王朝的第六代国王皮卡丹迎娶了夏
连特拉王朝的普拉莫达瓦尔达公主为妻，将建
在普兰巴南寺庙群的印度教王国与修造婆罗浮
屠寺庙群的佛教王国联姻起来，建立了友好的
外交关系。而这座罗盅哥莨塔祠便是纪念这两
个王族重大联姻事件的标志性
建筑。位于近郊的普拉欧桑寺
院，据说也是夏连特拉王朝的
国王为了嫁入三佛齐王国的公
主而建造的古老寺庙，这种跨
越宗教信仰而修建的寺庙可谓
是出嫁公主对故乡的*丝丝*牵绊。

罗盅哥莨塔祠又名"窈
窕处子之庙"，至今当地仍流

寺庙群中都是
印度教的遗迹

遗迹 Q&A ❓

寺庙群中的核心建筑——罗盅哥莨塔祠虽然是
印度教风格寺庙，但是同时期修建的普拉欧桑
寺院、卡拉桑寺院、塞武神殿、萨利寺院则是
风格鲜明的佛教寺庙。从中可以看到两个王朝
联姻后，夏连特拉王朝的佛教思想对这里潜移
默化的深远影响。

湿婆神殿北侧祭祀的
杜尔伽雕像

贴士 普兰巴南寺院群入口处设有前往波克山丘的免费巴士，在8:00~14:00期间，每隔15分钟运行一班，
从波克山丘出发的最晚一班巴士时间定在15:30。

129

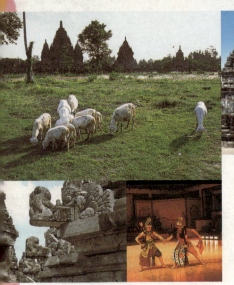

左上／塞武神殿周围正在悠闲吃草的当地山羊群
右上／塞武神殿的入口两侧镇守着威风凛凛的寺庙守护神库贝拉
左下／雕刻着精美印度教文化浮雕的罗盅哥莨塔祠
右下／下雨时可以一边躲雨一边在室内剧场欣赏精彩的拉玛亚娜舞蹈

传着一段关于这座庙宇的古老传说。相传波克王的儿子对这位普兰巴南的处子公主一见钟情。公主拗不过王子的追求，最终提出如果他能够一晚上便兴造起1000座庙宇，便同意与他成婚的难于上青天的条件。想不到这位王子借助了精灵之力，在天亮之前便一口气打造了999座寺院，无奈之下公主只能施计令公鸡提前报鸣，预示着夜晚已经结束，不料这位王子识破了她的小伎俩，一怒之下将她变成了这里第1000座石庙，这便是现在位于湿婆神殿北侧祭祀湿婆之妻难近母杜尔伽的寺庙所在地，而公子一夜之间修建的众多庙宇便是寺庙群中的塞武神殿（塞武便是指代"1000"之意）。

被守护神保护的"千寺之庙"塞武神殿

位于史迹公园北侧塞武神殿 Candi Sewu（ MAP p.128）是一座佛教文化浓重的特色寺庙。虽然普兰巴南寺庙群核心位置的罗盅哥莨

塔祠是一座地道的印度教文化产物，但是周边的众多寺庙遗迹其实都是佛教寺院，从中可见在两个王朝联姻后，夏连特拉王朝的佛教思想对于三佛齐王国潜移默化的佛教影响。

当你踏入塞武神殿的主堂之前，便可以看到把守在入口两侧手持"戈德"（爪哇语中一种神兵利器）的守护神库贝拉（意为巨人守护神，当地印尼人也称其为拉库萨萨）。穿过这两座守护神雕像便可以来到神殿主堂，主堂周围的几座小祠堂众星捧月，宛如古希腊建筑风格的主堂立柱十分精美，布满浮雕的壁龛也是美轮美奂，令人不禁驻足欣赏。

塞武神殿意指"千寺之庙"，据说古时这里曾有多达240座祠堂分落其中，存留至今的祠堂虽然已经大幅度减少，但是当你来到这里，还是能够想象出曾经的辉煌盛景。

在塞武神殿与罗盅哥莨塔祠之间坐落着布布拉寺院和伦邦寺院两座小寺，往返两座主要寺院的途中不妨顺路参观一下，充分利用旅行时光。

遗迹 Q&A　拉玛亚娜物语是指　？

描绘科萨拉王国的王子拉玛事迹的古代印度叙事诗篇。最早创作于公元3世纪，此后便受到亚洲各地民众的青睐，除了相关舞蹈与油画，你还可以通过刻画在罗盅哥莨塔祠与塞武神殿的浮雕了解这位王子的古老故事。

在史迹公园欣赏拉玛亚娜的舞蹈表演

位于罗盅哥莨塔祠西面的户外剧场，每当夜幕降临，繁星布满夜空之时，便会伴随着悠扬的甘美兰乐曲在这里上演精彩的拉玛亚娜舞蹈表演。舞者身披耀眼夺目的特色服饰，婀娜多姿的舞蹈步伐令观者沉浸其中。户外剧场 Open Air Theatre 在每年的5~10月期间对公众开放，每周上演3~6场次数不等的精彩舞蹈，入场费 Rp.125000~400000。11月~次年4月表演则会移动到户外剧场旁边的室内剧院 Trimurti Theatre。周二·周四·周六定期举行舞蹈表演，入场费用 Rp.125000~300000，演出时间都是 19:30~21:30 这两个小时，场地中设有餐馆，肚子饿了的话可以就地解决。演出结束后剧场外面也会安排前往日惹的返程班车（Rp.40000），不用担心回程问题。

贴士 观赏拉马亚娜舞蹈前可以在官网进行了解 Visit Ramayana（TEL（0274）496-408　URL visitramayana.com）。通常公演的剧目都是简洁版。

周边看点

可以俯瞰遗迹全景的周边制高点

波克山丘
Ratu Boko

MAP p.128

从高达200米的小型山丘上不仅可以俯瞰分散在甘蔗地与水稻田中的普兰巴南寺庙群，还可以远眺不是烟雾缭绕的默拉皮火山。早餐和晚餐时段还可以从山坡上看到远处村落飘出的袅袅炊烟，在朝霞与晚霞的映衬下更是增添了一抹田园氛围。

你在山丘上还可以看到9世纪时期由印度教教徒拉凯瓦兰王建造的宫殿遗址。虽然在这个古老王国衰落后这里已经化为废墟，但是旧时的石门、淋浴场、火葬场、祠堂仍分落其中，位于宫殿遗迹东南方向2公里位置的班宇尼波寺庙 Candi Banyu Nibo 以其独树一帜的曲面屋顶而十分出名。

上 / 从观景台远眺罗盅哥莨塔祠以及远处的默拉皮火山
左 / 建在山丘上的宫殿遗迹

从巴士总站乘车大约10分钟时间便可以到达这里，从门票售卖处入场后，正对面便是观景餐馆（营业 每天6:00~21:00），从这里沿右侧的台阶前行便可以抵达宫殿遗迹。
TEL（0274）496-510 入场 每天 6:00~18:00
费用 US$25（根据入场时间的不同可能会赠送饮料及简餐）

完美融入乡村风景的女性寺院

普拉欧桑寺院
Candi Plaosan

MAP p.128

这座与罗盅哥莨塔祠几乎在同一个时期建造的佛教寺院，据说是当时夏连特拉王朝的萨玛图拉屯伽国王为了嫁入三佛齐王朝的本国公主而建造的故乡寺院。整个寺院共分为南北两个区域，北部设有236座舍利塔以及116栋小祠堂，南部坐落着69座舍利塔以及16栋小祠堂，核心的普拉欧桑寺庙便位于这些小型建筑的正中央。

至今仍可以在南侧的佛堂中看到菩萨像以及台阶栏杆上的飞龙浮雕。整个寺庙从上到下共设有2层空间，3个房间，外部的石材采用安山岩，内侧则是选用凝灰岩，十分考究。曾经损毁的北侧佛堂现在也已经修复如初。

上 / 在这里也可以看到与镇守塞武神殿相同的库贝拉守护神雕像
下 / 留有两座佛堂的普拉欧桑寺院，外壁上精美的神话浮雕引人入胜

位于普兰巴南寺庙群东北方向大约2000米的位置。
入场 每天 7:00~17:00 费用 Rp.3000

浮雕精美的佛教遗迹

萨利寺院
Candi Sari

MAP p.128

萨利为精髓精致之意，寺如其名，你可以在寺院的13扇布满蔓藤花纹的石窗上参观到刻画着菩萨像的精美壁雕。此外这座寺院的房顶也与其他寺庙的三角形尖顶不同，是很有弧度的曲心结构，独具匠心。

上 / 旧时原汁原味的精美浮雕被妥善保存至今
下 / 凝聚佛教文化之美的别致寺院

从普兰巴南寺庙群沿梭罗大道西行约2.5公里，进入邻近清真寺的一条小路再向北走300米便可以顺利抵达。
入场 每天 7:00~17:00 费用 Rp.10000

贴士 S 阿巴亚吉利餐馆 Abhayagiri［MAP p.128 TEL（0274）446-9277 营业 每天 11:00~22:00］是一座建在波克山丘上的观景餐馆，如果你打算欣赏普兰巴南寺庙群的美景，推荐你在中午的自助餐时段来这里用餐，费用 Rp.250000。

将印度教与佛教文化巧妙融合的独到寺院
卡拉桑寺院
Candi Kalasan

MAP p.128

左／位于寺院入口处象征印度教神灵的灵蛇雕像
右／同时可以看到两种宗教信仰的独特庙宇

根据从这里出土的卡拉桑碑文显示，这座寺院是在公元778年（爪哇年700年）由支配这片土地的三佛齐王朝和与其联姻的夏连特拉王朝为了庆祝王族联姻而共同建造的，卡拉桑寺院的最初设计是一座佛教寺庙，公元9世纪前后进行改造，加入了印度教的别样装饰，因此你可以在这种寺庙中同时领略佛教与印度教的多重文化，对于文化的交融研究也很有历史意义。寺庙中虽然现在只能看到一个空无一物的大底座，但是根据历史学家推测，此前这里应该是一座气势恢宏的大型佛像矗立在底座之上。

> 从普兰巴南寺庙群沿梭罗大道西行约3公里，顺着帕杨卡拉医院旁边的小路南行即可抵达。
> 入场 每天7:00~17:00 费用 Rp.10000

从火山灰中重见天日的印度教寺庙
桑比萨利寺院
Candi Sanbi Sari

MAP p.128

左／伽内什象头神的神像上方顺起着一个鬼面浮雕
右／从地下6米的空间被挖掘而出的桑比萨利寺院

这座马打蓝王国鼎盛时期最后打造的印度教寺庙曾经被10世纪默拉皮火山喷发后的火山灰深埋于地下6米的深度之下，1966年从火山灰中发掘出来重见天日。马打蓝王国也因为这场10世纪的火山喷发而迁都到爪哇岛的东部并逐渐没落直至灭亡。现在仍可以在寺庙中参观到伽内什（湿婆之子象头神）与杜尔伽（湿婆之妻雪山女神的多种形象之一——难近母）等印度神灵的精美浮雕，主殿内部还有一尊颇具气势的湿婆神雕像。

> 从普兰巴南寺庙群沿梭罗大道西行（日落方向）约4公里，随后顺着一条北向小路前行2公里便可以抵达。
> 入场 每天6:00~18:00 费用 Rp.10000

酒店 **餐馆**

史迹公园周边设有几家酒店和平价旅店，这片观光区域周边都是一望无垠的乡村地带，住宿的话可以体会到地道的爪哇民间风情。史迹公园园区中也设有不少餐馆，此外在公交总站前往公园入口处的途中还可以路过几家小餐馆。

珀莉德瓦塔度假酒店◆ Poeri Devata Resort

MAP p.128

TEL（0274）496-453 URL www.poeridevata.id 信用卡 MV 费用 ⒟Rp.850000~ Wi-Fi 客房 OK·免费

位于普兰巴南寺庙群西北方向的20栋木屋酒店。前有世界遗产寺庙群，后有静静矗立的默拉皮火山，地理位置极佳，酒店庭院中还设有泳池，方便房客畅快游泳一解夏日的炎热。客房中配有空调、浴缸、电视等设施，提供早餐服务。从可以眺望到罗盟哥菆塔祠的2层餐馆中还可以品尝到日式美食，如果你喜欢骑乘自行车，还可以选择酒店的自行车租赁业务，每小时收费Rp.25000。

伽伦酒店◆ Galuh

MAP p.128

TEL（0274）496-855 URL www.hotelgaluhprambanan.com
信用卡 JMV 费用 ⒮⒟Rp.295000~850000 Wi-Fi 客房 OK·免费

共设有104间客房的中级酒店，位于遗迹公园东侧1公里的位置。从客房内可以观看电视，餐馆提供早餐服务，部分客房并未设有热水淋浴设施以及空调，请提前注意。

房客可以免费在水上乐园玩耍

贾亚库斯马酒店◆ Jaya Kusma

MAP p.128

TEL（0274）496-103 信用卡 不可 费用 ⒮⒟Rp.125000~400000 Wi-Fi 客房 OK·免费

坐落在史迹公园入口位置的便捷酒店，共设有16间客房，淋浴设施为公共使用，房费Rp.180000的客房没有空调和凉水淋浴设施。你在酒店中可以免费领取遗迹周边观光地图，深受背包客的喜爱。

梭罗（苏拉卡尔塔）*Solo*（Surakarta）

同王宫一起走过古老时光的古都

与人力车融为一体的拉维安地区

人 口	60万
海 拔	96米
区 号	0271
机场代码	SOC

游客中心 MAP p.136/B2
地址 Jl. Slamet Riyadi No.275
TEL（0271）711-435
URL pariwisatasolo.surakarta.
go.id
营业 周一～周六 8:00~17:00
　周日 10:00~14:00
　位于拉贾普斯塔卡博物
馆对面靠右的位置。提供梭
罗市区地图、餐馆地图。

鹰航 MAP p.136/B2
地址 Jl. Veteran No.242
TEL（0271）737-500
营业 周一～周五 8:00~16:30
（周末~15:00）

　　梭罗位于爪哇岛的中央地区（虽然现在的官方名称为"苏拉卡尔塔"，但一般还是被叫作梭罗），这里因为发现了爪哇猿人的化石、美丽的梭罗河以及作为 18 世纪后繁盛的伊斯兰教宫廷文化城市被众人所熟知。

　　将爪哇文化的精致发扬光大的两座王宫均建成于 18 世纪。在此之前统治爪哇的古马塔兰王国曾在梭罗以西的卡托苏丹作为首都，18 世纪后期经过战乱后，卡托苏丹被荒废。布欧诺三世时期，因王位继承的内部纠纷导致王朝一分为二，在日惹也诞生了皇室苏丹（日惹国王的称号）。梭罗的第二个王朝是之后的旺古尼嘉兰王国，在同一片土地上存在过两个王国。梭罗也因为这两个王宫的存在，整个城市也显得悠然自得。

在蜡染之城散步

Column

　　印度尼西亚国内最大的蜡染节日就在梭罗举办，这里也是蜡染的一大产地。尤其是王宫北广场西侧的卡乌曼地区 Kauman（MAP p.137/B4）是最能体验到梭罗传统工艺的观光景点。在复古风情的小胡同里分布着蜡染专卖店与城市的喧嚣形成了巨大的反差，充满了怀旧气息。在散步的同时，可以慢慢地购物，仔细地玩味蜡染。

　　克莱维尔市场 Pasar Klewer（MAP p.137/C4）是位于卡乌曼地区南部的蜡染市场。这里有很多时装、布料专卖店，可以在这里慢慢地淘自己喜欢的东西。2017年重新装修，3 层加设了美食广场。

　　城市西侧的拉维安地区 Laweyan（MAP p.136/B1）也是著名的蜡染历史地区。作为老城区，这里有很多蜡染工匠的住宅和工厂，是可以悠闲漫步的下城区域。

左/专卖店密集的卡乌曼地区
右/恬静的拉维安地区的工作场景

投稿 S 阿特里亚 Atria [MAP p.137/B3 TEL（0271）642-477 营业 每天 9:00~22:00]是一家大众超市。
生活日用品、食品、啤酒等都可以在这里买到。

从机场前往市内

从梭罗国际机场前往梭罗市内乘坐出租车需要20分钟，Rp.75000。乘坐市公交车 Batik Solo Trans 价格为Rp.20000。

作为交通起点的提尔托纳迪巴士枢纽站

从巴士枢纽站前往市内

枢纽站位于市中心北部，相距2公里，乘坐出租车（Ro.30000），或者坐人力车（Rp.20000）均可以前往市区。

市内观光巴士

双层观光巴士 Bus Tingkat Werkudara 从交通局 Dinas Perhubungan（ MAP p.136/A2）前始发，发车时间为周六12:15、周日9:00、12:15、15:00，途经两座王宫、拉维安地区、卡乌曼地区等。全程2小时，Rp.20000。需要至少提前一天与交通局Dinas Perhubungan进行预约（TEL 0856-4200-5156 手机号）。

出租车

里程制起步价 Rp.6500，包车1小时价格为Rp.90000~。路面上空驶的出租车较少，最好提前在酒店叫车。

人力车参考价格

基本都是在上车前交涉价格，参考价格可以提前咨询酒店前台等。往返两座王宫的价格为Rp.15000~。

🎯 交通方式

✈ 飞机

日惹每天有多趟航班飞往梭罗国际机场，机场位于市中心西部，相距9公里。其他城市没有直飞梭罗的航班，需要先转机到日惹，再从日惹出发到达梭罗。

前往梭罗的航班	
从日惹出发	狮航、鹰航、连城航空等，每天16~21班，所需时间1~1.5小时，Rp.318000~1285000

🚌 巴士

提尔托纳迪巴士枢纽站有往返各地的巴士。

前往梭罗的巴士	
从雅加达出发	每天9班、所需时间12~14小时、空调车 Rp.170000~260000
从日惹出发	每小时数班、所需时间1.5~2小时、空调车 Rp.30000~50000
从泗水出发	每小时1~2班、所需时间5~6小时、空调车 Rp.60000~85000
从登巴萨出发	每天约12班、所需时间16~18小时、空调车 Rp.275000~355000

🚂 火车

主要为行政列车和商务列车，停靠巴拉潘火车站。经济型列车停靠在布鲁萨丽火车站。

前往梭罗的火车	
从雅加达出发	每天10~14班（8:00~22:00发车）、所需时间8.5~10小时、Rp.74000~535000
从万隆出发	每天6班（7:20~19:30发车）、所需时间8.5~9.5小时、Rp.140000~520000
从日惹出发	每天35~38班（5:30~次日3:53发车）、所需时间1小时、Rp.8000~450000。Prameks 号有优惠
从泗水出发	从古本站出发，每天13班（7:00~19:00发车）、所需时间3.5~5小时、Rp.74000~455000

梭罗（苏拉卡尔塔）漫步

古都的主干道是市中心东西走向的史拉默日亚迪路 Jl. Slamet Riyadi。全天都可以乘坐市公交车、人力车进行观光。酒店、景点也都集中在这条道路周边。梭罗的主干道上建有购物中心等设施，人来人往，但是一旦走进胡同里，又能马上体验到过去老城区的风貌。

交通指南

市内有公交车沿史拉默日亚迪路东西行驶，但是所有景点都在人力车或步行距离范围之内。人力车的价格可以在上车前进行交涉，但一般在市中心乘坐价格都在 Rp.15000 左右。包车半天的价格为 Rp.80000 左右。

短距离移动的话乘坐人力车十分方便

 贴士 如果旅途时间不是很充裕的话，也可以从日惹乘坐火车或巴士进行一日游观光。这种情况的话，因为王宫、博物馆都是下午较早时间闭馆，最好在吃过早饭后就从日惹出发。

梭罗（苏拉卡尔塔）主要景点

老牌蜡染商店博物馆

达纳哈迪之家 ★★
House of Danar Hadi `Map p.137/B3`

欣赏被列为无形文化遗产的蜡染作品

以梭罗为大本营、知名的蜡染品牌"达纳哈迪"经营的商店＆博物馆。陈列的展品是经营者收藏的、来自全球各地的稀有珍品，非常值得一看。展品有仅供王公贵族穿着的贵重蜡染服饰，均是按照时代的变迁、产地、特色图案来进行布置，便于游客参观。建筑本身也是过去王族所有，很有历史意义，用地内附设有咖啡馆和婚礼场地。

殖民风格的优美王宫

苏拉卡尔塔王宫 ★★
Kraton Kasunanan `Map p.137/C3`

殖民风格和爪哇传统设计相融合的王宫入口

苏拉卡尔塔王宫是城市的标志建筑，南北各有一个广场，是典型的中爪哇风格建筑。1745年，帕古布沃诺二世决定从卡托苏罗迁都至此，地名也从梭罗变更为苏拉卡尔塔。

展现过去王族生活状态的陈列

犹如灯塔的八角形高塔被称作古恩松格布沃诺（世界之塔），据传说，塔的最顶层房间是历代梭罗统治者每年一次会见女神拉图柯德尔的地方。塔的后面是用壮丽的大理石建造的登基大厅。而庭院旁的博物馆里陈列着甘美兰乐器、哇扬戏人偶、刀剑、王室的家具、马车等。

如今仍是皇室居住地的豪华宫殿

曼昆勒加兰宫 ★★
Pura Mangkunegaran `Map p.137/B3`

1757年，第一任茫库纳戈拉国王在荷兰殖民政府的帮助之下，建造了这座开放的爪哇风格王宫。建筑的中心是一个由大理石打造、名为潘多珀 Pendopo 的豪华大厅，每周三·周六的10:00~12:00会进行甘美兰演奏和爪哇舞蹈的练习。

达纳哈迪之家
TEL（0271）714-326
营业 每天 9:00~16:30
费用 Rp.35000

哇扬欧朗剧院
`MAP` p.136/B2
时间 周一～周六 19:00~22:00
费用 Rp.5000~10000
　　在斯里维达利公园内进行演出，内容是从哇扬皮影戏衍生出来的舞蹈剧表演。男女舞者身穿华丽的服饰进行舞蹈，是中爪哇特有的传统技艺。

可以在斯里维达利公园内观看到哇扬欧朗剧

苏拉卡尔塔王宫
TEL（0271）645-412
入场 每天 9:00~15:00
费用 Rp.15000
　　使用照相机 Rp.5000
　　支付给导游的小费
　　Rp.30000 左右

王宫内装饰艺馆的彩窗

曼昆勒加兰宫
TEL（0271）667-922
入场 周一～周六 8:00~15:00
　　周日 8:00~14:30
费用 Rp.20000
※参观王宫内部必须由导游带领（支付 Rp.30000 左右的小费）

🌸 贴士　Ⓢ 苏拉比诺托苏曼 Srabi Notosuman［`MAP` p.137/C3　TEL（0271）655-906　营业 每天 5:00~18:00］是一家地方甜点"米布丁"的老字号。一个的价格为 Rp.2300。

距离机场6公里

Jl.Adi Sucipto

Jl. Jend. A. Yani

德波岛市场
Pasar Burung
Depok

巴拉卡姆邦公园
Taman Balai Kambang

Depok

游泳池

自行车
赛车场

Wisma Wirosason

Jl. Karel S. Tubun

Jl. Menteri Supono

Jl. Mt. Haryono

Jl. Raden

A

Jl. Basuki Rahmad

Quality

Jl. Jend. A. Yani

Jl. Moch. H. Thamrin

Jl. Adi Sucipto

马纳汉体育场
Stadion Manahan

交通局
Dinas Perhubungan

Jl. Krakatau

Jl. Sam Ratulangi

Jl. Kelud

Jl. Hasanuddin

Jl. Hasanuddin

布鲁萨丽站
Purwosari

Jl. Griyan

前往日惹

Jl. Samanhudi

Aston Solo

Jl. K. H. Agus Salim

Mandala Wisata

Jl. Dr. Muwardi

Diamond

Jl. Yosodipuro

Jl. Perintis Kemerdekaan Hasanuddin

Hero

Jl. Dr. Sutomo

Jl. Mangunkusumo

Jl. Wora Wari

Solo Inn

Jl. Slamet Riyadi

BNI

Riyadi
Palace
(鹰航)

Solo Grand Mall
(超市)

拉贾普斯塔卡博物
Museum Radja Puste

Santa Jaya

Jl. Samanhudi

阿德姆阿亚姆
Adem Ayam

B

拉维安地区
Laweyan
(蜡染街)

拉腊斯 Laras

Griya Kencana

罗美科酒店 Roemahkoe

Jl. Dr. Rajiman

Jl. Dr. Wahidin

Jl. Kenari

斯里维达利公园
Taman Sriwedari

哇扬欧朗剧院

Jl. Nangka

游客中心

Jl. Kebangkit

Kusuma

Jl. Baron Clink

Jl. Dr. Rajiman

花园套房酒店
The Garden Suites

Jl. Bhayangkara

Jl. Begalon

Indah Palace

N

Jl. Veteran

C

0   500m

Soto Ayam
Gading

梭罗（苏拉卡尔塔）
Solo (Surakarta)

区域地图 ▶.48/B1

Jl. Pangeran Wi

1

2

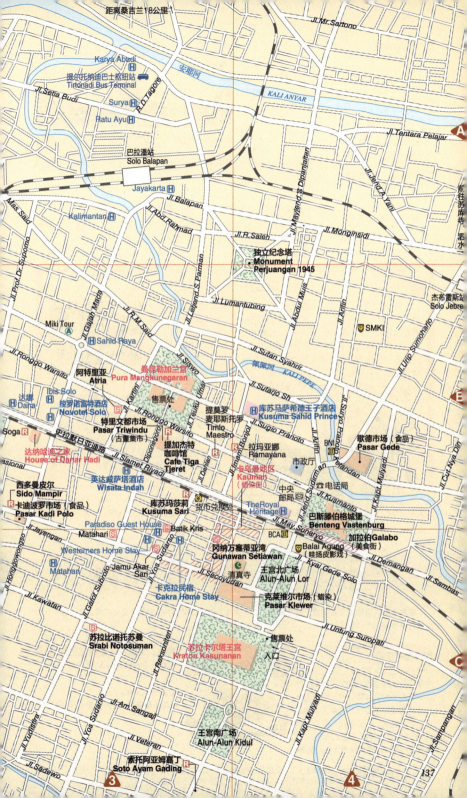

茫库纳戈拉国王是脱离马塔兰王国另立门户的王室之一，曼昆勒加兰王宫正是由他提议修建的，这里的导游会为游客进行详细的讲解。大厅的建造是为了让甘美兰的音效更加响亮，皇家展览厅也是必须参观的地方。据说拥有这座宫殿的王室家族，持有可以呼风唤雨的甘美兰乐器。

另外在这座王宫内游客还可以学习甘美兰乐器和歌曲，如果有兴趣可以进行咨询。通过历史渊源的皇家团体学习甘美兰演奏也是一次非常难得的体验。

从大厅往王宫内部走，会来到举办达勒朗仪式的主屋。房间内部中央供奉着爪哇女神的寝殿，左右两侧是王女、王子进行冥想的小房间。其中一间小屋现在成了博物馆，陈列着宫廷舞蹈使用的面具、装饰品、贵金属、爪哇圣剑以及用黄金制作的贞操带等，展示了皇家丰富的收藏。

陈列着王室藏品的曼昆勒加兰王宫

这座王宫内如今仍旧居住着曼昆勒加兰家族的后裔，主屋左侧中式风格的王女住所已对外开放，可以参观更衣室、餐馆等。

Column

游览梭罗的个性市场吧！

歌德市场 Pasar Gede（ Map p.137/B4 营业 每天 6:00~16:00）位于一座古老的建筑中，有着独特的气氛，是梭罗的大厨房。百姓的食品、南方的蔬菜、水果、中草药等都有出售。另外在市场周边营业的小吃摊 Tahok Pak Citra 还可以品尝到当地特色甜点的姜汁豆腐（人气很高，10:30左右就全部卖完了）。

卡迪波罗市场 Pasar Kadipolo（ Map p.137/B3 营业 每天 6:00~15:00）是另一个当地市场，主要出售食品、日用品、当地点心。北侧有花市，从早上开始就非常热闹，可以前去感受一下。周边有卖佳木的小摊。

可以买到各种爪哇纪念品的特里文都市场

特里文都市场 Pasar Triwindu（ Map p.137/B3 营业 每天 8:00~17:00）是一个纪念品市场，有古董品、杂货等。除了陈旧的餐具、饰品外，还有不少复古风格的手工艺品。有一定鉴别能力的人慢慢淘宝可能会发现不错的东西，但购买前也一定要砍价。

购买食品的话就去歌德市场

位于市中心的卡迪波罗市场

餐馆
Restaurant

市中心既有当地家常菜餐馆、也有快餐店，餐馆种类丰富。购物中心内除了美食广场之外，各个市场周边也有很多独特的食品摊。

阿德姆阿亚姆
Adem Ayam

◆餐馆位于斯里维达利公园西侧，相距600米，可以品尝到中爪哇的家常美味。味道深受好评，当地人、游客都会光顾这里，十分热闹。推荐菜有椰奶炖鸡肉菠萝蜜（Rp.33000）。此外也有海鲜和新鲜的果汁（Rp.20000~）。

人气很高的爪哇菜餐馆　Map p.136/B2
地址 Jl. Slamet Riyadi No.342
TEL（0271）712-891
营业 每天 6:00~21:30
税费 & 服务费 +10%　信用卡 M V

家常美味椰奶炖鸡肉菠萝蜜，非常好吃

 贴士　梭罗的夜生活不是很丰富，大多数餐馆21:00左右便打烊了（或者不再点餐）。如果从其他城市来到梭罗，并且很晚才到的话，可能只有一些小吃摊还在营业。

索托阿亚姆嘉丁
Soto Ayam Gading

◆历届总统都会光顾这家餐馆，并且一定会品尝的一道菜便是索托阿亚姆（鸡骨汤）。汤拌饭、米饭和汤分开的索托，价格均为 Rp.9000。

鸡骨熬制的高汤最为美味！	Map p.137/C3

地址 Jl. Bridjend Sudiarto No.75
TEL （0271）665-526
营业 每天 6:00~15:30
税费＆服务费 含　信用卡 不可

索托阿亚姆的汤汁浓都醇香，是餐馆的招牌菜

拉腊斯
Laras

◆一家位于罗美科酒店内的家常餐馆。店内装饰很有历史年代感，蔬菜、牛肉汤沙拉、苏拉梭罗（Rp.35000）等梭罗当地著名美食都可以在这里品尝到。加入牛油果的椰汁以及艾斯阿珀卡（Rp.20000）也值得推荐。

爪哇装饰艺术风格的内饰	Map p.136/B1

地址 Jl. Dr. Rajiman No.501, Laweyan
TEL （0271）714-024
营业 每天 8:00~22:00
税费＆服务费 10%
信用卡 A M V
Wi-Fi 免费

美味的家常菜，摆盘也非常讲究

提加杰特咖啡馆
Cafe Tiga Tjeret

◆在餐馆可以悠闲地品尝到爪哇的特色美食摊料理。沙茶酱鸡皮、鸡屁股（一份 Rp.3500~）、小份的纳西金戈包米饭蔬菜（Rp.5000~）等都是餐馆的头号招牌，也可以自己选择食材；然后用炭火烧烤。

享受爪哇美食摊的味道	Map p.137/B3

地址 Jl. Ronggowarsito No.97
TEL （0271）630-078
营业 每天 11:00~24:00
税费＆服务费 含　信用卡 不可　Wi-Fi 免费

库苏玛莎莉
Kusuma Sari

◆餐馆位于斯里维达利公园东侧，相距 1 公里。印尼炒饭（Rp.20000）、鸡排（Rp.20000）等，整体菜量不大。冰激凌（Rp.10000）等甜点的种类也很丰富。餐馆共有两家分店，位于两座相对的建筑物内。

适合国人口味的美食	Map p.137/B3

地址 Jl. Slamet Riyadi No.111
TEL （0271）656-406
营业 每天 9:30~21:30
税费＆服务费 含　信用卡 不可

Column

梭罗引以为傲的美食街加拉伯

　　王宫北广场往北一个街区的道路两旁，是被称作加拉伯 Galabo（**MAP** p.137/C4）的美食街，这里深受当地居民和游客的喜爱。在 17:00~23:00，史拉默日亚迪路约 600 米的距离便成了步行者的天堂，而许多梭罗当地的餐馆都会来到这里支起美食摊。纳西立乌、米粽等梭罗美食应有尽有，种类很多，每天去吃可能都不会觉得厌烦。偶尔还会有现场演出。

在美食摊也可以品尝到梭罗美食纳西立乌

酒店
Hotel

　　史拉默日亚迪路两边有很多中高档酒店。巴拉潘站、巴士枢纽站周边也有不少酒店。价格便宜的酒店大多集中在约斯苏达索路周边的胡同内。

库苏马萨希德王子酒店
Kusuma Sahid Prince

POOL 餐馆 早餐

◆酒店是过去库苏莫佑艾德王子的宫殿，位于曼目勒加兰王宫东侧，相距 300 米。建筑物为殖民风格，酒店占地面积很大，共有 101 间客房。庭院有一个泳池，除了酒店房客外，其他人每天支付 Rp.30000 也可以入住。另外，大堂还有甘美兰演奏表演（周一~周六 17:00~20:00）。是梭罗当地有代表性的酒店，在这里还可以参团。

殖民风格酒店，体会宫殿情趣

入住曾经的王宫	Map p.137/B4

地址 Jl. Sugiyo Pranoto No.20
TEL （0271）646-356
URL www.sahidhotels.com/Kusuma-sahid-prince
税费＆服务费 含
信用卡 M V
Wi-Fi 客房 OK・免费
费用 AC HOT Cold TV 豪华间 Ⓢ Ⓓ Rp.847000~
　　 AC HOT Cold TV 小屋 Ⓢ Ⓓ Rp.968000~
　　 AC HOT Cold TV 行政间 Ⓢ Ⓓ Rp.1149000~
　　 AC HOT Cold TV 套房 Rp.1512000~

　　贴士 **R** 西多曼皮尔 Sido Mampir（**MAP** p.137/B3 营业 每天 6:00~16:00 TEL 0821-3436-1712 手机号）是一家知名餐馆，招牌是梭罗特色的酷帕豆腐（Rp.10000），这道菜是用特制酱汁浇在面条和炸豆腐上。

梭罗诺富特酒店
Novotel Solo

POOL 餐馆 早餐

◆四星级酒店，共有142间客房，位于史拉默日亚迪路和加查马达路的拐角处。庭院有一个大泳池，水疗、健身房、桑拿、餐馆等设施十分齐全。该酒店与旁边的梭罗宜必思酒店属于同一个经营者，因此部分设施相互共用。

泳池的面积很大，配套设施齐全

设施齐全的近代化酒店　　　　　Map p.137/B3

地址　Jl. Slamet Riyadi No.272
TEL（0271）724-555
FAX（0271）724-666
URL　www.novotel.com
税费 & 服务费 含　信用卡 A D J M V
Wi-Fi 客房 OK・免费
费用 AC HOT Cold TV 高级间 ⑤⑩ Rp.453000~
　　　 AC HOT Cold TV 行政间 ⑤⑩ Rp.629000~

罗美科酒店
Roemahkoe

POOL 餐馆 早餐

◆由1938年的历史建筑物改建而成的传统酒店。推荐入住带有客厅的皇家套房（2个房间）。

装饰艺术风格的精品酒店　　　　Map p.136/B1

地址　Jl. Dr. Rajiman No.501, Laweyan
TEL（0271）714-024
URL　www.roemahkoe.com
税费 & 服务费 含　信用卡 A M V
Wi-Fi 客房 OK・免费
费用 AC HOT Cold TV 豪华间 ⑤⑩ Rp.650000
　　　 AC HOT Cold TV 皇家套房 Rp.975000

花园套房酒店
The Garden Suites

POOL 餐馆 早餐

◆位于斯里维达利公园南侧、拥有25间客房的酒店。客房宽敞，行政房型以上的客房配有冰箱。如果怕走廊声音太吵，可以要求入住比较靠里的房间。

酒店整洁、员工亲切　　　　　　Map p.136/B2

地址　Jl. Dr. Radjiman No.327, Laweyan
TEL（0271）746-3445
URL　www.the-gardensuites.com
税费 & 服务费 含　信用卡 M V
Wi-Fi 客房 OK・免费
费用 AC HOT Cold TV 豪华间 ⑤⑩ Rp.258000
　　　 AC HOT Cold TV 行政间 ⑤⑩ Rp.408000

英达威萨塔酒店
Wisata Indah

POOL 餐馆 早餐

◆位于梭罗最繁华的史拉默日亚迪路上，地理位置优越，便于观光、购物。房间布置简单，但干净整洁，空调、电视等设备完善。共有35间客房。

便于观光的酒店　　　　　　　　Map p.137/B3

地址　Jl. Slamet Riyadi No.173
TEL（0271）646-770
税费 & 服务费 含
信用卡 不可
费用 AC HOT Cold TV 标准间 ⑤⑩ Rp.200000
　　　 AC HOT Cold TV 豪华间 ⑤⑩ Rp.235000

卡克拉民宿
Cakra Home Stay

POOL 餐馆 早餐

◆由19世纪初期的住宅改建而成，爪哇传统风格的建筑及内部装饰十分特别。设施面积很大，带有泳池，大堂有甘美兰演奏。可以免费使用电脑上网。共有20间客房。

接触爪哇传统文化　　　　　　　Map p.137/C3

地址　Jl. Cakra II/15
TEL（0271）634-743
税费 & 服务费 含
信用卡 不可
费用 AC HOT Cold TV ⑤⑩ Rp.148000~
　　　 AC HOT Cold TV ⑤⑩ Rp.236000~

梭罗（苏拉卡尔塔）短途旅行

充满神秘感的寺庙

★★★

苏库寺

Map p.142

Candi Sukuh

酷似中美玛雅遗迹的神秘寺庙

苏库寺位于梭罗东部，与市中心相隔36公里，位于拉乌山下，风格与其他爪哇建筑大相径庭，外形酷似中美洲玛雅文明时期建造的金字塔。该寺庙建成于15世纪的满者伯夷国时期，神秘的寺庙门口有3只巨大的乌龟石像，内部是以印度教世界中的哇扬典故以及多种动物图案做成的浮雕和石像。手握性器官、来自地狱的神官等石像十分珍贵少见。庭院中央是象征性器官的林伽Linga和优尼Yoni的雕刻，上面是一位身穿纱笼横躺着的女性形象，据说如果出现不贞的情况，纱笼就会绽开。爪哇岛上以梭罗为中心，至今仍有许多信者崇拜着神秘的鬼神。有不少虔诚的人来到这座色情的寺庙进行祈福。

苏库寺位于山顶，沿山道走20分钟左右即可到达，天气好的话，不妨沿山脚的山路走到塔旺曼谷Tawangmangu去看一看。可以眺望到香气扑鼻的绿色茶园和田园，是非常不错的徒步体验，全程约2小时。塔旺曼谷是一个著名的避暑胜地，有着壮观的瀑布和野生的猴子。

各个地方都有印度神话的浮雕

苏库寺

入场 每天8:00~17:00

费用 Rp.25000

从提尔托纳迪巴士枢纽站乘坐巴士前往卡郎潘丹 Karangpandan（所需时间1小时，Rp.10000），发车间隔5分钟。到站后再换乘小巴，前往诺戈洛克 Nglorok（所需时间15分钟，Rp.5000），在终点站下车，然后乘坐OJek摩托出租车（Rp.20000）或者沿山道步行40分钟前往寺庙。

象征性器官林伽和优尼

塔旺曼谷~梭罗

前往梭罗的巴士（所需时间1小时15分钟）虽然很多，但是末班车发车时间为16:00左右，请注意不要错过。塔旺曼谷有住宿设施。

在梭罗包车

包车前往梭罗郊外也很便利。前往苏库寺和塞托寺的话，可以让酒店协助安排包车，所需时间6小时，Rp.650000左右，出租车包车的话费用约为Rp.550000~。

● Miki Tour

MAP p.137/B3

地址 Jl. Yosodipuro No.54

TEL（0271）729-292

营业 每天7:00~21:00

游览苏库寺、塞托寺、桑吉兰，也可以加入其他梭罗郊外的景点。1人 Rp.650000（2人以上发团）。

贴士 如果从日惹前往梭罗的话，也可以选择在日惹组团，游览苏库寺和塞托寺，同样比较方便。参观完后如果要求在梭罗市内下车，那么可能需要支付更多的从日惹~梭罗之间的交通费。

塞托寺
Candi Ceto
★★★

Map p.142

与山景融为一体的塞托寺。节日庆典时会奉上传统舞蹈表演

　　塞托寺与苏库寺建于同一时期，位于拉乌山西侧山脚下。这里从古代开始就因为地理位置深受印度教、佛教的影响，充满了神秘的氛围。使用石板铺设的参拜路以一尊巨大的乌龟石像为中心，蝙蝠、大象、鲇鱼、鳐鱼、老鼠等石像呈放射线状摆放。玛雅文明风格的寺庙本殿前供奉着一个巨大的男性生殖器官。这座大型寺庙是梭罗鬼神信仰崇拜的总本山，每到圣夜（爪哇历的庞卡克里昂与西历的周五重合的夜晚），信仰者们就会聚集在本殿前进行祈祷，并持续一整晚的时间。

桑吉兰
Sangiran
★★

Map p.142

　　桑吉兰位于梭罗北侧，相距 18 公里，是众所周知的化石宝库，已被列入了世界文化遗产。1936 年，荷兰古生物学家发现了爪哇猿人的头盖骨，使得这里一下成了万众瞩目的焦点。此后还出土了猛犸象的象牙等众多化石，出品都被收藏在了桑吉兰博物馆内。

　　在绿意盎然的桑吉兰周边散步的话，可以发现沉睡在堆积层的化石和贝冢。发现爪哇猿人头盖骨的切莫罗河岸和布库兰村 Bukuran 距离桑吉兰博物馆约 5 公里，可以乘坐 OJek 摩托车出租车或者步行前往。虽然只有河岸与大片田地，但是一些土堆里都混有骨头的碎片，还保留着挖掘时的痕迹等。

桑吉兰博物馆内陈列的爪哇猿人模型

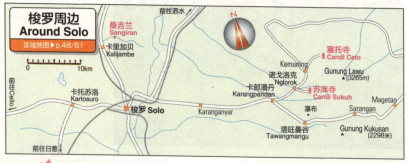

梭罗周边 **Around Solo**
区域地图 ▶p.48/B1

0 ── 10km

🌸 **贴士** 苏库寺南侧塔旺曼谷的瀑布是当地的观光景点。附近有酒店，可以选择入住。苏库寺后面也有一条通往瀑布的步道。（所需时间 2 小时）。

泗水 *Surabaya*

以"英雄之城"而闻名，是印度尼西亚第二大城市

中心部殖民地风格的建筑格外醒目

印度尼西亚第一任总统苏加诺的故乡，1945 年独立宣言后发生的反殖民运动、抵抗英国、荷兰军队的大规模武装战争也是在这里爆发的。泗水当地的年轻人们展现出了巨大的热情和团结，大大振奋了国民的士气，为此后独立战争的胜利奠定了基础。为了纪念泗水战役中牺牲的烈士，也将每年的 11 月 10 日定为"英雄节"，在泗水人们会身穿和国旗颜色相同的红白服饰举办盛大的游行聚会。

如今是印度尼西亚的第二大商业城市。

人口	281万
海拔	不足10米
区号	031
机场代码	SUB

交通方式

飞机

朱安达国际机场 Juanda Airport 与雅加达、登巴萨等地均开通了航线，运营的航空公司、航班很多。

前往泗水的航班（从泗水出发的航班→ p.442）
从雅加达出发	鹰航、狮航、连城航空、亚航等，每天 57~72 班，所需时间 1.5 小时，Rp.450000~1644000。
从日惹出发	狮航（飞翼航空）、鹰航、连城航空、斯利维查雅航空等，每天 8 班，所需时间 1~1.5 小时，Rp.329000~1476000。
从登巴萨出发	狮航、连城航空、鹰航、连城航空、亚航等，每天 14~15 班，所需时间 1 小时，Rp.344000~908000。
从马辰出发	狮航和连城航空，每天 9 班，所需时间 1 小时，Rp.1126000~1183000。

巴士

郊外的邦格拉希巴士枢纽站 Bungurasih（也叫作普拉巴亚 Purabaya）与各地均有往返车次。

前往泗水的巴士
从雅加达出发	每小时 1 班，所需 12~18 小时、空调车 Rp.250000~380000。
从日惹出发	每小时数班，所需 7~8 小时、空调车 Rp.80000~。
从庞越（婆罗摩火山方向）出发	全天随时发车，所需 2~3 小时、Rp.25000~、空调车 Rp.35000。
从登巴萨出发	每天约 25 班，所需 10~12 小时，空调车 Rp.185000~。

火车

铁路通往雅加达、日惹，是东部的起点。帕萨尔途利站和古本站是两个主要的火车站。

前往泗水的火车
从雅加达出发	每天 11 班（9:30~21:00 发车），所需 9~15 小时，Rp.104000~700000。
从日惹出发	每天 8~12 班（6:45~ 次日 3:30 发车），所需 4.5~7 小时，Rp.74000~455000。
从外南梦（吉打拜港口方向）出发	每天 3~4 班（6:30~22:00 发车），所需 6.5~7.5 小时，Rp.56000~280000。

前往泗水的国际航班

吉隆坡每天有 8 班亚航航班、新加坡每天有 6 班新加坡航空航班和鹰航航班前往泗水。

朱安达国际机场的航站楼

各家航空公司所在的航站楼不同，在出发、到达前一定要提前确认。两个航站楼之间有免费的摆渡车，发车间隔 15 分钟。

● 1 号航站楼（T1）
连城航空、狮航等仅运营国内航班的航空公司。

● 2 号航站楼（T2）
鹰航、亚航等等运营国际航班的航空公司，其国内航线也是在 T2 起飞、降落。

从机场前往市区

乘坐出租车从机场前往市区需要约 45 分钟，从 T1 出发的费用为 Rp.120000~、T2 出发为 Rp.140000~。均需额外支付高速费。

从巴士枢纽站前往市区

乘坐出租车从巴士枢纽站前往市区需要 30 分钟左右的时间，约 Rp.65000。乘坐 F 市内公交车（所需时间 1 小时、Rp.3000~5000）可以到达市中心的 ⑤ Tunjungan Plaza 前。

泗水的火车站

泗水共有 4 个火车站。特快列车阿尔戈昂格雷克号 Argo Anggrek 等是从雅加达方向出发，从北线行（途经三宝垄）的铁路线停靠于帕萨尔途利站 Pasar Turi。其他铁路线全部停靠古本站。

🍁 贴士　旅行社 Bali Jaya Trans（**MAP** p.144/C1 整体图　TEL 0853-7020-9090 手机号）有从泗水出发、前往各地的旅行巴士。前往日惹的费用为 Rp.180000，前往登巴萨为 Rp.300000。

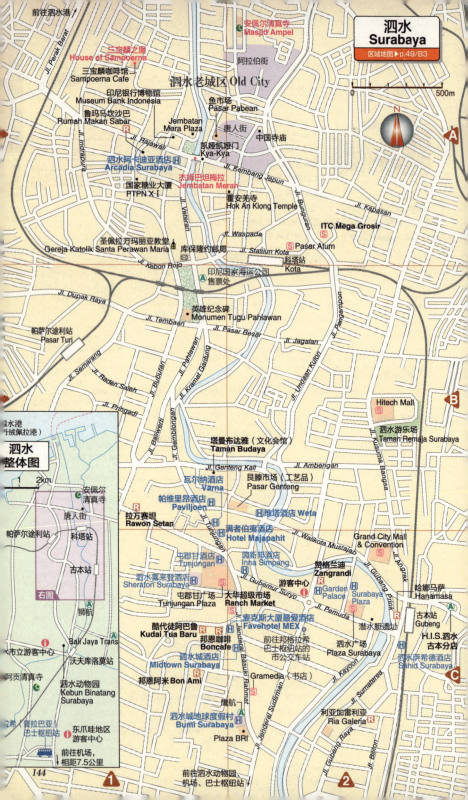

前往泗水港

Jl. Perak Barat

安佩尔清真寺
Masjid Ampel

二宝麟之屋
House of Sampoerna

阿拉伯街

三宝麟咖啡馆
Sampoerna Cafe

泗水老城区 Old City

印尼银行博物馆
Museum Bank Indonesia

鱼市场
Pasar Pabean

鲁玛马坎沙巴
Rumah Makan Sabar

Jl. Rajawali

Jembatan
Mera Plaza

唐人街

Jl. Indrapura

凯娅凯娅门
Kya-Kya

中国寺庙

泗水阿卡迪亚酒店
Arcadia Surabaya

Jl. Kembang Jepun

国家糖业大厦
PTPN X I

太姆巴坦梅拉
Jembatan Merah

霍安荞寺
Hok An Kiong Temple

Jl. Bunguran

Jl. Kapasan

ITC Mega Grosir

圣佩拉万玛丽亚教堂
Gereja Katolik Santa Perawan Maria

Jl. Waspada

库保隆约邮局

Jl. Stasiun Kota

Pasar Atum
Pasar Atum

Jl. Kabon Rojo

印尼国家海运公司
售票处

科塔站
Kota

Jl. Dupak Raya

英雄纪念碑
Monumen Tugu Pahlawan

Jl. Tembaan

Jl. Pasar Besar

Jl. Jagalan

Jl. Pengampon

帕萨尔途利站
Pasar Turi

Jl. Semarang

Jl. Raden Saleh

Jl. Bubutan

Jl. Kramat Gantung

Jl. Pahlawan

Jl. Undaan Kulon

Jl. Pringadi

B

Hitech Mall

Jl. Gemblongan

Jl. Baliwerti

泗水游乐场
Taman Remaja Surabaya

Jl. Kusuma Bangsa

塔曼布达雅（文化会馆）
Taman Budaya

瓦尔纳酒店
Varna

Jl. Genteng Kali

艮滕市场（工艺品）
Pasar Genteng

Jl. Ambengan

泗水
整体图

帕维里昂酒店
Paviljoen

维塔酒店 Weta

安佩尔
清真寺

唐人街

拉方赛坦
Rawon Setan

Jl. Tunjungan

满者伯夷酒店
Hotel Majapahit

Jl. Walikota Mustajab

Grand City Mall
& Convention

科塔站

帕萨尔途利站

屯郡甘酒店
Tunjungan

因纳邦酒店
Inna Simpang

Jl. Gubernur Suryo

游客中心

赞格兰迪
Zangrandi

Jl. Angkel

古本站

狮航

屯郡甘广场
Tunjungan Plaza

大华超级市场
Ranch Market

Garden
Palace

Surabaya
Plaza

Jl. Genteng Plink

哈娜马萨
Hanamasa

市立游客中心

Bali Jaya Trans

酷代徒阿巴鲁
Kudai Tua Baru

沃夫库洛莫站

泗水喜来登酒店
Sheraton Surabaya

麦克斯大厦最爱酒店
Favehotel MEX

Jl. Pemuda

潜水艇遗址

古本站
Gubeng

阿贡清真寺

邦恩咖啡
Boncafe

前往邦格拉希
巴士枢纽站的
市公交车站

泗水广场
Plaza Surabaya

H.I.S 泗水
古本分店

泗水动物园
Kebun Binatang
Surabaya

泗水城酒店
Midtown Surabaya

Jl. Jenderal Basuki Rahmat

Gramedia（书店）

Jl. Kayoon

泗水萨希德酒店
Sahid Surabaya

C

邦恩阿米 Bon Ami

Jl. Jenderal Sudirman

利亚加雷利亚
Ria Galeria

前往普拉巴亚
巴士枢纽站

东爪哇地区
游客中心

泗水城地球度假村
Bumi Surabaya

Plaza BRI

前往机场，
相距7.5公里

Jl. Gubeng Raya

Jl. Billiton

前往泗水动物园、
机场、巴士枢纽站

1

2

泗水 漫步

虽然市中心有很多人力车，但道路大多为单行线，因此坐车不是很方便

建于唐人街的凯娅凯娅门

泗水市中心的范围包括古本站西口的佩姆巴路 Jl. Pemuba、**S** 屯郡甘广场 Tunjungan Plaza 前的巴索克拉赫马特路 Jl. Basuki Rahmat、贞德尔苏迪曼路 Jl. Jenderal Sudirman 附近。这里高档酒店、大型购物中心非常集中。

尤其是 **S** 屯郡甘广场占地面积巨大，由四栋大楼组成，其中包括百货商场、超市、餐馆、电影院等。

交通指南

市内公交车四通八达。在市中心的贞德尔苏迪曼路公交车站乘坐 F 公交车（Rp.3000~4000）即可到达泗水动物园、邦格拉希巴士枢纽站。在巴索克拉赫马特路乘坐 F 公交车可以到泗水港。但是公交车上经常有小偷，因此推荐乘坐出租车出行。

前往周边地区的巴士往往返于邦格拉希巴士枢纽站

游客中心
●泗水游客中心
　　　　　　MAP p.144/C2
地址 Komplek Balai Muda, Jl. Gubernur Suryo No.15
TEL（031）534-0444
营业 每天 8:00~20:00

出租车参考费用
　行驶在市内的出租车为里程制，根据距离和时间计算费用。起步价为 1 公里内 Rp.7000~9000（因运营公司而异）。前往巴士枢纽站约需要 Rp.70000（高速费用另算）。

泗水购物信息
　ITC Mega Grosir 是一个大众购物中心，有很多蜡染批发商在这里开店。1 层既有便宜的印染布料，也有高价的手绘作品，种类多样。2 层还有丰富的时尚蜡染产品。
S ITC Mega Grosir
　　　　　　MAP p.144/A2
地址 Jl. Gembong No.20-30
TEL（031）372-2222
营业 每天 10:00~21:00

H.I.S. 泗水分店
地址 Jl. Darmo Permai Selatan No.3
TEL（031）732-4841
URL www.his-jkt.com/Surabaya
　游览三宝麟之屋、港口等泗水市内知名景点的旅行团费用为每人 Rp.650000~（参团人数越多，费用越便宜）。还可以参团前往婆罗摩火山、安排包车。市中心也有 H.I.S. 泗水古本分店（MAP p.144/C2）。

贴士　爪哇岛的大城市治安不佳，泗水也有很多小偷。无论是走在大街上，还是乘坐公交车都要十分注意。小偷最多的地方是泗水动物园和巴士枢纽站。

平日也可以参观三宝麟之屋的
烟草工厂内部

前往老城区的交通方式

从古本站乘坐出租车
需要约 10 分钟，Rp.40000
左右。跟司机说"红桥
Jembatan Merah"有可能会
被带到旁边同名的购物中
心。从红桥到三宝麟之屋，
乘坐人力车需要 10 分钟，
Rp.10000，与前往安佩尔清
真寺大致相同。

三宝麟之屋

```
MAP  p.144/A1
```
地址 Jl. Taman Sampoerna No.6
TEL（031）353-9000
入场 每天 9:00~22:00
费用 免费

安佩尔清真寺

```
MAP  p.144/A2
```
即使不是伊斯兰教徒，
只要能遵守清真寺规定的要
求也可以进行参观。不能穿
无袖背心、短裤入内，女性
需要将头发用布包裹起来。
祈祷的场所是男女分开的。

巡游殖民风格历史建筑

泗水老城区

Old City

```
Map p.144/A1-2
```

来到泗水一
定不能错过保留着
殖民风格建筑的老
城区。游览的起点
是架在泗水南北流
向玛索河上的红桥
Jembatan Merah，
这里也是独立战争
时期，独立派与英
军进行激烈战斗的
地方。这座桥西南
部的区域还保留着一些荷兰殖民时期的建筑物。桥的西北侧，相距 1 公
里的地方是印度尼西亚大型烟草公司的博物馆——三宝麟之屋 House of
Sampoerna。

因为战争时期桥上染满了鲜血，因此被称作红桥

跨过桥往东走便会到达具有中国风的凯
娅凯娅门 Kya-Kya，后面便是泗水的唐人街，
这里地处运河沿岸，入口虽然不是很显眼，
但有不少满布红色烛光、丝丝细烟的中国寺
庙建在这里。北侧紧邻的是阿拉伯街，安佩
尔清真寺 Masjid Ampel（建于圣人苏南安佩
尔的坟墓旁）也有着独特的氛围。清真寺参
拜道的两旁有很多小店，真的如同阿拉伯的
市场一般。

前往清真寺的阿拉伯街入口

泗水西部的美食

达尔摩地区 Darmo 等地是泗水西部发展较
快的区域。建有城市酒店、新的购物中心等（距
离古本站约 30 分钟的车程）。主街附近有很多
人气颇高的美食店。其中评价最好的有 R 中
餐馆明花园 Ming Garden（地址 Jl. HR Mohamad
No.19　TEL（031）732-9696　营业 每天 7:00~
14:30、17:00~22:00）。汤、海鲜、炒菜等一应
俱全。尤其是绍兴酒蒸大虾 Udang Tim Bambu
（Rp.50000~）堪称极品！

R 查克甘德尔 Cak Gundul（地址 Jl. Kupang
Indah No.47-49　TEL（031）732-7554　营业 每
天 11:00~22:30）是一家螃蟹专卖店。螃蟹按照
级别、重量计算价格。可以选择蒸、烤、咖喱、
黑胡椒等多种做法。

R 布鲁迪 Bu Rudy（地址 Jl. Kupang Indah
No.31　TEL（031）734-9051　营业 每天 7:00~
21:00）经常有名人光顾，是泗水首屈一指的著
名餐馆。酥脆的炸虾和用特制沙茶酱做成的特
色纳西乌当（Rp.34000）都是店里的招牌菜。
Pasar Atom 等市中心的美食广场也有分店。

辛辣的沙茶酱令人欲
罢不能

贴士　泗水虽然是一个大城市，但是很少有餐馆提供酒精类饮品。另外，没有特别集中的餐馆街区，餐饮
店分布在城市的各个地方。美食摊位于艮滕市场南侧。

餐馆
Restaurant

　　印尼美食、中餐以及其他各国的美食都可以在泗水品尝到。市中心的大型购物中心美食广场也有很多餐馆。达尔摩地区（→p.146）也很值得推荐。

邦恩阿米
Bon Ami

◆由殖民时期的洋房改建而成的餐馆（市内有3家分店），提供丰富的印尼家常菜。饭菜拼盘套餐为 Rp.52000～。牛尾汤 Rp.80000。

丰盛的家常美食

品尝各种印尼美味　Map p.144/C1
地址 Jl. Kombes Pol. M. Duryat No.27
TEL（031）532-6800
营业 每天 7:00~22:30
税费 & 服务费 +15%
信用卡 MV　Wi-Fi 免费

邦恩咖啡
Boncafe

◆当地人气牛排屋。泗水市内有5家分店，面向家庭，气氛轻松。牛腰肉排（Rp.90000）、印尼少有的猪肉排（Rp.76000）等都是这里的招牌美味。餐馆提供原创酱汁和辣酱汁供客人自行选择。

餐馆位于殖民风格建筑内

想要尽情品尝牛排的话就来这里　Map p.144/C1
地址 Jl. Pregolan No.2
TEL（031）534-3018
营业 每天 9:00~23:00
税费 & 服务费 +15%
信用卡 AMV
Wi-Fi 免费

拉万赛坦
Rawon Setan

◆味道浓厚的牛肉汤是爪哇当地的著名美食。而当地人对这家餐馆也是极力推荐，大家都会说："想要喝牛肉汤的话来这家店准没错！"鸡蛋、肉、米饭的套餐价格为 Rp.36000。周围还有几家其他老板开的餐馆，而且店名一样，一定注意区分。

坐到座位上，服务员会主动端上牛肉汤

泗水首屈一指的牛肉汤餐馆　Map p.144/B1
地址 Jl. Embong Malang No.78/I
TEL 0851-0098-3811（手机号）
营业 每天 8:00~23:00
税费 & 服务费 含　信用卡 不可

赞格兰迪
Zangrandi

◆1930年开业的冰激凌店。第一任老板是一对意大利夫妻，制作的巴菲沿用他们的老配方，无论哪种味道都很出众，放心选择自己想要品尝的口味吧。经典口味（Rp.45000）、苏打冰激凌（Rp.45000）。

牛油果冰激凌 Rp.49000

泗水当地人喜爱的饮品店　Map p.144/C2
地址 Jl. Yos Sudarso No.15
TEL（031）534-5820
营业 每天 10:00~22:00
税费 & 服务费 含
信用卡 MV

酷代徒阿巴鲁
Kudai Tua Baru

◆餐馆使用复古的装潢、开放式的厨房，菜系以印尼传统风味为主。推荐鱼肉、虾肉、墨鱼、煎鸡蛋等小份菜组成的海鲜拼盘（Rp.39800）。甜点的种类也很丰富。

菜单上有食物的照片　Map p.144/C1
地址 Jl. Tegal Sari No.25
TEL（031）531-0584　营业 每天 11:00~22:00　税费 & 服务费 +15%
信用卡 MV　Wi-Fi 免费

Information 在高档酒店享受自助大餐

　H 泗水城地球度假村（→p.148）内写有"帕萨尔 Pasar"的地方提供自助餐。共有日本料理"Kizahashi"、意大利菜"Arumanis"、印尼菜"Siti Inggil" 3 家餐馆，可以自己选择是在带有空调的室内餐馆还是开放的室外庭院内用餐。每天 18:00~22:00 晚餐时段会举办"夜市 Pasar Malam"，每人 Rp.196000。

可以在 "Siti Inggil" 的花园露台用餐

🌸 贴士　屯郡甘广场南侧的 S 大华超级市场 Ranch Market（MAP p.144/C2 TEL（031）545-1799 营业 10:00~22:00）有国外的食材食品，是一家高档超市。在这里可以购买到啤酒和红酒。

酒店
Hotel

　　泗水的中高档酒店目前处在供大于求的状态。每家酒店基本上都有50%左右的折扣。但泗水基本没有其他城市那种US$20左右便宜的小酒店。可以在机场当地的酒店预约中心或上网获取酒店信息，预订自己心仪的酒店。

泗水城地球度假村
Bumi Surabaya

POOL 餐馆 早餐

◆高档酒店（旧名凯悦酒店），共有242间客房，位于古本站西南侧，相距1公里。浴缸、保险箱等设备齐全。3层有水疗和网球场。酒店内还有餐馆和鹰航的办公室。

设施完善，是泗水首屈一指的高级酒店

从房间就可以欣赏到美丽的夜景　Map p.144/C2

地址　Jl. Jenderal Basuki Rahmat No.106-128
TEL（031）531-1234　FAX（031）532-1508
URL bumisurabaya.com　税费＆服务费 +21%
信用卡 A J M V　Wi-Fi 客房OK·免费
费用 AC HOT Cold TV 标准间 S D Rp.1500000~
　　 AC HOT Cold TV 俱乐部 S D Rp.2420000~
　　 AC HOT Cold TV 套房 Rp.9075000~

瓦尔纳酒店
Varna

POOL 餐馆 早餐

◆一家精品酒店，以古老的泗水文化为概念，共有47间客房。大堂、客房均以深棕色的风景照片作为背景，凸显了古典气息。餐馆提供的也是传统的爪哇风味。高级间客房面积为20平方米，虽然略显狭小，但是吹风机、电水壶等设备一应俱全。推荐情侣入住30平方米，更为宽敞的商务客房。酒店位于市中心，便于市内漫步观光。

床头上方挂着的油画

地理位置便利的文化酒店　Map p.144/B1

地址　Jl. Tunjungan No.51
TEL（031）547-8828
URL www.varnaculturehotel.com
税费＆服务费 含　信用卡 A M V
Wi-Fi 客房OK·免费
费用 AC HOT Cold TV 高级间 S D Rp.525000~
　　 AC HOT Cold TV 商务间 S D Rp.625000~

泗水阿卡迪亚酒店
Arcadia Surabaya

POOL 餐馆 早餐

◆位于泗水老城区，共有147间客房的中档酒店（旧名宜必思拉赞瓦利）。距离安佩尔清真寺、唐人街很近，步行即可游览观光。酒店前一直会有等待接客的人力车。

殖民风格外观的中档酒店

地理位置优越，便于游览老城区　Map p.144/A1

地址　Jl. Rajawali No.9-11
TEL（031）353-9994　FAX（031）353-9995
URL myhorison.com　税费＆服务费 +21%
信用卡 A J M V　Wi-Fi 客房OK·免费
费用 AC HOT Cold TV 标准间 S D Rp.525000~
　　 AC HOT Cold TV 高级间 S D Rp.6200000~

维塔酒店
Weta

POOL 餐馆 早餐

◆酒店位于美食摊遍布的艮滕市场东侧的河边。酒店共7层、96间客房，也便于商务客人使用。所有的客房都有浴缸和迷你吧。

服务周到的酒店前台工作人员

价格合适的城市酒店　Map p.144/B2

地址　Jl. Gentengkali No.3-11
TEL（031）531-9494
税费＆服务费 含　信用卡 A J M V
Wi-Fi 客房OK·免费
费用 AC HOT Cold TV 高级间 S D Rp.390000~
　　 AC HOT Cold TV 豪华间 S D Rp.550000~

帕维里昂酒店
Paviljoen

POOL 餐馆 早餐

◆酒店位于艮滕市场西侧，门前的道路到了晚上会有很多美食摊出现。虽然周围环境嘈杂，但是在全部25间客房内却十分安静。

客房面朝绿色的庭院

便于用餐、购物　Map p.144/B1

地址　Jl. Genteng Besar No.94-98
TEL（031）534-3449
税费＆服务费 含　信用卡 不可
Wi-Fi 仅公共区域·免费
费用 AC HOT Cold TV S D Rp.198000~220000
　　 AC HOT Cold TV S D Rp.220000~275000

泗水城酒店
Midtown Surabaya

POOL 餐馆 早餐

◆酒店共有 200 间客房，商务客人入住体验也很好。虽然附属设施只有餐馆，但是房间足够宽敞，性价比很高，整体感受舒适便捷。自助早餐变化多样，即使住上 2~3 天也不会吃腻。

卧室布置讲究

步行即可到达屯郡甘广场 Map p.144/C2

地址 Jl. Basuki Rahmat No.76
TEL（031）531-5399
URL midtownindonesia.com
税费 & 服务费 +21%　信用卡 A M V
Wi-Fi 客房 OK · 免费
费用 AC HOT Cold TV 高级间 S D Rp.388000~
AC HOT Cold TV 豪华间 S D Rp.462000~

麦克斯大厦最爱酒店
Favehotel MEX

POOL 餐馆 早餐

◆酒店位于 MEX 大厦上层、共有 162 间客房。大厦内有 24 小时营业的咖啡馆和 ATM 等，周围有很多人气餐馆。高级间内放有商务书桌。

前台位于 3 层。所有房间全部禁烟

附设健身房和水疗中心 Map p.144/C2

地址 Jl. Pregolan No.1-5
TEL（031）535-5508
URL www.favehotels.com
税费 & 服务费 +21%　信用卡 J M V
Wi-Fi 客房 OK · 免费
费用 AC HOT Cold TV 标准间 S D Rp.298000~
AC HOT Cold TV 高级间 S D Rp.323000~

泗水 ● 短途旅行

满者伯夷国的古都
特洛武兰
Trowulan
Map p.48/B2 ★

前往王国的四个大门之一的巴江拉图门

　　特洛武兰是 10 世纪前后、东爪哇强盛的满者伯夷国首都的所在地。现在仅仅是一个小村庄，村子的中央是特洛武兰博物馆，陈列着满者伯夷国时代的石像、土器、陶瓷等藏品。周围散落着巴江拉图门 Gapura Bajanratu、布拉胡寺庙 Candi Brahu 等遗迹。

因赛牛而闻名的岛屿
马都拉岛
Pulau Madura
Map p.49/B3 ★

　　马都拉岛位于泗水的东北部，以被称为"卡拉潘萨丕 Karapan Sapi"的赛牛活动等独特的文化被众人所熟知。像赛牛所散发出狂热一样，马杜拉人性情奔放，而这里的风景却舒适宜人。道路两旁有广袤的盐田、海面上有出海捕鱼的帆船，还有单手持鞭牵着牛走向市场的农夫等，到处都是牧歌中的场景。观光据点小镇是巴米加桑 Pamekasan 和双根纳 Sumenep，两处都有餐馆和酒店。

巴厘岛西北部也有赛牛的传统

位于泗水西南部，相距 60 公里的特洛武兰博物馆

前往特洛武兰的交通方式
从泗水的邦格拉希巴士枢纽站乘坐前往梭罗方向的巴士，在中途下车（所需时间 1 小时），反过来也可以从梭罗出发，乘坐前往泗水方向的巴士，然后在中途下车（所需时间 4.5 小时）。但是当地没有 OJek 摩托出租车和人力车，因此如果不能和当地人很好地沟通交流的话，很难游览散落在周围的遗迹。在泗水参团或者包车更为稳妥。

特洛武兰博物馆
TEL（0321）-494-313
入场 周一～周六 7:30~16:00
（周五~11:30、周六 13:30）
费用 Rp.5000

前往马都拉岛的交通方式
泗水的邦格拉希巴士枢纽站有跨越 Suramadu 桥、开往马都拉岛西部邦卡兰 Bangkalan 的巴士，发车间隔 1 小时（所需时间 1~2 小时、Rp.25000~）。

马都拉岛上的交通
岛上有公交和小巴，虽然全天都在运营，发车间隔也较短，但是要想游览面积巨大、东西全长 150 公里左右的马都拉岛的话，建议还是在酒店提前预约出租车或包车，全天的费用约为 Rp.500000。

🌸 贴士　文化会馆塔曼布达雅 Taman Budaya（MAP p.144/B1 地址 Jl. Genteng Kali No.85）每周六晚上都会举办哇扬皮影戏、哇扬欧朗剧等传统技艺公演。虽然是免费观看，但是偶尔会赶上没有演出。

Jawa

雅加达

玛琅

人　口	82万人
海　拔	450米
区　号	0341

玛琅 *Malang*

寺庙遗迹众多的高原城市

玛琅中心的阿伦阿伦广场

位于婆罗摩火山西侧的高原城市——玛琅。这座城市曾经也受荷兰殖民统治，但同其他城市不一样，玛琅并没有因为城市发展而丢失老城区的风貌，充满历史感的殖民风格建筑仍大量保存在城市之中。

城市虽然没有看上去像景点的地方，在这里漫步，享受恬静的氛围也是极佳的体验。城市周边是满者伯夷国和信诃沙里国时期的遗迹。近年来作为婆罗摩火山等东爪哇观光的据点城市吸引了不少游客。

玛琅的巴士枢纽站

艾尔约萨利枢纽站旁边是安科塔枢纽站，主要通往玛琅的市中心和柯沙里方向。而西北部、相距5公里的朗德萨利枢纽站Landungsari Termial通往温泉地巴图Batu方向。5公里以南的加当枢纽站Gadang Terminal通往布里塔尔Blitar等南部地区。

前往玛琅的飞机航班

从雅加达出发，可以乘坐斯利维查雅航空、鹰航前往玛琅，每天7~12班（所需时间1.5~2小时、Rp.667000~1678000）；从登巴萨出发可以乘坐狮航（飞翼航空），每天1班（所需时间70分钟、Rp.430000~787000）。

从 Abdul Rachman Saleh 机场乘坐出租车前往市中心需要 30~50 分钟，Rp.70000~。

游客中心

MAP p.151/B2
游客中心位于市中心的教堂北侧，除了游览指南外，还可以报名参加伊真火山口湖、市区观光的旅游团。
地址　Jl. Majapahit No.67
TEL（0341）346-231
营业　每天 8:00~16:00

玛琅历史博物馆

Museum Malang Tempo Doeloe

MAP p.151/A2
TEL（0341）332-1110
入场　每天 8:00~17:00
费用　Rp.15000
小型博物馆。通过展品、立体模型介绍了从先史时代到现代的玛琅。

🌀 交通方式

巴士

艾尔约萨利枢纽站

玛琅共有 3 个巴士枢纽站。从日惹、梭罗、泗水、庞越等北部城市出发的巴士，抵达的终点站是城市北部 5 公里处的艾尔约萨利枢纽站 Arjosari Terminal。

前往玛琅的巴士	
从泗水出发	每小时数班、所需 2 小时、空调车 Rp.20000、快车 Rp.25000
从庞越（婆罗摩火山方向）出发	每小时数班、所需 2.5 小时、Rp.25000~、空调车 Rp.30000~
从日惹、梭罗出发	每天 10 班、所需 8~10 小时、空调车 Rp.120000~

火车

靠近市中心的玛琅火车站

火车站位于市中心附近。从日惹、梭罗出发的火车均是深夜~早晨，不是很方便（先到泗水，然后换乘更加便利）。

前往玛琅的火车	
从雅加达出发	每天 5 班（13:00~18:15 发车）、所需 13.5~16 小时、Rp.109000~535000
从日惹出发	每天 6 班（20:45~次日 7:45 发车）、所需 7~8 小时、Rp.140000~450000
从泗水出发	每天 3 班（0:20~7:20 发车）、所需 2~2.5 小时、Rp.35000~60000

🌸 贴士　玛琅著名的美食纳西拉旺，是将煮好的牛肉汤浇在米饭上做成的。虽然看起来很普通，可是一旦品尝过之后，就完全停不下嘴。餐馆一般售价为 Rp.20000~。

玛琅 漫步

从火车站出来往西走 300 米，即可到达图古塔所在的广场。被叫作巴莱科塔 Balai Kota 的玛琅市政厅也位于广场的南侧。从这里往西南方向走 5 分钟左右，跨过桥便是鸟市场 Pasar Burung。这里除了关在笼子里的各种鸟之外，还有小猫、小狗、乌鸦、壁虎等出售。穿过鸟市场走上斜坡，呈现在眼前的便是建造于荷兰时期的教堂。

继续向南走 200 米左右到达的是阿伦阿伦广场 Alun Alun。这一带是玛琅的中心地区，周边是商业街和购物中心，非常热闹。阿伦阿伦广场东南侧有许多金店，晚上这里还有夜市。

行驶在玛琅市区的小巴

交通指南

绿色的小巴通往市内的主要景点。小巴的车头写有目的地的首字母。从艾尔约萨利枢纽站前往玛琅市中心，可乘坐开往加当枢纽站 AG（Arjosari-Gadang）的小巴（所需时间 15 分钟，Rp.5000）。

出租车较少，最少需要支付 Rp.30000。从艾尔约萨利枢纽站乘坐出租车前往市中心需要约 Rp.40000。2 公里左右的短距离移动可以选择人力车（Rp.15000）。

桥上热闹的鸟市场

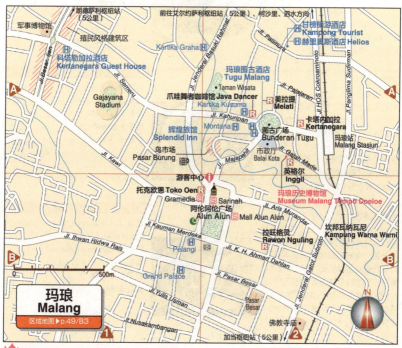

玛琅
Malang

区域地图 ▶p.49/B3

贴士　R 爪哇舞者咖啡馆 Java Dancer（ MAP p.151/A2 TEL 0816-563-850 营业 每天 8:30~22:30）是一家人气咖啡馆，这里的烘焙咖啡（Rp.15000~）和蛋糕都很不错。Wi-Fi 免费。

151

英格尔
Inggil

◆由荷兰殖民时期的酒店改装而成、是充满风情的一家餐馆。店内用皮影人偶、陶瓷器等进行装饰。各种鱼肉（按重量收费 Rp.100000 左右）、炸鸡（Rp.47000）、炒青菜（Rp.17000）等，菜品以印尼菜为主。旅游旺季有印尼音乐表演。

如同古董店一样的餐馆 Map p.151/A2
地址 Jl. Gajah Mada No.4
TEL （0341）332-110
营业 每天 10:00~22:00
税费 & 服务费 +10%
信用卡 **M** **V**
Wi-Fi 免费

价格合适，许多旅游团都来这里用餐

美拉提
Melati

◆ **H** 面朝玛琅图古酒店泳池的一家餐馆。推荐品尝东爪哇特色美食纳西拉旺（牛肉汤泡饭 Rp.88000）、沙茶羊肉（Rp.78000）等印尼菜。图古利斯塔弗尔 Rp.78000。鸡尾酒等酒精饮品的种类也非常丰富。

在泳池旁悠闲地享用美食 Map p.151/A2
地址 Tugu Malang, Jl. Tugu No.3
TEL （0341）363-891
营业 24 小时
税费 & 服务费 含
信用卡 **A** **M** **V**
Wi-Fi 免费

可以品尝到多种传统蔬菜的图古利斯塔弗尔

托克欧恩
Toko Oen

◆从荷兰统治时期开始营业至今，殖民风格的内饰装潢也深受好评。虽然也有主食菜单，但是主要还是以小吃为主，在咖啡馆休息一下正好。荷兰风格的炸肉饼（2 个 Rp.50000）、牛尾汤（Rp.55000）、冰激凌（Rp.25000）等都是这里的招牌。

在环境出众的咖啡馆小憩 Map p.151/B1
地址 Jl. Jendral Basuki Rahmad No.5
TEL （0341）364-052
营业 每天 8:00~21:30
税费 & 服务费 +10%
信用卡 不可

菜量不多，不太饿的时候吃正好

拉旺格灵
Rawon Nguling

◆东爪哇著名的牛肉汤泡饭——纳西拉旺的人气餐馆。菜品以泡饭为主，口味很多，但来到这里一定要品尝的还是纳西拉旺（Rp.28000）。虽然服务员还会端上天贝等小菜，但是只按照客人吃的量收费（每人 Rp.3000~）。从早上营业至午饭时段。

想吃纳西拉旺的话就来这里 Map p.151/B2
地址 Jl. Zainul Arifin No.62
TEL （0341）324-684
营业 每天 7:00~15:30
税费 & 服务费 含
信用卡 不可

非常好吃的家常美味——纳西拉旺

卡塔内加拉
Kertanegara

◆以传统爪哇岛为主题，是当地热门的餐馆。设有宅邸风格的室内餐桌、也有开放的花园餐桌，晚餐时段非常浪漫。餐馆以爪哇菜 & 中餐为中心，海鲜、烧烤等种类也很多。3 种配料的鱼肉格拉米提加拉萨（Rp.75000）、海鲜蔬菜（Rp.42500）等都是店里的招牌。

享受爪哇风情 Map p.151/A2
地址 Jl. Kertanegara No.1
TEL （0341）366-203
URL kertanegararesto.com
营业 每天 10:00~22:00
税费 & 服务费 含
信用卡 **M** **V** **Wi-Fi** 免费

环境优美，也可以来这里喝上一杯咖啡

酒店
Hotel

玛琅图古酒店
Tugu Malang

`POOL` `餐馆` `早餐`

◆在印度尼西亚各地建造度假村的图古集团旗下的高档酒店。酒店内放置的家具都是博物馆收藏级别的，在室内也可以享受到独特的风情，酒店共有49间客房。餐馆也是全爪哇岛最为出名的美食地。茶室每天16:00~18:00提供免费的甜点和咖啡（来宾也可以花费 Rp.80000 进行享用）。

在古董爱好者之间人气很高的酒店

令人憧憬的博物馆度假村 | Map p.151/A2

地址 Jl. Tugu No.3
TEL（0341）363-891　FAX（0341）362-747
URL www.tuguhotels.com
税费 & 服务费 含　信用卡 Ａ Ｊ Ｍ Ｖ
Wi-Fi 客房OK・免费
费用 `AC` `HOT` `Cold` `TV` 高级间 Ⓢ Ⓓ Rp.1250000~
　　 `AC` `HOT` `Cold` `TV` 套房 Rp.1450000~

辉煌旅馆
Splendid Inn

`POOL` `餐馆` `早餐`

◆面朝图古广场，由荷兰殖民时期的宅邸改建而成的酒店，共27间客房。建筑本身有些老朽化，但这也是其充满魅力的一点。大堂、酒吧也都保留着复古时期的韵味。所有客房都带有浴缸。

客房面积非常大

价格合适的殖民风格酒店 | Map p.151/A2

地址 Jl. Majapahit No.4
TEL（0341）366-860
税费 & 服务费 含
信用卡 不可
Wi-Fi 仅公共区域・免费
费用 `AC` `HOT` `Cold` `TV` 标准间 B Ⓢ Ⓓ Rp.290000
　　 `AC` `HOT` `Cold` `TV` 标准间 A Ⓢ Ⓓ Rp.310000
　　 `AC` `HOT` `Cold` `TV` 半套房 Ⓢ Ⓓ Rp.330000

赫里奥斯酒店
Helios

`POOL` `餐馆` `早餐`

◆位于火车站西北部，步行需要10分钟。全部36间客房都比较便宜，贴着瓷砖的房间干净整洁。经济房型以外的客房都包含早餐。酒店的入口有旅行社，可以在这里报名参团。

每个房间外都准备了桌椅

深受背包客的喜爱 | Map p.151/A2

地址 Jl. Patimura No.37
TEL（0341）362-741
税费 & 服务费 含
信用卡 Ｍ Ｖ
Wi-Fi 客房OK・免费
费用 `AC` `HOT` `Cold` `TV` 豪华间 Ⓢ Ⓓ Rp.300000~
　　 `AC` `HOT` `Cold` `TV` 高级豪华间 Ⓢ Ⓓ Rp.350000~

科塔勒加拉酒店
Kertanegara Guest House

`POOL` `餐馆` `早餐`

◆酒店位于巴萨尔伊真路旁，距离火车站2公里以西的地方，共有23间客房。房间以白色为基调，整洁明亮。周围有多家时尚的餐馆，便于用餐。

玛琅的人气酒店之一

性价比很高的整洁旅馆 | Map p.151/A1

地址 Jl. Semuru No.59
TEL（0341）368-992
URL kertanegaraguesthouse.com
税费 & 服务费 含
信用卡 Ｍ Ｖ
Wi-Fi 客房OK・免费
费用 `AC` `HOT` `Cold` `TV` 豪华间 Ⓢ Ⓓ Rp.425000~

甘榜旅游酒店
Kampong Tourist

`POOL` `餐馆` `早餐`

◆旅馆位于赫里奥斯酒店的屋顶，有3个单间和18个宿舍床位。有很多欧美等地的背包客聚集在这里。床位价格根据房间而定，Rp.65000~155000。

可以安排前往婆罗摩火山、伊真火山的旅行团

可以在环境舒适的屋顶用餐 | Map p.151/A2

地址 3rd Fl. Hotel Helios, Jl. Patimura No.37
TEL（0341）345-797
URL www.kampongtourist.com
税费 & 服务费 含
信用卡 不可
Wi-Fi 客房OK・免费
费用 `AC` `HOT` `Cold` `TV` Ⓢ Rp.135000、Ⓓ Rp.160000

投稿　坎邦瓦纳瓦尼 Kampung Warna Warni（`MAP` p.151/B2）位于玛琅站以南 500 米左右的地方，五颜六色的村落是绝佳的拍照胜地。门票 Rp.2000~2500。

新柯沙里寺庙残留的浮雕

了解东爪哇王国文化的遗迹巡游

新柯沙里寺庙 / 雅各寺庙 / 基达尔寺庙　★ `Map p.49/B3`
Candi Singosari / Candi Jago / Candi Kidal

基达尔寺庙的本殿

新柯沙里王国于 13 世纪、东爪哇建国，早于满者伯夷国，但仅存在了 70 年的时间。新柯沙里寺庙 Candi Singosari 位于玛琅北侧、相距 12 公里的新柯沙里市内（虽然叫作寺庙，但实际上是新柯沙里王国最后一任国王塔尔塔那加拉的祠堂）。中央祠堂周围本来也有很多用来祭祀的神像，但是很多都被荷兰人掠夺走，如今只剩下了一座。

玛琅东部相距 15 公里的拓邦村内的雅各寺庙 Candi Jago 是新柯沙里王国最强盛时期的毗湿奴跋沉拿国王的祠堂。虽然寺庙不大，但是墙壁上还保留着许多壁画。壁画描绘的典故是以佛教和印度教为基础，以此可以推测出当时人们同时信仰着两个宗教。

雅各寺庙西南部、相距 7 公里的基达尔寺庙 Candi Kidal 内如今只残存着一座宝塔，但是祠堂入口上方的鬼面卡拉依旧十分具有震撼力。基坛四方摆放着老鹰的石像。

玛琅郊区的观光景点
帕纳塔兰神庙　★ `Map p.48/B2`
Candi Panataran

娜迦堂的蛇形浮雕令人印象深刻

满者伯夷国最大的圣地。门口是 2 尊门神的石像，进去后首先看到的是唐嘉尔祠堂。这里的鬼面一边笑，一边摆出 V 的胜利手势，非常幽默。继续往里走，是被蛇的浮雕所环绕的娜迦堂，最深处是由 3 层基坛构成的本殿。第一层基坛上是罗摩衍那典故的浮雕，一定不要错过。本殿旁边还保留着当时王室专用的沐浴间遗迹。

新柯沙里寺庙 / 雅各寺庙 / 基达尔寺庙（通用）

入场　每天 8:00～16:00
费用　捐赠（Rp.10000 左右）
可以从玛琅乘坐出租车、包车、Ojek 摩托车或者参团前往寺庙遗迹进行游览。在游客中心包车的话，一辆车的费用大概为 Rp.650000，可以游览新柯沙里寺庙等地。乘坐 Ojek 摩托车需要 Rp.300000 左右。

帕纳塔兰神庙

入场　每天 8:00～16:00
费用　捐赠（Rp.10000 左右）
最近的城市是布里达 Blitar，可以从泗水乘坐 Panataran 号火车，每天有 4 班往返（所需时间 2 小时，Rp.5500～），或者从加当枢纽站乘坐巴士（所需时间 2 小时，Rp.15000～20000）。从布里达乘坐小巴可以到达帕纳塔兰神庙，但是除了周末外车次较少。乘坐 Ojek 摩托车更为方便（所需时间 30 分钟，往返费用 Rp.85000～）。

从玛琅出发的旅游团

在游客中心、酒店、旅行社都可以报名参团，最少成团人数为 2 人。线路可以根据个人的需求进行安排，也可以前往伊真火山口湖。以下为单人的价格。

婆罗摩火山旅游团

时间　1:00～12:00　费用 Rp.500000～
深夜从玛琅出发，从特莎莉方向前往观景区，观赏日出。然后下到火山口，登上婆罗摩火山。11:00～12:00 返回玛琅的酒店。含早餐。

新柯沙里寺庙旅游团

时间　9:00～15:00　费用 Rp.300000～
游览位于玛琅郊区的新柯沙里寺庙、雅各寺庙、基达尔寺庙这三座寺庙。途中可以欣赏农村的风景。

贴士　玛琅的一日游除了游览玛琅郊外的寺庙外，根据个人的要求，也可以前往乔邦龙德的瀑布、温泉、沃萨丽的茶园。这样基本上就是包一天的车。

婆罗摩火山 *Gunung Bromo*

欣赏雄伟的日出，东爪哇首屈一指的美景胜地

从潘南贾坎火山的观景区欣赏婆罗摩火山

婆罗摩火山是火神居住的圣山。在 16 世纪末伊斯兰教席卷整个爪哇岛的时期，居住在婆罗摩火山的人们依旧坚持着信奉印度教。黎明前同当地人一起登上婆罗摩火山或者观景区，当日出和神秘的景色出现在眼前时，游客也就会明白为什么这座山会被称为圣山了。

 ## 交通方式

巴士

庞越 Probolinggo 是前往婆罗摩火山的交通起点。泗水的邦格拉希巴士枢纽站有大量车次前往庞越。

从巴厘岛换乘巴士的话，需要先从巴厘岛西部的吉利马努克港 Gilimanuk 乘坐渡轮（间隔 45 分钟一班，所需 30~60 分钟，Rp.7500）穿越巴厘海峡抵达吉打拜港 Ketapang。然后从港口再乘坐巴士（所需时间 4 小时、Rp.40000~）前往庞越。

从庞越的枢纽站可以乘坐小巴（早上 ~16:00 之间运营，需要 1 小时，Rp.35000）前往外轮山的塞摩罗拉旺 Cemoro Lawang，但是需要等到坐满才发车。也可以选择出租车或者小巴包车（一辆车的费用约为 Rp.350000，需要和司机交涉）。

● 当地出发的旅游团

参团前往婆罗摩火山登山口的塞摩罗拉旺的酒店十分方便。可以在雅加达、日惹、梭罗、泗水、玛琅、巴厘岛等地的旅行社进行预约。也有深夜从泗水、玛琅出发的一日游（一般是 2 天 1 晚的行程，含 1 晚的酒店住宿）。

前往庞越的巴士

◆从泗水出发

全天随时发车，需要 2~3 小时、Rp.25000~、空调车 Rp.35000

◆从吉打拜出发

每小时 1 班、需要 4~5 小时、Rp.40000~、空调车 Rp.60000~

在庞越时的注意事项

在庞越一些人会说"前往婆罗摩火山的小巴已经没有了"，然后推荐包车。但其实小巴都停在枢纽站外面靠左的候客区。车费是在小巴发车后再支付的。

另外，如果想在枢纽站乘坐前往泗水等地的巴士，会有人一边说"买票在这里"，然后一边将游客带到枢纽站内、洗手间旁的旅行社。但其实车票价格是正常的 2~3 倍，这只是为了让游客乘坐巴士的一种欺诈行为。实际上车费是在上车后由司机进行收取的。

庞越枢纽站旁新的小巴枢纽站

 贴士 乘坐巴士前往庞越时，可能会被强行要求在枢纽站前的旅行社下车，然后让游客包车前往婆罗摩火山。巴士司机也是团伙之一，一定特别注意！

婆罗摩火山的进山费

费用 周一～周六 Rp.220000
　　 周日 Rp.320000
进山费在售票处支付。

婆罗摩火山的基本信息

日出 4:30～5:30
日落 16:30～17:30

6～9月早上气温为5℃，12月～次年4月气温为10℃左右，比较寒冷，因此一定要做好防寒措施。

宁静的塞摩罗拉旺村

前往婆罗摩火山起点的塞摩罗拉旺 Cemoro Lawang 是位于外轮山边的一个小部落。在这里可以近距离感受婆罗摩火山的震撼，还建有许多小屋旅馆和餐馆等。高原特有的宁静气氛，和在胸前系着外挂纱笼的女性服饰都令人印象深刻。从西侧、相距6公里的沃诺克里村 Wonokitri有一条线路通往潘南贾坎火山的观景区（包含这条线路的旅游团大多会入住于距离沃诺克塔里村3公里的托萨利 Tosari）。

在婆罗摩火山的外轮山可以骑马

婆罗摩火山周边的日出徒步游

虽然近年来越来越多的旅游团都是开车上山，但是日出前徒步登上潘南贾坎火山或婆罗摩火山的行程还是十分值得推荐的。

● 前往潘南贾坎火山

前往潘南贾坎火山观看日出的话，需要在3:00～4:00左右出发，夜路不是很好走。从塞摩罗拉旺的 H 色马拉英达酒店（→p.158）前的主干道往右拐，沿与外轮山边缘平行的、铺设好的道路走1小时。到了铺好的道路尽头，上到右侧的台阶便是2号观景区，可以在这里稍作休息。从这里再往前走便是悬崖山道，最开始的一段路比较陡峭，后面就都比较平缓了。

即便晚上也能俯瞰到左侧婆罗摩火山喷发出的白色浓烟，朝着这个方向一直走即可。途中没有岔路，是很窄的一条石土路，路旁有等间隔的、醒目的白色桩子，但是山谷一侧没有护栏，所以走的时候一定要注意安全。

沿山路走40分钟左右，托萨利 Tosari和1号观景区相连的辅路就会出现。然后沿这条道路登山15分钟就是山顶了。西侧是玛琅 Malang 的夜景，在数着流星的时候，天空也渐渐变蓝了。这里日出的色彩和构图简直就是巧夺天工，非常和谐。

● 前往婆罗摩火山

从塞摩罗拉旺前往婆罗摩火山需要1小时左右，即使是晚上道路也比较好走。路上有牵着马、吐着哈气等客的当地马夫，但是晚上马夫牵着走也很慢，跟自己步行花费的时间相差无几。

走过集落后道路延伸向外轮山中。环

形山中是沙漠，如同月球表面一样。在黑暗中，前方是持续着火山活动的婆罗摩火山，右侧可以隐约看到与其相连的巴托克山轮廓。沿涂着白漆醒目的石板向前，在巨大的环形山走上30分钟。没有距离感，仿佛走在月球表面的沙漠上。到达山脚后，沿陡坡登上山顶。空中的星星让人感觉马上就要掉下来，还可以看到下面马夫们拿着的一个个火把，火光一直连接到婆罗摩火山，很有神秘感。一边闻着呛鼻的硫黄味道，一边等待日出。

赛梅鲁火山
Gunung Semeru
（3676米）

20公里
Jemplang → 前往玛琅，相距35公里

布罗莫山
Gunung Bromo
（2392米）

巴托克山
Gunung Batok
（2440米）

未铺设好的道路

印摩教寺庙

长达2公里的
一白色石头标记

10公里

观景区（2770米）

Lava View Lodge 熔岩观景酒店
布罗莫柏美酒店 Bromo Permai I
色马拉英达酒店 Cemara Indah

2号观景区

砂之海

山路

台阶

前往托萨利，相距9公里

塞摩罗拉旺
Cemoro Lawang

5公里
田地

潘南贾坎火山
Gunung Penanjakan

熔岩咖啡酒店 Cafe Lava

田地

佳迪萨利村
Ngadisari

前往庞越，相距45公里

婆罗摩火山
Gunung Bromo

区域地图 ▶p.49/83

贴士　在婆罗摩火山的观景区等待日出是非常寒冷的，最好带着长袖的防风衣或薄毛衣。另外，前往婆罗摩火山的环形山一定要穿一双厚实的鞋。

俯瞰婆罗摩火山的绝佳观景区 ★★

潘南贾坎火山
Gunung Penanjakan

`Map p.156`

从潘南贾坎火山晚望到的景象

矗立在外轮山外侧的潘南贾坎火山顶一般被叫作观景区。如同这个名字，从这里看到的婆罗摩火山风景，美到令人感动。推荐日出时分来这里，从塞摩罗拉旺、托萨利可以乘车到达观景区。

太阳快要升起的时候，每时每刻都有颜色各异的风景呈现在眼前，令人心情愉悦。浮现在云海中绿色的巴托克山、冒起白烟的灰褐色婆罗摩火山、雄伟的克鲁西山，还有紫色、神圣的苏美尔山。眼前的景象神秘到令人难以置信。扬起高高浓烟的大山，如同立体绘画一般浮现在人们眼前，令人感动，无比动容。

登上圣山山顶 ★★

婆罗摩火山
Gunung Bromo

`Map p.156`

可以步行或骑马前往环形山中央的婆罗摩火山脚。从山脚登上275级陡峭的台阶便到达山顶。不同时期会有滚滚白烟喷出、发出如同大地呻吟般声音的火山口是最为精彩的地方。山顶部分连接着绵延细长的山脊，走在这里的时候一定注意脚下安全。在这里迎来清晨后，回去的时候，走下台阶，可以在环形山中漫步，感受婆罗摩火山的巨大震撼力。

从环形山登上婆罗摩火山山顶

婆罗摩火山日出观光团

在当地也被叫作"吉普车观光"，从塞摩罗拉旺的酒店乘坐准乘6人的吉普车，在潘南贾坎火山观景台欣赏完日出后，前往婆罗摩火山口。出发时间是早上04:00，08:00返回。需要提前一天在各个酒店进行预约。费用是Rp.120000（佳迪萨利村出发为Rp.150000）。但是如果人数不足的话，会改为包车（Rp.450000~）。也可以选择摩托车（Rp.150000），但是要做好不怕冷的准备。

观看日出的准备

早上非常寒冷，一定要穿上毛衣等防寒衣物。如果没带的话，也可以在酒店租借（Rp.30000左右）。如果当晚没有月亮的话，会更加黑暗，虽然道路比较好走，但也要带上手电筒。

在婆罗摩火山骑马

从塞摩罗拉旺出发，可以选择骑马登上婆罗摩火山。最后一段的石板路走起来很费劲，但是骑马的话就会十分轻松。到火山口单程Rp.75000、往返Rp.150000。

从日惹、玛琅出发前往婆罗摩火山的旅游团

一般会选择从日惹出发的旅游团（→p.104）前往婆罗摩火山。因为参团游客较多，费用比从泗水出发的旅游团更加便宜，一个人报名的话，也有极大可能成团（最少4人成团）。费用为Rp.300000~，包含前往婆罗摩火山酒店的交通费，住宿费、早餐以及第二天9:30出发前往登巴萨、泗水、日惹等地的巴士费用。但是途中的其他餐食费、前往观景区的吉普车费用、进山费都需另外支付。

在玛琅市内的旅行社、酒店可以报名参加玛琅出发的旅行团（→p.154）。深夜1:00吉普车会到酒店接客，4:30左右到达潘南贾坎火山的观景区。在这里观看完日出后，7:00过后出发前往婆罗摩火山口。12:00左右返回玛琅。全程约11小时，费用Rp.500000~。

投稿 从日惹出发的一条旅行线路是先游览婆罗摩火山和伊真火山口湖，然后前往巴厘岛。价格便宜、风景优美，选择该行程的多为欧美人。

酒店
Hotel

塞摩罗拉旺有很多酒店，便于早上徒步。3 公里外的佳迪萨利村也有几家住宿设施。旅游团、徒步团也可以安排住宿酒店。因为是旅行胜地，所以到了周末和旅游旺季各家酒店的费用都会上涨。

布罗莫柏美酒店
Bromo Permai I

`POOL` `餐馆` `早餐`

◆位于塞摩罗拉旺和婆罗摩环形山之间的斜坡旁，设施齐全。共有 41 间客房。

位于外轮山附近

客房种类丰富多彩　Map p.156

地址　Jl. Raya Cemoro Lawang, Ngadisari
TEL（0335）541-021
税费 & 服务费　含
信用卡 `MV`
费用 `AC` `HOT` `Cold` `TV` 标准间 Ⓢ Ⓓ Rp.550000～

色马拉英达酒店
Cemara Indah

`POOL` `餐馆` `早餐`

◆位于塞摩罗拉旺中心的山脚下，共有 29 间客房，是一家很值得推荐的小屋酒店。从餐馆（营业 每天 7:30~22:00）可以眺望到雄伟的婆罗摩火山，地理位置绝佳。从当地出发的很多旅游团也会入住这里。

从餐馆欣赏到的风景非常震撼

可以欣赏到婆罗摩火山的美景　Map p.156

地址　Jl. Raya Cemoro Lawang, Ngadisari
TEL（0335）541-019　URL cemaraindahhotels.com
税费 & 服务费　含　信用卡 `MV`
`Wi-Fi` 仅公共区域·免费
费用 `AC` `HOT` `Cold` `TV` 标准间 Ⓢ Ⓓ Rp.550000
　　 `AC` `HOT` `Cold` `TV` 木质小屋 Ⓢ Ⓓ Rp.750000

熔岩观景酒店
Lava View Lodge

`POOL` `餐馆` `早餐`

◆从酒店的停车场可以看到整个婆罗摩火山，共有 45 间客房。酒店老板经营的另一家熔岩咖啡酒店位于南部，相距 700 米，距离村庄中心有一段距离。从日惹出发的低价团会入住这里，很多外国旅行者也都选择住在这里。在这里可以报名参加前往观景区的旅游团。

视野良好的小屋酒店　Map p.156

地址　Jl. Raya Cemoro Lawang, Ngadisari
TEL 081-2498-08182 手机号
URL lavaview.lavaindonesia.com
税费 & 服务费　含　信用卡 `MV`
`Wi-Fi` 仅公共区域·免费
费用 `AC` `HOT` `Cold` `TV` 高级间 Ⓢ Ⓓ Rp.600000
　　 `AC` `HOT` `Cold` `TV` 木质小屋 Ⓢ Ⓓ Rp.700000～

熔岩咖啡酒店
Cafe Lava

`POOL` `餐馆` `早餐`

◆位于塞摩罗拉旺和环形山之间的坡道前 50 米处。所有的 34 间客房虽然布置简单，但是酒店的环境不错。有前往观景区的旅游团。

许多背包客都会选择入住这里

环境舒适的人气酒店　Map p.156

地址　Jl. Raya Cemoro Lawang, Ngadisari
TEL（0335）541-020
URL cafelava.lavaindonesia.com
税费 & 服务费　含　信用卡 `MV`
`Wi-Fi` 仅公共区域·免费
费用 `AC` `HOT` `Cold` `TV` 标准间 Ⓢ Ⓓ Rp.400000～
　　 `AC` `HOT` `Cold` `TV` 高级间 Ⓓ Ⓓ Rp.700000～

Column
婆罗摩火山脚的传统仪式

当地印度教徒的卡索多宗教仪式 Upacara Kasodo 是在他们历法当中的最后一个月（卡索多）的满月之日进行的（每年的日期均不一样）。到了晚上，附近村庄的当地人都会聚集到婆罗摩，深夜，当满月升到火山口的正上方时，祭司就会开始主持礼拜仪式。村里的人们会将鸡、金钱等投到火山口里，作为给先祖的供品。

建在山脚下的印度教寺庙

外南梦 *Banyuwangi*

前往巴厘岛、伊真火山的起点，民风朴素的城市

在外南梦市场前可以一窥人们的生活

外南梦位于爪哇岛的最东部，是爪哇铁路东部的终点站，也是前往巴厘岛的渡轮码头所在地。虽然曾经是游客往返爪哇岛和巴厘岛的中途站，但近年来因"蓝色火焰"而闻名的伊真火山、巴鲁兰国家公园等著名景点也是以外南梦作为观光据点，因此停留在外南梦的游客越来越多。

🌀 交通方式

巴士

外南梦有两个巴士枢纽站：一个是斯里丹绒枢纽站 Sri Tanjung Terminal，位于外南梦市中心以北，相距 11 公里（吉打拜港以北 3 公里）；另一个是普拉维查亚枢纽站 Brawijaya Terminal，位于市中心以南 4 公里。往返于泗水方向的当地公交车基本上停靠在斯里丹绒枢纽站，南部以及部分豪华巴士往返于普拉维查亚枢纽站。

前往外南梦的巴士	
从泗水出发	每小时数班、需要 7~8 小时、Rp.60000~、空调车 Rp.120000~
从庞越出发	每小时数班、需要 4.5~5.5 小时、Rp.40000~、空调车 Rp.100000~

火车

南梦火车站紧邻着前往巴厘岛的吉打拜港（位于西北侧300米左右）。

前往外南梦的火车	
从古本站出发	每天 3~4 班（22:00~14:00 发车）、需要 6.5~7.5 小时、Rp.56000~280000
从玛琅出发	Tawang Alun 号（16:05 发车）每天 1 班、需要 8 小时、仅经济型列车 Rp.62000
从庞越出发	每天 5 班（6:45~23:58 发车）、需要 4.5~5 小时、Rp.27000~160000

Jawa

雅加达

外南梦

爪哇岛

婆罗摩火山／外南梦

人　口	11万
海　拔	不足20米
区　号	0333
机场代码	BWX

前往外南梦的飞机航班

鹰航和狮航（飞翼航空）每天有 3 班从泗水飞往外南梦的航班，需要约 1 小时的时间，Rp.548000~1016000。

步行前去搭乘飞机

从机场前往市内

比林姆宾沙里国际机场 Blimbingsari位于市中心以南 9 公里处。从机场乘坐出租车前往市内需要 30 分钟~1 时的时间，Rp.100000~150000。

从巴士枢纽站前往市内

从各个枢纽站可以乘坐小巴、出租车前往市中心。小巴费用为 Rp.5000，但是会向游客索要数倍的车费。

前往巴厘岛的渡轮

吉打拜港~巴厘岛西部的吉林马努克港之间，每小时有一班渡轮运行。所需时间 30~60 分钟，成人 Rp.7500。吉打拜港位于外南梦北部，与市中心相距 8 公里，乘坐小巴需要 Rp.5000（需要提前确认车费）。

每隔 60 分钟有一艘前往巴厘岛的渡轮

贴士 从枢纽站、吉打拜港乘坐小巴，游客会被索要 2~4 倍的车费。另外外南梦市内基本没有空驶的出租车，出发前最好在酒店提前叫好出租车。

日照强度大时就坐人力车吧

外南梦 漫步

外南梦南北相距仅有数公里的距离，市中心是斯里丹绒公园 Taman Sritanjung 和布兰邦岸公园 Taman Blambangan 两个公园覆盖的区域。在公园之间的外南梦市场 Pasar Banyuwangi 可以窥见过去的生活景象，也是一个观光景点。从市场往东，

火山灰海滩是市民们休息的地方

步行 15 分钟左右可以到火山灰海滩 Pantai Boom，在这里可以眺望到巴厘岛。旁边是美食摊聚集的美食广场，可以前去看看（从黄昏开始很多当地年轻人会来这里纳凉）。市内有东爪哇最古老的道教寺庙 Hoo Tong Bio。

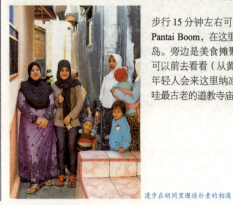
漫步在胡同里邂逅朴素的相遇

游客中心
MAP p.160/B1
距离布兰邦岸广场步行需要 20 分钟。
地址 Jl. Ahmad Yani No.78
TEL （0333）424-172
URL banyuwangitourism.com
营业 周一～周五 7:00~15:30

火山灰海滩
MAP p.160/A2
距离布兰邦岸广场步行 10 分钟。音乐会、舞蹈等外南梦的演出表演也会在这里举办。

道教寺庙
MAP p.160/B2
距离布兰邦岸广场步行需要 10 分钟。建造于 18 世纪，但中间遭遇过一次火灾，之后进行了重建。

前往吉打拜港和外南梦火车站（8公里）、斯里丹绒枢纽站（11公里）

D'Cinnamon Coffee Shop
RS. Yasmin
Jl. Letjen Di. Panjaitan
Jl. Lethal Istiqlah
Nur Hikmah
Rujak Soto Ibu Sum
美食广场
Masjid Balturrohman
斯里丹绒公园
Taman Sritanjung
火山灰海滩
Pantai Boom
Jl. Bantering
Jl. Iran Cucut
外南梦市场
Pasar Banyuwangi
Jl. Veteran
Permata
布兰邦岸公园
Taman Blambangan
塞戈邦库斯布波尔
Sego Bungkus Bu Poer
Pulau Santen Bech
Cafe Resto
Meja Hijau
Berlin Barat
布兰邦岸酒店
Blambangan
Obor Pawon（牛排馆）
Jl. Dr. Wahidin Sudirohusodo
Barito
Jl. Jaksa Agung Suprapto
Baru Banyuwangi
市场
Kobe Fried Chicken
比鲁餐馆
Warung Biru
北海道
Hokkaido
萝西购物中心
Roxy Mall
Jl. Leskol I Gusti Ngurah Rai
瑟拉玛特酒店
Selamet
Bwi Resto
道教寺庙
Hoo Tong Bio
Jl. Ahmad Yani
N
游客中心
Bajak Laut
前往比林姆宾沙里国际机场（9公里）
Jl. Colonel Sugono
Mbok Nah
福客旅游旅馆
Dormitory Tourism
1km

外南梦
Banyuwangi
区域地图 ▶p.49 / C4

A A
B B
1
2

贴士 比鲁餐馆 Warung Biru（**MAP** p.160/B2 营业 周二～周日 10:00~22:00）是当地极具人气的大众餐馆。餐馆前的烧鱼（1 条 Rp.36000~60000）非常好吃。

餐馆
Restaurant

市内有很多适合游客的餐馆。各家酒店都附设有餐馆。

塞戈邦库斯布波尔
Sego Bungkus Bu Poer

◆ 距离布兰邦岸广场步行需 8 分钟。所有的菜都已经做好摆在外面，想吃什么直接用手去指就可以，服务员就会为顾客盛在盘子里，是一家传统风格的餐馆。4~5 个菜的价格为 Rp.10000~20000。店内装饰很像咖啡馆，咖啡、果汁的种类非常丰富。印尼炒饭 Rp.10000~。饮品 Rp.3000~。

令人舒心的手工味道 Map p.160/A1
地址 Jl. Jend Sudirman
TEL 081-3282-70195（手机号）
营业 每天 7:00~21:00
税费 & 服务费 含　信用卡 不可
Wi-Fi 免费

经典的印尼家常菜

北海道
Hokkaido

◆ 位于 **S** Roxy Mall 对面，马路西侧，是一家面包店 & 咖啡馆。店内的展柜里有各种面包（Rp.2000~）、饮品（Rp.5000~）都可以点完后在店里食用。草莓、杏仁等种类丰富的甜甜圈（Rp.4000~）、鲜榨果汁（Rp.8000）都是人气商品。

适合作为漫步小憩的餐馆 Map p.160/B1
地址 Jl. Jend Sudirman
TEL 081-2330-39926（手机号）
营业 每天 7:00~22:00
税费 & 服务费 含　信用卡 不可
Wi-Fi 免费

面包房和咖啡馆建在一起

酒店
Hotel

因为旅游业刚刚开始发展，所以市内的住宿设施较少。在市内～吉打拜港之间、伊真高原周边有一些度假酒店和咖啡庄园小屋等。

伊真别墅度假村
Ijen Resort & Villas

POOL 餐馆 早餐

◆ 从外南梦市中心往西驱车 1.5 小时可以到达，位于高原地区，共有 49 间客房的度假酒店。周围被梯田环绕的景色非常优美。从酒店可以眺望到雄伟的群山。客房基本都没有安装空调，但因为地处凉爽的高原，所以也不会觉得很热。

客房坐落在绿意盎然的庭院之中

被绝景环绕的酒店 Map p.49/C4
地址 Desa Randu Agung, Licin, Kabupaten
TEL 0815-5810-4576（手机号）
URL ijenresortandvillas.com
税费 & 服务费 含　信用卡 MV
Wi-Fi 仅公共区域·免费
费用 AC HOT Cold TV 度假豪华间 ⑤ⒹRp.2133000~
AC HOT Cold TV 别墅豪华间 ⑤ⒹRp.2291000~

布兰邦岸酒店
Blambangan

POOL 餐馆 早餐

◆ 位于布兰邦岸广场南侧，共有 29 间客房的中档酒店。客房布置现代化，功能齐全。大堂提供免费的咖啡和小吃。

规模不大，但也建有泳池

地理位置出众的时尚酒店 Map p.160/A2
地址 Jl. Dr. Wahidin Sudirohosodo No.4
TEL（0333）411-222
URL www.hotelblambangan.com
税费 & 服务费 含　信用卡 MV
Wi-Fi 客房 OK·免费
费用 AC HOT Cold TV 高级间 ⑤ⒹRp.450000~
AC HOT Cold TV 豪华间 ⑤ⒹRp.500000~

宿舍旅游旅馆
Dormitory Tourism

POOL 餐馆 早餐

◆ 旅馆的宿舍共有 18 个床位，以及 4 个豪华间。所有房间都有空调，洗手间和浴室为共用，有热水。距离游客中心步行需 7 分钟。

价格便宜的宿舍床位

背包客聚集、性价比很高的旅馆 Map p.160/B1
地址 Jl. Ahmad Yani No.110
TEL（0333）381-897
税费 & 服务费 +21%
信用卡 不可　**Wi-Fi** 客房 OK·免费
费用 AC HOT Cold TV 宿舍 ⑤ⒹRp.150000
AC HOT Cold TV 豪华间 ⑤ⒹRp.350000~

深夜造访，参观神秘的蓝色火焰

爪哇东部尽头的雄伟景观 ★★★

伊真火山口湖

Map p.49/C4

Kawah Ijen

从山顶俯瞰卡尔德拉湖。湖面飘浮着热腾腾的水蒸气，空气中充斥着硫黄的臭味

前往伊真火山的交通方式

外南梦的游客中心、酒店都有"蓝色火焰观光团"。深夜01:00出发，02:00到达登山口。需要1.5小时登上山顶。日出是在05:30左右。08:00左右返回外南梦。参团费用1人Rp.500000~。包含早餐、防毒面具、进山费。

日惹有3天2晚的旅游团出发，包含游览婆罗摩火山（→p.104）。每人费用为Rp.720000~（最少4人成团）。

从婆罗摩火山前往伊真火山

从婆罗摩火山自行前往伊真火山的话，需要从庞越乘坐2小时的巴士到达邦德沃索Bondwoso。然后再乘坐2小时的小巴前往仙本村Sempol（小巴只在中午前有几班车次）。从仙本村到登山口可以乘坐OJek摩托出租车。

前往巴鲁兰国家公园的交通方式

从外南梦需要乘坐1小时的巴士，Rp.15000。从吉打拜港乘坐巴士需要45分钟，Rp.15000。从泗水乘坐巴士需要6小时，Rp.53000~。上车前提前跟司机说自己要在国家公园下车，然后司机会将车停在路边公园门前。

● 游客中心

TEL（0333）461-936（信息）

营业 每天7:30~16:00

可以预约住宿设施。国家公园的门票为Rp.150000、导游半天的费用为Rp.200000。

位于默拉皮火山和拉旺山之间的风景胜地。钴蓝色的卡尔德拉湖和喷发出的烟雾形成了梦幻般的风景画。近年来深夜出发参观卡尔德拉湖内"蓝色火焰"的旅游团成了世界性的话题。

乘坐汽车、摩托车可以到达海拔1850米的公园管理事务所（简单的住宿设施。需要自带睡袋）。从这里要走一段有些艰辛的上坡路到达伊真火山口。步行需要1~1.5小时，然后就可以看到升起的巨大浓烟。站在山顶的火山口边，眼下便是犹如蓝宝石的卡尔德拉湖。从湖畔形成的火山口可以看到包含着硫黄的浓烟喷向空中。

上／背着硫黄走在山路上的男子
右／距离登山口最近的仙本村有大片的咖啡庄园和草莓园

野生动物的栖息地 ★

巴鲁兰国家公园

Map p.49/B4

Taman Nasional Baluran

拥有广袤的热带草原和沙滩的国家公园。以爪哇野牛、鹿为主，还有黑鹭、犀鸟等各种野生鸟类。在6~11月干季期间有更大的概率可以看到动物，在9月是最佳时期。国家公园内的贝克尔Bekol和巴马Bama都有住宿设施。

接触爪哇的大自然

 贴士 从登山口到蓝色火焰所在的火山口湖海拔相差500米，初级者也可以徒步登山。风很大，需要穿防寒服饰，靠近拍照时需要戴好防毒面具。网上的价格约为120元。

巴厘岛

Bali

这座被称为"众神之岛"的岛屿有着令人难以言表的独特魅力，占比约 90% 的岛民都信仰基于巴厘印度教而衍生的传统文化。精炼的舞蹈与绘画，给听觉带来黄金级别享受的甘美兰音乐，以及使用各色贡品装饰的肃穆宗教仪式，无一不令到访这里的游客为之魂牵梦绕。此外，这里除了厚实多彩的人文资源，巴厘岛也是一座自然环境极佳的岛屿，此起彼伏错落有致的梯田、绿树成荫的幽深溪谷，数不清的精彩景色都可以令人在这座小岛上一饱眼福。海滩和溪谷地区的户外活动也很多样，这些更是为巴厘岛增添了旅游魅力。

巴厘岛信息概况

巴厘岛基本信息

地理 & 人口▶位于印度尼西亚政治·经济中心地，爪哇岛的东部岛屿，面积为5633平方公里，人口约为422万，巴厘省也是印度尼西亚31个一级行政区之一，全岛共划分为8个行政县，县的下级行政单位为市，市的下级行政单位是村Desa，村的下级单位是里Banjar。

民族 & 宗教▶巴厘岛上巴厘人占绝大多数，有不少爪哇人、华人以及其他外国人，为了享受巴厘岛的这方净土，也移居至此。当地约有九成的居民都是巴厘印度教教徒，此外也有伊斯兰教徒、基督教徒以及佛教徒，可谓一个信仰大融合的岛屿。

巴厘岛有着其他印尼岛屿无可比拟的奇妙氛围，而这主要来源于这里是印度尼西亚中唯一信仰印度教的地方。岛上的居民生活，至今仍保持着传统的作息习惯，每天都要祷告神灵，非常虔诚。巴厘印度教除了信仰印度教中传统的三大主神——湿婆、毗湿奴、梵天外，还信仰一位名为桑扬威迪Sang Hyang Widi的神灵，这位神灵在巴厘岛人心中的地位超越了印度教三主神，他将印度教的思想与巴厘岛的自然信仰完美融合，可以说是一位土生土长的巴厘岛守护神了。

巴厘岛历史▶巴厘岛的历史悠久，早在公元前3世纪时，这里便受到了使用青铜器的东山文化的影响。公元9世纪后半叶，印度文化也漂洋过海传播至此，从此之后巴厘岛便开始有了其独立的文化体系。13世纪左右开始，爪哇岛的满者伯夷王朝势力蔓延到了巴厘岛境内并开始统治这里，16世纪受当时统治势力的影响，一些不满执政者的居民在克隆孔南面建立了吉尔吉尔王朝，到了18世纪，恰巧在巴厘岛现在的八个行政区中各自出现了一位统治者，巴厘岛也一分为八，分裂成了八个小王国。

19世纪初期，已经实现殖民统治雅加达的荷兰人开始实施殖民巴厘岛的计划，先后镇压了巴厘岛北部、西部的反抗势力，最终在彻底消灭了南部的克隆孔王朝后，达成了巴厘岛的全境殖民统治。

巴厘岛在荷兰这个西方发达国家的统治之下，素朴的民风虽然也产生了一些微妙的变化，但是可以说是利大于弊，20世纪20年代，在荷兰的影响下，欧美国家也逐渐了解到了巴厘岛这个地方，进而兴起了“巴厘岛风潮”，致使众多外国艺术家到访这里，这些艺术家不但从巴厘岛收获了创作的灵感，他们自身也对巴厘岛的艺术与文化产生了很大的影响，为巴厘岛的独特文化增添了一抹奇妙的色彩，使得巴厘岛的魅力指数更上一层楼，进一步促进了这座岛屿旅游化进程的推进。世界各地的游客都对这座地球上“最后的乐园”充满着好奇与向往，巴厘岛的人气也随之稳定攀升。

2012年，巴厘岛的田园风景登录在世界遗产名录之中

在巴厘岛各地都可以看到传统风俗的节日庆典

观光看点

被称为“独立的魅力宇宙”的巴厘岛，魅力何在呢？建于水明漾、金巴兰、努沙杜瓦等地的舒适度假酒店，乌布的传统文艺表演，多处海滩都可以进行的潜水和冲浪项目，细数起来恐怕一页纸都会写不下。此外，从岛内各地都可以看到大大小小的寺院和古代遗迹，夕阳西下时前往岛上的海神庙欣赏难忘今生的落日余晖，肯定会令你不枉这次巴厘岛之旅。

在乌布可以欣赏到地道的巴厘岛风俗表演

旅行小贴士

住宿地的选择▶巴厘岛各个地区都有其独树一格的本地特色，氛围和物价也不尽相同，旅程中你所居住的地点很大程度上影响了你对巴厘岛的整体印象，每个地区的独特民风肯定会令你的旅途更加多姿多彩。

如果你想入住高级酒店 & 度假村，推荐你将水明漾 & 克罗博坎、金巴兰、努沙杜瓦等地作为你酒店所在地的首选。高级酒店服务周到，安全系数也令住宿的房客备感安心，非常适合初到巴厘岛旅行的游客住宿停留。位于巴厘岛中部的乌布地区，则是网罗了从平价旅店到高级酒店的各式住宿设施，总体上的住宿体验都给人一种沉稳平静之感，令旅途中浮躁的内心逐渐变得心静如水。库塔 & 雷吉安的住宿设施则更多以适合背包客的廉价旅店为主，虽然不少旅馆的价格不贵，看上去也感觉很不错，但是曾经这里也确实发生过贵重物品丢失的事件，众所周知，库塔 & 雷吉安地区属于整个巴厘岛中经济最荒芜的地方，所以无论你是在这里游玩还是住宿，都请多加小心。

货币兑换与物价▶随着ATM的普及，印度尼西亚本地的货币兑换也变得简单了许多。只要你持有信用卡以及国际储蓄卡，通过ATM都可以直接提取当地的卢比货币。特别是在巴厘岛的观光景区中，设有ATM的便利店数量逐渐增多，找到了ATM也就找到了货币兑换处，游客的外汇兑换流程已经变

除了机场抵达大厅中设有ATM外，在市内的银行以及便利店中也都可以找到ATM

得越来越轻松。

当然，如果你前往银行以及货币兑换处，也可以实现用人民币或美元现金兑换当地卢比的外汇兑换手续（汇率通常几乎与用ATM兑换的汇率一致）。不过ATM还是要更加方便快捷，所以当你一下飞机抵达巴厘岛的机场，首先便是通过机场抵达大厅的ATM兑换必要的日常现金。机器一向比人可靠得多，巴厘岛的城镇中经常可以看到写着礼品店兼货币兑换所的商店，从这种地方兑换现金不时便会有"缺斤短两"的现象发生，由此引发的纠纷屡见不鲜。所以如果你不得不需要通过这种商店兑换现金，请一定提前算好汇率，兑换后当面点清现金金额，避免上当后哑巴吃黄连有苦说不出。巴厘岛的观光地经常会有游客价格以及本地居民价格这种一物双价的现象，这种情况除了在商店可以遇到外，在餐馆也是十分常见的，比如酒店对面的餐馆菜单可能就要比市井餐馆的菜品价格多出五分之一。其实印尼的物价和国内相比已经是比较廉价，所以即使会比当地人的花销略多一些，也请放平心态，把这些鸡毛蒜皮的小事放到一边，身心放松地沉浸在巴厘岛的魅力旅程之中。

旅行的难易度▶巴厘岛的酒店和餐馆资源都很丰富，旅行中只要避免出现安全问题，基本上都会为你留下一段美好的旅行回忆。不过岛上的公共交通可能不太适合我们这些外来的游客，所以如果你要在岛内进行长途移动，还是推荐你参加当地的跟团游或是通过旅行社租车自由游览。

旅行纪念品▶这里的蜡染工艺品、伊卡纺织品、传统绘画作品、木雕制品、银制品、革制品以及私人定制的特色服饰都可谓巴厘岛的经典纪念品，非常适合馈赠亲友。此外芳香精油、天然香皂以及海盐和各式纯天然的商品也都非常受女性游客的欢迎。

安全信息

巴厘岛作为国际性的观光目的地，游客遇害的事件并不少见，出行前建议仔细阅读旅行中的突发事件与安全信息（p.462）一栏。

巴厘岛的事件频发地当地以库塔＆雷吉安为首，如果你在这片区域住宿，一定要多加提防，避免遭遇欺诈或敲竹杠的不幸事件。

气候及季节性变化

11月～次年3月是巴厘岛的雨季，旱季则是在每年的4～10月左右，雨季与旱季的过渡期比较平缓，正式进入雨季后，除了早晚会有连绵的小雨外，下午经常会有突降暴雨的异常天气，有时候甚至会看到世界性的异常暴雨气候。

位于赤道正下方的巴厘岛，全年都是炎热的气候，但是在京打玛尼高原、布撒基寺、百度库等高海拔地区，全年期间的早晚都是气温比较低的，请注意保暖。

通常来说，巴厘岛的旱季天气稳定，更适合到此出行，许多国家的游客都会利用暑期时间来这里游玩，对于不止一次到访巴厘岛的资深游客来说，每年9～10月的旅行成本会更加划算，所以在旱季最后的三个月，巴厘岛都可以说是游人如织。此外，旱季也是最适合潜水和皮划艇运动的季节。雨季虽然天公不作美，但却是热带水果和海鲜最美味的时节，许多酒店的房费也会下调不少。

Column 巴厘岛的纪年历

巴厘岛内除了实行全球公认的西历纪年法外，还使用当地传统的乌库历和沙卡历。乌库历中每35天为一个月，6个月计作一年，也就是说，乌库历一年只有210天。巴厘岛最重大的庆典，加隆安节以及节后第十天库宁安节的举办时间，都是以乌库历的周期进行推算的。

沙卡历是巴厘岛的阴历纪年法，以29天或30天作为一个月，最具代表性的节日当数沙卡历的新年——印度教静居日。节日前一天，岛上的居民会抬举着神像，嘴里整齐地喊着"欧戈欧戈"的口号在城中游行，而静居日当天，人们则都会足不出户，节食一天，整座巴厘岛仿佛是个无人的岛屿一般，与前一天的热闹场面形成天壤之别。静居日通常于每年2～5月期间的某一天举行，由于是以沙卡历推算出来的新年，所以并不对应在固定的西历时间，每年的举办时间可以参照印尼的旅游局官网。静居日期间明文规定"即使是游客都不允许外出"，在这一天中，飞机也都几乎是停飞状态，如果你打算在静居日期间前往巴厘岛，请提前想好这天待在酒店干点什么来打发时间。

静居日前一天，岛上的居民会抬着神像，嘴里喊着"欧戈欧戈"的口号在城中游行

登巴萨全年气候表

月份	1月	2月	3月	4月	5月	6月	7月	8月	9月	10月	11月	12月	全年
平均气温(℃)	27.4	28.1	26.8	27.2	27.2	26.9	25.6	26.2	26.6	27.3	27.7	28.7	27.2
相对湿度(%)	90.0	92.4	82.9	78.6	——	77.1	77.9	——	——	72.5	73.1	81.7	——
降水量(mm)	532	239	201	120	146	130	145	84	18	146	240	288	2329

岛内交通

观光班车▶巴厘岛中最方便的出行交通当数普拉玛旅行社运营的观光班车了。可以有效避免你搭乘贝莫（沿指定线路运营的迷你巴士）小巴时因为炎热出汗、在多土路段吸尘、不幸遭遇车上的小偷、司机走错路线进而浪费时间等各种负面情况的发生，可谓出行神器。乘客也几乎都是游客限定，不会掺杂图谋不轨的当地人。座位和座位之间的空间很大，游客通常住宿的酒店也都会覆盖在接送车线路中，享受车接车送的人性化服务。参报这种观光班车，通常是在各地的普拉玛旅行社门市进行缴费报名。从2014年起，巴厘岛的南部和乌布地区也新增了库拉库拉观光巴士 Kurakura bus（p.177），这令出行变得更加自由。

外国游客的出行首选——普拉玛旅社的观光班车

巴士▶巴厘岛内的本土巴士，以登巴萨郊外的乌本巴士总站作为始发地，运行前往孟格威、塔巴南、百度库、尼加拉、吉利马努克、新加拉惹各地的巴士线路。如果你想搭乘长途巴士前往爪哇岛的泗水和日惹等地，则需要前往孟格威巴士总站（p.218/B2）上车。

萨巴吉塔交通▶配有空调设施的萨巴吉塔交通 Trans Sarbagita，是巴厘岛南部地区的新型城市巴士系统。现在的运营段只限于库塔～努沙杜瓦～沙努尔～巴土布兰区间，未来将会延伸出17条线路，使交通网更加丰富。车费为 Rp.3000 和 Rp.3500，在每天的 5:00~21:00 区间运营，每隔15~20分钟一班。

巴厘岛当地的巴士系统

普拉玛旅行社观光班车时刻 & 价格表（※ 随着时间推移可能发生改变，机场只可以下车，不可以从机场上车）

目的地 →	库塔 & 机场	沙努尔	乌布	罗威纳	八丹拜	赞迪达萨	圣吉吉
库塔 & 机场		6:00 7:00 10:00 12:00 13:30 16:30 Rp.35,000	6:00 7:00 10:00 12:00 13:30 16:30 Rp.60,000	10:00 Rp.125,000	6:00 7:00 10:00 13:30 Rp.75,000	6:00 7:00 10:00 13:30 Rp.75,000	6:00 Rp.175,000 a / 6:30 10:00 Rp.450,000 b
沙努尔	9:15 11:15 12:45 14:15 15:45 18:45 Rp.35,000	沙努尔	6:30 7:30 10:30 12:30 14:00 17:00 Rp.50,000	10:30 Rp.125,000	6:30 7:30 10:30 14:00 Rp.75,000	6:30 7:30 10:30 14:00 Rp.75,000	6:30 Rp.175,000 / 7:00 10:30 Rp.450,000 b
乌布	8:30 10:30 12:00 13:30 15:00 18:00 Rp.60,000	8:30 10:30 12:00 13:30 15:00 18:00 Rp.50,000	乌布	11:30 Rp.125,000	7:00 11:30 15:00 Rp.75,000	7:00 11:30 15:00 Rp.75,000	7:00 Rp.175,000 / 7:00 11:00 Rp.450,000 b
罗威纳	9:00 Rp.125,000	9:00 Rp.125,000	9:00 Rp.125,000	罗威纳	9:00 ※2 Rp.175,000	9:00 ※2 Rp.175,000	
八丹拜	9:00 13:30 16:30 Rp.75,000	9:00 13:30 16:30 Rp.75,000	9:00 13:30 16:30 Rp.75,000	9:00 ※2 Rp.175,000	八丹拜	8:30 13:30 16:30 Rp.35,000	9:00 Rp.125,000 / 9:00 13:00 Rp.400,000 b
赞迪达萨	8:30 13:00 16:00 Rp.75,000	8:30 13:00 16:00 Rp.75,000	8:30 13:00 16:00 Rp.75,000	8:30 ※2 Rp.175,000	8:30 13:00 16:00 Rp.35,000	赞迪达萨	8:30 Rp.150,000
圣吉吉	10:00 Rp.175,000 a	10:00 Rp.175,000 a	10:00 Rp.175,000 a		10:00 Rp.125,000 a	10:00 Rp.150,000 a	圣吉吉（龙目岛）
目的地	库塔 & 机场	沙努尔	乌布	罗威纳	八丹拜	赞迪达萨	← 目的地

※1=2 名以上成团　※2=途经乌布　a= 搭乘公共渡轮　b= 搭乘快速游艇

出租车 ▶ 巴厘岛上打表的出租车起步价是 1 公里 Rp.7000，1 公里以上实行距离·时间混合计费法，以 Rp.650 为单位递增。在众多出租车公司中，蓝鸟集团旗下的 Bali Taxi【TEL（0361）701-111】最为靠谱。这家公司的出租车 24 小时不间断运营，即使是包车数个小时甚至一天的时间，最后也可以按公里表的金额进行支付。此外你还可以在叫车时让委托出租公司派出懂英文的司机，使得沟通变得更加方便，总之这家出租公司完全值得你的信赖。打车 1 小时的路程费用是 Rp.70000 左右，如果你不是单人旅行，可以和同伴平摊出租车费，其实打车要比乘坐观光班车的价格更加划算。值得一提的是，如果你从库塔 & 雷吉安等巴厘岛南部度假区打车前往乌布，由于返程路段通常是空驶，所以会加收 30% 的车费，请提前了解。

出租车通常只在库塔 & 雷吉安、水明漾 & 克罗博坎、努沙杜瓦 & 伯诺阿、沙努尔、登巴萨等巴厘岛的繁华地段运营，所以即使是像乌布以及罗威

纳这种著名观光地，你在大街上也是看不到出租车的身影的，到时候千万不要惊慌失措。另外巴厘岛的出租车司机看到你是外国游客，有时便会在车费上做手脚，请一定要监督司机打表计费后再开车，让他们的小伎俩无从施展。"请打表计费"用印尼语讲时，念作"托龙·帕凯·阿尔戈 Tolong Pakai Argo"。

贝莫小巴 ▶ 贝莫小巴是巴厘岛内最走街串巷的巴士车型，短途移动的费用在 Rp.5000~10000，上车前可以问下当地人行程的大体费用，心中有数有备无患。如果要求你比同车其他本地乘客支付更多的金额，千万要讨价还价，不能甘当冤大头。

巴厘岛南部的贝莫小巴起点位于登巴萨，根据汽车行进的不同方向，站台也被逐一分开。

同时你也可以从北部郊外的巴土布兰 Batubulan，搭乘前往乌布、苏鲁克、马斯、赞迪达萨、八丹拜、庞里、吉安雅、赛马拉普拉、安拉普拉等地的贝莫小巴。

※图中所示时间及费用为大体估算价格，可能会根据实际路况而产生些许变化，数据仅供参考
※2018 年 6 月的打表出租车起步费为 Rp.7000，此后每进 100 米加收 Rp.650。需要注意的是，从南部度假区域打车前往乌布等远郊地区，由于回程路段普遍为空驶情况，所以需要额外支付 30% 的车费（具体金额请与司机提前沟通）

租车自驾▶巴厘岛中心地带的交通流量很大，一不小心便可能在自驾时出现交通事故，所以不推荐你在巴厘岛自驾。虽然部分租车点会跟你说巴厘岛已经认可了中国驾照，但是为了防止警察刁难，最好还是提前准备国际驾照翻译认证件，这种认证件，使得中国驾照得以被更广泛的国外机构和租车公司认可接受，可在近 200 个国家和地区配合中国驾照原件使用。不过即使你在出行前购买了海外旅行保险，也有很大概率在发生交通事故后不会得到补偿，所以租车自驾，还请慎重考虑。

如果你决定租车自驾，请一定在机场等大型场所的租车点进行租车，更为安全。机场以及大型酒店的大厅中通常都会设有租车公司的服务台，在乌布以及库塔等地租赁中型汽车，每天的费用大体在 Rp.500000 左右。

城镇中的旅行社门市也提供租车业务

摩托租赁▶乌布等小城镇比较适合骑着一辆小摩托走街串巷，但是在库塔等交通流量较大的区域，如果你平时不怎么骑摩托，可能还是比较危险的。租赁费用为 1 天 Rp.40000~50000，车辆保险最高也只有 3000 元左右（并未包含驾驶人保险），出事后的赔偿风险很高，此外国内购买的海外旅行保险也和自驾一样，很大概率在发生交通事故后不会得到补偿。

中国的驾照并不是一定会被当地警方所认可，如果被警方查证，可能还会缴纳高昂的交通违规罚金。

摩托出租车▶在现在这个信息时代，通过手机 App 软件就可以实现在巴厘岛实时叫摩托车的可能。而其中最有人气的叫车软件当数"去接客"GO-JEK 了，即使是初来乍到的外国游客，也可以在手机的应用商城进行下载（包含 IOS/Android 格式）并安装（登录时需要输入当地的手机号码）。

在巴厘岛南部度假区使用频繁很高的出行软件——"去接客"GO-JEK

进入客户端后，只要你输入你的起始地和目的地，附近的骑手就会收到通知，一眨眼的工夫便会骑着摩托车来到你的眼前了。摩托出租车的起步价是 Rp.4000~，此后每 1 公里便加收 Rp.1800~。

包车▶包车在巴厘岛进行观光会十分便利，你可以通过酒店或者旅行社联系包车司机，库塔当地旅行社的收费标准是 US$30~60/8 小时（一天范围内），有时收费价格也会根据车程、包车时间、汽车等级产生相应的变化。

Information

在"大自然的主题公园"与动物亲密接触

骑乘大象在公园内外游览

与大象亲密游玩的主题公园

● **野生大象公园**
Elephant Safari Park　MAP p.219/A3
位于巴厘岛中部塔罗村的大象主题公园。建造这家公园的初衷是为了保护野生的苏门答腊大象，现在园内共饲养着数十头大象，你可以摇摇晃晃地骑着大象在公园内外游览，此外还可以进行喂食等多项互动项目。
TEL（0361）721-480　入场 每天 8:00~18:00
费用 野生大象公园参观 US$70（未满 13 岁的儿童收取 US$58，4 岁以下的幼童收取 US$20），野生大象公园参观加骑乘 US$92（未满 13 岁的儿童收取 US$42，5 岁以下的幼童收取 US$25）
URL www.masonadventures.com

最真实的野生公园体验

● **巴厘岛野生动物园**
Bali Safari & Marine Park　MAP p.219/B4
位于吉安雅郊外，占地约 50 公顷的野生动物园。这里生活着印尼的特有动物以及来自非洲的珍奇动物（参观游览需要 30 分钟）。你在这座动物园内可以近距离地观察狮子、老虎、河马、犀牛等大型野生动物，在公园舞台举办的大象表演也很有趣。
TEL（0361）950-000　入场 每天 9:00~17:00
费用 丛林穿游 Rp.720000~（此外也有附带接送服务的游玩套餐可供选择）。未满 3 岁的幼童不需要支付费用。
URL www.balisafarimarinepark.com

你在这座野生动物园可以近距离观察各种野生动物

前往巴厘岛的交通方式

国际航班▶从北京可以搭乘东方航空和印尼鹰航的直飞航班前往巴厘岛，每天各有一班。

此外，你也可以搭乘马来西亚航空、亚洲航空、毛里求斯航空、大韩航空、菲律宾航空、香港航空等航司运用的转机航班，虽然航程相对于直飞航班要多3~15个小时，但是在旅游旺季，机票的仓位会更多更方便购买，价格也会经常有打折降价的时候。→p.436

抵达巴厘岛机场时的注意事项

巴厘岛的入境审查官在批准你进入巴厘岛后会在你的护照上加盖入境章，请一定要核对入境章上的日期信息，如果日期错误，在出境回国时很有可能会引发不必要的误解。

通过海关后真正来到巴厘岛时，一定要用手中的外币换一些印尼卢比用作接下来的交通费。不过机场的汇率不是很好，最好只兑换些马上需要用到的现金金额，进入市区后再去当地的货币兑换处进行更多金额的外币兑换。

在机场打车首先要在叫车柜台商讨车费

搭乘印尼鹰航便可以从国内直飞巴厘岛

印尼国内航班▶往返巴厘岛与雅加达的国内航班班次很多，此外往返巴厘岛与爪哇岛、龙目岛、苏拉威西岛等地的航班频率也不在少数，十分便利。详情参照→p.442。

除了印尼本国的航空公司—印尼鹰航运营各地与巴厘岛的国内航线外，狮航、连城航空、斯利维查雅航空、亚洲航空等航空公司也都设有往返巴厘岛与印尼各岛屿的航线，每天从爪哇岛雅加达前往巴厘岛的航班共有55班左右（航程约2小时），日惹起始的航班每天8班（航程为1~1.5小时），泗水起始的航班每天14~15班，从苏拉威西岛望加锡起始的航班则是每天6班。总体来说，完全可以满足你的旅游出行。

此外你也可以从加里曼丹岛的马辰出发，在雅加达或是泗水转机后前往巴厘岛。如果是从巴布亚岛的查亚普拉出发，则需要在泗水或是望加锡进行转机，每天共有4班航线。

从东部的龙目岛出发，可以搭乘狮航及鹰航的航班前往巴厘岛，每天有8~9班航线。

努拉莱国际机场设有多班往返印尼各地的航班

乘坐渡轮 & 巴士前往周边地区

如果你喜欢海上交通的话，可以搭乘渡轮从龙目岛的伦巴港 Lembar、前往八丹拜港或是伯诺阿港，或是从爪哇岛东部的吉打拜港前往吉利马努克港。下船后你还可以选择搭乘长途巴士继续前往目的地，车费中通常都包含途中的渡轮费，实现复合交通的出行方式。从雅加达搭乘长途巴士及渡轮前往巴厘岛，用时约30小时。从日惹搭乘长途巴士及渡轮前往巴厘岛，用时约18小时。此外从泗水或者万隆也有前往巴厘岛的巴士加渡轮行程。如今印尼各岛屿的公路路况都有很大的改善，长途巴士的乘坐体验也很舒适，如果你从爪哇岛前往巴厘岛选择这种长途巴士加渡轮的复合出行方式，旅途也会十分舒适的。

往返巴厘岛与爪哇岛的渡轮交通工具

机场搭乘费用表	可能会改变
库塔中心地区	Rp.80,000～
雷吉安	Rp.100,000～
水明漾	Rp.175,000～
克罗博坎	Rp.175,000～
金巴兰	Rp.150,000～
努沙杜瓦	Rp.175,000～
伯诺阿	Rp.185,000～
沙努尔	Rp.175,000～
登巴萨	Rp.175,000～
乌布中心地区	Rp.300,000～
赞迪达萨	Rp.425,000～
八丹拜	Rp.400,000～

※ 从机场前往各地区的交通方式详见各地区专栏的首页栏外简介

巴厘岛目的地参团指南

巴厘岛当地的一日游行程非常丰富，价格也不尽相同，下文主要为你介绍一些包含餐食的一日游项目（选择乘坐迷你巴士 & 不含餐食时费用一般会减半）。如果你发现了心仪的一日游行程，就请抵达巴厘岛后通过当地的旅行社报团参加吧。

●塔曼阿云寺与海神庙观光

费用 US$40~70
出发 14:00~16:00（行程共计 6~8 小时）

午后出发，前往登录在世界遗产名录中的塔曼阿云寺，随后前往海神庙，配着夕阳美景欣赏绝美的落日剪影，留下绝妙的旅行回忆。

夕阳西下时的海神庙绝景

●参观乌鲁瓦图寺并欣赏凯卡克舞演出

费用 US$45~60
出发 15:00~16:30（行程共计 6~7 小时）

午后前往建在悬崖绝壁上的乌鲁瓦图寺，参观结束后在这样一个以印度洋作为背景的壮美舞台上欣赏巴厘岛当地传统的凯卡克舞表演。1 小时的精彩演出结束后，前往金巴兰的海滩享用 BBQ 烧烤晚餐（部分行程将晚餐设在高级酒店的宴会厅）。

日落时分的凯卡克舞表演震撼人心

●乌布 1 日游

费用 US$60~70
出发 9:00（行程共计 13 小时）

行程中游览大象洞与圣泉寺，午餐选在景致绝美的德格拉朗梯田用餐。途中你还可以参观美术馆并自由购物，当然，巴厘岛的精彩舞蹈也是此次 1 日游的点睛之笔。

大象洞的洞窟入口

●巴龙舞欣赏及京打玛尼高原观光

费用 US$40~70
出发 8:00~8:30（行程共计 8~9 小时）

首先在巴土布兰村欣赏巴龙舞的表演，随后前往苏鲁克 & 马斯村落的手工艺品工坊，午餐在可全景领略世界遗产——巴图尔湖的绝佳位置用餐。（部分团队可能选在德格拉朗梯田用餐）。

一边欣赏着巴图尔湖的美景，一边享用美味的午餐

●布撒基寺与克隆孔观光

费用 US$40~70
出发 8:00~9:00（行程共计 8~11 小时）

行程将会带你前往巴厘印度教的总坛——布撒基寺。午餐餐馆的视野很棒，可以欣赏到周边的绝美景色。下午探访古都赛马拉普拉（克隆孔），届时可以参观到王宫遗迹里古司法厅建筑中的精美壁画。

庄严肃穆的布撒基寺

参与生态探险活动，亲密接触大自然

刺激带感的激流勇进
皮划艇运动 Rafting

控制皮划艇沿着河流顺势而下，途中可以欣赏饱览处于热带植物丛生的茂密溪谷，景色宜人，巴厘

酣畅淋漓的皮划艇运动

岛中部的阿勇河以及东部的图拉瓦加河是官方指定的皮划艇运动区域，如果你是第一次参加这种运动，推荐你在河程较短的阿勇河进行尝试，图拉瓦加河则更适合皮划艇技术更熟练的老手游玩。

骑车兜风自由领略巴厘美景
山地骑行 Mountain Cycling

以高原地区作为行程起点，途中穿越山间的村落与恬静的田园，骑行可谓是最自由的旅行方式。不同于

乘坐大巴车的交通方式，如果看到好奇的民居完全可以停下车来看看，甚至与当地的农民进行简单的互动，体验更加深度的巴厘岛魅力。

路在脚下，亲力亲为，拥抱大自然
远足 Trekking

各家旅行社都设计了内容丰富的远足行程，不仅囊括了森林、田园与乡村之景，还可以在领队的带领下，前往自由行完全去不到的深度美景地，肯定不虚此行。

生态探险活动的报名地

●梅森探险 Mason Adventures
皮划艇运动 US$85~、山地骑行 US$79、丛林飞车 US$98~、远足 US$74。
TEL（0361）721-480　URL www.masonadventures.com

●阿勇河皮划艇漂流 Ayung River Rafting
骑行（京打玛尼 / 贾蒂鲁维）Rp.670000~、皮划艇运动 Rp.665000~。
TEL（0361）239-440　URL www.truebaliexperience.com

Yellow Page

公共机构

●中国驻登巴萨总领馆 Consulate General of the People's Republic of China in Denpasar
地址 Jl. Tukad Badung 8X, Renon, Denpasar Selatan, Kota Denpasar, Bali 80226
TEL（0361）239-901
营业 周一至周五 09:00 ~ 11:30；14:00 ~ 16:00
周六、周日及法定节假日休息

●入境管理局办公室（登巴萨事务所） MAP p.223/C3
地址 D.I.Panjaitan No.3, KEL. Dangin Puri Kelod, Renon, Denpasar
TEL（0361）227-828

●入境管理局（图班） MAP p.173/C2
地址 Jl. Bypass Ngurah Rai No.300B, Tuban
TEL（0361）751-038

●入境管理局（新加拉惹）
地址 Jl. Seririt, Singaraja Pemaron, Singaraja
TEL（0362）32-174
※ 签证延长手续→ p.434

医院＆诊所

●巴厘药诊所 SOS MAP p.173/B2
地址 Jl.By Pass Ngurah Rai No.505X, Kuta
TEL（0361）710-505

● BIMC MAP p.173/B2
地址 Jl.By Pass Ngurah Rai No.100X, Kuta
TEL（0361）761-263
URL www.bimcbali.com

●共爱健康诊所 MAP p.173/B2
地址 Jl. By Pass Ngurah Rai No.9C, Kuta
TEL（0361）766-591
URL www.kyoaims.com

巴厘竹仔诊所 MAP p.173/B2
地址 Jl. Sunset Road No.77A, Ruko No.1, Kuta
TEL 0811-399-459（手机）
URL www.takenokoshinryojo.com

●卡西伊布医院 MAP p.222/C1
地址 Jl. Teuku Umar No.120，Denpasar
TEL（0361）300-3030

URL www.kasihibuhospital.com

●希罗阿姆医院 MAP p.173/B2
地址 Jl. Sunset Road No.818, Kuta
TEL（0361）779-900
URL www.siloamhospitals.com

丢失信用卡时请马上联系为你办理信用卡的相应银行

- **中国银行 TEL** +86-10-66085566
- **建设银行 TEL** +86- 95533
- **工商银行 TEL** +86-95588
- **招商银行 TEL** +86-755-84391000
- **民生银行 TEL** +86-400-66-95568
- **浦发银行 TEL** +86-21-38784988
- **交通银行 TEL** +86-400-800-9888
- **农业银行 TEL** +86-95599

※ 通过手机拨打免费电话时，可能会有打不通或是额外收费的情况，请提前知晓

航空公司

●印尼鹰航 Garuda Indonesia Airways
沙努尔　地址 Rukan Golf Arcade
TEL（0361）283-354
库塔　地址 Hotel Kuta Paradiso 内
TEL（0361）761-414（内线 780）

●特兰斯努萨航空 Trans Nusa
地址 Jl.Sunset Road No.100C, Simpang Siur, Kuta
TEL（0361）847-7395

●亚洲航空 Air Asia
地址 努拉莱国际机场内
TEL 0804-1333-333（接线中心）

●连城航空 Citilink Air
地址 努拉莱国际机场内
TEL（0361）936-2208

●新加坡航空 Singapore Airlines
地址 努拉莱国际机场内 TEL（0361）936-8388

●泰国航空 Thai International Airways
地址 Inna Grand Bali Beach Hotel, Sanur
TEL（0361）288-141

巴厘岛的电话区号分为南部的 0361，北部的 0362，东部有两个区号，分别是 0363 和 0366。巴厘岛的主要城市分别对应以下区号。

巴厘岛各区区号			
0361	库塔＆雷吉安＆水明漾＆克罗布坎、金巴兰、努沙杜瓦＆伯诺阿、沙努尔、登巴萨、托帕提、吉安雅		
0362	罗威纳、新加拉惹	**0365**	尼加拉
0363	赞迪达萨、八丹拜	**0366**	赛马拉普拉

国际电话
※ 拨打电话方式
详见 p.449

| 从中国往印度尼西亚拨打电话 | 国际电话识别号码 00 | + | 62 | + | 去除 0 的区号 | + | 对方号码 |

| 从印度尼西亚往中国拨打电话 | 国际电话识别号码 001 | + | 86 | + | 去除 0 的区号 | + | 对方号码 |

登巴萨
库塔&雷吉安

海 拔	不足 10 米
市区区号	0361

库塔 & 雷吉安
Kuta & Legian

以至美日落景色而知名的刺激景区

全世界冲浪客的聚集地，巴厘岛度假区的核心地带

前往库塔 & 雷吉安的交通方式

从机场搭乘机场运营的出租车前往库塔 & 雷吉安，需要 15~30 分钟的时间（Rp.80000~120000）。如果是从库塔 & 雷吉安搭乘普通市营出租车前往机场，费用则会便宜一些，在 Rp.80000~100000。

打车概览

◆**水明漾起始**
15~30 分钟、Rp.60000~
◆**金巴兰起始**
20~30 分钟、Rp.80000~
◆**努沙杜瓦起始**
30~50 分钟、Rp.110000~
◆**沙努尔起始**
20~30 分钟、Rp.110000~

观光班车

普拉玛旅社（→ p.166）运营的观光班车穿行于巴厘岛的各个地区，如果你恰巧在巴厘岛的南部 & 乌布地区活动，还可以搭乘当地的 Kurakura bus 库拉库拉观光巴士（→ p.177）前往库塔地区。

　　库塔 & 雷吉安地区因其坐拥着印度洋奔腾的海浪而成了世界各地冲浪客心中的度假胜地，进而得以在近半个世纪的时间中迅速发展起来。这里最初只是一座小渔村，20 世纪 60 年代期间，随着世界各地的冲浪爱好者纷至沓来，逐渐开始修建平价旅店和餐馆等配套设施。随着巴厘岛的名气越来越大，越来越多的年轻旅客来到这里为求优越的度假体验，进而使得库塔 & 雷吉安地区旅游配套设施的等级更上一层楼，以前这片区域的南部和北部是清一色的民宅与寺庙，而现在但凡是当地民用建筑的空当，都被酒店、餐馆、旅游纪念品店等建筑所填满。近年来，位于库塔 & 雷吉安地区北部的水明漾以及克罗博坎等地的酒店和商店数量持续增加，使得这里已经成了巴厘岛上最大的旅游观光地区。

　　如今当你来到库塔 & 雷吉安地区，绝对想不到这里曾经只是一个再平常不过的小渔村。来自世界各国的旅行者慕名而来，使得这片区域俨然成为一个无国界的海滨乐园。

库塔地区的大型水乐园

能尽兴实玩上一整天的水上乐园

占地面积足足有 3.8 公顷，是亚洲屈指可数的巨型水上乐园。园内设有 13 种水滑梯，模仿海浪氛围的大型泳池，以及各式餐馆 & SPA 中心。这里的人造浪较大，不适合游泳，更偏向家庭群体的戏水玩耍。随着科技水平越来越发达，现在你在这里的新型泳池还可以体验冲浪运动带来的刺激快感。

巴厘岛水上乐园　　　　MAP p.174/C1
Waterbom Bali
TEL（0361）755-676
URL waterbom-bali.com
营业 每天 9:00~18:00
费用 成人 Rp.520000，儿童 Rp.370000

贴士　市内主干路雷吉安大道的堵车现象可谓是一道别具特色的巴厘岛风景线。特别是从傍晚到深夜的夜间时段，行人步行的速度甚至都要甩汽车好几条街。不少出租车为了躲避这里的晚高峰经常会绕道前行，请提前知晓。

克坤餐馆
Cocoon
JI. Double Six
亚洲小餐馆
Waroeng Asia
水明漾富丽华海滩酒店
Furama Xclusive Seminyak
赞吉巴餐馆
Zanzibar
雅加达巴厘岛酒店
Jayakarta Bali

雷吉安 卡雅
Legian Kaja

科特巴厘岛酒店
Bali Court
萨尼帕德玛巴厘岛酒店
Bali Sani Padma
全季酒店
All Seasons
Casa Padma

雷吉安
Legian

帕德玛巴厘岛度假酒店
Padma Resort Bali
JI. Padma
巴厘曼迪拉酒店
Bali Mandira
雷吉安海滩
Legian Beach
JI. Melasti
巴厘岛雷吉安铂尔曼涅湾酒店
Pullman Bali Legian Nirwana

雷吉安海滩
Legian Beach

▶p.175

亚拉姆库尔库尔酒店
Alam Kul Kul
爪哇猿人商店
Pithecanthropus

Mini Mart
JI. Benesan
乌恩斯酒店
Un's

巴莱乌当餐馆
Bale Udang
家乐福
Carrefour
时尚奥特莱斯
Fashon Outlet
科勒伽小餐馆
Warung Kolega
柯士帕敦餐馆
Ketupat
克里斯纳商店
Krisna
佩兰基巴厘餐馆
Pelangi Bali
巴厘坦吉酒店
Bali Tangi

普拉萨
Pelasa

秘88餐馆
Mie 88
爪哇猿人商店

雷吉安天堂酒店
Legian Paradiso
库塔中心公园
Kuta Central Park

耶加拉工厂折扣店
Jenggala Factory Outlet
陆曼卢璐尔巴厘坦吉按摩会所
Rumah Lulur Bali Tangi
精油Spa会所
Essence Spa
Papaya Fresh Gallery
新鲜木瓜超市
寿司馨餐馆
Sushi Tei
冲绳小餐馆
Warung Okinawa
里佩尔酒店
Rip Curl

家乐福
Carrefour
希罗阿姆医院
SI Raya Kuta

巴厘竹子诊所
Jl. Raya Kuta
新沙咖啡馆
Shisha Cafe
潘多克
滕坡杜尔餐馆
Pondok
Tempo Doeloe
第戎餐馆
Dijon
巴厘药谷所SOS
BIMC
共爱健康诊所
海帕市场
Hyper Mart

库塔
Kuta

伊思坦纳拉玛大酒店
Grand Istana Rama
巴厘海滩漫步购物中心
Beach Walk Bali
喜来登巴厘库塔度假酒店
Sheraton Bali Kuta Resort
哈里斯库塔度假酒店
Harris Resort Kuta
Gg. Poppies II
Barong
麦当劳
McDonald's
库塔美居酒店
Mercure Kuta
巴厘岛硬石酒店
Hard Rock Hotel Bali
Gg. Poppies I
格朗德娜库塔酒店
Grand Inna Kuta
JI. Pantai Kuta
库塔广场购物中心
Kuta Square
艺术市场
库塔天堂酒店
Kuta Paradiso
罗摩衍那酒店
Ramayana
巴厘岛花园酒店
Bali Garden

焚怖袭击悼念碑
天空花园夜店
Skygarden
邦绳小船夜店
Bounty Ship
普拉玛旅社门市
嬉栗小屋酒店
Poppies Cottage
JI. Bakungsan

库塔海滩
Kuta Beach

探索购物中心
Discovery Mall
▶p.174

库塔中心商场
Kuta Centre
巴厘岛水上乐园
Waterbom Bali

菲蕾餐馆
Feyloon
格拉埃尔超市
Gelael Super Market

巴厘奥特莱斯
Bali Surf Outlet (BSO)
日巷餐馆
Yogyakarta
薰衣草酒店
Lavender
焦格尔商店
Joger
当地小吃街
新库塔市场
Pasar Kuta
库塔蒂姆尔夜店
Kuta Timur

巴厘艺术购物中心
Mal Bali Galeria
JCB
广场商店
巴厘丁广场免税店
T Galleria Bali

探索卡蒂卡广场发现酒店
Discovery Kartika Plaza
库塔卡蒂卡广场法维酒店
Favehotel Kuta Kartika Plaza
巴厘岛拉尼酒店
Bali Rani
巴厘岛王朝假日酒店
Bali Dynasty Resort
沙门餐馆
Sands
印度女王餐馆
Queen's of India
JI. Kartika Plaza

玛焦丽餐馆
Ma Joly
特塔spa中心
Theta Spa
桑迪帕拉度假酒店
The Sapdi Phala
安哥亚酒店 The Anvaya
拉玛达宾塘巴厘酒店
Ramada Bintang Bali
The Vira Bali

库塔海滩
Kuta Beach

潘泰餐馆
Pantai
安维餐馆
Envy
假日酒店
Holiday Inn
Resort
库普库普39酒店
Kupu Kupu 39
巴厘宝帕璃亚酒店
The Patra Bali
哈里斯图班酒店
Harris Tuban
JI. Kartika Plaza
丽珀库塔商场
Lippo Mall Kuta
J Boutique
阿斯通库塔酒店
Aston Kuta
Mandara
Cottages
Circle K
达普尔斯达普餐馆
Dapur Sedap
Cafe Seafod
Muslim
Circle K
Pepito
JI. Kediri

佩尔尼旅行社
Pelni
丹戎皮南餐馆
Tanjung Pinang
格拉哈阿西医院
Graha Asih
老大餐厅Lao Ta
科托马卡萨餐馆
Coto Makassar
帕文餐厅
Pawon
拉玛旅行社
Rama Tours
Permata Kuta
Mie 88
Tuban
Plaza
苏达克拉帕餐馆
Sunda Kelapa
波舍夜店Boshe
入境管理局
图班
Betawi
A-Hong
ACC闵昂餐馆
ACC Minang

N

库塔&雷吉安
Kuta & Legian
区域地图▶折页地图背面2

173

0   1km

巴厘岛最佳西方库塔海滩酒店 Best Western Kuta Seaview
里普柯尔商店 Rip Curl
德国妈妈餐馆 Mama's German
禅披摩店 Zen
哈雷商店 Hurley

Circle K

黄金竹子商店 Bamboo Blonde
罗索诺咖啡 Cafe Romano

Mini Mart
贝奈萨利大道
Mayda Spa
West
乌恩斯酒店 Un's
克里斯蜡染商店 Batik Keris

阿拉亚德顿酒店 Alaya Dedaun

科拉拉达达1酒店 Komala Indah 1
Big Barrel Bar
塔娅娜B&B Tayana B&B
达拉Spa会所 Dala Spa

阿迪达尔马酒店 Adi Dharma
Fourteen Rose
芒加利马旅馆 Mangga Lima Inn

Mini Mart
The 101

Wina Holiday Villa
狗龙烧烤 Dog Dragon Grill
Mini Mart
Restu Bali

巴厘岛别墅酒店 Bali Bungalo
科皮壶餐馆 Kopi Pot
亚历克斯商店 Alex's
夏日小鸡商店 Summer Chicks

伊思坦纳拉玛大酒店 Grand Istana Rama
哈里斯库塔度假酒店 Harris Resort Kuta
Max
Beneyasa 1
Agung Cottages

警察局 Tourist Police
Legian Cafe
码洋巴厘纪念品店 Mayang Bali

巴厘海滩漫步购物中心 Beach Walk Bali
Bali Sandat Inn 2
克拉姆&科丝塔咖啡馆 Crum & Coaster
艾康夜店 Eikon
M酒吧GO M Bar Go

The Bounty
96小餐馆 Warung 96
巴利塔酒店 Balita Inn
科里餐馆 Kori
塔曼萨利酒店 Taman Sari
恐怖袭击悼念碑
Vi Ai Pi夜店 Vi Ai Pi

Rainbow Cafe
Circle K
极速骑板商场 Quiksilver

喜来登巴厘库塔度假酒店 Sheraton Bali Kuta Resort
潘多克克里希纳布比斯商店 Pondok Krishna Poppies
Bagus Pub
比拉邦餐馆 Billabong
天空花园夜店 Skygarden

桑迪巴厘酒店 Bali Sandy
印度尼西亚小餐馆 Warung Indonesia
引擎空间商店 Engine Room
阿帕奇莱格雷吧 Apache Reggae Bar

德卡塔酒店 De Kuta
马克思 Maxi
邦缇小船夜店 Bounty Ship

Sorga
苏瓦基基小餐馆 Warung Souvlaki
迷你餐馆 Mini
冲浪女孩商店 Surfer Girl

萨特维雅别墅酒店 Satriya Cottages
Arena
Suji
哈帕库塔酒店 Harper Kuta
Paradiso
新德莱拉商店 Cindderella

罗索维沃餐馆 Rosso Vivo
库塔海景酒店 Kuta Seaview
库塔普利酒店 Kuta Puri
Mahendra
Sari Yasa Samudra
Somewhere

Mini Mart
马哈拉尼酒店 Maharani
麦当劳
Tree House
Kedin's Inn
库塔镇屋酒店 Kuta Town Houses
乌鲁瓦图 Uluwatu
Omega

The Kuta Beach Heritage
Ayu Beach
艺术市场
Cameria Spa

阿奈卡海滩酒店 Aneka Beach
Mercure Kuta
Bali Agung
普415玛旅社门宇
Banjar Kuta

库塔美居店 Mercure Kuta
马萨旅店 Masa Inn
T.J.'s
五一小屋酒店 Five One Cottages

必胜客 Pizza Hut
巴厘哈瓦那俱乐部 Club Havana Bali
Poppies
Poppies

硬石咖啡 Hard Rock Cafe
巴厘岛硬石酒店 Hard Rock Hotel Bali
翠粟小屋酒店 Poppies Cottage
Un's
库塔儿童商店 Kuta Kidz
Wira's

Kodja Beach Inn
巴厘夏日酒店 Bali Summer
马德的小餐馆 Made's Warung
伊莫路口
Tiffano

Puri Asih
东方季节餐馆 Oriental Season
樱花餐馆 Sakura

格朗德娜库塔酒店 Grand Inna Kuta
库塔广场购物中心 Kuta Square
Favehotel Kuta Square
Dayu 2
Toko Mega & Jun

超市
Segara Beach Inn
酒馆夜店 The Pub

库塔中心地区 Central Kuta
Dayu 1
Jl. Tegal Wangi
Alfa Expres
警察局 Tourist Police

区域地图 ▶ p.173
艺术市场
Jl. Bakungsari (Jl. Singosari)
Hero
Jesen's Inn 1
尼科马小餐馆 Warung Nikmat

Gabah
库塔绿洲酒店 Oasis Kuta
肯迪马斯 Kendi Mas

H.I.S.
罗摩衍那酒店 Ramayana
蓝芬餐馆 Blue Fin

体育场咖喱馆 Stadium Cafe
库塔侧行商场 Kuta Side Walk
Jesen's Inn 2

库塔天堂酒店 Kuta Paradiso
Bakungsari

梅拉斯提酒店 Melasti
Nadi Jaya
印尼烤乳猪
Ratna Bali

卡尔提酒店 Karthi
Circle K
哈迪马小餐馆 Hardy's

板行餐馆 Boardwalk
Wake Bali Art Market
Nasi Pudas
Kuta Clinic

海洋27夜店 Oceans 27
Railway
焦格尔商店 Joger

巴厘花园酒店 Bali Garden
Kuta Station
Wira's

慧伽拉亚洲烧烤 Segara Asian Grill
库塔中心 Kuta Centre

探索购物中心 Discovery Mall
布巴甘普虾餐馆 Bubba Gump Shrimp
巴厘岛水上乐园 Waterbom Bali

174

A

B

C

1

2

N

0   200m

Lori Beach Inn
飒飒餐馆 Sasa
La-Tekka
Kimia Farma
对六大道 Jl. Double Six (Jl. Arjuna)
纳库拉大道 Jl. Nakula
Surati
亚洲小餐馆 Waroeng Asia
Wow!
Kapal Laut
Astra Deco
TS Suites
Puri Dewa Bharata
生活SPA会所 Vie SPA
库马拉 酒店 Kumala
珍珠酒店 Pearl
Mini Mart
普瑞迈达 小屋酒店 Puri Damai Cottage
苏之小屋1号酒店 Su's Cottages 1
Mira Batik
宜必思雷吉安大道酒店 Ibis Legian Street
Mr.Rasta
苏尔亚马斯别墅酒店 Surya Mas Villa
会场
A
A
N
0 200m

New Skyz
Kusnadi
雅加达巴厘酒店 Jayakarta Bali
Jl. Werukudara
Waroeng Tropical
Su's Cottages 2
莫杜拉商店 Modula
华美达假酒店 Ramada Resort
Padma Clinic
热杧果餐馆 Hot Mango
巴厘法院酒店 Bali Court
AQ～VA
罗梅欧斯酒吧 Romeos
E Luna Spa
泼克罗克餐馆 Poco Loco
普思皮塔塔商店 Puspita
雅丽欧诺商店 Ariono
露吉安奥索特尔酒店 Ossotel Legian
阿玛里斯雷吉安酒店 Amaris Legian
厚尼克索玛 酒店 Bali Niksoma
Corner Bar
Gg. XXI
Hinata
Maharta
雷吉安酒店 Swiss-Belinn Legian
The Sari Beach
Sinar Indah
海边的 马苏里拉餐馆 Mozzarella by the Sea
穆拉斯缇酒店 Melasti
萨尼帕德玛巴厘岛酒店 Bali Sani Padma
夏日货车商店 Summervan
雷吉安阿比亚酒店 Abia Villa Legian
杰杰餐馆 Je Je
Soul Sisters
全季酒店 All Seasons
三兄弟独栋酒店 Three Brothers Bungalows
法嘉儿饰品商店 Fajar Accessories
步行街（不许非营运车通行）
Jl. Padma Utara
帕德玛巴厘岛度假酒店 Padma Resort Bali
日惹小餐馆 Warung Yogya
格科商店 Gecko
Jl. Padma Timur
天空沙滩俱乐部 S.K.A.I. Beach Club
Mini Mart
Loji Mini Market
雷吉安度度假村 Legian Village
Casa Padma
洛卡雷吉安酒店 Lokha Legian
Sol & Luna
帕德玛巴厘岛假酒店曼达拉spa会所 Mandara Spa at Padma Bali
Posers
Rama Garden
Jl. Padma
Legian Beach Bungalows
马苏里拉 Mozzarella
银加商店 Silver Plus
帕德玛大道
大碗餐馆 Fat Bowl
Circle K
Ambient
阿祖尔海滩俱乐部餐馆 Azul Beach Club
巴厘岛曼德拉海滩度假村 Bali Mandira
Suriwathi
Circle K
传奇餐馆 Legend
比利餐馆 Billy's
拉图银制品商店 Ratu Silver
巴厘雷吉安美居酒店 Mercure Bali Legian
Down Town
艺术市场 （商摊售卖各式服饰）
Garlic Lane
Jl. Sanadewa
Jl. Melasti
乔斯酒店 Jocs
Grandmas
Mini Mart
雷吉安海滩酒店 Legian Beach
哥沙餐馆 Gosha
Jaya Warung
Pelsa
穆拉斯缇大道
Circle K
塞嫩海滩旅店 Senen Beach Inn
Kuta Lagoon Resort
Circle K
巴厘岛雷吉安铂尔曼娜湾酒店 Pullman Bali Legian Nirwana
Adus
罗萨尼酒店 Rosani
海神庙酒店 Puri Tanah Lot
Kimo
Surya Bali Art
帕帕斯利蒙塞罗餐馆 Papa's Limoncello
阿拉姆库尔库尔酒店 Alam Kul Kul
钱普伦马斯酒店 Camplung Mas
萨洋马哈梅尔斯酒店 Sayan Maha Mertha
维拉里希酒店 Vilarisi
Cafe Etnik
雷吉安天堂酒店 Legian Paradiso
地球盐料餐馆 Salt of the Earth
岩石酒店 The Stones
布拉马酒店 Brama
Jl. Pantai Kuta
科马拉印度小屋2号酒店 Komala Indah Cottages 2
罗马阿莫尔餐馆 Roma Amor
皮特坎特罗普斯 Pithecanthropus
里普柯尔商店 Rip Curl
奈罗餐馆 Nero
德国妈妈餐馆 Mama's German
Circle K
The Kuta Playa
库塔独栋酒店 Kuta Bungalows
Jl. Lebak Bene
The Harmony
Legian Clinic
BMC
Citadines Kuta Beach
乌恩斯酒店 Un's
Circle K
Jl. Benesari

B
B

C
C

雷吉安芝海滩 Legian Beach

Tukad Mati

雷吉安中心地区 Central Legian
区域地图 ▶ p.173

1
2

175

库塔&雷吉安 漫 步

货币兑换事宜

雷吉安大道贝莫路口北面右手第二间的建筑便是专业的货币兑换处（营业时间每天9:00~23:00），这家兑换处的汇率不错，而且不收取任何手续费，非常公道。

度假氛围满点的海滩俱乐部

库塔海滩沿岸地区建有多家热带风情浓郁的休闲俱乐部，其中尤以 R 板行餐馆最为出名，店内设有吧台坐椅、沙发席和台球台，你可以在这里轻松打发一整天的时间，黄昏时分，点一杯鸡尾酒慢慢地欣赏西方逐渐消逝于海平面的美丽落日，细细品味时光的流转。

R 板行餐馆

Board walk MAP p.174/C1
地址 Jl. Kartika Plaza, Kuta
TEL （0361）752-725
URL www.boardwalk-restaurant.com
营业 每天11:00~23:00

库塔的平价旅店区域

雷吉安大道与潘泰库塔大道之间穿插着多条小巷（印尼语为Gang，意为小巷，本书缩写为Gg.），小巷中建有多家适合长期旅居游客住宿的平价旅店，特别是翠羽I巷与翠羽II巷中还有许多咖啡馆和小吃摊，这里是冲浪客和年轻游客最爱的场所，十分热闹。

雷吉安大道是一条纵贯南部库塔与北部雷吉安的地区主干路线，各式餐馆、商店、夜店等娱乐场所都可以在这条大道上找到，你在这里可以感受到浓郁的无国界氛围，世界各国的游客充斥着这条大街的各个角落。位于海滩沿线的潘泰库塔大道Jl. Pantai Kuta，建有多家大型酒店和独栋

海滩沿岸可谓是享用浪漫晚餐的绝佳场所

别墅度假区，是知名的高级住宅区，如果你住在这里，推开窗户便可以欣赏到湛蓝的海水与火红的落日，这片区域中的餐馆视野也很不错，非常适合来一场浪漫的晚餐。

连接库塔市中心与机场的公路名为卡缇卡广场大道Jl. Kartika Plaza，沿途的海滩上建有多家大型酒店，购物中心与餐馆设施也分散其中，特别是这里一座名为探索购物中心Discovery Mall的大型商场，是当地最有人气的购物场所，无论是游客还是当地人都喜欢来这里购物，十分热闹。

交通指南

游客由于不熟悉当地的交通，通常都是搭乘出租车出行。在库塔雷吉安地区，到处都可以看到出租车的身影，经常会遇到堵车的现象，请错峰出行。其中特别要注意远离雷吉安大道，这条路可是到了深夜也依旧堵车堵得

街上的士车流

厉害，令人寸步难行。此外有时候打车在你告诉司机目的地是高级酒店后，他们看出你是外国游客，可能会不打表开车，最后信口开河漫天要价，一定要监督司机在起步后打表计费。如果你想更加自由地出行，可以考虑租赁自行车（1天收费Rp.30000左右），但是库塔雷吉安地区的交通状况比较杂乱，骑车出行可能会比较危险，请一定要多加注意安全。许多免税商店和餐馆都会免费提供接送服务，灵活运用可令出行更便捷。

---

for your Safety

库塔地区的安全旅行指南

● **常见纠纷**

库塔地区有不少狡猾的商人，如果你没有相应商品的购买欲，就请千万不要与吆喝的商人进行眼神或言语的沟通，路上碰见假装带你游览的当地人也请礼貌地拒绝，不与他们建立联系是避免纠纷的首要解决办法。

此外，货币兑换处也是纠纷频发的场所之一，货币兑换处里的伙计凭借着娴熟的计算器操作，以迅雷不及掩耳的速度敲出与实际兑换金额有所出入的数字，借以从中牟利，请在兑换前一定自己算好最终的金额并当面点清。特别是库塔地区内可以提供货币兑换服务的商店，这里的店家可谓十分狡猾，经常缺斤短两，所以如果需要兑换货币，请尽可能前往专业的官方兑换处或是在银行办理外汇服务。

库塔当地也经常发生摩托车抢劫事件，摩托车手从游客的后面突如其来，趁其不备直接抢走手提包或挎包，而扬长而去无从追寻。所以在街上步

行时请一定将随身挎包放在胸前或是置于步行道方向。夜晚出行的话不时还会遇到突然拥抱你的奇怪女性（也可能是人妖），他们这样的举动可不是出于热情，如果被抱了的话，赶紧看看兜里的贵重物品是不是丢手了，她们其实是艺高人胆大的小偷啊！

● **夜店牛郎也要小心**

部分夜店是有牛郎服务女性消费者的，如果借着酒劲被他们的花言巧语说得天花乱坠，莫名其妙地消费了高昂酒品，那就是名副其实的受害者了。有的女性顾客还会以为在这里找到了遗失已久的爱情，头脑一热便与牛郎去开房了，结果被诱骗吃下安眠药，贵重物品被洗劫一空。当然还有更严重的骗局，有的牛郎完全不着急马上行骗，甚至是和女顾客结婚，之后循序渐进地提议俩人一起做生意的想法，说是要筹钱开店，结果开店后房本却只有牛郎一人的名字，这时候如果离婚房子也会归牛郎所有，所以请千万不要上当受骗，远离夜店牛郎。

 贴士 女性游客在巴厘岛的街面闲逛时，经常会有人搭讪说一下"真可爱"或是"我爱你"的暧昧字样，其实这在当地是再正常不过的打招呼方式了，无须当真，礼貌性地回一句"Thank You"继续前行即可。

在巴厘岛的观光区域便捷出行

搭乘库拉库拉观光巴士！

　　2014 年开始由库拉库拉旅社运营的观光班车使得游客在巴厘岛的出行更加便利，备受欢迎。你可以搭乘这种巴士游览巴厘岛南部的著名观光区 & 乌布地区，车上配有免费 Wi-Fi 及酷爽的空调设施，而且搭乘时无须提前预约，来即可上车，特别是库塔区间的发车频率是每 20 分钟一班的循环巴士，十分方便。

　　乘车时只需要在 DFS 巴士总站及各个巴士站点等车即可，上车付车费即可。车票种类除了单次纸质车票外，还设有无限次通票以及实体车卡可供你自由选择。

库拉库拉是印尼语中乌龟的意思，所以整辆观光巴士也是以绿色为主色调，非常可爱

● **库拉库拉巴士　Kura-Kura Bus**
URL ja.kura2bus.com
巴士总站 & 综合指南站
库塔：DFS 巴士总站
TEL （0361）370-0244

售票点
巴厘海滩漫步购物中心、滨塘超市、水明漾广场等地都设有售票点
（详情可以参照官网信息）。在车内也可以直接买票。

库拉库拉旅社观光巴士价目表
（※ 可能改变）

线路名	库塔线	雷吉安线	水明漾线	沙努尔线
费用	Rp.20000	Rp.20000	Rp.20000	Rp.50000
线路名	金巴兰线	努沙杜瓦线	南努沙杜瓦线	乌布线
费用	Rp.50000	Rp.50000	Rp.50000	Rp.80000

购物
Shopping

　　库塔的核心区域可谓巴厘岛上最大的购物区，售卖天然杂货、潮流商品、服装配饰的商铺比比皆是，如果想一次性转个痛快，推荐你前往探索购物中心以及库塔广场购物中心等大型商场进行畅快地选购。

潮流商品 & 杂货

码洋巴厘纪念品店
Mayang Bali

◆ 店内网罗了各式价格公道的旅行纪念品，选用贝壳制作的纯天然肥皂托盘（Rp.68000），废物再利用制作的精美相框（Rp.60000），商品种类繁多很有可能会挑花了眼。其中销量最好的当数芳香套装（Rp.199500~），手工编织的手提小包（Rp.70000），彩色蜡染的人造纤维围裙（Rp.110500）等各式女性用品，希望你在这里可以满载而归。

店内布置精心，洋溢着浓厚的南国氛围　Map p.174/A2

地址 Jl. Legian No.184, Kuta
TEL（0361）472-7261
营业 每天 10:00~23:00
信用卡 Ⓐ Ⓙ Ⓜ Ⓥ（※ 消费 Rp.200000 以上即可刷卡）

木质人偶与各式餐具整齐地摆放在店内，等待着有缘的顾客将它们带走

巴厘奥特莱斯
Bali Surf Outlet（BSO）

◆ 各式热门品牌都在此入住的大型奥特莱斯商场。极速骑板（Quiksilver）旗下品牌包括 Quiksilver、Roxy 的多样商品，折扣率都在 40% 左右，你在这座大商场里可以轻松地挑选到心仪的沙滩鞋、休闲背包以及随身配饰，即买即用，可以好好享受异国购物的奇妙体验。极速骑板品牌的冲浪 T 恤（Rp.148000~），冲浪女孩品牌的印花 T 恤（Rp.199000~）。

价格实惠的人气潮流商店　Map p.173/B2
地址 Jl. By Pass Ngurah Rai No.9, Kuta
TEL（0361）767-248
URL balisurfoutlet.com
营业 每天 9:00~22:30
信用卡 Ⓐ Ⓙ Ⓜ Ⓥ

你在这里可以挑选到各式沙滩用品

大型免税店 & 购物中心

探索购物中心
Discovery Mall

◆ 巴厘岛最大的购物商场，共有地下 1 层到地上 3 层的 4 层购物空间，地下一层为 SOGO 百货，1 层的商铺则是百家争鸣，售卖各式巴厘岛的特色杂货以及时尚物件，可以作为礼物送给亲朋好友的蜡染工艺品以及你直接可以马上穿着的沙滩服饰都可以在 1 层空间搜罗挑选。2~3 层则是当地大型百货品牌 "Centro"，Centro 也是你挑选民间工艺品和馈赠礼品的绝佳去处。

面向沙滩的购物场所，地理位置优越 Map p.174/C1

地址 Jl. Kartika Plaza, Kuta
TEL（0361）755-522（总机）
URL www.discoveryshoppingmall.com
营业 每天 10:00~22:00（各店铺的营业时间略有差异）
信用卡 Ⓐ Ⓓ Ⓙ Ⓜ Ⓥ（各店铺认可的信用卡种类不尽相同）

1 层设有众多店铺，商品种类繁多

巴厘 T 广场免税店
T Galleria Bali

◆ 拥有广阔面积的著名免税店，Coach、Loewe、Gucci、Cartier 等众多奢侈品牌都可以在这里找到品牌专卖店，此外众多化妆品牌的柜台也入驻这里，同时这里也是选购各式礼品的好地方，蜡染工艺品、木雕工艺品、巴厘岛的传统文化杂货以及各类芳香精油都可以在这里的 Experiencing Bali 卖场找到。值得一提的是，度假区还运营来往巴厘 T 广场免税店的定期班车，令出行更加方便。

囊括各式品牌的免税商店　Map p.173/B2
地址 Jl.By Pass Ngurah Rai, Kuta
TEL（0361）761-945
URL www.dfs.com
营业 每天 10:00~22:00
信用卡 Ⓐ Ⓓ Ⓙ Ⓜ Ⓥ

巴厘岛的土特产应有尽有

 贴士　耶加拉工厂折扣店 Jenggala Factory Outlet［MAP p.173/A2 TEL（0361）766-466 营业 每天 9:00~20:00］售卖的人气陶器品牌商品折扣率都在 30%~40%，十分划算。

巴厘艺术购物中心
Mal Bali Galeria

◆这家购物中心不仅汇集了众多精品服装店，里面还有一座大型超市，1层的 Matahari Department 中入驻了多家品牌柜台，经营精美沙滩鞋的查尔兹＆奇斯，以及将传统蜡染工艺加入现代元素改良创新的普兰·坤恰纳店铺都值得一去。2层的部分空间则是当地居民经常光顾的一家巨大超市，感兴趣的话不妨顺路转一转。

地址 Jl. By Pass Ngurah Rai, Kuta
TEL（0361）755-277（总机）
营业 每天 10:00~22:00（各店铺的营业时间略有差异）
信用卡 ADJMV（各店铺认可的信用卡种类不尽相同）

当地居民也经常光顾的人气购物场所

餐馆
Restaurant

根据你的用餐预算，巴厘岛可以满足你各种价位的用餐要求，从最接地气的街头小吃摊到高雅的景观餐馆，各式各样的餐馆应有尽有。在各个购物中心及库塔中心地区内还可以找到美食广场，价格实惠，味道也很地道。

印度尼西亚美食

达普尔斯达普餐馆
Dapur Sedap

◆这家殖民氛围浓郁的餐馆经营爪哇岛巽他地区的风味菜品，用餐环境十分不错。吃完齿间会留有淡淡柠檬草香味的巽他酸辣鱼（Rp.32000/100g），巽他风味的什锦石锅饭（Rp.495000）都非常值得推荐。在众多风格的印尼美食中，巽他菜肴更加注重食材本身的原汁原味，只是简单调味，菜品较为清淡。

地址 Jl.Kediri No.45, Tuban, Kuta
TEL（0361）758-890
营业 每天 9:00~23:45
税费＆服务费 +10%
信用卡 JMV
Wi-Fi 免费

这家餐馆烹饪地道的爪哇风味菜肴

潘多克滕珀杜尔餐馆
Pondok Tempo Doeloe

◆选用各式新鲜河鱼烹饪的爪哇风味海鲜餐馆，其中最出名的当数以丝足鱼等河鱼制作的特色菜品。味道清香的油炸丝足鱼（Rp.90000），香草丝足鱼（Rp.90000）等菜品非常适合头一次品尝丝足鱼滋味的食客。煮饭时加入小河鱼与香草进而烹调而成的香鱼饭（Rp.40000），将山羊肉放在烤箱中悉心烘焙的烤羊肉（Rp.60000）也是这家餐馆的主打菜品。

地址 Jl. Sunset Road No.8, Kuta
TEL（0361）757-699
营业 每天 10:30~22:30
税费＆服务费 含
信用卡 MV

选用只能在干净淡水区才可以捕捞到的丝足鱼烹饪各式海鲜菜品

在美食广场享用实惠菜品

Information

巴厘岛的购物中心里通常都会设有容纳多家餐饮摊位的美食广场（美食街），S 巴厘海滩漫步购物中心的3层便设有一个巨大的美食广场，名为"eat&eat"，你在这里不仅可以找到烹饪印尼＆巴厘岛风味美食的档口，还有经营中餐、烤肋排、拉面等各式摊位，绝对可以找到符合你口味的一款，来巴厘海滩漫步购物中心的话不妨就在这里解决用餐问题。

当地的特色小吃也可以在这里买到

贴士 ACC 闵昂餐馆 ACC Minang ［MAP p.173/C2 TEL（0361）755-568 营业 每天 9:00~次日 2:00］
经营巴东风味菜品的名店，添加各式配菜的印尼炒饭拼盘 Rp.40000~70000。

179

亚洲小餐馆
Waroeng Asia

◆ 这是一家物美价廉的当地泰餐馆，深受当地印尼人与各国游客的青睐。店如其名，餐馆布置得十分接地气，用餐体验十分自在，每到午餐时段便座无虚席。招牌菜包括 11 种口味的泰式咖喱（Rp.62000），泰式炒河粉（Rp.52000）等，菜品味道不是很厚重，清爽的口味令许多印尼本地人也将这里作为外出用餐的首选之一。

经营包括泰式炒河粉、绿咖喱鸡等多样菜品

如果你想在印尼吃一顿香辣过瘾的泰国风味美食就来这里吧　Map p.175/A1

地址　Jl. Werkudara No.5, Legian
TEL　（0361）739-237
营业　每天 10:00~23:00
税费 & 服务费　+15%
信用卡　Ⅴ
Wi-Fi　免费

苏瓦莱基小餐馆
Warung Souvlaki

◆ 由土生土长在爱琴海上圣托里尼岛的希腊人经营的风味餐馆，备受食客的好评，店内经常可以看到来自各国的游客在这里用餐。希腊风味的烤鸡肉串，烤猪肉串拼盘（Rp.57000），将肉馅和茄子和土豆一起烤制而成的穆萨卡（Rp.42000）是这里的招牌菜，一定不要错过。此外这里还有皮塔饼，希腊沙拉等各式菜品佐餐，选择丰富。

菜量很足的希腊烤串拼盘

经营地道的希腊风味菜品 Map p.174/B2

地址　Gg. Poppies II, Gg.Bedugul, Kuta
TEL　0819-9934-2589（手机）
营业　每天 8:00~23:00
税费 & 服务费　含
信用卡　无

克拉姆 & 科斯塔咖啡馆
Crumb & Coaster

◆ 咖啡馆内外都布置了绿色植物，给顾客营造了一种生机与活力的氛围。从露天席位可以欣赏到绝美的巴厘岛景色，令人可以大幅度平复旅行中悸动的情绪。除了各式咖啡饮品外，店家用秘方制作的蔬菜水果汁（Rp.30000~）与奶昔（Rp.45000）也都很受欢迎。班尼迪克蛋（Rp.50000）和牛油果羊角面包（Rp.60000）等简菜也非常美味。

位于库塔小巷中的咖啡馆

咖啡美味服务到位　　　　Map p.174/A2

地址　Jl. Benesari No.2E, Kuta
TEL　0819-9959-6319（手机）
营业　每天 7:30~23:00
税费 & 服务费　含
信用卡　ＭⅤ

新沙咖啡馆
Shisha Cafe

◆ 阿拉伯吊灯、穿着阿拉伯民族服饰的服务员营造了店内独树一帜的异国情调。你在这里还可以体验多种口味阿拉伯水烟（Rp.98500~）的奇妙魅力。羊肉糕（Rp.120000）及蒜香鸡（Rp.120000）等黎巴嫩菜肴也很出彩。

仿佛来到阿拉伯世界的神奇穿越感

阿拉伯风情浓郁　　　　　Map p.173/B2

地址　Jl. Sunset Road No.99, Kuta
TEL　（0361）759-445
URL　www.shisha.co.id
营业　周一~周五 10:00~次日 1:00　周六 · 周日 10:00~次日 2:00
税费 & 服务费　含
信用卡　ＭⅤ

潘泰餐馆
Pantai

◆ 这家餐馆是知名的落日观赏点，每当夕阳西下时，餐馆便会座无虚席。而且这里的菜品价位公道，完全对得起如此绝佳的地理位置，一边欣赏着美丽的海滩夕晖，一边品味地道的印尼美食，慢慢地享受着时光的流逝。招牌的海鲜拼盘（Rp.240000）和香草鸡（Rp.65000）味道都很不错，鸡尾酒 Rp.70000~。

你在这里可以欣赏到南国海滩的美妙景色

可以欣赏到绝美落日余晖的好地方 Map p.173/C1

地址　Jl. Wana Segara, Tuban Beach（aka Pantai German）
TEL　0819-3613-0612（手机）
营业　每天 10:00~23:00
税费 & 服务费　+15.5%
信用卡　ＭⅤ　Wi-Fi　免费

　贴士　海边的马苏里拉餐馆 Mozzarella by the Sea（MAP p.175/B1　TEL（0361）751-654　营业 每天 7:00~22:30）经营各国风味菜肴，位于海滩沿线的散步小路上，用餐视野极佳。

品尝当地菜肴

库塔&雷吉安地区设有很多当地人经常光顾的小餐馆（Warung），哪里可以吃到最地道的印尼杂菜饭？那就是这些小餐馆了。自由选择各式配菜搭配美味的印尼杂菜饭，一次用餐就

印尼炒饭的价格
Rp.20000

可以品尝到多重印尼炒饭，这也是印尼炒饭的最大魅力。

巴坤萨利酒店西侧的 **R** 尼科马小餐馆 Warung Nikmat（ **MAP** p.174/C2 TEL 0812-3834-7448 手机 **营业** 每天8:00~21:00）深受背包客们的欢迎，这家餐馆提供的杂菜饭配菜种类多，绝对会挑花了眼，每样选择都不会令你失望。结账时将写有金额的清单交予柜台即可，通常人均消费在 Rp.20000~40000。印尼牛尾汤（Rp.35000）也是这里的名菜，推荐尝一尝。

在罂粟Ⅱ巷南面巷子里的 **R** 印度尼西亚小

餐馆 Warung Indonesia（ **MAP** p.174/B2 TEL 0821-3811-1913 手机 **营业** 每天8:00~23:00）也可以品尝到地道的印尼杂菜饭。菜品的味道不是很辣，但是味道浓郁，价格也比较公道，在 Rp.20000~30000。印尼炒饭（Rp.20000~）以及印尼烤鱼（Rp.50000~）等印尼传统菜品的味道也很不错，不要错过。

2017年迁往雷吉安郊区的 **R** 科勒伽小餐馆 Warung Kolega（ **MAP** p.173/A2 TEL 0812-3622-2272 手机 **营业** 周一~周六9:00~20:00）是巴厘岛当地首屈一指的代表性小餐馆。你在这里可以品尝到搭配爪哇风味配菜的印尼杂菜饭（自选4种配菜的杂菜饭 Rp.30000~）。甜品的菜单也很多样。

R 秘88餐馆 Mie 88（ **MAP** p.173/A2 TEL（0361）757-069 **营业** 每天8:00~22:00）是一家位于库塔东部的人气面馆，秘制印尼面（Rp.39000）、印尼捞面（Rp.31000）。

夜店
Night Spot

雷吉安大道与罂粟Ⅱ巷的交叉区域是当地的夜店聚集地，以至于这里直到深夜人群依旧熙熙攘攘的，经常会有堵车的现象。

天空花园夜店
Skygarden

◆这里号称是库塔&雷吉安地区规模最大的夜店，深受外国游客与印尼本地人的喜爱，不分工作日和周末节假日，每晚直到深夜都依旧歌舞升平。店内分为啤酒园、俱乐部及VIP房间3层空间，你在俱乐部内可以欣赏到热情四射的舞蹈以及性感舞女带来的特色表演，整个夜店在同一时间会有多种表演，你可以多转几圈，绝对可以找到合你口味的一款。17:00~21:00的BBQ&酒水畅饮套餐（Rp.99000），21:00~23:00的酒水畅饮套餐则涨价到 Rp.150000，不同时间段的价位也不尽一样。当天的演出表可以在夜店的官网查询，去之前可以上网参考一下。

Map p.174/B2

地址 Jl. Legian No.61, Kuta
TEL（0361）756-362
URL skygardenbali.com
营业 每天10:00~次日4:00
税费&服务费 含
信用卡 J M V
Wi-Fi 免费

左上/每层都可以实现点菜的可能
左下/每天的性感演出内容都会更换，令人百看不厌

巴厘哈瓦那俱乐部
Club Havana Bali

◆以拉丁美洲热情豪放的菜肴与音乐吸引了众多欧美游客到这里来度过美妙的晚间时光。以大虾、鸡肉和牛肉为食材制作的什锦烤串（Rp.279000）以及肉汁四溢的大汉堡（Rp.240000）等菜品的分量都是不容小觑的。周一和周五的晚上7:00开始这里还会举办莎莎舞的舞蹈教室，跳完舞再饱餐一顿，享受库塔夜晚的美妙时光。

周四·周日还会有莎萨舞表演

Map p.174/B2

地址 Gg.Poppies I, Kuta
TEL（0361）762-448
营业 每天10:30~23:30
税费&服务费 +15%
信用卡 M V
Wi-Fi 免费

 贴士 在当地餐馆点菜时，服务员经常会给你一张纸和一根笔，这是一种自己书写下单菜品的点菜方式，包含菜品的名字、个数、单价及最终总价，最后是按照纸上的价格来结算。

181

罗梅欧斯酒吧
Romeos

◆位于雷吉安奥奥特尔酒店中的杰出酒吧，店内原创的鸡尾酒"枫叶培根曼哈顿"（Rp.120000）将焦香的培根与波本酒的独特味道绝妙融合，极为出名。烤猪排（Rp.125000）等菜品也备受好评，周一～周六期间这里还会有歌手演出，届时顾客完全可以跟着旋律舞蹈起来。

Map p.175/A1

地址 Jl.Padma Utara, Legian
TEL（0361）755-225
营业 每天 7:00~24:00（周四·周五·周六营业～次日 2:00）
税费＆服务费 +21%
信用卡 Ⓜ Ⓥ
Ⓦⓘⓕⓘ 免费

老板华丽的调酒动作也是这家酒吧的看点之一

波舍夜店
Boshe

◆波舍夜店是巴厘岛首屈一指的知名俱乐部，拥有足以比拟音乐厅般的巨大面积，随着夜色越来越浓，波舍夜店沿路的交通却是越来越拥堵，用熙熙攘攘来形容当地年轻人对这里的热情绝对不为过。在波舍夜店的副馆中还设有沙发席位令顾客可以更加放松，VIP 酒廊与卡拉 OK 厅更是令这里的魅力大增。饿了的话还可以点一些简餐，在这里待上几个小时完全没问题。鸡尾酒 Rp.50000~70000。

Map p.173/C2

地址 Jl.By Pass Ngurah Rai No.89X, Kuta
TEL（0361）754-461
URL www.boshevvipclub.com/bali
营业 每天 22:00~次日 3:00（周六营业～次日 4:00）
税费＆服务费 +21%
信用卡 Ⓙ Ⓜ Ⓥ
Ⓦⓘⓕⓘ 免费

当地知名夜店，逐渐被外国游客所知

酒店
Hotel

库塔＆雷吉安地区建有从高档大型酒店到平价小旅馆等各式住宿设施，满足各类游客对住宿环境的任何预算要求。雷吉安地区以及库塔地区南部的卡蒂卡广场大道附近建有众多大型酒店，平价旅店则大多位于库塔的中心部，特别是罂粟Ⅰ巷和Ⅱ巷以及巴坤萨利大道周边聚集着许多民宿旅馆。

卡蒂卡广场大道周边

卡蒂卡广场发现酒店
Discovery Kartika Plaza

POOL 餐馆 早餐

◆酒店院内种有众多椰子树，郁郁葱葱，南国氛围浓厚，共设有 318 间客房，是一家名副其实的大型酒店，此外这里还设有套房与别墅等特殊房型、健身中心、商店、诊所等配套设施也是一应俱全，令人十分安心。

洋溢着南国风情的特色酒店　Map p.173/C1

地址 Jl.Kartika Plaza, Tuban
TEL（0361）751-067
FAX（0361）753-988
URL www.discoverykartikaplaza.com
税费＆服务费 +21%　信用卡 Ⓐ Ⓙ Ⓜ Ⓥ
Ⓦⓘⓕⓘ 客房 OK·免费
费用 AC HOT Cold TV 休闲房型 ⓈⒹUS$150~
AC HOT Cold TV 海钓房型 ⓈⒹUS$170~
AC HOT Cold TV 花园房型 ⓈⒹUS$190~
AC HOT Cold TV 极致海景房型 ⓈⒹUS$300~

宽阔的冰池是游泳爱好者的最爱

库普库普 39 酒店
Kupu Kupu39

POOL 餐馆 早餐

◆步行前往沙滩只需要 5 分钟的时间，乘车前往机场也只需要 15 分钟的车程，地理位置优越，位于与公路有 30 米左右距离的小巷中，完全听不到飞驰而过汽车的声音。酒店内共设有 8 间客房，通风舒适，另外还设有可以清洁冲浪板与衣物的公共洗衣区，冰箱、厨房、洗衣机、吹风机等设施也是一应俱全，房客可以自由使用。

非常适合冲浪者的一家酒店　Map p.173/C1

地址 Jl.Wana Segara, Gg. Handayani No.11, Kuta
TEL 085-7371-40606（手机）
税费＆服务费 含
信用卡 无
Ⓦⓘⓕⓘ 客房 OK·免费
费用 AC HOT Cold TV 空调房型 ⓈⒹRp.200000

 贴士　夜店周围经常会有喝醉的当地人过来搭讪，请千万不要用暧昧的态度回应他们。即使是微笑回绝也可能会遭遇纠缠，请一定要严厉拒绝迅速离开才是上上策。

帕德玛巴厘岛度假酒店
POOL 餐馆 早餐
Padma Resort Bali

◆位于帕德玛大道西侧高级酒店，共设有 432 间客房，你在这里可以找到面积宽敞的泳池，设有晚餐表演（周一·周三·周五·周日）的高档餐馆，奢华的 SPA 中心等各式配套设施，充分打发你的住宿时光。双层客房十分受欢迎，上下楼的住宿体验十分新鲜。

热带氛围十足的大型酒店

适合家庭出游的高人气酒店　Map p.175/B1
地址　Jl. Padma No.1, Legian
TEL（0361）752-111
FAX（0361）752-140
URL www.padmaresortbali.com
税费 & 服务费 含
信用卡 A D J M V　Wi-Fi 客房 OK·免费
费用 AC HOT Cold TV 休闲房型 ⑤D Rp.4050000~
　　　AC HOT Cold TV 高档房型 ⑤D Rp.4306500~
　　　AC HOT Cold TV 奢华房型 ⑤D Rp.4563000~
　　　AC HOT Cold TV 套房房型　Rp.6669000~

三兄弟独栋酒店
POOL 餐馆 早餐
Three Brothers Bungalows

◆建在茂密树林中的木屋旅店，共有 92 间客房，每间木屋客房都是 2 层建筑，设有阳台，内部设施也很齐全。

绿植丰富的人气酒店

位于密林中的木屋旅店　Map p.175/B2
地址　Legian Tengah, Legian
TEL（0361）757-224 FAX（0361）756-082
URL www.threebrothersbungalows.com
税费 & 服务费 +10%
信用卡 M V
Wi-Fi 客房 OK·免费
费用 AC HOT Cold TV 标准房型 D US$51
　　　AC HOT Cold TV 奢华电扇房型 D US$53
　　　AC HOT Cold TV 奢华空调房型 D US$61~

库塔中心部

喜来登巴厘库塔度假酒店
POOL 餐馆 早餐
Sheraton Bali Kuta Resort

◆库塔海滩近在眼前，直通知名购物中心"巴厘海滩漫步购物中心"，无论是购物还是用餐都极为方便，地理位置可以说是无与伦比。以印度洋为设计理念装潢的 203 间客房宽敞明亮，室内配有高速 Wi-Fi 和复合媒体播放系统，可谓是最先端的客房设备。

所有客房均使用喜来登酒店集团最高级的床铺，令您享受安心睡眠

紧邻海滩的大型酒店　Map p.174/B1
地址　JP Pantai kuta, Kuta
TEL（0361）846-5555
FAX（0361）846-5577
URL www.sheratonbalikuta.com
税费 & 服务费 含
信用卡 A D J M V　Wi-Fi 客房 OK·免费
费用 AC HOT Cold TV 休闲房型 ⑤D US$200~
　　　AC HOT Cold TV 海景房型 ⑤D US$220~
　　　AC HOT Cold TV 极致海景房型 ⑤D US$280~

芒加利马旅馆
POOL 餐馆 早餐
Mangga Lima Inn

◆位于距离雷吉安大道只有 100 米的一条小巷之中，是一家共有 10 间客房的家庭氛围旅店。客房中设有书桌和冰箱，旅店服务员的服务也很贴心热情。

住宿体验舒适　Map p.174/A2
地址　Jl.Legian, Gg. Mangga No.5, Legian
TEL（0361）754-143
税费 & 服务费 含
信用卡 无　Wi-Fi 客房 OK·免费
费用 AC HOT Cold TV 标准房型 ⑤D Rp.200000
　　　AC HOT Cold TV 家庭房型　Rp.400000

从中国拨打电话　（→p.3）▶ 00+62+ 区号（首位的 0 不拨）+ 对方电话号码

贴士　阿拉亚德顿酒店 Alaya Dedaun（Map p.174/A2 TEL（0361）756-276）URL www.alayahotels.com/alayadedaunkuta）是一家位于库塔中心地区的别墅酒店，共设有 12 栋别墅客房，全部客房都配有私人泳池，十分奢华。⑤D US$450~。

贴士　H 库塔绿洲酒店 Oasis Kuta（Map p.174/C2 TEL（0361）753-051）URL www.oasiskuta.com）是一家国内旅行社也经常利用的团队酒店，共有 70 间客房。D Rp.450000~、SPA 设施也备受好评。

贴士　建有多家平价酒店的翟粟小巷地区经常会出现摩托抢盗，出行一定要将背包放在身前或是公路的反方向。此外从机场打车前往位于小巷中的旅店时，有的司机可能会以"路太窄没法开进去"的理由将你放到巷子口，请提前有心理准备。

水明漾 & 克罗博坎

Seminyak & Kerobokan

建有众多优秀餐馆与商铺的时尚地区

海 拔	不足10米
市区区号	0361

前往库塔 & 雷吉安的交通方式

　　从机场搭乘机场运营的出租车前往水明漾，需要30~40分钟的时间（Rp.175000~）。如果是从水明漾搭乘普通市营出租车前往机场，费用则会便宜一些，大约在Rp.100000。

打车概览
◆库塔起始
15~30分钟・Rp.60000~
◆金巴兰起始
40~50分钟・Rp.130000~
◆努沙杜瓦起始
50~60分钟・Rp.140000~
◆沙努尔起始
40~50分钟・Rp.160000
观光班车
　　可以从巴厘岛南部 & 乌布地区搭乘库拉库拉观光巴士（→p.177）前往水明漾

海滩沿岸的各式咖啡馆与优质度假村将水明漾打造成巴厘岛的时尚潮流地

　　作为最受游客追捧的度假胜地，众多人气别墅度假村从水明漾一直向北蔓延到克罗博坎地区，与喧闹的库塔截然不同，恬静的乡村氛围是这里最大的特色。如果你不喜欢四处游览所谓的景点，只是想静静地品味难得的海滩假日时光，那水明漾 & 克罗博坎地区绝对是你的首选目的地。在度假村的泳池边悠闲地读书、漫步于各色商铺、品味当地特色餐馆的浪漫餐食、欣赏逐渐消逝于印度洋海平面的火红落日，留下各式美妙的旅行回忆。入夜后的水明漾则是另一副面容，你在这里可以享受到地道的印尼夜生活，特别是在水明漾的中心地区，建有多家知名夜店，每晚都是客人如织，深受年轻人的喜爱。

黄昏时分的海滩咖啡 GO！

　　在水明漾的海滩沿线可以看到多家视野极佳的海边咖啡馆。®马诺海边咖啡馆 Mano Seaside（MAP p.188/C1　TEL（0361）473-0874　营业 每天 10:00~23:00）的中庭还设有一座可以欣赏海景的别致泳池，露天席位也十分抢手，可谓是当地的人气咖啡馆。巧克力布朗尼（Rp.55000）等蛋糕甜点也很丰富，佐餐绝佳。

　　®拉普兰查餐馆 La Plancha（MAP p.186/B2　TEL 0878-6141-6310 手机　营业 每天 9:00~24:00）是一家设在海滩上的特色餐馆，以大型靠垫作为座椅的布置与大自然紧密融合，日落时分众多游客都会在这里欣赏美丽的日落景色。美味的啤酒和鸡尾酒搭配各式西班牙小菜（Rp.60000），看着远处的落日美景，这绝对会是一次难忘的用餐享受。

2017年重新装修后焕然一新的马诺海边咖啡馆

落日时分最火爆的拉普兰查餐馆

🍁 贴士　®沙滩酒吧 The Sand Beach Bar（MAP p.186/C2　TEL 0878-6194-4618 手机　营业 每天 8:00~24:00）是一家开放性的海滩酒吧，夕阳西下时经常有宾客在这里赏景用餐。

拉雅水明漾大道 JI.Raya Seminyak 与向北延伸的拉雅巴桑卡萨大道 JI.Raya Basangkasa 是当地的两条主干路，在道路两边可以看到各式售卖天然杂货、首饰服装的商家和店铺，继续向北前行，便会来到拉雅克罗博坎大道 JI.Raya Kerobokan，周围主要是大型家具的制作工坊，很有特色。

最知名的餐饮街是一条位于水明漾与克罗博坎地区交界线上的东西向大道——卡尤阿雅大道 JI.Kayu Aya（出租车司机也经常把这里称为欧贝罗伊大道 JI.Oberoi）。巴厘岛的知名酒店与度假村则大多分布在海滩沿线，不少以落日景色视野绝佳的网红餐馆也位于海滩附近，这里的海水波涛汹涌，不适合游泳，但是在用餐前后可以顺便在海滩散步溜溜弯，吹吹来自印度洋的海风，享受惬意难得的巴厘假期。

眼下水明漾这片巴厘岛最著名的度假区仍在加设餐馆和商铺等旅行配套设施，特别是在落日大道 JI. Sunset Road 与坤缇大道 JI. Kunti 等水明漾东部区域，未来肯定会成为新晋网红打卡热门地。

可以找到众多网红打卡地的卡尤阿雅大道

水明漾地区的交通出行
从水明漾前往库塔＆雷吉安地区通常都是打车出行，晚餐时段不少水明漾的餐馆都会开设接送班车，灵活运用会使你的出行更有效率。

巴厘岛
货币兑换事宜
坤缇大道以及皮尔腾格特大道上都设有几家汇率划算的兑换处，大部分的便利店中也都设有可以兑换外币的 ATM，十分便捷。

画廊艺术鉴赏
欣赏印尼画家结合巴厘岛文化创作的艺术作品也是一个令旅行锦上添花的活动。充满个性的艺术作品价格在 600 元~9 万元人民币不等，选择性很强。

S 普尔帕艺术画廊
Purpa Art Gallery
　　 MAP p.189/C4
地址　JI.Mertanadi 22B
TEL　0819-9940-8804（手机）
URL　www.purpagallerybali.com
营业　每天 10:00~18:00

以巴厘岛的各样元素为主题的艺术作品

点亮精彩夜晚的当地夜店

米克斯威尔夜店的变装女王秀

N 米克斯威尔夜店 Mixwell（ MAP p.187/B3 TEL（0361）736-846 营业　每天 19:00~次日 3:00）是一家游客也可以轻松享受其中乐趣的同性恋夜店。坐落在拥有众多网红打卡点的阿比玛纽大道上，无论工作日还是节假日，前来这里游玩的客人都是络绎不绝。22:30 开始店内会进行变装女王的演出以及两女一男的舞蹈表演，点燃所有人的热情直至深夜。鸡尾酒 Rp.85000~。

N 红地毯酒吧 Red Carpet（ MAP p.189/C3 TEL（0361）934-2794 营业　每天 12:00~次日 3:00）店内常年储备了多达 50 余种的各式香槟，单杯 Rp.120000~，单杯红酒 Rp.80000~。

N 日落屋顶酒吧 Rooftop Sunset Bar（ MAP p.186/C2 TEL（0361）734-300 营业　每天 16:00~24:00）位于一家当地高层酒店的顶层，现在已经成了当地的网红酒吧。你可以在这里居高临下俯瞰印度洋的壮美景色，椰子枇杷果莫吉托鸡尾酒 Rp.110000。

左／红地毯酒吧的服务员统一穿着红色服饰，很有视觉冲击力
右／你可以在日落屋顶酒吧一边欣赏日落美景，一边品味精致烧烤菜肴

贴士　巴厘岛的商场以及购物中心也会有打折季，比如圣诞节期间的折扣率通常都会在 40% 以上，十分划算。打折期间店家会在窗户以及入口处张贴 "SALE" 或 "OBRAL" 字样的公告，届时下手肯定不亏。

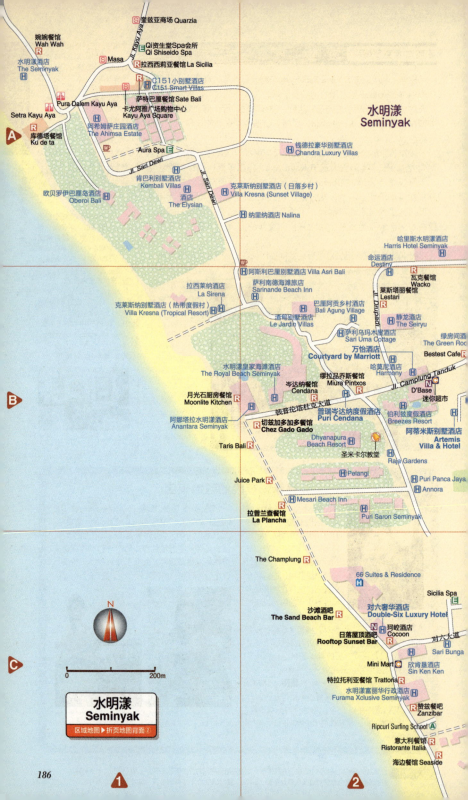

水明漾
Seminyak

婉婉餐馆
Wah Wah

肇兹亚商场 Quarzia

Qi资生堂Spa会所
Qi Shiseido Spa

水明漾酒店
The Seminyak

Masa

拉西西莉亚餐馆 La Sicilia

C151小别墅酒店
C151 Smart Villas

Pura Dalem Kayu Aya

萨特巴厘餐馆 Sate Bali

Setra Kayu Aya

卡尤阿雅广场购物中心
Kayu Aya Square

库德塔餐馆
Ku de ta

阿希姆萨庄园酒店
The Ahimsa Estate

Aura Spa

钱德拉豪华别墅酒店
Chandra Luxury Villas

水明漾
Seminyak

Jl. Sari Dewi

肯巴利别墅酒店
Kembali Villas

克莱斯纳别墅酒店（日落乡村）
Villa Kresna (Sunset Village)

欧贝罗伊巴厘岛酒店
Oberoi Bali

酒店
The Elysian

纳里纳酒店 Nalina

哈里斯水明漾酒店
Harris Hotel Seminyak

命运酒店
Destiny

阿斯利巴厘别墅酒店 Villa Asri Bali

瓦克餐馆
Wacko

拉西莱纳酒店
La Sirena

萨利南德海滩旅店
Sarinande Beach Inn

莱斯塔丽餐馆
Lestari

克莱斯纳别墅酒店（热带度假村）
Villa Kresna (Tropical Resort)

巴厘阿贡乡村酒店
Bali Agung Village

静龙酒店
The Seiryu

遥茴别墅酒店
Le Jardin Villas

萨利乌玛木屋酒店
Sari Uma Cottage

绿房间酒
The Green Roo

万怡酒店
Courtyard by Marriott

哈莫尼酒店
Harmony

Bestest Cafe

水明漾皇家海滩酒店
The Royal Beach Seminyak

缪拉品乔斯餐馆
Miura Pintxos

Jl. Camplung Tanduk

岑达纳餐馆
Cendana

D'Base

月光石厨房餐馆
Moonlite Kitchen

迷你超市

阿娜塔拉水明漾酒店
Anantara Seminyak

普瑞岑达纳度假酒店
Puri Cendana

伯利兹度假酒店
Breezes Resort

切得加多加多餐馆
Chez Gado Gado

阿蒂米斯别墅酒店
Artemis Villa & Hotel

Taris Bali

狄雅普拉海滩度假酒店
Dhyanapura Beach Resort

圣米卡尔教堂

Raja Gardens

Juice Park

Pelangi

Puri Panca Jaya

Annora

拉普兰查餐馆
La Plancha

Mesari Beach Inn

Puri Saron Seminyak

The Champlung

66 Suites & Residence

Sicilia Spa

沙滩酒吧
The Sand Beach Bar

对六奢华酒店
Double-Six Luxury Hotel

日落屋顶酒吧
Rooftop Sunset Bar

珂峻酒店
Cocoon

对六大道

Sari Bunga

Mini Mart

欣肯昆酒店
Sin Ken Ken

特拉托利亚餐馆
Trattoria

水明漾富丽华行政酒店
Furama Xclusive Seminyak

赞兹餐吧
Zanzibar

Ripcurl Surfing School

意大利餐馆
Ristorante Italia

海边餐馆
Seaside

N

0   200m

水明漾
Seminyak

区域地图 ▶折页地图背面②

186

A

B

C

1

2

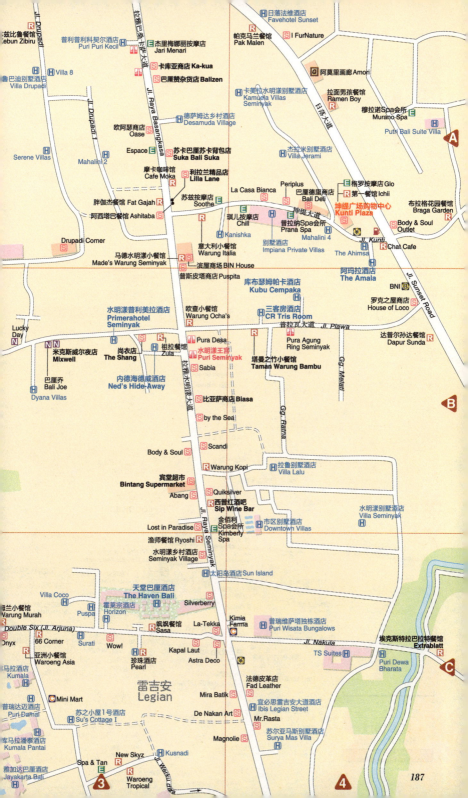

兹比鲁餐馆
Lebun Zibiru

普利普利科契尔酒店
Puri Puri Kecil

杰里梅娜丽按摩店
Jari Menari

卡库亚商店 Ka-kua

巴厘赞杂货店 Balizen

鲁巴迪别墅酒店
Villa Drupadi

Villa 8

德萨姆达乡村酒店
Desamuda Village

欧阿瑟商店
Oase

Serene Villas

Mahalini 2

Espace E

苏卡巴厘苏卡背包店
Suka Bali Suka

摩卡咖啡馆
Cafe Moka

利拉兰精品店
Lilla Lane

La Casa Bianca

胖伽杰餐馆 Fat Gajah

苏兹按摩店
Soothe

阿西塔巴餐馆 Ashitaba

琪儿按摩店
Chill

Kanishka

意大利小餐馆
Warung Italia

滚滨商场 BIN House

Drupadi Corner

马德水明漾小餐馆
Made's Warung Seminyak

普斯皮塔商店 Puspita

水明漾普利美拉酒店
Primerahotel
Seminyak

欧查小餐馆
Warung Ocha's

库布瑟姆帕卡酒店
Kubu Cempaka

三客房酒店
CR Tris Room

Lucky
Day

米克斯威尔夜店
Mixwell

尚衣店
The Shang

祖拉酒吧
Zula

Pura Desa

水明漾王宫
Puri Seminyak

塔曼之竹小餐馆
Taman Warung Bambu

普拉瓦大道 Jl. Plawa

Pura Agung
Ring Seminyak

巴厘乔
Bali Joe

Dyana Villas

内德海德威酒店
Ned's Hide-Away

Sabia

比亚萨商店 Biasa

by the Sea

Scandi

Body & Soul

Warung Kopi

拉鲁别墅酒店
Villa Lalu

宾堂超市
Bintang Supermarket

Abang

Quiksilver

西普红酒吧
Sip Wine Bar

水明漾别墅酒店
Villa Seminyak

Lost in Paradise

金佰利
Spa会所
Kimberly
Spa

市区别墅酒店
Downtown Villas

渔师餐馆 Ryoshi

水明漾乡村酒店
Seminyak Village

太阳岛酒店 Sun Island

Villa Coco

天堂巴厘酒店
The Haven Bali

Puspa

雷莱宗酒店
Horizon

Silverberry

Warung Murah

飒傒餐馆
Sasa

La-Tekka

Kimia
Farma

普丽维萨塔独栋酒店
Puri Wisata Bungalows

Double Six (Jl. Arjuna)

Onyx

66 Corner

Surati

Wow!

Kapal Laut

Astra Deco

TS Suites

埃克斯特拉巴拉特餐馆
Extrablatt

亚洲小餐馆
Waroeng Asia

珍珠酒店
Pearl

法德皮革店
Fad Leather

苏尔亚马斯别墅酒店
Surya Mas Villa

Puri Dewa
Bharata

Kumala

马酒店
Kumala

普瑞达迈酒店
Puri Damai

Mini Mart

雷吉安
Legian

Mira Batik

宜必思雷吉安大道酒店
Ibis Legian Street

车马拉潘泰酒店
Kumala Pantai

苏之小屋1号酒店
Su's Cottage I

De Nakan Art

Mr.Rasta

雅加达巴厘酒店
Jayakarta Bali

Spa & Tan

New Skyz

Kusnadi

Magnolie

Waroeng
Tropical

3

4

187

日落法维酒店
Favehotel Sunset

帕克马兰餐馆
Pak Malen

I FurNature

阿莫里画廊 Amori

卡美拉水明漾别墅酒店
Kamuela Villas
Seminyak

拉面男孩餐馆
Ramen Boy

穆拉诺Spa会所
Murano Spa

Putri Bali Suite Villa

A

Espace E

杰拉米别墅酒店
Villa Jerami

Periplus

巴厘德里商店
Bali Deli

坤缇大道

格罗按摩店 Glo

第一餐馆 Ichii

坤缇广场购物中心
Kunti Plaza

布拉格花园酒店
Braga Garden

普拉纳Spa会所
Prana Spa

Mahalini 4

别墅酒店
Impiana Private Villas

The Ahimsa

Body & Soul
Outlet

Jl. Kunti

Chat Cafe

阿玛拉
The Amala

BNI

罗索之屋商店
House of Loco

Jl. Sunset Road

达普尔孙达餐馆
Dapur Sunda

Gg. Melati

Gg. Rama

B

C

法德皮革店
Fad Leather

Jl. Nakula

Jl. Raya Seminyak

Jl. Raya Basangkasa

Jl. Raya Legian

Jl. Drupadi

Jl. Drupadi 1

Jl. Werku Tama

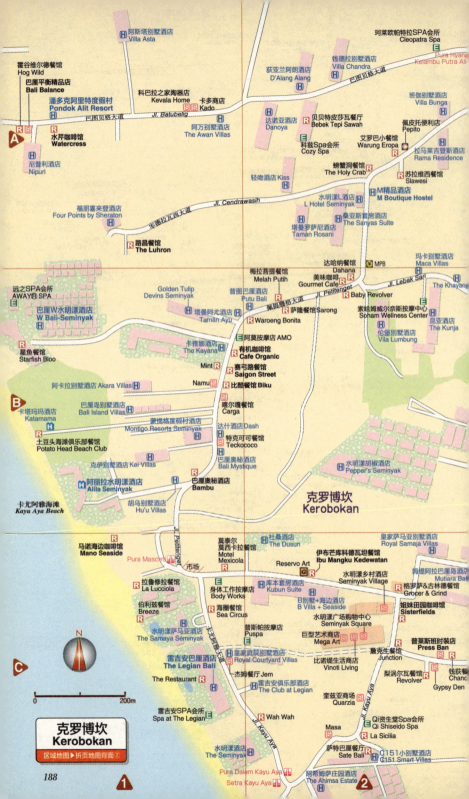

阿斯塔别墅酒店
Villa Asta

珂莱欧帕特拉SPA会所
Cleopatra Spa

钱德拉别墅酒店
Villa Chandra

Pura Hyang
Ketambu Putra Ali

霍谷维尔德餐馆
Hog Wild

巴厘平衡精品店
Bali Balance

潘多克阿里特度假村
Pondok Alit Resort

科巴拉之家陶器店
Kevala Home

荻亚兰阿朗酒店
D'Alang Alang

巴图贝格大道

卡多商店
Kado

班伽别墅酒店
Villa Bunga

巴图贝格大道

Jl. Batubelig

阿万别墅酒店
The Awan Villas

达诺亚餐馆
Danoya

贝贝特皮莎瓦餐厅
Bebek Tepi Sawah

佩皮托便利店
Pepito

水芹咖啡馆
Watercress

科兹Spa会所
Cozy Spa

艾罗巴小餐馆
Warung Eropa

拉马莱吉登斯酒店
Rama Residence

尼普利酒店
Nipuri

轻吻酒店
Kiss

螃蟹洞餐馆
The Holy Crab

苏拉维西餐馆
Slawesi

M精品酒店
M Boutique Hostel

福朋喜来登酒店
Four Points by Sheraton

Jl. Cendrawasih

水明漾L酒店
L Hotel Seminyak

桑曼斯套房酒店
The Sanyas Suite

路昌餐馆
The Luhron

塔曼罗萨尼酒店
Taman Rosani

达哈纳餐馆
Dahana

MPB

玛卡别墅酒店
Maca Villas

梅拉菩提餐馆
Melah Putih

美味咖啡
Gourmet Cafe

Jl. Lebak Sari

The Khayan

远之SPA会所
AWAY SPA

金色郁金香德文斯酒店
Golden Tulip
Devins Seminyak

普图巴厘餐店
Putu Bali

Jl. Petitenget

Baby Revolver

巴厘W水明漾酒店
W Bali-Seminyak

塔曼阿尤酒店
Taman Ayu

珊珊瑞格斯酒店
Sarong

萨隆餐厅
Sarong

索哈姆威尔奈斯按摩中心
Soham Wellness Center

昆亚酒店
The Kunja

华荣波尼塔
Waroeng Bonita

阿莫按摩店 AMO

伦堡别墅酒店
Vila Lumbung

星鱼餐馆
Starfish Bloo

卡雅娜酒店
The Kayana

有机咖啡店
Cafe Organic

Mint

赛弓路餐馆
Saigon Street

阿卡拉别墅酒店 Akara Villas

Namu

比酷餐馆 Biku

卡塔玛玛酒店
Katamama

巴厘岛别墅酒店
Bali Island Villas

喀尔嘎餐馆
Carga

土豆头海滩俱乐部餐馆
Potato Head Beach Club

蒙提格度假村酒店
Montigo Resorts Seminyak

达什酒店 Dash

特克可可餐馆
Teckococo

克伊别墅酒店 Kei Villas

巴厘奥秘酒店
Bali Mystique

水明漾海椒酒店
Pepper's Seminyak

阿丽拉水明漾酒店
Alila Seminyak

巴厘奥秘餐馆
Bambu

克罗博坎
Kerobokan

卡尤阿雅海滩
Kayu Aya Beach

胡乌别墅酒店
Hu'u Villas

Jl. Petitenget

杜桑酒店
The Dusun

皇家萨玛亚别墅酒店
Royal Samaja Villas

马诺海边咖啡馆
Mano Seaside

Pura Mascen

莫泰尔莫西卡拉餐馆
Motel
Mexicola

Reservo Art

伊布芒库科德瓦坦餐厅
Ibu Mangku Kedewatan

水明漾乡村酒店
Seminyak Village

海提阿拉巴厘岛酒店
Mutiara 2

市场

拉鲁修拉餐馆
La Lucciola

身体工作按摩店
Body Works

库本套房酒店
Kubun Suite

格罗斯&古林德餐馆
Grocer & Grind

伯利兹餐馆
Breeze

海圈餐馆
Sea Circus

B别墅+海边酒店
B Villa + Seaside

姐妹田园咖啡馆
Sisterfields

水明漾萨玛亚酒店
The Samaya Seminyak

普斯帕按摩店
Puspa

水明漾广场购物中心
Seminyak Square

普莱斯班时装店
Press Ban

雷吉安巴厘酒店
The Legian Bali

皇家庭院别墅酒店
Royal Courtyard Villas

巨型艺术商店
Mega Art

疊克生餐店
Junction

钱装店
Chand

The Restaurant

杰姆餐厅 Jem

比诺缇生活商店
Vinoti Living

梨涡尔瓦餐馆
Revolver

吉普赛登
Gypsy Den

雷吉安俱乐部酒店
The Club at Legian

奎兹亚商场
Quarzia

Wah Wah

马萨
Masa

Qi资生堂Spa会所
Qi Shiseido Spa

雷吉安SPA会所
Spa at The Legian

La Sicilia

水明漾酒店
The Seminyak

萨特巴厘餐厅
Sate Bali

C151小别墅酒店
C151 Smart-Villas

N

0   200m

克罗博坎
Kerobokan

区域地图 折页地图背面

Pura Dalem Kayu Aya
Setra Kayu Aya

阿希姆萨庄园酒店
The Ahimsa Estate

1

2

购物
Shopping

拉雅水明漾大道沿路设有多家售卖天然杂货以及服饰的精品商铺，北面的拉雅克罗博坎大道附近则是以家具及家装内饰的商店为主。近来，除了拉雅水明漾大道以及卡尤阿雅大道以外，在坤缇大道的沿路也有好几家精品时尚衣饰店开始崭露头角，人气倍增。

普莱斯班时装店
Press Ban

◆出售物超所值的服装配饰，附带绳线配饰的抹胸上衣（Rp.195000），别具一格的连衣裙（Rp.459000）等都是南国风情浓郁的特色服饰，此外这里还有挎包、首饰、儿童服装等各式价格极为公道的当地服饰，看看有没有被你相中的一款吧。

物美价廉的精品时装店　Map p.188/C2

地址　Jl.Kayu Aya No.50XX, Seminyak
TEL（0361）730-486
营业　每天 9:00~22:00
信用卡　J M V

材质很棒的 T 恤 Rp.189000~

利拉兰精品店
Lilla Lane

◆配有彩珠装饰的花纹连衣裙（Rp.850000），悉心渲染的工艺连衣裙（Rp.645000）等热带风格鲜明的服装应有尽有。例如镶有璀璨宝石的凉鞋（Rp.810000）等巴厘岛风情配饰在衣服搭配时也会起到画龙点睛的作用，不妨仔细多转一转。

面向成人的奢华时尚店　Map p.187/A3

地址　Jl.Raya Seminyak No.8, Seminyak
TEL（0361）736-180
URL　www.lillalane.com
营业　每天 9:00~22:00
信用卡　A J M V

商品覆盖了多个年龄层的女性顾客

巴厘赞杂货店
Balizen

◆由一位美国女性设计师经营的亚洲时尚风情杂货店。香皂、按摩精油、炊具、随身钱包、木雕艺术品等各式杂货都紧凑地陈列在店铺的展柜之中。此外这里的精美餐具价格也很划算，非常适合买来馈赠亲友。使用当地素材制作的靠垫外罩也很有特色，价格 Rp.120000~。

五颜六色的生活杂货店　Map p.187/A3

地址　Jl.Raya Basangkasa No.40, Seminyak
TEL（0361）738-816
URL　www.tokobalizen.com
营业　每天 9:30~19:00
信用卡　A J M V

囊括各式生活杂货与原创商品的生活杂货店

德贝洽克杂货铺
De'Becak

◆网罗各式个性物件与巴厘岛风情配饰的杂货铺，与热带绝配的迷你短裙（Rp.150000），性感的露肩连衣裙（Rp.180000）等都是完美融入巴厘岛至美景色的绝妙服装搭配，店内空间很大，逛累了还可以在咖啡角点杯饮品小憩一下。

这里堪称巴厘岛的杂货与服饰宝库 Map p.189/A3

地址　Jl.Petitenget No.1, Kerobokan
TEL（0361）737-980
营业　每天 9:00~22:00
信用卡　J M V

店内售卖各式巴厘岛的时尚杂货

梅克莱迪杂货店
Mercredi

◆将传统与时尚元素完美融合的生活杂货店，印有水纹和游鱼图案的餐巾（Rp.65000~），竹藤材质的餐垫（Rp.35000），简约风格的防水桌布（Rp.95000）以及各类设计感十足的餐都是这里的畅销货，陶瓷餐盘与水杯的价格实惠，Rp.200000左右，颜色多样的靠垫外套也是完美的送礼佳品。

你在这里可以淘到许多品位高雅的家装杂货 Map p.189/A3

地址　Jl.Petitenget, Kerobokan
TEL　0812-3920-4180（手机）
营业　每天 9:00~21:00
信用卡　J M V

许多商品都会俘获你的心，赶紧买走带回家吧

 贴士　比亚萨商店 Biasa（MAP p.187/B3　TEL（0361）730-308　营业 每天9:00~21:00）是一家深受女性顾客喜爱的时装精品店，配色鲜明的连衣裙 Rp.800000~，精美衬衣 Rp.425000~。

 贴士　卡库亚商店 Ka-kua（MAP p.189/C4　TEL（0361）730-618　营业 周一~周六 9:30~17:30）是一家当地历史悠久的铝质工艺品商店，3个一套的物品收纳盒 Rp.80000~，纸巾盒 Rp.40000~。

餐馆
Restaurant

　　卡尤阿雅大道是水明漾·克罗博坎地区最知名的餐饮一条街，能开在这里的餐馆几乎都不会踩雷，每到饭点便会游人满座，十分火爆。海滩沿线以欣赏优美风景而声名远扬的咖啡馆和餐馆也有不少，都是很好的用餐去处。

国际美食

切兹加多加多餐馆
Chez Gado Gado

◆水明漾当地的老牌法式餐馆，设有可以欣赏海景及落日的沙滩露天席位以及空调功率十足的凉爽室内用餐区，海鲜主菜（Rp.160000），生三文鱼片前菜（Rp.110000）。

晚餐需要提前预约

吹着柔暖的海风享用美味晚餐 Map p.186/B2

地址	Jl.Camplung Tanduk No.99, Seminyak
TEL	（0361）736-966
URL	gadogadorestaurant.com
营业	每天 8:00～23:00
税费＆服务费	+18%
信用卡	A J M V
Wi-Fi	免费

印度尼西亚＆民族风味美食

KZU 寂寞餐馆
Wabisabi by KZU

◆这是一家因健康饮食的烹饪思想而深受欧美游客（特别是女性食客）认可的印尼杂菜饭馆，选用巴西莓与甘蓝混合调制的奶昔（Rp.35000）具有美容的功效，美味可口又健康，深受好评。搭配4~5种异域风味配菜的印尼杂菜饭 Rp.70000~。

自由选择各式健康配菜作为佐餐佳品

加入和风与意大利菜肴元素的印尼创新菜 Map p.189/C4

地址	Jl.Sunset Road No.151，Seminyak
TEL	0812-4686-3153（手机）
营业	每天 11:00~22:00
税费＆服务费	含
信用卡	M V
Wi-Fi	免费

Information
水明漾的地道饭馆介绍

　　位于水明漾中心地区的 R 塔曼之竹小餐馆 Taman Warung Bambu（MAP p.187/B4 营业 每天 8:00~22:00）以其健康的饮食搭配和餐馆的竹子内饰而成为网红打卡餐馆。杂菜饭（Rp.25000~）可以选择多样配菜佐餐，低卡路里菜品深受女性食客认可。

　　位于克罗博坎东部莫塔纳迪大道 Jl.Mertanadi 上的 R 巴库达帕餐馆 Baku Dapa

塔曼之竹小餐馆的印尼杂菜饭

（MAP p.189/B4 TEL 0851-0807-8788 手机 营业 24小时营业）是一家当地印尼人经常光顾的大众人气餐馆，有印尼鸡菜（Rp.32000）、牛尾汤饭（Rp.65000）。

　　坐落在水明漾广场以北一个街道的 R 伊布芒库科德瓦坦餐馆 Ibu Mangku Kedewatan（MAP p.188/C2 营业 每天 9:00~21:00）是一家以辣味闻名的菜馆，有包含了3~4种配菜的印尼鸡肉饭（Rp.35000）。巴厘岛的印尼人已经很能吃辣了，但他们吃完这家餐馆都说够辣，可见这家餐馆的辣度非同寻常，爱吃辣的朋友不妨过来试试。

贴士　埃克斯特拉巴拉特餐馆 Extrablatt（MAP p.187/C4 TEL（0361）732-982 营业 每天 9:00~23:00）是一家德国人经营的烤乳猪餐馆，烤猪饭 Rp.65000，德国香肠 Rp.50000~。

贴士　库图尔餐馆 Kultur（MAP p.189/B3 TEL 081-133-5411 手机 营业 每天 11:00~22:00）是一家可以欣赏到优美田园风光的美景餐馆，印尼鸡饭 Rp.50000，印尼沙拉 Rp.40000。

咖啡馆

姐妹田园咖啡馆
Sisterfields

◆设有露天观景席位以及室内空调座席，这家咖啡馆被评为"巴厘岛早餐第一名"，当地的年轻人以及游客慕名而来，人气火爆。巴西莓沙拉（Rp.110000），培根班尼迪克蛋（Rp.110000），越南鸡肉沙拉（Rp.95000）等餐品都是这里的经典招牌。

健康为上的简餐与饮品深受好评

经常排起长队的人气咖啡馆 Map p.188/C2
地址 JI.Kayu Cendana No.7, Seminyak
TEL 081-1386-0507（手机）
URL www.sisterfieldsbali.com
营业 每天 7:00~22:00
税费 & 服务费 +17%
信用卡 J M V
Wi-Fi 免费

有机咖啡馆
Cafe Organic

◆以烹饪素食菜品和无麸质饮食作为餐馆的经营理念，深受欧美人的喜爱。甄选各式新鲜蔬菜烹制的沙拉碗（Rp.60000~），五彩缤纷的水果拼盘（Rp.60000~），添加黄色与绿色蔬菜作为点缀的班尼迪克蛋（Rp.70000），每道菜都是赏心悦目且健康指数十足。

起床后来一顿既健康又美味的早午餐感觉好极了

主打健康口号的菜品备受女性顾客认可 Map p.188/B1
地址 JI.Petitenget No.99X, Seminyak
TEL 0812-3612-8341（手机）
URL cafeorganicbali.com
营业 每天 7:00~17:00、18:00~22:00
税费 & 服务费 +15%
信用卡 M V
Wi-Fi 免费

酒店
Hotel

度假酒店大多分布在海滩的北部，中级酒店则位于钱普伦塔杜克大道以及对六大道周边，平价旅店很难在水明漾 & 克罗博坎地区找到。

水明漾

雷吉安巴厘酒店
The Legian Bali

◆你在这家酒店肯定可以享受到极致的度假体验，共设有67间客房，是一家地地道道的度假型酒店。最普通的房型面积都堪比其他酒店的套房等级，室内的木纹装潢也十分考究，从所有房型都可以欣赏到优美的印度洋景色。并设的海边餐馆也是极具人气，日落时分来这里一边观赏美丽的海上日落一边享用美味的晚餐，绝对会令人留下难忘的巴厘岛回忆。

晚餐选在泳池区享用，柔暖的海风拂面，感觉好极了

在最高级的度假酒店中享受奢华假期 Map p.188/C1
地址 JI.Kayu Aya, Seminyak
TEL（0361）730-622
FAX（0361）730-623
URL www.thelegianbali.com
税费 & 服务费 +21%
信用卡 A D J M V
Wi-Fi 客房 OK · 免费
费用 AC HOT Cold TV 公寓房型 Ⓢ Ⓓ US$523~
AC HOT Cold TV 奢华房型 Ⓢ Ⓓ US$600~
AC HOT Cold TV 双卧房型 US$780~
AC HOT Cold TV 水明漾套房房型 US$1800~

对六奢华酒店
Double-Six Luxury Hotel

◆拉开窗帘便可以看到壮美的印度洋海景，共设有146间客房，最低的房间标准也是奢华房型，面积足有80平方米，每间客房都配有时尚家具，气氛明快。餐馆聘请知名主厨，烹制地道的意大利菜肴，希望小酌一杯的房客还可以前往顶层酒吧，可以足不出户，非常方便。此外酒店提供24小时不间断的管家服务，每位房客都可以享受到尊贵的周到服务。

面向海滩而建的5层精致酒店

建在水明漾海滩边上的极致酒店 Map p.186/C2
地址 No.66, Double-Six Beach, Seminyak
TEL（0361）730-466
FAX（0361）731-144
URL www.double-six.com
税费 & 服务费 +21%
信用卡 A J M V
Wi-Fi 客房 OK · 免费
费用 AC HOT Cold TV 奢华套房房型 Ⓢ Ⓓ US$450
AC HOT Cold TV 极致海景房型 Ⓢ Ⓓ US$600

192 贴士 路昌餐馆 The Luhron（MAP p.188/A1 TEL 0877-6046-1312 手机 营业 每天 12:00~22:30）是一家可以欣赏到恬静田园风格的当地热门餐馆，印尼杂菜饭 Rp.40000，印尼咖喱鸡 Rp.50000。

阿蒂米斯别墅酒店
Artemis Villa & Hotel

POOL 餐馆 早餐

◆ 殖民风格的特色别墅酒店，共设有 31 间客房，包含木屋风格、别墅风格、附带泳池以及附带按摩浴缸等各种房型选择，满足各类游客的住宿爱好。

主泳池的造型为巴厘岛的地理形状

地址 Jl.Campulung Tanduk, Gg. Puri Kubu 63F, Seminyak

TEL（0361）736-136　FAX（0361）736-873

URL artemis-villa.com

税金 & 服务费 +21%

信用卡 A J M V　Wi-Fi 客房 OK・免费

费用 AC HOT Cold TV 标准房型 ⒹUS$150~
　　　AC HOT Cold TV 公寓房型 ⒹUS$200~
　　　AC HOT Cold TV 花园别墅按摩浴缸房型 US$250~
　　　AC HOT Cold TV 泳池别墅双卧房型 US$420~

水明漾普利美拉酒店
Primerahotel Seminyak

POOL 餐馆 早餐

◆ 位于水明漾中心地区的舒适酒店，共设有 251 间客房，客房设施一应俱全，豪华房型还配有阳台。提供国际风味菜肴的餐馆以及露天环境的酒吧都很受房客欢迎。

标准房型的室内照片

地址 Jl.Campulung Tanduk No.9, Seminyak

TEL（0361）739-000

URL www.primerahotelseminyak.com

税金 & 服务费 +21%

信用卡 A J M V

Wi-Fi 客房 OK・免费

费用 AC HOT Cold TV 标准房型 ⒮ⒹUS$20~
　　　AC HOT Cold TV 豪华房型 ⒮ⒹUS$30~

克罗博坎

巴厘 W 水明漾酒店
W Bali-Seminyak

POOL 餐馆 早餐

◆ 在全世界都圈粉无数的 W 酒店水明漾分店。坐落在僻静的克罗博坎海滩沿岸，是一家共设有 229 间客房的大型度假酒店，都市元素十足的室内设计搭配圈外极致的大自然景观，可以为你带来难忘的美妙住宿体验。房型分为设在主楼中的酒店房型以及位于花园区域的独立别墅这两种迥然不同的风格。可以品味世界各国多重风味的六家餐馆 & 酒吧以及 24 小时对房客开放的 SPA 会所都是非同凡响。

左／主泳池以巴厘岛的著名梯田造型为设计灵感
右／海钓雅致房型的室内照片

地址 Jl.Petitenget, Seminyak, Kerobokan

TEL（0361）473-8106

FAX（0361）300-2223

URL www.wretreatbali.com

税金 & 服务费 +21%

信用卡 A D J M V　Wi-Fi 客房 OK・免费

费用 AC HOT Cold TV 花园景观房型 ⒮ⒹUS$600~
　　　AC HOT Cold TV 海钓雅致房型 ⒮ⒹUS$750~
　　　AC HOT Cold TV 泳池别墅房型 US$1200~
　　　AC HOT Cold TV 极致套房房型 US$1025~

Ize 水明漾酒店
Ize Seminyak

POOL 餐馆 早餐

◆ 位于水明漾主干路上的别致酒店，共有 81 间客房，地理位置优越，无论是前往商区还是饮食街都是一步之遥，客房设计别具一格，配套设施一应俱全，高层的套房房型可以将水明漾的美丽市景尽收眼底，宽敞的客房空间对于长期住宿的客人来说起居生活也更为便利。

奢华泳池房型的卧室实景图

地址 Jl.Kayu Aya No.68, Seminyak

TEL（0361）846-6999

FAX（0361）846-6988

URL www.ize-seminyak.com

税金 & 服务费 +21%

信用卡 A J M V

Wi-Fi 客房 OK・免费

费用 AC HOT Cold TV 奢华房型 ⒮ⒹUS$102~
　　　AC HOT Cold TV 奢华按摩浴缸房型 ⒮ⒹUS$115~
　　　AC HOT Cold TV 俱乐部房型 ⒮ⒹUS$125~

贴士　H 内德海德威酒店 Ned's Hide-Away（MAP p.187/B3　TEL（0361）731-270）是一家设有 16 间客房的平价旅馆，冷水浴房型 ⒹRp.180000，热水浴 & 空调房型 ⒹRp.300000~。

Bali

长谷　登巴萨

海　拔	不足10米
区　号	0361

长谷 *Canggu*

波澜壮阔的海浪环境使其成为人气的冲浪胜地

现在可以在生态海滩沿岸找到各式舒适的度假村

前往长谷的交通方式

从机场搭乘机场运营的出租车前往长谷，车程大约在1小时（Rp.250000~）。如果是从水明漾搭乘普通市营出租车前往生态海滩，一般时长在30分钟左右，虽然长谷距离生态海滩的距离更近，但是长谷地区很难看到一辆出租车，打算打车出行可能比较困难。

长谷起始的交通方式

长谷地区很难打到出租车，打算前往其他地区时通常是选择长谷本地的区间大巴，与当地的交通运营商取得联系后在约定的咖啡馆或酒店上车即可，车费固定，前往库塔的单程费用为Rp.200000，前往机场的单程费用为Rp.250000，前往水明漾的单程费用为Rp.150000。

● CBBT
TEL 0812-3990-1550（手机）

长谷最初只是一处被冲浪爱好者所喜爱的优质冲浪点，但随着水明漾＆克罗博坎的观光开发蓬勃发展，致使距离水明漾＆克罗博坎不远的长谷也化身为一片度假胜地，你在这里可以欣赏到壮美无垠的印度洋景色以及岁月静好的田园风光，一动一静，趣味盎然。在这里冲浪度假的游客来自世界各地，这种万国融合的无国界氛围十分和谐，夕阳西下时在咖啡馆慢慢地欣赏海边日落，将会成为你美妙的度假回忆。

长谷 漫步

克罗博坎以西便是长谷所在的宽阔地区，酒店和餐厅大多分布在生态海滩 Echo Beach 及巴博龙海滩 Batu Bolong Beach 上，海滩周边是散步的绝佳地区，在长谷当地移动则是以租车为主。

游客占比很少，可以一人承包整片海滩

在沙滩俱乐部悠闲地度假

长谷的海滩沿线建有多家配有优质泳池的沙滩俱乐部，你可以在这里玩上一整天的时间。**R** 芬兹沙滩俱乐部 Finns Beach Club（MAP p.195　TEL（0361）844-6327　URL www.finnsbeachclub.com 营业 每天 9:00~ 次日 2:00）便是一家除了配有泳池与酒吧等俱乐部标配，

甚至还设有 SPA 设施的大型沙滩俱乐部。餐食也是融合国际美味，你可以品尝到各国的美味佳肴。餐饮消费达到 Rp.350000~ 便有资格享受舒适的沙滩躺椅席位。

R 拉卜丽萨沙滩俱乐部 La Brisa（MAP p.195　TEL 081-1394-6666 手机 URL labrisabali.com 营业 每天 9:00~23:00）则是一家以渡轮为设计主题进行装饰布置，是一家足以容纳 500 名顾客的沙滩俱乐部。主泳池旁的沙滩躺椅与座椅错落有序地排成一排，配套的用餐区面积很大，小费满 Rp.200000~ 便可以自由使用俱乐部中的沙滩座椅。

左／拥有宽阔泳池的芬兹沙滩俱乐部
右／2017年9月开业的拉卜丽萨沙滩俱乐部

 贴士　虽然生态海滩周边的酒店和餐馆数量都是呈指数飞速攀升，但是整个地区的公共交通却依旧没有成型，出行主要以承包出租车或租车为主，以这种方式游览周边的海神庙最为方便。

驰骋海浪，尽情冲浪

　　无论是新手还是老手都可以畅享长谷地区的冲浪乐趣，海滩上设有多家餐吧，可以轻松地切换冲浪与休息模式，其中以名为 SandBar 的餐吧最为知名。无论你是 regular foot（左脚在前冲浪者），还是 goofy foot（右脚在前冲浪者），都可以找到适合你冲浪的浪点。巴博龙海滩则是以风筝冲浪 Kate Surfing 而吸引了众多极限爱好者慕名前来。

你在这里可以体验风筝冲浪的
无穷刺激

冲浪高手云集的长谷海滩

周末市场不要错过！

　　§ 爱情支柱商场 Love Anchor 是一座包含 10 余家精品店铺与咖啡馆的综合性购物商场，周六、周日在这里的广场上还会举办集市，届时出售手工饰品与传统工艺品的商家都会出摊，十分热闹。

§ 爱情支柱商场

MAP p.195

地址 Jl. Batu Bolong No.56, Canggu
TEL 0812-3830-6774（携带）
营业 每日 8:00~23:59

● 长谷

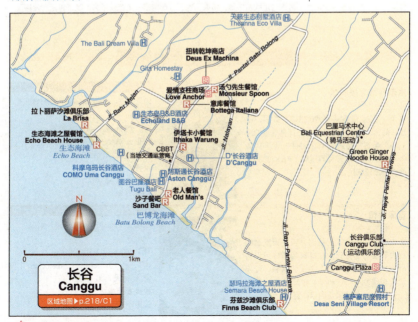

关颖生态别墅酒店
Theanna Eco Villa

The Bali Dream Villa H

扭转乾坤商店
Deus Ex Machina

Gita Homestay

爱情支柱商场　汤勺先生餐馆
Love Anchor　Monsieur Spoon

意库餐馆
Bottega Italiana

拉卜丽萨沙滩俱乐部　生态岛B&B酒店
La Brisa　Echoland B&B

生态海滩之屋餐馆　伊塔卡小餐馆
Echo Beach House　Ithaka Warung

生态海滩　CBBT
Echo Beach　（当地交通运营商）

科摩乌玛长谷酒店　D'长谷酒店
COMO Uma Canggu　D'Canggu

图谷巴厘酒店　荷斯通长谷酒店
Tugu Bali　Aston Canggu

沙子餐吧　老人餐馆
Sand Bar　Old Man's

巴博龙海滩
Batu Bolong Beach

巴厘马术中心
Bali Equestrian Centre
（骑马场）

Green Ginger
Noodle House

长谷俱乐部
Canggu Club
（运动俱乐部）

Canggu Plaza

瑟玛拉海滩之屋酒店
Semara Beach House

芬兹沙滩俱乐部
Finns Beach Club

德萨塞尼度假村
Desa Seni Village Resort

N

0 ——— 1km

长谷
Canggu

区域地图 ▶ p.218/C1

贴士　扭转乾坤商店 Deus Ex Machina（ MAP p.195　TEL 081-138-8150 手机　营业 每天 7:00~23:00）是一家出售冲浪设备的人气商店，逛累了的话还可以在这里的咖啡馆小憩一下。

位于德萨塞尼度假村 Desa Seni Village Resort 中的瑜伽教室在每天的 07:00 到傍晚时段分别会开展 3~6 次瑜伽课程。每节课 90 分钟收费 Rp.140000，学员最多不能超过 36 人。课程内容满足了从初学者到瑜伽高手的各式需求，包含哈达瑜伽、阿努萨拉瑜伽、流瑜伽、阿斯汤加瑜伽等多式瑜伽种类，具体的课程安排详见官网（URL www.desaseni.com/yoga.htm）。

通过瑜伽使身心在假日得到深度解放

长谷自古以来便是知名的冥想之地，开设在这里的瑜伽教室更是取得了得天独厚的优势。据说在这里做瑜伽可以感受到空气的流动，因此吸引了世界各国的瑜伽爱好者慕名而来。位于德萨塞尼度假村 Desa Seni Village Resort 花园区域的瑜伽教室每天都对公众开放，不仅瑜伽高手可以在这里冥想修身，瑜伽初学者也可以在这里体验简单的瑜伽课程。

在德萨塞尼度假村绿意盎然的花园区域进行瑜伽课程

餐馆
Restaurant

长谷地区设有不少可以欣赏海景的餐馆以及眺望田园风光的咖啡馆，特别是一些开在海滩紧邻大海的餐馆，许多游客会在夕阳西下时来这里欣赏落日，如果你也正有此意请一定提前过来，晚了肯定就没座了。

国际美食

生态海滩之屋餐馆
Echo Beach House

◆ 是一家经营各式烧烤的 BBQ 餐馆，牛排、鱿鱼、螃蟹、龙虾等食材都是这里的座上客。蛋黄酱金枪鱼（Rp.85000）、香烤剑鱼（Rp.85000）、多样鸡尾酒（Rp.80000~），的价格比较亲民。

海鲜拼盘 Rp.155000

欣赏日落美景的绝佳餐馆　　Map p.195

地址 Jl.Pura Batu Mejan, Echo Beach, Canggu
TEL 0851-0047-4604（手机）
URL www.echobeachhouse.com
营业 每天 7:00~23:00
税费 & 服务费 含
信用卡 ＪＭＶ
Wi-Fi 免费

意库餐馆
Bottega Italiana

◆ 由意大利土生土长的路易吉主厨烹制的意大利面备受好评。在这家餐馆你可以自由选择意面的种类以及搭配的酱料，经典意式肉酱面（Rp.85000）和罗勒意式宽面（Rp.68000）是这家店的招牌意面。

意大利主厨烹制的地道意餐

美味意面搭配醇厚红酒　　Map p.195

地址 Jl.Pantai Batu Bolong No.77, Canggu
TEL 0822-3611-1011（手机）
URL www.bottegaitalianabali.com
营业 每天 8:00~23:00
税费 & 服务费 含
信用卡 无

贴士　R 老人餐馆 Old Man's [MAP p.195 TEL（0361）846-9159　营业 每天 7:00~23:00] 是一家位于巴博龙海滩的露天咖啡馆，世界各国的冲浪客在冲浪游玩后都会来这里小憩，非常热闹。

伊塔卡小餐馆
Ithaka Warung

◆ 除了西班牙饮食国粹的餐前小吃 Tapas，你在这里还可以吃到亚洲咖喱饭以及多样意面，菜品十分丰富。印尼烤串和印尼沙拉也可以在这里品尝到，老板为了迎合大众的口味，菜品不是像印尼本地餐馆一样火辣，口味比较柔和。此外店家自创的油炸奥利奥甜点也很出彩，不妨点一份看看会不会惊讶到你的味蕾。

店内还可以吃到许多印尼风味菜品

西班牙人经营的精致菜馆　　Map p.195
地址 JI.Pantai Batu Bolong No.96A, Canggu
TEL 0812-3932-5317（手机）
URL www.ithakawarung.com
营业 每天 7:00~23:00
税费 & 服务费 含
信用卡 无

酒店
Hotel

　　长谷地区的面积远远超出你的想象，不过酒店分布还是比较集中的，中档酒店以及平价旅店大多位于生态海滩周边，巴博龙海滩沿线则是高档别墅酒店的所在地。

科摩乌玛长谷酒店
COMO Uma Canggu

POOL 餐馆 早餐

◆ 于2018年2月崭新开业的高级度假酒店，共有119间客房，配有可以眺望印度洋的观景泳池、高档奢华的餐馆 &SPA 水疗中心、设计感强烈的客房以及一应俱全的室内设施，从任何角度分析，这家酒店都是长谷地区首屈一指的龙头老大。即使是明星富商，也可以在这里找到心仪的套房豪宅以及别致阁楼的客房，不失所望，度过美妙的长谷假日。

观景泳池顺着酒店建筑一路蔓延伸展

人气连锁酒店也可以在生态海滩上找到　　Map p.195
地址 JI.Pantai Batu Mejan, Echo Beach, Canggu
TEL（0361）302-2228
URL www.comohotels.com/umacanggu
Wi-Fi 客房 OK・免费
费用 AC HOT Cold TV 长谷房型 ⒹUS$200~
　　 AC HOT Cold TV 公寓房型 ⒹUS$224~
　　 AC HOT Cold TV 套房房型 US$288~

生态岛 B&B 酒店
Echoland B&B

POOL 餐馆 早餐

◆ 位于生态海滩东北方向约500米的地方，共设有17间客房的背包客旅店。包含一间客房容纳4张床铺的宿舍房型以及女性房客专用的特别房型。

标准房型的卧室实景图

宛如青年旅店的平价旅馆　　Map p.195
地址 JI.Pantai Batu Mejan Echo Beach, Canggu
TEL 0878-6188-2414（手机）
URL www.echolandbali.com
税费 & 服务费 +21%
信用卡 M V
Wi-Fi 客房 OK・免费
费用 AC HOT Cold TV 宿舍房型　 Rp.125000~
　　 AC HOT Cold TV 标准房型 ⒹRp.375000~
　　 AC HOT Cold TV 空调房型 ⒹRp.430000~

金巴兰 *Jimbaran*

高级酒店林立的淳朴渔村

海 拔	不足10米
区 号	0361

前往金巴兰的交通方式

从努拉莱国际机场搭乘机场运营的出租车前往金巴兰，车程为15~30分钟、Rp.150000~。如果是从金巴兰搭乘普通市营出租车前往机场，费用则会便宜一些，大约为Rp.70000~。

打车概览

◆库塔起始
20~30分钟、Rp.80000~

◆水明漾起始
40~50分钟、Rp.130000~

◆努沙杜瓦起始
10~15分钟、Rp.60000~

◆沙努尔起始
40~50分钟、Rp.130000~

一边欣赏日落美景一边享用美妙海鲜菜肴

如果你只是单纯地想在海滩享受一次安静的海岛假期，金巴兰一定不会令你失望。这片地区属于距离努拉莱国际机场最近的巴厘岛度假地，位于机场南部，小型别墅酒店随处可见，在世界各地的名人富商中都很有知名度。金巴兰既没有库塔的喧闹市区，也没有努沙杜瓦的密集酒店群，几乎没有向游客兜售商品的小贩以及随处可见的纪念品商店，是一处名副其实的悠闲度假地。

金巴兰最早是巴厘岛的一个渔村，至今这里仍然留有浓厚的淳朴氛围。当地的印尼人是打心眼里的热情好客，完全不会占游客的便宜，街上的孩子看到游客也是最真实的新鲜感，不会把游客当作赚钱的工具。每天清晨满载而归的渔船会将新鲜的海鲜送往金巴兰的 Pasar Ikan 鱼市，如果你起个大早，便可以在鱼市上看到当地人讨价还价购买食材的热闹场面，整个市场都洋溢着当地的生活气息，十分接地气。太阳下山后，海边的海鲜餐摊便会陆续开张迎客，若即若离的吆喝声搭配萦绕在空气中的烟火菜香，令人不禁沉浸其中，流连忘返。如果你想体验巴厘岛最纯粹的乡村氛围，选择商业化最低的金巴兰地区肯定没错。

Information 金巴兰的海鲜餐摊一定不要错过

金巴兰最著名的餐饮店当数支在海滩上的各式海鲜餐摊（Ikan Bakar Jimbaran 依康·巴卡尔·金巴兰）了，每个店家都是由简易棚屋所组成，在档口将鲜活的海鲜喷香烧烤后立马端到海滩上的桌子餐位。傍晚时分吃着焦香的特色烧烤，望着远方海面的落日余晖，不能再美了。海滩餐摊的上客期主要是每天的16:00~22:00（不少餐摊都是从上午便开始了一天的营业）。

海滩上十余家餐摊都是经营烧烤美食，其中 R 拉马亚纳小餐馆 Warung Ramayana（ MAP p.199/B1 TEL（0361）702-859）更是一家物美价廉的良心店铺。当然你也可以根据你的

轻松品味新鲜海味

喜好挑选你看对眼的档口，每家的味道都是中等以上的。海鲜种类很多，你会看到不

日落时分是最好的用餐时间

少国内从没见过的特色鱼类，不知道吃什么好时，可以询问店家"依康·马娜·艾纳？（意为哪种鱼好吃呢？）"。挑选好食材后便是称重环节，店家都是以公斤为单位计价，不知道价位你可以说"布拉帕·哈尔伽·萨图·基罗？（意为1公斤多少钱？）"。提前询价会更加安心。海鲜通常都是按当季的实时价格结算，白星笛鲷每公斤的价格一般是 Rp.180000，鲜虾每公斤的价格一般是 Rp.300000，鱿鱼每公斤的价格一般是 Rp.200000，龙虾每公斤的价格一般是 Rp.650000。许多店铺在客人点烧烤后还会赠送米饭、生菜、清炒空心菜、炖土豆等配菜，十分周到。

贴士 S 萨马斯塔商场 Samasta MAP p.199/C1 TEL（0361）446-8600 URL www.samastabali.com 是一家包含咖啡馆和礼品店在内的大型商场，其中还有娱乐及度假设施，十分齐全。

金巴兰
Jimbaran

区域地图 ▶ 折页地图背面②

栈桥

克拉纳比安
Klanabian

米拉比摩店 Mirah

Warung Nasi Bali

Mini Mart

罗塔斯按摩俱乐部 Lotus Club

帕萨尔·依康 **Pesar Ikan (鱼市)**

The Body Spa

JTB

New Dewi

克东伽楠
Kedonganan

彭格德兰
Pengederan

冲浪者天堂商店 Surfer's Paradise

Furama

Grand SeaView

Legong Bumbu Bali

Kampoeng Seafood

Blue Ocean

巴厘岛水印酒店
Watermark Hotel & Spa Bali

Circle K

瓦里桑卡萨商店 Warisan Casa

伯诺阿广场商场 Benoa Square

Damos

Baliku

Dewata

The Cuisine

Langsam's

Aroma

New Moon Cafe

Asta Graha

Kaimana Spa

普瑞班布酒店
Puri Bambu

Mutiara (超市)

Blue Marlin

Jukung

萨利塞加拉酒店 Sari Segara

Trolley (超市)

Fedex

Dunkin'Donuts

New Matahari

Mr.Ketut (游船服务)

出租车 搭乘点

金巴兰
Jimbaran

巴克米餐馆 Bakmi

金巴兰湾
Teluk Jimbaran

缇马尔格巴厘别墅酒店 Timarg Bali Villas

门道咖啡馆 Cafe Gateway

Warung Khas Bali

Nang Andy

Jl. Batas Kauh

Jl. Batas Kangin

Jimbaran Clinic

普瑞鲁瓦扬别墅酒店
Villa Puri Royan

BRI

Pura Dalem Segara

Jimbaran Bay Cafe

罗曼小餐馆 Warung Roman

拉马亚纳小餐馆
Warung Ramayana

因萨东餐馆 Insadong

Pura Desa

普瑞科萨拉木屋酒店
Puri Kosala Cottages

肉桂餐馆
Kayumanis Resto

克拉通金巴兰度假酒店 Keraton Jimbaran Resort

贝尔蒙德金巴兰普瑞酒店
Belmond Jimbaran Puri

牙加马私人度假酒店 Jamahal Private Resort

金巴兰肉桂酒店
Kayumanis Jimbaran

全心全意酒店
Puri Indra Prasta

阿西穆萨海滩酒店
Ahimsa Beach

佳亚森普尔纳小餐馆 Warung Jaya Sempurna

巴索39号餐馆 Bakso 39

Kawan Mini Market

Happy Salon

潘瑜伽餐馆 Pan Yoga

巴厘岛洲际度假村
InterContinental Resort Bali

巴里克餐馆 **Balique**

艾美金巴兰巴厘酒店
Le Meridien Bali Jimbaran

姗姗饰品店
Shan-Shan

皇家巴厘酒店 The Royal Bali

Roma

Menega

Teba

Bakti

巴曲斯别墅酒店 Villa Balquisse

沙巴酒店 The Shaba

Nirmala (超市)

Circle K

女皇玫瑰SPA会所 Queen Rose Spa

拉布拉斯里餐馆
La Brasserie

金巴兰街角商店 Jimbaran Corner

行星比萨店 Pizza Planet

普瑞金巴兰 Puri Jimbaran

麦当劳 McDonald's

KFC

蓝鸟出租车总公司

库普库普金巴兰酒店 Kupu Kupu Jimbaran

萨米画廊 Sami

Four Seasons Resort Jimbaran

Circle K

耶加拉克拉米克陶瓷店 Jenggala Keramik

克拉米克小餐馆 Warung Keramik

伊布欧奇餐馆 Ibu Oki

生命按摩店 LA'VIE

萨马斯塔商场 Samasta

佩佩奈罗餐馆
Pepenero

Jl. Karang Mas

米莫萨金巴兰酒店 Mimosa Jimbaran

金巴兰瑞度假村
Mövenpick Resort Jimbaran

毗湿奴神鹰雕刻公园、乌鲁瓦图寺方向

199

货币兑换事宜

金巴兰的中心地区设有多家银行和货币兑换处，汇率与库塔＆雷吉安等地类似，不是非常划算。

名胜古迹的文化公园

从金巴兰驱车向努鲁瓦图方向前行约10分钟，便可以看到位于高地的毗湿奴神鹰雕刻公园。名如其园，这里最著名的当数高达140米的毗湿奴神鹰雕像了。逛完公园你还可以浏览周边的画廊及商铺，充实你的观光之旅。累了的话不妨前往可以眺望金巴兰湾美景的咖啡馆小憩一下，饿了的话也可以选择在这里吃些简餐填饱肚子。

● 毗湿奴神鹰雕刻公园

MAP 折页地图背面②

入场 每天 8:00~22:00
费用 成人 Rp.100000，儿童 Rp.50000，用车时每人加收 Rp.10000

乌鲁瓦图寺

位于巴塘半岛的西侧，与各地都未建设公共交通。从金巴兰打车前往乌鲁瓦图寺车程约 30 分钟。

入场 每天 9:00~19:00
费用 成人 Rp.20000，儿童 Rp.10000

在乌鲁瓦图寺观看凯卡克舞表演

入场 每天 18:00~19:00
费用 Rp.100000

旅游旺季期间一眨眼的工夫便会坐满了观众，如果想要有个好位置，建议赶早占个好座。

视野极佳的斯尔班海滩

驱车前往乌鲁瓦图寺途中，会看到一个写有"Surf Point 冲浪点"的指示牌，从这里右转再前行 2 公里便可以抵达一座停车场，下车后继续步行 250 米，沿石质台阶一路下行，便会来到斯尔班海滩。即使你不打算冲浪也可以顺道来这片海滩走一遭，驻足远眺，映入眼帘的只有无垠的大海，那种大自然的壮美冲击力一定会令你折服。海滩上方的高地上设有几家咖啡馆，也是欣赏美景的绝佳休憩地。

金巴兰 漫 步

早晚漫步于海滩之上十分惬意

高达 140 米的毗湿奴神鹰雕像

金巴兰的东部便是连接沙努尔与努沙杜瓦的主干公路，拜帕斯伍拉赖大道 Jl.By Pass Ngurah Rai，金巴兰市区中的主干路则是拉雅乌鲁瓦图大道 Jl.Raya Uluwatu。市区以金巴兰市场为中心，本地餐馆、商铺、货币兑换处都围绕在市场周边，这座名为 Pasar Jimbaran 的金巴兰市场每天天还没亮便早早开市，购买鲜鱼蔬菜等食材以及各式生活杂货的当地人都来这里采买，十分接地气，如果你想了解当地印尼人的日常生活，这里绝对是最好的观察地。

位于市场西面海岸沿线的潘泰克东伽楠大道 Jl.Pantai Kedonganan 南侧坐落着众多中高级酒店，十分繁华。北侧则是当地的鱼市——帕萨尔·依康 Pasar Ikan，海鲜食材极为新鲜，无论当地人还是周边印尼人都会来这里选购采买。如果你可以起个大早，便可以前往鱼市附近的栈桥观看出海归来的渔民将满载而归的海鲜一批一批卸货的劳作场景，是传统的渔村光景。

金巴兰 主要景点

断崖之上落日景色迷人的古老寺院

乌鲁瓦图寺

Pura Luhur Uluwatu

Map 折页地图背面 2 ★★

乌鲁瓦图寺建在巴厘岛南部巴塘半岛西侧的断崖之上，崖高 75 米，下方便是神秘莫测广阔无垠的印度洋。修建于 10~11 世纪期间的乌鲁瓦图寺，在 16 世纪期间曾是高僧 Danghyang Nirarth 到访的圣地，以至于至今仍有大量信徒前来这座寺庙朝拜。这里以壮美的断崖日落景色而吸引无数的游客慕名而来，旱季日落时分是在 18:00~18:30 时段，届时整个天空都会被夕阳染成橙红色，远处断崖上的寺院剪影浮现在红色天空与蓝色大海之间，令人无比沉醉。观景点的广场上定期举行凯卡克舞的表演，印度洋海浪冲打岩石的拍击声与抑扬顿挫的民族音乐融为一体，令人十分震撼。

在视野极佳的广场上欣赏凯卡克舞表演

投稿 在乌鲁瓦图寺游玩时一定要小心这里调皮捣蛋的野猴子！它们会趁游客一不留神从后方窃取游人的手机或眼镜，请一定注意它们不是友好可爱的小动物，尽可能与这里的猴子保持距离。

餐馆
Restaurant

金巴兰地区的用餐推荐首选设有多家海鲜排档的依康·巴卡尔。在海滩沿岸的拉雅乌鲁瓦图大道周边不仅有物美价廉的海鲜餐摊，还有视野很棒的优雅餐馆。

肉桂餐馆
Kayumanis Resto

◆位于高级度假村（金巴兰肉桂酒店）庭院内的乔格罗 Joglo 传统建筑风格餐馆，土生土长的阿曼主厨为你烹饪各式印尼美味佳肴，香烤什锦饭（Rp.75000），炖牛肉（Rp.75000）等菜品都很受好评，还有招牌菜五香煎鸭肉套餐（Rp.300000）

在优雅的环境中细细地品味精美菜肴

在花园餐馆品味艺术料理	Map p.199/B1
地址 JI.Yoga Perkanthi, Jimbaran	
TEL（0361）705-777	
URL www.kayumanis.com/kayumanis-resto-jimbaran	
营业 每天 7:00~23:00	
税费 & 服务费 +21%	
信用卡 A D J M V	
Wi-Fi 免费	

拉布拉斯里餐馆
La Brasserie

◆你在这里可以品尝到地道的法国家常菜与东南亚特色的椰子咖喱。招牌菜包括将烟熏三文鱼和菲达奶酪置于面包片上的塔尔提努（Rp.85000），老挝风味的椰子咖喱面（Rp.54000）。此外巧克力乳酪火锅与奶糖甜品（Rp.34000左右）也推荐一尝。

半开放的用餐环境令人心情舒畅

知名的网红餐馆	Map p.199/C1
地址 JI.Bukit Permai No.8, Jimbaran	
TEL 0812-3950-0044（手机）	
营业 周四~下周二 10:00~22:00	
税费 & 服务费 含	
信用卡 无	
Wi-Fi 免费	

佩佩奈罗餐馆
Pepenero

◆位于可以眺望金巴兰湾的高地之上，你可以选择露天席位与室内空调席位，无论在哪个区域用餐都可以欣赏到港口的美景。番茄海鲜意面（Rp.89000）、意大利生鱼片（Rp.79000）等甄选新鲜鱼类烹制的海鲜菜肴十分值得推荐。这家意大利餐馆的菜品价格非常公道，常年都是游客的用餐首选。

由意大利主厨烹制的地道意餐

价格公道的意大利海鲜餐馆	Map p.199/C1
地址 JI.Wanagiri No.18, Jimbaran	
TEL（0361）704-677	
营业 每天 11:00~23:00	
税费 & 服务费 +15%	
信用卡 A J M V	

金巴兰地区的人气小餐馆

额外添加鸡肉的印尼咖喱

金巴兰地区也有几家当地人非常认可的街头小餐馆。Ⓡ 伊布欧奇餐馆 Ibu Oki（MAP p.199/C2 **TEL** 0813-5321-3247 手机 **营业** 每天 7:00~18:00）是一家每天供应 150 只活鸡的当地人气菜馆。招牌菜印尼烤鸡（Rp.25000），印尼杂菜饭（Rp.25000）等都值得一尝。不过店内的用餐环境比较简陋，适合喜欢品味当地原汁原味菜肴的食客前往。

Ⓡ 卡斯巴厘小餐馆 Warung Khas Bali（MAP p.199/B2 **TEL** 0851-0147-0197 手机 **营业** 每天 8:00~24:00）邻近金巴兰市场，专营印尼烤乳猪。和店家说一声 "Campur"，便可以吃到搭配烤乳猪的特色杂菜饭（Rp.60000）。

Ⓡ 钱普尔钱普尔印尼杂菜饭餐馆 Campur Campur（MAP 折页地图背面②） **TEL**（0361）703-082 **营业** 每天 9:00~22:00）是一家当地的网红杂菜饭餐馆，搭配 5~6 种配菜的印尼杂菜饭 Rp.30000~。

🍁 **贴士** Ⓡ 巴里克餐馆 Balique（MAP p.199/C1 **TEL**（0361）704-945 **营业** 每天 11:00~23:00）是一家备受女性食客喜爱的咖啡馆。殖民风格的建筑外观搭配浓厚民族风的特色内饰，用餐环境极为考究。这里的摩洛哥菜肴比较特别，欢迎一尝。

酒店
Hotel

　　金巴兰是巴厘岛上有代表性的高级度假酒店所在地，中心地区以及西海滩周边都分布着不少知名的人气酒店度假村。机场周围地理位置优越，方便出行，环境也十分安静。平价旅馆大多集中位于金巴兰市场附近，数目不多，屈指可数。在旅行旺季期间，许多酒店的价格都会上涨，不妨错峰出行。

金巴兰四季度假酒店
Four Seasons Resort Jimbaran

`POOL` `餐馆` `早餐`

◆位于金巴兰市场以南 3 公里的位置，是巴厘岛上的代表性度假酒店。147 栋私家别墅规整地建在可以俯瞰海湾风光的山丘斜面上，全部客房都配有私人泳池和精美的用餐区，卧室的穹顶令人

氛围浪漫的别墅卧室

心情开阔，欧洲风情的浴池更是为住宿体验锦上添花。此外你还可以在酒店内找到各式餐馆及 SPA 会所，足不出户便吃喝不愁。

在顶级度假酒店尊享悠闲假日　　Map p.199/C1

地址　Jimbaran, Denpasar
TEL（0361）701-010
FAX（0361）701-020
URL www.fourseasons.com/jimbaranbay
税费 & 服务费 +21%
信用卡 `A` `J` `M` `V`
`Wi-Fi` 客房 OK・免费
费用 `AC` `HOT` `Cold` `TV` 花园别墅房型 Rp.12420000～
　　　`AC` `HOT` `Cold` `TV` 奢华别墅房型 Rp.18495000～

艾美金巴兰巴厘酒店
Le Meridien Bali Jimbaran

`POOL` `餐馆` `早餐`

◆设有 177 间精致客房的高级酒店，房间内饰以大海为设计理念进行布置，你在其中可以找到许多蓝色的元素。房客可以自由品尝酒店特色的海鲜餐摊，位置也很方便。

氛围浪漫的别墅卧室

位于可以俯瞰金巴兰海湾的山丘之上 Map p.199/C1

地址　Jl.Bukit Permai, Jimbaran
TEL（0361）846-6888
FAX（0361）894-8777
URL www.lemeridienbalijimbaran.com
税费 & 服务费 +21%　信用卡 `A` `D` `J` `M` `V`
费用 `AC` `HOT` `Cold` `TV` 池景房型 `S``D`US$170～
　　　`AC` `HOT` `Cold` `TV` 极致池景房型 `S``D`US$200～
　　　`AC` `HOT` `Cold` `TV` 套房房型 US$220～

巴厘岛水印酒店
Watermark Hotel & Spa Bali

`POOL` `餐馆` `早餐`

◆酒店地理位置优越，共设有 143 间的时尚客房。套房房型最多可以容纳 6 人居住，非常适合家族及团队出游选择。这里还有 3 家配套餐馆味道不错，足不出户便可以美餐一顿。

这是一家围绕泳池而建的精致酒店

以水元素为主题的 4 星酒店　　Map p.199/A2

地址　Jl.Uluwatu No.88, Kedonganan
TEL（0361）472-5100
FAX（0361）472-5101
URL www.watermark-bali.com
税费 & 服务费 +21%
信用卡 `J` `M` `V`　`Wi-Fi` 客房 OK・免费
费用 `AC` `HOT` `Cold` `TV` 精致房型 `S``D`Rp.1550000～
　　　`AC` `HOT` `Cold` `TV` 套房房型 Rp.1900000～

普瑞鲁瓦扬别墅酒店
Villa Puri Royan

`POOL` `餐馆` `早餐`

◆距离海滩仅有 50 米的距离，共设有 18 间客房的平价酒店。出酒店没走几步便可以来到海滩上的海鲜餐摊，渔民的身影也是经常可以看到。客房干净整洁，特别是面积只有 60 平方米的木屋房型还配有宽敞浴室，十分舒适。

渔村氛围触手可及　　　　　　　Map p.199/B1

地址　Jl.Pantai Sari No.25, Jimbaran
TEL（0361）708-530
URL www.villapuriroyan.com
税费 & 服务费 含
信用卡 `J` `M` `V`　`Wi-Fi` 仅公共区域覆盖・免费
费用 `AC` `HOT` `Cold` `TV` 标准房型 `S``D`Rp.232000
　　　`AC` `HOT` `Cold` `TV` 标准房型 `S``D`Rp.309000
　　　`AC` `HOT` `Cold` `TV` 木屋房型 `S``D`Rp.400500

贴士　`H` 全心全意酒店 Puri Indra Prasta（`MAP` p.199/B2 TEL（0361）701-552）是一家配有正规泳池的平价酒店。包含早餐的风扇房型 `D`Rp.200000，包含早餐的空调房型 `D`Rp.300000。共有 10 间客房。

金巴兰的购物地指南

S 耶加拉克拉米克陶瓷店 Jenggala Keramik（ MAP p.199/C1 TEL（0361）703-311 URL www.jenggala.com 营业 每天8:00~20:00）是一家深度融合巴厘岛自然元素的精品陶瓷店。店家以莲叶、青蛙、巴厘神话女神等元素作为创作灵感，打造出众多别具一格的精美陶瓷商品。如果你想领略巴厘岛的艺术世界，那请一定不要错过

这家售卖多达3500件陶瓷工艺品的特色商店。此外你在

打算购买巴厘陶瓷的话，最好还是去耶加拉克拉米克陶瓷店

这里还可以找到配套画廊及咖啡馆，是一个名副其实的旅行打卡地。

S 姗姗饰品店 Shan-Shan（ MAP p.199/C1 TEL（0361）704-945 营业 每天 11:00~23:00）是一家网罗各式精美耳环（Rp.300000~）与戒指（Rp.200000~）的饰品商店。高品质的丝绸蜡染品（Rp.400000）与披肩也都是尖货，走过路过不要错过。

姗姗饰品店中的商品戴起来让人感觉成熟韵味十足

登巴萨
努沙杜瓦＆
伯诺阿

努沙杜瓦＆伯诺阿
NusaDua & Benoa
巴厘岛最先开放的大型度假地

海拔	不足10米
市区区号	0361

前往努沙杜瓦＆伯诺阿的交通方式

从机场搭乘机场运营的出租车前往努沙杜瓦＆伯诺阿，需要20~40分钟的时间（Rp.175000~）。如果是从努沙杜瓦＆伯诺阿搭乘普通市营出租车前往机场，费用则会便宜一些，价格在Rp.90000~140000。

打车概览

◆库塔起始
30~40分钟、Rp.110000~
◆水明漾起始
50~60分钟、Rp.140000~
◆金巴兰起始
10~15分钟、Rp.60000~
◆沙努尔起始
50~60分钟、Rp.170000~

观光班车

可以从巴厘岛南部＆乌布地区搭乘库拉库拉观光巴士（→ p.177）前往努沙杜瓦＆伯诺阿。

酒店地区是用餐以及度假的绝佳场所

当你来到努沙杜瓦后，这里的氛围一定会令你感到新奇。这里种植着茂密的椰子树群，乍一看还会以为是一座自然公园，而各式高级酒店都集中坐落在这片"自然公园"之中，与当地居民的生活区完美隔离，令你可以在白沙海滩享受安心惬意的难得假期。你在努沙杜瓦不会接触到任何巴厘岛的市井气息，每家度假村都像是一座小城，杂货店、时装店、诊所、药房、美容院以及可以欣赏传统风俗表演的精致餐馆、大型泳池、SPA会所，日常以及非日常的配套设施，你都可以在度假村里找到，衣食住行足不出户便可以得到满足。

位于努沙杜瓦北部的伯诺阿是知名的海上运动所在地，由飞艇牵引的降落伞滑行令你可以体验飞翔的乐趣，水上快艇与香蕉艇则可以感受海上飞驰的急速刺激。在建有高级度假村的伯诺阿城区主干路上，精品时装店、杂货店、各式餐馆以及小吃摊也都分散其中，相比起南部的努沙杜瓦，伯诺阿的氛围更接地气。

贴士　每年10月中旬努沙杜瓦当地会举行努沙杜瓦节，在此期间（为时4~5天）除了会举办巴厘国际马拉松比赛外，还会进行高尔夫和划艇竞赛，艺术舞蹈秀届时也是不可或缺的表演项目。

努沙杜瓦＆伯诺阿　漫　步

连绵不绝的白色海滩

　　一座巨大的善恶门（Candi Bentar）将努沙杜瓦 Nusa Dua 与巴厘岛的市井街市完全隔离开来，使这里成了巴厘岛上最大规模的酒店群所在地。世界知名的高档酒店几乎都可以在努沙杜瓦的白色沙滩上找到，酒店区的中心地带更建有方便游客购物的巴厘精品购物中心 Bali Collection，十分便捷。位于努沙杜瓦北面的伯诺阿海角 Tanjung Benoa 则设有多家户外运动品商店，你在这里可以体验各式刺激带感的水上项目。不同于高级酒店成群的努沙杜瓦，伯诺阿当地虽然也分布着不少高档度假村，但是各个度假村之间则穿插坐落着各式中低端酒店以及大众菜馆，即使是现在旅游业已经十分发达的巴厘岛，当你前往伯诺阿时，依旧可以领略到那份海港小镇独有的朴实氛围。你在伯诺阿不仅可以看到巴厘岛的传统庙宇，清真寺、中国寺庙等其他信仰的宗教建筑也都会映入你的眼帘，不知不觉便会忘了自己身在何处，十分奇妙。

　　从努沙杜瓦的酒店群到伯诺阿海角的 🅷 巴厘岛美乐滋度假酒店 Grand Mirage Bali，有一条向北一路延伸的沿海散步道，海景怡人，喜欢散步或慢跑的游客不妨来这里试试。

努沙杜瓦＆伯诺阿　户外活动

前往海上活动的畅游地——伯诺阿

　　伯诺阿可谓巴厘岛上规模最大的水上户外项目基地。海上飞鱼船、急速水艇、海上香蕉船、海钓、水上拉伞等大多数水上户外活动都可以在伯诺阿参与体验。由于这里紧邻酒店区所在的努沙杜瓦，所以经常有住在努沙杜瓦的游客前往伯诺阿的海滩游玩观光。

伯诺阿当地的水上户外商品店可谓五花八门，囊括了众多海上项目活动用品

此伯阿诺非彼伯阿诺！

　　与努沙杜瓦相邻的伯阿诺海角 Tanjung Benoa 与印尼各地船只航线的目的地之一，伯诺阿港 Benoa Harbor 并不是同一个地方，一定要多加注意。

巴厘精品购物中心的免费班车

　　大型购物地巴厘精品购物中心与努沙杜瓦＆伯诺阿地区的主要酒店都设有免费班车往返两地，从每天的 10:00~21:00，每小时各有 1 班，十分方便酒店房客出行购物。

海上活动费用

● 海上飞鱼船　　US$30~/2 次
● 水上拉伞　　　US$25~/1 次
● 急速水艇　　US$30~/15 分钟
● 透明玻璃船
　　（2 人以上）US$30~/1 小时
● 浮潜项目
　　（2 人以上）US$30~/1 小时
● 海上香蕉船
　　（2 人以上）US$25~/15 分钟
● 捕鱼船租赁 US$200~/4 小时（每艘）

户外用品商店指南

　　在海角东侧的海滩上可以找到多家海上户外用品商店，但其中不乏不法商家趁机欺骗游客牟取暴利。推荐你前往以下两家口碑很好的商店购物。

● 伯诺阿海洋娱乐
Benoa Marine Recreation
MAP p.207/A1
TEL（0361）771-757
● YOS 海洋冒险
YOS Marine Adventure
MAP p.206/B2
TEL（0361）773-774

努沙杜瓦的购物地指南

　　努沙杜瓦地区最大的购物点当数"巴厘精品购物中心"，这座占地面积巨大的购物中心不仅网罗了各式时尚品牌店铺，不少餐馆也分布其中，打造出一个多功能的大型商场。努沙杜瓦＆伯诺阿地区的主要酒店都运营往返这里的免费班车，出行十分便利。

　　此外你在努沙杜瓦最中心的区域还可以找到 SOGO 商场（TEL（0361）772-655　营业 每天 10:00~22:00）休闲品牌 GUESS 以及新加坡和雅加达的本土人气时尚品牌都在这里开店。如果你打算在巴厘岛购买服饰＆内衣、沙滩鞋＆女性凉鞋或是各式运动用品，那来这里肯定没错，这里不仅商品种类繁多，品牌品质也比

其他商场更加上档次。

● 巴厘精品购物中心 Bali Collection　MAP p.206/C2
地址 Kawasan Psriwisata Nusa Dua Komplek BTDC，Nusa Dua
TEL（0361）771-662
URL www.bali-collection.com
营业 每天 10:00~22:00（各店铺的营业时间略有差异）

阿罗各式商店和餐馆的巴厘精品购物中心

贴士　太平洋岛屿族裔博物馆 Pasifika Museum［MAP p.206/C2　TEL（0361）774-935　入场 每天 10:00~18:00］是一家展示从亚洲各国收集而来的绘画＆艺术品的博物馆。入场费 Rp.70000。

205

努沙杜瓦&
伯诺阿概览图
**Nusa Dua &
Benoa**
区域地图▶折页地图背面②

伯诺阿
Benoa

● BMR潜水中心

清真寺
中国寺院
早市 Pasar Pagi

伯诺阿公主酒店
Princess Benoa

华美达伯诺阿度假酒店
Ramada Resort Benoa

萨卡拉度假酒店
Sakala Resort

N

0   1km

诺富特伯诺阿酒店
Novotel Benoa

腾库伦
Tengkulung

巴厘卡玛酒店
The Bali Khama

拉莎萨洋海滩客栈
Rasa Sayang Beach Inn

巴厘岛美乐滋度假酒店
Grand Mirage Bali

巴厘岛美乐滋俱乐部酒店
Club Bali Mirage

伯诺阿湾
Teluk Benoa

尼科巴厘酒店
Nikko Bali

伯诺阿绿洲酒店 Oasis Benoa

特罗拉
Terora

本布巴厘餐厅
Bumbu Bali

巴塘海峡
Selat Badung

伯诺阿半岛
Tanjung Benoa

普瑞坦戎酒店
Puri Tanjung

康莱德套房酒店
Conrad Suites

巴厘岛康莱德酒店
Conrad Bali

加里穆娜丽按摩店
Jari Menari

皇家圣特利安酒店
The Royal Santrian

巴厘热带酒店 Bali Tropic

索尔海滩之家伯诺阿酒店
Sol Beach House Benoa

乌拉姆餐馆
Ulam

巴厘岛地中海俱乐部酒店
Club Med Bali

阿迪SPA会所
Adi Spa

斯帕斯申按摩店
Spassion

出租车搭乘点 ● 北大门

YOS海洋冒险
YOS Marine
Adventure

巴厘维斯SPA会所
Bali Wis Spa

巴厘岛努沙杜瓦海滩度假村索菲特酒店
Sofitel Bali Nusa Dua

Mandiri

阿沃塔努沙杜瓦酒店
Awarta Nusa Dua

努沙杜瓦
Nusa Dua

塔曼萨利皇家遗产SPA会所
Taman Sari Royal Heritage Spa

Hardy's Plaza

努沙杜瓦海滩酒店
Nusa Dua Beach Hotel & Spa

凯丽曼尼斯努沙杜瓦酒店
Kayumanis Nusa Dua

努沙杜瓦威斯汀度假酒店
Westin Resort Nusa Dua

贝莫小巴搭乘点

KFC

CircleK便利店

努沙杜瓦
Nusa Dua
Convention Center

努沙杜瓦大门

拉古纳度假Spa酒店
Laguna Resort & Spa

穆布鲁
Mumbul

邮局

梅丽亚巴厘酒店 Melia Bali

太平洋岛屿族裔博物馆
Pasifika Museum

巴厘精品购物中心
Bali Collection

SOGO
商场

天渡秀 Devdan

和之家餐馆
Kazunoya

布亚鲁
Bualu

Nusa Dua Clinic

南风餐厅
Nampu

贝见本吉尔餐馆
Bebek Bengil

坎皮尔市场
Pasar Kampial

Mai Mai

Tropical

乌拉姆
餐厅
Ulam

半岛
Peninsula Island

佩敏格
Peminge

努沙杜瓦美居酒店
Mercure Bali Nusa Dua

南大门

巴厘岛凯悦大酒店
Grand Hyatt Bali

阿优达度假酒店
Ayodya Resort

巴厘大酒店
The Grand Bali

亚萨斯伽拉小餐馆
Warung Yasa Segara

努沙杜瓦诺富特巴厘酒店
Novotel Bali Nusa Dua

巴厘国际高尔夫球场
Bali National Golf

阿玛努萨酒店
Amanusa

巴厘岛瑞吉度假村
St.Regis Bali Resort

巴莱酒店
The Bale

卡尤普蒂餐馆 Kayuputi

塔帕餐馆TAPA

鲁梅德Spa会所
Remède Spa

伯诺阿
Benoa

Pertamina

BMR潜水中心

清真寺

中国寺庙

快银港户外用品商店
Quicksilver Harbour

Pandawa Marine Adventure

伯诺阿海洋娱乐

塔欧餐馆 Tao
水标户外用品商店 Watermark
萨卡拉餐馆 Sakala
Bayu Suta Clinic

伯诺阿
Benoa

伯诺阿海角
Tanjung Benoa

区域地图 ▶ p.206

A

A

Nusa Pudut

N

0   500m

Jl. Segara Kulon

Jl. Segara Ening

Jl. Segara Geni

早市 Pasar Pagi

伯诺阿公主酒店
Princess Benoa

潘多克伯诺阿酒店
Pondok Benoa

哈桑民宿
Hasan Homestay

华美达伯诺阿度假酒店
Ramada Resort Benoa

萨卡拉度假酒店
Sakala Resort

Rai Water Sport & Diving

Adi Dive & Water Sports

Mini Mart

Circle K

Virgo

Bali Coral Dive

腾库伦
Tengkulung

Pulau Penyu
（海龟饲育所）

巴厘珊瑚礁度假村 Bali Reef

诺富特伯诺阿酒店
Novotel Benoa

拉莎萨洋海滩客栈
Rasa Sayang Beach Inn

家之Spa会所 Home Spa

巴厘卡玛酒店 The Bali Khama

阿玛尔塔餐厅 Amarta

卡萨露娜餐厅 Casa Luna

拉斯卡拉餐厅 La Scala

柯茶卡巴厘餐 Kecak Bali

巴厘岛索巴厘美乐滋度假酒店
Grand Mirage Bali

塔拉索巴厘按摩店 Thalasso Bali

巴厘岛美乐滋俱乐部酒店
Club Bali Mirage

Sadara Beach Resort

B

B

伯诺阿湾
Teluk Benoa

鲁曼巴厘酒店
Rumah Bali

Pasar Malam

Peninsula Beach Resort

尼科巴厘酒店 Nikko Bali

本布巴厘餐馆 Bumbu Bali

Casa Bella

Sari

巴厘酒店
Matahari Terbit Bali

豪馨民宿
Frangipani Homestay

萨利之屋B&B
Sari Room B&B

Warung Nyoman

Suites Bali Royal & Spa

Central

特罗拉
Terora

库布绿色酒店
Kubu Green

New Hot Dog
Water Sport

普瑞坦戎酒店
Puri Tanjung

康莱德套房酒店
Conrad Suites

加里穆娜丽按摩店
Jari Menari

印度皇后餐厅
Queen's of India

困菲尼迪·恰佩尔
E

吉瓦SPA会所
Jiwa Spa

王萨酒店
The Wangsa

巴厘岛康莱德酒店
Conrad Bali

宜必思尚品巴厘岛伯诺阿酒店
Ibis Styles Bali Benoa

伯诺阿酒店 The Benoa

皇家圣特利安酒店
The Royal Santrian

伯诺阿半岛
Tanjung Benoa

迷你超市
Mini Mart

Rumah Sari

家庭餐馆
Family

索恩奇餐馆
Soon Kee

巴厘热带酒店 Bali Tropic

Mini Mart

索尔海滩之家伯诺阿酒店
Sol Beach House Benoa

艺术品市场

C

C

Jl. Pratama

巴塘海峡
Selat Badung

1

乌拉姆餐馆 Ulam

2

餐馆
Restaurant

在努沙杜瓦＆伯诺阿当地的各家酒店中都有经营海鲜、欧式、中餐、日餐等国际菜肴的多样餐馆，伯诺阿海角区域的主干路上也有很多餐饮店，不少餐馆都会提供免费的接送服务。

贝贝本吉尔餐馆
Bebek Bengil

◆乌布当地的知名餐馆在努沙杜瓦开设的分店，招牌菜品当数与餐馆名字相同，将油炸鸭子搭配蔬菜和叁巴酱一起食用的贝贝本吉尔（Rp.127500）。甄选新鲜海鲜继而烧烤的海鲜烧烤拼盘（Rp.125000），黑俄派等甜品也很有特色。餐馆共设有多达100余张餐桌，半露天的用餐环境令人心情开阔，特别推荐在可以眺望海景的餐位用餐，可以进一步提高你的用餐体验。

推荐你尝尝这里选用鸭子作为主角的当家菜品以及各式海鲜菜肴

在努沙杜瓦品尝乌布当地知名餐馆的美食 Map p.206/C2
地址 Nusa Dua Hotel Resort Area BTDC LOT CO
TEL（0361）894-8111
URL www.bebekbengil.co.id
营业 每天 10:00~22:30
税费＆服务费 +21%
信用卡 A J M V
Wi-Fi 免费

亚萨斯伽拉小餐馆
Warung Yasa Segara

◆面向海滩而建，外形看起来就像一座当地的民居。涂抹辣酱的印尼烤鸡（Rp.105000），炭火烤制的印尼烤鱼（Rp.115000）等印尼本地乃至国际风味菜品的价格都很物美价廉，价格十分公道。午餐和晚餐时段经常会有不少欧美游客来这里用餐。

面朝大海，心暖花开

窗外便是优美的海滩风光 Map p.206/C2
地址 Jl.Pantai Mengiat , Nusa Dua
TEL（081）139-8807（手机）
营业 每天 11:00~21:00
税费＆服务费 含
信用卡 无

本布巴厘餐馆
Bumbu Bali

◆由著有 *The Food of Bali* 菜谱的巴厘岛顶级厨师，是以海因茨作为主厨的一家雅致餐馆。特色菜包括蕉叶裹烤鸡（Rp.153000），叁巴酱拌金枪鱼沙拉（Rp.115000）等巴厘岛当地的传统菜肴。晚餐时段供应的巴厘全席将巴厘岛的知名菜品一网打尽，如果你好奇巴厘岛的经典美食，请一定不要错过这个豪华套餐（2人份 Rp.640000）。餐馆在周一·周三·周五还会举办美食课，欢迎参加。

品味宛如艺术作品般的巴厘岛传统美食

品味地道的巴厘岛佳肴 Map p.207/B2
地址 Jl.Pratama , Tanjung Benoa
TEL（0361）774-502
营业 每天 11:00~23:00
税费＆服务费 +21%
信用卡 A J M V

塔帕餐馆
TAPA

◆店如其名，这里是一家经营西班牙 Tapas 小菜的特色餐馆，各个口味的 Tapas 足有 50 余种。特制五花肉（Rp.60000），鲜虾天妇罗（Rp.70000）等其他风味菜品也广受欢迎。原创鸡尾酒（Rp.100000~）的口味也十分丰富，绝对可以挑中你心仪的一款。

紧邻主干路，地理位置优越

女性食客无须结伴也可安心前来 Map p.206/C2
地址 Jl.Raya Nusa Dua
TEL（0361）775-111
URL www.thebale.com
营业 每天 17:00~23:00
税费＆服务费 +21%
信用卡 A J M V Wi-Fi 免费

贴士 R 萨卡拉餐馆 Sakala［MAP p.207/A1 TEL（0361）775-216 营业 每天 11:00~23:00］是一家位于海滩前的优美餐馆。前菜 Rp.100000~，主菜 Rp.165000~。

和之家餐馆
Kazunoya

◆由日本人板前先生经营的一家价格公道的日本料理店。日式炸鸡（Rp.34000），什锦寿司（Rp.75000），炸猪排套餐（Rp.49000）。每天清晨都从鱼市精挑细选当天最新鲜的鱼类作为刺身（金枪鱼刺身 Rp.45000~）以及寿司的首选食材。

天妇罗荞麦面 Rp.56000
什菜鱼生鱼片 Rp.25000

很受当地印尼人喜爱的日料店　Map p.206/C1

地址 Jl.Siligita, Nusa Dua
TEL 081-138-6838（手机）
营业 周一～周六 12:00~15:00、17:30~22:00（周六 17:30~）
税费&服务费 +10%

酒店
Hotel

能建在努沙杜瓦海滩区域的酒店几乎都是世界一流的知名酒店品牌。伯诺阿地区的酒店则不都是价格高昂的高档酒店，中档及廉价旅馆也都可以在这里找到，近年来别墅房型的度假村数量逐渐增多，是许多情侣出游时的住宿首选。

努沙杜瓦

努沙杜瓦穆丽雅酒店　`POOL` `餐馆` `早餐`
The Mulia-Nusa Dua

◆位于海滩沿岸占地 30 公顷的酒店集团，设有"穆丽雅酒店""穆丽雅度假村"以及"穆丽雅别墅酒店"三种截然不同的酒店风格。无论哪种酒店的客房都是宽敞豪华，并设可容纳世界多国菜式的高雅餐馆，酒店中的各类住宿设施在整座巴厘岛中也是首屈一指。

面向印度洋而建的超大型酒店集团

设有三种住宿风格的顶级酒店品牌 Map 折页地图背面②

地址 Jl.Raya Nusa Dua Selatan, Kawasan Sawangan
TEL（0361）301-7777
FAX（0361）301-7888
URL www.themulia.com
税费&服务费 +21%
信用卡 A D J M V
Wi-Fi 客房 OK・24 小时全天连接 US$20
费用 `AC` `HOT` `Cold` `TV` 高贵房型 Ⓓ US$380
　　　 `AC` `HOT` `Cold` `TV` 卓越房型 US$455
　　　 `AC` `HOT` `Cold` `TV` 男爵套房房型 US$750
　　　 `AC` `HOT` `Cold` `TV` 伯爵套房房型 US$850

阿优达度假酒店　`POOL` `餐馆` `早餐`
Ayodya Resort

◆建有一座宛如宫殿般的巨大玄关，是一家共设有 541 间客房的大型酒店。住宿建筑围绕着酒店中的大型泳池而建，设有包含烹饪各国美食的精致餐馆、SPA 会所、商务中心等各类设施，每周三的 19:30~21:00 期间，晚宴厅内还会举行凯卡克舞以及黎弓舞的表演。

各式多彩设施足以供应众多游客的各类需求　Map p.206/C2

地址 Jl.Pantai Mengit, Nusa Dua
TEL（0361）771-102
FAX（0361）771-616
URL www.ayodyaresortbali.com
税费&服务费 +21%
信用卡 A D J M V
Wi-Fi 客房 OK・免费
费用 `AC` `HOT` `Cold` `TV` 豪华房型 ⓈⒹ Rp.1600000
　　　 `AC` `HOT` `Cold` `TV` 奢华房型 ⓈⒹ Rp.1900000
　　　 `AC` `HOT` `Cold` `TV` 阿优达王宫房型 ⓈⒹ Rp.3500000

`从中国拨打电话`（→ p.3）▶ +00+62+ 区号（首位的 0 不拨）+ 对方电话号码

`贴士` H 索馨民宿 Frangipani Homestay [MAP] p.207/B1　TEL（0361）472-8034　URL www.frangipanihomestay. com）是一家共设有 5 间客房的民宿酒店，氛围温馨。Ⓓ Rp.400000~。

巴厘岛康莱德酒店
`POOL` `餐馆` `早餐`
Conrad Bali

◆面向白色沙滩与湛蓝的大海而建的伯诺阿当地有代表性的高级酒店，共设有 358 间客房，这里拥有巴厘岛最大规模的酒店泳池以及特色十足的热带花园，并设的餐馆以及 SPA 会所的品质也都很受好评，客房设计也是紧随时代的脚步，既时尚又大气。项目多样的 SPA 会所更是令这里的房客流连忘返。

夜晚华灯初上后的酒店外观更加诱人

新潮雅致的大型度假村　　Map p.207/C2

地址 JI.Pratama No.168，Tanjung Benoa
TEL（0361）778-788
FAX（0361）773-888
URL www.conradbali.com
税费 & 服务费 +21%
信用卡 `A` `D` `J` `M` `V`
Wi-Fi 客房 OK・24 小时全天连接 Rp.150000（大堂免费连接）
费用 `AC` `HOT` `Cold` `TV` 豪华花园房型 ⑤Ⓓ US$195~
　　　`AC` `HOT` `Cold` `TV` 豪华度假村房型 ⑤Ⓓ US$215~
　　　`AC` `HOT` `Cold` `TV` 套房房型 US$500~

宜必思尚品巴厘岛伯诺阿酒店
`POOL` `餐馆` `早餐`
Ibis Styles Bali Benoa

◆位于普拉塔玛大道沿路的中级酒店，共设有 174 间客房，并设有海滩俱乐部来提高住宿体验（酒店并不正对大海）。基础设施一应俱全的标准客房分为附带阳台和无阳台的两种房型，金额相差 US$10 左右。

时尚的酒店外观

价格划算的中级酒店　　Map p.207/C2

地址 JI.Pratama No.57 A，Tanjung Benoa
TEL（0361）300-1888
FAX（0361）300-1999
URL www.ibis.com **税费 & 服务费** 含
信用卡 `A` `D` `J` `M` `V`
Wi-Fi 客房 OK・免费
费用 `AC` `HOT` `Cold` `TV` 标准房型 ⑤Ⓓ Rp.550000~
　　　`AC` `HOT` `Cold` `TV` 初级套房房型 Rp.900000~
　　　`AC` `HOT` `Cold` `TV` 家庭房型 Rp.1200000~

萨利之屋 B&B
`POOL` `餐馆` `早餐`
Sari Room B&B

◆共设有 11 间客房的 Bed&Breakfast 型旅店。建筑 1 层是餐馆区域，2 层则是客房区。作为一家新开业的住宿设施，房间干净整洁，内饰时尚，住宿体验非常舒适。距离户外活动丰富的海滩步行只有 5 分钟的距离，十分方便。

全部客房的床型都是双人床

性价比很高的舒适住宿地　　Map p.207/B2

地址 JI.Pratama No.71，Tanjung Benoa
TEL（0361）777-609
税费 & 服务费 含
信用卡 `M` `V`
Wi-Fi 客房 OK・免费
费用 `AC` `HOT` `Cold` `TV` 标准房型 Ⓓ Rp.200000

贴士　Ⓗ 潘多克伯诺阿酒店 Pondok Benoa（`MAP` p.207/A1　TEL（0361）771-143　URL www.pondokagung.com）是一家家庭风格的木屋型酒店。Ⓓ Rp.435000~ 共有 5 间客房，长期住宿还可以享受折扣。

沙努尔 *Sanur*

保留传统巴厘韵味的海滩地区

不少住在沙努尔的游客都是为了在这里进行瑜伽练习

沙努尔可谓巴厘岛上历史最悠久的知名度假区域了，作为艺术中心地的沙努尔，早在 20 世纪 30 年代荷兰殖民时期开始，便吸引了众多欧洲及美国艺术家慕名而来。比利时画家勒·梅月尔，澳大利亚画家多纳尔多·芙兰朵等都是深受巴厘岛绘画影响的伟大艺术家。海滩沿岸建有各式旅店以及适合长期停留的别墅型酒店，说沙努尔是巴厘岛上首屈一指的度假区没有一点毛病。

随着努沙杜瓦的度假旅游区发展逐渐蓬勃，使得沙努尔的游客开始分流，因此，沙努尔的商业化气息得到了很大幅度的降低，使得这里更加接近最真实的巴厘岛乡村氛围。现在巴厘岛上很多地区都是本地村落与豪华度假区混合共生的构建模式，像沙努尔这样本地原生村落气息浓厚的地方已经少之又少了，当你到访这里，不知不觉便会心静如水，这里没有大城市的浮躁与喧嚣，可谓为你营造与心灵独处的静谧之地。

沙努尔 漫步

海滩沿岸的散步路绵延不绝

沙努尔的主要城区以北部的 H 巴厘海滩茵那大酒店和南部的 H 沙努尔海滩酒店为南北边界线，以连接这两座酒店的达瑙坦布林根大道 Jl.Danau Tamblingan 为主干路，海滩沿线建有各式中高级酒店，内陆地区则以餐馆、商店以及价格低廉的中低端酒店为主，清晨以及日落时分可以在街上悠闲地漫步，白天则推荐搭乘贝莫小巴进行市区交通移动，贝莫小巴的班次很多，中途也可以随时下车，非常方便。

海　拔	不足 10 米
区　号	0361

前往沙努尔的交通方式

从机场搭乘机场运营的出租车前往沙努尔，需要 30～40 分钟的时间（Rp.175000～）。如果是从沙努尔搭乘普通市营出租车前往机场，费用则会便宜一些，大约在 Rp.150000。

打车概览
◆库塔起始
20～30 分钟、Rp.110000～
◆水明漾起始
40～50 分钟、Rp.160000～
◆金巴兰起始
40～50 分钟、Rp.130000～
◆努沙杜瓦起始
50～60 分钟、Rp.170000～

普拉玛旅社（观光班车）
MAP p.212/A2
TEL（0361）285-592
　你可以通过波蕉克小餐馆的杂货铺或者在巴士站购买车票。
　库塔、乌布、赞迪达萨、罗威纳等地都有前往沙努尔的观光班车（→p.166）

贝莫小巴（当地居民也搭乘的迷你小巴）
　在沙努尔地区内搭乘贝莫小巴移动时每次 Rp.5000 左右。

辛德胡夜市
　辛德胡市场中的夜市（MAP p.213/A1）十分出名，是一处人气很高的用餐点，天还未亮便热闹一整天的辛德胡市场，会在每天 17:00～23:00 期间支起 20 余家餐摊排档，印尼炒饭及印尼炒面 Rp.20000～。

品尝地道的当地美食

 贴士　辛德胡市场（MAP p.213/A1）是一处售卖食材调料品以及生活杂货的露天市场。早晨 05:00 天刚一擦亮便人头攒动，大多数店铺上午便货品售罄，傍晚时分不少餐摊排档便会在这里支起，化身为一座美食夜市。

巴厘水果花园餐馆
Bali Fruit Garden

观叶植物市场
Pasar Tanaman Hias

Warung Pojok（普拉玛社社办公室）

爵士烧烤酒吧
Jazz Bar & Grille

Rocky社社

Warung Mak Beng

Ananda Beach
前往蓝梦岛的定期游船出发地

马克棒小餐馆

吉尔曼小餐馆
Warung Jerman

乌达雅纳高尔夫练习场
Udayana Golf Driving Range

萨维卡波伽食品店
Satvika Bhoga

Dunkin'Donuts

Scoot社

KFC

勒梅耶博物馆
Museum Le Mayeur

普拉玛旅社海上快艇出发地

Jl. Hang Tuah

Jl. Hang Tuah

Bali Continental

Sanur
Paradise Plaza

警察局

高尔夫球场

因达兰
Intaran

巴厘海滩茵那大酒店
Inna Grand Bali Beach

海滩瑜伽教室

A

巴厘卡拉店店
Bali Colour

慈科特夜店
Sector

p.213

Canangsari
Warung Wapo KKN

因迪商店Indi

普瑞克拉帕花园酒店
Puri Kelapa Garden

萨利拉萨餐馆
Sari Rasa

邮局
Puri Sanur

Jl. Danau Buyan

Jl. Segara Ayu

赛傲拉乡村酒店
Segara Village

麦当劳

Jl. Danau Tondano

卡尤马尼斯餐馆
Kayu Manis

Jl. Pantai Sindu

马哈帕拉别墅酒店
Villa Mahapala

沙努尔
Sanur

The Cavern Bar

辛德胡市场
Pasar Sindhu

拉塔贝尔纳巴厘酒店
La Taverna Bali

Circle K

DHL

伽洋波海滩酒店
Gazebo Beach

赛庫塔康德套房酒店
Sekuta Condo Suites

巴厘岛帕比利恩斯酒店
The Pavilions Bali

坦戎萨利酒店
Tandjung Sari

纳特拉布餐厅
Natrabu

布萨基酒店Besakih

科克民宿
Keke Home Stay

格利亚圣特利安酒店
Griya Santrian

B

因坦沙龙按摩店
Intan Salon

普瑞滕珀杜尔酒店
Puri Tempo Doeloe

大和餐厅
Yamato

Sanur Paradise
Plaza Beach

海滩瑜伽教室

B

罗马按摩店Roma

巴厘桑提卡酒店
Bali Santika

巴图金巴
Batujimbar

玛雅沙努尔酒店
Maya Sanur

Dyan
Ayu

西达卡尔亚
Sidakarya

Jl. Mukti Sari

Jl. Batujan Gang I

卡尤马尼斯沙努尔酒店
Kayumanis Sanur

Jl. Tirta Akasa

古娜卡雅民宿
Gunakaya Homestay

克里希那小餐馆
Warung Krishna

Jl. Karang Sari

满谢德咖啡馆
Man Shed Cafe

阿兰塔拉沙努尔酒店
The Alantara Sanur

Warung Kecil

巴厘凯悦酒店
Bali Hyatt（改建中）

蓝色傍晚咖啡馆
Dusk Blue

阿索卡民宿
Asoka Home Stay

Jl. Tambaksari

萨扬饰品店
Sayang

普特利劳饰品店
Putri Laut

马西莫餐厅
Massimo

森萨缇亚
Sensatia

苏利耶水上运动
Surya Water Sports

柯皮巴厘之家餐馆
Kopi Bali House

伊扎卡雅餐厅 Izakaya

科巴拉之家陶器店
Kevala Home

因缇巴厘商店
Inti Bali

Jl. Danau Poso

乌塔马斯派斯化妆品店
Utama Spice

里拉潘泰餐厅 Lilla Pantai

Jl. Cemara

Rama Villas

马莱卡西克莱特莫克莎餐馆
Malaika Secret Moksha

丽兹姆
Rizm

卡缪埃拉沙努尔
别墅酒店
Kamuela
Villas Sanur

赛门特利沙努尔海滩
Fairmont Sanur Beach

C

伽德尼亚商店
Gardenia

沙马旺
Semawang

普图妈妈小餐馆
Warung Mama Putu

帕拉扬甘小餐馆
Warung Parahyangan

Jl. Mertasari

普瑞圣特利安海滩度假村
Puri Santrian Beach Resort

卡玛娅娅度假村
Kamaya Resort

美居沙努尔酒店
Mercure Sanur

沙马旺海滩
Semawang Beach

吉尼亚斯咖啡馆
Genius Cafe

沙努尔海滩
Sanur Beach

212

Bali Kitesurfing

N

0   400m

1

2

沙努尔中心地
Central Sanur
区域地图 ▶p.212

Jl. Danau Buyan

芭鲁娜酒店
Baruna
丹帕缇别墅酒店
Dampati Villa

沙努尔烤乳猪小餐馆
Warung Babi Guling Sanur
R 麦当劳

Jl. Segara Ayu

Pura Segara

R Arena Cafe
普瑞克拉帕花园酒店
Puri Kelapa Garden
赛伽拉乡村酒店
Segara Village
沙努尔海滩市场餐馆
Sanur Beach Market

BR
Happy Kids S
Puri Suar
鲁阆斯餐馆
Luhtu's

英里石咖啡馆
Milestone Coffee
Jimmy's
Cafe
波尔奈欧餐馆
Borneo
白沙餐馆
White Sands
安皮比亚小餐馆
Warung Ampihbia

波蕉克小餐馆
Warung Pojok
N TKS
E Gul Spa

Jl. Tondano
Jl. Pantai Sindu
哈玛帕拉别墅酒店
Villa Mahapala
茵那辛德胡海滩酒店
Inna Sindhu Beach

A

卡尤马尼斯餐馆
Kayu Manis
好推拿按摩店
Good Massage
大道咖啡店
Street Cafe
小池塘酒店
Little Pond
灵幻沙滩餐馆
Soul on The Beach

辛德胡市场 • 夜市
Pasar Sindhu
哈优米商店
Hayumi
BMC
Suman Tour
(机票售卖)
阿鲁塔别墅酒店
Ajanta Villas

S Bali Fine
DHL
斯瓦斯提卡餐馆
Swastika
玻璃屋餐馆
The Glass House
沙子餐馆
Sand

Circle K
Bali Oding
Sari Sanur
Circle K
伊索拉餐厅 Isola

椰子林乡村酒店
Coconut Grove Village
拉塔贝尔纳巴厘岛酒店
La Taverna Bali
鲁斯帕缇酒店
Respati
伽泽波海滩酒店 Waroeng Nelajan

Sanur Ayu H
纳特拉布餐馆
Natrabu
塔姆卡米酒店 Tamukami
伽泽波海滩酒店
Gazebo Beach

鲁努尔花园酒店
Janur Garden
Circle K
巴厘岛帕利尔恩斯酒店
The Pavilions Bali
科阿精品Spa会所
Koa Boutique Spa
卡米萨马餐馆
Kamisama

斯凯普康多泰尔酒店
S'cape Condotel
坦戎萨利酒店
Tandjung Sari

布米阿尤酒店
Bumi Ayu
Lilla Warung
伊比萨商店 Ibisa
巴图巴塔餐馆
Batu Bata Resto
布萨基酒店
Besakih

Rita Ayu Home Stay
乌鲁瓦图酒店
Uluwatu
蒙娜丽莎餐馆 Mona Lisa

B
波伽斯瓦哈
Boga Svaha
(超市)
科克民宿
Keke Home Stay
乡村餐馆
The Village
格利亚圣特利安酒店
Griya Santrian
万提篮餐馆
Wantilan

倒叙酒店
Flashbacks
诺格巴厘餐馆
Nogo Bali
香缇别墅酒店
Villa Shanti

Swiss-Bel Resort Watu Jimbar
酒店
韦尔达普拉酒店
Werdhapura

阿罗马Spa会所
Aroma Spa
三只猴子咖啡馆
Three Monkey's Cafe
面包篮餐馆
Bread Basket
Laghawa Beach
Seaside Bar

普瑞滕珀杜尔酒店
Puri Tempo Doeloe
沙努尔克莱亚餐馆
A Krea of Sanur
Pura Prajapati Setra Santrian

大和餐馆
Yamato
斯瓦斯提卡餐馆
Swastika
比利咖啡馆 Billy's Cafe
尤利姆2号餐馆 Yulia 2
艺术品市场

斯瓦斯提卡木屋酒店
Swastika Bungalows
阿拉姆巴厘按摩店 Alam Bali
Jl. Pantai Karang
斯莫加咖啡馆
Cafe Smorgas
里普柯尔商店 Rip Curl
海滩瑜伽教室

沙努尔天堂广场套房酒店
Sanur Paradise
Plaza Suites
Ramayana
Circle K

巴厘邦邦餐馆
Bali Bon Bon
红茶花商店
Red Camellia
萨洋饰品店 Sayang

巴厘桑提卡酒店
Bali Santika
绿洲之湖沙努尔酒店
The Oasis Lagoon Sanur
巴图金巴咖啡馆
Cafe Batujimbar

埃尔珂梅多尔餐厅 El Comedor
丽塔纪念品商店
Rita Gift Shop

奈萨酒店 Nesa
阿贡商店 Agung
潘多尔娜丽塔酒店
Pondok Narita

渔师餐馆 Ryoshi

C
Parigata

坎达咖啡美食吧
Kanda Resto & Cafe
巴厘岛科伦普酒店
Klumpu Bali
E Praba
玛雅沙努尔酒店
Maya Sanur

杰德箱子文身店
Jade Box
维尔达普拉小餐馆
Warung Werdahpura

达严阿尤酒店
Dyan Ayu
Jl. Kesari
佩尼达海景酒店
Peneeda View

0   200m

1   **2**

沙努尔 户外活动

沙努尔的户外运动事宜

拥有美丽珊瑚礁的沙努尔海畔风平浪静，大部分海上户外活动都可以在这里的海边进行体验。海滩上设有几家户外运动店铺，从沙努尔的主要酒店中也可以直接进行海上运动的报名。如果你厌倦了在沙滩上晒阳光浴，那就动起来吧，水上拉伞、急速水艇、海上香蕉船、浮潜，里面有没有你感兴趣的海上项目呢？

可以在沙努尔体验多样海上项目

沙努尔 主要景点

曾作为旅居这里的知名画家的画室　　　　　　　★★

勒梅耶博物馆　　　　　　Map p.212/A2

Museum Le Mayeur

比利时画家勒梅耶和他的爱妻——享有黎弓舞之花美称的纽曼波洛克，夫妇二人在 1946~1958 年间曾在这里生活起居，画室也设在此地。他们去世后这个地方变为国家管理的博物馆设施。整座建筑是巴厘岛传统的建筑风格，内部可以看到勒梅耶的粉蜡画作。你可以在这里欣赏到众多极富表现力的绘画作品，旧时绚丽的南国风光都可以在画作中得以一见。

房间中的装饰品以及遍布整座建筑的精美雕刻都未经改造，仍保留着当时的原汁原味，你在这里可以感受到半个世纪前的巴厘岛室内氛围。

面积不是很大，但是却展有众多很有年代感的绘画作品

Column

清早就去海滩做瑜伽!

每天清晨 07:00，在潘泰卡兰大道的尽头便有一家免费的海滩瑜伽教室（MAP p.213/C2）对外开放。一边聆听着海畔的海浪声与清晨的鸟叫声，一边进行瑜伽练习，这种纯自然的"教室"环境确实不可多得。看日出时需要起个大早，随后去做个瑜伽，时间安排得正合理。瑜伽时间是从 7:00~8:00，随后还有半小时的冥想环节，在如此天然的海滩上进行瑜伽练习，一定会成为你旅行中的美好回忆。巴厘海滩茵

那大酒店（MAP p.212/A2）在每天的 7:00 也会举办瑜伽课程（但是由于参加人数较少，可能会有临时取消的可能）。

在大自然的海滩上进行瑜伽练习

🪷 贴士　如果你打算在沙努尔进行水上运动体验，推荐你前往巴厘凯悦酒店旁的沙滩区域。苏利耶水上运动 Surya Water Sports ［MAP p.212/C2］ TEL（0361）287-956　URL www.balisuryadivecenter.com】经营各式海上项目，一定有你心仪的一款。

购物
Shopping

在达瑞坦布林根大道沿路除了可以看到各式时装店与杂货店之外，超市、礼品集市也都分布其中，是一条非常适合逛街的大道。伽泽波海滩酒店周边也有不少时尚的店铺，有时间的话不妨过去看看。

雅加达中心部

乌塔马斯派斯化妆品店
Utama Spice

◆这是一家印尼有代表性的有机化妆品商店，润唇膏（Rp.16500）、浴盐（Rp.47000）、有机驱蚊喷雾（Rp.27000~）等商品都深受女性顾客喜爱，手工香皂 Rp.85000、四合一的香皂套装 Rp.137000。

异国风情十足的巴厘化妆品商店 Map p.212/C2
地址 Jl.Danau Poso No.57, Sanur
TEL（0361）282-836
URL www.utamaspicebali.com
营业 每天 9:00~20:00
信用卡 J M V

店里还设有试用区，十分人性化

杰德箱子文身店
Jade Box

◆使用天然植物海娜叶为材料的文身店，虽说是文身，但这种利用海娜汁液进行的手绘文身是可以直接擦除的，完全不用担心留下痕迹。你可以选择手、脚、腕乃至身体各个部位作为这种手绘的绘画位置，画好之后你一定会对这种极富异域特色的艺术表现手法而赞叹不已。海娜手绘文身的费用在 Rp.80000~300000 不等（需要提前进行网络或电话预约）。此外店里还出售很有品位的原创夏日裙子（Rp.280000~）以及竹藤包（Rp.300000~），不妨在手绘过后再在店里转一转挑一挑。

由民居改造的海娜文身店 Map p.213/C1
地址 Jl.Kesari No.19, Sanur
TEL 081-3385-68838（手机）
营业 每天 10:00~18:00
信用卡 无

进行海娜手绘文身前需要进行海娜汁液的过敏测试

森萨缇亚化妆品店
Sensatia

◆森萨缇亚可谓在全世界都拥有粉丝群的巴厘岛本土全天然化妆品品牌。热销产品卸妆油（Rp.180000）是一款选用石榴精华的抗衰老功能化妆品。以富含丰富维生素 C 的费氏榄仁（卡卡杜李）制作的美白霜（Rp.180000）也很值得推荐。

出售各式纯天然商品　　Map p.212/C2
地址 Jl.Danau Tamblingan No.121，Sanur
TEL（0361）766-466
URL sensatia.com
营业 每天 10:00~20:00
信用卡 A J M V

汇集了种类丰富的纯天然商品

科巴拉之家陶器店
Kevala Home

◆巴厘岛本土代表性陶器品牌的直营店，各色充满存在感的陶器商品令人眼花缭乱，每一件都可以令你的餐桌品质立马提升档次。不同图案的各式小餐碟（Rp.165000），水杯＆杯托（Rp.285000），非常适合点缀家庭空间的藏蓝色餐盘（Rp.720000）等各式餐盘都是手工制作，很有匠心韵味。科巴拉之家陶器店的总店以及工厂都位于沙努尔当地，在克罗博坎和乌布也设有分店，方便游客在各地实现购买的可能。

绘有多彩可爱图案的各色餐具 Map p.212/C1
地址 Jl.Danau Poso No.20, Sanur
TEL（0361）449-0064
URL www.kevalaceramics.com
营业 每天 9:00~19:30
信用卡 J M V

商品造型潮流感十足，深受女性喜爱

贴士 普特利劳特饰品店 Putri Laut（MAP p.212/C2 TEL 081-3532-44240 手机 营业 周一～周六 9:00~21:00）是一家以大海为创作元素的饰品店，质地很好的绿松石手镯 Rp.375000~。

贴士 里普柯尔商店 Rip Curl（MAP p.213/C2 TEL（0361）281-033 营业 每天 9:00~22:00）是一家很热门的冲浪用品商店，特色 T 恤 Rp.395000~，迷你短裤 Rp.695000~。

阿贡商店
Agung

◆ 由一位爽快的老板娘经营的手工编织藤制品商店，素朴简约的藤编包（Rp.300000~），藤质纸巾盒（Rp.150000~）等。餐具垫以及杯垫等小物件非常适合买来馈赠亲友。这家店铺物美价廉，如果买得很多还可以砍价，十分接地气。

出售各式畅销藤制品 Map p.213/C2

地址 Jl. Danau Tamblingan No.170, Sanur
TEL（0361）288-549
营业 每天9:00~20:00
信用卡 M V

老板娘亲手编织的藤制品种类非常多样

餐馆
Restaurant

在沙努尔的主干路达瑞坦布林根大道上可以找到各式餐馆，海滩沿岸则坐落着许多露天咖啡馆，你可以一边欣赏美丽的海景一边享用精致的美食。

科契尔小餐馆
Warung Kecil

◆ 沙努尔地区人尽皆知的知名小餐馆，菜品价位低廉但是味道绝佳，从开业到闭店食客络绎不绝，午餐时段经常是座无虚席，很有可能需要等座。搭配3种素菜菜品的杂菜饭 Rp.22000~，添加肉类的杂菜饭 Rp.25000~。甄选当地有机食材制作的帕尼尼三明治（Rp.40000~）和沙拉（Rp.35000~）也很美味，适合口味偏西式的食客。

品味刚出锅的美味印尼杂菜饭 Map p.212/C2

地址 Jl.Duyung No.1, Sanur
TEL 0851-0002-0002（手机）
营业 每天8:00~22:00
税费&服务费 含
信用卡 无
Wi-Fi 免费

自行挑选心仪的配菜搭配杂菜饭

蓝色傍晚咖啡馆
Dusk Blue

◆ 一定可以给你带来好心情的咖啡馆，以各式有机食材烹制的精美简餐深受好评。选用鲜鱼制作的土耳其烤鱼（Rp.90000），香草干酪有机蛋（Rp.55000）都十分有特色，香味扑鼻的香蕉酱面包片（Rp.35000）等甜品也很出彩。

知名网红咖啡馆 Map p.212/C2

地址 Jl.Duyung No.3, Sanur
TEL 0811-398-5611（手机）
营业 每天7:30~23:00
税费&服务费 +10%
信用卡 J M V
Wi-Fi 免费

可以享用十分健康的各式美食

帕拉杨甘小餐馆
Warung Parahyangan

◆ 想在沙努尔当地品尝印尼本地菜品，选择这家餐馆肯定没错！你在这里可以体验到种类丰富的印尼各地知名菜肴，每道菜做得都没毛病，完全不会踩雷。招牌印尼炒饭（Rp.28000）和选用粗面制作的印尼炒面（Rp.30000）都适合口味偏重的食客。老板娘强烈推荐大家尝尝印尼蒸鱼（Rp.16000/100g）以及花生酱辣炒蔬菜（Rp.16000）。

经营地道印尼菜肴的民间菜馆 Map p.212/C1

地址 Jl.Sudamala No.55-57, Sanur
TEL 0813-5396-4748（手机）
营业 每天10:00~22:00
税费&服务费 +10%
信用卡 无

菜品丰富，深受游客好评

 贴士 **R** 马莱卡西克莱特莫克莎餐馆 Malaika Secret Moksha（**MAP** p.212/C1 TEL 0812-3814-1000 手机 营业 每天8:00~23:00）是一家网红生食咖啡馆，选用新鲜食材制作的沙拉 Rp.47000~。

英里石咖啡馆
Milestone Coffee

◆推开门走进咖啡馆便可以闻到迎面扑鼻而来的醇厚咖啡，店内余音绕梁的爵士音乐更是令人身心无比放松。招牌甜品夏威夷华夫饼（Rp.55000），蓝莓奶油芝士华夫饼（Rp.48000）绝对不会令你失望。外焦里嫩的华夫饼一定会给你开启一天的好心情。

品味极品华夫饼的美味 Map p.213/A1

地址 JI.By Pass Ngurah Rai No.99, Sanur
TEL 0896-7075-0333（手机）
营业 每天 8:00~23:00
税费 & 服务费 +10%
信用卡 M V
Wi-Fi 免费

摆盘精致的夏威夷华夫饼（图片下方甜品）

沙努尔的夜店指南

在拜帕斯伍拉赖大道沿路上可以找到多家夜夜笙歌的音乐酒吧。N 爵士烧烤酒吧 Jazz Bar & Grille（MAP p.212/A2 TEL（0361）285-892 营业 每天 18:30~24:00）便是一家深受旅居巴厘岛的外国人青睐的热门夜店。店内空间十分敞亮，服务员也是干练亲切，你可以在这里品味国际风味的各式菜肴。每周一~周六 21:00 起这里会进行爵士以及流行音乐的现场演奏，气氛很好，你可能不止会来一次。

N 满谢德咖啡馆 Man Shed Cafe（MAP p.212/C1 TEL（0361）284-162 营业 每天 9:00~24:00）则是一家由大型仓库改造而成，是一个选用老爷车和不少很有年头的摩托车等老物件作为别致装饰物的特色用餐地，烤猪肋排（Rp.50000）帕玛森奶酪烧鸡（Rp.70000）都是这里的热门菜品。周五·周六·周日的 19:00~22:00 期间这里还会举行布鲁斯和摇滚音乐的现场表演，可以一边享用美食一边欣赏精彩的音乐表演，十分快活。

满谢德咖啡馆的菜品深受众多食客的好评

酒店
Hotel

海滩沿岸坐落着各式高级~中级酒店，不少别致的别墅酒店也分布在此。与海滩相距一个街区的沙努尔主干路达瑞坦布林根大道南侧则是众多经济型酒店的集中地。

玛雅沙努尔酒店
Maya Sanur

POOL 餐馆 早餐

◆沿着细长形泳池建造的创意型酒店，共有 103 间客房，采光极佳的客房与各式木质家具内饰为房客营造出一种身在大自然中的住宿体验。所有客房都配有浴缸，另外你在这里还可以品尝到地道的日式料理，非常适合家庭出行的人在这里入住。

豪华的泳池佳景房型

深受外国游客好评的崭新创意型酒店 Map p.213/C2

地址 JI.Danau Tamblingan No.89M，Sanur
TEL（0361）849-7800
FAX（0361）849-7808
URL mayaresorts.com
税费 & 服务费 +21%
信用卡 A D J M V
Wi-Fi 客房 OK·免费
费用 AC HOT Cold TV 花园景观房型 ⒟Rp.4030000
AC HOT Cold TV 泳池景观房型 ⒟Rp.4550000
AC HOT Cold TV 泳池佳景房型 ⒟Rp.5525000
AC HOT Cold TV 泳池套房房型 Rp.7150000

贴士 R 鲁图斯餐馆 Luhtu's（MAP p.213/A2 TEL 0821-4605-0576 手机 营业 每天 7:00~22:00）是一家面向湛蓝的大海而建造的绝景咖啡馆。杧果蛋糕 Rp.25000，卡布奇诺咖啡 Rp.28000。

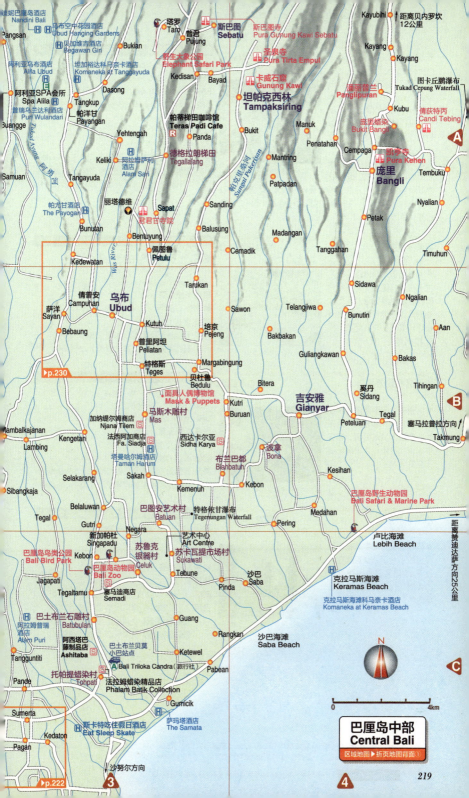

巴厘岛中部
Central Bali

区域地图 ▶折页地图背面①

219

普瑞滕珀杜尔酒店
Puri Tempo Doeloe

POOL 餐馆 早餐

◆ 位于沙努尔拜帕斯大道的沿路，是一家共设有 21 栋别墅房型的高端酒店。入住仿古设计的印尼传统风格别墅会让你有一种穿越时空的奇妙感觉。充满浓厚气息的殖民风格卧室更是极度还原了旧时的家装形式，备受业界好评。此外酒店还并设 SPA 会所以及瑜伽教室，可以丰富你的住宿活动。酒店的位置虽然稍稍远离市区，但是设有免费的往来班车，出行十分便利。

马杜拉别墅房型的卧室实景图

重现爪哇民居装饰的复古酒店	Map p.213/B1

地址 JI.By Pass Ngurah Rai No.209, Sanur
TEL（0361）286-542
FAX（0361）285-085
URL www.hotelpuritempodoeloe.com
税费 & 服务费 +21%
信用卡 J M V
Wi-Fi 客房 OK · 免费
费用 AC HOT Cold TV 加拉克别墅房型 Rp.960000
AC HOT Cold TV 马杜拉别墅房型 Rp.1150000
AC HOT Cold TV 泳池景致套房房型 Rp.1530000

阿索卡民宿
Asoka Home Stay

POOL 餐馆 早餐

◆ 无论是前往海滩还是市区主干路都只需要 3 分钟的时间，地理位置优越，民宿虽然不大，但是餐馆和泳池也是样样俱全，住宿舒适，共有 12 间客房。

简洁干净的客房布置

家庭经营模式令人入住安心	Map p.212/C2

地址 JI.Duyung No.4, Sanur
TEL（0361）289-037
URL asokahomestay.com
税费 & 服务费 +10%
信用卡 J M V
Wi-Fi 客房 OK · 免费
费用 AC HOT Cold TV 标准房型 ⒟Rp.350000
AC HOT Cold TV 公寓房型 ⒟Rp.600000

巴厘岛科伦普酒店
Klumpu Bali

POOL 餐馆 早餐

◆ 共设有 8 间围绕泳池而建的小屋，是一家充满鸟语花香的花园木屋式酒店，客房中冰箱和保险柜等设施也是一应俱全。

传统风格的建筑令人心情放松

超级划算的冷门酒店	Map p.213/C1

地址 JI.Kesari No.16B, Sanur
TEL（0361）280-0874
URL www.klumpu.com
税费 & 服务费 +21%
信用卡 A J M V
Wi-Fi 客房 OK · 免费
费用 AC HOT Cold TV 科伦普别墅房型 ⒟Rp.180000～
AC HOT Cold TV 阁楼别墅房型 ⒟Rp.280000～

小池塘酒店
Little Pond

POOL 餐馆 早餐

◆ 同品牌街角咖啡馆也位于旁边的小巷中，这家酒店共设有 15 间客房，面积虽然不大但是也是拥有泳池等设施的。

殖民风格的房间内饰

距离海滩很近，地理位置优越	Map p.213/A2

地址 JI.Danau Tamblingan No.19, Sanur
TEL（0361）289-902
URL www.ellorabali.com
税费 & 服务费 含
信用卡 无
Wi-Fi 客房 OK · 免费
费用 AC HOT Cold TV 风扇房型 ⒮⒟Rp.175000
AC HOT Cold TV 空调房型 ⒮⒟Rp.225000
AC HOT Cold TV 空调房型 ⒮⒟Rp.250000

贴士 🅗 伽泽波海滩酒店 Gazebo Beach（MAP p.213/B2 TEL（0361）288-212 URL www.baligazebo.com）是一家拥有 60 间客房的老牌别墅酒店。⒟Rp.750000～，坐落在海滩边上，环境极佳。

登巴萨 *Denpasar*

巴厘省首府，充满活力的百姓之都

设有众多市场与购物中心的商业之都

巴厘岛内最大的城市登巴萨，也是巴厘省的首府——巴塘市市政府所在地。政府机关从市中心一路蔓延到郊区地带，大型商场屡见不鲜，街上往来的汽车与摩托车数量令人叹为观止，交通流量十分庞大。

登巴萨可以说是巴厘岛上唯一可以称作是城市的地方，"登"在印尼语中是北方的意思，"巴萨"则是市场的意思，正如其名，登巴萨确实是巴厘岛农产品的最大集散地之一。苏拉威西大道上的蜡染工坊从上午便开始紧锣密鼓地忙碌起来，位于克莱嫩的夜市则是在太阳一落山便人头攒动，菜香缭绕，烟火气息十足。这种大城市中十足的市井气息，也是登巴萨的最大特色。

◎ 交通方式

巴士

从雅加达以及日惹等爪哇岛各地起始的巴士都会抵达登巴萨附近的乌邦巴士总站。从登巴萨前往巴厘岛各地则可以搭乘贝莫小巴（当地的迷你巴士），根据目的地方向的不同，贝莫小巴的搭乘站点在市内的位置也各有不同。

登巴萨 漫步

以普普坦广场 Medan Puputan 作为观光大本营，斜对面便坐落着一家观光指南站。在指南站入手各式旅游指南后可以前往从这里向西延伸的伽詹马达大道 Jl.Gajah Mada，各类商店以及银行设施都位于这条大道上，是购物的好去处。市内最热闹的区域当数与巴塘河并行的苏拉威西大道周边，城市南面建有多家大型商场，东南方则主要是当地的政府机构所在区域。

搭乘观光马车游览登巴萨市中心

交通指南

在市中心很容易打到出租车，但是很多道路都是单行道，请多加注意。在市内循环运行的贝莫小巴以及马车（德卡尔）虽然也很常见，但是并不会对游客的旅行更加提效。

信息栏

<table>
<tr><td>人口</td><td>80万</td></tr>
<tr><td>海拔</td><td>不足50米</td></tr>
<tr><td>区号</td><td>0361</td></tr>
<tr><td>机场代码</td><td>DPS</td></tr>
</table>

活动信息

● 6月中旬~7月中旬
巴厘岛内的21个县市村不时便会聚集在登巴萨共同举行传统文化艺术祭典，普普坦广场作为典礼的开幕式场地，主会场则是市内的艺术中心，游行队伍将开幕式与主会场完美衔接。会场里除了各类展会展台外还可以观赏到连日连夜的传统风俗演出。具体的活动行程表可以在每年4月后从艺术中心的事务所或观光指南站入手获取。

打车前往登巴萨
努拉莱国际机场距离登巴萨大约有13公里的距离，从机场搭乘出租车前往登巴萨需要50~60分钟的时间，Rp.175000~。
如果是从库塔搭乘出租车前往登巴萨，无论是车程还是费用都会更加划算一些，车程30~40分钟，费用大约是Rp.140000。

接触印尼最新潮的摇滚文化
登巴萨向来是年轻人所喜爱的最新潮流文化发源地，你在市内可以看到许多年轻设计师自营的精品时装店，"超人已死"是一支在印尼拥有巨大人气的摇滚乐队，Ⓢ 电气地狱商店 Electro Hell 便是他们乐队所经营的旗下商店，用摩托车装点的店铺氛围潮酷，你可以在这里选购心仪的 T 恤和帽子。饿了的话可以直接在店内并设的 Ⓡ 沃特维特餐馆 Voltvet 用餐。

● 电气地狱商店
Ⓢ Electro Hell
MAP p.222/A2
地址 Jl.Veteran No.11A，Denpasar
TEL（0361）226-479
营业 每天 10:00~23:00

苏拉威西大道也是购买传统印尼服饰的好去处

巴厘观光指南站
MAP p.223/C3
地址　Jl.Raya Puputan No.41, Renon
TEL（0361）235-600
URL　balitourismboard.or.id
营业　周一～周五 9:00~17:00

巴厘岛博物馆
位于普普坦广场的东侧
TEL（0361）222-680
入场　周一～周五 8:00~16:00
费用　成人 Rp.50000
　　　儿童 Rp.25000

馆内展出各式民族服饰

雅加塔纳寺
入场　随时（寺院内部基本上不可以随意进入参观）
费用　Rp.5000 等礼拜金

巴塘市场移市

2016年由于一场大火，登巴萨当地的传统市场——巴塘市场迁移到了原有市场位置以北1公里的"缇阿拉·古洛希尔市场"，你可以在这里购买各式新鲜的蔬菜和水果，但是由于这里的建筑外观很现代化，因此很难有那种浓厚的历史气息。

登巴萨　主要景点

各类本地批发商云集的热闹大街　　★★

苏拉威西大道　Map p.222/A1
Jl.Sulawesi

　　苏拉威西大道是一条位于巴塘河东岸的布料品批发商业街，在这条狭长的道路两旁，你可以看到各式售卖蜡染卡巴雅的蕾丝制品或是布制品的商铺，琳琅满目的货品搭配此起彼伏的吆喝叫卖声，令游客沉浸其中不能自拔。其实单是看看商品走马观花地走完这条大街也很有趣，如果能看到你心仪的布制品，与商家讨价还价也是乐趣横生的一件事情。邻近苏拉威西大道的伽詹马达大道也分布着许多售卖卡巴雅的专卖店，感兴趣的话不妨在逛完苏拉威西大道后来这里顺道转一转。

可以深入了解巴厘岛文化　　★

巴厘岛博物馆　Map p.222/A2
Museum Bali

　　博物馆由四座古代宫殿和寺院风格的建筑所组成，入口展示着巴厘岛石器时代发掘品（2层则展示木雕及象牙雕等传统工艺品和旧时的农耕用具）的展馆左侧是展有蜡染及伊卡等传统纺织品的展馆，再往左则是展示装点各项仪式（upacara）时用到的装饰品和特殊道具，精美的舞蹈服装以及巴龙舞特色面具的展馆。

祭祀最高神灵的重要寺院　　★

雅加塔纳寺　Map p.222/A2
Pura Jagatnatha

　　位于巴厘岛博物馆北侧的省立寺院。建于寺庙中央位置，被称为帕多玛萨纳的灵塔，代表着印尼人心中的宇宙形态，塔顶则供奉着用黄金打造的巴厘印度教最高神灵——桑扬威迪 Sang Hyang Widi，每逢满月以及新月之夜（18:00~22:00 左右）便会有成群结队的当地居民穿着正装来这里祭拜祈祷。

人们前往寺庙祭拜时的场景

Information

体验巴厘岛艺术节

　　登巴萨的艺术中心 Art Centre（MAP p.223/A4）可谓是巴厘岛的艺术心脏，宽阔的场地中坐落着美术馆以及户外剧场，在每年 6~7月 这里会举办为期1个

欣赏加入现代元素的传统舞蹈表演

月的巴厘岛艺术节（印尼语为 Pesta Kesenian Bali）。届时这里会进行巴厘岛内外的各式精彩舞蹈和音乐的系列演出，绘画和雕塑作品也会在这里展出，每晚舞台上的传统风俗表演可谓是最顶级的当地民族艺术，一定可以令你大饱眼福。会场周边还会支起各式美食餐摊，为节日气氛锦上添花。
URL　www.baliartsfestival.com（英语）

 贴士　艺术节期间的一大乐趣便是在会场内特设的特色商店购物，店内网罗了印尼各地的特产以及最新潮流物品，说不定会淘到几件你心仪的物件！

购物
Shopping

登巴萨是巴厘岛的商业之都，你可以用相对低廉的价格在这里的市场购买金银制品、民间工艺品以及各式热带水果。大多数商铺都集中位于伽詹马达大道附近。

拉马亚纳商场
Ramayana

◆位于普普坦广场以南 1 公里的四层大型商场。出售食品、日用杂货、衣服、文具、图书等各类商品，价格亲民，2 层是服装区，除了有各式正装商铺，经营印尼传统男性服饰沙法里（Rp.300000~）以及女性传统服饰卡巴雅（Rp.250000~）的店铺也都可以在这里找到。商场最上层还有游戏中心和保龄球场，非常适合你打发闲暇时间。

网罗各类商品的大型商场　Map p.222/B2
地址　Jl.Diponegoro No.103, Denpasar
TEL（0361）246-306
营业　每天 10:00~22:00
信用卡　J M V

各家商铺的商品都十分齐全

缇阿拉德瓦塔商场
Tiara Dewata

◆当地居民日常购物的首选商场，商场内不仅设有一家大型商场，还有以低廉价格出售衣服和文具的各式商铺，这里的价格当数购物最划算的地点之一。此外商场中还有游戏中心与泳池，不仅方便游客购物也提供娱乐项目。休息日可以在这里看到许多当地人来这里游玩，十分热闹，购物累了还可以在商场内颇具人气的餐饮区品味印尼传统菜品或快餐，巴厘岛当地的特色小吃甜品也可以借此机会吃个痛快。

当地印尼人十分青睐的购物场所　Map p.222/B2
地址　Jl.Sutoyo No.55, Denpasar
TEL（0361）235-733
营业　每天 8:30~22:00
信用卡　J M V

服装区与餐饮区是最火爆的 2 个区域

乌纳吉手工艺品店
Unagi Handicraft

◆出售精致工艺品与经典商品的礼品店。小件杂货、绘画作品、雕刻品等各式物件琳琅满目，由贝壳加工的餐盘（Rp.60000~），鸡蛋花发卡（Rp.25000~），木碗（Rp.95000），许多商品都没有价签，可以询问店员具体的价格。

顾客络绎不绝的杂货专卖店　Map p.218/C2
地址　Jl.Teuku Umar Barat, Marlboro No.383, Denpasar
TEL（0361）737-782
营业　每天 9:00~18:00
信用卡　A J M V

以批发商的低廉价格购买心仪的物品

巴厘岛最大的夜市

Column

位于普普坦广场以东 500 米位置的克莱嫩市场（MAP p.223/A3）在每天 18:00 一过，便会化身为巴厘岛上最大的夜间市场，众多印尼当地的情侣和家庭都会在这时来访这里，十分热闹。市场内除了出售服装和生活杂货外，最著名的还是要数这里的餐食。甜辣的印尼烤鸡串、香甜的烤厚面包片以及印尼馅饼满煎糕都是食客最常点选的小吃。甜品中像是夹裹巧克力与奶酪的松饼、特朗布兰糕以及印尼风味刨冰都是炎炎夏日的一抹独特风味，想吃咸味的食客也可以在夜市打包一份印尼肉包打个牙祭。这里的美食种类绝对会令你眼花缭乱，搭配各家商铺扑鼻而来的各色菜香，你的肚子不知不觉便会越吃越大了。觉得稍微有点吃撑了的话，可以前往出售佳姆（一种印尼当地的助消化中药饮品）的店家买一杯试试效果，充分将自己的肠胃融入巴厘岛这个奇妙的美食国度。

太阳下山后餐摊接二连三开张的克莱嫩市场

贴士　S 思吻商店 Kissmiss ［MAP p.222/C2　TEL（0361）232-062　营业 每天 9:00~22:00］是一家登巴萨本地年轻人非常喜欢光顾的时装店，热卖 T恤 Rp.200000，连衣裙 Rp.410000。

酒店
Hotel

登巴萨当地几乎没有高级酒店，在市内各地都可以找到各式中低端旅店，大多数酒店都是为了印尼本地人来此出差住宿等商务用途而建造的。

因纳巴厘岛遗址酒店
Inna Bali Heritage

POOL 餐馆 早餐

◆位于普普坦广场以北 100 米的地方，共设有 70 间客房，由街道两旁的新馆和旧馆所组成，各个客房中都设有空调、热水淋浴系统、电话、TV、迷你酒柜等设施，配套完备。如果你感觉到了旅途的疲惫，可以前往酒店内的"阿曼达按摩店"进行足疗服务，从这家酒店出发进行观光旅游也十分便利，地理位置优越。

建于 1927 年的老牌酒店

萦绕着浓厚历史感的老牌酒店 Map p.222/A2

地址 Jl.Veteran No.3，Denpasar
TEL（0361）225-681
URL www.innabaliheritagehotel.com
税费 & 服务费 含
信用卡 J M V
Wi-Fi 客房 OK · 免费
费用 AC HOT Cold TV 标准房型 ⒹRp.650000
AC HOT Cold TV 套房房型 Rp.1500000

斯卡特吃住假日酒店
Eat Sleep Skate

POOL 餐馆 早餐

◆由印尼本地人经营的小型舒适酒店，只有 4 间客房。以美食、好梦以及滑板娱乐为经营理念，酒店内还设有一个地道的滑板场地（房客游玩时费用为 Rp.25000，非房客则是 Rp.50000）。地理位置稍稍偏离登巴萨的市中心，打车前往沙努尔的海滩大约需要 15 分钟。推荐给想体验当地印尼年轻人风土人情的游客来这里住宿，这里肯定不会令你失望，提供往返机场的接送机服务，单程费用 Rp.200000。

复古风情浓厚的卧室实景

酒店中还设有娱乐设施 Map p.219/C3

地址 Jl.Sedap Malam，Gg.Kwangen No.13，Sanur
TEL 0818-0562-0365（手机）
URL www.essbali.com
税费 & 服务费 +25%
信用卡 A J M V
Wi-Fi 客房 OK · 免费
费用 AC HOT Cold TV 标准房型 ⒹRp.475000
AC HOT Cold TV 奢华房型 ⒹRp.550000

登巴萨的餐馆推荐

登巴萨不同于巴厘岛的其他观光地，这里的氛围更加市井也更加有烟火气，而其中表现最明显的就是这里的饮食了，来到登巴萨请不要错过这里的美味街头餐馆。

R 古拉巴厘岛甜品店 Gula Bali（MAP p.223/B4 TEL（0361）474-5562 营业 每天 10:00~17:00）是一家印尼当地风味的本土甜品店。黑米小豆风味的甜品卜步尔库坦西塔姆（Rp.9000）；木薯芋头风味甜品欣康萨尔久（Rp.10000）；甄选新鲜水果制作的鲁佳 · 古拉 · 巴厘（Rp.11000）都十分值得推荐你品尝一下。

R 哈亚姆乌鲁克餐馆 Hayam Wuruk（MAP p.223/A4 TEL（0361）245-230 营业 每天 7:00~23:00）是一家经营喷香炸鸡（印尼风味）与特色烤鸡（甜辣口味）的餐馆，喜欢吃肉的顾客不要错过。

品味印尼当地的地道甜品

印尼炸鸡套餐 Rp.33500（图片下方菜品）油炸丝足鱼 Rp.50000（图片上方菜品）

R 巴克米克里汀雅加达餐馆 Bakmi Keriting Jakarta（MAP p.222/B2 TEL（0361）236-919 营业 每天 7:00~15:00、17:30~22:00）是一家深受当地居民好评的中式餐馆，店里的招牌菜——特色鸡肉面更是令人拍案叫绝，丰富多量的鸡肉碎与爽口的蔬菜搭配出让人欲罢不能的奇妙滋味。

特色鸡肉面 Rp.22000

从登巴萨前往乌布

Denpasar to Ubud

沿途可以看到各式传统工艺传承村落

从登巴萨前往乌布的沿途，可以看到许多出售石雕、木雕、银制品的工坊兼艺术品商铺，在挑选商品的同时还可以观摩手工匠人的制作场面。通常都是参加当地游行程或是包车游览这些设有手工艺品商铺的传统村落。

海拔	不足150米
市区区号	0361

托帕提蜡染村 Tohpati

Map p.219/C3

设有众多蜡染工坊的传统纺织品村落

你在托帕提蜡染村中可以看到众多风格各异的蜡染工坊，从价格低廉的手绢到高达US$500的手绘蜡染丝绸制品，可以满足各种消费能力的游客群。众多店铺都会把匠人工作的手工工坊设在商店之中，令游客在购买商品的同时还可以了解蜡染工艺的制作过程。

观看手工艺人制作蜡染工艺品的过程会让人更加深入地了解巴厘岛的蜡染工艺

巴土布兰石雕村 Batubulan

Map p.219/C3

云集石雕工艺能工巧匠的传统村落

当你在巴厘岛旅游时，肯定会看到当地民居的各式石门造型，石雕可谓巴厘岛人生活中不可或缺的元素，而这些石雕绝大多数都是出自这座名为巴土布兰的石雕村落。村里的道路两旁，随处可见雕刻成神魔形象的各式石雕，当地人会把这些石雕当作家里的守护神请回家中祈求平安之意。村子中的石雕高手层出不穷，他们凭借自己的手艺也为村子打造了许多精美的寺庙，其中尤数蒲塞寺庙的石雕装饰最为精湛，寺门上雕刻着印度教神灵与化身为巴厘岛村民样貌的佛教神明雕像，非常值得一看。

震撼的巴龙舞表演

前往托帕提蜡染村的交通方式

巴厘岛的当地游行程经常会经途这个村子，你也可以从巴土布兰搭乘贝莫小巴前往这里。

前往巴土布兰石雕村的交通方式

你可以搭乘配有空调设施的萨巴吉塔交通 Trans Sarbagita 旗下的城市巴士前往巴土布兰，费用 Rp.3000~3500，每小时设有多班巴士。

搭乘贝莫小巴的话则是从克莱嫩的贝莫小巴站点出发，车程为20~30分钟（Rp.12000），从乌布出发车程则是20分钟左右（Rp.10000）。从巴土布兰的巴士总站可以搭乘贝莫小巴前往巴厘岛中部和东部地区。

巴土布兰的巴龙舞

巴土布兰当地设有5处面向游客的巴龙舞会场，许多团队游客也会来这几个会场欣赏精彩的舞蹈表演，十分热闹。

营业 每天 9:30~10:30
费用 Rp.100000

贴士 托帕提蜡染村内有一家不起眼的人气藤制品商店 阿西塔巴（ MAP p.219/C3 TEL（0361）461-536 营业 每天 8:00~18:00），店内设有工坊和商品区，你在购物的同时还可以观看手工制作藤制品的日常光景。

苏鲁克银器村 Celuk

Map p.219/C3

制作精美金银饰品的知名村落

前往苏鲁克银器村的交通方式

苏鲁克银器村位于巴土布兰雕刻村与乌布之间，距离乌布有14公里，距离登巴萨则是11公里。参加巴岛当地游时经常会顺道到访这里，从乌布或是巴土布兰搭乘贝莫小巴，无须换乘也可以抵达这里。

苏鲁克银器村的价格

参加当地游行程的游客经常会到访苏鲁克银器村，以至于这里的商铺不愁客人，商品价格节节攀升。即使是挂有"立减五折"招牌的店铺，价格也是提前翻倍再减半的，顾客很难捡到便宜。在这里购买的商品有时候在南部免税区也会看到相同的款式，南部的价格通常都会更加划算。

这个村子以精美的金银饰品而知名，村子中设有数十家金银饰品工坊，每家店铺都像是一座收藏精致工艺品的小展馆，你在购物的同时还可以在其中欣赏匠人打造饰品的工作场面。不过由于许多店都会给导游提成，所以商品售价也随之变得比较高昂。

店内出售各式造型的精美银制品

苏卡瓦提市场村 Sukawati

Map p.219/C3

在这个艺术品云集的村子淘几件心仪的物品吧

前往苏卡瓦提市场村的交通方式

坐落在苏鲁克银器村东北方向3公里的位置，，从乌布或是巴土布兰搭乘贝莫小巴，无须换乘便可以抵达这里。

村内的2层艺术品市场 Pasar Seni Sukawati 中出售各式木雕、面具以及可以挂在墙上的石雕工艺品，巴厘岛风情的特色手工艺品几乎都可以在这里找到，除了现代的手工制品之外，不少出土的古物也在这里出售，多转一转应该会有所收获。此外苏卡瓦提村子的皮影戏也很出名，不少皮影戏大师都生活于此，如果你对皮影人偶感兴趣，肯定可以在这里挑选到你心仪的一款。

网罗各式民间工艺品的艺术市场

在村中的画廊可以看到各式巴图安风格的绘画作品

前往巴图安艺术村的交通方式

巴图安位于乌布以南11公里的位置，从乌布或是巴土布兰搭乘贝莫小巴，无须换乘便可以抵达这里。

巴图安艺术村 Batuan

Map p.219/B3

巴图安风格绘画的发祥地

雕刻、绘画、纺织、传统舞蹈等传统艺术样样俱全的知名艺术村，这里举办的传统艺能表演令不少游客都慕名而来。村民80%以上都是名为"义达"的僧侣，他们非常注重个人隐私，请多加注意。

精致华美的马斯木雕工艺品

前往马斯木雕村的交通方式

与乌布相距4公里，和登巴萨距离则是22公里。参加当地游时经常会到访马斯木雕村，从乌布或是巴土布兰搭乘贝莫小巴，无须换乘也可以抵达这里。

马斯木雕村 Mas

Map p.219/B3

印尼雕工首屈一指的传统村落

这个村子以手法高超的雕工而远近闻名，许多只有十二三岁的少年都能制造出精美的木雕工艺品。你可以在游览的同时参观这里众多工坊中匠人工作的日常场面。马斯木雕以其精致顺滑但不失力度的工艺手法而出名，选用黑檀木、柚木等硬质木材作为原材料打造的木质神鹰雕像、以《罗摩衍那》和《摩诃婆罗多》等神话中登场的人物为题材的各式木雕，还有猫头鹰、鱼类、鸟类的趣味木雕都可以在这里找到，题材非常丰富。

贴士　面具人偶博物馆 Mask & Puppets　[MAP] p.219/B3　TEL（0361）898-7493　营业 每天 8:00~16:00]
是一家收集印尼各地面具与人偶的特色博物馆，支付适量捐款便可以入内参观。

乌布 *Ubud*

位于大自然中的传统文艺中心

在乌布中心地区经常可以看到祭典表演

乌布作为巴厘岛文化与艺术的核心地带，你在这里可以尽情领略巴厘岛多样性的传统文化。随着巴厘岛的观光资源逐步开发，虽然乌布本地已经出现了不少符合国际游客品质的时尚店铺和餐馆，但是这里重视传统文化的古老理念并没有被丝毫影响或撼动，每晚你都可以在乌布欣赏到精彩的传统舞蹈表演，展出传统绘画与现代美术作品的画廊和美术馆也是十分常见，可以丰富陶冶游客的艺术情操。

乌布当地举办的寺庙祭典以及各项仪式的华丽程度在整座巴厘岛中也是首屈一指。这里保留着巴厘岛最本来的原始市井面貌，如果你走进与主干路连接的街头小巷，便会立马被当地传统的印尼街巷所感染，许多游客都被这种独到的魅力所感染，甚至有人选择在这里长期旅居生活。你在乌布当地不仅可以观赏到各式祭典表演，还可以在学习当地的特色表演后亲身融入祭典演出，成为表演者的一分子，体验众多从未经历过的美妙活动。

乌布原指乌布地区中一个名为乌布的村落，但是现在的乌布除了这个村子外，周边的普里阿坦村和彭格塞坎村也都包含在内，整个区域统一用乌布称呼。

🌀 交通方式

从巴厘岛各地都可以搭乘普拉玛旅社的观光班车前往乌布，即使你身处龙目岛的吉利或是圣吉吉，也可以乘坐搭乘普拉玛旅社的观光班车前往乌布。观光班车的价格比打车划算，也有相应的运营机构监管，出行更为安心。如果你打算前往巴厘岛上的多个目的地，选择观光班车出行绝对不会有错。上车前需要提前在普拉玛旅社进行预约，不要忘记哟。

乌布当地的普拉玛旅社门市位于中心地带南面的帕丹特伽尔 Padang Tegal 地区，不同于主动拉客的各色印尼酒店，许多僻静的酒店也分布于此，说不定有你心仪的一家。

海 拔	不足 200 米
区 号	0361

打车前往乌布

从努拉莱国际机场搭乘机场运营的出租车前往乌布，需要 1～1.5 小时的时间，费用 Rp.300000～。如果是从库塔和沙努尔等地搭乘普通市营出租车前往机场，单程费用大约为 Rp.250000。由于从乌布返程时大多数时候都是空载，所以通常会加收 30% 的额外车费，请提前注意。

前往乌布的观光班车

在巴厘岛的各个地区运营的普拉玛旅社（→ p.166）观光班车都可以抵达乌布，从库塔出发车程 1 小时（Rp.60000），从沙努尔出发车程是 50 分钟（Rp.50000），从赞迪达萨出发车程是 1 小时（Rp.75000），从罗威纳出发车程则是 3 小时（Rp.125000）。

如果你恰巧在巴厘岛的南部地区活动，还可以搭乘当地的 Kurakura bus 库拉拉观光巴士（→ p.177）前往乌布地区。

体验巴厘文化的手工工坊

乌布波塔尼互动工坊是一家让游客可以领略巴厘岛当地文化的体验型教室。你在这里可以学习并实际制作一块巴厘岛当地的特色传统蛋糕，也可以体验 Health&Beauty 的化妆品制作，对于乡村田园感兴趣的游客还可以参加这里的农田观光游，深度了解巴厘岛的当地农业。每个项目耗时都在 2 小时左右，参加费用 Rp.300000～。

●乌布波塔尼互动工坊
Ubud Botany Interactive
（UBI）　**MAP** p.230/B2
地址 Jl.Kajeng No.32, Ubud
TEL 085-6371-9259（手机）
URL www.ubudbotany.com
营业 每天 10:00～ 活动结束

体验各式接近大自然的精彩项目

 贴士　乌布瑜伽之家（**MAP** p.230/B2　**TEL** 0821-4418-1058 手机　**URL** ubudyogahouse.com）是一家隐于田园乡间的瑜伽教室，每周一～周六都会举行瑜伽课程，分别从 7:30、9:00、11:00 开始授课。

229

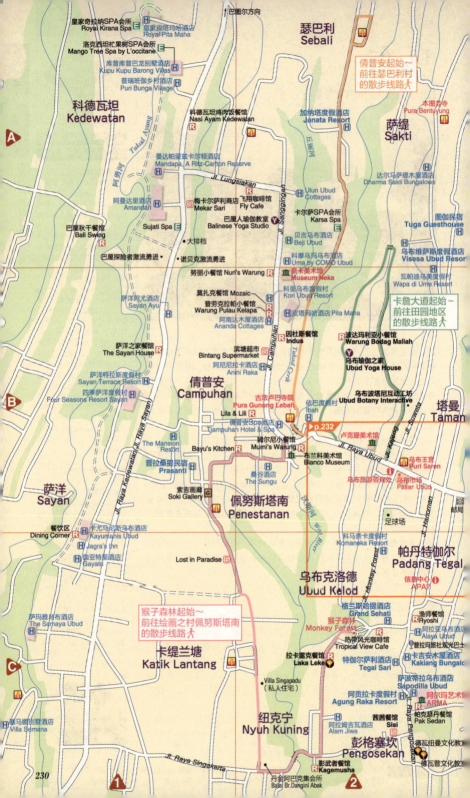

特伽拉兰、京打玛尼方向　　　　　　坦帕西林

Belusung

巴厘星野酒店
Hoshinoya Bali

乌布概览图
Around Ubud

区域地图 ▶p.219/B3

塔尔坎
Tarukan

佩萨拉坎
Pesalakan

特伽兰坦
Tegallantang

艮桐
Gentong

N

0　　　　　　　　　　1km

A

佩图鲁
Petulu

卡斯克德餐馆
Cascade

纳吉
Nagi

维瑟罗伊巴厘酒店
Viceroy Bali

乌玛德瓦
Uma Dewa

卡曼达鲁乌布酒店
Kamandalu Ubud

拉攝玛特民宿
Rahmat Homestay

大自然SPA度假村
Natura Resort & Spa

佩达达盘
Pedapdapan

Merpati Inn

缇缇小餐馆
Warung Titi

B

安东
Andong

萨拉
Sala

彭库尔乌库兰寺院
Pura Pengukur Ukuran

德尔塔德瓦塔商店
Delta Dewata

戈库伽尔巴
Goa Garba

库图
utuh

警察局

普穆兰咖啡馆
Cafe Pemulan

电话局

阿莱克罗别墅酒店
Villa Areklo

培京王宫
Puri Pejeng

培京
Pejeng

玛雅乌布SPA度假村
Maya Ubud Resort & Spa

玛雅萨利马斯餐馆
Maya Sari Mas

培京市场
Pasar Pejeng

普纳塔兰萨西寺院
Pura Penataran Sasih

普里阿坦
Peliatan

玛雅Spa会所
Spa at Maya

普瑟林生伽寺院
Pura Pusering Jagat

巴莱陇曼德拉 Balerung Mandera

库波艾登寺院
Pura Kubo Edan

阿贡普里阿坦王宫

爪哇缇姆尔小餐馆
Warung Jawa Timur

特朗布兰木屋酒店
Terang Bulan Cottage

阿尔朱娜木塔帕寺院
Pura Arjuna Metapa

阿贡莱伊美画廊
Agung Rai Fine Art

特皮萨瓦别墅酒店
Tepi Sawah Villas

拉雅纳小咖啡馆
Layana Warung

考古学博物馆
Museum Arkeologi

特格斯
Teges

哈娜小餐馆
Warung Hana

久普巴厘餐馆
Jepun Bali

C

特皮萨瓦小餐馆

贝贝克特皮萨瓦
Bebek Tepi Sawah

象窟
Goa Gajah

萨姆安伽伊寺院
Pura Samuan Tiga

特格斯小餐馆
Warung Teges

卡雅安伽寺院
Kahyangan Tiga

贝杜鲁
Bedulu

利亚之屋
ya House

塔纳伽雅迪俱乐部酒店
Chedi Club at Tanah Gajah

3

鲁达纳博物馆
Museum Rudana

登巴萨方向

4

231

耶普鲁浮雕群
Yeh Pulu

乌布卡佳
Ubud Kaja

那迪思香草商店
Nadis Herbal

Yoka

Gunmani

阿班干木屋酒店
Abangan Bungalows

达拉姆乌布寺院
Pura Dalem Ubud

卢克迪美术馆
Museum Puri Lukisan

阿尔扎旅店
Artja Inn

阿尔加纳阿克莫德申酒店
Arjana Accommodation

库囊库囊2号商店
Kunang-Kunang 2

吉丽亚烧烤餐馆
Griya Barbeque

伊尔加尔迪诺餐馆
Il Giardino

The Ayuna

米罗花园餐馆
Miro's Garden

帕恩餐馆 Paon

乌布水景宫
Ubud Water Palace

罗斯莲咖啡馆
Cafe Lotus

乌布村寺
Pura Desa Ubud

伊布欧卡餐馆 Ibu Oka

德斯艺术家咖啡馆
Cafe Des Artistes

卡萨露娜餐馆
Casa Luna

斯派斯餐馆
Spice

拉雅乌布大道

乌布王宫
Puri Saren

萨姆西塔花园酒店
Samhita Garden

可可餐馆
Coco Bistro

乌布旅游咨询处

Jl. Suweta

萨玛酒店
Sama's

传奇咖啡馆
Legend Cafe

观光警察

Jl. Raya Ubud

依纳旅店
Ina Inn

蜜月酒店
Honey Moon

热带餐馆
Tropical

态度商店
Attitude

乌布市场
Pasar Ubud

普吉酒店
Puji

瓦吉屋酒店
Warji House 2

萨杜屋酒店
Sadru House

Warung d'Ubud

秘密冰激凌店
Gelato Secrets

森萨缇亚化妆品店 Sensatia

Pandawa

Muwa Garden

尼科旅店
Nick's Pension

Macan Tidur

Kharisma

乌布克洛德
Ubud Kelod

丘帕卡别墅酒店
Villa Chempaka

欧卡瓦缇酒店
Oka Wati's

Igna 2

普萨卡时装店
Pusaka

维尼酒店
Weni's

丽伽姆巴厘商店
Linggam Ball

乌马萨利木屋酒店
Uma Sari Cottage

拉萨萨洋酒店
Rasa Sayang

Kou

薇尼商店

波莱罗餐馆
Bollero

猫头鹰之屋商店
Owl House

Jl. Bisma

伽亚特里2号酒店
Gayatri 2

Ibu Rai

Jl. Dewi Sita

巴坦瓦尔餐馆
Batan Waru

库布特罗皮斯旅店
Kubu Tropis

因德拉普拉斯塔2号酒店
Indraprastha 2

图特玛克餐馆
Tutmak

努桑塔拉餐馆
Nusantara

塞缇亚商店
Setia

哈莫尼斯商店 Harmonis

德万伽酒店
Dewangga

布努特餐馆
Bunute

普思皮塔酒店 Puspita

足球场

罗卡沃莱餐馆
Locavore

露西蜡染商店
Lucy's Batik

巴厘乌布克洛德集会所
Bale Br.Ubud Kelod

皮特坎陀罗普斯商店
Pithecanthropus

岑达纳木屋酒店
Cendana Cottages

黄油杯商店
Butter Cup

尼克的隐秘木屋
Nick's Hidden
Cottages

拉express餐馆
Lamak

阿西穆萨酒店 Ahimsa

比斯玛艾特酒店
Bisma Eight

Bhisma Spa

Rip Curl

布米巴厘餐馆
Bumi Bali

拉虎尤
Rahayu
Bungalow

瓦纳吉哇SPA会所
Wana Jiwa Spa

苏éme诺吉商店 Suen Noaj

科马奈卡度假村
Komaneka at Bisma

乌布村酒店
Ubud Village

巴厘区域商店
A Krea of Bali

Jl. Monkey Forest

Bendi's

卡佳奈姆亚别墅酒店
Kajane Mua Villa

普里乌伦卡利克
Puri Ulun Carik

科马奈卡猴子森林酒店
Komaneka at Monkey Forest

阿尔塔提文化教室

普缇维比斯玛酒店
Pertiwi Bisma

Bliss

科马奈卡画廊
Komaneka Gallery

Ma'an

瓦扬咖啡馆
Cafe Wayan
Watercress

豆瓣菜餐馆
Watercress

扎缇酒店
Jati

普缇维维度假村
Pertiwi Resort

绿房子餐馆
Green House

乌布莱斯塔酒店
Ubud Lestari

库囊库囊民宿
Kunang Kunang
Guest House

Wear it!

科马奈卡拉萨洋酒店
Komaneka at Rasa Sayang

尤利娅乡村旅社
Yulia Village Inn

维罗纳Spa会所
Verona Spa

弗克泳池花园餐馆
Folk Pool & Gardens

Dian

凯玛Spa会所 Kayma Spa

三只猴子餐馆
Three Monkeys

阿特曼诺雷什咖啡馆
Atman Nourish Cafe

九位天堂按摩店 Nine Heaven

乌布点
Ubud Point

阿西塔巴商店 Ashitaba

巴龙度假村
Barong Resort

阿尔提尼2号酒店
Artini 2

卡佳亚
Cafe Jaya

Circle K

乌布瓦图商店
Uluwatu

白宫酒店
White House

拉巴拉巴餐馆
Laba-Laba

潘多克彭迪商店
Pondok Pundi

乌布木屋酒店
Ubud Bungalows

安卡萨尔餐馆
Waroeng Angkasa

阿尔提尼酒店
Artini

Kartika

Fibra Inn

乌布旅店
Ubud Inn

洛曼萨利寺院
Pura Taman Sari

普特利利尤酒店
Putri Ayu

July Seven

乌布库
Ubudku

皇家卡穆埃拉乌布别墅酒店
Royal Kamuela Villas Ubud

巴厘赞染货店
Balizen

尼克酒店
Nick's

查利比斯玛酒店
Carik Bisma

纽曼梅佳画廊
Nyoman Meja Gallery

乌塔玛香料商店
Utama Spice

那玛斯待酒店
Namaste

伊卡蜡染商店
Ikat Batik

倩普陇萨利酒店
Champlung Sari

乌布中心地区
Central Ubud

区域地图 p.230/B2

乌布的旅游咨询处

在乌布当地的各家旅游咨询处都可以进行当地游以及文化教室的报名活动，如果你对当地的祭典、葬礼、传统舞蹈感兴趣，也可以在了解这些活动的详细日程，这是一个对乌布旅游非常有帮助的机构，一定不要错过。

乌布旅游咨询处

MAP p.232/A2
地址 Jl.Raya Ubud
TEL（0361）973-285
营业 每天 8:00~20:00

旅游咨询处位于乌布的中心地带，乌布市场的西面，你不但可以从这里搭乘前往文艺表演会场的免费班车，还可以在这里报名参加巴厘岛各地的迷你巴士观光游，十分便利。

信息中心 APA？

MAP p.233/C3
地址 Jl.Sugriwa No.59
TEL 0851-0800-1110（手机）
URL informationcenter-apa.com
营业 周一~周六 10:00~18:00

你在这里可以获得各类观光信息以及表演节目单，此外还可以通过信息中心聘请导游带你自由行或参观前往巴图尔火山的远足行程，各类当地行程也可以从这里报名参加。工作人员的英语很好，完全可以进行日常交流。

猴子森林

MAP p.230/C2
入场 每天 8:00~18:00
费用 成人 Rp.50000、
儿童 Rp.40000

上述时段以外的时间，参观免费。

设有旅游咨询处的比纳维萨塔 Bina Wisata 以及一大清早便熙熙攘攘的乌布市场 Pasar Ubud 便是乌布地区的核心地带。从这里向南部延伸的猴子森林大道 Jl.Monkey Forest 与东西向的拉雅乌布大道 Jl.Raya Ubud 上坐落着各式商铺、餐馆、酒店、旅行社以及货币兑换处，十分热闹。

非常接地气的乌布市场

在号称"乌布厨房"的当地市场中，出售食品鲜花以及各色日常用品的吆喝声此起彼伏，前一秒你闻到的可能还是餐摊刚出炉的菜香，下一秒便可能会是迎面扑鼻而来的美妙花香，是地地道道的市井之地。从市场出来顺着猴子森林大道一路南行，便可以抵达有众多野生猴子生活栖息的猴子森林 Monkey Forest，你可以在这里拥抱大自然，尽情地深呼吸。

乌布村子的东面是因"巴厘舞蹈中心地"而闻名的普里阿坦村 Peliatan，著名的提尔塔萨利歌舞团便以这里作为大本营。乌布村的南面则是享有"巴厘岛绘画之村"美誉的彭格塞坎村 Pengosekan，你在这两座村子中都可以欣赏到恬静的田园风光，不少有名的餐馆和酒店也分布其中。

稍微远离乌布核心地区位置的倩普安 Campuhan、萨洋 Sayan、科德瓦坦 Kedewatan 等地坐落着众多高级度假村，都是你很好的住宿选择。

在连接主干路的小道走上一会儿便可以深入田园地带

贴士　每周三（阿尔玛咖啡馆前）和周六（比萨汉堡店前）当地都会召开有机商品市场，各地的新鲜蔬菜、水果、香草等调味料都会在这个市场中售卖，通常都是上午 9:30 左右开市，如果你这个时段恰巧身处乌布，不妨过去瞧一瞧。

交通指南

当你身处乌布中心地区时，推荐你放慢步伐悠闲地体验这里的奇妙氛围。郊区各地都有值得一看的别致景点，由于乌布当地没有出租车，所以大多数时候你可能都要身体力行地步行前往。如果你想搭乘汽车或是摩托车，除了可以通过旅游咨询处和旅行社进行预约外，许

在中心地区闲逛不经意间可能便会有意外收获

多酒店也提供预约服务。部分餐馆也会为食客提供免费的接送服务，灵活运用可以使你的出行更加有效。

租车▶价格根据旅游淡旺季、车型等级以及距离可能会有所差异，基本上包车一天的费用在US$50~60，租车前往近郊，一小时收费为Rp.50000上下。你在上车前可以砍价一番，如果同行人数较多价格会更加划算。

摩托车租赁▶如果你打算前往近郊的餐馆或观看有特色的风俗表演，骑乘摩托车出行会非常便利。1天的租车费用在Rp.40000~50000，不过由于你不了解当地的路况，所以骑车时请一定要多加小心。

摩托出租车▶市场周边以及刚散场的剧院外经常可以看到吆喝拉客的摩托出租车，搭乘这类摩托车出行也很方便，你在其他地方也可以加钱叫车，通常费用在Rp.10000左右。

货币兑换事宜

乌布当地设有很多汇率非常划算的货币兑换处，尤其是位于猴子森林大道和哈诺曼大道北端的店铺，可谓拥有最佳汇率的兑换处。如果你想提取现金，可以前往银行或便利店的ATM进行操作，ATM通常都是24小时随时都可以使用。

悠闲游泳打发乌布时光

乌布当地设有一家配备大型泳池全天对公众开放的特色餐馆。游泳的食客需要额外支付Rp.50000，双人露台套餐Rp.250000（包含饮品及简餐）。用餐时可能会享受八五折的优惠。

R 弗克泳池花园餐馆
Folk Pool & Gardens
MAP p.232/C2
地址 Jl.Monkey Forest, Ubud
TEL （0361）908-0800
URL www.folkubud.com
营业 每天 10:00~22:00

享受悠闲的度假氛围

Information 乌布起始的巴厘文化体验之旅

位于乌布的"信息中心APA？"组织各类可以体验巴厘岛文化的特色行程，如果你打算深入了解巴厘岛的本土文化，参加这类行程一定会令你有所收获。如果你想观看当地的寺院祭礼等风俗活动，可以直接到APA？（→p.234边栏）询问是否有包含这类活动的行程，也可以直接在官网（URL informationcenter-apa.com）进行确认。

瑟巴利村文化远足之旅

——8:00和15:00发团（最少2人成团），US$25

探访瑟巴利的美丽景色

行程中可以游览乌布近郊的瑟巴利村落，途中欣赏美丽的田园风光以及巴厘岛的水利系统（苏巴克）。导游带领你穿越溪谷地带，沿途进行各类花草的名称讲解，随后沿着小河的流向一同进入原生森林，令你可以实现尽情拥抱大自然的目的。完全不用担心行程会设计得过于紧张，中途有一处木屋供游客歇脚，届时还可以学习椰子酒的制作工艺，劳

逸结合更加丰富你的远足之旅。休息过后继续沿坡路上行，眼前便会出现一片广袤的绿色田园，如果你是落日时分到访这里，橙红色的夕阳将一望无垠的田野渲染得格外温暖，搭配远处若隐若现的酒店建筑轮廓，令人忽然会有种忧惚奇妙之感。远足之旅时长4小时左右（雨天暂停），包含乌布地区酒店前往瑟巴利村的接送服务以及欢迎饮料。

巴厘文化体验之旅"相遇巴厘安医师"

Rp.450000~550000

前往庞里地区，拜会巴厘岛当地传统萨满医师"巴厘安"。他会为你检查身心健康，驱散污气，使你的身体得到净化。

欧达兰（寺院祭礼）行程

不定期举行，US$25

可以观赏到欧达兰等稀有仪式的特色行程，届时你还可以看到传统的查罗纳兰舞剧与祭典仪式。

欧达兰寺院祭礼可谓巴厘文化的精华体现

贴士　秘密冰激凌店 Gelato Secrets（MAP p.232/A2 营业 每天 10:00~22:00）是一家位于乌布市场南面的冰激凌店，一个冰激凌球 Rp.30000。

可以欣赏到纽曼佳的艺术作品

卢克珊美术馆
入场 每天 9:00~17:00
费用 Rp.85000
URL museumpurilukisan.com

艾莉·史密斯的画作《村落寺院》

奈卡美术馆
入场 每天 9:00~17:00
费用 Rp.75000
URL www.museumneka.com

可以欣赏到各个时代的知名画作

阿尔玛艺术馆
入场 每天 9:00~18:00
费用 Rp.80000
URL www.armabali.com/museum

你还可以在这里参观巴厘绘画、音乐、蜡染、木雕、烹饪、舞蹈等各个方面的特色工坊。

地理位置优越的巴厘绘画美术馆 ★★★
卢克珊美术馆
Map p.232/A2
Museum Puri Lukisan

由荷兰画家鲁道夫·邦内特与乔科尔达 G.A. 斯卡瓦缇联手建造的"优雅艺术宫殿"。面向美丽中庭的两座展馆中收藏了20世纪30年代后的众多巴厘画家艺术作品，馆内按照年份进行排序并展示，从中你可以对巴厘岛绘画艺术的历史变迁略知一二。

郁郁葱葱的绿色植被装点着美术馆内的精美庭院

详细解读巴厘绘画的必去美术馆 ★★★
奈卡美术馆
Map p.230/B2
Museum Neka

由一位名叫奈卡的富商私有的美术馆，馆内将不同风格的巴厘绘画作品进行分类，分别展示在不同的房间，其中尤以受巴厘岛文化影响的西欧画家艺术作品最为精湛，你在这里可

巴厘岛首届一指的私人美术馆

以观赏到曾在巴厘岛进行艺术活动的鲁道夫·邦内特、艾莉·史密斯、安东尼奥·布兰科等画家的画作，十分具有观赏性。

收藏历史名画及印尼画家的精美作品 ★★★
阿尔玛艺术馆
Map p.230/C2
ARMA

以阿拉莱的私人收藏为中心，对公众展出众多深受巴厘岛艺术影响的外国画家的作品。同时这里也是巴厘岛唯一一个可以欣赏到近代巴厘绘画祖师瓦特史拜耶 Walter Spies 的作品，《查罗纳兰》的地方。如果你对印尼传统舞蹈

感兴趣，那一定不要错过这里户外舞台定期举办的凯卡克舞和黎弓舞表演，此外艺术馆中还并设有餐馆、咖啡馆和酒店，设施充足。

贴士 S 科代佳木汤剂乌布塞哈店 Kedai Jamu Ubud Sehat（ MAP p.233/A4 营业周一～周六 8:00~15:00）是一家专营佳木汤剂（饮料当地药草饮料）的饮品店，你在这里可以品味 3 种印尼有代表性的佳木汤剂。

Kesenian Tradisional di Ubud

乌布精彩的文艺表演

享有"文艺之村"称呼的乌布及其周边地区，每晚都会定期举行多场精彩的特色演出。无论音乐演奏还是舞蹈场面都堪称顶级视听盛宴，你一定会沉浸其中拍案叫绝。这里的许多表演都不容错过，你可以在乌布停留期间悠闲地安排观看时间，细细品味每个演出的精彩内容。

传统舞蹈观赏指南

大多数表演都是从19:00左右开始进行，如果你住在南部度假区，可以参报表演观赏或包车前往这里欣赏精彩的舞蹈演出。若是你本身就住在乌布当地，则可以直接步行前往，如果你对乌布中心地区以外的会场感兴趣，可以搭乘乌布旅游咨询处（→p.234）运营的免费接送巴士前往演出会场（在开演30~45分钟前发车）。

门票可以从旅游咨询处、会场入口等地进行购买，费用为Rp.75000~100000。只要你在开演前抵达，通常都可以找到座位，暑期以及年底新年期间观众数量会明显增多，届时各个会场都会座无虚席，推荐你尽早抵达表演地提前选个好座位，如果你想坐在最靠近舞台的座位，那最好在开演前30分钟便到达会场，找到心仪的座位后耐心地等待即可。

G 古浓萨利 Gunung Sari

由"近代巴厘岛舞蹈之父"古德·曼达拉创建的传统舞蹈团队。1931年在法国巴黎举办的殖民地博览会时，这个舞团便一鸣惊人。直至今日，为舞团配乐的甘美兰演奏者仍是由曼达拉的亲传弟子构成，你在这个舞团中可以看到彭德特舞、黎弓舞、特潘舞、巴龙舞等各式印尼舞蹈类型，当地人也自豪地称呼舞团的台风为"普里阿坦风格"。

● Gunung Sari
每周六晚上19:30开始在阿贡普里阿坦王宫（ MAP p.231/C3）进行公演，期待你的到访。

虽然是印尼舞蹈，但是也有外国舞者参与演出

 投稿　每场演出不会因为下雨而改变时间，只是会将演出场地转移到设有顶棚的室内舞台，但是黎弓舞和凯卡克舞还是在露天表演时最为震撼，所以如果你想体验最极致的印尼舞蹈，还是请避免在雨天进行观赏。

S 瑟玛拉拉缇
emara Ratih

以 STSI 艺术大学的毕业生和教授为主要成员的歌舞团。核心舞者 A.A. 阿诺木·普特拉是一名天才的巴列斯舞者。如果你观赏这个舞团的巴利斯演出，可以欣赏到只有他才能做到的独特舞台震撼力。此外舞团带来的塔尔纳爪亚舞、黎弓舞、巴龙舞的演出也很出彩，为舞蹈配乐的甘美兰演奏也是巴厘岛的顶级水平。

● Semara Ratih
每周二晚上 19:30 在库图村寺（ MAP p.233/A4）进行定期演出

表演战士浴血奋战场面的巴列斯舞极富感染力

S 萨达布达亚
adha Budaya

这个舞团是最早在乌布当地进行公演的王宫组织。周一除了可以欣赏到精彩的黎弓舞表演外，还可以看到格巴耶尔舞、巴列斯舞、欧莱葛塔姆林干舞等巴厘岛的代表舞蹈。周五则可以观赏到查罗纳兰舞剧的精编演出以及巴龙舞的热情表演。由于演出地点位于乌布王宫的中庭位置，所以可以体验到独具一格的演出欣赏环境。

● Sadha Budaya
每周一·周五的晚间 19:30，在乌布王宫（ MAP p.232/A2）定期举行公演。

在王宫欣赏地道的巴厘岛舞蹈表演

C 奇尼瓦闫
inik Wayah

由年轻舞者组成的特色舞团，以演出古时宗教仪式中神明祭祀用到的萨洋舞 Sanghyang 而吸引了众多游客前来观赏。两位身着白衣的少女闭目翩翩起舞，最后以倒地的姿态结束整个舞蹈，为观众留下丰富的遐想空间。舞台搭建在有盛开的荷花的水池之中，背景则是萨拉斯瓦提寺院的华丽大门，布景十分精致。

● Cinik Wayah
每周四晚上 19:30 起在乌布水皇宫（ MAP p.232/A2）进行定期演出

舞团中培养着巴厘岛舞蹈的未来之星

T 特莱纳詹伽拉
rena Jenggala

如果你想观赏完整版的凯卡克舞表演，那请一定不要错过特莱纳詹伽拉舞团的演出。届时你不仅可以看到恢宏的凯卡克舞，还可以看到印尼当地的震撼火舞。由萨洋舞改编而成的别样宗教舞蹈也是这个舞团的拿手戏。

● Trena Jenggala
每周三·周六·周日的晚间 19:00 起，在帕丹特伽尔集会所（ MAP p.233/B3）定期进行公演。

在寺院中欣赏氛围极佳的凯卡克舞演出

U 乌布卡佳
bud Kaja

你可以在建于层层森林之中的达拉姆乌布寺院欣赏精彩的凯卡克舞演出。描述阿逾陀国王子罗摩和他妻子悉多故事的《罗摩衍那》史诗题材话剧，情节跌宕起伏，非常引人入胜。演出终章，完全融入故事情节的舞者还会赤脚在火上起舞，将气氛推向最高潮。

● Ubud Kaja
每周一·周五晚间 19:30 起在达拉姆乌布寺院（ MAP p.232/A1）进行定期表演。

体验气势恢宏的舞蹈表演

 贴士 R 拉卡雷克餐馆 Laka Leke（ MAP p.230/C2 TEL（0361）977-565 营业 每天 10:00~22:00）在周一·周三·周四·周五·周六的 20:00，会开始进行巴厘岛的传统文艺表演，你可以在用餐的同时领略巴厘岛的独特文化。

购物
Shopping

　　乌布中心地区坐落着各式出售天然杂货、精品首饰的店铺，如果你想购买木雕工艺品或是馈赠亲友的小礼物，推荐你前往乌布市场的2层转一转，这里向来享有物美价廉的美名。出售巴厘岛特色绘画作品的画廊则大多分布在拉雅乌布大道的沿路以及情普安地区，推荐你货比三家再进行购买，多多享受砍价的乐趣。

乌布达亚杂货店
Ubudahh

◆提高内饰档次的精品杂货店。店主是一位美国人，他将自己在巴厘岛上搜罗的物件进行分类整理并在店中出售。心形铝制品箱子（Rp.65000），点缀水果和天使图案的叉子（Rp.175000），伊卡材质的靠垫外套（Rp.165000）等各式商品一定会为你的小家锦上添花。

入手个性室内装饰杂货的好地方 Map p.233/C3
地址　Jl.Hanoman, Ubud
TEL（0361）908-2874
营业　每天9:00~21:00
信用卡 AJMV

在店里购物有一种寻宝的乐趣，永远不知道下一眼会看到什么

普萨卡时装店
Pusaka

◆汇集各式巴厘民族风格的典雅服饰，由绘有原创图案的蜡染布料与天然染料渲染的手工伊卡制品制作而成的手工服饰十分精致，甄选纯天然草木染料渲染的女性背心（Rp.590000~）和连衣裙（Rp.1000000~）很受欢迎，店内的挎包商品也很讨喜，不妨一起选购。

天然染料的手工衣饰很受欢迎　　Map p.232/B2
地址　Jl.Monkey Forest No.71, Ubud
TEL（0361）978-619
营业　每天9:00~21:00
信用卡 AJMV

店内网罗了众多淡色系的纺织衣物

物美价廉的乌布餐馆指南

芒加马杜餐馆的印尼杂菜饭

伊布欧卡餐馆的特色烤乳猪

　　对于预算不多的游客来说，每天吃饭的花销肯定是能省则省，而乌布当地就有不少价格不贵味道又很好评的街头餐馆，有兴趣的话不妨前去尝一尝。

　　深受当地印尼人与外国游客双向认可的 R 芒加马杜餐馆 Mangga Madu（MAP p.233/B4）极具人气，明亮整洁的店内环境与美味可口的菜肴味道是这家餐馆的人气秘诀，印尼咖喱鸡（Rp.29000）、印尼杂菜饭（Rp.29000）都是这里的招牌菜，走过路过不要错过。

　　位于普里阿坦地区的 R 爪哇娃姆尔小餐馆 Warung Jawa Timur（MAP p.231/C3）以价格便宜、味道好吃、上菜迅速而远近皆知，印尼炒饭、中式炒菜、爪哇风味的杂菜饭都是 Rp.8000左右的价格，价格低到难以想象！外焦里嫩的煎鸡蛋也是这里的特色菜品，推荐尝一尝。

　　坐落在乌布王宫西面的 R 伊布欧卡餐馆 Ibu Oka（MAP p.232/A2）是一家专营印尼烤乳猪的特色菜馆，悉心烤制的肉排咬一口便是肉汁四溢，绝赞的调味料更是为其画龙点睛。众多外国游客都慕名而来，搭配米饭的烤乳猪套餐 Rp.55000~。

　　巴厘岛的代表美食肯定要数将各类菜品和米饭合二为一的印尼杂菜饭了，乌布当地设有众多烹饪杂菜饭的餐馆，每家的用料与口味都独树一帜，R 妈妈小餐馆 Mama's Warung（MAP p.233/C3）便是一家将众口难调的杂菜饭做成令很多食客都赞不绝口的家常菜馆，招牌的妈妈杂菜饭（Rp.30000）味道柔和，不仅获得当地人的认可，还圈粉了众多外国游客。

妈妈小餐馆的菜品口味偏甜是其最大的特点

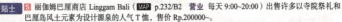

贴士　S 丽伽姆巴厘商店 Linggam Bali（MAP p.232/B2 营业 每天9:00~20:00）出售许多以寺院祭礼和巴厘岛风土元素为设计源泉的人气T恤，售价 Rp.200000~。

贴士　S 塞缇亚陶器店 Setia（MAP p.232/B2 TEL 0813-3780-9006 手机 营业 周四~下周二12:00~19:00）是一家乌布当地的陶器品牌专卖店，蜡染风格的手绘马克杯 Rp.150000。

伊卡蜡染商店
Ikat Batik

◆出售手工伊卡制品与蜡染工艺品的专卖店，店内的所有商品都是商家的原创设计，你可以在众多款式的蜡染制品中挑选到你心仪的一款，可以点亮家内色调的靠垫外套（Rp.400000~），由几何图案构成的连衣裙自然清新（Rp.800000~），都是店里的抢手货。

出售各式传统工艺手法制作的纺织艺品　Map p.232/C1

地址　Jl.Monkey Forest, Ubud
TEL（0361）975-622
URL　www.ikatbatik.com
营业　每天 9:00~21:00
信用卡　A J M V

店内商品的品质毋庸置疑，完全不用担心质量问题

餐馆
Restaurant

在沙努尔的主干路——达瑞坦布林根大道上可以找到各式餐馆，海滩沿岸则坐落着许多露天咖啡馆，你可以一边欣赏美丽的海景一边享用精致的美食。

罗卡沃莱餐馆
Locavore

◆由知名主厨埃尔克·普拉斯美亚掌勺的巴厘岛顶级餐馆，以甄选巴厘岛当地应季食材作为经营理念，烹制令人称奇的绝妙法式佳肴（Rp.750000~）。众多美食杂志与网站都将这家餐馆评为印尼全国的第一名，可见这里的独特魅力，打算用餐的话请尽早预约。

堪称艺术品的美味佳肴

印尼排名 No.1 的顶级餐馆　Map p.232/B2
地址　Jl. Dewi Sita, Ubud
TEL（0361）977-733
URL　locavore-ubud.com
营业　周一~周六 12:00~16:00、18:30~23:00
税费 & 服务费 +21%
信用卡　A M V
Wi-Fi 免费

熔锅餐馆
Melting Wok

◆餐馆的老板是一位老挝人，老板娘则是一名法国人，待客有道，给食客一种回家般的温暖。经营印尼风味与中餐融合的特色菜肴，来店里用餐的外国游客常年络绎不绝。咖喱牛肉面（Rp.50000）、豆腐椰奶咖喱（Rp.50000）都推荐尝一尝，用餐前请提前预约。

经营深受好评的印尼风味美食 Map p.233/B3
地址　Jl.Gootama No.13, Ubud
TEL 0821-5366-6087（手机）
营业　周二~周日 10:00~22:00
税费 & 服务费 含
信用卡 无
Wi-Fi 免费

罗勒海鲜饭 Rp.70000（图片下方菜品）

阿特曼诺丽世咖啡馆
Atman Nourish Kafe

◆提供素食低卡简餐的咖啡馆，牛油果菲达奶酪烤面包（Rp.56000）、西瓜沙拉（Rp.57000）等菜品菜量十足，加入椰奶的特色菜花汤（Rp.54000）十分值得一吃。

享用菜式繁多的健康美味

享受悠闲的田园风光下午茶　Map p.232/C2
地址　Jl.Hanoman No.428, Padang Tegal, Ubud
TEL 0822-3744-8709（手机）
URL　www.ptatman.com
营业　每天 7:30~22:00
税费 & 服务费 含
信用卡 M V
Wi-Fi 免费

斯派斯餐馆
Spice

◆由乌布超一流餐馆"莫扎克"主厨克里斯·萨兰开创的小型餐吧。你在这里可以品尝到选用印尼当地食材并加入亚洲风味的意式生牛肉片（Rp.95000）等各式精心改良的欧洲美食。菜量不大，即使点了好几道菜也不用担心会吃太撑，多点几道你感兴趣的菜品吧，鸡尾酒 Rp.95000~的味道也很不错。

由天才厨师经营的精致餐吧　Map p.232/A2
地址　Jl.Raya Ubud, Ubud
TEL（0361）479-2420
URL　www.spicebali.com
营业　每天 8:00~23:00
税费 & 服务费 +17.7%
信用卡　A J M V
Wi-Fi 免费

酥脆可口的五花肉菜式 Rp.95000（图片下方菜品）

贴士　R 克莱尔咖啡馆 Clear Cafe（MAP p.233/B3　TEL 0878-6219-7585 手机　营业 每天 8:00~23:00）是一家深受自然主义者追捧的咖啡馆，加入水果与能量食材的健康饮品 Rp.25000~。

因杜斯餐馆
Indus

◆是一家可以在用餐时欣赏到绿意盎然景色的国际风味的餐馆。有机甜土豆椰子汤（Rp.60000），巴厘风味海鲜饭（Rp.149000）等本土风味浓厚的特色菜品种类繁多。印尼当地特色的佳木汤剂（Rp.30000）也可以在这里尝到。如果你想静静感受时光的流逝，那来这里享用午餐或是下午茶可谓再好不过了。

挑选在可以观赏到溪谷美景的露台席位用餐

地址　Jl.Raya Sanggingan , Ubud
TEL（0361）977-684
营业　每天 7:30~23:00
税费 & 服务费 +15%
信用卡 A J M V
Wi-Fi 免费

巴厘岛

乌布

酒店
Hotel

　　乌布及周边地区设有风格各异的众多住宿设施，中级及平价酒店大多位于乌布的中心地区，由于当地的酒店资源供过于求，所以完全可以在入住前和店家商讨房费。猴子森林大道 Jl.Monkey Forest 周边的廉价酒店数量最多，预算紧张的游客可以在这里寻找落脚的下塌地。与乌布中心地区相邻的普里阿坦村Peliatan、特步萨亚村 Tebesaya、帕用特伽尔村 Padang Tegal、彭梧塞坎村 Pengosekan 等地的酒店适合追求住宿环境的客人选择，推开窗户便是恬静的乡村风光，可以让你慢慢品味日出日落的岁月静好。高级度假村主要分布在阿勇河对面的西北地区，这片区域的风光也很别致。

乌布中心地区

卡佳奈姆亚别墅酒店
Kajane Mua Villa

POOL 餐馆 早餐

◆位于乌布中心地区，出行便利，是一家大隐隐于市的高档度假酒店。卧室氛围与大自然完美融合，宽敞的浴室绝对令你觉得这里的房价物超所值。位于园区最里面的贝吉别墅房型附带私人泳池，非常适合举家出游或是甜蜜情侣的选择。酒店共设有46间客房，随时都为房客提供周游乌布地区的免费班车。

很有氛围的精致内饰

地址　Jl.Monkey Forest , Ubud
TEL（0361）972-877
FAX（0361）972-876
URL kajanebali.com
税费 & 服务费 含
信用卡 A J M V
Wi-Fi 客房 OK · 免费
费用 AC HOT Cold TV 奢华房型 S D US$174
　　 AC HOT Cold TV 特亚别墅房型 US$323
　　 AC HOT Cold TV 贝吉别墅房型 US$348
　　 AC HOT Cold TV 双卧别墅房型 US$498~

乌布莱斯塔丽酒店
Ubud Lestari

POOL 餐馆 早餐

◆位于与猴子森林大道衔接的一条小路中，共有8间客房。地理位置优越，酒店位置更是闹中取静，每间客房都十分宽敞，简洁的内饰令房客心情舒畅。备受好评的套房房型推荐一住。

地址　Jl.Monkey Forest , Ubud
TEL & FAX（0361）972-797
URL ubud-lestari.com
税费 & 服务费 +10%
信用卡 M V
Wi-Fi 客房 OK · 免费
费用 AC HOT Cold 标准房型 S Rp.350000,
　　 D Rp.400000
　　 AC HOT Cold 套房房型 S Rp.700000,
　　 D Rp.900000

整洁敞亮的客房实景

贴士　R 豆瓣菜餐馆 Watercress（ MAP p.232/C2　TEL（0361）976-127　URL www.watercressbali.com
营业　每天 7:30~23:00）是一家甄选健康食材烹饪菜品的咖啡餐馆。

贴士　H 库布特罗皮斯旅店 Kubu Tropis（ MAP p.232/B1　TEL 0822-3659-5435 手机）是一家共有4间客房的整洁旅店。从2层客房的小露台可以眺望到远处的田园美景，十分值得推荐。 D Rp.300000~。

家庭民宿
Family Guest House
POOL 餐馆 早餐

◆位于达拉姆普瑞寺院南面400米的地方，共设有8间客房的人气住宿设施。老板娘服务非常亲切，令房客有一种仿佛是拜访远房亲戚的错觉，十分温馨。面向溪谷的套房内设有迷你酒柜和泡澡浴池，十分安逸。

深受好评的家庭式旅店 Map p.233/C3
地址 Br.Tebesaya No.39, Ubud
TEL（0361）974-054
URL familyubud.com
税费＆服务费 含
信用卡 无 Wi-Fi 客房OK·免费
费用 AC HOT Cold TV 风扇房型 ⑤Rp.225000，
　　ⒹRp.300000
　　AC HOT Cold TV 空调房型 ⑤Rp.250000，
　　ⒹRp.325000

好评数众多的网红民宿

尤利娅提民宿
Yuliati House
POOL 客馆 早餐

◆位于达拉姆普瑞寺院以南200米的位置，共设有12间客房。配套设施虽然比较简洁，但是保养维修做得都非常到位。早餐也是这里的加分之处，菜品丰富，菜量也很大。此外如果你对巴厘岛舞蹈与甘美兰的演奏感兴趣，这里还可以为你安排学习课程，服务人员态度也是既周到又友好，令人不禁便想一直这样住下去。

住宿期间还可以学习舞蹈的人气民宿 Map p.233/B4
地址 Br.Tebesaya No.10, Ubud
TEL（0361）974-044
税费＆服务费 含
信用卡 无
Wi-Fi 客房OK·免费
费用 AC HOT Cold TV 标准房型 ⑤ⒹRp.200000~

巴厘星野酒店
Hoshinoya Bali
POOL 餐馆 早餐

◆位于登录在世界遗产名录之中，是巴厘岛最古老的苏巴克（水利系统）景观帕克里桑河流域中的星野酒店巴厘岛分店。酒店园区内围绕3座运河泳池共建有30余栋别墅房型，所有客房都可以直达泳池，十分便利。用各式工艺品装点的客房宛如一个艺术空间，搭配设计各异的凉亭与泳池酒廊，美轮美奂令房客陶醉其中。私人用餐区域中供应的怀石风格菜品"当代巴厘人"味道绝赞，一定不要错过。

是一座仿佛位于隐世桃花源般的绝景酒店 Map p.231/A4
地址 Br.Pengembungan, Desa Pejing Kangin, Tampaksiring
URL hoshinoya.com/bali
TEL 0570-073-066（星野集团直拨电话）
税费＆服务费 +21%
信用卡 A J M V
Wi-Fi 客房OK·免费
费用 AC HOT Cold TV 泳池套房绝景房型 Rp.7200000~

位于生命之源河畔的度假酒店

阿贡拉卡度假村
Agung Raka Resort
POOL 餐馆 早餐

◆这家老牌酒店共设有44间客房，除了价格公道的标准房型和奢华房型外，可以欣赏西侧恬静田园风光的别墅房型更值得一住，客房种类根据房型位置和室内设施设有详细划分，可以根据你的需求入住最合心的房间。

可以眺望田园风景的巴厘岛风格木屋酒店 Map p.230/C2
地址 Jl.Raya Pengosekan, Ubud
TEL（0361）975-757
FAX（0361）975-546
URL www.baliagungrakaresort.com
税费＆服务费 +21%
信用卡 A M V
Wi-Fi 客房OK·免费
费用 AC HOT Cold TV 舒适房型 ⑤ⒹUS$150
　　AC HOT Cold TV 奢华房型 ⑤ⒹUS$160
　　AC HOT Cold TV 别墅房型 US$195~

位于乌布南部的田园型酒店

从中国拨打电话（→p.3）▶ +00+62+ 区号（首位的0不拨）+ 对方电话号码

贴士 H 乌布维萨斯度假酒店 Visesa Ubud Resort ［MAP p.230/A2 TEL（0361）209-1788 URL www.visesaubud.com］是一家建于田园风景之中的文化体验型酒店。套房房型价格 Rp.3640000~，共有107间客房。

贴士 H 普拉桑提民宿 Prasanti ［MAP p.230/B1 TEL0813-3726-6955 手机 URL prasanti.web.fc2.com］是一家位于佩容斯塔南村子中的僻静民宿，共设有4间客房。⑤ Rp.300000~，ⒹRp.350000~。

放于洞窟内代表三大神之一的男根雕塑

谜团重重的古代遗迹 ★★
象窟
Goa Gajah   Map p.231/C4

令人无限遐想的石窟寺院，象窟

这座石窟寺院据推测是建于11世纪的培京王朝时期，Goa Gajah即为"象窟"之意，14世纪荷兰人发现这里时，已经处于半损状态的波玛像（印度教战士拉克萨萨）轮廓仿佛是一头大象的模样，便将这里取名为象窟。位于洞窟入口处的邪恶巫婆让浮雕看起来极具压迫力，气势十足。从洞口进入灰暗的洞窟之中后，便会在右侧看到代表印度教中传统三大主神——湿婆、毗湿奴、梵天的男根雕塑，左手边则是一座伽那之主象头神的雕像。洞窟前广场中是设有6座女神雕像的古代沐浴池遗迹，这也值得一看。

遗留在静谧田园中的古神话浮雕 ★
耶普鲁浮雕群
Yeh Pulu   Map p.231/C4

描绘古代神话世界的古老浮雕

建于14世纪后半叶，长约25米的岩壁浮雕群。刻画着印度教神灵奎师那与男猎手的捕猎姿态，整个浮雕群共分为5个场景，景区的管理员是一位老奶奶，和蔼可亲，还会教授游客参拜的礼节，希望游客在参观后为这里捐款。

展出各式神秘出土物的博物馆 ★
考古学博物馆
Museum Arkeologi   Map p.231/C4

展示11~14世纪期间，以培京、佩图鲁为都城的巴厘初期王国时期的出土品。你可以在这里看到许多旧时王族的日常用品、用梵文雕刻的石碑以及印度教实施火葬前所用到的土葬石棺。

一定不要错过中庭的珍贵展品

象窟
位于普里阿坦东南方向3~4公里的位置，租一辆自行车便可以轻松前往。参加岛内观光游行程时这里也是经常安排在内的经典景点。
入场 每天 9:00~17:00
费用 Rp.15000

如果你参观时穿着短裤短裙，则可以在入口免费租赁长巾遮蔽。

可以眺望瀑布景观的人气咖啡馆
这家于2017年开业的咖啡馆可谓是拍摄溪谷瀑布照片的绝佳位置，从古代遗迹象窟北面的街市下行前往田谷地区便可以来到这家咖啡馆。餐品以轻食&饮品为主。
R 拉雅纳小咖啡馆
Layana Warung
     MAP p.231/C4
地址 Jl.Raya Goa Gajah, Ubud
TEL 0818-564-477（手机）
营业 每天 11:00~22:00

发到朋友圈肯定会得到众多点赞

耶普鲁浮雕群
位于象窟东南方向1公里的地方，走乡间近路的话5分钟便可以抵达。
入场 每天 9:00~18:00
费用 Rp.15000

考古学博物馆
位于乌布中心地区以东4公里的地方。
入场 周一~周五 08:00~16:00
费用 Rp.10000左右的捐赠费即可

仿造乌龟造型的独特石棺

贴士 象窟中共有15处横穴，这些地方是旧时僧侣冥想与打坐的常用地，洞窟前的沐浴池以及壁面的女神像都是发掘于1954年。

拥有4根阳物的跳舞比玛像

库波艾登寺院

位于考古学博物馆以北300米的位置，沿着左侧的小道前行即可抵达。

入场 每天 9:00～17:00

费用 Rp.10000 左右的捐赠费即可

普纳塔兰萨西寺院

位于考古学博物馆以北800米的位置，沿着右侧的小道前行即可抵达。

入场 每天 8:00～17:00

费用 Rp.10000 左右的捐赠费即可

传说的铜鼓便置于此处

佩图鲁

费用 进入村落前在入口处捐赠 Rp.10000 左右的费用最为合适

众多鹭鸟盘踞的佩图鲁寺

供奉"跳舞比玛像"的古代寺院 ★

库波艾登寺院
Pura Kubo Edan
Map p.231/C4

这座印度教寺院内供奉着被爱称为"培京的巨人"，高达3.6米的"跳舞比玛像 Dancing Bima"。这位出现于《摩诃婆罗多》史诗故事中13～14世纪期间，拥有4根阳物的死亡之舞舞者，也被称为库波艾登（疯狂的水牛），这也是这座寺院名称的由来。在这里你可以体验到远离世俗的宁静之感。

留有月亮传说佳话的重要寺院 ★

普纳塔兰萨西寺院
Pura Penataran Sasih
Map p.231/C4

在这座建于巴厘王国时期的国家寺庙内，保存着一个名为"培京之月"的巨大铜鼓。这个由青铜打造的祭祀铜鼓（160cm×186cm）尺寸堪称世界之最。据推测这个铜鼓早在印度教传入巴厘岛前便已经存在，大约是公元前3世纪的古物。

当地传说这个铜鼓本是悬挂于巴厘岛上空的一轮明月，落地之后变成了这个巨鼓。

在普纳塔兰萨西寺院举行的寺院祭礼

鹭鸟盘踞的小村子 ★

佩图鲁
Petulu
Map p.231/A3

这座位于乌布东北方向3公里方位的佩图鲁村，每到夕阳西下之际，便会有无数鹭鸟盘踞于此，直到入夜或是天明才渐渐离去。可以观赏到最壮观鹭鸟景象的时段主要是 16:00～18:30 期间，至今对于这种奇异的自然现象仍没有合理的解释，你可以在村子南边的观测点欣赏这种自然奇观。

此外佩图鲁村每隔210天，便会在村子中为这里的鹭鸟举行名为"神的使者"的祭典活动，碰巧赶上的话可谓十分幸运。

培京的传说

虽然现在的培京和贝杜鲁只是乌布当地的一个小村落，但是早在11～14世纪巴厘期王国时期，这里曾是培京王朝 Pejeng 的核心区域。14世纪中叶，爪哇岛的满者伯夷王朝毁灭了当时的培京王朝，培京王朝最后的国王达莱姆·贝达鲁至今也也是当地的传奇英雄。

这位达莱姆·贝达鲁国王拥有不可思议的神奇能力，据说他将自己的头砍掉后还可以再重新放回去，恢复如初。当然砍掉头后得需要部下将头重新放回去，不过有一次国王的头颅落地后部下却没有马上找到掉在了哪里。部下立马着急了，急中生智，将一旁的猪头割了下来暂且先按回到了国王身上。于是这位国王便有了"换头者贝达鲁"的称号，现在名为贝杜鲁的村子名称，也是源自这位神奇的国王。

贴士 距离乌布中心地区较远的酒店通常都会设有接送客人的独立班车，有的酒店是按照时刻表进行班车的运营，有的则是根据客人的需求临时安排，每家酒店的方式不尽相同，请提前确认。

前往乌布郊外漫步！

Mari kita berjalan-jalan sekitar Ubud

体验巴厘岛景观与风土人情最好的方式当数自由散步了，路靠自己的双脚走出来，既不用花费任何金钱，也可以用最慢的速度细品味眼中的巴厘岛风光。特别是位于乌布的人气度假村区域，从住宿设施稍稍走出来一会儿，便可以来到最纯粹的田野乡村之中。当地人依旧保持着传统的田间作息，这种纯粹的人与自然之景，一定会令你为之动容。下文将为你介绍乌布周边区域的推荐散步线路，令你在2~3小时的时光中静静品味大自然的美好与馈赠。

※3条散步线路所需时间以成年人悠闲漫步为标准进行计时。　MAP p.230

倩普安起始～前往瑟巴利村的散步线路

2小时线路

　行程以位于拉雅乌布大道的依巴度假村的指示牌为线索一路前行，抵达度假村后沿通往乌布起源地——古浓卢巴寺院的台阶一路下行进入热带雨林之中，你在这里可以看到东沃斯河与西沃斯河合流的自然景色，随后顺着寺院右侧的小路继续前行便会来到一座小山丘上，届时绿意盎然的溪谷美景可以360°无死角地尽收眼底。

　在山路上一边漫步一边欣赏沿途的自然风光，心情也会变得十分舒畅，不一会儿便会抵达一个名为班奇安希达姆的村子，如果你略感疲惫的话，可以在道路左手边的"科科斯俱乐部咖啡馆"小憩一下。体力恢复后继续北上，沿途可以眺望左手边绿意无垠的茂密田野，恬静的田园风光一定会为你留下美好的旅行回忆，不久便会抵达行程的

目的地——瑟巴利村。你在村中可以看到众多巴厘岛当地传统建筑风格的民居民宅，村民十分友善，每次打照面都会投来善意的微笑。悠闲地在村里的小餐馆点一杯咖啡，仿佛自己也变成了村子里的一员。夕阳西下时可以踏上回程的脚步，原路返回即可，沿途可以观赏到被橙红色落日渲染的别样田园之景。

上／静静地在一旁欣赏当地村民的田园劳作之景也很有趣
右／瑟巴利村中也设有小餐馆等用餐所，不妨点杯饮品和当地人小谈一番

贴士 巴厘岛的垃圾问题至今仍然十分严重，由于当地没有正规的垃圾处理场，使得越来越多的垃圾只能不断堆积在各个垃圾集合地中。如果游客可以随身携带环保布袋和水瓶，以身作则，减少塑料袋和塑料瓶的出现，相信未来的巴厘岛会变得更加美好。

卡詹大道起始～前往田园地区的散步线路

从卡詹大道（位于乌布王宫西面100米的地方）出发，沿途步行在村民铺设的石板路上，当石板消失道路变窄后请继续前行，不一会左手边便会出现当地的民宿设施，一路上行，便可以来到欣赏田园风光的绝佳位置：在田间劳作的当地农民、在山路上驻足发呆的野鸭子群、在乡间小道旁静静吃草的老黄牛，共同组成了一幅岁月静好的美丽画面。

欣赏着自古以今几乎从未改变过的原始自然风光，顺着农田小路继续前进，不久便会看到北边一座设在水道上的小桥，这座桥便是此次行程的折返点，过桥后顺着小道一路南下便可以回到拉雅乌布大道。需要注意的是，小桥有时候会暂时封闭以至于无法过桥，这时便只能沿原路返回结束这次田园散步之旅。

在河边发呆的野鸭子们

从卡詹大道出发没走一会儿便可以进入纯粹的乡间田园

猴子森林起始～前往绘画之村佩努斯塔南的散步线路

猴子森林顾名思义，森林里生活着许多猴子。深入猴子森林的话，便会在榕树深处发现一座静谧之泉。当地人经常到访这里的沐浴池，上午和中午可以在这里欣赏到非常恬静的乡村风光。从达拉姆寺院左手边的南侧出口穿越森林后前方便是以雕刻闻名的纽克宁村。继续南下途经右手边的一座足球场后，便可以来到一个丁字路口，在这里右转，走过一座大桥，当在道路右侧看到一个写有集会所字样的路标后右转，便可以来到卡缇兰坦村。穿过这座僻静的村子后便是一片竹林地带，穿过竹林，便会豁然开朗，眼前是一片令你啧舌的广阔田园地区。顺着乡间小路前行，便可以进入西侧的水泥公路。沿着起起伏伏的山路继续前行，便可以来到年轻艺术家云集的绘画村子——佩努斯塔南。

众多猴子都栖息在猴子森林之中

各式画廊接二连三地建在村落之中，你可以闲逛一下看看有没有你中意的画作。随后顺着道路前行，返回拉雅乌布大道即可。

绿意盎然的卡缇兰坦村子

途中偶遇的印尼孩童天真烂漫

贴士 R 波达玛利亚小咖啡馆 Warung Bodag Maliah ［MAP p.230/B2　TEL（0361）972-087　营业 每天 10:00～20:00］是一家位于卡詹大道起始的散步线路途中的咖啡馆，如果你走累了不妨在这里小憩一下。新鲜果汁 Rp.30000 左右。

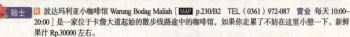

巴厘岛中部 *Central Bali*

历史寺院坐落其中，田园风格美不胜收

庞里 Bangli

Map p.219/A4

留存着浓重传统文化的山间小镇

印度王国的满者伯夷人民，旧时受到伊斯兰势力的迫害，被迫从爪哇岛移居到巴厘岛生活，但是塞翁失马焉知非福，此后在塞马拉普拉便出现了吉尔吉尔王朝。自然天下没有不散的筵席，当整个王朝分裂为 8 个王国后，其中的庞里王国便是现在的庞里所在地。曾经的王国寺院凯亨寺依旧很好地留存至今，今日当你到访庞里，依旧可以感受到浓厚的古都氛围。

树龄超过 600 年的老榕树矗立在寺院之中 ★★

凯亨寺

Map p.219/A4

Pura Kehen

从吉尔吉尔王朝独立出来的庞里王国国寺便是这座凯亨寺。寺内建有 11 座镇守山魂的寺塔，据历史资料记载，1204 年这里曾举行过一次屠宰黑牛的祭典仪式，所以可以推测出这座寺院建于 13 世纪。

寺院内气势磅礴的 11 座寺塔

这座寺院堪称巴厘岛印度教的代表寺院。进入寺庙神殿后可以在右手边看到祭祀着印度教三大主神——湿婆、毗湿奴、梵天的灵塔。在前往寺院的第一道寺门途中，可以看到各种造型的石质雕像，在第一道寺门上也可以看到描绘恶魔卡拉马卡拉的 6 层厚重浮雕。寺院外壁中甚至还埋有不少中国陶器，如果你再多转一转，可能还会发现更多不起眼的小乐趣。

前往庞里的交通方式

从机场搭乘机场运营的出租车前往庞里，大约需要 1.5 小时的时间（Rp.300000~）。从吉安雅设有途经奚丹前往庞里的贝莫小巴、Rp.15000。从巴土布兰出发直达庞里的贝莫小巴费用为 Rp.30000。

凯亨寺

入场 每天 8:00~17:00

费用 Rp.30000

巴厘岛当地游经常会将凯亨寺作为途中景点之一，如果你打算搭乘贝莫小巴前往，则可以从位于巴土布兰~乌布区间的沙卡 Sakah 上车，途经奚丹换乘后前往凯亨寺。寺院本身距离庞里不是很远，就位于庞里中心地区北面 1 公里的地方。

Information

留存着最古老苏巴克景观的“帕克里桑河流域”

由圣泉寺的传说泉水与巴图尔山喷涌而出的溪流并流而成的便是帕克里桑河 Sungai Pakerisan（MAP p.219/A4）。留存在这片流域中的苏巴克（水利系统）景观堪称巴厘岛最古老的景致之一，2012 年批准登录在世界遗产名录之中。在河域要处都设有专门的苏巴克水坝，可以灵活进行水流的调整与掌控，为周围的梯田提供灌溉用水。

通过水坝进行水流量的控制与调整

这条帕克里桑河虽然也流经坦帕克西林的东部，但是这里的苏巴克水坝位于溪谷的深处，比较不便于观光游览。如果你想一睹这个巴厘岛的世界遗产，可以从乌布的旅游咨询处租车，让当地的老司机直接开车带你前往方便观测的地点游览即可。著名的圣泉寺以及卡威石窟都分布在帕克里桑河的流经之地，在巴厘岛当地游玩通常都不会错过这几个经典景点。

在河边沐浴嬉戏的巴厘岛孩童

贴士 巴厘岛当地遗留着如卡威石窟、象窟等众多神秘的石窟遗迹，当地人们认为这些石窟都是古代巨人库波·伊娃打造而成的，所以如果说谁是巴厘岛身高最高的建筑家，那一定非这位传说的巨人莫属了。

无须脱掉衣服便直接在寺院沐浴

坦帕克西林 Tampaksiring

Map p.219/A4

古老的遗迹与寺院都静静地矗立在岁月静好的田园风景之中

坦帕克西林虽然只是一座位于乌布北面的小城，但是周边坐落着圣泉寺以及卡威石窟等许多著名的观光景点，非常值得一去。

圣泉寺
入场 每天 8:00~17:00
费用 入场费 Rp.15000
　　通常参加岛内观光游行程都可以到访。

圣石洗礼仪式
　　每年第四个满月之夜时，周边一个名为马努卡雅村子的村民便会将村内在印度教传入巴厘岛之前便源远流长的圣石拿到圣泉寺清洗，根据圣石上记载的文字推断，圣泉寺的起源可以追溯到公元 962 年。

喷涌着神圣之泉的美丽寺院　★★★
圣泉寺　Map p.219/A4
Pura Tirta Empul

Tirta Empul 意为"神圣之泉"，巴厘印度教自古以来便认为水有灵性，信仰水中精灵，在印度教与佛教融合之后，这种信仰依旧十分强烈，而这座圣泉寺便是基于这种信仰而修建的重要寺院。至今这里仍然流传着关于这个泉水的传说：远古时期，大神因陀罗与马亚连那瓦魔王正邪对战时，大力刺地，使圣泉从土地之中喷涌而出，治疗了受伤的村民，最后合力将魔王击败。当地居民至今仍深信庙里的泉水拥有神奇的疗效，每逢满月及新月之日，前来寺院清洗身体以及请圣水回家祭拜的巴厘岛人便接踵而来。

卡威石窟
入场 每天 8:00~17:00
费用 入场费 Rp.15000
　　这个位于乌布东北方向10公里的景点，通常参加岛内观光游行程都可以到访。

历史感厚重的巴厘岛最大的石窟遗迹　★★★
卡威石窟　Map p.219/A4
Gunung Kawi

恢宏壮大的卡威石窟遗迹

卡威石窟可谓巴厘岛印度教的圣地，用岩石雕刻的墓碑深浅有力。据说这个石窟遗迹是 11 世纪能工巧匠用凿子悉心打造而成的乌达雅纳国王及其家族的墓碑群所在地。不过当地居民还有一个关于卡威石窟的传说，据说这里是由一位叫作库波·伊娃的巨人只用一晚上的工夫便打造而成，现在石窟中高达 7 米的巨大神殿仍呈现几乎没有损坏的极佳状态。你在石窟中可以找到 10 座纪念离开王国最终在这里离世的乌达雅纳王子——阿纳温科的墓碑。

德格拉朗梯出
　　位于乌布北面5公里的位置

坐落在梯田中的知名木雕村落　★★
德格拉朗梯田　Map p.219/A3
Tegallalang

德格拉朗梯田可谓是巴厘岛全岛首屈一指的梯田景观，周围设有许多出售木雕作品的工艺品商店，参加巴厘岛的观光游行程通常都会到访这里。不过由于巴厘岛饮食结构的变化，只产米的梯田在巴厘岛中十分不实用，许多类似德格拉朗的梯田都转变为其他农田，这片德格拉朗梯田是在接受政府的扶助金后才可以继续维持我们现在看到的这片优美风光。

乌布近郊最著名的风景点

 贴士　R 帕蒂梯田咖啡馆 Teras Padi Cafe [MAP p.219/A3　TEL (0361) 901-258　营业 每天 10:00~18:00]
是一家紧邻德格拉朗梯田的人气咖啡馆，你可以在这里的凉亭席位欣赏到宜人的梯田景色。

塔巴南 *Tabanan*

以农作田地为主的广阔水稻种植地

面向印度洋而建的海神庙可谓是巴厘岛首屈一指的观光景点

海 拔	不足 200 米
区 号	0361

从登巴萨驱车西行，便可以进入巴厘岛面积最大的粮食农田，层次分明的绿色梯田宛如一件大自然的艺术品，令人不禁驻足欣赏，在这片区域中许多自然景色都会让你的内心发出对大自然的敬仰之情，深深沉醉其中。

此外塔巴南的舞蹈与甘美兰演奏也是巴厘岛内的顶级水平，创作出"Kebyar Terompong"等凯比亚尔风格原创舞蹈的天才舞蹈家马里奥便是塔巴南人。

塔巴南 周边观光

落日时分来这里欣赏令人赞叹不已的绝美景色 ★ ★ ★

海神庙
Pura Tanah Lot　　　　Map p.218/C1

海神庙顾名思义，是一座祭祀大海之神的寺院，据说现在寺内也生活着海神的灵蛇化身。寺院的历史十分古老，16 世纪从爪哇岛远渡重洋的高僧 Nirarth 便到访过这片区域，当时他便被这里绝美的自然景色所折服，和这里的村民言道"这里才是最符合众神降临凡间时的地方啊"，就是在他的建议下，村民们才修建了现在我们看到的这座海神庙。落日时分到访这里，你也肯定会感叹这样的景色确实值得神灵的青睐。近年来随着印度洋的海浪逐渐侵蚀海神庙的基座部位，国际多国都对这里进行了援助及增设礁石等举措。

前往塔巴南的交通方式

从登巴萨的乌邦长途巴士总站搭乘前往吉利马努克方向的巴士或贝莫小巴，中途便会途经塔巴南，届时下车即可。

从努拉莱机场搭乘出租车前往塔巴南，大约需要50 分钟的时间，费用大约 Rp.300000~。

在巴图博龙寺欣赏落日美景

在海神庙的寺院内，还可以找到其余 4 家相关寺院，其中尤数寺庙外便是广阔大海的巴图博龙寺院最为热门，众多游客都会为了拍照慕名而来。巴图意指"岩石"，博龙则是"洞口"的意思，巴图博龙寺院寺如其名，便是一座建在中间留有一洞口的巨大岩石上的古老寺院，横穿海神庙步行约 10 分钟便可以抵达这里观赏致美景色。

海神庙

从努拉莱机场搭乘出租车前往海神庙，大约需要 1 小时的时间，费用大约 Rp.300000~。

巴厘岛内的各个区域都有前往这里观光的旅游线路，参团游览十分方便。

入场 每天 7:00~19:00
费用 成人 Rp.60000
　　 儿童 Rp.30000

夕阳西下时，距离海神庙不远的巴图博龙寺也是热门景点

🌸 **贴士**　巴厘岛蝴蝶公园（**MAP** p.218/B2 营业 每天 8:00~17:00）园内共有 15 种共 700 余只蝴蝶可以供游人观赏。享有"飞舞的宝石"美誉的鸟翼凤蝶以及巨大体型的乌柏大蚕蛾等珍贵蝴蝶都可以在这里得以一见。入场费 Rp.50000。

巴厘岛数一数二的美丽寺院 ★★★

塔曼阿云寺
Pura Taman Ayun

Map p.218/B2

10座灵塔整齐的摆列在寺院之中，气势十足

这里曾是孟威古国的国寺，建于1634年，1937年改建成现在我们看到的华美外观。寺院周围有一圈壕沟将塔曼阿云寺包围其中，仿佛也将世俗与这座寺院分割开来。寺内共建有10座灵塔，但是游客只可远观，不能近距离观摩。这些灵塔都是以阿贡火山为原型打造而成，仔细数一数塔檐的数量，会发现几乎都是3~11等奇数层数。拥有11层塔檐的最高灵塔共有4座，此外还有一座只有2层塔檐的稀有灵塔，十分少见。环绕寺院的沟渠之水流向周边的各个村落，可谓实打实的水源地。2012年这里因作为"巴厘省的文化景观"的附属景点而登录在世界文化遗产名录之中。

塔曼阿云寺
位于登巴萨西北方向16公里的一个名为孟威的小镇之中，巴厘岛的当地游程经常会到访这里，从乌邦巴士总站可以通过换乘贝莫小巴的方式前往此地。

入场 每天8:00~17:00
费用 成人 Rp.20000
　　 儿童 Rp.10000

前往嘉迪卢维梯田的交通方式
如果你身处巴厘岛南部以及乌布等地，通常是在当地参报旅游团或是以包车的方式到访这里。喜欢骑车的朋友，推荐你参加嘉迪卢维梯田的骑行旅游项目，十分有趣。

● Ayung River Rafting
TEL（0361）239-440
URL www.truebaliexperience.com
费用 嘉迪卢维梯田骑行项目 Rp.670000~

通过骑乘自行车游览嘉迪卢维周围风光的特色旅游项目，在全长4公里的路程中包含许多上坡路，对于体力的要求很严格，行程包含午餐。

骑车游览世界遗产区域

攀登巴图卡鲁山
在登巴克南申请并获取登山资格后便可以攀登巴图卡鲁山了，不过上山路很不好找，必须雇用登山向导。往返大约需要10小时的时间，1天的向导费在US$100左右。

巴厘岛最美丽的梯田地带 ★★★

嘉迪卢维梯田
Jatiluwih

Map 折页地图背面 1/A2

位于嘉迪卢维村中的美丽梯田，在2012以《巴图卡鲁山保护区的苏巴克景观》登录在世界遗产名录之中，可谓巴厘岛不容错过的经典景点。大自然的画笔勾勒出了梯田的完美层次，单是驻足观赏便可以获得久违的内心宁静。旅游团经常会选择

巴厘岛声名远扬的梯田景色在这里可以得以一见

在嘉迪卢维村内的餐馆用餐，届时可以在用餐的同时欣赏百闻不如一见的梯田美景。

巴厘岛由于地处热带气候，全年都是种植水稻的适宜季节，当地农民每年会进行2~3次播种与收获，各地都没有统一的种植与收获时间。即使是同一个村子，农田中使用的苏巴克（水利系统）也不尽一致，经常可以看到农田与水稻地同时映入眼帘的景象。

坐落在高原上的神秘寺院 ★★

巴图卡鲁寺
Pura Luhur Batukaru

Map 折页地图背面 1/A2

位于海拔2276米的圣山——巴图卡鲁山山脚的古老寺院，巴厘岛各地寺院中的灵塔都面向巴图卡鲁山而建，可见这座神山对于当地居民有着多么重大的信仰意义。如果你对自己的体力十分自信，可以将巴图卡鲁寺作为起点开启攀登巴图卡鲁山的远足行程。

巴图卡鲁寺内的实景图

 贴士 苏巴克博物馆 Subak Museum ［MAP p.218/B2 入场 每天8:00~16:30（周五~12:30）费用 Rp.15000］是一座位于寺南中心地区，对公众展示丰富巴厘岛农村文化的博物馆，在前往世界遗产所在的梯田地区游览前来这里先学习一下可以令你更加多层次地了解即将欣赏到的美丽景色。

八丹拜 *Padangbai*

设有前往龙目岛游船的珊瑚礁港口

面向湛蓝大海的静谧渔村

八丹拜虽然只是一个位于巴厘岛东部的小渔村，但是却设有连接龙目岛与巴厘岛的游轮港口，这里的海滩没有喧闹的商铺与餐馆，这为游客创造更多的独处空间。水上活动也比较丰富，浮潜、潜水等亲近大海的水上项目都很有人气。如果你厌倦了巴厘岛南部的喧嚣氛围，这里绝对是你旅行的避风港。

八丹拜 漫步

八丹拜作为天然的港口而在巴厘岛家喻户晓，除了设有往返龙目岛的游轮航线外，这里也是海外游轮停靠的国际港口。在港口附近的餐馆中经常可以看到携带大件行李的游客在此候船，很有一种海边飞机场的奇妙错觉。

与港口连接的主干路是当地人的日常生活地，位于港口东北侧沿着海滩蔓延伸展的西拉尤缇大道 Jl.Silayukti 则是游客们的生活区。面对阿姆克湾的白沙海滩与颜色由浅入深的湛蓝大海构成了八丹拜这个色调对比明快的独特度假地。这里的海水透明度很高，海里还有丰富的珊瑚礁群，栖息在这片海域的鱼群种类也是五花八门，使得八丹拜成了巴厘岛首屈一指的潜水场所，每天都有世界各地的潜水爱好者慕名而来。当然，即使你没有潜水功底也完全可以欣赏这里美妙的海底世界，从海滩租一艘小舟，驱船前往绝佳的浮潜地点，也可以潜入海中将海底的景色尽收眼底。八丹拜并没有太多高档的住宿设施，主要以位于西拉尤缇大道的木屋酒店为主，不过房客评价都是干净舒适，很适合作为八丹拜度假的住宿首选。

通过浮潜或是潜水领略八丹拜城的无穷魅力

八丹拜
登巴萨

塔巴南／八丹拜

海 拔	不足 10 米
区 号	0363

前往八丹拜的交通方式

从努拉莱机场搭乘出租车前往八丹拜，大约需要 1.5 小时的车程，费用在 Rp.400000～。

普拉玛旅社运营的观光班车

不仅在巴厘岛各地可以看到普拉玛旅社运营的观光班车，龙目岛都设有前往巴厘岛的跨岛巴士，八丹拜的购票地位于距离游轮搭乘点 100 米位置的 R Dona's Cafe （TEL（0363）41-419）。

◆ **库塔起始**
1 天 4 班、Rp.75000
◆ **沙努尔起始**
1 天 4 班、Rp.75000
◆ **乌布起始**
1 天 3 班、Rp.75000
◆ **龙目岛圣吉吉起始**
1 天 1 班、Rp.125000

从八丹拜前往龙目岛

八丹拜设有前往龙目岛西向位置，Lembar 港的定期游船，90 分钟一班，24 小时全天不间断运营。（航程 4 小时，费用 Rp.46000）。

从八丹拜搭乘游轮时，经常有行李工擅自做主为你将行李搬到船上，随后马上索要 Rp.50000 的搬运费，所以千万不要将行李交到任何人的手里。

前往吉利三岛的快艇

八丹拜设有前往龙目岛吉利·吉利 Giligili 的直达快艇，八丹拜的始发时间是上午 9:00，吉利·吉利的始发的时间是 10:30，航程仅需要 1 小时，相比游轮来说更加快捷。单程费用 Rp.690000，往返费用则是 Rp.1380000，虽然价格相比兰巴尔港的游轮来说要贵一些，但是抵达港口后无需搭乘龙目岛本地的巴士或是船只再次换乘，旅行会更为便捷。

● Giligili
TEL 0818-0858-8777（手机）
URL www.giligilifastboat.com

投稿 如果你只是想单纯地在海滩晒上一天的太阳，推荐你翻过东边的山坡前往布卢泻湖沙滩，那里人少僻静，还设有提供简餐的小餐馆，足足待上一天一点问题都没有。

酒店
Hotel

普瑞雷酒店
Puri Rai

POOL 餐馆 早餐

◆ 面向海滩沿岸的大道，共设有 34 间舒适的巴厘岛风格房型，客房干净卫生，中庭的泳池也可以随意使用，全部房间都设有热水淋浴装置。

八丹拜最大的木屋酒店 | Map p.252

地址 Jl.Silayukti No.7 x, Padangbai
TEL（0363）41-385　URL www.puriraihotels.com
税费 & 服务费 +10%　信用卡 M V
Wi-Fi 仅限公共区域·免费
费用 AC HOT Cold TV 标准房型 S D Rp.550000
　　 AC HOT Cold TV 家庭房型 S D Rp.700000

舒适的室内环境

八丹拜海滩度假村
Padangbai Beach Resort

POOL 餐馆 早餐

◆ 拥有泳池与酒吧的度假酒店，在炎炎夏日为你带来丝丝凉意，共设有 24 间客房，室内色调以白色为主，清爽舒适。前台位于深受欧美人认可的潜水商店 Absolute Scuba 之中，可见这家酒店与潜水爱好者是多么绝配。

非常适合潜水爱好者入住的中级酒店 | Map p.252

地址 Jl.Silayukti, Padangbai
TEL（0363）42-088　FAX（0363）41-417
URL www.absolutescubabali.com
税费 & 服务费 含
信用卡 M V　Wi-Fi 客房 OK·免费
费用 AC HOT Cold TV 露台房型 S D US$52
　　 AC HOT Cold TV 阳台房型 S D US$65
　　 AC HOT Cold TV 木屋房型 S D US$65

深受潜水爱好者追捧的人气酒店

阿罗拉旅店
Alola Inn

POOL 餐馆 早餐

◆ 位于港口西侧静谧地区的民宿旅店，共设有 14 间客房，由一对喜爱小动物的巴厘岛夫妇共同经营，住宿体验舒适。每间客房的布置与设备都不尽相同，推荐入住时多看一看挑选出你最心仪的房型。有的客房无法连接无线网络，请提前注意。

干净友善的民宿旅店 | Map p.252

地址 Jl.Penataran Agung, Padangbai
TEL 081-3370-04422（手机）
税费 & 服务费 含
信用卡 无　Wi-Fi 客房 OK·免费
费用 AC HOT Cold TV 空调房型 S D Rp.275000
　　 AC HOT Cold TV 家庭房型 Rp.300000~

布卢潟湖度假村酒店
Bloo Lagoon Village

POOL 餐馆 早餐

◆ 距离八丹拜中心地区步行大约 5 分钟的距离，是一处建于断崖上的自然风格酒店，共设有 25 间客房，深受欧美家庭游客的喜爱。全部客房都可以连接免费的无线网络，不过信号不是很好（公共区域也覆盖有 Wi-Fi 信号）。

与自然风景完美融合的木屋酒店 | Map p.252 外

地址 Padangbai　TEL（0363）41-211
URL www.bloolagoon.com
税费 & 服务费 +15%　信用卡 M V
费用 AC HOT Cold TV 单床房型 S D US$124
　　 AC HOT Cold TV 双床房型 S D US$181

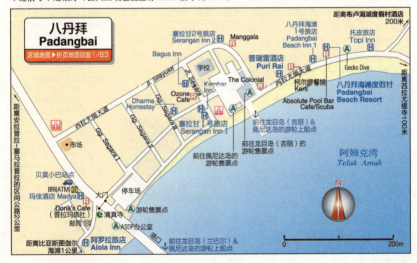

赞迪达萨 *Candidasa*

分布着不少传统村落的安逸海滩区域

海滩沿线坐落着多家舒适的酒店

赞迪达萨是一处可以远眺佩尼达岛美景的悠闲海滩区域，周边的海域还设有许多潜水高手青睐的优质潜水点，20世纪80年代开始进行旅游业开发，用珊瑚礁代替水泥作为建筑原料，使得海滩在没有珊瑚礁的保护下受到了海水很大程度的侵蚀。1991年因政府出台政策，使得海岸边的珊瑚礁才慢慢得以恢复，加之政府大规模地进行了护岸工程，赞迪达萨的海滩才重新成为适宜度假的优选之地。你在这里可以看到不少巴厘岛东部传统的印尼村落，搭配这里优秀的潜水资源，使得赞迪达萨深受游客与潜水爱好者的青睐。位于中心地区西面3公里的森奇多海滩与巴丽娜海滩的度假氛围也很不错，可以前去一探究竟。

海 拔	不足10米
区 号	0363

前往赞迪达萨的交通方式

从努拉莱机场搭乘出租车前往八丹拜，大约需要1.5小时的车程，费用在Rp.425000～。

普拉玛旅社运营的观光班车

◆ 库塔起始
1天4班，Rp.75000

◆ 沙努尔起始
1天4班，Rp.75000

◆ 乌布起始
1天3班，Rp.75000

◆ 龙目岛圣吉吉起始
1天1班，Rp.150000

浮潜行程

花费Rp.150000～200000/小时，在面向潟湖与警察局的船厂租一艘小船便可以前往海边的浮潜点体验浮潜乐趣（提供浮潜用具）。同时你还可以在船上垂钓，静静感受时光的流逝。

● Divelite MAP p.254
TEL（0363）41-660
URL www.divelite.com
包含两次下潜的图兰奔深潜 US$90～。

赞迪达萨 漫 步

赞迪达萨地区延绵数公里的主干道——拉雅赞迪达萨大道的沿路网罗了高中低端各式住宿设施，如果你打算游览巴厘岛东部的阿莫德或是布撒基寺当地，推荐你将赞迪达萨作为大本营，在这里选择你心仪的酒店。

赞迪达萨周边设有阿曼吉拉酒店以及阿利亚·曼吉斯酒店等不少高档度假村，非常提高住宿品质。

赞迪达萨 户外活动

● 潜水 Diving

从赞迪达萨的中心地区搭乘小船航行10分钟左右便可以到达吉丽·闵潘岛以及特佩康岛附近，这里便是观赏体长足有3~4米的巨大鱼类翻车鱼（曼波鱼）的绝佳观测地。翻车鱼常年在这片海域的深海中游荡，通过潜水可以在浅海观测到翻车鱼的最佳时期当数每年6~10月的旱季大潮前后时段。

赞迪达萨海域的潜水点与浮潜点虽然数量很多，但是由于其中也有海潮流动十分不规则的地点，进行潜水或浮潜时要多加注意安全。

可以一睹翻车鱼的神秘姿态

 贴士 位于赞迪达萨以东5公里的白沙海滩（MAP 折页地图背面① /B3）坐拥景色优美的海岸景色，是一处不为人知的优质海滩，肚子饿了的话可以随时在海滩上的10余家海鲜餐摊用餐（餐摊从早上到日落一直营业）。

253

文森特餐馆
Vincent's

◆用爵士乐手照片及阿里·斯密特绘画作品装点的别致餐馆。宽敞的用餐区中还设有绿意盎然的花园席位以及吧台座位，满足各类食客的喜好。招牌牛排（Rp.190000）以及鸡肉派（Rp.90000）都是这里的热门菜品，推荐尝一尝。

萦绕着优雅爵士乐的高雅餐馆

氛围绝佳的爵士乐餐馆　Map p.254

地址　Jl.Raya Candidasa
TEL　（0363）41-368
URL　www.vincentsbali.com
营业　每天 8:00～23:00
税费 & 服务费 +16.5%
信用卡 MV
Wi-Fi 免费

乔格罗餐馆
Joglo

◆餐馆外观是一座爪哇岛的传统乔格罗风格建筑，这也是餐馆名字的由来，经营地道的印尼菜肴。印尼特色虾（Rp.93000）等印尼国内的知名菜品以及特色菠萝沙拉（Rp.55000），爪哇春卷（Rp.40000）等众多罕见菜肴都可以在这里一一品尝。

甄选新鲜海鲜作为食材

品味地道的印尼菜肴　Map p.254

地址　Jl.Raya Candidasa , Karangasem
TEL　（0363）42-181
URL　www.joglocandidasa.com
营业　每天 7:00～23:00
税费 & 服务费 +15%
信用卡 MV
Wi-Fi 免费

雷札餐馆
Le-Zat

◆搭建在海滩边的开放性餐馆，菜品以国际菜肴和印尼菜品为主，推荐你尝这里的巴厘岛美食套餐，午餐期间的 3 菜套餐 Rp.180000，晚餐时段价格只是略微提高到 Rp.195000，价位公道十分良心。

悠闲地远眺湛蓝的大海与 Tepekong 岛

吹着和煦的海风品味精致的菜肴 Map p.254

地址　Jl.Raya Candidasa
TEL　（0363）41-539
URL　www.lezatbeachrestaurant.com
营业　每天 7:00～23:00
税费 & 服务费 +15%
信用卡 MV
Wi-Fi 免费

与H赞迪海滩度假村、H阿玛尔塔海滩木屋酒店相距2公里

赞迪达萨
Candidasa
区域地图▶折页地图背面①/B3

阿里民宿 Ari Homestay
乔格罗餐馆 Joglo
水花园酒店 Watergarden
普拉玛旅社
警察局 门市
Lenia（礼品站）
洛塔斯海景餐厅 Lotus Seaview
旅游咨询处
货币兑换处
Dewi Spa & Salon
疯狂袋鼠餐馆 Crazy Kangaroo
安拉普拉方向
雷札餐馆 Le-Zat
拉雅赞迪达萨大道 Jl. Raya Candidasa
Gemini（超市）
赞迪达萨寺 Pura Candidasa
文森特餐馆 Vincent's
Family（迷你市场）
Puri Pandan
海边木屋酒店 Seaside Cottage
Divelite
海滩之享度假村 Relax Beach Resort
Candidasa Beach
伊达民宿 Ida's Homestay
Gedong Gandhi Ashram
勒48酒店 Le-48
Legend Rock Café
萨松别墅酒店 Villa Sasoon
88
柯腊帕马斯酒店 Kelapa Mas
水族馆酒店 Aquaria
安达别墅酒店 Anda Villa
Puri Pudak
Puri Asoka
阿姆克湾 Teluk Amuk
普瑞巴古斯赞迪达萨酒店 Puri Bagus Candidasa
N
0　300m

　贴士　Gedong Gandhi Ashram [MAP p.254　TEL（0363）41-108] 是一家会在每周二、周四、周六的 16:00～18:00 举行瑜伽课程的瑜伽教室（费用为捐款形式，没有固定金额）。此外，这里还设有可供住宿的 8 栋木屋设施（DRp.450000）。

酒店
Hotel

赞迪达萨中心地区设有各个等级的各式酒店，位于中心地区以西3公里的森奇多海滩与巴丽娜海滩是众多欧洲游客青睐的住宿地。

赞迪达萨中心地区

普瑞巴古斯赞迪达萨酒店
POOL 餐馆 早餐
Puri Bagus Candidasa

◆位于萨姆村东侧，设有蜿蜒小路直达海滩的海边酒店，共设有48间房型，园区内设有潜水用品商店，对于潜水爱好者来说十分便利。在客房内可以通过敞亮的窗户眺望到景致绝美的海景，半开放的淋浴室也非常新颖。库尔塔格格别墅房型设有两间卧室，适合团队或家庭出游的住宿选择。

安逸错落的高级酒店 | Map p.254

地址 Desa Samuh, Candidasa
TEL (0363) 41-131
URL www.puribaguscandidasa.com
税费＆服务费 +21%
信用卡 A J M V
Wi-Fi 客房OK·免费
费用 AC HOT Cold TV 花园景观房型 S D US$150~
AC HOT Cold TV 海景房型 S D US$210~

各项设施完备的一流酒店

柯腊帕马斯酒店
POOL 餐馆 早餐
Kelapa Mas

◆建在海滩边上，共设有22间客房的木屋式酒店。每个房型的设施不尽一致，有只包含凉水浴＆风扇的房型，也有提供热水浴＆空调的客房，你可以根据自身需求自行选择。

酒店内餐馆提供的餐食味道很棒 | Map p.254

地址 Jl.Raya Candidasa, Candidasa
TEL (0363) 41-369
税费＆服务费 含
信用卡 M V Wi-Fi 客房OK·免费
费用 AC HOT Cold 标准房型 S D Rp.350000~
AC HOT Cold 奢华房型 S D Rp.500000~

种植着椰子树的酒店院落

阿里民宿
POOL 餐馆 早餐
Ari Homestay

◆临近普拉玛旅社的廉价民宿，共设有5间客房，房间整洁卫生，深受好评。白天在海滩度假，晚上在这里落脚，非常划算。

地理位置方便的低价民宿 | Map p.254

地址 Jl.Raya Candidasa, Candidasa
TEL 081-7970-7339（手机）
税费＆服务费 含
信用卡 无 Wi-Fi 客房OK·免费
费用 AC HOT Cold TV 基础房型 S D Rp.250000~
AC HOT Cold TV 奢华房型 S D Rp.330000~

颜色亮丽的客房实景

森奇多海滩

赞迪海滩度假村
POOL 餐馆 早餐
Candi Beach Resort

◆坐落在赞迪达萨中心地区以西几公里外的森奇多海滩，共设有94间客房，设有连通海滩的餐馆与泳池，可以尽情远眺无垠的大海美景。全部客房配有空调、TV、电话、迷你酒柜和浴缸等各类设施，在旅游淡季会有很大折扣的房价优惠。

十分推荐的3星酒店 | Map p.254 外

地址 Desa Sengkidu, Manggis TEL (0363) 41-234
FAX (0363) 41-111 URL www.candibeachbali.com
税费＆服务费 含
信用卡 A D J M V Wi-Fi 客房OK·免费
费用 AC HOT Cold TV 花园房型 S D US$150~
AC HOT Cold TV 木屋房型 S D US$200~
AC HOT Cold TV 海景房型 S D US$300~

阿玛尔塔海滩木屋酒店
POOL 餐馆 早餐
Amarta Beach Cottages

◆一家邻近森奇多村子海滩的老牌海景木屋酒店。你在这里可以体验如家般的温暖服务以及渔村独有的安静与祥和，深受各国游客的认可。酒店中并设的餐馆提供味道极赞的美食，疲惫的话还可以去SPA水疗设施按摩放松。

供应美味佳肴的木屋酒店 | Map p.254 外

地址 Jl.Raya Medira, Candidasa TEL (0363) 41-230
URL www.amartabeachcottages.com
税费＆服务费 含
信用卡 J M V Wi-Fi 客房OK·免费
费用 AC HOT Cold TV 标准房型 S D Rp.450000~
AC HOT Cold TV 奢华房型 S D Rp.550000~
AC HOT Cold TV 阿尔塔套房房型 S D Rp.850000~

盛产伊卡纺织品与各式笼子的知名传统村子

登安南
Tenganan

Map 折页地图背面①/B3

★★

前往登安南的交通方式

登安南村子位于赞迪达萨以北3公里的位置，搭乘摩托车前往的话单程收费Rp.20000左右。

其余的巴厘阿伽人聚落

登安南村子旁名为阿萨卡Asak以及布伽雅Bungaya的村子也是巴厘阿伽人生活的传统村落。阿萨卡村留有古老的木质甘美兰Gamelan Gambang，布伽雅则以制作门上的传统石雕以及其他石质工艺品而十分出名。

登安南村是巴厘岛原住民"巴厘阿伽人"生活的村落，巴厘阿伽人主要生活在京打玛尼高原特伦彦Trunyan村子，那里的阿伽人至今仍传承着11世纪以前未经印度教影响的传统巴厘岛文化。而生活在登安南村的阿伽人守护的则是11世纪初期受爪哇岛爱尔朗卡Erlangga王朝影响的巴厘岛初期培京王朝的印度教文化。现在登安南村内共生活着700余名村民，他们都严格恪守村子的传统文化与戒律（即使是时至当下，也不允许村民与外村人成婚）。

这座位于平缓山坡上的传统村落，用石头建造村墙将整个长方形的村子包围其中，民居、村长屋、集会场、小学、寺庙、市场等各式建筑整齐分布其中。用石板铺设的村路微微偏向道路的中心地带，进而起到排水的功能，仿佛像是古罗马城市的亚洲翻版。当你到访登安南村时，除了可以领略这里的风土人情，还可以在几处由民居改建而成的工坊购买Kamben gringsing伊卡纺织品以及特色面具。

举行仪式及祭典之时都会身披传统伊卡制品的当地村民

登安南村的伊卡纺织品

登安南出产的Kamben gringsing伊卡纺织品十分出名，这种名为gringsing格林辛的伊卡纺织品上点缀着许多小花，这是通过同时进行横向与纵向染色与编织（双股伊卡）才出来的效果，别看伊卡的成品不是很大，但是制作这样的伊卡需要超长的时间以及庞大的工作量。染色作业时每染一种颜色便要干燥3个月，最简单的坎本格林辛伊卡作品也至少需要1年的时间。

gringsing在印尼语中意味着平安健康，可以说有着护身镇宅的美好寓意，购买一款你心仪的坎本格林辛伊卡作品挂在家中会是家装中很好的点缀，作为披肩或是其他服装也很提高个人气质。长约1米的伊卡纺织品售价约为US$50~。

在村子的工坊中观摩格林辛伊卡作品的制作工艺

乌萨巴汕霸节

登安南村子中每年都会举办许多氛围独特的祭典活动，其中当数每年6~7月期间（当地的登安南村历是在每年称为萨西·汕霸的第五个月）举行的乌萨巴汕霸节最具特色。届时村子中会用稀有的铁质甘美兰以及一种名为Gong Selonding的乐器进行背景乐的演奏，半裸上身的男青年用荆条互相进行一种称作梅卡莱·卡莱Mekare Kare的交战，他们以这种方式展示自己的勇敢与强壮，进而赢得场外身披格林辛伊卡的单身女性青睐。除了这种独特的求偶大战以外，村内还会举行斗鸡表演。

乌萨巴汕霸节前的1周，村内便会支起许多露天商摊变得十分热闹起来，节日期间除了可以看到梅卡莱·卡莱求偶大战，在第二晚的深夜还会有德拉玛贡的舞剧表演，第三晚则是以乔甘邦邦舞将气氛点燃到最高点。印尼的旅游局会提前公布活动时间表，你可以结合你的情况挑选最佳时间前往观看。

贴士 称为登安南村的村子其实共有2个，有时候司机会在行程途中左拐带你前往一个规模较小名为Tenganan Dauhtukad的村子，这里虽然与大登安南村有着相同的传统文化，但是出售的民间工艺品种类较为单薄。

巴厘岛东部 *East of Bali*

感受巴厘岛古代王朝历史影响的传统文化区域

塞马拉普拉周边 Semarapura

Map 折页地图①/B3

在吉尔吉尔王朝时期繁荣的东部古都

位于塞马拉普拉中心地区的普普坦纪念碑

塞马拉普拉曾是吉尔吉尔王朝时期的首都，16世纪初到19世纪期间一直对整座巴厘岛有着强大的影响力。以塞马拉普拉宫廷文化为中心而衍生的音乐、美术、舞蹈文化都是今日巴厘岛各式艺术文化的基盘，现在我们看到的各式巴厘岛艺术，都是确立在塞马拉普拉的文化形式基底之上。

荷兰殖民时期这里改名为克隆孔 Klungkung，近年来又恢复为旧时的塞马拉普拉称呼。

可以依稀领略旧时古老的王宫文化

古司法厅（塞马拉普拉王宫遗迹）★★

Map 折页地图背面①/B3

Kertha Gosa (Puri Semarapura)

遗留在旧王宫遗迹中的水上宫殿（巴莱·坎邦），古司法厅（克尔塔·戈萨）以及旁边的博物馆，这三座建筑共同组成了王宫遗迹。漂浮于水面上的巴莱·坎邦曾是吉尔吉尔王朝期间王族的休息场所，20世纪40年代修复如初，柱子上的木雕以及描绘《罗摩衍那》史诗中神话故事的精美壁画都值得一看。

位于入口左侧的小型建筑名为克尔塔·戈萨，梵语翻译为司法厅之意，直至1942年前都是当地的法院设施。天花板上描绘着犯有强奸罪的罪犯被切除性器官的刑罚场面，十分写真。博物馆中展有吉尔吉尔王朝时期的玉座以及枪、剑、金银器等古代展品。

无数蝙蝠群居在此的令人不可思议的洞窟

蝙蝠洞寺院 ★★

Map 折页地图背面①/B3

Pura Goa Lawah

位于塞马拉普拉以东10公里的地方，前往八丹拜的途中便会路过这个名为戈亚拉瓦的蝙蝠洞寺院。寺院将这座蝙蝠洞保护得十分完好，洞口很大但是没人进去扰乱蝙蝠的生活，有不计其数的蝙蝠深藏其中。

塞马拉普拉

从努拉莱机场搭乘前往塞马拉普拉大约需要1小时的车程，费用在Rp.300000～。

参加巴厘岛的观光游有时候会在行程中到访塞马拉普拉王宫遗迹里古司法厅建筑。搭乘贝莫小巴前往塞马拉普拉的话是从巴土布兰以及乌布出发，在萨卡换乘后即可抵达。

古司法厅的精美壁画

古司法厅

入场 每天8:00～17:00
费用 Rp.12000
※ 包含普普坦纪念碑的参观费

塞马拉普拉的住宿设施

H Klungkung Tower
（TEL（0366）25-637）克隆孔塔酒店等平价酒店大多分布在中心地区，每晚的费用在 Rp.250000～。

洞窟之中生活着数量众多的蝙蝠群

蝙蝠洞寺院

这个景点经常出现在旅行团的线路之中，从八丹拜或是塞马拉普拉也可以直接搭乘贝莫小巴前往这里。
入场 每天8:00～17:00
费用 Rp.15000

贴士 位于古司法厅东面的塞马拉普拉市场 Pasar Seni Semarapura（从清晨到中午是市场最热闹的时段）可谓搜罗罗伊卡纺织品等布制品的最佳去处。

水上离宫以及美丽梯田分散其中的观光区域

在吉尔吉尔王朝分裂之后，16世纪初期巴厘岛开始出现了8个王国，而其中位于安拉普拉的便是八国之一名为卡朗阿森的小王国。1963年受阿贡火山喷发影响这里遭遇了极大的破坏，此后改名为安拉普拉，不过当你称呼这里为卡朗阿森时当地人也完全明白你的意思。

前往安拉普拉的交通方式

从努拉莱机场搭乘大约需要2小时的时间、费用Rp.510000~。

参加巴厘岛的观光游有时候会在行程中到访阿贡卡朗阿森宫。搭乘贝莫小巴前往安拉普拉的话是从巴士布兰以及乌布出发，在萨卡换乘后即可抵达。

阿贡卡朗阿森宫

入场 每天8:00~17:00
费用 Rp.10000

前往蒂尔塔冈加的交通方式

通常都是参加巴厘岛的观光游或是租车前往，从八丹拜以及赞迪达萨等地也可以承包普拉玛旅社的巴士前往。费用为Rp.125000（2人以上发车）。

蒂尔塔冈加

入场 每天8:00~18:00
费用 Rp.20000

酒店事宜

相比安拉普拉，地理位置更方便的蒂尔塔冈加设有更多舒适的酒店。

H Cabe Bali
地址 Temega, Tirtagangga
TEL（0363）22-045
URL www.cabebali.com
从蒂尔塔冈加南下行车1.5公里后在丁字路口右转再前行50米，便可以见到这座附带泳池的4栋酒店建筑，提供热水淋浴以及早餐服务的房型价格是⑤Ⓓ Rp.950000~。

H Tirta Ayu
地址 Tirtagangga, Amlapura
TEL（0363）22-503
URL www.hoteltirtagangga.com
坐落在蒂尔塔冈加的木屋酒店，共设有5间客房，提供热水淋浴以及早餐服务的房型价格是⑤Ⓓ Rp 1500000~。

H Good Karma
地址 Tirtagangga
TEL（0363）22-445
位于蒂尔塔冈加停车场北面的4栋酒店建筑，附带早餐的房型价格是⑤Ⓓ Rp.300000~。

乌穷水上皇宫

入场 每天8:00~17:00
费用 Rp.35000

可以窥见巴厘岛王朝时代盛景的宫殿 ★

阿贡卡朗阿森宫
Puri Agung Karangasem

Map 折页地图背面①/A3

位于安拉普拉中心位置的阿贡卡朗阿森宫，曾是统治区域覆盖远到龙目岛的卡朗阿森王国国王的居所。三层设计且厚重感十足的拱门造型是传统的卡朗阿森风格建筑，令游客可以联想到当时的王宫盛景。建造阿贡卡朗阿森宫的人便是颇喜欢水域氛围的阿纳·阿贡·安古尔拉·库图国王，他在多地都设计了附带水池的特色建筑。

游览王宫时不由得便会联系旧时王宫的辉煌景象

备感清爽的水上离宫 ★★

蒂尔塔冈加
Tirtagangga

Map 折页地图背面①/A3

位于安拉普拉以北15公里的美丽丘陵地带，与阿贡卡朗阿森一样同属于阿纳·阿贡·安古尔拉·库图国王的宫殿，这座水上行宫建于1947年，但是在1963年阿贡火山大喷发时受到了很大程度的损毁，现在我们看到的是修复一新后的模样，这里可谓是巴厘岛东部的观光胜地。

水上离宫蒂尔塔冈加

修复如初的另一座美丽离宫 ★★

乌穷水上皇宫
Taman Soekasada Ujung

Map 折页地图背面①/B3

位于安拉普拉以南8公里的乌穷坐落着另一座安古尔拉国王的离宫，这座建于1921年的美丽宫殿当时四水环绕，享有"水之宫殿"的美名，但是在1979年的地震中沦为废墟，现在这里被规划为史迹公园，重新恢复了古时的面容。

从离宫俯瞰下方的山丘，也会发现不少旧时的遗迹

席德门 *Sidemen*

探访巴厘岛原生态风景的静谧村落

坐落在美妙田园风光中的传统村落

席德门 ★
登巴萨

| 海拔 | 700 米 |
| 区号 | 0366 |

位于塞马拉普田东北方向约15公里的位置，阿贡火山山脚下的田园村落，周围是宽广无垠的茂密农田，每天都可以看到在地里劳作的印尼农民身影，素朴的乡村氛围令人心境无比平静，晴天的时候感觉高大的阿贡火山触手可及。这里非常适合追求宁静环境，想与大自然亲密接触的游客来访，河畔田野中坐落着的各式酒店完全可以满足各类游客的住宿要求。如果你喜欢瑜伽，那这里简直是你冥想与打坐的绝佳地点，在 yogiyogi 瑜伽论坛中这里也被评选为能量很高的灵气圣地。

前往席德门的交通方式

从努拉莱机场搭乘出租车前往席德门，大约需要2小时的时间，费用 Rp.510000~。

从南部度假区乘车前往席德门，车程 1~1.5 小时，从乌布起始时间略短，大约在1小时，从塞马拉普拉搭乘贝莫小巴前往席德门车程为 30~40 分钟，费用则会更便宜一些，大约在 Rp.15000

坐落在河畔的典雅咖啡馆

坐落温达达河畔边的 R 梅里塔咖啡馆经营着简餐与饮品，有时还可以在这里欣赏到萤火虫乱舞的奇特景象。
R **梅里塔咖啡馆** MAP p.259
Warung Melita
TEL 085-3380-32100（手机）
营业 每天 8:00~21:00

席德门 漫 步

市场周边可谓席德门村内的中心地带，街头餐馆与出售纺织品的商铺都可以在这个区域中找到，目前这里几乎没有商业化的迹象，只是在河流沿岸建有几座与大自然融为一体的别致酒店（部分酒店中设有瑜伽教室）。因为游人并不是很多，许多餐馆过了饭点便会停业，请多加注意。

席德门村子的四周都是全天然的田园风光，顺着山路驱车兜风，沿途可以看到翠绿色的麦田以及田间嬉戏打闹的当地孩童，老牛静静地吃草，时间静静地流逝，微风拂面，感觉甚好。如果你想前往可以眺望阿贡火山以及田园美景的绝佳观景点，可以拜托酒店为你聘请向导（可以根据线路与时长商量费用，通常每小时收费 Rp.50000~）。

可以看到传统的农作场景

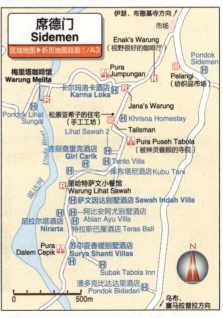

席德门 Sidemen
区域地图 折页地图背面①/A3

伊瑟、布撒基寺方向 市场

梅里塔咖啡馆
Warung Melita

Enak's Warung
（视野很好的咖啡厅）

Pura Jumpungan

Pelangi
（纺织品市场）

Pondok Sidemen

卡尔玛洛卡酒店
Karma Loka

Jana's Warung

松原亚希子的住宅
（手工工房）

Khrisna Homestay

Pondok Lihat Sungai

Lihat Sawah 2

Talisman

赤丽查里克酒店
Giri Carik

Pura Puseh Tabola
（被神灵眷顾的寺院）

Tanto Villa

库布塔拉酒店 Kubu Tani

里哈特萨文小餐馆
Warung Lihat Sawah

萨文云达别墅酒店 Sawah Indah Villa

阿比安阿尤别墅酒店
Abian Ayu Villa

尼拉尔塔酒店
Nirarta

特拉斯巴厘酒店 Teras Bali

Pura Dalem Cepik

苏尔亚香缇别墅酒店
Surya Shanti Villas

Subak Tabola Inn

潘多克比达达里酒店
Pondok Bidadari

Unda River 温达达河

N

乌布、塞马拉普拉方向

0　　　　500m

酒店
Hotel

温达河沿岸建有数十家酒店设施，不过每家酒店的客房数量都不是很多。每年8月以及年末新年期间是这里的旅游旺季，请务必提前预约。由于河岸的地形变化很多，从每家酒店领略的风光都不尽相同，各有特色。

苏尔亚香缇别墅酒店
Surya Shanti Villas

POOL 餐馆 早餐

◆洋溢着高级奢华氛围的小资酒店，可以全开的窗户令你更加亲近大自然，尽情沉浸在田园风光之中，房客可以获赠1小时免费的远足之旅。

在乡间静静品味假日时光　　　　Map p.259

地址 Br.Tabola, Sidemen　TEL 081-1386-6297（手机）URL www.suryashantivilla.com
税费 & 服务费 +21%　信用卡 MV
Wi-Fi 客房OK·免费
费用 AC HOT Cold TV 溪谷景色房型 ⑤⑩Rp.2025000
AC HOT Cold TV 阿贡景色房型 ⑤⑩ Rp.2160000
AC HOT Cold TV 阁楼景色房型 ⑤⑩Rp.2565000

放眼望去四周都是鸟语花香的田园风光

萨文因达别墅酒店
Sawah Indah Villa

POOL 餐馆 早餐

◆建在田园地区的细长型酒店，共设有11间客房，均可以欣赏到绿意盎然的自然景观。你在这里可以体验巴厘岛村落的素朴民风，非常适合喜欢亲近大自然的游客选择。

从泳池可以欣赏到至美绝景　　　　Map p.259

地址 Br.Tabola, Sidemen　TEL 0819-9924-2978（手机）URL www.sawahindahvilla.com
税费 & 服务费 含
信用卡 MV Wi-Fi 客房OK·免费
费用 AC HOT Cold TV 简约房型 ⑤⑩Rp.450000
AC HOT Cold TV 奢华房型 ⑤⑩Rp.650000
AC HOT Cold TV 木屋房型 ⑤⑩Rp.1200000

透过窗户便可以欣赏到优美的田园风光

卡尔玛洛卡酒店
Karma Loka

POOL 餐馆 早餐

◆位于席德门中心地带，酒店的地理位置便利，共设有9间客房，从酒店可以眺望到优美的田园风光与阿贡火山的雄伟景观。

在泳池欣赏静谧的田园风景

席德门的老牌木屋酒店　　　　Map p.259

地址 Br.Tabola, Sidemen　TEL 0852-0511-0916（手机）URL www.lihatsawah.com
税费 & 服务费 含
信用卡 MV Wi-Fi 客房OK·免费
费用 AC HOT Cold TV 舒适房型 ⑤⑩Rp.550000
AC HOT Cold TV 奢华房型 ⑤⑩Rp.650000
AC HOT Cold TV 家庭房型 Rp.950000

吉丽查里克酒店
Giri Carik

POOL 餐馆 早餐

◆可以欣赏雄伟自然景色的精致酒店，共设有5间客房，房间面积虽然不大但是服务员十分热情周到，此外这里还提供摩托车租赁业务，每天收费Rp.60000。

干净整洁的房间布置

物美价廉的舒适酒店　　　　Map p.259

地址 Br.Tabola, Sidemen
TEL 081-9366-65821（手机）
税费 & 服务费 含
信用卡 MV
Wi-Fi 客房OK·免费
费用 AC HOT Cold TV ⑤⑩Rp.500000

在艺术工坊进行文化体验

Information

在席德门村内，除了可以领略周边大自然的美丽景色，还可以在这里的金绵缎制作工坊亲手体验丝绸制品制作的乐趣。村内的松原亚希子手工工坊便是这样一家可以体验纺织乐趣以及进行冥想活动的田园小屋，此外这里还提供美味菜肴，方便你可以更长时间地在此停留。值得一提的是，松原亚希子在印尼国内还是一名知名的手相专家，旅途之余要不要占卜一下呢？

亲自体验金绵缎的纺织乐趣

蓝梦岛 *Rusa Lembongan*

以湛蓝的大海和素朴的民风而出名的冲浪乐园

　　位于巴厘岛东面的离岛——蓝梦岛＆佩尼达岛，是知名的石花菜养殖地，岛上没有太多商业化的气息，素朴的渔村随处可见，非常安逸。蓝梦岛周边拥有许多潜水点与冲浪点，深受不少户外运动爱好者的青睐，宛如蓝宝石般通透的大海与岸边的白色沙滩构成了最适合度假的安谧氛围。岛上除了偶尔从巴厘岛搭乘巡游游船前来游玩的游客外，几乎不会看到其他外国人的身影，完全没有城市的嘈杂与纷乱。

 交通方式

游船

　　普拉玛旅社在巴厘岛各地每天都运营前往蓝梦岛的游船，以沙努尔为例，上午 10:30 左右从沙努尔的勒梅耶博物馆始发的游船（蓝梦岛前往沙努尔勒梅耶博物馆出发地的游船则是上午 8:30 出发）航程大约有 50 分钟。

不少游客都会选择搭乘巡游游船的方式顺道探访蓝梦岛

　　此外沙努尔北面的 🅗 阿南达酒店也有前往蓝梦岛的定期游船。每天早上 8:00 以及 10:30（蓝梦岛前往沙努尔阿南达酒店出发地的游船只在上午 8:00 出发）从沙努尔的海滩出发，航程大约有 1.5 小时，费用 Rp.60000（快艇也可以在这里搭乘，每天 8:00~16:00 区间运营，30 分钟一班，单程收费 Rp.175000）。

　　此外，伯诺阿港也有众多以潜水为目的而前往蓝梦岛的游船。

海拔　　　不足 50 米

区　号　　　　0366

普拉玛旅社运营的观光班车＆游船

◆沙努尔起始
1 天 3 班，Rp.165000

◆库塔起始
1 天 3 班，Rp.200000

◆乌布起始
1 天 4 班，Rp.200000

推荐你搭乘快艇前往蓝梦岛

　　许多公司都运营从沙努尔起始前往蓝梦岛的快艇业务，Rocky 旅社在每天 10:00、12:00、14:00、17:30 都有出发前往蓝梦岛的航次，单程收费 Rp.300000，往返收费 Rp.500000。航程为 30~40 分钟，途中还会提供南部度假酒店的接客服务。此外 Rocky 旅社还承接浮潜以及包含住宿的巴厘岛观光行程，十分全面。

● Rocky 旅社（沙努尔）
MAP p.212/A2
地址　Jl. Hangtuah No.41
TEL（0361）283-624
URL www.rockyfastcruise.com

乘船时的注意事项

　　乘船时可能会有大浪浇到船上的情况，一定要扶稳站好，特别不要站在船头的风口处，相机等贵重电子设备最好放在包里不要拿出来。

蓝梦岛的租赁费用

　　租赁自行车当日收费 Rp.40000，租赁摩托车当日收费 Rp.70000，租赁冲浪板当日收费 Rp.50000，通常在港口以及酒店都可以找到租赁商。

 贴士　如果你对蓝梦岛东北方向的红树林感兴趣，推荐你租赁一艘手划船（30 分钟收费 Rp.50000~）穿游其中，红树林的水不是很深，沿途还可以看到不少生活在这片水域的各色鱼群，一路向北前行便可以到达设有餐馆的北海岸地区。

酒店
Hotel

　　蓝梦岛中设有多个酒店住宿区，典雅高档的度假村大多位于岛上西南方位的蘑菇海滩周边，价格低廉的旅店则大多分布在君古巴图村及其以北的海滩地带。

缅因斯吉蓝梦岛度假酒店
Mainski Lembongan Resort

POOL 餐馆 早餐

◆位于普拉玛旅社游船发抵地北面的木屋酒店，共有28间客房，房间舒适，配套设施齐全，设在海滩边的泳池氛围也营造得很棒，你还可以通过酒店前台进行摩托车租赁服务。

人气爆棚的舒适度假酒店　　Map p.261

地址　Desa Jungutbatu
TEL　0812-4686-4378（手机）
URL　www.mainski-lembongan-resort.com
税费 & 服务费　含
信用卡 M V　Wi-Fi 仅限公共区域·免费
费用 AC HOT Cold TV 标准房型 Ⓢ Ⓓ Rp.320000
　　 AC HOT Cold TV 奢华房型 Ⓢ Ⓓ Rp.580000
深受欧美游客的青睐

普瑞努萨木屋酒店
Puri Nusa Bungalows

POOL 餐馆 早餐

◆酒店面向君古巴图冲浪点，由2栋2层建筑与1栋3层建筑共同组建酒店园区，17间客房整洁卫生，你可以通过酒店前台为你安排潜水、浮潜、钓鱼等各式户外项目。

并设潜水用品商店的酒店　　Map p.261

地址　Desa Jungutbatu
TEL　0822-3636-2763（手机）
URL　purinusabungalows.wordpress.com
税费 & 服务费　含
信用卡 M V
费用 AC HOT Cold TV Ⓢ Ⓓ Rp.300000
　　 AC HOT Cold TV Ⓢ Ⓓ Rp.500000
沙滩椅更加增添了一抹轻松的度假氛围

瓦尤旅店
Wahyu

POOL 餐馆 早餐

◆位于君古巴图村北面共设有12间客房的无楼层旅店，公道的价格深受世界各地背包客的喜爱（入住请提前预约），客房面积不大但是干净整洁。

配有泳池的廉价旅店　　Map p.261

地址　Desa Jungutbatu
TEL　0813-3824-9410（手机）
税费 & 服务费　含
信用卡　无
Wi-Fi 客房 OK·免费
费用 AC HOT Cold TV 风扇房型 Ⓢ Ⓓ Rp.200000
　　 AC HOT Cold TV 空调房型 Ⓢ Ⓓ Rp.300000
拥有一座清澈的泳池

Information
在蓝梦岛潜水 & 冲浪

　　蓝梦岛四周生长着众多珊瑚礁，使得这里成为巴厘岛首屈一指的潜水胜地。位于蓝梦岛以东的佩尼达岛与金银岛间隔海域便是知名的潜水点，由于这片海域的水潮速度很快，通常都选择顺着水潮流动方向下潜的放流潜水方法，届时可以在海中观赏到众多海底鱼类，大型洄游鱼以及一些巨大海底生物出现的可能性也是比较高的。从巴厘岛可以参加前往蓝梦岛的潜水一日游、浮潜一日游等项目。

　　位于君古巴图村普瑞努萨木屋酒店里的Drift Divers（MAP p.261）潜水用品商店以及潘多克芭鲁娜酒店内的World Diving（MAP p.261）潜水用品商店都值得信赖，收费标准大约为单次潜水 US$60~，双次潜水 US$80~（费用中包含潜水器材租赁费）。

　　此外蓝梦岛的海浪也是世界知名，众多世界各地的冲浪客都慕名而来，其中犹数君古巴图村的海滩便是最好的冲浪点。从普瑞努萨木屋酒店前的海滩搭船出海并在冲浪点就位，每次收费 Rp.10000~20000。

为追求优质的海浪效果而来的冲浪客身影

阿莫德 *Amed*

因盐田和潜水点而知名的恬静渔村

海 拔	不足50米
区 号	0363

坐落在这座古老渔村中的恬静咖啡馆

阿莫德是一座位于巴厘岛东部地区的安逸渔村，周围的海域生长着数量众多的珊瑚礁，吸引了来自世界各地的潜水爱好者与背包客前来到访。近年由于这里朴实的村风以及尚未开展商业化进程的原生态村落面貌，使阿莫德获得了"传统巴厘岛村落"的美名，举家出行前往这里游玩的家庭数量日渐增多。当你来到阿莫德，在位于断崖处的酒店悠闲住宿远眺优美的风景，闲暇之余出海潜水或是浮潜，都是乐趣繁多。

如果你清早便去海滩漫步，可以看到当地渔民出海捕鱼的光景，扛起家庭重担的父亲扬帆而去，伫立在海滩边的孩子则静静地目送父亲的身影渐渐变小直至消失于视野之中，这种巴厘岛最传统的渔村生活便可以在阿莫德得以一见。

在杰梅卢克偶遇的巴厘岛孩童

前往阿莫德的交通方式

从努拉莱机场搭乘出租车前往阿莫德，大约需要3小时的时间，Rp.750000~。

从赞迪达萨的普拉玛旅社租车也可以前往阿莫德（Rp.100000/最少2人成团）。

从安拉普拉搭乘前往新加坡惹的贝莫小巴，在丘丽Culik下车后换乘前往阿莫德的贝莫小巴（上午期间、Rp.80000~）或是摩托车（Rp.80000~）也可以实现前往阿莫德的可能。

阿莫德的交通事宜

从阿莫德～丘丽区间运营的贝莫小巴班数很少，通常都是从阿莫德租车前往周边地区，从酒店的前台便可以预约摩托车以及汽车的租车服务。

阿莫德的餐馆

阿莫德当地有许多可以开到深夜的餐馆，位于阿莫德街区的Ⓡ赛尔斯餐馆（MAP p.264 TEL 0822-3665-6238 手机 营业 每天11:00~22:00）便是一家可以欣赏优质海景的网红餐馆，坐落于可以俯瞰海滩的高台席位，一边吹着海风一边享受各式美食，真的美滋滋。你在这里可以尝到烤猪排（Rp.120000），菲力牛排（Rp.150000~）等国际美食以及各式印尼本地菜品，绝对可以满足你的味蕾。

Ⓡ阿克特拉斯餐馆 Aquaterrace［MAP p.264

TEL 081-3379-11096（手机） 营业 每天8:00~21:30］是一家可以观看到海景的餐馆，甄选新鲜海鲜烹制的金枪鱼排（Rp.69000），海带卷（Rp.55000），备受好评的炸虾排（Rp.64000）以及金枪鱼小菜（Rp.49000）。用餐过后来一个巧克力香蕉口味巴菲或是草莓冰激凌等甜品更是锦上添花。此外餐馆中除了用餐区外还设有包含2张床位的SPA按摩区域（营业每天9:00~18:00），这些可以令你更加享受在阿莫德的假期生活。

贴士　建在海滩断崖处的酒店台阶很陡，下雨过后还会比较湿滑，上下台阶时一定要多加小心。此外，在阿莫德地区的公路中经常会出现急转弯以及上下起伏的坡道，骑乘摩托车时也要额外当心。

租赁摩托车

　　1天的摩托车租赁费Rp.60000~，租车的话则是Rp.600000~（根据目的地的不同可能价格会有所差异），通常酒店的前台可以为你安排租赁服务。

阿莫德的潜水用品商店

　　许多酒店中都并设有潜水用品商店， 伽郎康因酒店Galang Kangin中的Ma Ma Dive（ MAP p.264　TEL（0363）23-480 URL gkamed.blog69.fc2.com）潜水用品商店经营的双次潜水项目，收费US$60~。

具有药用功效的涌泉

　　从杰梅卢克驱车南下15分钟，便可以到达一处被当地居民称为"神圣之水"的涌泉之地，艾尔梅珊Air Massam（ MAP p.264），这里共有5处喷涌之泉，味道也迥然不同，有咸味的还有苦味的，据印尼人相传，在泉边祈祷后饮用泉水便可以治疗头疼以及身体不适等不良状况，你也可以远足到访这里，对比每种泉水的滋味也很有趣。

搭船前往阿莫德的海中潜水点

阿莫德 漫步

　　从蒂尔塔冈加一路北上，抵达丘丽Culik后再继续向东行进5公里，便可以到达阿莫德。虽然沿途的道路路况很差，但是反而可以体验到最原始的巴厘岛风光。每年5~10月期间，你还可以在黑沙海滩观赏到制造盐田的景象。

　　阿莫德村内的住宿设施少，酒店、餐馆等旅行设施大多位于东边的布努坦Bunutan、杰梅卢克Jemeluk、里帕Lipah等地。这些地区都坐拥着美丽又安静的优质海滩，游人也是零星散落，完全没有市区的喧嚣，近年来深受长期度假的游客认可，特别是里帕地区拥有更多的舒适酒店，从这里前往生长着珊瑚礁的水域浮潜也更加方便。

分布在海岸线上的各个村落

阿莫德 户外活动

● 潜水 Diving

　　阿莫德以东生长着众多珊瑚礁的杰梅卢克Jemeluk便是知名的潜水地点。下潜到7米后便可以将各类平顶珊瑚尽收眼底，环游其中的各式鱼群更加丰富了感官色彩。继续下潜前方便可以看到扇鱼的身影，顺着水流放流下潜，眼前不时还会出现隆头鹦嘴鱼以及苏眉鱼等大型稀有鱼类。搭乘小船5~10分钟便可以抵达下潜点，也可以直接从海滩开始下潜。

酒店
Hotel

　　蓝梦岛中设有多个酒店住宿区，典雅高档的度假村大多位于岛上西南方位的蘑菇海滩周边，价格低廉的旅店则大多分布在君古巴图村及其以北的海滩地带。

狄萨娜别墅酒店
Villa Disana

POOL 餐馆 早餐

◆将杰梅卢克海滩美景尽收眼底的四卧室私人别墅酒店，你可以包下一整座别墅，使得整个家庭或是团队住在一起更增进大家的感情。从这里可以直接前往眼前的大海进行浮潜活动。

建在海滩边上的酒店，地理位置绝佳 Map p.264

地址 Jemeluk, Amed
TEL 081-7475-1235（手机）
URL villadisana.com
税费 & 服务费 含
信用卡 无 Wi-Fi 客房 OK · 免费
费用 AC HOT Cold TV 1~2 人房型 95 欧元
　　 AC HOT Cold TV 4 人房型 145 欧元

优越的沿海地理位置是这里的卖点

棕榈花园酒店
Palm Garden

POOL 餐馆 早餐

◆由一对瑞士夫妇经营的典雅酒店，共设有 10 间客房，泳池和餐馆都面向海滩，可以体验极致的度假氛围。海景别墅房型中还设有一个下沉泳池。

在泳池眺望壮美海景 Map p.264

地址 Lean Beach, Amed TEL（0363）430-1058
URL www.palmgardenamed.com
税费 & 服务费 含
信用卡 MV Wi-Fi 客房 OK · 免费
费用 AC HOT Cold TV 标准房型 ⑤ⓓUS$120
　　 AC HOT Cold TV 木屋房型 ⑤ⓓUS$180
　　 AC HOT Cold TV 海景别墅房型 US$250

面向海滩的主泳池

蓝月亮别墅酒店
Blue Moon Villas

POOL 餐馆 早餐

◆3 层独特造型的高地酒店，共设有 14 间客房，巴厘岛风格的客房内饰搭配每层都设有的交流大堂，使得团队游客也可以经常走动，玩乐不分家。

服务周到的高台精品酒店 Map p.264

地址 Selang Beach, Amed TEL（0363）21-428
URL www.bluemoonvilla.com
税费 & 服务费 含
信用卡 无 Wi-Fi 客房 OK · 免费
费用 AC HOT Cold TV 标准房型 ⑤ⓓ75 欧元
　　 AC HOT Cold TV 公寓房型 ⑤ⓓ80 欧元
　　 AC HOT Cold TV 套房房型 95 欧元 ~

以优越的高地地势俯瞰脚下的壮美大海

伽郎康因酒店
Galang Kangin

POOL 餐馆 早餐

◆推开窗户便可以看到优美珊瑚礁群的木屋酒店，共设有 11 间客房，客房清洁舒适，酒店内并设的 Ma Ma Dive 潜水用品商店常年都有潜水导师看店，方便你进行潜水活动。

深受背包客与潜水者喜爱 Map p.264

地址 Jemeluk, Amed TEL（0363）23-480
URL gkamed.blog69.fc2.com
税费 & 服务费 含
信用卡 MV Wi-Fi 客房 OK · 免费
费用 AC HOT Cold TV 花园景观房型 ⑤ⓓRp.200000
　　 AC HOT Cold TV 花园景观房型 ⑤ⓓRp.400000
　　 AC HOT Cold TV 海洋景观房型 ⑤ⓓRp.450000

洋溢着浓厚渔村氛围的舒适酒店

柯本瓦闰酒店
Kebun Wayan

POOL 餐馆 早餐

◆并设有阿莫德人气餐馆"阿莫德咖啡馆"的木屋酒店，共设有 39 间客房，每间客房的视野和设施不尽相同，单人入住的话可以享受 Rp.50000 的价格优惠。

在海滩边并设有老牌咖啡馆 Map p.264

地址 Jl.Raya Bunutan, Amed TEL（0363）23-473
URL amedcafe.com 税费 & 服务费 含
信用卡 MV Wi-Fi 仅限公共区域 · 免费
费用 AC HOT Cold TV 渔船景观房型 ⓓRp.300000
　　 AC HOT Cold TV 海湾景观房型 ⓓRp.450000
　　 AC HOT Cold TV 阿贡景观房型 ⓓRp.700000

喝着咖啡，吹着海风无比惬意

Bali

图兰奔 ★
登巴萨

海 拔	不足50米
区 号	0363

图兰奔 *Tulamben*

珊瑚礁环绕的潜水者乐园

图兰奔村内设有众多潜水度假酒店

前往图兰奔的交通方式

从努拉莱机场搭乘出租车前往阿莫德，大约需要3小时的时间，费用Rp.750000~。

从周边区域也可以通过普拉玛旅社租车前往图兰奔，从赞迪达萨出发，时长大约是2小时（Rp.100000/最少2人成团）。

从安拉普拉搭乘前往新加拉惹的贝莫小巴也可以达到图兰奔，车程为1小时，费用 Rp.30000。

　　从丘丽出发向西北方向的新加拉惹进发，沿途可以领略到阿贡山的雄伟景色以及优美的海岸风光。大约前行10公里便可以抵达图兰奔。特意前往图兰奔住宿停留的普通游客比较稀少，主要以来这里一日游和潜水的游客居多。其中最出名的潜水地带当数沉船区了，直接从岸上出发便可以直接下潜，大约前行30米便可以看到横卧在海底的自由号沉船。包括六线豆娘鱼与裸狐鲣在内的各色鱼群穿游在沉船碎片以及布满软珊瑚的船体之中，这绝对会令你获得前所未有的潜水体验。

　　图兰奔虽然只是一个小村落，但是住宿设施却覆盖了从家庭民宿到顶级度假村等各个等级，满足各类人群的需要。在图兰奔米匹度假村中还设有一家潜水用品商店，方便房客轻松进行潜水活动。你在图兰奔可以看到巴厘岛北部特有的黑石海滩，这里的海水也是湛蓝通透，如果你打算周游巴厘岛东北部地区的话，推荐在这里住宿停留。

图兰奔的餐馆

位于图兰奔米匹度假村内的开放性餐馆

　　在图兰奔地区很少可以看到独立的餐馆，通常都是并设在酒店之中方便房客使用。受到众多潜水爱好者青睐的 **H** 图兰奔米匹度假村 Mimpi Resort Tulamben［**MAP** p.267左 **TEL**（0363）21-642 **营业** 每天7:00~23:00］内便设有口味绝赞别致的餐馆。从餐馆通常都可以欣赏到优美的海滩风景，吹着海风享用美食十分惬意。用叁巴酱调味的印尼烤鸡（Rp.55000），喷香多汁的巴厘烤串（Rp.56000），甚至还有照烧鸡肉（Rp.77000）等日本风味菜肴，调制的鸡尾酒种类也十分多样，可谓样样俱到。

　　如果你在图兰奔的中心地区游玩，推荐你前往 **R** 瓦冏餐馆 Wayan［**MAP** p.267左 **TEL**（0363）23-406 **营业** 每天8:00~22:00］品尝香辣蒸鱼（Rp.50000），辣香煎猪肉（Rp.50000）等当地的特色佳肴，这家餐馆的价位可能相比周围的餐馆来说略贵一些，但是本地菜品的确实做得十分地道（比萨和意面的味道确实不敢恭维），深受外国游客的喜爱。

东部本土菜肴

　　巴厘岛东部沿海地区最出名的地域风味菜当数烤鱼串了，将鱼肉剁碎后做成鱼丸，刷上调料，随后穿在扦子上放在火上炙烤，在阿莫德附近的丘丽~图兰奔区间的小餐馆通常都可以品尝到这种地方风味。

贴士 位于图兰奔郊外的孟缇古侬村栽培着许多朱槿花，用这种朱槿花制作的特色茶品附有丰富维生素C，可以有效地预防夏日疲倦并附带美容功效，买几包茶品馈赠亲友也十分合适。

266

漫 步

　　图兰奔只是一座小型渔村，所以中心地区的结构非常简单。与游客相关的酒店、餐馆、礼品店都坐落在不足1公里长的主街道沿线。知名的自由号沉船点也无须特意搭船出海前往，直接从各家酒店

村子周围的漫漫盐田

步行到碎石海滩，入水后前行30余米便可以看到景色震撼的沉船遗址了。潜水过后回到酒店泳池来一杯饮料小憩，与周围的游客随意交流，便是最经典的图兰奔度假模式。别看图兰奔的村子不大，正因如此你才可以享受到地道的巴厘岛度假氛围。

图兰奔的潜水用品商店
　　在图兰奔米匹度假村内的潜水中心（TEL（0363）21-642）参报双次下潜项目，图兰奔水域收费Rp.425000，阿莫德水域收费Rp.1150000。即使你住在其他酒店，潜水当天也可以支付US$10为你提供接送服务。租赁全套潜水设备，价格是Rp.270000。

户外活动

● 潜水 Diving

　　图兰奔的潜水点可谓是整座巴厘岛中最出名的潜水地了，从布满黑色碎石的海滩直接下水，前行30米左右便可以在前方看到1943年被日军击沉的自由号美国货运船，当潜水者接近生长着软珊瑚的货船残骸后，不时便会看到穿游在沉船中的各式鱼群，它们完全不害怕人类，有时候还会与潜水者近距离接触。

　　下潜9米便可以看到沉船景象，沉船残骸的最深处在海底30米左右。拿破仑鱼与暗鳍金枪鱼栖息游荡在沉船之中，船身周围则环游着六线豆娘鱼等各类海底鱼群，位于船头右手边还有一个深约80米的海底峭壁，裸狐鲣与珍鲹等游速迅捷的鱼类经常在这里出没，前往这个生长着珊瑚墙的美丽海底峭壁同样无须搭船入海，直接从黑石海滩下水即可。

在海底偶遇六线豆娘鱼群

图兰奔 Tulamben
区域地图▶右图

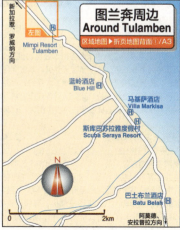
图兰奔周边 Around Tulamben
区域地图▶折页地图背面①/A3

贴士　马基萨酒店 Villa Markisa〔MAP p.267 右〕TEL 0812-387-3108（手机）URL www.villa-markisa.com〕设有9间客房，酒店内并没有一家潜水用品商店。◎120～180欧元。

267

酒店
Hotel

图兰奔米匹度假村
Mimpi Resort Tulamben

POOL 餐馆 早餐

◆在潜水圈中十分热门的一家精致酒店，共设有 30 间客房，房间的配套设施在整个巴厘岛都是数一数二，木屋房型独立在酒店建筑之外，推荐你入住这种外观为巴厘建筑风格，内饰为欧式典雅风格，淋浴设施位于户外，可以令你更加亲近大自然的木屋房型。

潜水爱好者云集的度假酒店	Map p.267 左

地址 Tulamben，Karangasem
TEL（0363）21-642
URL www.mimpi.com
税费 & 服务费 含
信用卡 A J M V
Wi-Fi 客房 OK · 免费
费用 AC HOT Cold TV 露台房型 S D Rp.1788000
AC HOT Cold TV 木屋房型 S D Rp.2758000～

宽敞的卧室令人舒心

图兰奔托奇码头度假村
Tauch Terminal Resort

POOL 餐馆 早餐

◆设有 26 间客房的中级酒店，全部客房都配有空调设备。客房敞亮，内饰时尚，在海滩边上并设有碧蓝的泳池与开放性餐馆，单是在酒店就可以悠闲待上一整天的时间。酒店中的潜水中心包含没有任何限制的独特潜水项目（1 天收费 105 欧元），非常适合喜欢不断下潜的资深潜水爱好者报名体验。

深受欧洲潜水客的追捧	Map p.267 左

地址 Tulamben
TEL（0363）22-911
URL www.tauch-terminal.com
税费 & 服务费 含
信用卡 A M V
Wi-Fi 客房 OK · 免费
费用 AC HOT Cold TV 阳台房型 S D 69 欧元
AC HOT Cold TV 奢华房型 S D 79 欧元
AC HOT Cold TV 家庭房型 154 欧元

设施完善的优质酒店

斯库巴苏拉雅度假村
Scuba Seraya Resort

POOL 餐馆 早餐

◆位于图兰奔中心地带东南方向 3 公里的位置，面向海滩坐落，周围环境静谧，共设有 12 间客房。在酒店园区中还可以看到珍贵的海牛栖息其中，共设有花园景观的复式房型以及海景别墅房型 2 种可供你自行选择。设有浴缸以及吧台的别墅房型更是值得推荐。

推开窗户便是面朝大海	Map p.267 右

地址 Desa Tukad Dabu, Tulamben
TEL（0361）845-0089（预约）
URL www.scubaseraya.com
税费 & 服务费 含
信用卡 M V
Wi-Fi 客房 OK · 免费
费用 AC HOT Cold TV 复式房型 S D Rp.950000
AC HOT Cold TV 别墅房型 Rp.2000000

物超所值的奢华室内布置

巴土布兰酒店
Batu Belah

POOL 餐馆 早餐

◆位于图兰奔中心地带东南方向 5 公里的位置，共设有 5 间客房的小资酒店，从全部客房都可以欣赏到优美的海岸景色，出酒店便可以直接从海滩下水浮潜，此外你还可以通过酒店租船出海垂钓，充分享受各式海上活动。酒店还提供努拉莱机场接送机服务，单程费用为 Rp.550000。

尽享海上项目的划算酒店	Map p.267 右

地址 Batu Belah，Tulamben，Karangasem
TEL（081）7975-5214（手机）
URL www.eastbaliresort.com
税费 & 服务费 含
信用卡 J M V
费用 AC HOT Cold TV 木屋房型 S D 65 欧元

棕榈天堂海滩酒店
Paradise Palm Beach

POOL 餐馆 早餐

◆图兰奔地区最早的一座海边家庭风格木屋酒店，客房清洁并配有自行发电设备，全部 29 间客房都配有早餐，酒店中并设的潜水用品商店是由老板娘开办，她也是一位著名的水中摄影师。从这里参报单次下潜项目收费 US$30～（额外加收潜水器材租赁费用 US$20），如果你对潜水感兴趣，你还可以在这里考潜水证。

位于海滩沿岸的舒适老牌酒店	Map p.267 左

地址 Tulamben，Kubu　TEL（0363）22-910
URL www.paradise-tulamben.com
税费 & 服务费 含
信用卡 A M V
Wi-Fi 仅限公共区域 · 免费
费用 AC HOT Cold TV 风扇房型 S D Rp.350000～
AC HOT Cold TV 空调房型 S D Rp.500000

巴图尔火山周边及京打玛尼

Around Gunung Batur & Kintamani

山海相连的壮美绝景

登录在世界遗产名录中的巴图尔湖

从乌布驱车前行 1.5 小时左右，便会从沿途崎岖的山路以及体感偏凉的氛围中解脱出来，来到豁然开朗的巴图尔湖湖畔。在位于火山口侧壁上的佩奈罗坎村右侧，便有一条直抵巴图尔湖畔的蜿蜒山路，直行则可以看到通往新加拉惹的绵长公路。

这片坐落着巴图尔火山与阿邦山的多雾高原地带便被当地人称为"京打玛尼"。山下的巴图尔湖可以说是巴厘岛人生活用水的源头之地，2012 年巴图尔火山湖作为"巴厘省文化景观"的象征而登录在世界遗产名录之中。

海拔	1500 米
市区区号	0366

前往京打玛尼的交通方式

游客通常都是参加巴厘岛内的当地游线路或是租车前往京打玛尼地区。旅游团的行程中一般都会选择在京打玛尼的餐馆享用午餐，在用餐的同时可以欣赏到巴图尔火山湖的优美景色。

从努拉莱机场搭乘出租车前往京打玛尼，大约需要 3 小时的车程，费用在 Rp.450000～。

普拉玛旅社运营的观光班车

巴厘岛各地在上午时段都有前往京打玛尼的普拉玛旅社观光班车，不过通常是 2 人以上才会发车，请提前确认。

◆库塔起始
1 天 1 班、Rp.150000
◆沙努尔起始
1 天 1 班、Rp.150000
◆乌布起始
1 天 1 班、Rp.100000

巴图尔山周边的绝景餐馆

从佩奈罗坎村子周边的餐馆可以眺望到宽广清澈巴图尔湖美景，自助餐的经营模式令食客可以更加自在地享用美食与美景。

位于佩奈罗坎中心地区略微北侧的巴图尔水神庙附近开设的 Ⓡ **格兰潘查克萨利 2 号餐馆 Grand Puncak Sari 2**（MAP p.270 TEL（0366）51-190 营业 每天 8:00~16:00）便是一家深受团队游客青睐的美景餐馆，面向巴图尔山的露天席位可以令你远离炎热的热带气候，欣赏美景的同时在高原地带感受微风拂面的分外清爽。午餐期间的印尼自助餐 Rp.80000，这家餐馆周边还坐落着几家同级别的大型餐馆。

Ⓡ **普鲁姆君小餐馆 Pulu Mujung Warung**（MAP p.270 TEL0853-3842-8993 手机 营业 每天 9:00~16:30）是一家有机菜品餐馆，素食者印尼炒饭（Rp.65000）、椰子咖喱（Rp.55000）、番茄风味浓厚的西班牙凉汤（Rp.40000）以及鲜榨果汁（Rp.25000~）等各式餐品都备受好评，食材中的蔬菜水果都直接从餐馆旁边的田地现摘现用，十分新鲜。

可以领略到巴图尔山湖佳景的优质用餐地

 贴士 位于京打玛尼地区的 BRI 银行（MAP p.270）中设有对应 Master 与 Cirrus 的 ATM，由于当地没有人工货币兑换处，所以请随身多携带一些卢比现金前来这里游玩。

单独远足十分危险!

　如果你想在巴图尔山进行远足活动(p.272),请一定要在当地雇用向导。当地山路不仅蜿蜒崎岖容易迷途,还有不少散发有毒气体的区域,此前便多次发生过游客误认毒气区的危险事件,此外还有在没有雇用向导的前提下与当地居民产生暴力冲突的情况发生,虽然山路并不是很难走,经常远足的游客走起来不是很费劲,但是毕竟咱们不熟悉当地的地理环境,花点钱请个向导肯定是有备无患。

远足向导协会 PPPGB

MAP p.270

TEL (0366) 52-362

营业 每天 3:00～21:00

　远足向导会在托亚·邦卡村内以及登山起点各设有一处办公地,在这里工作的向导都是被官方认可的优秀巴图尔山向导。这里组织的巴图尔山日出远足行程在清晨4:00出发,(全程用时3小时,费用Rp.400000~)。如果你想多在巴图尔山转上一转,可以在观赏日出后追加周边的远足行程,用时6小时,费用Rp.650000。

●京打玛尼的观光起点——佩奈罗坎

　佩奈罗坎 Penelokan 堪称巴图尔山周边观光的起点村落,包括餐馆在内的观光设施都可以在村中找到。从乌布以及登巴萨等地前往佩奈罗坎后,由于海拔显著升高,因此可以在这里俯瞰周围的雄伟自然风光,建在山崖上的观光用散步小路上设有不少座椅,虽然感觉是很好的观景点,但是当你一坐下来便会有不少当地小贩围过来向你兜售各色旅游纪念品,这完全破坏了静静赏景的美妙氛围,如果你想在佩奈罗坎悠闲地欣赏周边的美丽景色,推荐你前往坐落在山上主干路的观景餐馆,用餐赏景两不耽误。

●巴图尔湖的湖畔村落

　从佩奈罗坎前往火山湖的途中,便会途经这座名为柯迪桑 Kedisan 的湖畔村落,这里便是巴图尔湖游览船的始发地,如果你想在这边住宿,推荐你选择柯迪桑以北3公里位置的温泉小村托亚·邦卡 Toya Bungkah。如果你对当地的风俗文化感兴趣,还可以前往湖畔对岸的因天葬风俗而知名的巴厘阿伽人村子——特伦彦 Trunyan。

贴士　如果你想坐船巡游巴图尔湖,可以在柯迪桑村子租船前往。从柯迪桑出发,途经特伦彦、托亚·邦卡,最后回到柯迪桑的巡游线路,时长在4小时左右,包船费用为RP.800000~。

巴图尔火山周边及京打玛尼　主要景点

登录在世界文化遗产上的神圣寺院　　★★

巴图尔水神庙

`Map p.270`

Pura Ulun Danu Batur

位于京打玛尼高原中心巴图尔村的巴图尔水神庙，最初是一座坐落在湖畔的古老寺庙，但是1917年随着巴图尔火山的喷发，6万家民宅以及2500余座寺庙都被焚毁殆尽，并且在1926年火山再次喷发后，深埋在了熔岩和火山灰之下。1927当地居民获得"在山上重建寺庙"的神启，开始在现在的水神庙地点重新修建灵塔及寺院建筑，也就是我们现在看到的巴图尔水神庙。

庄严肃穆的巴图尔水神庙寺院

作为巴厘岛水源的巴图尔湖，被当地居民认为是女神"戴维·达努"所栖息的圣地。位于这畔火山湖旁的巴图尔水神庙，也是用来祭祀这位火山湖女神达努的。现在这里也因是巴厘岛屈指可数的灵力地之一而颇负盛名，并于2012年登录在世界文化遗产名录之中。

在幽静的山脚下泡一泡温泉　　★★

托亚·邦卡温泉地

`Map p.270`

Air Panas Toya Bungkah

托亚·邦卡是一处座位于巴图尔湖湖畔的温泉村落，从火山湖涌出的温泉中和了湖水的清凉，使得温度调配得非常合适。托亚德瓦亚温泉池 Toya Devasya 除了可以泡温泉之外，还可以在这里实现住宿的可能，此外这里还开展包括远足、骑行、划船等许多户外项目，可以充实你的巴图尔之旅。位于托亚德瓦亚温泉池背面的巴图尔天然温泉 Batur Natural Hot Spring 也是一处很受游客追捧的公共温泉地，需要注意的是，在当地泡汤时请一定穿着泳衣。

遗留着不可思议风俗的巴厘阿伽人村落　　★

特伦彦

`Map p.270`

Trunyan

位于巴图尔湖湖畔，这是一个依然保留着印度教传入巴厘岛之前传统文化的独特村落——特伦彦。如果你划船横穿巴图尔湖，来到对岸特伦彦的天葬之墓，便可以发现一棵巨型大树下遗留着的众多完整头骨，当地人坚持不用印度教传入巴厘岛之后实行的火葬方式送别逝者，而是将死者包裹之后放在树下风干直至最后只剩下白骨完成天葬。

当然天葬并非是特伦彦村民吸引游客的观光手段，这种风俗是他们的真挚信仰，游客出钱后才可能会不情愿地让你看一看天葬后的骸骨景象。游览时请千万不要与当地的特伦彦人产生冲突，但即使如此他们也会强行索要游客的财物，这个村子的名声可谓是恶名昭著，请你在做好心理准备后再前往游览。

巴图尔水神庙

从佩奈罗坎村搭乘前往新加拉惹方向的贝莫小巴很快便可以抵达。

入场 每天 8:00~17:00
费用 Rp.35000

京打玛尼的夜晚星空

在入夜后的京打玛尼上空可以看到城市中完全不能想象的漫天繁星，只出现在电影特效中的银河场面也能得以一见，随着夜色越来越浓，只能在北回归线以南才可以看到的南十字星也越来越明显。不过京打玛尼地区的昼夜温差较大，夜晚在户外一定要多穿一件外套。

托亚·邦卡温泉地

从佩奈罗坎可以搭乘贝莫小巴前往温泉池，单程费用 Rp.20000。

● **Toya Devasya**
成人泡温泉收费 Rp.180000，
儿童收费 Rp.125000。
TEL（0366）52-222
入场 每天 7:00~19:00

● **巴图尔天然温泉**
温泉泡汤费 Rp.150000，
包含午餐的打包费则是
Rp.180000。
TEL 0813-3863-3519（手机）
URL www.baturhotspring.com
入场 每天 7:00~19:00

从湖泊喷涌而出的美妙温泉地

特伦彦的注意事项

特伦彦是一座非常闭塞的传统村落，村民们对外来游客的警备心非常强烈，所以这也可能是巴厘阿伽人至今仍我行我素未被印度教同化的原因之一。

即使是和向导一起前往特伦彦村，当地人可能也会把向导留在村外，等游客进村后便前行索要钱财，这样的事件屡见不鲜，请提前做好心理准备。

特伦彦人古老的天葬习俗

贴士　从托亚·邦卡也可以参加前往特伦彦的火山湖远足行程，清晨5:00出发，途中还可以欣赏到美丽的日出景色，整个线路的时长在4~5小时，费用一人 US$50~（2人以上发团）。

位于巴图尔湖畔的柯迪桑村内设有住宿设施，但是更加推荐你入住无论是前往湖畔还是登山都非常便利的温泉村落托亚·邦卡。此外位于半山腰的佩奈罗坎村内的酒店由于海拔较高，视野会非常不错。

普瑞布宁哈亚托酒店
Puri Bening Hayato

POOL 餐馆 早餐

◆坐落在托亚·邦卡村落中的3层酒店建筑，共设有30间客房，配有一座多功能泳池（非房客也可以支付Rp.50000进行体验）以及钓鱼池、5人足球场、台球场等丰富设施，配套齐全。

| 位于托亚·邦卡的酒店，设施完备 | Map p.270 |

地址 Toya Bungkah, Kintamani
TEL（0366）51-234
税费＆服务费 含
信用卡 M V
费用 AC HOT Cold TV 标准房型 S D Rp.550000

面向湖畔的宽广泳池颇具好评

湖景酒店
Lakeview

POOL 餐馆 早餐

◆位于佩奈罗坎入口位置的酒店，共有20间客房，酒店中还并设有一座大型餐馆，午餐时段可以在这里享用菜品丰富的自助餐，许多团队游客都会在这里享用午餐。由于坐落在半山腰上，从房间可以眺望到优美的湖光山色。喜欢远足的客人还可以拜托酒店安排远足行程。

| 位于托亚·邦卡的酒店，设施完备 | Map p.270 |

地址 Penelokan, Kintamani
TEL（0366）51-394
税费＆服务费 含
信用卡 M V
Wi-Fi 客房 OK·免费
费用 AC HOT Cold TV 标准房型 S D Rp.755000
AC HOT Cold TV 奢华房型 S D Rp.1575000

从高点俯瞰巴图尔湖

阿里纳斯酒店
Arlinas

POOL 餐馆 早餐

◆坐落在巴图尔湖畔托亚·邦卡温泉地附近的一家价格公道的舒适酒店，共设有10间客房，室内布置干净简洁，在客房的浴缸中便可以直接享受引流过来的温泉汤浴。

| 在房间便可以直接泡温泉 | Map p.270 |

地址 Toya Bungkah, Kintamani
TEL（0366）51-165
税费＆服务费 含
信用卡 M V
Wi-Fi 客房 OK·免费
费用 AC HOT Cold TV S D Rp.250000
AC HOT Cold TV S D Rp.400000

不为人所熟知的划算酒店

 Information

巴图尔山的远足项目

前往巴图尔山的远足线路分为从柯迪桑出发以及托亚·邦卡出发的两条经典线路。爬山途中没有过于陡峭的山坡，对于体力不是很好的游客来说也没有太大的问题。最受欢迎的当数在清晨爬到山顶欣赏日出的特色远足线路，届时你可以欣赏到火红的旭日洒落在湖畔之上，随着太阳慢慢地升起，湖水的颜色也在产生着细微的变化，被阳光点亮的山体轮廓剪影也很迷人，非常值得参与体验。

从托亚·邦卡出发前往巴图尔山山顶的线路最简单好走，距离也比较短，往返需要4-6小时的时间，如果为了在山顶欣赏美丽的日出景色，通常需要在4:00便从托亚·邦卡的酒店出发。

湖畔村落中经常会有当地人主动靠近张罗着要带客去远足，但是与这种业余向导经常

在湖畔周边进行远足活动会是很好的旅游体验

会在导游费用上引起纠纷，如果需要向导的话还是前往位于托亚·邦卡村内以及登山起点的两处远足向导协会 PPPGB（→p.270）聘请专业的官方向导最为靠谱。

巴厘岛北部 North of Bali

坐落着神圣巴厘岛寺庙的高原地区

Bali

百度库 ★
布撒基寺 ★
登巴萨 ●

海　拔	900 米
区　号	（布撒基寺）0366
	（贝都古）0368

巴厘岛

● 巴图尔火山周边及京打玛尼／巴厘岛北部

布撒基寺 Pura Besakih

Map 折页地图背面① /A3

建在圣山山脚下的巴厘印度教总坛寺院

布撒基寺是一座云集了 30 余座大小寺庙的复合型寺院，每处寺庙供奉的主角也不尽相同，参拜的方式也是各有差异。这里最早是 16 世纪吉尔吉尔王朝的葬礼寺院，随后成了祭祀印度教三大主神——湿婆、毗湿奴、梵天的主要寺院，将巴厘岛各地的寺院逐一合并其中。沿着楼梯走上寺院的台阶，马上便可以看到正中央祭祀风神湿婆的普纳塔兰阿贡寺庙，右侧则是祭祀火神梵天的奇杜灵库莱特寺庙，左侧的是祭祀水神毗湿奴的巴特马德寺庙。

参观这里的寺庙必须将布巾围在腰上遮盖双腿，这是巴厘岛当地的正装习俗，请一定要遵守当地的风俗习惯。游览期间经常会遇到声称可以带你参观寺庙祭典的"当地导游"，付钱之后却只是简单地稍微往里转一小下，千万不要上当受骗。

巴厘印度教的总坛——布撒基寺

交通方式

游客通常都是参加巴厘岛内的当地游线路或是租车前往巴厘岛北部地区。从南部度假区驱车前往这里需要 2~2.5 小时的车程，从乌布前往这里用时则是 1.5 小时左右。

布撒基寺

入场 每天 8:00~18:00

费用 Rp.60000

※ 门票包含向导费、布巾租赁费、连接寺庙入口的摩托车搭乘费

请多加注意阿贡火山的喷发情况

2017 年年末阿贡火山仍有间断性地小规模喷发现象，2018 年 5 月印尼政府将警戒程度上升为 3 级（最高警戒等级是 4 级），当时任何人都不允许前往以火山口为中心的半径 4 公里的区域之中，布撒基寺到阿贡火山口只有 5 公里的距离，所以请在出发之前再次核对阿贡火山的警备等级。

Column

阿贡火山与布撒基寺

巴厘岛上的居民称呼阿贡火山为"圣山"，认为这里自古以来便是世界的中心，巴厘岛人认为岛上的山峦是众神各自在人间的王座，而其中高度最高的王座之王，便是这座位于巴厘岛东部的阿贡火山了。而巴厘印度教的总坛——布撒基寺便坐落在这座圣山的山脚下。由于布撒基寺是一座云集了众多寺庙的复合型寺院，按照沙卡历（印度教纪年法一年只有 210 天）举行的寺庙祭典全年多达 55 次。

1963 年阿贡火山曾经有过一次很强烈的喷发记录，那时候正巧是政府将布撒基寺百年一次的"艾卡·达萨·鲁达拉"祭典以政治理由强行改变了举行时间，当地的巴厘岛人认为正是祭典时间的改变而触怒了阿贡山神，导致了火山大规模喷发。

全年都有众多来自巴厘岛的信徒前往布撒基寺参拜

 贴士 布撒基寺由于坐落在大山之中，上午的天气都非常不错（旱季期间还可以看到清晰的阿贡火山雄伟身姿）。到了下午这里则多是多云的天气，所以前往布撒基寺最好赶早不赶晚。

273

坐拥着美丽湖泊的高原地带

布拉坦湖等知名景点便坐落在地势起伏的贝都古这片高原地带。周边分布的都是完全没有任何商业化的巴厘岛本土原生态村落，而且由于这里的海拔较高，气候清爽，是巴厘岛当地人最爱的休闲避暑地区，可谓不为外国游客所知的绝佳去处，令人可以安静地享受巴厘岛的绝妙景色。

建在湖畔边上的美丽寺院
乌伦达努布拉坦庙 ★★
Pura Ulun Danu Bratan

Map 折页地图背面① /A2

巴厘岛北部的代表名刹

坐落在布拉坦湖畔倩迪克宁公园内的优美寺院，主要祭祀水之女神戴维·达努，整个布拉坦湖因为这座寺庙的存在也有了神圣的灵气氛围。

布拉坦湖是周围农田的主要水源，因此得到了当地居民的格外尊敬，其实不仅是贝都古这片区域的巴厘岛人，整座巴厘岛上的当地居民都十分崇尚水，认为生命就来源于水，印度教三大主神之一的毗湿奴便是水神的代表。

拥有广阔园区的知名植物园
巴厘岛植物园 ★★
Kebun Raya Bali

Map 折页地图背面① /A2

在贝都古西面坐落着巴厘岛面积最大的植物园。1559 年这里作为爪哇岛博格尔植物园的分园而对公众开放，利用山腹地带广达 129 公顷的土地建造而成，在园内游览需要借助汽车进行移动，可见园区面积之大。你在这里可以观赏到 450 余种兰花，包括在树冠中穿梭观光的巴厘树顶游在内的 65 种户外活动都可以在园内进行体验，非常丰富多彩。

巴厘岛上最具魄力的森林瀑布
吉特吉特瀑布 ★
Air Terjun Gitgit

Map 折页地图背面① /A2

位于巴厘岛北部布拉坦湖与新加拉惹之间的位置，是整座巴厘岛中落差最大的著名瀑布。停车场周围设有一些平价酒店和餐馆，从这里步行前往瀑布大约需要 20 分钟的时间。你可以穿着泳衣在瀑布周围的水域尽情地游泳。

前往贝都古的交通方式

从努拉莱机场打车前往贝都古大约需要 3 小时的时间，车费 Rp.400000~。

游客通常都是参加巴厘岛内的当地游线路或是租车前往贝都古地区，从登巴萨的乌邦巴士总站也可搭乘前往新加拉惹的贝莫小巴途经贝都古，届时下车即可。

乌伦达努布拉坦庙

入场 每天 6:00~17:00
费用 Rp.50000
※ 倩迪克宁公园的入场门票中便包含了乌伦达努布拉坦庙的游览费用

布拉坦湖的水位

位于高原地区的布拉坦湖近年来出现了水位下降的现象，即使如此，每当雨季时节，布拉坦湖的水位还会上涨起来，届时湖畔的乌伦达努布拉坦庙便会像古画一般"漂浮于湖泊之上"。

位于高原地区的广阔植物园

巴厘岛植物园

位于贝都古以西 5 公里的位置。

入场 每天 8:00~18:00
费用 Rp.17000
※ 开车入园游览需要额外支付 Rp.11000 的服务费

磅礴壮观的吉特吉特瀑布

吉特吉特瀑布

入场 每天 8:30~17:00
费用 Rp.10000

 贴士 乌伦达努布拉坦庙西面坐落着倩迪克宁市场，你可以在这里购买百香果、菠萝蜜、杧果在内的各色热带水果，野生兰花也可以从这里的商贩手中人手。

罗威纳

罗威纳 *Lovina*

海豚出没的海滩地区

清晨载游客在海面上观看海豚的小船

巴厘岛北部海滨小城罗威纳以观看海豚而闻名。清晨，在太阳升起之前，乘坐带发动机的小船出海。随着旭日徐徐升起，可以到达观看点，那里有很多小船在海面上追逐海豚。有时，会有大批海豚在船侧跳出水面向前游动。置身于大自然，心情无比畅快。另外，这一带还有很多适合潜水或浮潜的水域。海滩上的沙子为黑沙，看上去不是很美，但海水的透明度非常高。

在长达 8 公里的海滩上有很多住宿设施及餐馆，虽然不算奢华，但可以让游客在充满自然情趣的海滩上感受当地的风土人情。

⊚ 交通方式

Perama 公司的巴士开行于岛内各地，除此之外，新加拉惹与吉利马努克之间有 Bemo 往返。新加拉惹至罗威纳的票价为 Rp.20000。

海 拔	不足 50 米
区 号	0362

前往罗威纳的交通方式

从努拉莱机场搭乘出租车前往罗威纳，大约需要 3.5 小时的车程，费用为 Rp.650000~。

普拉玛旅社运营的观光班车

巴厘岛各地在上午时段都有往京打玛尼的普拉玛旅社观光班车，不过通常是 2 人以上才会发车，请提前确认。

◆ **库塔起始**
1 天 1 班（10:00 出发）、
Rp.125000

◆ **沙努尔起始**
1 天 1 班（10:30 出发）、
Rp.125000

◆ **乌布起始**
1 天 1 班（11:30 出发）、
Rp.125000

◆ **赞迪达萨起始**
1 天 1 班（8:30 出发）、
Rp.175000

普拉玛旅社罗威纳门市
TEL（0362）41-161

巴厘岛北部／罗威纳

罗威纳
Lovina
区域地图 ▶折页地图背面①/A2

巴厘海
Laut Bali

0   2km

罗威纳普瑞巴古斯酒店
Puri Bagus Lovina

Warung Bamboo

千梦木屋酒店
1000 Dream Bungalows

普瑞萨隆芭鲁娜海滩酒店
Puri Saron Baruna Beach

库步拉朗酒店
Kubu Lalang

普拉玛旅社门市

Volcano Club

加油站

姆拉门酒店
Melamun

巴纽阿里特餐馆

巴纽阿里特酒店 Banyualit

Lovina Beach Resort

安索卡旅店
Angsoka

斯派斯海滩俱乐部
Spice Beach Club

海豚雕像

罗威纳烘焙餐馆
Bakery Lovina

Sanarida

珂莱欧帕特拉海滩木屋酒店
Cleopatra Beach Bungalows

夜市
Agung's

罗威纳努格拉哈酒店
Nugraha Lovina

茉莉厨房餐馆
Jasmine Kitchen

海鲜餐摊
Ikan Bakar

斯派斯潜水商店
Spice Dive

达麦罗威纳别墅酒店
Damar Lovina Villas

Puri Mangga

吉利马努克方向

新加拉惹方向

🌸 贴士　Ⓡ 罗威纳烘焙餐馆 Bakery Lovina [**MAP** p.275　TEL（0362）42-225　营业 每天 6:00~21:00] 是一家德国人经营的咖啡馆 & 食材商店，你在这里可以品尝到地道的德国面包 Rp.32000~、浓缩咖啡 Rp.35000。

租车

从罗威纳租车，根据时长与距离的不同，大体上1天的租车费用在Rp.700000~。

斯派斯潜水商店

MAP p.275
TEL（0362）41-512
URL www.spicebeachclubbali.com

你可以在这里参报前往罗威纳海湾、鹿岛、图兰奔、阿莫多等地的潜水活动。

出海海豚观光

通常于05:00~06:00出海，可以通过酒店前台报名一般都可以成功参加。费用为每人Rp.100000~。

罗威纳 漫 步

称为罗威纳海滩的区域中坐落着图姆克斯、卡里阿斯姆、卡丽布布、安图兰、图卡·孟伽等多个村落，覆盖了长达8公里的宽广范围。纪念碑（海滩雕像）周边分布着餐馆、网咖等方便游客利用的相关设施，中心地区设有一家旅游咨询处，你可以在这里预约参报潜水、出海海豚观光游以及近郊的周边游等旅游项目。

罗威纳 户外活动

● 出海海豚观光 Dolphin Watching

在天还没有亮的清晨，搭乘安装有引擎的小船出海航行2~3公里便可以来到海豚经常出没的海域，届时可以欣赏到数十只游船一起在海面追寻海豚身影的奇特场景。

餐馆
Restaurant

由于罗威纳比邻大海，所以这里的海鲜十分美味，价格相比其他观光地也要便宜一些，每家餐馆的营业时间也都不固定，旅游旺季可以营业到深夜招待食客，淡季则可能早早关门打烊。前往用餐的话最好提前确认一下。

巴纽阿里特餐馆
Banyualit

◆位于同名酒店中的罗威纳地区知名餐馆，这里烹制的中餐风味海鲜菜肴十分惊艳，黑豆酱蒸鱼（Rp.40000）、蒜烧鱿鱼（Rp.37500）、烤海鲜拼盘（Rp.43500）等菜品都十分值得推荐。此外小鸡炖蘑菇以及清炒空心菜也很美味，菜品很多，绝对有你心仪的一款。

品味地道的中餐

经营美味中餐 & 海鲜菜品　　Map p.275
地址 Kalibukbuk, Lovina
TEL（0362）41-789
营业 每天 7:00~22:00
税费 & 服务费 +15.5%
信用卡 M V

茉莉厨房餐馆
Jasmine Kitchen

◆一家经营美味泰餐的双层餐馆，1层设有散座用餐区，招牌的冬阴功汤（Rp.53000），选用鸡肉、大虾和蔬菜制作的绿咖喱（Rp.55000~）、鱼糕拼盘（Rp.38000）等菜品十分多样化，饮品以及酒水的种类也很丰富，这些都为菜品锦上添花。

品味辛辣过瘾的泰国美味

在罗威纳品味异域佳肴　　Map p.275
地址 Binaria Lane, Kalibukbuk, Lovina
TEL（0362）41-565
营业 每天 9:00~22:00
税费 & 服务费 +10%
信用卡 V

斯派斯海滩俱乐部
Spice Beach Club

◆可以在用餐的同时享受海风拂面的一家位于海滩上的开放性餐馆，餐品包括卡布拉纳意大利面（Rp.70000）、海鲜印尼炒饭（Rp.110000）等各式国际 & 印尼风味美食。大号滨塘啤酒Rp.65000，另外这里还提供罗威纳地区的免费接送服务。

推荐夕阳西下之时来这里用餐，气氛最佳

气氛很棒的海滩餐馆　　Map p.275
地址 Lovina Beach
TEL（0362）701-2666
营业 每天 11:00~23:00
税费 & 服务费 +17.5%
信用卡 J M V

 贴士　云集各式海鲜餐摊的夜市（MAP p.275）位于罗威纳的中心地区，每天17:00~23:00营业，餐费大约为一顿Rp.20000~，可谓物美价廉。

酒店
Hotel

　　罗威纳的酒店分布在长达 8 公里的海岸线上，如果你打算来罗威纳游玩，首先便是要选好最适合你的酒店，如果你打算进行出海海豚观光以及浮潜项目，住在罗威纳中心地区的卡里阿斯姆、卡丽布布等地比较便利。

罗威纳普瑞巴古斯酒店　POOL 餐馆 早餐
Puri Bagus Lovina

◆坐落在罗威纳与新加拉惹之间，拥有 200 米私人海滩的别墅度假村，共设有 40 间客房，所有房间都安装空调、电视、迷你酒柜等设施，套房别墅房型设有 2 个卧室，配有注入天然活水的泳池，酒店内开设的餐馆以及 SPA 会所也是这片地区数一数二的等级与服务。

| 邻近新加拉惹的静谧度假村 | Map p.275 |

地址 Jl.Raya Seririt, Lovina
TEL（0362）21-430
URL www.puribaguslovina.com
税费 & 服务费 +21%
信用卡 A J M V　Wi-Fi　客房 OK・免费
费用 AC HOT Cold TV 舒适房型 ⑤ⒹUS$160~
　　　AC HOT Cold TV 奢华房型 ⑤ⒹUS$227~
　　　AC HOT Cold TV 套房别墅房型 US$480~

高天花板使客房更加敞亮开阔

罗威纳努格拉哈酒店　POOL 餐馆 早餐
Nugraha Lovina

◆位于远离罗威纳中心地区的海岸边上，全部 18 间客房都直面大海，白天推开窗便可以欣赏碧海蓝天，夕阳西下时在房间便可以沉醉在被落日染红的美丽海景之中。配套服务非常充足，非常适合情侣以及女性游客住宿。

| 直面大海的度假酒店 | Map p.275 |

地址 Desa Kaliasem, Lovina
TEL（0362）41-601
URL nugrahahotel.com
税费 & 服务费 含
信用卡 M V　Wi-Fi　客房 OK・免费
费用 AC HOT Cold TV 阳台房型 ⑤ⒹUS$67~
　　　AC HOT Cold TV 花园房型 ⑤ⒹUS$125~
　　　AC HOT Cold TV 别墅房型 ⑤ⒹUS$175~

设施完备的中级酒店

巴纽阿里特酒店　POOL 餐馆 早餐
Banyualit

◆位于罗威纳以东 1 公里的位置，步行前往海滩只需要 2~3 分钟的时间，设有包含简约经济房型到奢华别墅房型等 24 间客房，给你多种选择（单人住宿还会享受 20% 的折扣）。

| 并设一家高品质餐馆的舒适酒店 | Map p.275 |

地址 Kalibukbuk, Lovina
TEL（0362）41-789
URL www.banyualit.com
税费 & 服务费 +21%
信用卡 M V　Wi-Fi　客房 OK・免费
费用 AC HOT Cold TV 舒适房型 ⒹRp.550000~
　　　AC HOT Cold TV 别墅房型 ⒹRp.800000~
　　　AC HOT Cold TV 奢华房型 ⒹRp.950000~

绿意盎然的酒店园区

姆拉门酒店　POOL 餐馆 早餐
Melamun

◆位于罗威纳以东 1 公里的位置，共设有 9 间客房，客房简约但是可以体会到十足的巴厘岛风情，酒店内还开设巴厘岛舞蹈及厨艺教室，十分有趣。提供酒店接送服务，单程 Rp.600000。

| 十分热门的木屋酒店 | Map p.275 |

地址 Jl.Banyualit, Lovina
TEL（0362）41-561
税费 & 服务费 含
信用卡 A M V　Wi-Fi　客房 OK・免费
费用 AC HOT Cold TV 奢华房型 ⑤ⒹRp.600000

安索卡旅店　POOL 餐馆 早餐
Angsoka

◆一家在罗威纳中心地区闹中取静的酒店，建筑比较古老。房费公道可以选择许多风格的房型。共设有 44 间客房。

| 房型多样的平价旅店 | Map p.275 |

地址 Kalibukbuk, Lovina　TEL（0362）41-841
URL www.angsokafamily.com
税费 & 服务费 含
信用卡 M V　Wi-Fi　客房 OK（部分房型）・免费
费用 AC HOT Cold TV 标准房型 ⑤ⒹRp.185000
　　　AC HOT Cold TV 舒适房型 ⑤ⒹRp.300000

贴士　H 千梦木屋酒店 1000 Dream Bungalows（MAP p.275　TEL0812-360-5370 手机　URL www.seribudream.com）位于中部地区以东 5 公里的位置，共设有 8 间客房。⑤Ⓓ Rp.700000~。

277

独特港城风情的新加拉惹

殖民时期曾是巴厘岛中心的繁荣港城

新加拉惹
Map 折页地图背面①/A2 ★
Singaraja

1848 年，荷兰在这里修造据点城市，至今这里仍萦绕着浓厚的荷兰风情，海港周边留有荷兰殖民时期的仓库等古老建筑，现在这里也是巴厘岛北部货运流通以及商业的中心地，在港口附近悠闲地散步会非常惬意。

前往新加拉惹的交通方式
从罗威纳可以搭乘贝莫小巴前往，车程 20 分钟，费用 Rp.20000。

从登巴萨的乌邦巴士总站可以搭乘直达巴士前往，费用 Rp.50000。

班加尔特伽温泉
从罗威纳可以租车游览温泉地和附近的佛教寺院，时长大约 2 小时，费用 Rp.200000～。你也可以先搭乘贝莫小巴前往班加尔（Rp.7000～），随后打一辆摩托出租车（车程 10 分钟）前往即可，费用 Rp.12000。
入场 每天 8:00～18:00
费用 Rp.10000

坐落在山间的温泉设施

班加尔特伽温泉
Map 折页地图背面①/A2 ★
Yeh Panas Banjar Tegaha

坐落在罗威纳郊外河畔的宁静温泉地，注意事项中写有"请不要穿着过于晃眼的服饰"，在这里泡汤的巴厘岛男人通常都是全裸泡汤，女人则是裹一层遮羞布，但是外国游客还是可以穿着泳衣悠闲泡汤的，完全不用介意。

泡一泡温泉对于游客来说绝对会为旅行的丰富度加分

鹿岛
出海游船租赁费 Rp.535000（浮潜行程最多搭乘 8 人，潜水行程最多搭乘 6 人）。

浮潜器材的租赁费用在 Rp.50000～ 左右，南部度假区以及罗威纳当地的潜水用品商店都设有前往鹿岛潜水的特别行程。

巴厘岛西部国家公园管理事务所
MAP 折页地图背面①/A1
TEL（0365）61-060
营业 每天 8:00～18:00
费用 入园费为 Rp.200000 每人

巴厘岛西部国家公园的远足行程
当你前往广达 7.6312 万公顷的巨大国家公园内游览时，有义务聘请导游与你同行。导游费根据行程时间与参团人数不同也会有所差异（1～2 人雇佣导游比较不划算，一位导游可以带领最多 5 名游客入园游览）。2 小时的导游费在 Rp.500000。

搭乘游船前往爪哇岛
吉利马努克～爪哇岛的吉利邦区间的游船每一小时一班，成人费用为 Rp.8000。

被珊瑚礁环绕的潜水爱好者天堂

鹿岛
Map 折页地图背面①/A1 ★★
Pulau Menjangan

鹿岛是一座知名的浮潜及潜水胜地，虽然这里是一座无人岛，但是岛上却生活着许多野鹿（Menjangan 便是鹿的意思）。在色客以东 10 公里的拉布汉拉朗 Labuhan Lalang 以及再东边 5 公里的班尤温当

鹿岛也是印尼的国家公园之一

都设有前往鹿岛的乘船处。这两处在巴厘岛西部国家公园中的小港口都设有独立的管理事务所，餐馆设施也配套完善。你也可以从乘船点直接租船出海，享受更加自由的出游模式。

鹿岛海岸遍布着白色细沙，十分美观，周边则是丰富的珊瑚礁群，吸引了众多浮潜及潜水爱好者来这里游玩。浮潜器材可以直接在乘船地进行租赁，请一定尝试一下。南部度假区以及罗威纳当地也有前往鹿岛旅游的特色线路。

在大自然中度假修养身心

巴厘岛西部国家公园区域的度假酒店
Natural Holiday in Taman Nasional Bali Barat

　　覆盖有广阔热带雨林的巴厘岛西部国家公园（→p.278 边栏）也是当地野生动物的自然保护区。在这片保护区以及设有温泉地的班尤温当等地坐落着不少个性化的度假酒店，在入住的同时你可以大口呼吸原生态森林提供的纯净氧气，在海边的沙滩戏耍游玩，身心都能够得到一次深度的放松与升华。

鹿岛米匹度假村
Mimpi Resort Menjangan
POOL 餐馆 早餐

◆ 坐落在鹿岛对岸拥有当地名汤资源的奢华温泉度假酒店。所有别墅方向的中庭都设有一座浴池，令房客可以随时享受天然温泉的滋养。绿意盎然的酒店园区之中配有新型 SPA 设施以及可以欣赏优美湖景的美味餐馆。共设有54 间客房，提供机场到这里的接送服务，1 辆车的单程费用为 Rp.1072000。

方便游客前往大海游玩的温泉奢华酒店 Map 折页地图背面① /A1
地址 Banyuwedang, Buleleng
TEL（0362）94-497　FAX（0362）94-498
URL www.mimpi.com　税费＆服务费 含
信用卡 A J M V　Wi-Fi 客房OK·免费
费用 AC HOT Cold TV 露台房型 ⑤Ⓓ Rp.1547000
AC HOT Cold TV 庭院别墅房型 Rp.3220000
AC HOT Cold TV 附带泳池的庭院房型 Rp.3458000
AC HOT Cold TV 高级庭院房型 Rp.4095000

左／划船穿行在红树林之中
中／入住酒店便可以享受极致泡汤
右／庭院别墅房型的室内实景

鹿岛度假村
The Menjangan
POOL 餐馆 早餐

◆ 坐落在广阔的国家公园之中，可以满足你对大自然的探索之心，共设有 24 间客房。在广达 380 公顷的酒店园区需要搭乘专用酒店车辆进行穿梭移动，木屋及别墅等建筑风格的独特房型分布其中，配套餐馆也十分完备，在园区内散步便可以看到小鹿和猴子的身影，提供机场到这里的接送服务，1 辆车的单程费用为 Rp.1331000。

亲密接触野生大自然的生态酒店 Map 折页地图背面① /A1
地址 Jl.Raya Gilimanuk-Singaraja Km17, Desa
Pejarakan, Buleleng　TEL（0362）94-700
FAX（0361）775-222（预约）　URL www.
theenjangan.jp　税费＆服务费 含
信用卡 A D J M V　Wi-Fi 客房OK·免费
费用 AC HOT Cold TV 奢华季风房型 ⑤Ⓓ Rp.1871000
AC HOT Cold TV 季风套房房型 ⑤Ⓓ Rp.2940000
AC HOT Cold TV 海滩别墅房型 Rp.4811000
AC HOT Cold TV 传奇房型 Rp.10424000

左／酒店园区内野鸟观赏项目
中／酒店园区内还可以体验骑马活动
右／季风木屋房型中的卧室实景

玛塔海瑞海滨度假村
Matahari Beach Resort
POOL 餐馆 早餐

◆ 位于大自然之中同时又可以享受潜水与 SPA 水疗的 16 栋特色酒店。开满热带花卉的酒店庭院，可以欣赏海滩美景的别致餐馆以及商品丰富的潜水用品商店都为这家酒店锦上添花。以水王宫为设计原型的 SPA 中心也是美轮美奂，此外你还可以在这里参加巴厘岛料理课的学习与体验，周边村落的一日游行程也非常丰富。提供机场到这里的接送服务，1 辆车的单程费用为US$129。

可以体验丰富多样的巴厘岛文化 Map 折页地图背面① /A1
地址 Jl.Raya Gilimanuk-Seririt, Pemuteran,
Singaraja　TEL（0362）92-312　FAX（0362）
92-313　URL www.matahari-beach-resort.com
税费＆服务费 +21%　信用卡 A D J M V
Wi-Fi 客房OK·免费
费用 AC HOT Cold TV 花园景观房型 ⑤Ⓓ US$314~
AC HOT Cold TV 奢华房型 ⑤Ⓓ US$462~
AC HOT Cold TV 极致奢华房型 ⑤Ⓓ US$664

左／友好的酒店职员
中／高规格的 SPA 水疗设施
右／巴厘岛风格的室内设计

 贴士　H Yuda Menjangan 尤达鹿岛酒店（MAP 折页地图背面①/A1　TEL 0853-3385-7811 手机）是一家设有 4 间客房的高级酒店，距离班尤温当的市集也很近，方便你深入体验当地的村落氛围。提供早餐的房型 Ⓓ Rp.250000。

走遍全球系列

新版

龙目岛

Lombok

漂浮在巴厘岛东侧约 50 公里处的龙目岛，是一个宛如珍珠一般被熠熠生辉的大海所包围的质朴的乐园。龙目岛拥有众多美丽的白沙海滩，还可以佩带呼吸装备饱享潜水的乐趣。此外，内陆地区有 3000 米的山脉蔓延开来，可以通过徒步旅行的方式将雄伟的自然风光尽收眼底。巴厘·卡朗阿森王朝时代的遗址与萨萨克族人的传统村落也非常有趣。作为"第 2 座巴厘岛"，龙目岛现在虽然已经在逐步推进度假村开发的进程，但是，岛屿本身所特有的质朴氛围至今依然存在。

龙目岛信息概况

龙目岛基本信息

地理 & 人口▶ 龙目岛位于巴厘岛东侧约 50 公里处，是西努沙登加拉群岛省会马塔兰所在地的中心区域。将巴厘岛与龙目岛隔开的海峡，是华莱士线的所在地，这里与巴厘岛给人的印象大相径庭。此外，动植物与地质，与澳洲大陆具有很多共通性。

龙目岛总面积为 4739 平方公里。在岛屿北部的中心位置耸立着海拔 3726 米的林贾尼火山，从这里朝向海岸方向，是一段缓缓倾斜的坡路。中南部一带多为平原与丘陵，这里拥有以林贾尼山为水源的河川，因此，是资源丰富的农业地带。

龙目岛的人口现在已经超过 280 万，约占西努沙登加拉省整体人口的 70%，以都市部分为核心，现在人口密度逐渐增高。

民族 & 宗教▶ 自古开始便居住在这座岛屿上的萨萨克族人约占全岛人口的 90%。现在萨萨克族人中的大部分人都信仰 16 世纪从西方传到当地的伊斯兰教，但是，拥有融合神力主宰论与印度教等的一种名为维克土·土鲁 Wektu Telu 的独特信仰的人也有很多。

17 世纪之后移居至此地的巴厘岛人约占总人口的 10%，现在居住在马塔兰等岛屿西部地区。此外，基督教徒与佛教徒也居住在马塔兰等地。

文化 & 历史▶ 16 世纪时，伊斯兰教从爪哇岛引入当地，在那之前的历史几乎不为人知，但是，古代时，萨萨克族人从缅甸周边移居至此，可以想象，当时，各地应该分别有众多设有首长的部落。

17 世纪时，巴厘岛人踏上这座岛屿，将西部一带纳入自己的统治范围。另外，同一时期，在岛屿东部，将松巴哇岛纳为殖民地的苏拉威西岛的望加锡人登陆，将东部一带纳入自己的统治范围。但是，这种现象并未长时间持续，18 世纪中叶，巴厘岛人势力延伸，将龙目岛全境纳入了自己的统治范围。

在巴厘岛人的统治之下，岛屿西侧的萨萨克族人比较友好地接受了巴厘岛人，并且在这一侧开始了水田耕作，但是，东侧还是会有很多萨萨克族人对巴厘岛人的野蛮统治发起起义。

龙目岛 Lombok

龙目海峡 Selat Lombok

龙目岛欧贝罗伊酒店 The Oberoi Lombo
艾尔岛 Gili Air
德拉娜安岛 Gili Trawangan ▶p.287
Medanah Beach
美诺岛 Gili Meno
图古龙目岛酒店 Tugu Lombok
Sorongjukung
邦沙 Bangs
普里玛丽姆酒店 Puri Malimbu
玛丽姆 Malimbu
曼斯特 Mangsit
昆西别墅酒店 Qunci Villas
圣吉吉海滩 Senggigi
萨扬别墅度假屋 Villa Sayan
Montong
Sayang-Sayang
Ampenan
马塔兰 Mataram
克拉尼加拉 Cakranegara
Prampuan
陶艺村 Banyumulek
Geru
南吉利酒店 Gili Nanggu Bunglows
涅磐罗默酒店 Nirvana Roemah Air
新港伦巴 Lembar
Bangko Bangko
Labuhan Poh
Pelangan Barat
瑟蔻通·巴拉提 Oekotong Darat
Sekotong
Sepi
Blongas
Pengan

巴厘岛方向 ←

N

0   20km

①

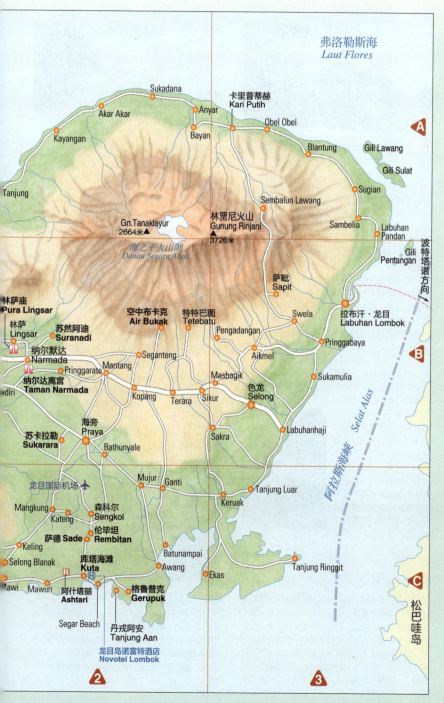

弗洛勒斯海
Laut Flores

Sukadana

Akar Akar

卡里普蒂赫
Kari Putih

Anyar

Bayan

Obel Obel

Blantung

Gili Lawang

Gili Sulat

Kayangan

Tanjung

Sugian

Sembalun Lawang

Sambelia

Labuhan Pandan

Gn.Tanaklayur
2664米▲

林贾尼火山
Gunung Rinjani
3726米▲

海之子火山湖
Danau Segara Anak

萨毗
Sapit

Gili Pentangan

波特塔诺方向

林萨庙
Pura Lingsar

林萨
Lingsar

苏然阿迪
Suranadi

空中布卡克
Air Bukak

特特巴图
Tetebatu

Swela

拉布汗·龙目
Labuhan Lombok

纳尔默达
Narmada

Pringgarate

Mantang

Seganteng

Pengadangan

Pringgabaya

纳尔达离宫
Taman Narmada

Kopang

Terara

Masbagik

Sikur

色龙
Selong

Aikmel

Sukamulia

Selat Alas

苏卡拉勒
Sukarara

海旁
Praya

Bathunyale

Sakra

Labuhanhaji

龙目国际机场 ✈

Mujur

Ganti

Tanjung Luar

阿拉斯海峡

Mangkung

Kateng

森科尔
Sengkol

Keruak

萨德 Sade

伦毕坦
Rembitan

Batunampai

Keling

库塔海滩
Kuta

Awang

Ekas

Tanjung Ringgit

松巴哇岛

Selong Blanak

Mawun

阿什塔丽
Ashtari

格鲁普克
Gerupuk

Segar Beach

丹戎阿安
Tanjung Aan

龙目岛诺富特酒店
Novotel Lombok

Tanjung

Mediri

Rawi

283

各国游客聚集的德拉娜安岛

了观光的起点。

此外，如果想要接触萨萨克族人的文化，可以尝试探访萨德与伦毕坦等位于中部至南部一带的村落，去看一看当地的传统房屋与郊外市场等。

好想在德拉娜安岛悠闲度日啊

19世纪后半期，在希望从巴厘岛人处得到解放的萨萨克族人的努力下，荷兰人登陆，战争最终为巴厘岛人的统治画上了终止符。而且，名义上是巴厘岛人与萨萨克族人的特权阶级曾一直进行统治，但是，实际上是荷兰在身后掌握实权，高额税费、高强度劳动以及土地没收政策使民众极度贫乏。

即便是在印度尼西亚独立之后，也是巴厘岛人与萨萨克族人的特权阶级掌握统治权，西努沙登加拉省成立后，依然持续着最为贫困的状态。到了20世纪70年代，政府终于出台救助政策，从1980年开始，推进观光开发进程，旨在打造"第2座巴厘岛"。

文化·艺术方面，舞蹈的种类尤为丰富。其中，广为人知的有在萨萨克族人传统文化基础上融合伊斯兰艺术的鲁达特Rudat、仅青年与少年可以舞动的像斗技一般较为热烈的昂塞尔Oncer、女性舞者在男性观众前围成一圈后每人分别表演舞蹈并选择男伴的干德拢舞Gandrung等。音乐方面，被称为根贡Geng-Gong的音乐表演比较有名。这是7位演奏者结合舞者的动作来演奏竹笛等乐器的表演，自身也会添加一些手部动作。

萨萨克族人度过原始生活的传统村落萨德

🔹 精彩看点

岛上最具吸引力的特征是沙滩与大海。龙目岛的观光开发比巴厘岛更晚，因此，整体感觉非常安静且物价较低。所以，对于不奢望豪华度假村并希望慢慢享受潜水与潜泳的游客来说，整座岛屿的海岸区域均可成为精彩看点。但是，酒店等观光设施齐全的景点为数不多，现阶段，岛屿西部的圣吉吉海滩、西北部沿岸的3座岛屿以及南部的库塔成为

🔹 旅行提示

货币兑换与物价▶小岛与库塔的汇率不好，但是，马塔兰与圣吉吉海滩几乎与巴厘岛持平。在这里，与银行相比，兼具旅行社职能的货币兑换处的汇率行情更好。大体上所有的银行均设置有提供信用卡兑现服务的ATM。此外，各地中档以上的酒店等均可使用信用卡。

与巴厘岛相比，龙目岛的物价相对较低。住宿费与餐饮费等也非常低，因此，有很多在此久居的游客。

旅行难易度▶拥有马塔兰、圣吉吉海滩以及吉利三岛的岛屿西侧，以酒店建设为代表的观光开发进程不断推进，普拉玛公司等也运营有定期从巴厘岛发往龙目岛的班车（巴士＆客船），因此，交通方面是没有问题的。但是，如果从南部的库塔与林贾尼火山等地出发前往东部旅行，公共交通不便，即便是已经适应旅途奔波的游客，也会因交通问题而感觉辛苦。特别是短期滞留的游客，最好是参加旅行团或者包车观光。

林贾尼火山的山麓地区布满绿荫繁茂的景观

旅游纪念品▶以苏戈拉拉织布村为代表的各地均有出产的织物、Banyumulek陶艺村等的陶器、木雕产品以及篮筐等竹材工艺品拥有比较高的人气。产地与城镇商业区的旅游纪念品商店均可购买，可以讲价。德拉娜安岛与圣吉吉海滩也有很多杂货店时尚商店。

安全信息

对于观光游客来说，没有治安情况较为恶劣的场所，但是，观光地现在会发生一些偷盗的事件。特别是在海滨度假地体验水上运动的时候，请注意保管好自己的贵重物品。伴随着最近观光化的推进，龙目岛发生与巴厘岛相同纠纷事件的频率也在逐渐增加。请注意提出"在我的土地上一起经营酒店"等的房地产欺诈的人。

在圣吉吉海滩，还有一些在昏暗场所骑车或者驾驶摩托车期间遭遇抢劫事件的案例。如果有两人驾驶一辆摩托车且以适当的车速尾随在后或者有窥视您随身携带的包包等举动，务必要多加注意。此外，在南部的库塔一定要注意难以应付的卖货人。还有一些使用复制的钥匙盗取游客租借的摩托车并要求其做出赔偿的无良租车主，因此，使用摩托车时务必要加以注意。

气候与季节性

龙目岛与印度尼西亚的其他地区相同，同属于热带气候，但是，降水量与其他地区相比，相对较少。通常情况下，雨季是10月~次年4月，旱季是5~9月。最高降水量在1~4月期间出现，2月份则会出现强风，龙目岛就是以这样独特气候而广为人知。气温在21℃~33℃，林贾尼火山等地势较高的区域，到了晚上会相当冷。

如果要前往当地旅行，旱季的气候比较稳定，大海与山脉也不会出现恶劣的气候现象，算是非常适合旅行的季节，但是，即便是雨季，如果时机恰当，也会有晴天出现，因此，没有必要特意回避。

龙目岛南部的库塔在每年2~3月份左右举办的巴岛纳勒节上的棍棒斗

岛内交通

龙目岛内的公共交通并不发达。如果想在短时间内巡游岛内景点，选择出租车、包车或者参加当地发团的观光团是非常方便的。对于长期滞留的游客来说，可以选择人气极高的普拉玛公司的班车作为往返于各观光地的交通工具。但是，各区间的车辆班次都不算多。局部总线巴士与长途汽车虽然经济实惠，但是，线路受到局限，没有固定的班次，相当耗费时间。

位于龙目岛中心区域的马塔兰，运营有打表计价的出租车。长途汽车有市内巡回与贯通岛内各地的线路，是最为廉价的交通方式。此外，被称为齐多莫的马车平时也会用作平民的代步工具。圣吉吉海滩周边与吉利三岛也有马车，因此，可以乘坐马车来悠闲地进行观光。

穿行于各个村落的马车依然存在

前往龙目岛的交通

空路▶通常情况下，游客多会从巴厘岛前往龙目岛。东侧的努沙登加拉群岛也有很多登帕萨换乘的航班。

国际航线有胜安航空公司从新加坡发往当地的航班，每周4班（需时2小时45分钟，US$173~430）。亚洲航空有从吉隆坡飞往当地的航班，1天3班（需时3~3.5小时，US$29~161）。

龙目国际机场

海路▶巴厘岛的八丹拜港口至龙目岛伦巴尔港（需时5~6小时，Rp.46000）、松巴哇岛的波拉塔诺港（需时2小时，Rp.30000~），每天都会有固定班次的渡轮频繁地往返于上述航线。可以在各港口购票，但是，通常情况下，乘坐巴士时，费用中多会包含海路票价。近年来，各公司还运营有往返于巴厘岛各地与德拉娜安岛之间的快艇，航行时间为1.5~2小时。

陆路▶普拉玛公司每天都运行有从巴厘岛登帕萨、萨努尔以及八丹拜等地发往龙目岛的班车（包含渡轮费用）。此外，各公司还开设有龙目岛观光团与潜水主题观光团等。

马塔兰全年气候表

月份	1月	2月	3月	4月	5月	6月	7月	8月	9月	10月	11月	12月	年均
平均气温(℃)	26.3	26.5	26.9	27.5	27.7	27.3	25.8	26.0	27.5	27.7	27.4	27.5	27.1
相对湿度(%)	84	87	83	81	77	76	76	78	80	69	76	85	79.3
降水量(㎜)	237.0	291.3	292.7	293.0	11.3	12.1	12.8	6.0	60.0	121.3	175.7	182.6	1695.8

Lombok

吉利 ★

● 马塔兰

人 口	4000
海 拔	不足10米
区 号	0370

发往吉利三岛的巴士&客船普拉玛公司
◆从圣吉吉出发
　　1天1班（10:30驶发），需时1小时，Rp.200000
◆从巴厘岛的库塔出发
　　1天1班（6:30驶发），需时3.5小时，Rp.450000

Karya Bahari 公司的快艇
◆邦沙～艾尔岛
　　需时10分钟，Rp.85000
◆邦沙～美诺岛
　　需时25分钟，Rp.85000
◆邦沙～德拉娜安岛
　　需时30分钟，Rp.85000
※如果在吉利三岛搭乘快艇，需要在海边沙滩处乘坐如铁筏一般的船只，经几分钟后到达正等待出发的快艇搭乘地（起浪时需要步行前往，因此，膝盖下方会全部浸湿）。邦沙港有专用的登岸码头

吉利 *Gili*

被美丽珊瑚礁环绕的宛如乐园一般的群岛　　　区号（07）

吉利在当地萨萨克族人的语言中意味着"小岛"。龙目岛周边有众多小岛，但是，提到海滩度假地，通常指的是漂浮在西北部海面的艾尔岛、美诺岛以及德拉娜安岛这三座小岛。小岛被白沙滩与美丽珊瑚礁环绕着，保留有尚未开发的自然风光。

还可以在沙滩上饱享骑马乐趣的德拉娜安岛

潜水时可以与色彩斑斓的热带鱼一同畅游，还可以在纯白色的沙滩上晒出健康肤色，眺望时而显现的海豚群，让自己完全融入南国的大自然当中。

🌀 交通方式

巴士

普拉玛公司的班车从巴厘岛（圣吉吉换乘）与龙目岛各地驶来。发往吉利三岛的客船费用也包含在套票当中，因此，换乘十分方便。

船舶

普拉玛公司从 🅷 圣吉吉发往龙目岛的船舶由圣吉吉海滩北侧驶出，每天运营2班。此外，还可以在圣吉吉的各个旅行社与潜水商店租借船只（US$20~）。

Karya Bahari 公司的快艇从位于吉利对岸的邦沙港发往龙目岛，在9:00~16:30 期间运行，每小时1~2班。

一旦集齐30名乘客，该公司还会发出一班公共船只（8:00 左右从吉利三岛出发。票价为 Rp.15000）。任何班次的船票均可在各岛发船码头的 Karya Bahari 公司柜台购买。

快艇票价中大多包含巴厘岛酒店接送费用（仅限南部 & 乌布德地区）。

可通过官网与各地旅行社预约。

Information

快艇是前往德拉娜安岛的最快选择！

多家公司每天各运营有 1~2 班的快艇往返于德拉娜安岛与巴厘岛各地之间。特别是乘客较多的吉利·吉利 Gili Gili（URL giligilifastboat.com）与伊卡贾亚 Eka Jaya（URL www.baliekajaya.com）连通了德拉娜安岛与巴厘岛八丹拜，运行时间约为 1.5 小时。此外，蓝水快车 Blue Water Express（URL www.blue water-express.com）还开设有从巴厘的塞朗甘发往龙目岛的船次。所有的快艇票价均为单程 Rp.660000~（往返略有优惠）。

　🌸 **贴士**　连接吉利与巴厘岛的各公司的快艇，运行时在海上高速行驶，因此，会发生剧烈摇晃。上下颠簸严重，因此，如果腰部与腿部不便，应尽量避免乘坐。旺季时请尽早预约！

吉利 漫步

位于三座岛屿西端的德拉娜安岛 Gili Trawangan 有很多酒店与餐馆，是最为繁华的一座岛屿。餐馆每晚都会举办派对。潜水商店也十分充实，可以以低廉的价格饱享海中漫步。

龙目岛本岛西北部漂浮有三座小岛

建议希望优先度假的游客前往美诺岛 Gili Meno。站在白色沙滩上，听到的只有海浪声。酒店数量虽然很少，但是，住宿设施的品质整体较高。

艾尔岛 Gili Air 距离龙目岛本岛最近，还有清真寺与学校，但是，这座岛屿几乎没有进行观光化开发，质朴且颇具乡村气息。与美诺岛相同，这里的环境同样适合希望安静度日的游客，翠玉绿色的大海非常漂亮。

在各个岛屿的小型货币兑换处与几家酒店可以兑换货币。

三岛间的交通

每天有 2 班被称为跳岛游的 Karya Bahari 公司的有舷外托架的小船往返于德拉娜安岛与艾尔岛之间（经由美诺岛）。从德拉娜安岛出发前往艾尔岛需时 30 分钟。此外，还可以包船。

邦沙港的售票处

小型船只包租

在邦沙港还可以包租小型船只。费用如下：前往艾尔岛 Rp.450000、前往美诺岛 Rp.400000、前往德拉娜安岛 Rp.500000。从三座岛屿包船前往邦沙港，费用为 Rp.500000~。

岛内交通

无论是哪一座岛屿，除了散步之外，只能通过租自行车（1 小时 Rp.15000、1 天 Rp.50000 左右）与齐多莫（马车）的形式进行游览。齐多莫最多可以乘坐 3 人，从港口到酒店的费用为 Rp.150000，环岛一周大概需要 Rp.300000。

跳岛游

从德拉娜安岛出发，9:30 与 16:00 发船，从艾尔岛出发，8:15 与 15:00 发船。行程多少都会发生一些变动，因此，请注意。费用方面，从德拉娜安岛出发的费用为 Rp.40000，从美诺岛出发的费用为 Rp.35000，从艾尔岛出发的费用为 Rp.35000~40000。

在邦沙港的注意事项

从马塔兰驶来的长途汽车与出租车会停靠在邦沙港 1 公里前的贝门南 Pemenang。可以在海滨旁写有 "Terminal Penumpang" 字样的游船码头建筑内购票，但是，线路中途有很多出售高价票的黄牛党，因此，请多加注意。

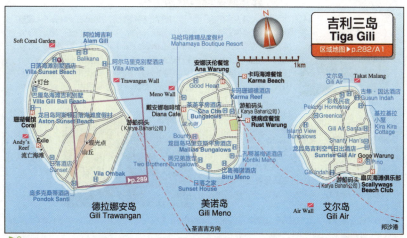

吉利三岛
Tiga Gili
区域地图 ▶p.282/A1

Soft Coral Garden
阿拉姆吉利 Alam Gili
马哈玛雅精品度假村 Mahamaya Boutique Resort
Balikana
日落海滩别墅酒店 Villa Sunset Beach
灯台
阿尔马克别墅酒店 Villa Almarik
Trawangan Wall
安娜沃伦餐馆 Ana Warung
卡玛海滩餐馆 Karma Beach
艾尔岛 Gili Air
Takat Malang
巴厘岛海滩吉利别墅 Villa Gili Bali Beach
Meno Wall
Good Hean
卡玛珊瑚礁酒店 Karma Reef
古椰·因达酒店 Gusun Indah
珊瑚餐馆 Coral
龙目岛阿斯顿日落海滩度假村 Aston Sunset Beach
戴安娜咖啡馆 Diana Cafe
茶茶平房酒店 Cha Cha Bungalows
游船码头 Karya Bahari公司
彩虹民宿小屋 Pelangi Homestay
基拉基拉小屋 Kira Kira Cottage
Greenica
Andy's Reef
Exile 流亡海滩
观光点 山丘
游船码头 Karya Bahari公司
绣病症餐馆 Rust Warung
Bounty
龙目岛马里亚斯平房酒店 Mallias Bungalows
孔蒂基酒店 Kontiki Meno
Island View Bungalows
Shanty Han's店
Gili Air Santai店
日落酒店 Sunset
Vila Ombak ▶p.289
两兄弟酒店 Two Brothers Bungalows
两兄弟酒店 Mallias Bungalows
比鲁梅诺酒店 Biru Meno
龙目岛吉利艾尔空气日出酒店 Sunrise Gili Air
Goga Warung
Pino
庞多克桑蒂酒店 Pondok Santi
日落之家 Sunset House
游船码头 Karya Bahari公司
扇贝海滩俱乐部 Scallywags Beach Club
Gili Indah店

德拉娜安岛 Gili Trawangan
美诺岛 Gili Meno
Air Wall
艾尔岛 Gili Air

圣吉吉方向
邦沙港

投稿 2017 年，德拉娜安岛拆除了海滩区域内的建筑。海滩边的餐馆均已迁至道路内陆一侧。可以看到没有建筑、只摆有建筑的店铺。

德拉娜安岛潜水费用标准
体验潜水单次 Rp490000~，含氧气管、器材、船只以及导游费用。从第2次潜水开始可享受优惠。PADI 的开放水域潜水课程为时4天，费用为 Rp.5500000~，冒险水域潜水课程费用为 Rp.4500000~。

德拉娜安岛的潜水商店
● Blue Marlin Dive
TEL（0370）613-2424
URL www.bluemarlindive.com
●梦想潜水 Dream Divers
【MAP】p.289/B2
TEL（0370）613-4496
URL dreamdivers.com
●曼塔潜水 Manta Dive
【MAP】p.289/A2
TEL（0370）614-3649
URL www.manta-dive.com

浮潜之旅
位于德拉娜安岛栈桥旁的海星办事处 Sea Star Office（【MAP】p.289/B2）可以安排吉利三岛的潜水之旅。需要另行支付 Rp.100000 的面罩＆脚蹼租借费用。此外，大体上所有酒店均可为游客安排潜水之旅。

水肺潜水 Scuba Diving

吉利因拥有众多潜水点而闻名，以至于可以用"潜水点中漂浮有三座小岛"来形容。鲨鱼与刺魟等大型海生物较多的鲨鱼点以及色彩斑斓的热带鱼与软珊瑚非常漂亮的美诺墙等十分有名。透明度不高，但是，水流较缓，因此，即便是初学者，也可以放心地饱享潜水的乐趣。

最佳季节是4~12月，但是，在这里，全年均可潜水。特别是德拉娜安岛，那里有很多潜水中心，而且，与巴厘岛相比，费用设定得也相对较低。

浮潜之旅 Snorkeling Tour

海滩周边的大海中也散布有大量的珊瑚礁，因此，通过浮潜，可以随心观赏色彩斑斓的鱼群。搭乘船底为玻璃材质的玻璃海底船，可以环游三岛周边的浮潜点。可以在湛蓝的大海中与热带鱼群肆意玩耍，在美诺墙还可以遇到海龟。

美诺墙是人气潜水点之一

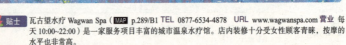

餐馆
Restaurant

　　吉利三岛的餐馆也独具个性。德拉娜安岛的海滨沿岸有很多开放式餐馆。还有很多可以在小乔木与水垫床上悠闲享受的景点，从国际化餐饮到健康饮食等，菜品种类十分丰富。安静的美诺岛也散布有开放式餐馆（数量并不算多）。艾尔岛只有几家面向当地人开放的食堂。

德拉娜安岛

珍珠海滩酒廊
Pearl Beach Lounge

◆珍珠海滩酒廊是一家面朝湛蓝大海开设的开放式咖啡馆，可一边欣赏海滨沿岸的景色一边悠闲地度过闲适时光。在使用竹子构建的开放式店铺内，应该可以充分享受南国氛围。工作人员推荐菜品有自制青酱意面（Rp.60000）、牛肉汉堡（Rp.85000）以及罗勒马苏里拉比萨（Rp.70000）等。Tapas菜品（Rp.40000~）现在也非常充实。

采用柱子建成的开放式餐馆

饱享浪漫时光	Map p.289/B1
地址	Gili Trawangan
TEL	（0370）619-4884
URL	www.pearloftrawangan.com
营业	每天 8:00~23:00
税费 & 服务费	含
信用卡	MV
Wi-Fi	免费

卡鲁阿精品简易别墅
Kalua Boutique Bungalows

吉利桨
Paddle Gili

1674海滩餐馆
1674Beach Restaurant

华隆华纳餐馆
Warung Warna

香辣烹饪工作室

基西尔咖啡厅
Kafe Kecil

自我餐馆
Egoiste

古董屋
Casa Vintage

库苏玛温泉
Kusuma Spa

小意大利餐馆
Little Italy

吉利温泉
Gili Spa

悦榕庄 The Banyan Tree

吉利瑜伽 Gili Yoga

椰子梦酒店
Coconut Dream

曼塔潜水 Manta Dive

噶拉玛公司售票处
Karya Bahari公司游船码头

吉利·尼皮酒店 Gili Nyepi

卡尤咖啡馆
Kayu Cafe

甜蜜生活餐馆
La Dolce Vita

夜市

发往巴厘岛的快艇搭乘处

前往美诺岛・邦沙港

梦想潜水
Dream Divers

海星办事处
Sea Star Office

龙目岛锦鲤家庭旅馆
Koi Gili Guest House

马塔斯酒店
Martas

吉利特拉旺安马克度假村
Marc Giri Trawangan

德拉娜安乡村舍酒店
Trawangan Cottages

吉利格拉托餐馆
Gili Gelato

观景点

海边小屋酒店
The Beach House

悠久之仁酒店
Tir Na Nog

淘气鬼餐馆
Scallywags

纳提斯餐馆
Natys

路边咖啡馆
Side Walk Cafe

欧巴克别墅饭店
Vila Ombak

圣吉吉方向

瓦503望水疗
Wagwan Spa

特拉旺明珠酒店
Pearl of Trawangan

曲奇锥餐馆
Cookies & Cones

高科莫酒店 Ko-Ko-Mo

珍珠海滩酒廊
Pearl Beach Lounge

德拉娜安岛中心区域
Gili Trawangan
区域地图▶p.287

巴厘岛八丹拜方向

300m

N

A A

B B

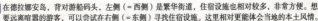

贴士　在德拉娜安岛，背对游船码头，左侧（＝西侧）是繁华街道，住宿设施也相对较多，非常方便。想要远离喧嚣的游客，可以尝试在右侧（＝东侧）寻找住宿设施。这里相对更能体会当地的本土风情。

纳提斯餐馆
Natys

可一边眺望海景一边用餐 　Map p.289/B1

◆纳提斯餐馆是位于海滨沿岸的一家人气餐馆。大虾沙律（Rp.80000）等海鲜与龙目岛名菜阿亚姆塔利旺（Rp.95000）以及海鲜三明治（Rp.73000）等菜品充实度在岛上也是首屈一指。鸡尾酒售价为 Rp.50000~。

地址　Gili Trawangan
TEL　无
营业　每天 9:00~24:00
税费＆服务费　含
信用卡　M V
Wi-Fi　免费

海滨区域的开放式氛围备受好评

珊瑚餐馆
Coral

可饱享海滨景观 　Map p.287

◆珊瑚餐馆位于阿斯顿日落海滩内。从阿亚姆塔利旺（Rp.95000）与龙目牛尾汤（Rp.135000）等本土菜品到牛肉汉堡（Rp.115000）等，品类十分丰富。设置在海面上的秋千现在已经成为极具人气的拍照场所。

地址　Gili Trawangan
TEL　（0370）633-686
营业　每天 7:00~23:00
税费＆服务费　+21%
信用卡　M V
Wi-Fi　免费

在海边饱享美味的海鲜吧

甜蜜生活餐馆
La Dolce Vita

品尝意大利美食的绝佳场所！ Map p.289/A2

◆这是一家由意大利人经营的意式餐馆。推荐菜品有西红柿意酱面（Rp.70000）、卡佐尼干酪（Rp.30000）以及帕尼尼经典三明治（Rp.45000）等。店内现在还出售有进口奶酪、火腿以及新月形面包等。

地址　Gili Trawangan
TEL　无
营业　每天 7:00~23:00
税费＆服务费　含
信用卡　M V
Wi-Fi　免费

意面的味道在吉利算是顶级水平

淘气鬼餐馆
scallywags

品尝新鲜海鲜的绝佳场所 　Map p.289/B1

◆淘气鬼餐馆在拥有众多海鲜BBQ店的吉利是最具人气的一家。可以在陈列有鱼贝类的区域选择想吃的食材并点餐。龙虾（100g售价为Rp.90000）、鲷鱼（Rp.140000~）、牛排（Rp.150000）。沙拉与面包不限量。BBQ 的供应时间为 18:00~。

地址　Gili Trawangan
TEL　（0370）614-5301
营业　每天 8:00~23:00
税费＆服务费　含
信用卡　M V
Wi-Fi　免费

鱼与烧烤类菜品均标有价位

美诺岛

卡玛海滩餐馆
Karma Beach

高档度假村的餐馆 　Map p.287

◆卡玛海滩餐馆面向纯白海滩而建，是一家充满南国风情的开放式餐馆。工作人员推荐菜品有蟹肉，分量十足的蟹肉面（Rp.160000）与香炖咖喱牛肉（Rp.155000）。这家店在餐馆数量较少的美诺岛是非常珍贵的一个存在。

地址　Giri Meno
TEL　0819-3672-0703（手机）
营业　每天 7:00~23:00
税费＆服务费　+21%
信用卡　M V
Wi-Fi　免费

在美丽大海的陪伴下享受美食

 贴士　夜幕降临，各国游客聚集夜市，热闹非凡。在这里可以饱享新鲜的海鲜BBQ，价位 Rp.50000 左右起。汇集当地各类新鲜菜品的摊位也拥有极高的人气。

 贴士　STUD 骑马（TEL 087-861-791-565 手机）现在开设有体验项目，游客可在傍晚日落时骑马漫步海滨。费用如下：30分钟 Rp.250000、60分钟 Rp.400000。住宿的酒店也可为游客安排。

扇贝海滩俱乐部
Scallywags Beach Club

◆扇贝海滩俱乐部是一家可以饱享新鲜海鲜的国际化美食餐馆。西班牙风味炸土豆 Patatas Bravas（Rp.50000）与烤鳀鳅（Rp.135000）。沙滩专用帆布折叠椅的使用费为 Rp.55000/ 把。

在这里饱享海鲜烧烤吧

菜品丰富的美食品尝点	Map p.287

地址 Gili Air
TEL 0819-1743-2086（手机）
营业 每天 7:00~23:00
税费 & 服务费 含
信用卡 M V
Wi-Fi 免费

酒店
Hotel

吉利几乎所有的住宿设施都是平房，但是，近年来乡间庄园与中等规模度假村的数量也正在逐渐增多。无论是哪一座岛屿，都拥有极高的人气，住宿设施数量的不足与其形成了鲜明的对比。7~9 月与年初年底的旅游旺季务必要提前确认是否需要事先进行预约（旅游旺季的费用也会上涨 1.5~3 倍）。平价旅馆的淋浴使用的是盐水。水质较好的酒店费用也相对要高一些。

高科莫酒店
Ko-Ko-Mo

`POOL` `餐馆` `早餐`

◆高科莫酒店是一家被围墙环绕的私人模式的高档度假村。共有 11 间豪华客房，设计简约，看上去沉稳大气。除了淋浴之外，游泳池现在使用的也是水质极高的水源。海滨沿岸还设有时尚且雅致的餐馆。

各豪华客房中设有起居室与冷水池（或者水力按摩池）

居住性较高且十分优雅的小型度假村	Map p.289/B1

地址 Gili Trawangan
TEL （0370）613-4920
URL www.kokomogilit.com
税费 & 服务费 +21%
信用卡 A J M V
Wi-Fi 客房 OK·免费
费用 AC HOT Cold TV 单床豪华客房 Rp.2400000~
AC HOT Cold TV 双床豪华客房 Rp.3440000~

海边小屋酒店
The Beach House

`POOL` `餐馆` `早餐`

◆海边小屋酒店时尚 & 简约的客房内设备齐全，十分舒适。还可以使用淡水淋浴。配有保险箱与冰箱，卫星播放的 TV 也很完善。共有 24 间客房。

德拉娜安岛的人气酒店	Map p.289/B1

地址 Gili Trawangan
TEL （0370）614-2352
URL www.beachhousegilit.com
税费 & 服务费 含
信用卡 A J M V **Wi-Fi** 客房 OK·免费
费用 AC HOT Cold TV 标间 S D Rp.600000~
AC HOT Cold TV 公寓 S D Rp.700000~
AC HOT Cold TV 豪华客房 S D Rp.800000~

巴厘岛海滩吉利别墅
Villa Gili Bali Beach

`POOL` `餐馆` `早餐`

◆巴厘岛海滩吉利别墅建在岛屿最佳日落观景点，是一座共拥有 5 间客房的私人别墅。海景套房与海滨平房从构造上看十分紧凑。位于建筑物上层的日落观景房布局非常宽敞，充满私人感。

凉爽的游泳池被周围的建筑环绕其中

适合情侣落脚的人气酒店	Map p.287

地址 Gili Trawangan
TEL 0859-3463-8079（手机）
URL www.villa-gili-bali-beach.com
税费 & 服务费 含 信用卡 A M V
Wi-Fi 客房 OK·免费
费用 AC HOT Cold TV 海景套房 S D US$110~
AC HOT Cold TV 海滨平房 S D US$110~
AC HOT Cold TV 日落观景房 S D US$180~

贴士 H 马塔斯酒店（**MAP** p.289/B1 URL www.martasgili.com）由 9 栋舒适的平房组成。还建有小型游泳池。配有空调、热水淋浴以及有线电视，S D Rp.800000~。

龙目岛阿斯顿日落海滩度假村
Aston Sunset Beach　`POOL` `餐馆` `早餐`

◆龙目岛阿斯顿日落海滩度假村共有 125 间客房，从海滨沿岸的餐馆可以眺望雄伟的日落风光。环绕主泳池楼宇中的高级房设计现代感十足，宽敞且方便使用。建议度蜜月的新婚夫妇体验一下排列在小路旁的豪华客房与别墅。

宽敞的豪华客房

豪华水疗也相当完善的舒适度假村　Map p.287
地址 Gili Trawangan
TEL（0370）633-686（预约）
URL www.aston-international.com
税费 & 服务费 +21%　信用卡 Ⓜ Ⓥ
`Wi-Fi` 客房 OK・免费
费用 `AC` `HOT` `Cold` `TV` 高级房 Ⓢ Ⓓ Rp.1128000~
　　 `AC` `HOT` `Cold` `TV` 豪华房 Ⓢ Ⓓ Rp.1358000~
　　 `AC` `HOT` `Cold` `TV` 单床平房 Rp.2078000~

卡鲁阿精品简易别墅
Kalua Boutique Bungalows　`POOL` `餐馆` `早餐`

◆卡鲁阿精品简易别墅位于岛屿中部的村落中，是一家共设有 7 间客房的小型住宿设施（原名为露马·卡鲁阿）。从构造上来看，在街道上是看不到这家旅馆的，客房清洁而舒适。距离岛屿中心略远，但是，周边还有很多旅馆与民宿，因此，即便是在夜间出行，也基本上不会感觉到危险。

以较低价格便可入住　Map p.289/A1
地址 Gili Trawangan
TEL 0878-6239-1308（手机）
URL www.kaluabungalows.com
税费 & 服务费 含
信用卡 Ⓜ Ⓥ
`Wi-Fi` 客房 OK・免费
费用 `AC` `HOT` `Cold` `TV` 标间 Ⓢ Ⓓ Rp.600000~
　　 `AC` `HOT` `Cold` `TV` 别墅 Rp.800000~

Information 可以独占纯白色沙滩的具有英属殖民地时期特色的酒店

客房现在被设计成为传统建筑风格

邦沙港是前往吉利的起点，周边也散布有度假村。图古龙目岛酒店 Tugu Lombok 是一家位于龙目岛北部思乐海滩上的成年人隐士酒店。

19 世纪移建古居的接待仪式与巴厘岛统治时代的古集会场所等，可以充分感受具有英属殖民地时期特色的氛围。面朝大海且拥有大窗的平房 & 别墅也相当舒适。

Ⓗ 图古龙目岛酒店 Tugu Lombok
`MAP` p.282/A1
地址 Sire Beach，Sigar Penjalin，Tanjung
TEL（0370）612-0111
URL www.tuguhotels.com
税费 & 服务费 +21%　信用卡 Ⓐ Ⓓ Ⓜ Ⓥ
`Wi-Fi` 客房 OK・免费
费用 甘榜平房 Rp.2810000~、
　　 阿伦阿伦别墅 Rp.3297000~

Column 地方菜品体验点

●体验夜市！
德拉娜安岛上白天什么都没有的空地从傍晚 17:00 左右至深夜便会变身为摆有众多摊位的夜市（`MAP` p.289/B2）。在新鲜的鱼贝类食材上涂抹名酱叁巴酱后经炭火烤制而成的伊康巴卡尔是绝佳美味。杂菜饭与面食的摊位也很多，充满活力。

在夜市体验当地美食吧

●欧美人聚集的烹饪教室
香辣烹饪工作室（`MAP` p.289/A2　TEL 0878-6577-6429（手机）　URL gilicooking school.webs.com）是备受游客青睐的项目体验场所。烹饪 7 种印度尼西亚菜品的课程在每天 12:00、16:00、20:00 分 3 次开课，费用为 Rp.385000。1 名学员即可开课，需要事先预约。

`投稿` 美诺岛齐多多莫（马车）的马脾性暴躁，因此，骑行过程中如果没有紧紧抓好，头部便会撞在房顶上。德拉娜安岛的马则相对比较服帖。

`贴士` Ⓡ 吉利格拉托餐馆 Gili Gelato（`MAP` p.289/B2　营业 每天 9:00~23:00）是一家使用新鲜食材烹饪美食的小型冰激凌店。可以从丰富的口味中任意选择，单价为 Rp.25000。

日落之家
Sunset House

POOL 餐馆 早餐

◆日落之家酒店所在地环境幽静，是一家共设有 10 间客房的滨海酒店。这家酒店紧邻潜水点，还可以从游泳池观望海景，环境宜人。

宽敞的游泳池备受好评

面前是安静的海滨区	Map p.287

地址 Gili Meno
TEL （0370）619-7878
URL www.sunsethouse-gilimeno.com
税费 & 服务费 含
信用卡 M V
Wi-Fi 客房 OK・免费
费用 AC HOT Cold TV D Rp.900000~

比鲁梅诺酒店
Biru Meno

POOL 餐馆 早餐

◆比鲁梅诺酒店位于岛屿南侧较为安静的地块，是一家共设有 16 间客房的独座房屋式酒店。宽敞的花园绿荫繁茂，2 层建筑的客房散布其中。考虑到 SNS 效应，已经对客房进行过精心翻修，配有蚊帐的床十分受女性顾客青睐，看上去非常可爱。

环境十分安静	Map p.287

地址 Gili Meno
TEL 081-3397-58968（手机）
URL birumeno.com
税费 & 服务费 含
信用卡 不可
Wi-Fi 客房 OK・免费
费用 AC HOT Cold TV S D Rp.850000~

艾尔岛

龙目岛吉利空气日出酒店
Sunrise Gili Air

POOL 餐馆 早餐

◆龙目岛吉利空气日出酒店在绿荫繁茂的环境中散布有 2 层独座房屋，共有 30 间客房。上面一层是卧室，可以在开放式起居室观望海景。内部装修以崇尚自然为主旨，但是，也有很多照明灯与插座，可以任意使用。

游泳池周围的椰子树十分繁茂

充满南国特有的开放感	Map p.287

地址 Gili Air
TEL 0819-1601-0360（手机）
URL www.sunrisegiliair.com
税费 & 服务费 含　信用卡 A M V
Wi-Fi 客房 OK・免费
费用 AC HOT Cold TV S D US$45~
　　 AC HOT Cold TV 高级客房 S D US$75~

Lombok

圣吉吉海滩
● 马塔兰

圣吉吉海滩 *Senggigi*

龙目岛极具代表性的老字号海滩度假村

海 拔	不足10米
区 号	0370

圣吉吉海滩是龙目岛上最早进行观光开发的海滩区域，现在已经成为岛上的观光据点。高档酒店等住宿设施完善，在短期旅行的游客中也极具人气，但是，周围残留有未经开发的自然风光，现在依然洋溢着田园氛围。在延伸至湛蓝大海中的白沙海滩上漫步，椰子树排列整齐，宛如明信片一般的风景不断映入眼帘。在海上可以饱享冲浪、潜水以及皮划艇等运动项目，傍晚日落时，海峡对岸的阿贡火山与夕阳共同构成的画面非常漂亮。

居住起来十分方便的海滨区域

开往圣吉吉海滩的班车
◆从巴厘岛的库塔出发
　6:00 发车，需时约7小时，Rp.175000
◆从乌布德出发
　7:00 发车，需时约8小时，Rp.175000
◆从甘地达萨出发
　8:30 发车，需时约5小时，Rp.150000

前往机场的交通
　丹立公司的机场巴士在3:00~16:00 期间每小时发1班车。
　需时2小时，Rp.40000。出租车的费用在Rp.220000左右。

从马塔兰驶出的长途汽车
　从马塔兰西部的安培南客运站出发，7:00~18:00，每小时运行多个班次。费用为Rp.5000。

🌀 交通方式

巴士

　普拉玛公司的班车从岛内的邦沙、吉利三岛以及巴厘岛的库塔、沙努尔、乌布德、甘地达萨等地驶出前往圣吉吉海滩，每天各1班。

船舶

　普拉玛公司现在有班船往返于圣吉吉海滩与吉利三岛之间，每天1班（需时1.5~2小时，Rp.200000）。
　从圣吉吉海滩出发的船于8:00 与15:00 由 Ⓗ 圣吉吉海滩酒店北侧驶出。有时会因天气与控制限乘人数等原因减少班次，因此，应事先对游船日程进行确认。

圣吉吉海滩的购物点

　普拉杰是一家位于圣吉吉海滩南侧约2公里的大型高档商店。T恤、包包、木雕以及百货等商品应有尽有，品种十分齐全。这里还设有龙目岛特产珍

在圣吉吉海滩选购旅游纪念品，这里绝对是不二之选

珠饰品的专柜，8毫米的玉质耳饰（Rp.175000）与淡水珍珠手链（Rp.75000）等的价位也十分合适。珍珠戒指Rp.1200000~，项链与手链Rp.2400000~。建筑的2层还开设有供应印度尼西亚美食的餐馆。

Ⓢ **普拉杰 Pradje**　　　　　MAP p.295/B2 外
地址 Jl.Raya Senggigi，Batu Layar
TEL 0878-6588-7935（手机）
营业 每天 8:00~22:00　信用卡 ⓂⓋ

　🍁 贴士　Ⓡ 伊纳里 Inari［MAP p.295/B2　TEL（0370）619-8325　营业 每天 11:00~23:00］是一家大型日料店＆寿司吧。金枪鱼刺身（Rp.50000）、烤鱼（Rp.48000）。

圣吉吉海滩　漫步

贯通马塔兰与龙目岛西北部的道路沿海岸延伸，是圣吉吉海滩的主要街道。高档酒店鳞次栉比的中心区域，也是餐馆与商店等的集中区，因此，基本上只要随便走一走，便足以完成游览。此外，位于 H 圣吉吉海滩喜来登酒店北侧的小山丘是绝佳的观景点。特别是没有云的傍晚时分，坐落在龙目海峡对岸的巴厘岛上的阿贡火山巍巍高耸，夕阳西下的景色非常壮观。晚上还会摆出摊位，可以饱尝当地的地方美食。

▶ 交通介绍

从中心地区南下，可以搭乘经由马塔兰发往安培南的长途汽车。北上的长途汽车并不驶向吉利与邦沙，而会在驶过 H 圣吉吉海滩喜来登酒店后折返。费用为 Rp.5000。

长途汽车也是非常方便的一种交通工具

岛内运行的出租车

除机场之外，圣吉吉海滩的旅行社与酒店还会为游客提供出租车包车服务。标准费用为 1 天 Rp.650000~。蓝鸟出租车［TEL（0370）627-000］24 小时提供服务，在圣吉吉海滩周边运行的费用为 Rp.10000~、前往邦沙的费用为 Rp.120000~（需时约 40 分钟）。

警惕利益诱惑

龙目岛与巴厘岛相同，现在也会发生纠纷事件。

①游客有时会受到"共同经营乡间小屋"的邀请，被强迫投资。如果不感兴趣，要果断地予以拒绝。即便感兴趣，也不应轻易相信对方的话语。

②圣吉吉海滩的迪斯科等也会有舞男出没。晚上去玩的时候一定要适可而止。

圣吉吉的潜水店

● Dream Divers

 p.295/B2

TEL（0370）692-047（Office）
URL www.dreamdivers.com
德拉娜安岛及艾尔岛也有分店。

● Bagus Divers

TEL 0819-0735-5541（手机）
URL www.bagusdivers.com
在圣吉吉的普利茅斯酒店内有分店。

种类繁多的龙目岛伴手礼

店内的工艺品及首饰均明码标价，可以放心购买。

S 龙目岛巴彦
Bayan Lombok

 p.295/A2

地址 Jl. Sriwijaya No.8
TEL（0370）693-3784
营业 每天 9:00～22:00

圣吉吉海滩 **户外运动**

● **水肺潜水 Scuba Diving**

可乘小艇前往岛屿周围风景美丽的海域

岛周围 1 日 2 次潜水 US$95～。有初学者团体游（每人费用 US$110～），即使没有潜水资格也可以体验。圣吉吉有很多潜水店，价格都差不多。

圣吉吉～班塞尔之间的海滩

● **钓鱼 Fishing Trip**

乘船出海的 1 日游，可以体验拖钓 Trolling（US$ 100～300）、深海钓（US$ 105～200）。费用中包含钓具及午餐。可以在酒店或旅行社报名。

餐馆
Restaurant

诱惑餐馆
Temptations

◆当地的外国人非常喜欢的咖啡&餐馆。煎马肉三明治（Rp.75000）的芝士入口即化，还有咖喱面风格的海鲜叻沙（Rp.58000）等，菜品种类丰富而且味道非常不错。有可享受空调的室内座位以及室外的开放式座位。

由澳大利亚人经营的餐馆Map p.295/B2
地址 Jl. Palm Raja No. 3-5, Senggigi
TEL（0370）693-463
营业 每天 8:00～21:00
税费&服务费 含 信用卡 **M** **V**
Wi-Fi 免费

莲花湾景餐馆
Lotus Bayview

◆位于艺术品市场 Pasar Seni 内的海滩餐馆。加入菠菜的瓜栗蘑菇意大利宽面条（Rp.105000）及玛格丽特比萨（Rp.90000）等意大利菜品很值得推荐。另外这里的海鲜也很不错。

观赏海景的同时享受美食 Map p.295/A1
地址 Jl. Raya Senggigi, Senggigi
TEL（0370）693-758
营业 每天 8:00～23:00
税费&服务费 +15%
信用卡 **M** **V** **Wi-Fi** 免费

塔曼餐馆
Taman

◆1 层的座位为设在中庭的开放式座位，在 2 层可以俯瞰 1 层，座位之间的间隔很宽。推荐品尝厨房牛排（Rp.90000）、新加坡辣椒蟹（Rp.180000）。每晚 7:00 开始可以欣赏到现场演奏。

开放式的布置

市中心的人气餐馆 Map p.295/A2
地址 Jl. Raya Senggigi, Senggigi
TEL（0370）693-842
营业 每天 7:00～23:00
税费&服务费 +16%
信用卡 **M** **V**
Wi-Fi 免费

广场餐馆
Square

◆环境优雅，晚上会点亮蜡烛。提供法国风味的肉类菜品及海鲜，也有很多印度尼西亚本地菜品可供选择。有 Ayam Taliwang（Rp.90000）、菲力牛排（Rp.175000～）等。

索纳牛排 Rp.95000

可以吃到比较丰盛的晚餐Map p.295/A2
地址 Senggigi Square Blok B, Senggigi
TEL（0370）693-688
营业 每天 12:00～23:00
税费&服务费 +15%
信用卡 **M** **V**
Wi-Fi 免费

 贴士 如需要挑选伴手礼，可以前往 **S** 艺术品市场 Pasar Seni（**MAP** p.295/A1）。有很多出售木雕工艺品、T 恤衫的摊位遗迹艺术沙龙，很值得一去。

酒店
Hotel

　　龙目岛规模最大的度假区，海滩沿岸的路边分布着各种档次的住宿设施。从高档酒店到中档酒店在旅游淡季的时候都会有大幅度的价格优惠。还有许多酒店是可以从机场免费接送，可以提前通过电话预约。

圣吉吉海滩喜来登酒店
Sheraton Senggigi Beach

POOL 餐馆 早餐

◆位于海滩的北侧，是一座拥有 142 间客房的时尚度假酒店。6 栋客房楼的四周被海滩和绿植茂盛的花园所环绕，还拥有餐馆、旅行社咨询处、潜水商店、游泳池、SPA、健身房等设施，在这里你可以尽情享受

传统与现代相结合的卧室设计风格

悠长假期。可以从客房的阳台上欣赏海滩或者庭园里的风景。客房分为吸烟房和禁烟房，预订的时候可以标注选择。此外，酒店还有不定期的萨萨克族传统舞蹈表演秀。

圣吉吉最具代表性的高档酒店　　　　Map p.295/A1
地址 Jl.Raya Senggigi km 8, Senggigi
TEL（0370）693-333
URL sheraton.com/senggigi
税费 & 服务费　+21%
信用卡 A J M V
Wi-Fi 客房有信号、免费
费用 AC HOT Cold TV 高级房 S D Rp.1250000～
　　 AC HOT Cold TV 豪华房 S D Rp.1300000～

龙目岛圣吉吉海滩奇拉酒店
Kila Senggigi Beach

POOL 餐馆 早餐

◆建于白沙滩沿岸的大型酒店，共有 150 间客房。酒店占地 12 公顷，位于海角的最前端，内有 2 层建筑的客房楼和小木屋式的简易别墅。客房内设计古典别致给人感觉很舒适，阳台也比较宽敞。

敞亮的卧室

老牌酒店全新设施　　　　　　　　Map p.295/B1
地址 Jl. Pantai Senggigi
TEL（0370）693-210
URL www.aerowisatahotels.com
税费 & 服务费 +21% 信用卡 A M V
Wi-Fi 客房有信号、免费
费用 AC HOT Cold TV 高级房 S D US $ 120
　　 AC HOT Cold TV 豪华房 S D US $ 140
　　 AC HOT Cold TV 简易别墅 S D US $ 180

圣吉吉总理核心酒店
Core Hotel Premier Senggigi

POOL 餐馆 早餐

◆位于圣吉吉海滩中心地带的一家酒店，地理便利，共有 92 间客房。酒店虽然不大但是设施齐全，内设电梯，使用起来很是方便。客房的装修风格是简约的现代风格，给人的感觉十分舒服。从餐馆可以欣赏泳池风光，度假感觉十足。

2018 年 3 月新开业的酒店　　　　Map p.295/B2
地址 Jl. Raya Senggigi Km 12
TEL（0370）619-8899
URL thecoreinternational.com
税费 & 服务费 +21% 信用卡 A M V
Wi-Fi 客房有信号、免费
费用 AC HOT Cold TV 高级房 S D Rp.850000～
　　 AC HOT Cold TV 小型套房 Rp.1300000～

BC 旅馆
BC Inn

POOL 餐馆 早餐

◆十分适合背包客入住的价格便宜的住宿设施，位于主街沿线。位于主路沿线的小巷子里，客房虽然不算宽敞但是非常干净整齐。旅馆的入口处还设有便利店，十分方便，还有来自世界各地的旅行者会聚在这里。共有 18 间客房。

圣吉吉最便宜的住宿设施　　　　　Map p.295/B2
地址 Jl. Raya Senggigi Km8, Senggigi
TEL（0370）619-7880
URL bcinnsenggigi.com
税费 & 服务费　含
信用卡 M V
Wi-Fi 只有公共区域有信号、免费
费用 AC HOT Cold TV D Rp.200000～

龙目岛吉祥物海滩酒店
Mascot Beach

POOL 餐馆 早餐

◆ H 酒店位于进入圣吉吉海滩的小路旁，四周围被绿植所环绕，共有 28 间客房的别墅式酒店。客房十分宽敞舒适，木质结构的内装别有一番韵味。房间内还有迷你吧、浴缸、空调、电视机等。

静谧的隐居酒店　　　　　　　　　Map p.295/B1
地址 Jl. Raya Senggigi, Senggigi
TEL（0370）693-365
税费 & 服务费　含
信用卡 J M V
Wi-Fi 客房有信号、免费
费用 AC HOT Cold TV S D Rp.550000～750000

马塔兰 *Mataram*

缤纷多彩的西努沙登加拉省首府

人 口	42万
海 拔	不足10米
区 号	0370
机场代码	LOP

从清晨开始便热闹非凡的卡克拉尼加拉市场

马塔兰是西努沙登加拉省的首府，周边汇集了安培南、卡克拉尼加拉、苏威塔等城镇。下面从西向东开始介绍，安培南是一座古老的港口城镇；马塔兰是政府机关所在地；卡克拉尼加拉是一座充满活力的小城，拥有许多华人商店；苏威塔拥有大型的市场。这四座小城东西长10公里，组成了一座城市的规模。

游客如果有机会在这里转机，可以顺便游览一下卡克拉尼加拉等地的一些建于巴厘王朝时代的寺庙。此外，曾经繁荣一时的港口城市安培南、卡克拉尼加拉的市场等也是十分适合漫步游走的城市。如果旅途的时间充裕不妨来这里逛一逛。

◎ 交通方式

飞机

在巴厘岛的登巴萨国际机场转机，有从印尼各地飞来到此的航班。登巴萨至龙目岛之间有狮子航空（西部）、加鲁达航空（印尼鹰航）的航班通航，每天8~9趟。

位于岛中央的龙目国际机场

此外，印尼鹰航、印尼狮航、印尼城市快线航空等航空公司也有从雅加达、苏门答腊等爪哇各地至此的航班。

至龙目岛的航班（从龙目岛起飞 → p.442、国际航线 → p.285）	
从雅加达起飞	印尼鹰航、印尼狮航、巴泽航空、印尼城市快线航空 每天10~13班次，所需时间2小时，Rp.726000~1935000
从苏腊巴亚起飞	印尼鹰航、印尼城市快线、印尼鹰航每天9班次，所需时间1小时，Rp.402000~1157000
从登巴萨起飞	印尼鹰航与印尼狮航（Wings）每天8~9班次，所需时间25~60分钟，Rp.241000~544000

机场巴士

普拉玛穿梭巴士（Perama Bus）除了可以去往龙目岛内各地之外，每天还有通往巴厘岛各主要景点的车次发车。对于游客来说乘坐当地的巴士出游是最普遍的交通方法。

机场至市区

龙目国际机场建于2011年，位于岛上偏南位置的普拉亚（Praya）。可以在机场内的柜台购买出租车票。从机场至马塔兰 Rp.150000、至圣吉吉海滩 Rp.200000、至库塔 Rp.90000。至可以前往吉利三岛的起点邦萨尔码头需要 Rp.285000。

另外，达姆利（DAMRI）巴士公司还有可以往岛内各地的穿梭巴士通车，发车时间是配合航班起降而定的。至马塔兰 Rp.25000、至圣吉吉海滩 Rp.35000。

在机场包车

在机场的旅行服务柜台也可以办理租车手续。包含可机的包车服务是4小时 Rp.300000~、8小时 Rp.750000~。根据目的地和车型有固定的套餐费用，沟通起来也比较简单。

马塔兰的购物中心

位于市中心的马塔兰购物中心Ｓ Mall（Mataram Mall）（MAP p.301）是当地人比较喜欢去的购物中心。在这里经常可以见到以家庭为单位的顾客或者情侣 2016年开业的 EPI 中心商场Ｓ（EPI Centrum Mall）（MAP p.299）从古董店、家居中心到咖啡馆、餐馆、餐饮区，拥有各式各样商业形态。

另外，马塔兰 Mall（Mataram Mall）以东一个街区还有一家超级市场Ｓ Ruby（MAP p.301），价格低廉，十分接地气。可以在这里淘到很多当地的商品。

普拉玛巴士公司 MAP p.301
地址 Jl. Pejanggik No.66
TEL（0370）635-928

至马塔兰的穿梭巴士与船舶	
从吉利三岛出发	每天 1 趟，乘坐巴士约需 1.5 小时，Rp.150000
从圣吉吉海滩出发	每天 2 趟，所需时间 30 分钟，Rp.35000
从龙目岛的库塔出发	每天 1 趟，所需时间 1.5 小时，Rp.125000
从邦萨尔出发	每天 1 趟，所需时间 1 小时，Rp.60000

船舶

从巴厘岛的八丹拜出发至马塔兰以南约 30 公里的伦巴港的渡轮 24 小时通航，每 3 小时 2 班船（航程 5~6 小时，Rp.46000）。

马塔兰 漫 步

马塔兰市区东西绵延约 10 公里，根据目的地合理规划线路是非常有必要的。住宿设施大都分布在马塔兰的市中心地区，周边还有一些餐馆。参观位于卡克拉尼加拉的摩由罗水之宫和美露寺、位于安培南的国家博物馆或者旅行信息中心，可以乘坐出租车（打表的出租车起步价是 Rp.5500）、小型巴士（Bemo）、摩的前往。

马塔兰的地标建筑马塔兰 Mall

市内的街道上行驶的黄色面包车是小型巴士（Bemo），票价统一 Rp.5000。安培南与苏威塔之间每天都有大量的小巴往返之间。不过由于道路是单行线，因此去往位于东边的苏威塔需要经由 Jl. Yos Sudarso、Jl. Pejanggik，去往安培南需要经由 Jl. Brawijaya、Jl. Majapahit。

穿行在市中心地区的小巴

马塔兰 主要景点

至今仍可以感受到过往的繁荣

摩由罗水之宫殿   Map p.301 ★
Mayura Water Palace

这座宫殿由巴厘八王国之一的卡拉格斯王朝于 1744 年所建的宫殿。

通往龙目岛的当地巴士

有从岛内各地或者巴厘岛、松贝瓦发车至龙目岛交通枢纽曼达丽佳巴士中心的车次。虽然当地的巴士价格低廉，但是空间比较狭窄、路上花费的时间比较长久，因此外国旅行者很少利用。

从安培南巴士中心出发的小巴可以通往圣吉吉海滩、班赛尔等龙目岛北部地区。

西努沙登加拉省政府旅游咨询处 [MAP] p.299
地址 Jl. Langko No. 70, Mataram
TEL（0370）640-471
营业 每天 8:00~16:00

有英语、中文的免费地图可以领取。旅游咨询和交通信息相关的询问都可以态度和蔼地进行解答。

货币兑换

银行和货币兑换处位于马塔兰市中心的 Jl. Pejanggik 上。虽然可以兑换人民币，但是汇率不是很理想。

龙目岛出租车
TEL（0370）627-000（24 小时）

健康的果汁摊点

位于 MGM 超市的停车场内，是极好的休息点。1 杯大约 Rp.18000，价格也很便宜。
Ⓡ Smoothie 99
[MAP] p.299
TEL 0877-6543-2800（手机）
营业 每天 10:00~20:00

摩由罗水之宫殿
入场 每天 9:00~17:00
门票 Rp.25000

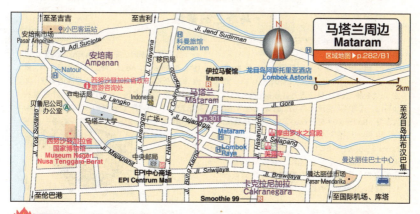

马塔兰周边
Mataram
区域地图 ▶ p.282/B1

至圣吉吉　至吉利
小巴客运站
安培南市场
Pasar Ampenan
Jl. Adi Sucipta
Jl. Jend Sudirman
科曼旅馆
Koman Inn
安培南
Ampenan
Natour
移民局
Jl. Udayana
伊拉马餐馆
Irama
龙目岛阿斯托里亚酒店
Lombok Astoria
西努沙登加拉省政府
旅游咨询处
电话局
Jl. Langko
Indonesia
马塔兰
Mataram
Jl. Gora
贝兰尼公司办公室
乌布二大学
Jl. Antangga
Jl. Pejanggik
p.301
Mataram
Jl. Hasanuddin
Jl. Salapang
至龙目岛拉布汉巴集
美游寺
摩由罗水之宫殿
西努沙登加拉省
国家博物馆
Museum Negeri
Nusa Tenggara-Barat
Jl. Hakim
Lombok Raye
Bulu Kamo
中央邮局
EPI中心商场
EPI Centrum Mall
Jl. Sriwijaya
Jl. Brawijaya
曼达丽佳市场
Pasar Mandarika
曼达丽佳巴士中心
至伦巴港
Smoothie 99
卡克拉尼加拉
Cakranegara
至国际机场、库塔
2km

贴士   马塔兰市内可以使用叫车软件 Grab（→ p.57）。可以乘车去往圣吉吉海滩、库塔，但是如果反过来从圣吉吉或者库塔回来是不可以使用的。有些个别当地司机会违反交通规则，需要格外小心。

美露寺
入场 每天 9:00~17:00
门票 Rp.20000

耸立在人工湖上的水上宫殿

美露寺中矗立的三座塔

西努沙登加拉省国家博物馆
TEL（0370）632-159
入场 周二～周日 8:00~15:00
门票 Rp.10000

国家博物馆内展示有割礼道具
等有趣展品

建筑风格与巴厘岛塞马拉普拉的古代司法大厅十分相似。被人们称为"巴雷堪布（村里的集会场所）"的一处浮于人工湖上的宫殿，曾经是王族的会议室和法院。曾经想要占领龙目岛并且被捕的东印度公司的班·汉姆就是在这里被处死的。

龙目岛上居住的巴厘人的圣地
美露寺 Map p.301
Pura Meru

　　这座寺庙是 1720 年由巴厘岛的卡兰王子所建造的，也是龙目岛上印度教的主教寺院。这里以供奉着湿婆的 11 层塔（＝美露）为中心，还建有供奉着毗湿奴、梵天的 9 层塔。

感受岛国当地居民文化的好去处
西努沙登加拉省国家博物馆 Map p.299
Museum Negeri Nusa Tenggara Barat

　　介绍龙目岛与松巴哇岛上的民族文化的博物馆。展品有民族服装、服饰，还有农耕用具等介绍传统生活的展品，还有用梵文书写的圣书等。

酒店
Hotel

龙目岛拉亚酒店
Lombok Raya

◆位于马塔兰市中心的大型酒店，共有 312 间客房。房间宽敞而厚重。餐馆、SPA、健身中心等设施也较为齐全。

POOL 餐馆 早餐

宽敞的卧室

新馆刚刚开业的大型酒店　　Map p.301
地址　Jl. Panca Usaha No.11, Mataram
TEL（0370）632-305
URL　www.lombokrayahotel.com
税费＆服务费 含　信用卡 A J M V
Wi-Fi　客房有信号、免费
费用　AC HOT Cold TV 高级房 ⒹRp.500000
　　　AC HOT Cold TV 豪华房 ⒹRp.650000
　　　AC HOT Cold TV 小型套间 Rp.1800000

马塔兰的餐馆

　　马塔兰的市中心地区有许多值得推荐的当地餐馆。

　　R 伊拉马餐馆 Irama（MAP p.299 地址 Jl. Ade Irma Suyani No.10　TEL（0370）623-163 营业 每天 8:00~23:00）是经营龙目岛乡土菜肴的知名餐馆。招牌菜是香辣烤鸡（Ayam taliwang）。双人套餐（Rp.160000）包含香辣烤鸡、烤鱼和米饭。

　　R 阿罗玛餐馆 Aroma（MAP p.301 地址 Jl. Palapa 1 No. 2A　TEL（0370）632-585 营业 每天 10:00~22:00）是一家擅长烹制海鲜的中式印尼菜馆。附带甜辣酱、黑椒酱的螃蟹菜肴 1 千克 Rp.200000。炒饭、炒面、拌炒青菜等

Rp.23000~ 起。

　　R 伊斯塔娜朗萨餐馆 Istana Rasa（MAP p.301 地址 Jl. Subak III，No.21　TEL（0370）637-684 营业 每天 7:30-19:30）是当地人气超高的餐馆。尤其是这里的牛尾汤（Rp.70000）、拉翁牛肉汤（Rp.30000）、鸡肉汤（Rp.20000）等印尼的特色菜，味道相当地道。

一定要尝尝这里的招牌菜——牛尾汤

  贴士　R 米拉萨 Mirasa（MAP p.301 地址 Jl. A.A.Gde Ngurah No.88　TEL（0370）633-096 营业 每天 7:00~21:00）位于卡克拉尼加加市场附近的甜品店。在这里可以品尝到印尼的烤蛋糕和面包。

龙目岛阿斯托里亚酒店
Lombok Astoria

POOL 餐馆 早餐

◆酒店位于马塔兰市区，共有165间客房。客房内装饰十分考究，还拥有SPA、健身房等配套设施。

2017年6月新开业

拥有相当高水平的酒店设施 Map p.299

地址 Jl. Jend. Sudirman No.40
TEL（0370）617-0999
URL lombokastoriahotel.com
税费&服务费 +21%
信用卡 A M V　Wi-Fi 客房有信号、免费
费用 AC HOT Cold TV 豪华房 ⑤⑩Rp.1259000~
　　 AC HOT Cold TV 小型套间 Rp.2359000~

马塔兰阿斯顿酒店
Aston Inn Mataram

POOL 餐馆 早餐

◆酒店位于马塔兰市中心地带，共有130间客房。附近有购物中心、餐馆，地理位置优越。客房的装饰时尚而便捷。

特别适合商旅居住

性价比较高的城市酒店 Map p.301

地址 Jl. Panca Usaha No.1, Mataram
TEL（0370）750-5000
URL www.astonhotelsinternational.com
税费&服务费 +21%　信用卡 A J M V
Wi-Fi 客房有信号、免费
费用 AC HOT Cold TV 高级房 ⑤⑩Rp.588000~
　　 AC HOT Cold TV 豪华房 ⑤⑩Rp.788000~

龙目岛花园酒店
Lombok Garden

POOL 餐馆 早餐

◆充满殖民地风格的酒店，共有224间客房，整体感觉舒适。宽敞的花园景观令人十分赏心悦目，客房的面积也十分宽敞，使用起来非常方便。酒店内还有餐馆。

有气氛的老牌酒店 Map p.301

地址 Jl. Bung Karno No.7, Mataram
TEL（0370）636-015
URL www.lombokgardenhotel.com
税费&服务费 +21%　信用卡 A J M V
Wi-Fi 客房有信号、免费
费用 AC HOT Cold TV 高级房 ⑤⑩Rp.480000~
　　 AC HOT Cold TV 豪华房 ⑤⑩Rp.520000~
　　 AC HOT Cold TV 木屋别墅 ⑤⑩Rp.670000~

雷丁酒店
Ratih

POOL 餐馆 早餐

◆面朝主干道而建的酒店，共有36间客房。客房是建造在绿荫之中的联排木屋。高级房内带有浴缸。

茂盛的绿植给人一种十分凉爽的感觉 Map p.301

地址 Jl. Pejanggik No.127, Mataram
TEL（0370）631-096　税费&服务费 +21%
信用卡 M V　Wi-Fi 只有公共有信号、免费
费用 AC HOT Cold TV 经济房 ⑤⑩Rp.200000
　　 AC HOT Cold TV 标准房 ⑤⑩Rp.275000
　　 AC HOT Cold TV 木屋 ⑤⑩Rp.325000
　　 AC HOT Cold TV 高级房 ⑤⑩Rp.375000

马塔兰市中心
Central Mataram
区域地图 ▶p.299

绿水环绕的纳尔达离宫

纳尔达离宫

距离马塔兰以东约10公里，从马塔兰巴士中心有许多小型巴士（Rp.5000）可以到达这里。如果从马塔兰打车至此大约需要花费Rp.50000~65000。
营业 每天7:30~18:00（泳池周五休息）
费用 门票 Rp.10000，泳池需单独支付 Rp.5000

去往苏然阿迪的交通方法

从纳尔达换乘小型巴士，向东北方向行驶7公里左右。乘坐出租更加方便（Rp.65000左右）。

林萨庙

位于纳尔达西北约7公里处。可以从纳尔达换乘小巴士到庙宇群的附近。乘坐出租车更加方便（Rp.65000左右）。
营业 随时
费用 随意（Rp.50000左右）

招财大鲇鱼

林萨庙内有一处被称为"万能圣水"的泉水池，人们都争先来这里舀水，据说看到池中居住的大鲇鱼就可以发大财。场内还有一些互换鲇鱼的大人，可以付费让他们呼叫鲇鱼（费用大约是Rp.20000）。

马塔兰以东

当地人的休憩场所
纳尔达离宫 ★
Taman Narmada | Map p.283/B2

这座宫殿是在1805年，由当时统治这片区域的卡朗阿森王朝下令修建的。由于国王年事已高不能亲自前往林查尼火山祭拜，因此老国王便在这里修建了以火山和嘎啦阿娜湖为原型的大型庭园。如今绿荫密布的园林已经成了当地人休闲娱乐的人气场所。此外，在狄卡拉还可以游泳，据说沐浴了这里的水可以变得更年轻。

寺院内的泉水是这里的著名景观
苏然阿迪 ★
Suranadi | Map p.283/B2

至今仍保留有神秘泉水的苏然阿迪

位于林查尼火山脚下的一处避暑胜地。这里流传着一个传说，卡朗阿森国王曾经在此祈求上天，于是泉水便在此地涌出。位于树丛中的古老寺院是龙目岛上最古老的印度寺院。旁边还建有苏然阿迪酒店，酒店内有利用涌出的泉水而修建的游泳池。

举行各种仪式的时候非常值得一看
林萨庙 ★★
Pura Lingsar | Map p.283/B2

这里是修建于1714年的寺庙群，巴厘岛上的印度教徒和信奉伊斯兰教的萨萨克族，可以共同来这里朝拜。这里也是这两种不同宗教与自然崇拜相融合的一个标志，是当地人信仰的雨神圣地。每年11月上旬至12月中旬，雨季前各教的信徒们都会会聚于此，举行祈求五谷丰收互相投掷"粽子（一种用椰子叶包裹大米制成的食物）"。

寺院内的信者较多

记下这美丽的瀑布

空中布卡克（Air Bukak **MAP** p.283/B2）距离马塔兰约有1小时车程，这里有一座被称为布南斯托盖尔的瀑布。瀑布是当地人非常喜爱的景点，每逢节假日都会有许多家庭来这里沐浴瀑布之水。来自林查尼火山脚下不断涌出的泉水从高处往下流，仅仅是远看都会使人感觉十分凉爽。瀑布附近有一间简易的更衣室，如果带着泳装或者印尼纱笼，就可以享受在瀑布水潭戏水的乐趣。清凉的泉水使人心旷神怡，有一种与自然融为一体的感觉。营业时间至日落，门票是Rp.10000（停车费Rp.2000）。

有两条瀑布从上落下

贴士 苏然阿迪（→p.302）的停车场内，有许多出售苏然阿迪名吃"沙嗲鸡串"的小店。使用特有的辣味酱——沙嗲酱烹制而成鸡肉串，味道好极了。在这里还可以购买到当地的小点心、美味小吃等。

马塔兰以南

可以亲身感受传统的织布工艺

苏卡拉勒

`Map p.283/B2`

Sukarara

这里是位于马塔兰东南部的一处宋吉布料（songket）与伊卡布料（Ikat）的产地。萨萨克族人的未婚女性使用宋吉布料、男性使用伊卡布料，手工匠人们代代传承着这种传统的手工织布技能。苏卡拉勒村内还有几家专营布料的店铺，可以参观织布的整个过程。根据品质的不同宋吉布料的价格是 Rp.200000~，伊卡布料的价格是 Rp.75000~。

在作坊内织布的萨萨克族女性

风格淳朴的陶艺村

陶艺村

`Map p.282/B1`

Banyumulek

位于马塔兰以南约 10 公里处的陶器市场。无论是色彩绚丽的彩陶器皿还是古朴素雅的素烧陶罐、小摆件等应有尽有。市场内的一角处还有专门展示陶艺制作过程的区域，村子内有数家陶艺工坊。

可以亲身体验萨萨克人的传统生活

萨德与伦毕坦

`Map p.283/C2` ★★

Sade & Rembitan

位于库塔北部的两个村庄，这里因保留有萨萨克人传统的民居而闻名。高拱形的屋顶、拥有架空层的房屋大大小小几十间排列着的景象给人留下了深刻的影响。民居处处都展现除了古代劳动人民的智慧，令人十分感慨，例如：为了防蚊虫入口处的泥土地面是使用牛粪制成的；为了防止老鼠进入谷仓，柱子上钉了很多木圈。这些没有使用任何金属而搭造的房屋，每隔 10 年就需要重新修复一下。萨萨克族人拥有独特的群落居住习俗，这里的人们融合了印度教、伊斯兰教以及泛灵信仰形成了独特的宗教信仰，并且严格遵守宗教规定。

手工脱稻壳、道路两旁的辛勤耕作的农民等这种素朴的生活场景让人感觉十分治愈。无论是石碾的台阶、打稻谷的老妇人，还是背着孩子在河边打水的少女，一幕幕都是活灵现现的历史文化生活博物馆。

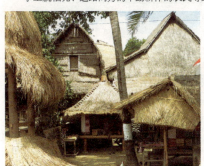

保留有传统民居的恬适小村庄——萨德村

去往苏卡拉勒的交通方法

苏卡拉勒位于马塔兰东南大约 20 公里处，一般都是参加岛内的团体游项目在此比较方便。如果从马塔兰乘坐出租车至此大约需要 1 小时，从库塔乘坐出租车至此大约需要 50 分钟。

至陶艺村的交通方法

一般来说可以参加岛内的团体游项目或者叫专车来这里游览。

从马塔兰的梅塔出租车中心，乘车至此大约需要 Rp.65000。

摊位上摆放整齐的素朴陶器

去往萨德与伦毕坦的交通方法

从库塔至萨德村大约有 7 公里的路程，至伦毕坦大约有 7.5 公里。可以乘坐去往马塔兰方向的小型巴士（Rp.10000~）前往。如果开车前往大约需要 10 分钟。

有从圣吉吉或者马塔兰出发的团体游项目可以至此。也可以从马塔兰巴士中心乘坐去往普拉亚或者库塔方向的小型巴士在途中下车。

进村费

可以说英语的年轻人或者小朋友会向游客推销自己充当导游，可以介绍家中以及村里的情况，游览行程结束时，会向游客收取 Rp.30000 左右的进村费。

萨德村的特产也是民族织物

Lombok

海 拔	不足 10 米
长途区号	0370

库塔海滩 *Kuta*

安静恬适的海边小渔村

位于龙目岛南部的库塔海滩比起喧闹的巴厘岛库塔海滩要显得宁静许多，而且物价低廉，拥有数十家便宜的住宿设施和餐馆。海边有使用渔具钓小鱼的渔民，还有在海滩玩耍的孩童，每逢周末还有小型的市场，这种海边小渔村的生活令人非常向往。

恬静悠闲的海滩风光

交通方式

巴士

普拉玛公司的穿梭巴士，有从岛内西部地区圣吉吉、邦萨尔、马塔兰至此地的线路。库塔海滩上的塞加拉阿纳克酒店（Segare Anak）设有巴士公司柜台，车辆的始发站也设在这里。9:00 从库塔海滩发车，然后在马塔兰换乘。

也可以从曼达丽佳巴士中心乘坐小型巴士或者当地巴士，在普拉亚和森科尔换乘至库塔海滩的车，不过这里的车次时间不太稳定。车费大约 Rp.20000。

库塔海滩 漫 步

库塔海滩是背包客们长期停留的海滩，除了龙目岛诺博德尔酒店之外，这里的住宿设施大多十分简陋。有些酒店可以出租冲浪板、自行车、摩托车等。

海滩附近有些小市场

从库塔海滩乘坐小巴向东行驶 4 公里，可以到达一片纯白色的闲静海滩，当地人将这里称作阿安岬角（Tanjung Aan）。此外，从玛塔哈丽旅馆（Matahari Inn）前的道路向西行驶 5 公里，便可以欣赏到美丽的人海口——毛温（Mawun）。由于这里没有通小巴，因此只能乘坐摩的或者叫车前往。有些酒店也提供接送服务。

节庆活动信息

●**每天 2~3 月**

举行祈求庄稼丰收、鱼儿满仓的“捉海虫祭（Bau Nyale）”。届时晚上会在海滩上歌唱，早晨会在海滩上举行捉海蚯蚓（一种用来当作鱼饵的海虫）的仪式。

去往库塔海滩的巴士

◆**从马塔兰出发**

每天 1 班车，所需时间 1.5 小时，Rp.125000

◆**从圣吉吉海滩出发**

每天 1 班车，所需时间 2 小时，Rp.125000

◆**从邦萨尔出发**

每天 1 班车，所需时间 3 小时，Rp.175000

※ 上述车辆最少发车人数均为 2 人

去往机场的交通方法

各住宿设施都可以提供去往机场的服务，叫车费用大约是 Rp.150000。从机场乘坐出租车至库塔海滩大约需要花费 Rp.93000。

可以体验瑜伽的餐馆

R 阿什塔丽餐馆位于距离库存中心城区约 10 分钟车程的一座高台上，是一座极好的景观餐馆。这里提供各式各样的国际菜肴，以及素食。此外，每天还有 5 节瑜伽课（Rp.100000）。

R **阿什塔丽 Ashtari**

MAP p.283/C2

TEL 0877-6549-7625（手机）

URL www.ashtarilombok.com

营业 每天 7:30~21:30

贴士 帕萨尔自由市场（MAP p.305）只有在周日才会举行，届时会有许多出售服装、食材、日用百货的露天摊位在此出摊，是观察当地人生活的绝佳时机。自由市场的时间是早 7:00 至正午前。

餐馆
Restaurant

纳盖特餐馆
Nuggets Corner

◆这是一家印尼餐馆，很多背包客都喜欢来这里就餐，十分热闹。菜肴有烤鱼、巴东牛肉拼盘（Rp.60000），乌鸡、巴东牛肉拼盘（Rp.50000），蔬菜咖喱（Rp.40000）等。店内虽然不出售酒精类饮品，但是可以自带。

菜谱附带照片且种类丰富   Map p.305

地址 Kuta
TEL 087-8654-61505（手机）
营业 每天 7:30~23:00
税费 & 服务费 含
信用卡 不可

烤鱼、巴东牛肉拼盘是店里的招牌

流浪者小吃店
Warung Drifters

◆店内提供澳大利亚风味的汉堡包，在当地十分受欢迎。脆皮培根乳酪（Rp.80000），鸡肉汉堡（Rp.60000~），使用饼坯夹可乐饼汉堡（Rp.65000）等都非常值得推荐。汉堡类都附带一份炸薯条。

库塔最有人气的汉堡店   Map p.305

地址 Kuta
TEL 0878-6427-5918（手机）
营业 每天 9:00~22:00
税费 & 服务费 含
信用卡 不可

鸡肉汉堡 Rp.65000

酒店
Hotel

冲浪者旅馆
Surfers Inn

POOL 餐馆 早餐

◆客房是围绕着泳池而建的，共有 25 间，客房内的格子床罩十分可爱。旅馆可以租借小船，商店内还有冲浪板出售。

在冲浪爱好者中相当有人气的旅馆

许多冲浪爱好者会聚于此   Map p.305

地址 Jl. Pantai Kuta. Kuta
TEL（0370）615-5582
税费 & 服务费 含
信用卡 MV Wi-Fi 客房内有信号、免费
费用 AC HOT Cold TV 标准间 ⑤⑩Rp.250000~
AC HOT Cold TV 高级间 ⑤⑩Rp.400000~

普瑞林加尼简易别墅酒店
Puri Rinjani

POOL 餐馆 早餐

◆性价比超高的简易别墅酒店。中院拥有大游泳池，还有按摩区。酒店的员工也都十分亲切，入住体验非常好。共有 19 间客房。

每个简易别墅都是独栋的

适合长期居住的游客   Map p.305

地址 Jl. Pantai Kuta, Kuta
TEL（0370）615-4849
税费 & 服务费 含
信用卡 MV Wi-Fi 客房内有信号、免费
费用 AC HOT Cold TV 高级间 ⑤⑩Rp.650000
AC HOT Cold TV 标准间 ⑤⑩Rp.750000

库塔 Kuta
区域地图 ▶p.283/C2

至马马海滩
纳盖特餐馆 Nuggets Corner
厄尔巴扎咖啡馆 El Bazar Cafe
库塔因达酒店 Kuta Indah
Màtahari Inn
市场（帕萨尔自由市场）
小巴乘车处
Lombok Lounge
Kuta Mara
Jl. Pariwisata
流浪者小吃店 Warung Drifters
库塔巴鲁 Kuta Baru
餐馆、纪念品店林立
拉曼卡奇宿家庭 Lamancha Homestay
Kutapang
冲浪者旅馆 Surfers Inn
塞加拉阿纳克酒店 Segare Anak
普瑞林加尼简易别墅酒店 Puri Rinjani
Jl. Pantai Kuta Anda Bungalous
库塔湾 Teluk Kuta
至 龙目岛诺富特酒店（1.5公里）
0　　　500m
N

贴士   虽然库塔是一座安静恬适的小村落，但也需要做好安全防范工作。在小木屋入住就寝时一定要注意关窗户，房门也要确定锁好。行李和贵重物品需要贴身保管。

Gerupuk

冲浪爱好者的天堂

龙目岛冲浪爱好者的天堂

格鲁普克

MAP p.283/C2

来自全世界的冲浪爱好者为了追求顶级冲浪点都会聚集到格鲁普克。虽然这里只是一个安详平静的小渔村，但是住宿设施和餐厅等都非常齐全。这里的冲浪点多高变化，全年都可以享受各式各样浪头的乐趣。

🌴 **交通** 从龙目国际机场乘坐出租车至此大约需要1小时，车费大约是Rp.146000~200000。不过也有个别司机不喜欢前往格鲁普克，因为那里有些地方是土路，最靠谱的方法还是提前跟酒店预订好接送的小型巴士。

🌴 **游览方法** 格鲁普克是一个小渔村，移动基本靠步行足以（也可以租借摩托或者自行车）。海边的一些住宿设施和咖啡馆大都拥有自己的小船，可以负责送接冲浪板（往返Rp.150000），也可以出租冲浪板（1天Rp.50000~）。

商店内相关产品的种类也比较丰富，当地也有不少冲浪向导

酒店

R **格鲁普克冲浪咖啡馆 Gerupuk Surf Cafe**
（MAP p.306 营业 每天7:00~23:00）这家咖啡馆面朝大海而建，可以观海景，是格鲁普克的地标餐馆。除了咖喱鸡（Rp.40000）、炒饭（Rp.30000）之外，还有意面、牛排等西餐提供。

R **海海 KaiKai** MAP p.306 TEL 0853-3716-2267手机 营业 周一~周六 18:00~22:00）这里是一间日本冲浪达人经营的店铺，提供日料。主要菜肴有特制拉面（Rp.65000）、烤鸡翅（Rp.30000）、金枪鱼军舰卷（Rp.50000）。小编推荐这家的自制椰子冰激凌。

R **欧吉咖啡 Aussy Cafe** MAP p.306

欧吉咖啡的食谱十分丰富

TEL 0823-3974-9447 手机 营业 每天 8:00~22:30）
这家咖啡馆位于海滩附近，菜肴的味道备受好评。值得推荐的是龙目岛的特色菜香辣烤鸡（Rp.60000）、鸡排（Rp.45000）等。此外还有龙虾。

酒店

H **施比尔海滨小屋 Spear Beach House**
MAP p.306 TEL 0818-0371-0521 手机 URL idn.s-pear.com）这里是一家十分舒适的住宿设施，所有的房间都是海景房，共有 8 间客房。D Rp.400000~。

H **洛奇寄宿家庭 Rocky's Home Stay**
MAP p.306 TEL 0812-1373-4559 手机 URL www.lombok-surf.com/lombok.html）由这里超人气冲浪向导洛奇经营的民宿。共有 2 间客房。D Rp.250000~。

H **利多玛丽卡酒店 Ridho Malik**
MAP p.306 TEL 081-836-2522 手机）位于村落入口处的一家酒店，共有 25 间客房。中院有游泳池，设备也比较完善。S Rp.250000~，D Rp.300000~。

团体旅游入住利多玛丽卡酒店非常方便

格鲁普克 Gerupuk

区域地图 ▶ p.283/C2

格鲁普克冲浪咖啡馆 Gerupuk Surf Cafe
施比尔海滨小屋 Spear Beach House
R Shake & Bake餐馆
小超市
利多玛丽卡酒店 Ridho Malik
S Banyu
R 欧吉咖啡 Aussy Cafe
洛奇寄宿家庭 Rocky's Home Stay
海海 Kai Kai
欧巴克咖啡 Ombak Cafe
格鲁普克寄宿家庭 Gerupuk Homestay
至龙目国际机场
库塔海滩
100m
N

🌸 **贴士** Banyu 位于冲浪露营地（MAP p.306 URL www.surfcampindonesia.com），是一间专门修理冲浪板的店铺。同时这里也出售冲浪板 Rp.6500000~。

▶▶ 保持着特色纺织工艺及风俗习惯的神秘岛屿

努沙登加拉群岛
Nusa Tenggara

巴厘岛以东分布着大小 1000 多座岛屿。其中有冲浪爱好者的胜地松巴哇岛、科莫多巨蜥栖息的科莫多岛、以威武的骑兵作战闻名的松巴岛、以自然环境和名族文化著称的弗洛勒斯岛等，每座岛屿都有各自的特色。另外，这一区域还生产具有独特花纹的织物 Ikat。目前去往这里的游客还不多，虽然作为旅游地存在很多不便之处，但是也因此可以接触到纯朴的居民。

努沙登加拉群岛基本信息

地理 & 人口▶努沙登加拉意为"东南的群岛"，西至龙目岛，东至帝汶岛，共有大小约1000座岛屿。与苏门答腊岛、爪哇岛所在的大巽他群岛相对，这些岛屿被称为"小巽他群岛"。

在行政区划上，分为由龙目岛与松巴哇岛组成的西努沙登加拉省（人口450万）以及从科莫多岛至帝汶岛西部的东努沙登加拉省（人口468万）（※前一章介绍了龙目岛，有很多游客从巴厘岛前往那里）。

该地区与澳大利亚同处一个生态圈，岛上生长的植物与属于亚洲生态圈的巴厘岛非常不同。另外，受热带季风的影响，这里每个岛屿都有共同的特点，越靠东部气候越干燥。

岛上孩子们的表情能给人留下很深的印象

民族 & 宗教▶在努沙登加拉群岛的各个岛上，居住着语言、文化各不相同的民族。这些人应该是从中国南部、越南北部以及缅甸的沿海地区向南迁徙而来。根据语言、文化来探寻民族的来历，也很难弄清楚他们南下迁徙的路径以及民族融合的过程。不过，从身体特征来看，爪哇岛以东，美拉尼西亚人血统所占比重越来越大。

宗教主要呈如下分布。松巴哇岛基本上都是伊斯兰教徒，其他岛基本上都是天主教徒或新教徒。各民族还有根深蒂固的自然崇拜（Animism）信仰及泛灵论信仰，这些原始信仰已与基督教等宗教融合。

松巴岛上各地都能见到的的巨石坟墓

文化 & 历史▶14世纪时，松巴岛受爪哇王国统治，16世纪时与松巴哇岛、弗洛勒斯岛等南苏拉威西地区的望加锡人、布吉斯人的交往开始变得密切。这期间，小王国之间频繁交战，松巴岛还进行过猎首，不过基本上没有留下什么历史记载，所以详情目前还不得而知。

松巴岛的伊卡特（Ikat）可谓一幅幅历史画卷

东努沙登加拉群岛特产 Ikat 是一种传统的织布工艺，制作工艺只在当地地位较高的女性中传承。

伊卡特（Ikat）在印度尼西亚语中意为"打结"。古时候，人们用椰子叶，现在则用尼龙线，按照事先设计好的图样，与纵向的棉线打结，然后使用天然的蓝色染料进行浸染。打结的部分没有染上颜色形成飞白，花纹便由此诞生。晾干后，继续用叶子进行打结，再用其他颜色浸染，如此反复。最后使用传统的织布机，仔细地将横线织入纵线。工艺非常复杂，需要花大量时间才能制作完成。

特别是松巴岛东部以及瓦英阿普一带的伊

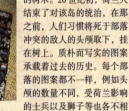

松巴岛伦德村的伊卡（Ikat）

卡特（Ikat），其图案独特，很多人都非常喜欢。图案中有象征着国王的鳄鱼、象征着长寿的蛇、貌似战士的狗、代表生命的龙，说明该地区自古就与中国有贸易往来。最著名的是象征胜利的树木。20世纪初，荷兰人结束了对该岛的统治，在那之前，人们习惯将死于部落冲突的敌人的头颅取下，挂在树上。质朴而写实的图案承载着过去的历史。每个部落的图案都不一样，例如头颅的数量不同，受荷兰影响的士兵以及狮子等也各不相同，看上去非常有趣。其中还有描绘在某个王族中能否外传的葬礼顺序的作品。游览各个部落，对不同的伊卡特（Ikat）进行比较，会为旅途增添许多乐趣。

16 世纪以后，随着葡萄牙、荷兰殖民者的到来，西方文化开始在当地传播，一些特殊的

毛塘雷近郊的葡萄牙教堂

传统习俗逐渐消失。但是传统的墓葬、房屋等岛内文化得以保留至今。

葡萄牙对东帝汶的统治持续至 1974 年。1975 年发生内乱，印度尼西亚政府军进行了镇压，据推测有 20 万当地人死亡，1976 年东帝汶被并入印度尼西亚。但是，谋求独立的东帝汶独立革命战线 FRETILIN 与政府军的对立一直持续，所以 1989 年之前，未经军队许可不可能进入该地区。苏哈托政权倒台后，情况发生变化，内阁通过决议，承认东帝汶独立。随后在 1999 年夏季在当地就独立问题举行了全民公决，最终支持独立的意见占了 78.5%，独立进程正式被开启。2002 年东帝汶民主共和国从印度尼西亚独立，政治对立也开始降温。

▶ 亮点

适宜潜水和冲浪的美丽自然环境是当地的最大魅力所在。弗洛勒斯岛深受潜水爱好者的喜爱，松巴哇岛则很受冲浪爱好者欢迎。另外，这里还有许多独特的生物物种，科莫多等岛屿上栖息着科莫多

栖息于科莫多岛及林卡岛的科莫多巨蜥

巨蜥，雷姆巴塔岛周边可以捕获鲸鱼（每年 5~7 月为捕鲸季节）。

文化方面，一定要去参观一下松巴岛上巨石坟墓以及弗洛勒斯岛上的各个传统村落。

▶ 旅游提示

外汇兑换与物价 ▶ 主要城镇的银行内都设有可使用信用卡提取现金的 ATM。可在银行或旅行社兑换美元，但汇率不太合适。所以切记在去往该地区前兑换好足够的当地货币。

住宿费、餐费的价格要比巴厘岛便宜。但是由于交通不便，短期旅行者包车前往郊外景点，乘飞机前往各个岛屿，花费会比较高。

旅行难易度 ▶ 努沙登加拉群岛的各个岛屿上原生态的环境很有吸引力，但是几乎没有能称得上是高级酒店的住宿设施，所以如果准备从巴厘岛顺便到此游览，可能会感到诸多不便。在该地区，越往东，交通越不方便。尤其是乘坐巴士旅游时，由于岛屿的面积都比较大，而且多为山地地形，以致路程一般都很长，会让人感到疲劳。如果只打算在科莫多岛游览或潜水，建议在当地报名参团。

弗洛勒斯岛主干道路也很窄，有的路段甚至为土路

努沙登加拉群岛
Nusa Tenggara

可在各岛的市场里买到 Ikat

伴手礼▶松巴岛、弗洛勒斯岛、帝汶岛的手工织物非常有名。尤其是出自松巴岛名为伊卡特 Ikat 的织物，染色前把椰子叶系在线上，染色后未被染上颜色的地方就形成图案，如此反复，需要极为高超的技术，还要花费大量时间才能完成。大型作品的价格极高，如果有机会的话，即便不买，也很值得一看。

船舶▶松巴哇岛的萨佩~弗洛勒斯岛的拉布汉巴焦，每天有 1~2 班定期航班开行。科莫多岛没有机场，一般都是从拉布汉巴焦包船或参加团体游前往（巴厘岛的旅行社也有前往这里的团体游项目）。

如前往松巴哇岛、帝汶岛，可从弗洛勒斯岛的英德乘坐 Pelni 公司的大型渡轮。

萨佩~拉布汉巴焦间渡轮的内部

安全信息

有时会发生科莫多巨蜥袭击居民或游客的事件，游览时应注意。

2002 年东帝汶独立后，原先居住在西帝汶地区的东帝汶难民，大多都返回了东帝汶。近年没有发生过大规模武装冲突，也没有恐怖分子出没的信息。

气候与季节性

受热带季风影响，该地区的岛屿，越往东则气候越干燥。尤其是弗洛勒斯岛东部，年降水量只有 700mm。11 月~次年 4 月为雨季，道路会变得难行，所以雨季之外旱季为当地的旅游季节。但是，弗洛勒斯岛西部的海拔较高，旱季的早晚温度较低，应带上长袖运动衣等防寒衣物。

前往努沙登加拉群岛

航空▶狮子（翼航）航空、印尼鹰航空、City Link 有从巴厘岛等主要城市飞往弗洛勒斯岛、松巴岛、帝汶岛等地的航班。但是，有的航线一周只有几个航班，有的航线要经停其他岛屿。应该让旅行日程尽量宽松一些。还要注意，该地区的航线经常会出现取消航班的情况。

水路▶航行于龙目岛拉布汉龙目港（khayangan）与松巴哇岛波托塔诺港之间的渡轮，每小时 1 班，用时约 90 分钟。从龙目岛前往松巴哇岛比马等地，也可以选择乘坐接送巴士，车票价格包含渡轮费用。

前往努沙登加拉群岛其他主要港口，可以从巴厘岛、爪哇岛乘坐 Pelni 公司的渡轮。

岛内交通

飞机▶各岛主要城市间有狮航（Wings）、斯利维查雅（Nam）航空、Trans Nusa 航空、苏西航空的航班。各航线一般为一周数个航班，经常会出现取消航班及变更时间的情况。

巴士▶从龙目岛至弗洛勒斯岛东端有主干道路，有巴士定期开行于各区间。路况不佳，雨季期间可能无法通行。

拉布汉巴焦机场有小型飞机飞往巴厘岛

古邦的全年气候表

月份	1 月	2 月	3 月	4 月	5 月	6 月	7 月	8 月	9 月	10 月	11 月	12 月	全年
平均气温（℃）	27.0	26.5	26.9	27.3	27.7	27.0	26.6	26.8	27.2	28.8	28.4	27.6	27.3
相对湿度（%）	83	87	84	78	74	69	73	67	65	63	69	79	72.6
降水量（mm）	324	291.3	697.5	141.7	19.9	10	0	1	20	40	87.6	205.8	1751.6

努沙登加拉群岛

● 松巴哇岛

松巴哇岛 *Pulau Sumbawa*

自然保护区所在的岛屿

松巴哇岛在龙目岛东面，岛上大多是虔诚的伊斯兰教徒。岛上气候干燥，所以给人感觉有些荒凉，但这里有著名的冲浪用品企业 Huu。来这里的游客基本上都是在去往科莫多岛时途经此地，北面的莫约岛 Pulau Moyo 附近是美丽的珊瑚礁海域，这座岛屿也是一个自然保护区，有野生鹿栖息于此。

位于比马市中心的清真寺

人　口	90万
电话区号（比马/萨佩）	0374
（松巴哇贝萨尔）	0371
机场代码（比马）	BMU

交通方式

飞机

比马 Bima 是前往松巴哇东面的努沙登加拉的起点。从巴厘岛每天都有狮子（翼航）航空的航班飞往这里。

巴士

从龙目岛的马塔兰乘坐巴士，在比马换乘开往萨佩的小巴士。

船舶

松巴哇岛东端的萨佩港 Sape 与弗洛勒斯岛的拉布汉巴焦之间每天有 1 班渡轮开行（该渡轮不经由科莫多岛）。除此之外，Pelni 公司也有开往这里的航班，时刻表每两周更新一次。

去往比马的飞机

◆ 从登巴萨出发
　狮航（Wings）及与斯利维查雅（Nam）航空每天共有 3 个航班，用时 1 小时，Rp.458000~740000

◆ 从泗水出发
　斯利维查雅航空（Nam）与印尼鹰航空的换乘航班 1 天共 2 班，用时 2~4.5 小时，Rp.1222000~2138000

◆ 从龙目岛出发
　印尼鹰航空、狮航（Wings）、斯利维查雅航空（Nam）的航班 1 天共 5 班，用时 30~60 分钟，Rp.481000~1042000

开往松巴哇岛的巴士

◆ 龙目岛马塔兰←→比马
　用时 15 小时，Rp. 250000~

开往松巴哇岛的船只

◆ 从拉布汉巴焦出发
　每天 8:00 起航（经常晚点）。用时约 8 小时，Rp.70000。17:00 左右到达萨佩。

松巴哇岛内 & 周边的交通

从比马经由萨佩港前往拉布汉巴焦

乘坐小巴士约 2 小时，Rp.35000~。白天航班非常多，但如果想乘坐 8:00 出发开往拉布汉巴焦的航班，最好在前一天到达萨佩（萨佩市区距港口有几公里，可以乘坐小巴士或马车）。

萨佩港的入口处有快捷酒店。如果计划一早就从比马前往萨佩港，应在前一天就让酒店方面帮忙预约出租车（用时约 1.5 小时，Rp.500000~）。但是，乘坐 7:00 左右从枢纽站发车的巴士，也经常能赶上误点的渡轮。

从比马开往巴厘方面的巴士

从比马的巴士枢纽站向北步行约 10 分钟，在 Jl. Sultan Kaharuddin 旁有巴士公司的办公地点，该公司经营从龙目岛马塔兰开往登巴萨的巴士。Surya Kencana 公司的车次 19:00 发车，Langsung Indah 公司的车次 21:00 发车。均为空调巴士，至松巴哇贝萨尔用时 7 小时（Rp.150000），至马塔兰用时 15 小时（Rp.250000），至登巴萨用时 1.5 天（Rp.300000）。巴士从枢纽站发车，但枢纽站内没有巴士公司的办公地点，需要注意。所有车次均为对号入座，所以最好提早购票。

贴士　松巴哇岛是著名的冲浪胜地，岛屿西部的 Yo-Yo & Supersuck 等地还会举办国际比赛。也有从巴厘岛库塔出发的冲浪团体游。

比马及松巴哇贝萨尔有银行，可以兑换外汇，但在其他地区则很难兑换。前往弗洛勒斯岛的游客，应在此地兑换。

从机场前往比马市内

比马机场位于市区以东 16 公里处。在飞机航班到达时间，会有出租车在机场等待乘客。用时 20 分钟，Rp.100000。

步行 50 米左右，到达机场前面的道路，可乘坐开往比马的 Bemo。

苏丹博物馆 MAP p.312

比马的苏丹在 1927~1951 年期间居住于此，现为博物馆对外开放。1 层展出苏丹的服装及小物品，2 层为苏丹及其家族成员的卧室，还有印尼首任总统苏加诺曾经住过的房间。

入场 周一～周六 8:00~17:00
费用 Rp.20000

比马 Bima

MAP p.309

保存着苏丹居所的城市

松巴哇岛东部最大的城市。这一带原属印度教文化圈，17 世纪以后伊斯兰教在当地传播，国王也改信伊斯兰教，称苏丹。城市面积比较大，市中心为 1 公里见方的区域，有苏丹博物馆 Museum Asi Mbojo。主街道加兰松巴哇 Jl. Sumbawa 的北侧为市场，狭窄的小巷里有很多商铺。巴士枢纽站位于城市南部，有开往龙目、巴厘等地的巴士。

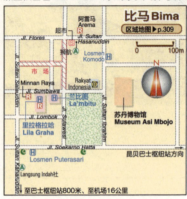

在苏丹居所开办的苏丹博物馆

萨佩 Sape

MAP p.309

乘船旅行的起点港口

开往弗洛勒斯岛及松巴岛的渡轮在此停靠。市中心距离港口约 4 公里，可乘 Dokar（马车）往来两地。沿途有几家 Losmen（小旅馆），港口也有价格便宜的旅馆。

萨佩港有很多当地人

比马的酒店

比马虽然是松巴哇岛的交通要地，但是酒店的数量并不多。

H 里拉格拉哈 Lila Graha［MAP p.312 地址 Jl. Lombok No.20 TEL（0374）42-740］是位于市中心的廉价酒店，客房较多。带热水淋浴、电风扇 Ⓓ Rp.220000~、带空调 Ⓓ Rp.242000~。

H 兰比图 La'mbitu［MAP p.312 地址 Jl. Sumbawa No.4 TEL（0374）42-222］带空调、

热水淋浴 Ⓢ Ⓓ Rp.260000~。全部客房均有电视。

位于市中心的兰比图酒店

科莫多岛与林加岛
Pulau Komodo & Rinca

有巨蜥栖息的世界自然遗产

高 度　不足10米

科莫多岛是世界上最大的蜥蜴——科莫多巨蜥的栖息地。与附近的林加岛 Rinca、帕洛尔岛 Padar 一起被列为国家公园，1991 年被列入世界自然遗产名录，这里可以说就是大自然的乐园。

　　游览这里，科莫多巨蜥是（当地名称 Orah）是最大的看点，现在岛上有 2500 只。这种动物出现于白垩纪，因为这里的自然环境，得以生存至今。该岛位于松巴哇岛与弗洛勒斯岛等大型岛屿之间，岛屿周围海流汹涌，生态系统也与外界相隔绝。该海域被列为海洋生物保护区，海水中有大面积的珊瑚礁，潜水时能遇到大型海洋生物，因此是潜水爱好者的乐园。

可以见到世界上著名的科莫多巨蜥

🌀 交通方式

飞机与船舶

　　从巴厘岛登巴萨前往弗洛勒斯岛拉布汉巴焦的科莫多机场，然后包船去往目的地是最为便利的线路。从拉布汉巴焦至林加岛单程 2~3 小时，至科莫多岛单程 3.5~4 小时。

　　可以乘船从松巴哇岛的萨佩前往科莫多岛，但是从拉布汉巴焦出发的船较多，游客一般都会选择这条线路。

团体游

　　各旅行社都有从巴厘岛出发的潜水游船。在巴厘岛各地设有分店的普拉玛旅行社有从龙目岛乘船出海的 2 晚 3 天的团体游，5~6 天有一班船。中途停靠科莫多岛，之后在拉布汉巴焦解散。费用为 1 人 Rp.2000000~3000000。从拉布汉巴焦出发的团体游前往龙目岛，1 晚 2 天，费用为 1 人 Rp.1300000~2000000。成行人数最少 8 人。

驶往科莫多岛方面的飞机
◆ 登巴萨～拉布汉巴焦
印尼鹰航、狮航（Wings）等 1 天 7~8 个航班，用时 1~1.5 小时，Rp.731000~1711000

大致的包船费用
◆ 拉布汉巴焦～林加岛周游
用时 6~8 小时，Rp.800000~1200000
◆ 拉布汉巴焦～科莫多岛～林加岛周游
1 晚 2 天，Rp.2000000~
上述费用均为包租 1 艘船的大致费用。时间为包含岛上观察远足的往返时间。

在拉布汉巴焦包船
可通过入住的酒店或旅行社办理在弗洛勒斯岛拉布汉巴焦包船的手续。无论在哪里包船，都应该砍价。
前往科莫多岛时，观看完科莫多巨蜥之后，可以去著名的粉红色海滩潘泰米拉 Pantai Merah 体验浮潜（相同费用）。前往林加岛时，中途可在浮潜海域停留 1~2 小时，其费用一般都包含在包船费用之中。办理包船时可以确认一下。用 1 天时间游览科莫多岛与林加岛会非常苦辛。最好选择在岛上住宿 1 晚，或者参加可在船上过夜的团体游。

林加岛的码头

科莫多国家公园

URL komodonationalpark.org
国家公园门票 Rp.150000（周日 Rp.225000），上岛费 Rp.50000（每个岛的费用）。浮潜 1 天 Rp.165000~240000，潜水 1 天 Rp.175000~250000。

岛内导游费，科莫多岛与林加岛均为 1 组 Rp.80000（2~3 小时）。

科莫多岛与林加岛的住宿设施

均有简单的住宿设施，1 晚 1 人 Rp.400000~。如需住宿，最好事先在拉布汉巴焦的公园问询处预订房间。

观看巨蜥时的注意事项

1. 见到巨蜥时不要喧哗
2. 禁止吸烟
3. 巨蜥对血非常敏感，所以处于生理期的女性及受伤的游客不要靠近巨蜥

科莫多公园管理员工作站后面的小屋

科莫多岛面积为 336 平方公里，林加岛面积为 211 平方公里，游客可自由游览的只有码头及公园管理处周围。如果没有公园管理员的陪同，游客不能进入公园管理处周围之外的地方。野生科莫多巨蜥一般在清晨和傍晚时比较活跃，所以如果想仔细观察巨蜥，最好在岛上留宿一夜。有时能在一天时间里遇到数十只巨蜥。咖啡馆和商店也位于公园管理处附近。

现在，在科莫多岛和林加岛各栖息着 1200~1300 只科莫多巨蜥。可能因为岛的面积相对小一些，所以在林加岛更容易见到巨蜥。

位于海峡之间的岛屿周围是著名的潜水胜地

另外，这一带的海水透明度非常高，因此这里成了各种海洋生物的乐园，游客可以在这里体验潜水及浮潜。潜水用具需要自备。

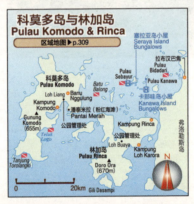

科莫多巨蜥的生态

科莫多巨蜥被称为恐龙的后代，与栖息于澳大利亚及非洲的大蜥蜴同属一类。成年雄性体长 3 米，重 100 公斤，是世界上现存 3400 种蜥蜴中体形最大的。早晨，巨蜥会从巢穴中出来觅食。此时它们的食欲最旺盛，因此对人来说也是最危险的时段。太阳升起后，气温升高，巨蜥就在树荫下休息。到了傍晚，巨蜥便返回巢穴。每天它们都如此度日。

8~9 月的旱季是巨蜥的产卵季节，一次可以产 20~30 个卵。到了雨季结束的 4 月，巨蜥会从卵中孵化而出，从产卵到孵化要经过半年时间。刚出生的巨蜥生活在树上，据说这是为了避免被成年巨蜥吃掉。幼年巨蜥主要以壁虎等动物为食，给人感觉并不可爱。

成年巨蜥主要捕食鹿、猪、水牛、马等动物。也许有人觉得巨蜥总是一动不动地待着，所以应该没什么危险，但其实并非那样。巨蜥只是在等待猎物靠近自己。只要有动物靠近，巨蜥就会卒然跳起，咬住动物的腹部，甚至会掏出动物的内脏。巨蜥平时看上去非常安静，但其实它们爆发力极为惊人。有时会发生巨蜥袭击当地居民、公园管理员以及游客的事件，需要注意。

巨型的"恐龙"栖息于岛上

弗洛勒斯岛 *Pulau Flores*

各地区传承着不同的文化传统，自然景观资源也十分丰富

在克里姆特山观看日出

"弗洛勒斯"是"花"的意思。16世纪初期，葡萄牙人作为首次登岛的欧洲人，使用自己国家的语言命名了这座小岛。岛上的居民受葡萄牙人的影响，至今仍有85%的人是忠诚的天主教徒，虽然村子不在了，但是这里设立了教堂和学校，因此这里的人们受教育水平很高。

这座岛东西长500公里，地形呈人字形，由于受澳大利亚大陆高气压的影响一年中的旱季比较长。全年降水量较少，附近的爪哇岛、巴厘岛都可以种植三季稻，而这里一年只能种一茬庄稼，岛上居民生活十分艰苦。

与此同时，这里也没有被作为重点旅游开发对象，所以对于游客来说到这里来旅行并不是一件容易的事情。但也恰恰是这样才可以与这里的大自然和淳朴的民风相遇，这也不失为一次绝好的旅行。如果你是对地域、民风、异文化感兴趣的人不妨来这里挑战一下。

🌀 交通方式

飞机

从登巴萨出发，狮航（Wings）每天有1个航班，斯利维查雅航空（NAM）每周有5个航班，印尼航空每周有3个航班。

弗洛勒斯岛与其他岛屿之间相互连接的航路有些使用的是小型飞机，因此非常容易满座。尤其是旅游旺季的时候，请提早预订。此外，这种小型飞机比较容易受天气的影响，比较容易延误或者停运，一定要格外注意（如果乘客较早地就办理完了登记手续，也可能会提前起飞。）

船舶

ASDP公司的渡轮有从萨佩至拉布汉巴焦之间的航路，每天往返。从松巴哇岛的萨佩是9:00出发，航程8小时，大约在17:00可以到达拉布汉巴焦，不过晚点也是比较常见的。从拉布汉巴焦至萨佩的渡轮是8:00出发，大约17:00到达萨佩。此外，配鲁尼公司的大型船也可以去往拉布汉巴焦、英德（去往努沙登加拉方向的航路经常会出现停运或者航路变更的情况）。

人 口 | 150万

长途区号（拉布汉巴焦）**0385**
（鲁腾）**0385**
（巴贾瓦）**0384**
（毛梅雷）**0382**

集庆活动信息
● 12月～次年2月
　巴贾瓦近郊的传统村落，从年底开始会举行一种叫作Reba的感谢祭。届时人们会穿着传统服装，载歌载舞。

弗洛勒斯岛的旅游网
URL florestourism.com
　可以从这里下载弗洛勒斯岛主要旅游城市的旅行手册。

去往弗洛勒斯岛的飞机
◆ 登巴萨至毛梅雷
　狮航（Wings）、斯利维查雅航空（NAM）、印尼航空每天有2~3个航班，所需时间1.5~2小时，Rp.796000~2458000
◆ 登巴萨至拉布汉巴焦
　印尼航空、狮航（Wings）等每天有7~8趟航班，所需时间1~1.5，Rp.731000~1711000
◆ 库邦至毛梅雷
　斯利维查雅航空（Nam）、狮航（Wings）、托朗斯努沙航空等每天共计4个航班，所需时间30分钟~1小时，Rp.276000~661000

2014年改建的拉布汉巴焦的机场

贴士　弗洛勒斯岛共分为9个县，按照大的划分共由8个民族构成。如果乘坐巴士横穿全岛可以体验各地区不同的文化、人种、语言等。

位于毛梅雷近郊的西岬村内残留的葡萄牙教堂

兑换外汇

主要城市的银行（克里穆图火山的旅游集散地莫尼没有ATM）内设有可以使用信用卡提现的ATM。有些银行也可以直接持美元的现金兑换，但是汇率会比巴厘岛、龙目岛上的差很多，所以请尽量携带必要的当地币上岛。大部分的酒店都不可以使用信用卡。

弗洛勒斯岛巴士概要

当地的巴士（被称为比思）虽然价格很便宜，但不是很守时，人不坐满不发车（有时候可能会在中心城区或者周边地区兜圈子揽客）。

游客一般来说都是乘坐定时出发的小型巴士（旅游专车）。虽然比当地的巴士要贵一些，但是可以通过酒店直接预订，十分方便。小编推荐Gunung Mas巴士公司。虽然这家公司比其他公司略贵一些，但是车内还是比较整齐干净的。

从弗洛勒斯岛东侧的拉兰图卡至西侧的拉布汉巴焦有一条贯穿东西的主干道，铺设得也还算平整，沿途巴士的班次也比较频繁。不过这条路蜿蜒曲折，多是山路，有些地方看上去距离虽然不远，但是路程却要花费一些时间。沿途多弯路，经常可

路面的状况不太理想，因此经常有车爆胎

以看到晕车的当地人停下来休息。雨季的时候路况较差，可能还会出现道路中断的现象。

巴士中心大多位于市区外，从这里至市区之间需要乘坐小型巴士。如果上车前告知小巴司机下榻酒店的名称，可以在酒店前停车。小型巴士也是去往近郊各个村落的交通工具。街面上没有跑空的出租车，需要在酒店叫车，也可以跟小巴司机商量打表去往目的地。

位于沿海地区的拉布汉巴焦、英德、毛梅雷等地白天气温升高，街面上步行的人也比较少。反之位于弗洛勒斯岛中部的城镇村落地处山峰之处，海拔较高。早晚甚至都可以呼出哈气，如果去中部一定要携带长袖。如果准备在鲁滕、巴贾瓦入住，那么除了携带长袖衣物之外还需要带上一件羽绒服。

巴贾瓦近郊的佩南村。岛上还分布着不少类似这种的原始小村落

贴士　乘坐狮航时，如果跟机长特别要求可以从克里穆图火山上方飞过。届时请尽量坐在南侧的位置。

拉布汉巴焦 *Labuanbajo*

MAP p.316

拥有美丽海滩的西玄关

拉布汉巴焦是位于弗洛勒斯岛西端的小渔村，去往松巴哇岛的渡轮和去往科莫多岛的团体游都是从这里出发。周边还有许多小的岛屿，海边有防波措施，因此附近的海浪十分平稳。在弗洛勒斯岛上，这里的海景也是数一数二的。此外这里还非常适合浮潜和潜水。

从去往萨佩方向的渡轮码头至沿海向南的 Jl.Soekarmo Hatta 道路沿线大约 1 公里是镇子的中心地区。这条路靠海的一侧是渔村，另一侧是小山丘。山丘斜面中段有一家餐馆，从这里可以欣赏到美丽的海景。道路两旁是酒店、餐馆、潜水商店、旅行社等。海滩距离中心地区以南 1~2 公里，可以步行前往也可以打个摩。这里没有巴士客运中心，小型巴士是在港口附近上下车，沿途一边揽客一边沿着向鲁滕方向的路南下。去往鲁滕和巴贾瓦等地的长途小型巴士都是在早上发车，提前一天跟酒店申请的话也可以来景点接送客人。下榻的酒店或者当地的旅行社都可以预订机票、船票或者去往科莫多岛的团体游。

位于拉布汉巴焦港以南 2 公里处的海滩

机场至市区

拉布汉巴焦的机场位于镇中心以东 2 公里处，可以选择乘坐出租车（Rp.70000），也可以步行至有小型巴士（Rp.5000）行驶的主路上，招手上车。从镇中心至机场，小型巴士会在 Jl.Soekarno Hatta 南向一侧停车，询问一下目的地如果方向一致便可以上车。

从拉布汉巴焦出发的巴士

去往鲁滕的旅行车是 7:00~17:00 期间发车，大约 1 小时一趟车（所需时间 4~5 小时，Rp.100000~），去往巴贾瓦的旅行车是 6:00~8:00 期间发车（所需时间 8~9 小时，Rp.160000~）。请提前一天预订酒店或者旅行社预约。镇子上没有巴士客运站，当地巴士大约是 7:00 发车，不过这些车辆大多会在港口附近的村子里花上 1~2 小时揽客，待客满之后才会出发。

旅游咨询处

地址 Jl.Gabriel Gempol
TEL（0385）41-170
营业 周一～周五 8:00~16:00
可以获取地图或者旅行小册子。

Information

从拉布汉巴焦到世界遗产海景

拉布汉巴焦以西的科莫多岛、林加岛一带的海域是印度尼西亚为数不多的适合潜水的水域。鳐鱼、锤头鲨、鲸鲨等大型海洋动物比较常见，不过这一带水域的洋流比较复杂，大多是潜水高手才能潜的区域。水温是 20℃~28℃，有些时候可能会觉得凉，建议携带厚 5mm 左右的潜水服。

拥有大片珊瑚群的粉红海滩 Pink Beach 最适合浮潜，在水中可以看到竹叶鲷、青若梅鲷、浪人鲹等热带鱼类在水中优雅游曳的姿态。印尼燕鱼、短攀鲈等的数量也比较多，喜欢观察金枪鱼的潜水爱好者也喜欢来这里浮潜。

拉布汉巴焦城内有多家潜水商店，也有很多去往科莫多团体游项目，这些项目包含了提供潜水用具的服务。也有很多从以巴厘岛为起点的浮潜拉力赛在这里举办。

拉布汉巴焦的潜水商店

● Dive Komodo MAP p.318
TEL（0385）41-862
URL divekomodo.com
● Divine Diving MAP p.318
TEL 0813-5305-2200（手机）
URL www.divinediving.info

拉布汉巴焦是前往科莫多岛周边潜水活动的起点。

贴士 想要获取科莫多岛和拉布汉巴焦等地的最新信息可以活用当地的网站（**URL** www.labuanbajo-flores.com）。网站里介绍了一些团体游项目和景点等。

酒店
Hotel

拉布汉巴焦

拉普利马酒店
POOL 餐馆 早餐
Laprima

◆ 酒店正前方就是私属海滩，距离镇子中心以南约1公里，共有88间客房。除了年初年末及12月～次年3月期间住宿费可打五折。此外，酒店还提供免费去机场接送的服务。

面朝美丽的海滩而建的酒店			Map p.318 外
地址 Pantai Pede No.8		TEL（0385）244-3700	
FAX（0385）244-3701		税费＆服务费 含	
信用卡 M V		Wi-Fi 客房内有信号、免费	
费用 AC HOT Cold TV 高级间 S D Rp.800000			
AC HOT Cold TV 豪华间 S D Rp.1000000			

巴焦海滩旅馆
POOL 餐馆 早餐
Bajo Beach

◆ 从港口向南徒步约5分钟便可到达这里。虽然面朝道路而建，但是由于车辆稀少，道路噪声也构不成大问题。这家旅馆共有16间客房，全部都非常简朴，地面铺着瓷砖看上去很整洁。旅馆前台可以帮忙预订去科莫多岛潜水的船或者团体游，也可以代理预约去往东面的团体游或者巴士。

素朴而便宜的住宿设施		Map p.318
地址 Jl. Soekarno Hatta		
TEL 0812-3764-3139（手机）		
税费＆服务费 含	信用卡 M V	
Wi-Fi 公共区域有信号、免费		
费用 AC HOT Cold TV S D Rp.150000~200000		
AC HOT Cold TV S D Rp.250000~300000		

绿山酒店
POOL 餐馆 早餐
Green Hill

◆ 从港口徒步约12分钟便可到达酒店。这家精品酒店建于非常适合观景的小山丘上，共有11间客房。客房装修时尚宽敞，站在露台上还可以欣赏夕阳美景。酒店并设的餐馆也是好评如潮。

站在山丘上俯瞰大海		Map p.318
地址 Jl. Soekarno Hatta	TEL（0385）41-289	
URL www.greenhillboutiquehotel.com		
税费＆服务费 +21%	信用卡 M V	
Wi-Fi 客房有信号、免费		
费用 AC HOT Cold TV S D US$ 50~		

加迪纳酒店
POOL 餐馆 早餐
Gardena

◆ 从港口向南徒步约3分钟便可到达这里。酒店位于山丘的中段，共有29个小木屋，大多数的房间都带有可以观海景的露台。在酒店前台可以申请去往科莫多岛的出海游。

绿荫中的小木屋		Map p.318
地址 Jl. Soekarno Hatta	TEL 0813-3949-5244	
（手机） URL www.gardenaflores.com		
税费＆服务费 含	信用卡 不可	
费用 AC HOT Cold S Rp.175000	D Rp.200000	
AC HOT Cold S Rp.350000	D Rp.375000	

拉布汉巴焦的餐馆

各个酒店内都并设有餐馆，不过适合观景的餐馆还是最受欢迎的。

R 地中海餐馆 Mediterraneo（MAP p.318 TEL 081-3801-30213 手机 营业 每天 8:00~22:00），深受游客喜爱的餐馆，主营意大利菜和印尼菜。小编推荐女仆意面 Rp.75000~，比萨 Rp.50000~，鱼类菜肴 Rp.80000。

R 玛塔哈丽餐馆 Matahari（MAP p.318 TEL 0812-3702-5248 手机 营业 每天 10:00~22:00）从港口向南徒步约10分钟便可到达餐馆。地处道路拐角面朝大海的一侧，因此非常适合观景。推荐俱乐部三明治 Rp.50000~，玛丽奈意面 Rp.50000，鸡肉咖喱 Rp.40000 等。

可以尽享海景的餐馆

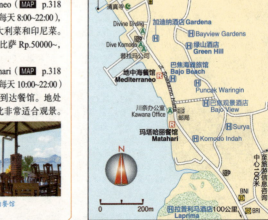

拉布汉巴焦
Labuanbajo
区域地图▶p.316

至机场1.5公里

清真寺
Divine Diving
Dive Komodo
地中海餐馆
Mediterraneo
川奈办公室
Kawana Office
玛塔哈丽餐馆
Matahari

至萨佩的渡轮码头
加迪纳酒店 Gardena
Bayview Gardens
绿山酒店
Green Hill
巴焦海滩旅馆
Bajo Beach
Puncak Waringin
Bajo View
Surya
Komodo Indah

中心1100米
至旅游信息咨询

BNI
BNI
BRI
拉普利马酒店100公里
Laprima

0   200m

鲁滕 *Ruteng*

MAP p.316

保留有传统家宅的丘邦鲁滕村

岛内自然风光最优美的小山村

鲁滕是芒加莱县的中心，位于山谷里，这里的气候非常适合农作物生长。放眼望去这里是一片绿油油的田园风光，还被指定为自然保护区。城镇的地形是南侧高、北侧低缓、整座镇子是呈倾斜状的 1 公里见方的形状。如果在这里迷了路，

坎卡尔的恰拉村里呈蜘蛛网状的田园风光。附近的小山丘上有绝佳的观景点

可以望向南方的大教堂或者路标塔。住宿设施分布在镇子的各处，请在上车前告知司机下榻酒店的名称，届时会在酒店门口停车。整座镇子上没有什么具体的景点，但是气候凉爽，在这里可以获得良好的休息，以此来化解旅途的疲劳。

距离鲁滕西南约 2 公里处有一座名叫鲁滕蒲吾 Ruteng Pu'u 的小村落，广场上摆放着祭祀先祖的墓碑和祭坛，村民的民居也是围绕着广场而建的。位于最里侧的两栋传统屋宅 Rumah Adat，面朝屋宅左手边的是集会场，右手边是首领的住宅。村落中的村民不通英文，参观他们的住宅时会受到热情接待，还会给游客看他们的民族服装。

从鲁滕向拉布汉斯焦方向驾车约 40 分钟可以到达一处叫作坎卡尔 Cancar 的小村落，这里可以欣赏到十分罕见的呈蜘蛛网状的耕田风景。这种模样的耕田造型只有在芒加莱县才有保留，跟村民打听为什么是这个形状能得到的回答也只能是"从很早以前就这样了"，也没有什么特别的理由。

从鲁滕乘坐巴士

去往巴贾瓦的旅行车从市内出发，每天 7:00、14:00 发车（所需时间 4 小时，Rp.90000~），当地巴士的客运中心位于城区以东 3.5 公里处，7:00~12:00 期间有数趟车发车（所需时间 5 小时，Rp.90000~）。

去往拉布汉焦的旅行车从城区发车，每天 7:00~17:00，每 2 小时一趟车（所需时间 4 小时，Rp.90000~），当地巴士在 7:00~17:00 期间有数趟车发出（所需时间 5 小时，Rp.10000~）。

丘邦鲁滕村

从鲁滕镇中心徒步需 20~30 分钟便可到达，摩的（所需时间 5 分钟，Rp.10000）。入口处的建筑物内有人记账，会要求任意捐赠 Rp.20000 左右。

坎卡尔

从鲁滕乘坐小型巴士或者摩的约需 40 分钟。到了村落说想要看耕田风光，便会有人告诉你登上山丘小路的入口。在入口处需要交 Rp.20000 左右的费用，沿着坡路爬 10 分钟，便可以俯瞰山丘下呈蛛网状的耕田美景。

托朗斯努沙航空

TEL（0385）22-477

鲁滕、巴贾瓦的酒店和餐馆

● 鲁滕 Ruteng

H MJR 票务民宿　MJR Ticketing Guest House［地址 Jl. Niaga No.23　TEL（0385）21-078、0852-3923-7227 手机　**Wi-Fi** 客房有信号　免费］，这里是一位在鲁滕居住的日本人开的寄宿家庭，服务热情周到。只有 5 间客房，热水淋浴是免费的，住宿费是 Rp.270000。附带早餐。市场附近的 Toko Merpati Jaya 的商店是这里的入口，门口放有看板。

H 新达酒店　Shindha［地址 Jl. Yos Sudarso No.26　TEL（0385）21-197　**Wi-Fi** 客房内有信号、免费］，这里是一家只有 35 间客房的中档酒店。房间内附带热水淋浴，住宿费是 ⑤Ⓓ Rp.350000~750000。附带早餐。

R 阿加佩餐馆　Agapae（地址 Jl. Bhayan-gkari No.8　TEL（0385）22-100　营业 每天 7:00~21:00 **Wi-Fi** 免费），很多游客都喜欢汇集于此，餐馆所在的建筑是传统的木屋风。弗洛勒斯什锦炒饭（Rp.40000）。

● 巴贾瓦 Bajawa

H 快乐家民宿　Happy Happy（地址 Jl. Sudirman　TEL 0853-3370-4455 手机　URL www.hotelhappyhappy.com **Wi-Fi** 客房有信号 免费），这是一家由一对荷兰夫妇经营的、干净整洁的民宿。附带热水淋浴，住宿费是 Rp.350000。附带早餐。

R 卢卡斯餐馆　Lucas（地址 Jl. Ahmed Yani No.6　TEL 0813-5390-7073 手机　营业 每天 8:00~21:00）这里是一家小木屋风格的餐馆。铁板炒饭（Rp.30000）、沙嗲鸡串（Rp.35000）。餐馆还并设的小木屋可供住宿。

 贴士　一种被称为空皮盘的硬硬的圆形小面包是鲁滕当地的名小吃。在鲁滕居住的芒加莱人非常喜欢这种面包，一般是蘸着甜咖啡或者红茶食用。

旅游咨询处

地址 Jl. Ahmad Yani
TEL 0852-3904-3771（手机）
营业 周一～周五 8:30～14:30，
可以获得旅行手册和地图等。

从巴贾瓦出发的巴士

东向的旅行巴士 7:00 或 8:00 发车，至莫尼需要 6 小时（Rp.120000～）、至毛梅需要 8.5 小时（Rp.140000～）。上午的时候还有数趟当地巴士发车，车站位于巴贾瓦城区以南 3 公里的巴士中心，车辆从这里出发以后会在城区转悠上很多圈揽客，然后开往莫尼、毛梅雷方向。

去往鲁蒂的旅行巴士每天有 3 趟车发车（所需时间 4～5 小时，Rp.100000～），当地巴士上午的时候有多趟车发车。去往拉布汉巴焦的车辆是 8:00 发车（所需时间 8～9 小时，Rp.150000～），当地巴士是 7:00 发车。

去往巴贾瓦近郊

去往周边的传统村落、伊奈利耐火山（海拔 2245 米）游览可以雇导游。可以在酒店或者长途巴士站找到合适的导游，在导游的带领下可以高效地游览这里。包含进村费、车费等半天 Rp.500000，一天 Rp.900000。

去往索阿村的交通

小型巴士每天只有 2 趟车通车，打表计费（所需时间 40 分钟，半天 Rp.500000），一般来说还是乘坐摩托比较方便（所需时间 1 小时，Rp.50000～）。

沐恩盖尔达

费用 入浴费 Rp.14000

温泉对于皮肤病、关节炎患者都有一定的功效

去往佩南村的交通

从巴贾瓦至佩南村的路况不是十分理想。通往佩南村的小型巴士虽然通车，不过每天也不过 1～2 趟车，村内也没有住宿设施（不通电和水），如果想去可以打个摩的去（所需时间 50 分钟，半天 Rp.100000）。进村费 Rp.20000。

巴贾瓦 Bajawa

MAP p.316

伊奈利耐利山美丽的风景

拜访恩加达人传统村落的集散地

巴贾瓦是一个地处高原的小山村，周围被伊奈利耐山 Inerine 和沃鲁波波鲁 Wolobobor 所环绕，此外这里还是在这一地区居住的恩加达人 Ngada 的中心地。面向旅行者的住宿设施和餐馆也比较多。村子中央有一个市场，每逢周日的早晨近郊一些村子的人们都会聚集于此交易买卖。届时会有一些女性喜爱的装饰品、从远处海滨渔村运至此地的盐、山里采摘的蔬菜和琳琅满目的水果。

分布于巴贾瓦近郊的恩加达人的传统村落，是游览弗洛勒斯岛的重要景点。这些传统村落会在每年的年末至年初期间举办一种叫作 Reba 的感谢祭。届时人们会身着传统服装，围成环形载歌载舞感谢先祖众神的护佑。这个仪式游客也是可以参加的，因此这一时期是造访巴贾瓦的最佳时期。

巴贾瓦 郊外景点

索阿村 Map p.316
Soa

索阿村位于巴贾瓦东北方 25 公里处，村子附近的小型机场旁有一个温泉叫作沐恩盖尔达 Mengeruda，在这里泡一泡温泉可以洗去旅途中的疲倦。温泉的源泉周围被木制的围栏所环绕，热腾腾的温泉水从池子中不断地涌出。温泉水流向河流，越是距离河流近的地方温度越低，可以在自己喜欢的温度处入浴。平时上午的时候几乎很少有人来这里泡温泉，几乎可以独占这个大自然的恩惠。

佩南村 Map p.316
Bena

佩南村位于巴贾瓦以南 20 公里处，是一座恩加达人的村落。村落的小广场周围是传统的民居，广场上供奉着象征着男性祖先的恩嘎胡（Ngadhu）和女性祖先比哈嘎（Bhaga）的祭坛，给人的感觉十分神秘。

相传是先祖墓碑的石质纪念碑也散落在各处。从村子里的小山丘上还可以俯瞰全村的模样。

位于山谷中隐秘的小山村——佩南村

 贴士 H 爱德华斯酒店 Edelwise（地址 Jl. Ahmad Yani No.76 TEL 0813-3845-6444 手机），位于巴贾瓦村的廉价酒店。带有淋浴房 ⑤Rp.275000～，①Rp.325000～。

克里穆图火山 *Gunung Keli Mutu* MAP p.316

以莫尼村为起点探访神圣的火山湖

从山顶的观景台可以眺望三处弗洛勒斯岛上梦幻的火山湖，住在山脚下的克里人深信人死后其灵魂一定可以登上这座山。火山口行程的火山湖富含矿物质，从远

湖水的颜色每隔几年就会变换一种颜色

处望去湖面的颜色多变，从乳白色渐变成青色等，各有千秋（每隔几年，湖面就会变换一种颜色）。相传每个湖里都住着青年、老年、祈祷师时候的灵魂。

克里穆图火山是非常适合观看日出的地方。在湖光山色的映衬下眼前的这片景观雄伟而壮丽，日中山上经常被白云所覆盖。在山脚下的村落莫尼村可以乘坐公共的小型巴士或者预约打表的小型巴士。

▶ 克里穆图火山周边的徒步步道

在克里穆图火山上欣赏完日出之后就可以下山了，既可以直接返回

在山顶上欣赏完日出之后可以徒步至温泉瀑布

山脚下的莫尼村，也可以在下山途中的PHKA办公室下车，然后沿着山间小路穿过森林地带下山返回莫尼村。

先从PHKA办公室沿着巴士路向右转，再在Manukako、Koposili和一个小村落下山，到了三岔路口向左转会遇到一个从山上涌下的温泉瀑布，沿着这里可以走到一个溪谷。经过瀑布沿着溪谷往上爬便可以返回主干道路。不急不慌的徒步大约需要90分钟，一边跟村里人问路一边走是不会迷路的。

去往莫尼的交通

位于主干道沿线的莫尼村是攀登克里穆图火山的起点村落。去往莫尼可以乘坐从英德至毛梅雷之间的当地巴士或者旅行巴士，在途中下车。去往毛梅雷的旅行巴士是8:00和14:00发车（所需时间2.5小时，Rp.70000~），去往巴贾瓦的旅行巴士是9:00发车（所需时间6小时，Rp.120000~）。可以提前预约，有时可能会收取部分留座位的费用。不过当地巴士的时间不确定，乘坐起来多有不便。

去往克里穆图火山的交通

7~8月旅游旺季期间每天04:00有从山脚下拼车去往山顶的小型巴士（往返Rp.60000）。巴士在村里各家巡回一圈之后，途中会顺道去PHKA办公室（国家公园的门票・周一～周六Rp.150000，周日、法定节假日Rp.225000）停车，到达山顶附近大约需要45分钟。然后沿着台阶向上攀登10分钟便可到达观景台。再继续沿着道路向上爬10分钟便可以到达第二个观景台，从这里可以观看日出。返回莫尼村的车是7:30发车。可以提前一天通过酒店预订登山的小型巴士。

在旅游旺季以外，想要去克里穆图火山可以选择打个摩的（往返Rp.100000~）或者预约一个打表的小型巴士（往返Rp.300000~），从莫尼村开始打表。

莫尼村（克里穆图火山）的酒店

位于克里穆图火山脚下的莫尼村内有几家住宿设施。大都是只有2~5个房间寄宿家庭，但是住宿费用却略高一些。

H 喜达屋 Hidayah（地址 Moni TEL 081-3537-79073手机），共有7间客房的旅馆。在靠近去往英德的路上，房间也比较宽敞。可以一边欣赏风景一边悠闲地度假。附带茶点和早餐，⑤Rp.350000，⑩Rp.400000。

H 宾唐 Bintang（地址 Moni TEL 081-

2376-16940手机），这家住宿设施位于莫尼村的中央位置，附带茶点和早餐，⑤Rp.385000~，⑩Rp.440000~。并设一个小型的食堂。

H 克里穆图环保小屋 Kelimutu Ecolodge（地址 Moni TEL 081-3539-99311手机 URL www.ecolodgesindonesia.com），位于克里穆图火山分歧点附近的小木屋。相比来看这里的设备还是比较完善的，有热水淋浴，附带早餐 ⑤⑩Rp.1000000~。

🍁 **贴士** 克里穆图火山和莫尼村清晨和傍晚都非常冷，请注意保暖。一定要记得携带冲锋衣或者抓绒、防寒的衣物。在村里基本上是不能买到防寒衣物的。

321

沃洛瓦鲁 *Wolowaru*

MAP p.316

去往纺织村的交通

从沃洛瓦鲁村向西至吉普村约有 4 公里，从吉普村向南至沃洛吉塔村约有 4 公里，如果再继续南下还可以到达临近萨武海的纳盖拉村。

乘坐小型巴士从沃洛瓦鲁村至纳盖拉村约需 Rp.15000。

从毛梅雷机场至市区

机场距离市区约 3 公里。乘坐车票式出租车大约花费 Rp.70000。从机场出来大约徒步 800 米，便可到达连接毛梅雷与拉兰图卡的主干道上，可以从这里乘坐去往市区的小型巴士。

专门盛产布料的素朴小村落

沃洛瓦鲁村距离毛梅雷大约有 12 公里远，是一座比较大型的村落，村落里有 5 栋高大倾斜屋顶的传统房屋。因为村落位于主干道的沿线，因此交通十分便利。还可以以这里为中心，拜访周边的吉普 Jopu、沃洛吉塔 Wolonjita、纳盖拉 Naggela 等使用传统技法和天然染料织布的村落。沿途是山景和民风淳朴的小村庄。在村里可以看见使用织布机织布的女人，还可以现场购买各种布料。

毛梅雷 *Maumere*

MAP p.316

从毛梅雷出发的巴士

往西的旅行巴士是 6:30 发车，至莫尼所需时间 2.5 小时（Rp.70000~）、至巴贾瓦需要 8 小时（Rp.140000~）、至鲁滕需要 12 小时（Rp.250000）。去往鲁滕方向的当地巴士站位于距离城区 1.5 公里外的巴士客运中心，出发时间不定期。

至西岬村的交通

一般来说，从毛梅雷中心城区乘坐打表的车（往返 Rp.300000），或者摩的（往返 Rp.150000），所需时间 40 分钟。

弗洛勒斯岛东部的交通起点

毛梅雷有超过 7 万人的人口，是弗洛勒斯岛最大的城市。城内没有什么景点，因此很多游客都是只在这里停留一晚作为移动的中转。城市的中心位于市场附近的巴萨尔。主要的餐馆和酒店也在这一区域周边。整体上

毛梅雷市内的伊卡布料市场

没有多少街灯，建议天黑之前赶紧赶回酒店。

毛梅雷 郊外景点

西岬村（Sikka）位于距离毛梅雷以南 20 公里、萨武海的海岸线上，这里盛产伊卡特布料。村里人一看到有游客进村，便各自拿着自家织的布料开始推销。村落首领的家可以参观，还可以看到纺织伊卡特布料制作的过程。

毛梅雷的酒店与餐馆

Ⓗ **西尔维娅酒店 Sylvia**［地址 Jl. Gajah Mada No.88 TEL（0382）21-829］，这是一家中档酒店，临近去往莫尼方向的小型巴士中心。酒店设有游泳池。客房内有 Wi-Fi 信号。附带空调 ⒹRp.385000~。

Ⓗ **加迪纳酒店 Gardena**［地址 Jl. Patirangga No.28 TEL（0382）22-644］，这是一家廉价酒店，来自各国的背包客都喜欢会聚于此。房间虽然比较简朴，但却是一处收集旅行信息的好地方。附带沙发 ⒹRp.150000，附带空调 ⒹRp.200000。距离机场很近，保洁做得也很到位。

Ⓗ **维尼蓝 1 Wini Rai 1**［地址 Jl. Gajah Mada No.50 TEL（0382）21-388］，从去往西边的小型巴士客运中心出发向市中心方向徒步 10 分钟便可以到达这里，住宿费比较便宜。附带沙发 ⓈRp.175000，附带空调 ⒹRp.250000。共有 30 间客房。

Ⓡ **雷斯特 78 Rest 78**［地址 Jl.Melati 6/1 TEL（0382）22-154 营业 每天 8:00~22:00］位于城市广场侧便的食堂，比较受欢迎。有铁板炒饭（Rp.30000~）、牛尾汤（Rp.30000）等各种美食。

松巴岛 *Pulau Sumba*

质朴的文化充满着魅力

岛上有图案独特的伊卡特织物以及大型宗教祭祀活动帕索拉，传统文化氛围浓郁。基督新教及伊斯兰教等宗教也在岛上得到传播，但大多数人还是信仰名为马拉普的原始宗教并保持着基于该信仰的生活习惯。岛西部的降雨较多，适合耕种，但越往

瓦诺卡卡地区的传统舞蹈表演

东气候越干燥，土地也越贫瘠，饲养马、水牛的畜牧业是东部的主要产业。因当地的特殊地理条件，在1913年荷兰人开始统治这里之前，没有任何外来势力可以控制全岛。历史上，这里曾臣服于14世纪时的爪哇岛满者伯夷王国以及之后的松巴哇岛比马王国、苏拉威西岛戈瓦王国。但是岛内的部族统治长期存在，部落间的争斗未曾中断。奴隶买卖、猎首等奇异的风俗一直持续到20世纪。

◎ 交通方式

飞机

各个岛屿有飞往瓦英阿普机场及坦博拉卡（瓦伊卡布巴克郊外）机场的航班。东部的瓦英阿普机场至市内约6公里。乘坐出租车Rp.60000~。

西部的坦博拉卡 Tambolaka 机场距瓦伊卡布巴克市内约42公里。乘坐出租车Rp.400000~。

松巴岛 漫步

松巴岛东部的中心城市为瓦英阿普 Waingapu、西部的中心城市为瓦

人 口　　40万

长途区号　0387

努沙登加拉群岛

弗洛勒斯岛／松巴岛

活动信息

● 2~3月

2月在兰博亚 Lamboya 及科迪 Kodi，3月在瓦诺卡卡 Wanokaka 等瓦伊卡布巴克周边地区举办帕索拉 Pasola 骑马战斗祭祀活动。历年在7~10日的满月期间举行。

飞往瓦英阿普的飞机

◆从巴厘岛出发

狮子（翼航）航空与斯利维查雅（Nam）航空1天共有1~2个航班，用时1~1.5小时，Rp.871000~1092000。

◆从帝汶岛古邦出发

狮子（翼航）航空、斯利维查雅（Nam）航空、Trans Nusa 航空1天共有3个航班，用时30~60分钟，Rp.405000~

飞往坦博拉卡的飞机

◆从巴厘岛出发

印度尼西亚鹰航空、狮子（翼航）航空1天各1个航班，用时1~1.5小时，Rp.723000~

◆从帝汶岛古邦出发

印度尼西亚鹰航空、狮子（翼航）航空1天各1个航班，用时1~1.5小时，Rp.602000~

Column

长矛与鲜血的帕索拉骑马战斗

帕索拉 Pasola 是松巴岛上独特的祭祀活动，有些暴力，但也十分壮观。每年雨季过后，开始耕种的季节，男子们分成两组，骑在马上互相投掷木质长矛，战斗一整天。

岛上有一种名为马拉普 Marapu 的精灵信仰，至今仍深深影响着岛民的生活，帕索拉其实也是祈祷稻谷丰收的仪式之一。先要举行迎请稻谷精灵尼亚来 Nyale（用于垂钓的海滨蚯蚓）的仪式。待到黎明时，被称为拉托 Rato 的马拉

普祭司开始在海边寻找尼亚来，以此来预测稻谷的收成。如果找到很多尼亚来，说明将迎来丰年。

之后，帕索拉开始。战士们身披头巾和围巾，马匹也被戴上各种装饰。交战双方分为大海队和陆地队，互相投掷木质长矛，力图将敌人击落马下。当然，交战中会有人受伤（有时甚至会出现死亡的情况），但是当地人认为战士的鲜血可以慰藉精灵，带来丰收。

🌸 **贴士** 在原生态的村庄里能见到高耸的木柱，这种木柱被称为"安栋"。据说，过去会把敌方首领的头颅高悬于木柱之上（现在仅为一种文化象征）。

瓦英阿普与瓦伊卡布巴克之间的交通

有巴士于 7:00、8:00、12:00 在两地发车（用时 4~5 小时，Rp.70000~）。包车的话，用时 2.5 小时，Rp.600000~。

另外两地之间还有名为 Travel 的 Door to door 的面包车开行，8:00、14:00 在两地发车（用时 4~5 小时，Rp.70000~）。

● Sinar Lombok 公司
（ Travel 预约 ）
瓦英阿普
TEL（0387）61-555
瓦伊卡布巴克
TEL（0387）22-222

巴士枢纽站

瓦英阿普的巴士枢纽站为市区以南 4 公里处的坎贝加哇站。前往瓦英阿普市内的安塔坦科塔巴士枢纽站，乘 Bemo，Rp.5000。

瓦伊卡布巴克的巴士枢纽站位于市中心的市场旁边。

西松巴安静的海滩

伊卡布巴克 Waika-bubak、均为在该岛旅行的起点。1 天有 3 班巴士开行于连接两个城市的干线道路上。在其他道路上也有巴士、Bemo、卡车、马车行驶，但是数量不多，所以对于游客来说包车游览会比较方便。在城市可以乘坐摩的。

传统村落的礼仪

在松巴岛的传统村落可以参观伊卡特 Ikat（→p.308）制作及巨石坟墓。但是这些村落并非旅游景点，而是普通的村庄，村民们在那里过着正常的生活。最好与懂当地语言的导游一同前往，可以通过导游了解当地的独特风俗习惯。村落备用有签名册，游客可以在签名册上写下姓名及来自什么国家，还需要支付 Rp.20000 的捐款。除了捐款，有时村民还会让游客购买当地制作的物品，如果没有想买的则完全可以拒绝。

松巴岛海滩信息

松巴岛各地有美丽的海滩。可以从瓦伊卡布克乘车向南约 40 分钟。以传统村落及舞蹈而闻名的兰博亚地区，有潘泰马洛西 Pantai Marosi。海边是米色的沙滩，沙滩上散布着被海水冲上岸的贝壳，很适合在此散步（不过波浪汹涌，需要注意）。

另外，瓦英阿普西北 20 公里处的普拉乌坎贝拉 Purau Kambera，有沙质很细的漫长海滩，可以光着脚走。那里的波涛很平静，适合游泳。所有海滩都没有卖东西的。海滩周边也没有商店，游客可以在未经任何雕琢的自然环境中放松身心。

屋顶造型奇特的传统民居。当地人认为屋顶的尖端里住着精灵

松巴岛
Pulau Sumba
区域地图 ▶p.309

🪷 **贴士** 西松巴与东松巴的伊卡特 Ikat 有区别。东松巴的伊卡特 Ikat 的图案多为动物、人等传统式样，很受外国游客喜欢。西松巴的 Ikat 则主要采用蓝及茜草等植物染色。

瓦英阿普 *Waingapu*

MAP p.325

松巴岛上最繁华的商业地区

瓦英阿普人口 5 万，是游客游览东部各个村落的起点城市。城市分为港口所在的老市区与巴士枢纽站、市场所在的新市区，阿马亚尼街 Jl. Ahmad Yani 连接两个区域。新市区有很多酒店。

松巴岛 郊外景点

莱恩德村与帕乌村

Map p.324

Rende & Pau

松巴岛东部曾经有很多以村落为单位的小王国。印度尼西亚独立时，所有王国都被废除，但在莱恩德村 Rende 与帕乌村 Pau 等瓦英阿普地区的

瓦英阿普附近的村落以制作 Ikat 闻名

传统村落，还有王族后代生活着，而且奴隶制仍然存在。

在传统村落的中心，有用于祭祀历代国王的巨石坟墓。在 4 个支撑石上有 1 个巨大的石块覆盖，形状类似被称为 Dolmen 的新石器时代墓冢。石块表面刻有象征着王室的鳄鱼、水牛等动物，反映了当时的信仰。坟

墓周围是屋顶形似草帽的传统民居。这些村落以制作传统的伊卡特而闻名，很多家庭里都晾晒着被染成蓝色、红色的线，还能见到妇女们用织布机织布的场景。

保留着传统民居与巨石坟墓的帕乌村

前往瓦英阿普周边的村落

普莱利乌村距瓦英阿普 3 公里，乘坐 Bemo 的话只需 Rp.5000，乘坐摩的 Rp.7000。前往莱恩德村与帕乌村，可从瓦英阿普乘巴士（大概每小时 1 班，用时 1.5 小时，Rp.30000）至默洛洛村 Melolo，在默洛洛换乘 Bemo（也有从瓦英阿普直达莱恩德村的巴士）。16:00 左右就没有巴士发车了，所以应早一些乘车。如果包租出租车及私家车，1 天大概需要 Rp.600000~，还可以雇佣能讲英语的导游（1 天 Rp.400000 左右），在导游的讲解下，详细了解当地的风俗文化。这种游览方式可以一次游览多个地点，非常方便。

注意预防疟疾

在松巴岛一定要注意预防疟疾。可传播疟疾的按蚊活动于傍晚及夜里。除了需要准备驱虫喷剂、蚊香，还要注意不能穿着蚊子喜欢的黑色服装以及尽量减少皮肤裸露。

瓦伊卡布巴克 *Waikabubak*  MAP p.324

瓦伊卡布巴克近郊的帕索拉祭祀仪式

以传统祭祀仪式帕索拉闻名的岛屿西部中心

瓦伊卡布巴克位于海拔600米的高地上，是西松巴岛的中心。阿马亚尼街两边有市场及巴士枢纽站。在离市中心很近的小山丘上，有瓦伊塔巴尔村 Waitabar 等传统村落，可以见到传统民居及巨石坟墓。另外，2~3月期间，这一带会举行盛大的帕索拉祭祀仪式。

印尼鹰航空代理店

MAP p.326

地址 Jl. Sudirman No.26
TEL（0387）22-563

前往瓦伊卡布巴克周边村落

如乘坐 Bemo 或小巴，先带从瓦伊卡布巴克去往瓦伊塔布拉，然后去往科迪地区（Rp.10000）。前往托西村，乘坐开往邦德科迪的 Bemo（Rp.12000），前往瓦伊尼亚普村，从瓦伊卡布巴克乘坐开往瓦诺卡卡的 Bemo，Rp.8000。都无法直接到达目的地村落，下车后需步行1~3公里或换乘摩的。包车前往比较方便（1天 Rp.600000 左右）。

关于松巴岛的导游

前往举办帕索拉祭祀等活动的传统村落，建议在酒店雇好导游并办理好包车。按当地的行情，司机1天 Rp.600000，英语导游1天 Rp.350000。也可以只雇导游，然后乘公共交通工具前往。

潘泰马洛西

潘泰马洛西 Pantai Marosi 位于岛屿的西南，海滩上有美丽的植物及白色细沙，还有舒适的酒店。从瓦伊卡布巴克乘坐开往加乌拉的 Bemo，Rp.10000。

瓦伊卡布巴克 郊外景点

科迪与瓦诺卡卡
Kodi & Wanokaka

Map p.324

普莱戈利村的村民保持着传统的生活方式

瓦伊卡布巴克岛西部的科迪 Kodi 地区是帕索拉的发源地，是岛上历史最为悠久的地方。在距海很近的托西村 Tosi 及瓦英阿普 Wainyapu 等地，可以见到屋顶尖耸的传统民居及巨石坟墓。可在这些传统村落住宿，如果有兴趣的话，可以事先告诉导游。瓦伊卡布巴克以南约20公里处的瓦诺卡卡 Wanokaka 地区也有很多传统村落，可以包场观看传统戏剧演出。普莱戈利村 Praigoli 周围有3个传统村落。另外，位于瓦伊卡布巴克以东约20公里的阿纳卡兰地区的帕苏加村 Pasunga 及加鲁巴库尔村 Gallubakul 有着名的巨石坟墓，雕刻十分精美。

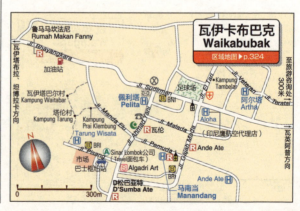

贴士 松巴岛有 Nihiwatu 及 Manngudu 等深受冲浪爱好者喜欢的冲浪地点。可以在当地的网站以及各种视频共享网站搜索相关信息。

餐馆
Restaurant

瓦英阿普及瓦伊卡布巴克的市中心都有很多餐馆。瓦英阿普老市区的港口，晚上有沿街的摊位，出售现烤的鲜鱼。价格按鱼的大小而定（Rp.35000~）。每份鱼还附带米饭和蔬菜。

瓦英阿普

苏拉巴亚
Surabaya

◆🅷 苏拉巴亚酒店内的餐馆。除了印尼炒饭（Rp.20000）、印度炒面（Rp.20000），还能品尝到鱼、虾等海鲜。大瓶 Bintang 啤酒 Rp.35000。

所在酒店为典型的廉价酒店，带浴室的房间费用为ⓈⒹ Rp.165000~（没有热水）。

巴士枢纽站前的餐馆	Map p.325
地址 Jl. El Tari No.2	
TEL（0387）61-125	
营业 每天 9:00~21:00	
税费 & 服务费 含	
信用卡 不可	

咖啡先生
Mr. Cafe

◆当地人也很喜欢的人气餐馆。老板是爪哇人，鸡肉菜肴很值得推荐。有马来香料炸鸡（Rp.32500）、印尼鸡汤（Rp.15000）、鲜榨果汁（Rp.10000~）等。

烤鸡很受欢迎

鸡肉菜肴非常美味	Map p.325
地址 Jl. Umbu Tipuk Marisi No.1	
TEL（0387）61-605	
营业 每天 7:00~21:30	
税费 & 服务费 含	
信用卡 不可	

瓦伊卡布巴克

D 松巴亚特
D'Sumba Ate

◆中庭里建有许多亭子的花园餐馆。菜品种类很多，从乡土菜到各国美味都有。包括奶油培根意面（Rp.35000）、意大利肉酱面（Rp.35000）等。

环境舒适的餐馆	Map p.326
地址 Jl. Ahmad Yani No.148 A, Waikabubak	
TEL 0812-3868-3588（手机）	
营业 每天 9:00~23:00	
税费 & 服务费 含 信用卡 不可	

马南当
Manandang

◆位于同名酒店内的餐馆，提供当地菜肴。阿拉马南当马来香料炸鸡（Rp.37000）、炒木瓜花恰本加普帕亚（Rp.23000）等菜品很受欢迎。

丰富多彩的乡土菜	Map p.326
地址 Jl. Pemuda No.4, Waikabubak	
TEL（0387）21-197	
营业 每天 6:00~22:00	
税费 & 服务费 +15% 信用卡 不可	

松巴岛的伴手礼

Column

松巴岛的伊卡特 Ikat（→ p.308）很有名，但除此之外，还有很多其他非常有趣的东西。用银和宝石制成的"护身符"，是当地传统的女性耳饰，也是神职人员们所谓神秘力量的象征。现在有的人将其作为饰坠。另外，还有用来装"护身符"的木质印盒形盒子，形状非常特别，像是一个扁平的茄子。有的盒子上还有松巴岛独有的原生态雕刻，大小尺寸也很多样。

使用露兜树叶编织而成的袋子，用来装香烟，可以在村庄里或集市上看到制作过程。有的袋子上还有刺绣。

如果想要购买伊卡特等当地特产，建议前往集市。当然也可以在游览的村庄里购买，不过从集市或街头商贩处购买，价格会更便宜。另外，东松巴要比西松巴便宜一些，有的商品甚至能便宜一半。但是，游客也应该意识到，在来访者很少的村庄向村民直接购买，卖出商品换到的钱对村民来说是非常重要的现金收入。

瓦伊卡布巴克的街头有商贩出售伊卡特

酒店
Hotel

瓦英阿普

梅尔林
Merlin

POOL 餐馆 早餐

◆距离巴士枢纽站及市场较近，是瓦英阿普市内设施最完备的酒店。面向道路的房间会有些噪声，但酒店工作人员的服务态度非常好。使用热水需另外付费。提供免费的机场接送服务。

共有 18 个房间	Map p.325

地址 Jl. Panjaitan No.25, Waingpu
TEL（0387）61-300　税费 & 服务费 含
信用卡 不可　**Wi-Fi** 仅限公共区域·免费
费用 AC HOT Cold TV Ⓢ Rp.176000、Ⓓ Rp.198000
　　 AC HOT Cold TV Ⓢ Rp.275000、Ⓓ Rp.352000

利马萨乌达拉
Lima Saudara

POOL 餐馆 早餐

◆位于老市区中心，是瓦英阿普最便宜的住宿设施。每个房间都有浴室。下午为客人提供饮料及零食。共有 13 个房间，印尼客人很多。

老板一家非常热情	Map p.325

地址 Jl. Wanggameti No.2
TEL（0387）61-083　税费 & 服务费 +10%
信用卡 不可
费用 AC HOT Cold TV Ⓢ Rp.145000、Ⓓ Rp.185000

桑德尔伍德
Sandle Wood

POOL 餐馆 早餐

◆位于巴士枢纽站 1 区东面，交通便利。很受游客欢迎，客房经常被住满。可以帮助游客联系前往周边村落的汽车以及导游。

2 层建筑，共有 25 个房间

地理位置优越的中档酒店	Map p.325

地址 Jl. Panjaitan No.23, Waingapu
TEL（0387）61-887　税费 & 服务费 含
信用卡 不可
费用 AC HOT Cold TV Ⓢ Rp.165000、Ⓓ Rp.187000
　　 AC HOT Cold TV Ⓢ Rp.275000、Ⓓ Rp.297000

瓦伊卡布巴克

马南当
Manandang

POOL 餐馆 早餐

◆位于巴士枢纽站以东 300 米处，是瓦伊卡布巴克规模最大、设施最为完备的酒店。房间非常整洁。共有 45 个房间。

环境舒适的中档酒店	Map p.326

地址 Jl. Pemuda No.4, Waikabubak
TEL（0387）21-197　信用卡 不可
费用 AC HOT Cold TV Ⓢ Ⓓ Rp.400000
　　 AC HOT Cold TV Ⓢ Ⓓ Rp.500000

佩利塔
Pelita

POOL 餐馆 早餐

◆位于主街道旁，与邮局相邻，共有 16 个房间，住宿价格便宜。质朴的工作人员对客人非常热情，只要客人提出相应的要求，工作人员就会用水桶给客人送来泡澡用的热水。

交通便利的廉价酒店	Map p.326

地址 Jl. Ahmad Yani No.2, Waikabubak
TEL 0812-3703-2182（手机）
税费 & 服务费 含
信用卡 不可
费用 AC HOT Cold TV Ⓒ Ⓓ Rp.250000~

潘泰马洛西

松巴纳乌蒂尔度假村
Sumba Nautil Resort

POOL 餐馆 早餐

◆建于山丘之上的度假村，可以眺望大海，共有 7 个房间。室内设计很好，有小吧台及咖啡机。位于保持着传统习俗的兰博亚地区，可以把这里作为游览各个村落的起点。可以为游客联系团体游（需要预约）。可以只带早餐，也可以三餐都带，用餐根据住宿的费用而定。

步行 10 分钟可至马洛西海岸	Map p.324

地址 Jl. Kartini No.16, Lamboya
TEL 081-3395-58652（手机）
URL www.sumbanautilresort.com
税费 & 服务费 含　信用卡 不可
费用 AC HOT Cold TV 高级 Ⓢ Ⓓ Rp.1800000~
　　 AC HOT Cold TV 别墅 Ⓢ Ⓓ Rp.2000000~

帝汶岛 *Pulau Timor*

岛屿众多的东努沙登加拉省

帝汶岛东西长 500 公里，是努沙登加拉群岛中最大的岛屿。地处岛屿东半部的东帝汶于 2002 年从印度尼西亚独立，成为一个新的国家。西帝汶的古邦 Kupang 为东努沙加拉省的省会，周围有很多适合潜水或冲浪的小岛。

古邦周边的自然环境很好

人 口	200 万人
海 拔	低于 10 米
电话区号（古邦）	0380
（阿坦布阿）	0389

 ## 交通方式

飞机

印度尼西亚鹰航、狮子（翼航）航空每天有航班从登巴萨飞往古邦。从松巴岛的瓦英阿普、坦博拉卡以及弗洛勒斯岛的安迪也有直飞航班。

船舶

Pelni 公司的 Awu 号隔周有船开往博洛克港 Bolok（古邦西南 13 公里）。除此之外，印度尼西亚最南端的罗蒂岛 Pulau Roti 是冲浪及潜水胜地，萨布岛 Pulau Sabu 以伊卡特闻名，从这两个岛每周都有多个航班的渡轮驶往古邦的博洛港。

飞往古邦的飞机

◆ 从雅加达出发
　Batik 航空、印度尼西亚鹰航空 1 天共 4 个航班，用时 3 小时，Rp.1427000~3565000

◆ 从登巴萨出发
　印度尼西亚鹰航空及狮子（翼航）航空 1 天各有 1 个航班，用时 2 小时，Rp.779000~1428000

● 从东帝汶前往→ p.433

帝汶岛 漫 步

古邦市内 Bemo 很多。前往周边景点拉西阿纳海滩 Lasiana、包恩 Baun（制作织物的村落）等地也可以乘坐 Bemo，不过与浮潜胜地斯茅岛 Semau 一样，这里也有各种团体游项目。

古邦与阿坦布阿的酒店

古邦市内的酒店有很多，从中档酒店到廉价酒店都有。

Ⓗ 弗洛巴摩尔Ⅱ Flobamor Ⅱ［地址 Jl. Jend Sudirman No.21，Kupang　TEL（0380）833-476］位于市中心 Bemo 枢纽站以南 2 公里处。酒店设施及房间内的设备都比较老旧。带空调、电视、冷水淋浴的 Ⓢ Ⓓ Rp.275000，带热水的 Ⓢ Ⓓ Rp.350000。

Ⓗ 橄榄酒店 Olive（TEL（0380）855-3926）位于古邦郊外，从古邦机场乘出租车 10 分钟可

至，住宿环境舒适，换乘飞机时在此住宿也很方便。带电风扇 Ⓢ Rp.150000~、Ⓓ Rp.180000~，带空调 Ⓢ Rp.250000、Ⓓ 280000。

Ⓗ 努桑塔拉杜阿 Nusantara Dua［地址 Jl. IJ Kasimo，Atanbua　TEL（0389）21-773］位于靠近邻国东帝汶的阿坦布阿，价格十分便宜。工作人员能讲英语，可了解到东帝汶的旅游信息。带电风扇 Ⓢ Ⓓ Rp.200000，带空调 Ⓢ Ⓓ Rp.325000。

雄伟的自然景观与素朴村寨是这里最大的魅力

苏门答腊岛

Sumatera

苏门答腊岛位于印度尼西亚群岛的西端，以米南加保人为首的民族风情随处可见。风景优美的多巴湖周边、武吉丁宜等地都是高原的避暑胜地。此外，浮于岛西侧的西比路岛、尼亚斯岛至今仍保留有浓郁的原住民文化。包含因有红毛猩猩栖息而闻名的临近武吉拉旺的古农列尤择国家公园等，岛上共有三座国家公园登录为世界遗产。

十 苏门答腊岛信息概况

苏门答腊岛基本信息

地理与人口▶ 苏门答腊岛位于印度尼西亚西端，与新加坡隔马六甲海峡而望。南北长约 2000 公里，赤道刚好横贯岛的中部，总面积约 47.36 万平方公里。岛上人口超过 5500 万，占印尼总人口的 20%。

岛上有许多火山（包括活火山），都属于喜马拉雅造山运动的结果。因此，平原的面积比较狭小，有些地方海岸线直临断崖，在海拔 2000~3000 米的群山之间是盆地和高原。整座岛共有 10 个省，从西北向东依次是亚齐省 Aceh、北苏门答腊省 Sumatera Utara、西苏门答腊省 Sumatera Barat、廖内省 Riau、廖内群岛省 Kepulauan Riau、占碑省 Jambi、明古鲁省 Bengkulu、南苏门答腊省 Sumatera Selatan、楠榜省 Lampung、邦加勿里洞省 Bangka Belitung。

自然保护区内栖息着各种各样的野生动物

民族与宗教▶ 岛内各地居住着多种民族，与其他岛一样，在这里你可以看到多种多样的文化与社会。按照人口数量从多至少的顺序来划分，主要的民族有：居住在东部与南区的马来人，西苏门答腊的米南加保人，北部的亚齐人，以及居住在多巴湖一带的巴塔克人。各民族都拥有各自的特征、历史和文化，有时同一个民族内也有很多分支，性格、文化、习惯都有一定的差异。

现在绝大多数是伊斯兰教徒，本来各个民族的信仰各有不同，既有泛灵教，也有从 5 世纪便流传至此的佛教。13 世纪时，伊斯兰教从印度的南部传到苏门答腊岛北部的班达亚齐，然后从这里传到的印度尼西亚各个岛上。正因如此，亚齐省是印度尼西亚伊斯兰教原教主义的圣地。多巴湖周边的巴塔克人也有许多是信奉基督教的。

班达亚齐 Banda Aceh · Sigli · Bireuen · Lhokseumawe · Calang · 武吉拉旺 Bukit Lawang · 棉兰 Medan · Meulaboh · 唐卡汉 Tangkahan · 古农列尤择国家公园 T.N.Gunung Leuser · Belav · Tapaktuan · 西巴亚克火山 Gn. Sibayak · 贝拉斯塔基 Berastagi · Pematangsiantar · 多巴湖 Danau Toba · 巴拉巴 Parap · Pulau Simeulue · 巴尼亚群岛 Kep.Banyak · 锡博尔加 Sibolga · Gunungsitoli · Padangsidempu · 尼亚斯岛 Pulau Nias · Telukdalam · Muara Sikabaluan · 西比路岛 Pulau Siberut · Muara Siberut · 印度洋 Samudera Hindia · 锡波拉岛 Pulau Sipora · 明打威群 Kep.Menta

300km

苏门答腊岛
Sumatera

槟城岛
au Penang

马六甲海峡
Selat Malacca

马来西亚

南海
Laut Cina Selatan

吉隆坡
KUALA LUMPUR

Port Klang

Tanjung Balai

Port Dickson

马六甲
Malacca(Melaka)

Rantauprapat

杜迈
Dumai

新加坡

Tanjung Butun

巴丹岛
Pulau Batam

宾坦（民丹）岛
Pulau Bintan

纳士纳海
Laut Natuna

北千巴鲁
Pekanbaru

基姜
Kijang

廖内群岛
Kep.Riau

赤道
Equator

▶p.359

武吉丁宜
Bukittinggi

Rengat

Kuala Tungkal

Pulau Singkep

Solok

Sungaidareh

巴东
Padang

Muara Bungo

占碑
Jambi

邦加岛
Pulau Bangka

Painan

葛林芝火山
▲Gn.Kerinci

Belinyu

ua Pejat

Bangko

Muntok

Pangkal Pinang

Sungai Penuh

克尼西士巴拉国家公园
T.N.Kerici Seblat

勿里洞岛
Pulau Belitung

Sikakap

Lubuklinggau

巴邻旁
Palembang

Tanjungpandan

北巴盖岛
Pulau Pagai Utara

Muaraenim

明古鲁
Bengkulu

爪哇海
Laut Jawa

Baturaja

外港巴斯国家公园
T.N.Way Kambas

Kotabumi

武吉巴里杉国家公园
T.N.Bukit Barisan Selatan

Metro

楠榜港
Bandar Lampung

Bakauheni

雅加达
JAKARTA

默拉克
Merak

爪哇岛

2

3

A

B

C

333

文化与历史 ▶ 7 世纪时，岛内存在着若干个王国，与中国也有交流。尤其是斯利维加扬 Sriwijayan 王国，首都位于现在的巨港附近，在马六甲海峡一带扩张势力，成了繁荣一时的贸易中心。之后，王国之间开始对立，岛内出现政治混乱，直至 13 世纪伊斯兰教势力开始抬头。

16 世纪时，葡萄牙人势力进入苏门答腊岛，将之前统治苏门答腊全岛的伊斯兰教徒驱赶到亚齐。之后，新的伊斯兰教王国在亚齐再次建立，但 1629 年在与葡萄牙人的战争中被打败，王国开始衰落。18 世纪时，荷兰东印度公司以巴东为据点开始贸易活动，主要出口胡椒及咖啡，使得当地的经济得以恢复，不过 1942~1945 年期间又遭日本占领，之后直到 1949 年印度尼西亚独立，一直受外国统治。

13 世纪以后深受西亚音乐文化的影响，与乐器相比更重视声乐是当地音乐的特点。在伊斯兰教社会，朗诵诗歌是一项非常重要的活动，在这里人们也会在 Saluang 笛及弦乐器 Rabab 的伴奏下，配合着舞蹈，吟唱用马来语韵文写成的编年史 Hikayat 及四行诗 Pantun。至于乐器，有东南亚各国都使用的竹质打击乐以及 Rebana 鼓。舞蹈有米南加保舞等，其中使用 Rebana 及唢呐合奏进行伴奏的男子格斗舞蹈最为独特。

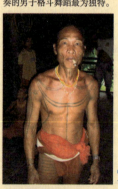
明打威群岛上保存着远古时代的习俗

✪ 亮点

苏门答腊是红毛猩猩、大象、老虎的栖息地，自然环境非常好。尤其是北部的古农列尤择国家公园至南部的巴瑞杉西拉坦国家公园的热带雨林地区，2004 年以"苏门答腊热带雨林遗产"的名义被列入世界遗产名录。可以从棉兰近郊的武吉拉旺等地参加热带雨林团体游，亲密接触大自然。

以充满神秘色彩的景观而闻名的多巴湖及米南加保文化的中心地区武吉丁宜，有很多酒店，很适合作为旅游的起点。这两个地方均有可前往周边热带雨林的团体游。

苏门答腊岛西海岸有不少世界著名的冲浪地点

✪ 旅游提示

货币兑换与物价 ▶ 在棉兰及巴东等大城市，有银行、ATM、货币兑换处，可以顺利地兑换货币。但是，在小城镇，大多只能使用美元现金，所以在前

在市场、地摊购物或用餐则可以节省费用

苏门答腊周边的岛屿

尼亚斯岛 Pulau Nias 　MAP p.332/B1
位于苏门答腊主岛以西 125 公里处的岛屿。海浪非常适合冲浪，有很多冲浪爱好者长期居住于此。有在巨石上开凿出来的住宅，至今保存着非常有趣的传统文化。

从棉兰前往尼亚斯岛的古农西利，狮子（翼航）航空与印度尼西亚鹰航空 1 天共有 6 个航班（用时 1 小时，Rp.729000~1197000）。

民丹岛 Pulau Bintan 　MAP p.333/B3
从新加坡前往非常方便，人气很高。海滩上建有许多度假酒店，自然环境优美。

从新加坡有高速游船 Bintan Resort Ferries（URL www.brf.com.sg）开往拉戈伊 Lagoi 的班达本单特拉尼 Bandar Benten Telani，每天 5~7 个航班（用时 1 小时，往返 S\$ 58~114）。

往大城市以外的地区时，应事先兑换足够的货币。岛内各地都有 ATM，但小村庄里一般只有 1 台 ATM，有时还会发生故障，需要注意。

与爪哇岛、巴厘岛相比，这里的住宿、交通、用餐的费用都比较便宜。在面向大众的饭馆吃饭，费用一般为 Rp.15000 左右~，在市内乘坐公共交通工具，Bemo 的票价大概为 Rp.3000~。

旅行的难易度▶该岛南北狭长，在岛内移动要花费许多的时间和体力。如果想要深度游各个景点，基本上就得乘坐巴士，但山路很多，雨季时道路可能被冲毁，制订旅行计划时需要留出充足的时间。

另外，在大城市及旅游景区之外的地方，游客会感到语言及风俗习惯上有较大的差异。在乡村，即便是在饭馆和巴士枢纽站，也基本上没有人懂英语，游客应做好心理准备。

伴手礼▶有亚齐的刺绣（帽子、靠垫套以及钱包等小物品）、多巴湖的木雕人偶及织锦、米南加保的乐器等苏门答腊岛的著名特产。另外，印度尼西亚各地的超市里出售的香料、咖啡、甜点也多产自苏门答腊，这些东西都是价格不贵的伴手礼。

⚙ 安全信息

在北部的亚齐特别行政区，伊斯兰原教旨主义的势力很强，谋求独立的武装集团 GAM（自由亚齐运动）与军队、警察等治安部队长期冲突。2005 年政府与 GAM 达成和解并签署和平协议，但在 2011 年以前，班达亚齐等地仍然频繁发生使用武器弹药的事件。近几年来，局势趋于稳定。详细情况可咨询驻当地使领馆。

⚙ 气候与季节性

当地全年多雨，尤其是西苏门答腊的大部分地区，年降水量都超过 4000 毫米。最干燥的地区是东海岸及中央地区的断层峡谷，但是年降水量也在 2000 毫米以上。

通常，旱季为 5~9 月，降水概率最低的 6~7 月是当地的旅游季节。各地区之间会有一些差异，但雨季基本上为 12 月~次年 3 月。在海岸地区，最高气温经常会超过 30℃，气候类型属于高温多湿的热带雨林气候，不过旅游景点基本上都在高原地区。那些地区，早晨、傍晚，甚至是白天，如果没有日照，气温也比较低，需要准备防寒衣物。

⚙ 岛内的交通

飞机▶棉兰~巴东、棉兰~北干巴鲁、巴东~巴淡之间有狮子航空、斯利维查雅航空、印度尼西亚鹰航空的航班开行。2016 年往返于多巴湖~雅加达间的航线开通，交通变得更加便利。

巴士▶游客主要前往西北部地区，道路状况很好，有 ANS 公司等公司运营的新型巴士开行，座位非常舒适。如果是长途乘车，最好选择车上带空调机厕所的高级巴士。

旅游巴士▶棉兰~巴东之间的主要线路上，全年都有旅游巴士（7~9 人乘坐的面包车）开行。所有运营公司都规定如乘客未达一定人数则不发车，但乘客也可选择包车。这种巴士非常适合游客乘坐，由当地的旅行社经营，在各地都设有经营网点。

船舶▶巴东及巴东郊外的 Bungus 港，每周有多个航班开行，驶往明打威群岛的西比路岛。

⚙ 前往苏门答腊岛的方法

航空▶棉兰与巴东两个城市均有国际航班起降。前往棉兰，可从新加坡乘印度尼西亚鹰航空及胜安航空的航班，1 天共 6~7 个航班（US$ 34~394），从吉隆坡乘亚洲航空及马来西亚航空的航班，1 天共 14~15 个航班（US$ 35~222），从滨岛乘亚洲航空的航班，1 天 5 个航班（US$18~44）。前往巴东，可从吉隆坡乘亚洲航空的航班，1 天 3 个航班（US$ 18~100）。印度尼西亚国内航线，有印度尼西亚鹰航空、狮子航空、Sriwijaya 航空的航班从雅加达飞往棉兰及巴东。

巴东的全年气候表

月别	1月	2月	3月	4月	5月	6月	7月	8月	9月	10月	11月	12月	全年
平均气温（℃）	26.2	26.4	26.6	26.5	26.7	26.4	25.8	25.7	25.9	25.7	25.8	26.0	26.1
相对湿度（%）	78	77	77	78	76	75	74	75	76	78	79	79	77
降水量（mm）	315.3	243.8	327.7	352.0	277.3	204.1	360.6	217.1	358.5	515.5	521.0	315.1	4008.0

人　口	约211万
海　拔	15米
长途区号	061
机场代码	KNO

棉兰 *Medan*

苏门答腊岛北部的旅游集散地以及省会城市

棉兰位于马来半岛的南侧，是印度尼西亚的第四大城市。由于其地理位置的特点，因此这里民族交流盛行。16~17世纪亚齐人和德里人曾经在这里交战。19世纪荷兰人登陆时，棉兰不过就是一个小村庄而已，由于这里拥有肥沃的土壤，因此人们开始在这里大面积的发展种植园，人口急速增长，开始逐渐迈向城市化。1886年棉兰成了北苏门答腊省的省会，周边还拥有丰富的资源（石油、橡胶、烟草、棕榈油、咖啡），因此逐渐发展成了商业城市。

◎ 交通方式

飞机

狮航、鹰航、斯利维查雅航空等航空公司有雅加达或者巴东至此的航班。

至棉兰的航班（从棉兰起飞 → p.442、国际航线 → p.335）	
从雅加达起飞	鹰航、狮航、城市快线航空、亚洲航空等 每天40~50个航班，所需时间2.5小时，Rp.667000~2454000
从巴东起飞	狮航与斯利维查雅航空每天有3个航班 所需时间1~1.5小时，Rp.408000~520000
从多巴湖起飞	狮航（Wings）、鹰航、苏西航空 每天1~2个航班，所需时间50分钟，Rp.235000~619000

巴士

主要的巴士客运中心共有两个。一个是距离市中心8公里以南的安巴拉斯客运中心Amplas Bus Terminal，去往多巴湖的巴拉巴特和武吉丁宜等南部地区的巴士从这里出发。另一个是距离市中心以西10公里的槟城巴里斯客运中心（Pinang Baris Bus Terminal），去往武吉拉旺等西北部地区的巴士从这里发车。

至棉兰的巴士	
武吉丁宜发车	每小时2趟车，所需时间2小时，Rp.30000 旅行巴士每天1趟车，所需时间2小时，Rp.100000
多巴湖发车	每天10趟车，所需时间4~5小时，Rp.40000~90000 旅行巴士每天有多趟发车，所需时间4小时，Rp.120000~

机场至市区

瓜拉纳穆国际机场Kuala Namu位于棉兰市中心以东30公里处。乘坐出租车至市区约需1小时30分钟，打表需要Rp.200000~。

火车有直通机场的（ARS URL www.railink.co.id），每天有20趟至棉兰中央车站，所需时间30~47分钟，Rp.100000。

达姆利（Damri）的机场巴士每小时有2~4趟车。至安巴拉斯客运中心约需70分钟，Rp.20000。至棉兰市中心约需90分钟~，Rp.25000。至槟城巴里斯客运中心约需100分钟，Rp.40000。

机场至多巴湖的巴士

从瓜拉纳穆国际机场至多巴湖畔的巴拉巴特（Paradep）之间，每小时都有小型巴士通车（所需时间5小时，Rp.90000）。需要在先达Pematang Siantar换乘。

从棉兰出发的旅行巴士

有去往武吉拉旺、巴拉巴特（多巴湖）等地点对点的旅行巴士，每天有多辆车运行。可以在下述旅行社或者下榻酒店订车。

● Bagus Holiday's
[MAP] p.337/B2
TEL 0813-6113-5704（手机）

贴士　机场内的旅游咨询处或者出租车乘车点，都可以预订去往周边地区的打表出租车。至马达山约需3小时，Rp.550000。至武吉拉旺、巴拉巴特约需4小时，Rp.600000~700000。

棉兰 漫步

虽然也会有游客选择棉兰作为旅行的交通起点，但是这里却是印尼有数的"危险"城市，差评不断，走在街上的时候一定要格外小心。市中心地区仍然保留有许多荷兰统治时期的殖民风格建筑，街道景观还算整齐。中档酒店大多集中在希新卡曼卡拉查大街 Jl. Sisingamangaraja 沿线，这条街周边晚上还有夜市，给人十分亲民的感觉。

市内多见黄色的小型巴士，是连接中心城区与安布拉斯客运中心 Amplas、槟城巴里斯客运中心 Pinang Baris 之间的交通工具。此外侉子摩托也是棉兰的名物。

殖民风格建筑林立的棉兰市区

北苏门答腊旅游咨询处
MAP p.337/A1
地址 Jl. Jend. A. Yani No.107
TEL（061）452-8436
营业 周一～周五 8:00～16:00
可以获得各地的地图和旅行手册。

市内交通

虽然出租车是打表式的，但是近距离的移动一般会收取 Rp.30000~。去往游客经常会选择的槟城巴里斯客运中心 Pinang Baris，需要到大清真寺以南 300 米处乘坐小型巴士（No.64），所需时间 40 分钟，Rp.10000。侉子摩托 Rp.50000。出租车 Rp.150000~。

侉子摩托是可以砍价的，1 公里大约是 Rp.10000。

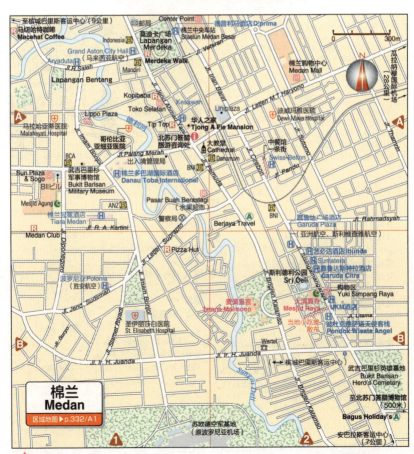

棉兰
Medan
区域地图 ▶p.332/A1

棉兰

贴士　华人之家 Tjong A Fie Mansion（MAP p.337/A1 URL www.tjongafiemansion.org 营业 每天 9:00~17:00）是当地成功德商人张亚辉的豪宅。门票 Rp.35000（附带英语导游），可以参观。

麦满皇宫

门票 每天 9:00~16:30（周日 11:00~14:00 闭馆）

费用 Rp.5000

※ 建筑物的入口处还有传统音乐演奏的表演。周六~下周四 11:00~14:00。拍照用的民族服饰可以租借，每套 Rp.10000。

棉兰当地美食

莫迪卡广场附近的 R Merdeka Walk（ MAP p.337/A1 营业 每天 17:00~23:00 左右），汇聚了很多便宜的餐馆和咖啡馆，是当地人比较集中的地区。中餐馆一条街（ MAP p.337/A2）内有一家人气的拉面店。如果想要吃得更便宜一些，可以去位于大清真寺南侧的当地小吃摊（ MAP p.337/B2）汇聚的地方，白天开始营业。

大清真寺

入场 每天 8:00~12:30、16:00~21:00

费用 门票、鞋子托管等共计 Rp.5000。

入场时女性需要佩戴头巾遮盖头部。男性如果穿着短裤，会有专门的裹腰的布外借。

货币兑换

大教堂南侧、Jl. Pemuda 是主要银行和货币兑换处比较集中的区域。可以兑换美元。这里的汇率是苏门答腊岛上最合适的。

感受苏丹之繁荣的美丽宫殿 ★★

麦满皇宫
Istana Maimoon Map p.337/B2

这座宫殿是在 1888 年由 19 世纪时统治这一地区的德利王（苏丹）Makmun 所建造的。建筑物的外观是白色的墙壁以及象征着王权的黄色装饰边缘。宫殿内部对外公开，可以参观王座、王榻等苏丹曾经爱用的家具，还有过往的一些照片、绘画等藏品。

至今仍有苏丹后裔居住的麦满皇宫

庄严的清真寺 ★

大清真寺
Mesjid Raya Map p.337/B2

这座大清真寺位于棉兰的市中心，建于 1906 年，与麦满皇宫同样都是由德利人的苏丹所建造的。建筑风格是摩洛哥风格，是由荷兰人建筑家所设计的，使用彩绘玻璃的内部装饰也十分精美。

伊斯兰色彩浓郁的大清真寺是棉兰的地标建筑

Yellow Page 黄页

● **印尼鹰航**
地址 Jl. Dr. Monginsidi No. 34
TEL（061）455-6777
营业 周一~周五 8:00~16:30，周六、周日 9:00~15:00

● **狮子航空**
地址 Jl. Sultan Brig. Jend. Katamso No.809E, Kp. Baru
TEL（061）788-2371
营业 周一~周六 7:00~19:30，周日 ~16:00

● **马来西亚航空** MAP p.337/A1
地址 Jl. Balai Kota No.1，Grand Aston City Hall 内
TEL 0823-6750-9468（手机）
营业 周一~周五 8:00~16:00

● **胜安航空** MAP p.337/B1
地址 Jl. Diponegoro No.5, Hotel Polonia 内
TEL（061）453-7744
营业 周一~周五 9:00~16:00

医院

● **哥伦比亚亚细亚医院** MAP p.337/A1
Rumah Sakit Columbia Asia
地址 Jl. Listrik No. 2A, Medan
TEL（061）456-6368（总机）、453-3636（24 小时）
URL www.columbiasia.com/indonesia
营业 24 小时
可以接受英语诊疗

贴士 北苏门答腊博物馆 Museum Sumatera Utara [MAP p.337/B2 外 地址 Jl. HM Joni No.51 TEL（061）736-6792 入场时间 每天 8:00~15:30] 有些照片和透视画的展示。这里最适合了解苏门答腊的历史和文化。费用 Rp.10000。

酒店
Hotel

大清真寺对面的希新卡曼卡拉查大街 Jl. Sisingamangaraja 是酒店比较集中的区域。在棉兰适合背包客入住的便宜的住宿设施不多，价格实惠的中档酒店倒是不少。市区内因高档酒店数量过剩而导致大幅度的降价。可以通过一些网络渠道预订酒店，或者在机场的酒店服务台 KAHA 预订房间，根据季节的不同会有 20%~50% 的优惠。

棉兰多巴湖国际酒店
Danau Toba International

POOL 餐馆 早餐

◆这家五星级酒店位于市中心，共有 311 间客房。近现代的外观是这座城市的地标建筑。内部有 24 小时开放的咖啡馆、游泳池、健身房、商务中心等。晚间餐馆还提供爵士乐、钢琴、摇滚音乐、印尼流行音乐等现场表演。

建筑物的屋顶使用的印尼传统造型的设计

老牌大型酒店   Map p.337/A1

地址 Jl. Imam Bonjol No.17
TEL（061）415-7000 　FAX（061）453-0553
URL hoteldanautoba.com
税费 & 服务费 含 　信用卡 MV
Wi-Fi 客房有信号、免费
费用 AC HOT Cold TV 标准间 ⑤ⒹRp.473000
　　 AC HOT Cold TV 豪华间 ⑤ⒹRp.671000
　　 AC HOT Cold TV 套间 Rp.1012000~

德普利马酒店
D'prima

POOL 餐馆 早餐

◆酒店位于棉兰中央车站的 3~4 层，地理位置整佳。房间虽然不算宽敞，但是设备齐全，使用起来没有不方便。早餐可以在位于 2 层大厅的星巴克解决。共有 52 间客房。

2014 年建成的棉兰中央车站

位于车站楼上的中档酒店   Map p.337/A1

地址 Jl. Stasiun No.1 　TEL（061）456-0877
URL www.dprimahotelmedan.com
税费 & 服务费 +10% 　信用卡 MV
Wi-Fi 客房有信号、免费
费用 AC HOT Cold TV 高级间 Ⓓ Rp.550000~
　　 AC HOT Cold TV 豪华间 Ⓓ Rp.600000~
　　 AC HOT Cold TV 行政间 Ⓓ Rp.750000~

嘉鲁达斯特拉酒店
Garuda Citra

POOL 餐馆 早餐

◆酒店位于希新卡曼卡拉查大街沿线，共有 4 层，65 个房间，是一间标准的中档酒店。电视、空调等设备都比较完善，相比之下住宿费比较便宜。

房间宽敞整洁

宽敞的房间、舒适的入住体验   Map p.337/B2

地址 Jl. Sisingamangaraja No. 27/39
TEL（061）736-7733
税费 & 服务费 含 　信用卡 不可
Wi-Fi 只有公共区域有信号、免费
费用 AC HOT Cold TV 标准间 ⑤Ⓓ Rp.260000
　　 AC HOT Cold TV 行政间 ⑤ⒹRp.315000

艺必达酒店
Ibunda

POOL 餐馆 早餐

◆酒店位于希新卡曼卡拉查大街沿线，共有 66 间客房。有 6 种房型，房间宽敞明亮而整洁。这家酒店经常客满，建议提前预约。热水淋浴的利用时间是 6:00~8:00 和 18:00~20:00。

游客比较喜爱的经济型酒店   Map p.337/B2

地址 Jl. Sisingamangaraja No. 31-33
TEL（061）734-5555 　税费 & 服务费 含
信用卡 MV 　Wi-Fi 只有公共区域有信号、免费
费用 AC HOT Cold TV 标准间 Ⓓ Rp.240000
　　 AC HOT Cold TV 豪华间 ⑤Ⓓ Rp.260000
　　 AC HOT Cold TV 套间 Rp.290000

UKM 酒店
UKM

POOL 餐馆 早餐

◆位于大清真寺对面的一家便宜的酒店，共有 32 间客房。客房内有的带有电扇，有的带有空调。个别的房间没有窗户，预订前请确认好。

清真寺正对面的酒店   Map p.337/B2

地址 Jl. Sisingamangaraja No. 53
TEL（061）736-7208 　税费 & 服务费 含
信用卡 不可
费用 AC HOT Cold TV ⑤Ⓓ Rp.185000~
　　 AC HOT Cold TV ⑤Ⓓ Rp.250000

波杜克维萨塔天使客栈
Pondok Wisata Angel

POOL 餐馆 早餐

◆深受欧美人喜爱的客栈，共有 10 间客房。在这里可以预订各种机票、车票，还可以预约团体游项目，一层食堂是游客们互相交换旅游信息的好地方。可以使用 Wi-Fi 的房间是在一座共有 4 层建筑里的 1~2 层。

背包客会聚的住宿设施   Map p.337/B2

地址 Jl. Sisingamangaraja No.70
TEL（061）732-0702 　税费 & 服务费 含
信用卡 不可 　Wi-Fi 客房内有信号、免费
费用 AC HOT Cold TV ⑤ Rp.80000、Ⓓ Rp.130000
　　 AC HOT Cold TV ⑤Ⓓ Rp.150000

Sumatera

棉兰
武吉拉旺

人 口	3万
海 拔	约200米
长途区号	061

武吉拉旺 *Bukit Lawang*

造访有红毛猩猩栖息的森林

巴赫洛克河沿岸尽是小木屋和商店

武吉拉旺位于棉兰以西90公里处,是一座位于古农列尤择国家公园Gunung Leuser旁的小村落。这座国家公园被列为了世界自然遗产,因有红毛猩猩栖息而闻名。这座小村庄可以作为游览公园的起点,开启探索大自然之旅。国家公园边上流淌的小河沿岸,分布着小木屋,景色绝佳。

交通方式

一般来说到这里旅行可以从棉兰乘坐旅行巴士或者小型巴士(路况不理想)。武吉拉旺的巴士中心距离村口还有1公里的距离,如果乘坐侉子摩托到达游客中心大约需要Rp.15000。有从棉兰或者多巴湖的巴拉巴特出发的旅行巴士通车(Bagus Holiday's等公司运行)。

武吉拉旺 漫 步

游客中心内并设国家公园管理处

游客中心位于村口,对岸(南侧)有数间小木屋。如果提着行李不想走太远的路,可以选择在这一区域入住。游客中心有针对国家公园的说明和讲解,还有对红毛猩猩等野生动植物的照片展示。从这里沿着河往前走,可以路过一家小餐馆和纪念品商店。沿途的道路上上下下的不是

很好走,过了宿营地之后周边还有一些客栈。

游览国家公园必须在导游的带领下,一般来说游客都是从酒店等住宿设施报名参加观光团。通过酒店预约时,须告知希望参加的团体游项目,确认清楚到达和出发的时间。

至武吉拉旺的巴士

◆从棉兰出发
槟城巴里斯客运中心有小型巴士发车,6:00~17:00期间每小时2趟车。所需时间2.5~3小时,Rp.35000。以北处1公里的坎普兰·拉兰客运中心也有小巴发车。

至武吉拉旺的旅行巴士
各个旅行社的旅游巴士,15:00从棉兰出发(所需时间3小时,Rp.120000),9:30从多巴湖巴拉巴特出发(所需时间7~9小时,Rp.230000)。从武吉拉旺发车去往各地的巴士是每天8:30发车(如果乘客数量足够的话,在13:00也会发车)。无论如何出发前都需要提前确认一下。
● Bagus Holiday's
TEL 0813-7678-8570(手机)

打表至武吉拉旺
出租车和一些可以打表的车从棉兰市中心到此费用约是Rp.600000~,从棉兰机场出发约是Rp.600000~,从马达山是Rp.850000~,从巴拉巴特出发是Rp.1200000~。

货币兑换
村内没有银行或者ATM。在村里的纪念品商店或者酒店内可以兑换美元,不过汇率不是很好,一定要提前问清楚汇率。

乘坐橡皮艇游河
可以租借橡皮艇漂流,一天Rp.20000。乘坐橡皮艇漂流虽然非常有趣,但是有时候水量比较多,水流湍急,需要格外小心。

贴士 参加武吉拉旺每年6~9月旱季徒步游时遇见红毛猩猩的概率是100%。除此之外概率大约是30%。请提前跟导游确认

生态环境多样化的自然保护区 ★★★

古农列尤择国家公园
Map p.332/A1

Taman Nasional Gunung Leuser

这座国家公园占地面积约 1.1 万平方公里，拥有辽阔的森林资源，同时也被列为了世界自然遗产，想要进入到大自然中一游可以参加从武吉拉旺的酒店出发的团体游项目，也可以雇导游在丛林中漫步。在这里可以近距离观察在大自然中无忧无虑生活的野生红毛猩猩。此外，还有许多特色团体游，比如皮划艇 2 天 1 晚之旅，3～5 天丛林穿行之旅等。在偌大的国家公园内还栖息着许多珍稀动物，比如苏门答腊虎、苏门答腊犀牛、苏门答腊象、马来貘、豹等（鸟类 350 种，哺乳类 129 种，两栖类 35 种）。除了动物之外还有包含药草在内的 3500 种植物。几乎全年都可以欣赏世界上最大的花——大王花（需要提前确认）。

古农列尤择国家公园
URL gunungleuser.or.id
费用 国家公园丛林漫步项目是 3 小时 Rp.375000，1 天 Rp.625000，1 晚 2 天 Rp.1050000（3 人以上成团）。
※ 包含国家公园门票、英语导游、1 天以上含餐费、需要住宿含帐篷费。直接跟报名参团的酒店支付费用即可
※ 周末或者节假日印尼本地人也会来此游览，届时将十分拥挤

游客中心
TEL (061) 787-2919
营业 每天 7:30～16:00
费用 免费

树丛中自由穿越的红毛猩猩

参加当地的团体游项目，可以近距离地观察野生动物

武吉拉旺的住宿

从游客中心外的一条细细的吊桥过到河的南岸有些规模的小木屋是住宿设施，沿着河边徒步 20 分钟可以看到还有大约 20 间的客栈。无论哪里的住宿设施都带有餐馆，Wi-Fi 环境也比较完备。各个酒店都可以申请丛林漫步的团体游项目。

🅗 环保木屋 Eco Lodge（**MAP** p.341 TEL 0812-607-9983 手机 URL ecolodges.id）是一家位于村口的住宿设施，设备完善，共有 32 座小木屋。地理位置绝佳，可以俯瞰巴赫洛克河的风景，在餐馆里还可以品尝到使用无农药蔬菜烹制的菜肴。附带早餐 ⑤Rp.350000～375000，ⒹRp.410000～460000。

🅗 维斯马列尤择施巴亚克 Wisma Leuser Sibayak（**MAP** p.341 TEL 0812-6461-4950 手机 URL wismaleusersibayak.com）过吊桥即到。共有 32 间客房，比较洁净。有一家可以观河景的餐馆。早餐另外付费，⑤ⒹRp.200000～350000。

🅗 乌斯蒂娜名古屋 Ustin Nagoya（**MAP** p.341 TEL 081-1612-1711 手机）由居住在当地的日本人夫妇所经营的客栈，共有 14 间客房。含早餐 ⑤ⒹRp.150000～。

341

至唐卡汉的巴士

◆从棉兰出发

从槟城巴里斯客运中心出发的直通巴士，13:00出发，所需时间4小时，Rp.25000~30000。从唐卡汉出发的巴士5:00发车。

◆从武吉拉旺出发

没有直通的巴士。需要先去棉兰的Binjai，所需时间1.5小时，Rp.20000，然后从这里乘坐每天14:00发车的巴士，所需时间3小时，Rp.20000。

包车至棉兰

◆从棉兰出发

从棉兰市中心出发，所需时间3小时，Rp.650000~。从棉兰机场到此，所需时间4小时，Rp.800000~。

◆从武吉拉旺出发

所需时间2.5小时，单程Rp.550000（一日往返Rp.650000~）。

雨林漫步的项目还可以选择植物鉴赏

CTO 游客中心

TEL 0852-7560-5865（手机）
URL tangkahanecotourism.com
营业 每天 8:00~16:00

村内的户外项目中心，很多费用可以在这里缴付。乘坐大象雨林漫步的项目是从河上游的1.5公里处的CRU，10:00出发，从河对岸的 **H** Mega Inn酒店的河岸边是11:00、14:00出发，所需时间1小时，Rp.1000000~。跟大象相关的户外项目，在每周五休息。

乘坐大象感受大自然之美 ★★★

唐卡汉

Tangkahan

Map p.332/A1

帮忙给大象洗澡

唐卡汉是与古农列尤择国家公园东侧相接壤的村落。这里在国内外游客中热度都比较高，因为可以乘坐大象，在世界自然遗产的热带雨林中穿行。

在20世纪80~90年代这一地区因非法狩猎和过度采伐成了备受海外生态学家关注的区域，后来为了振兴这里同时普及环保热爱地球的理念，2001年成立的唐卡汉旅游协会。曾经被村里人用作搬运采伐木材的大象，从2004年开始被协会收购专门用作旅游。

此外这里还有很多有趣的户外项目，比如乘坐大象皮划艇顺流而下，探寻世界上最大的花朵——大王花的丛林漫步项目等（9~10月）等。

乘坐大象穿越雨林，渡过河流

唐卡汉的住宿

游客中心附近，渡过横穿班坦河的吊桥对岸也有8家住宿设施，设施内都包含餐馆。不过没有热水淋浴、没有Wi-Fi，也不能使用信用卡结算。预约团体游项目，包车都需要通过酒店预约。

旺季时这里经常满房

H 美嘉度假酒店 Mega

Inn（TEL（0813）7021-1009 URL www.mega-inn-tangkahan.op-het-web.be）从游客中心过了吊桥即到。住宿的小木屋围绕着中庭而建，有餐馆。建议尽早预约。共有23间客房。早餐另付费，⑤⑩Rp.150000~160000。

从 **H** 雨林小屋 Jungle Lodge（TEL（0813）7633-4787 URL www.junglelodge.net）过了吊桥往西300米，便是这家酒店。老板的太太是德国人，共有11间客房。附带早餐⑤⑩Rp.150000~170000。

🌸 **贴士** 唐卡汉的旅游项目比较丰富。乘坐大象雨林漫步是8:30和15:30出发，所需时间40~50分钟，Rp.250000~。乘坐橡胶艇漂流所需时间3~4小时，Rp.200000。

贝拉斯塔基 *Berastagi*

高原上的卡洛文化中心地区

位于棉兰以南约 70 公里处的高原上，处于两座火山之间。荷兰统治时期，殖民者为躲避棉兰的酷暑，将这里开发成避暑胜地，现在仍保存着殖民地风格的建筑，有着独特的风情。周边有徒步旅行线路以及卡洛巴塔人的传统村落。

贝拉斯塔基周边有很多温泉浴场

🌀 交通方式

巴士

可从棉兰的槟城巴里斯巴士枢纽站及锡纳朋巴士枢纽站乘车前往。多巴湖西岸的邦古鲁兰有直达巴士开行，如从帕拉帕出发，需在先达 Pematang Sinatar、卡班贾赫 Kabanjahe 换乘。用时 5~6 小时。根据马达山近郊的锡纳朋火山的喷发情况（→参见边栏），有时巴士开行的车次会大幅减少。

贝拉斯塔基 漫 步

纵贯城市南北的韦特兰街 Jl. Veteran 两边，有廉价酒店、餐馆、银行、旅行社、旅游咨询处等设施。城市不大，步行就能去往所有的地方。市场里堆满了当地的特产 Markisa，可以从中了解卡洛人的饮食习惯，非常有趣。中高档的度假酒店都不在市中心，位于安静且景色很好的山丘之上。

前往 Raja Berneh 村等地的温泉浴场，可从韦特兰街乘坐小型巴士。酒店及旅游咨询处可为游客联系包车，1 天 Rp.500000 左右。游览国家公园必须在导游的带领下，一般来说游客都是从酒店等住宿设施报名参加观光团。通过酒店预约时，须告知希望参加的团体游项目，确认清楚到达和出发的时间。

市场里颜色各异的蔬菜、水果

人　口　4 万 7000
海　拔　1400 米
电话区号　0628

活动信息

卡洛巴塔人在举办结婚仪式时，要招待数百名客人。来宾身着各色服装，非常好看。仪式通常要举行两天，但是只有第一天能看到歌舞表演。有为游客准备的旅游巴士，可以到市内的旅游咨询处问询具体安排。

开往马达山的巴士

◆ 从棉兰出发
1 天几班，用时 2 小时，Rp.20000

◆ 从帕拉帕出发
1 天几班，用时 4 小时，Rp.140000~

旅游咨询处

地址　Jl. Gundaling No.1
TEL　0852-9752-4725（手机）
营业　每天 8:00~18:00
可以为游客联系团体游。

注意锡纳朋火山喷发

需要注意贝拉斯塔基以西 10 公里处的锡纳朋火山的喷发情况。从 2010 年开始，火山喷发频繁，2014 年有 16 名游客因火山碎屑流而遇难。2018 年仍连续出现大规模喷发，从棉兰等地出发的巴士有时会因此停运。

🌸 贴士　贝拉斯塔基的市中心有战争纪念碑 Tugu Perjuangan（MAP p.344），非常显眼。战士塑像是为了纪念 19 世纪与荷兰军队交战的巴塔人。

当地组团的团体游

有从旅游咨询处及 H 洛斯门西巴亚克酒店（→p.345）出发的西巴亚克火山徒步旅行团体游（1个Rp.500000~，交通费另付）。

另外，还有为期1天的热带雨林团体游（US$ 50）以及为期3天的热带雨林徒步旅行加阿拉斯河泛舟的团体游（US$ 120）等旅游项目。6~8月天气状况良好，参加团体游的游客很多。

在贝拉斯塔基就餐

市中心有很多餐馆。当地有很多基督教徒，所以能吃到使用Babi Panggang猪制作的乡土菜肴（市场前面的餐馆Rp.15000）。另外，Markisa（百香果）是当地的特产，做成果汁或者加进酒里都很美味，一定要品尝一下。

体验登山的乐趣 ★★

西巴亚克火山　　Map p.332/A1
Gunung Sibayak

贝拉斯塔基周边有许多美丽的山峰。海拔2095米的西巴亚克火山的登山线路非常适合徒步旅行，可以用一整天的时间享受美好的大自然。最好从一早就出发，回来时还可以体验一下露天温泉。出发前除了要准备好食物、水，还要在酒店或旅游咨询处获取地图及相关旅游信息。山上没有路标，还会有劫匪出没，需要雇用向导一同前往。

沿平缓的山路行走2小时可到达山顶　　西巴亚克火山的喷火口

Information
前往西巴亚克火山的线路

从韦特兰街徒步出发，在道路左边看见水果市场及 H 西巴亚克国际酒店（→p.345）后进入铺装道路。之后一直是平缓的上坡路，路旁有种植大葱及西红柿的田地。步行30分钟左右，经过一个不大的标识后，转入左侧的山路。立即会遇到山间小屋，需要支付Rp.5000的进山费。之后是平缓的下坡路，要走1小时左右。道路两边有茂密的植物，可以听着长臂猿Gibbon、猕猴Baboon的叫声前行。到达山脚下后，沿道路向上步行30分钟，道路变为台阶后继续前行30分钟，便可到达西巴亚克火山的喷火口。因为这是一座活火山，所以地面上有很多地方冒出白色的蒸汽，空气中充满硫黄的味道。步行穿过喷火口及枯水湖，有很窄的阶梯，可以沿阶梯登上观景台，眺望卡洛高原的壮丽景色。山脚下的小村庄是Raja Berneh村，有温泉浴场。从山顶到这个村庄大约要步行2.5小时。下山的道路坡度很大，有2000多级台阶，所以雨后非常湿滑，行走时存在很大的危险。如果没有穿着适合在野外行走的鞋，最好还是选择原路返回。可从温泉乘坐小型巴士返回贝拉斯塔基。

山顶的风景

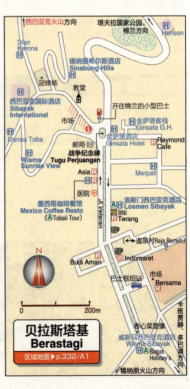

贝拉斯塔基
Berastagi
区域地图 →p.332/A1

344　　贴士　H Wisma Sunrise View（MAP p.344）有名为罗曼托（TEL 0852-7635-3222 手机）的著名昆虫收藏家，可为游客担当向导及司机。也可以前往旅游咨询处。

酒店
Hotel

气候凉爽，所以几乎没有带空调的酒店（没有必要）。而且早晚还会比较冷，所以一定要问询是否有热水淋浴。各酒店还会帮客人联系各种团体游。

锡纳朋希尔斯酒店
Sinabung Hills

POOL 餐馆 早餐

◆位于市中心西北部的高级酒店，共有 106 个房间。在宽敞的中庭内开满鲜花，有游泳池。还有餐馆、卡拉 OK 等设施。有电视、热水淋浴。

马达山地区顶级的度假酒店

可享受假日快乐的大型度假酒店	Map p.344
地址　Jl. Kolam Renang　TEL（0628）91-400
URL　www.sinabunghills.com
税费 & 服务费　含　信用卡 MV
Wi-Fi　客房 OK · 免费
费用 AC HOT Cold TV　高级间 ⑤⑩ Rp.550000
　　 AC HOT Cold TV　别墅 Rp.880000

西巴亚克国际酒店
Sibayak International

POOL 餐馆 早餐

◆位于市中心西北的山丘上的大型酒店，从旅游咨询处步行 5 分钟可至，共 113 个房间。有餐馆及游泳池等设施。所有房间均有电视及浴缸。非节假日住宿可享受 6 折优惠。

漂亮的入口

位于山丘之上的酒店	Map p.344
地址　Jl. Merdeka　TEL（0628）91-301
URL　www.hotelsibayak.com　税费 & 服务费　含
信用卡 MV　Wi-Fi　只限公共区域 · 免费
费用 AC HOT Cold TV　高级间 ⑤⑩ Rp.860000
　　 AC HOT Cold TV　豪华间 ⑤⑩ Rp.920000
　　 AC HOT Cold TV　别墅 Rp.1200000~

墨西哥咖啡餐馆
Mexico Coffee Resto

POOL 餐馆 早餐

◆位于快餐店地下的酒店，共 7 个房间。房间比较暗，但很干净。2014 年扩建，增加了 4 个房间。也是 Tobali Tour 办理预约的地点。

地下客房内的床

用餐与交通都很方便	Map p.344
地址　Jl. Veteran No.18　TEL（0628）93-252
税费 & 服务费　含　信用卡 不可
Wi-Fi　客房 OK · 免费
费用 AC HOT Cold TV　标准间 ⑤⑩ Rp.250000
　　 AC HOT Cold TV　高级间 ⑤⑩ Rp.300000

洛斯门西巴亚克酒店
Losmen Sibayak

POOL 餐馆 早餐

◆有来自各国的旅行者在此住宿，很适合办理团体游及获取苏门答腊的旅游信息。大厅内有旅游信息手册，可以为客人联系包车。共 20 个房间。

位于韦特兰街边旅行社的里面

另外，沿着韦特兰街向南步行约 500 米可至的三岔路口，有同系廉价旅馆 Ｈ Wisma Sibayak。

深受背包客喜爱的廉价旅馆	Map p.344
地址　Jl. Veteran No.119　TEL（0628）91-122
税费 & 服务费　含　信用卡 不可
Wi-Fi　只限公共区域 · 免费
费用 AC HOT Cold TV　⑤⑩ Rp.100000
　　 AC HOT Cold TV　⑤⑩ Rp.125000
　　 AC HOT Cold TV　⑤⑩ Rp.150000

Column　游览贝拉斯塔基周边的传统村落

林加 Lingga（MAP p.347）是一个卡洛巴塔人的村落，位于贝拉斯塔基郊外。保存着多栋传统民居，屋顶呈牛角形，柱子上有雕刻。这些建筑大部分建于 100~200 年前，没有使用一根钉子。可以在导游（Rp.50000~）带领下参观酋长家的内部。进村费 Rp.5000。

位于贝拉斯塔基西南 15 公里处，乘坐小型巴士，前往卡班贾赫 Kabanjahe 的巴士枢纽站（用时 30 分钟，Rp.5000），之后在南面 50 米处的巴士车站换乘前往林加的小型巴士（用时 15 分钟，Rp.4000）。也有直达林加的小型巴士。

棉兰
多巴湖

人　口	约30万
海　拔	900米
长途区号	0625
（班克兰县）	0626
机场代码	DTB

集庆活动信息

● 6-9月1周
多巴湖节 Danau Toba Festival
每年在多巴湖一带举行。届时可以欣赏到北苏门答腊的各民族传统技能、龙舟比赛等。

至巴拉巴特的巴士

◆ 从棉兰出发
每天10趟车，所需时间4~5小时，Rp.40000。

◆ 从武吉丁宜出发
每天多趟车，所需时间15~16小时，Rp.175000~350000

◆ 从雅加达出发
每天多趟车，所需时间44~56小时，Rp.550000~650000
旅游旺季的时候车票会涨价10%~30%。

至巴拉巴特的旅行车

◆ 从棉兰出发
每天一趟车，所需时间4~5小时，Rp.120000。

◆ 从贝拉斯塔基出发
14:00发车，所需时间3小时30分钟，Rp.140000。

◆ 从武吉丁宜出发
每天2趟车，所需时间15小时，Rp.280000。
如果乘客没有坐满可能会取消出发，需要注意。Bagus Holiday's〔TEL（0625）41-747〕等旅行社，有从巴拉巴特出发的车次。

多巴湖 *Danau Toba*

东南亚最大的湖泊，湖心岛沙摩西岛浮于水面

沙摩西岛上分布着许多非常有度假氛围的酒店

　　多巴湖周长100公里，是东南亚最大的湖泊。这座湖泊是在10万年前由火山喷发而形成的，个别地方水深甚至超过500米。浮于湖面上的湖心岛——沙摩西岛上有许多值得一看的景点，不过在湖畔的酒店悠闲地享受假期也是不错的选择。20世纪70年代的时候嬉皮士曾经在这里盛极一时，如今仍旧随处可见。

　　北苏门答腊的民族结构比较复杂，不过这一地区是巴巴塔克族的文化中心。自古以来这里的农业和渔业就比较发达，人们也都比较尊重传统文化，对水的自然信仰根深蒂固。船形的传统民居错落有序地分布在湖畔，守望着圣湖。

◎ 交通方式

飞机

　　西布隆布隆的西拉吉机场 Silangit，位于多巴湖南岸以南10公里处。从雅加达至此的线路最受欢迎，需要提早预约。从机场至巴拉巴特乘坐出租车需要1.5~2小时。

至多巴湖的航班（国内航线 → p.335）	
从雅加达起飞	斯利维查雅航空、巴泽航空、印尼航空每天有5个航班，所需时间2~2.5小时，Rp.715000~2288000
从棉兰起飞	狮航（Wings）、印尼航空、苏西航空每天有1~2个航班，所需时间50分钟，Rp.235000~619000

巴士

　　距离巴拉巴特渡轮码头以东约2公里的巴士中心有去往各地的长途巴士、小型巴士发车。

 贴士　多巴湖周边比较传统的纪念品是色彩鲜艳的卡约刺绣包包和靠垫套，装饰品木雕、面具以及被叫作"Porhalaan"巴拉巴特的日历等。

多巴湖 漫步

适合停留并且交通便利的旅游集散地是巴拉巴特或者浮于湖面的沙摩西岛。印尼当地的游客比较喜欢大型酒店较多的巴拉巴特，外国游客比较喜欢选择安静恬适的沙摩西岛，从巴拉巴特出发至沙摩西岛的渡轮共有两个码头，分别位于图克图克镇、多莫克村。图克图克镇上酒店比较多，从这里去往陆地更方便一些。岛内有小型巴士通车，多莫克村与安巴瑞塔村之间有直通的小巴，与图克图克之间没有通车。

如果想以图克图克为起点游览岛内，可以选择包车（侉子摩托），或者租摩托车、自行车。遗留有300年前的遗址安巴瑞塔村、有古代王墓的多莫克村等，都是距离图克图克只有大约3公里的路程。安巴瑞塔村大约西北方向10公里处有一个叫作西马尼多村（Simanindo）的地方，这里有博物馆和市场（每周六）。然后继续向南走，便可以到达位于岛西部的班克兰。这里是岛内最大的镇子，近郊还有温泉乡。

从巴拉巴特去往沙摩西岛各处的渡轮络绎不绝

至沙摩西岛的渡轮

从巴克图克乘坐渡轮可以去到各酒店的码头。需要在上船的时候告知一下想要下船的酒店码头。

● **巴拉巴特～图克图克**

7:00～18:30 每小时1趟，所需时间40分钟，Rp.15000

● **巴拉巴特～多莫克**

7:00～19:00 每小时1趟，所需时间40分钟，Rp.10000。

● **阿吉巴塔～多莫克**

6:00～19:00 每小时约1趟，所需时间40分钟，Rp.10000

※ 阿吉巴塔是位于巴拉巴特南侧的港口，每天大约有4趟往返

岛内交通

沙摩西岛上有小型巴士通车，从多莫克村经由西马尼多村至班克兰之间有巴士通车。1小时1～4趟车程，费用是Rp.5000~20000。图克图克没有位于主干道沿线，所以乘坐小型巴士比较不便。

租车费用

自行车1天 Rp.30000~
摩托车1天 Rp.100000~
侉子（摩托出租车）1天 Rp.250000~

货币兑换

巴拉巴特和安巴瑞塔村有ATM。此外，在沙摩西岛上的酒店内也可以兑换货币，巴拉巴特的银行也可以兑换，这里的汇率还不错。

安保信息

有旅客报警记录在就寝或者外出时，屋内的物品丢失的情况。因为这里的酒店规模都不大，管理相对没有那么严谨，因此需要自行谨慎好管理财务和钥匙。

此外，巴拉巴特的码头附近、酒店周边、巴士站有很多揽客的商贩，一旦跟着走了到地方就会要求支付高额的费用，需要格外提高警惕。

处于旅游开发中的多巴湖地区

从2016年开始便开设了从雅加达至西拉吉之间的航路，多巴湖作为一个著名的旅游景点也涉足其中。这一区域一直以来保留着传统，现在正在大规模地进行开发和建设，很多大型酒店都有在此兴建的计划。目前机场也准备扩建，争取可以容纳大型客机。

地图标注

林加 Lingga
至贝拉斯塔基
卡班贾赫 Kabanjahe
杜坎 Dokan
至棉兰
丝比索比瀑布 Air Terjun Sipiso-Piso
Merek
北曼当·布尔巴 Pematang Purba
先达 Pematang Siantar
Tongging
哈朗高 Haranggaol
至贝拉斯塔基
多巴湖 Danau Toba
安巴瑞塔 Ambarita
图克图克 Tuk Tuk
西蒂卡兰 Sidikalang
西马尼多村 Simanindo
Parbaba（砂浜）
轮旁·苏西苏西 Lumban Suhisuhi
Buhit
p.350
p.351
巴拉巴特 Parapat
西摄欧迪欧吹度假村 Sitio-Tio Resort
多莫克 Tomok
阿吉巴塔 Ajbata
苏马丽娜度假村 Saulina Resort
温泉
Danau Sidihoni
Tele
沙摩西岛 Pulau Samosir
比南卡·娄姆瀑布 Air Terjun Binanga Lom
韦斯塔沙瀑布尔 Wisata Samosir
Gultom
斯古拉沙瀑布 Air Terjun Siguragura
Magang
Sungkean
帮古鲁兰 Pangururan
Nainggolan
Onan Runggu
八塔特博物馆 TB Silalahi Center
Balige
西拉吉机场
多巴湖 Danau Toba
区域地图 ▶ p.332/A1
西布隆布隆 Siborongborong
0 20km
至武吉丁宜、巴东

贴士 可以徒步横穿沙摩西岛（从安巴瑞塔村至班克兰大约需要1天脚程）。但是，12月～次年3月雨季期间道路状况比较糟糕，有些危险。关键还是要找到一位值得信赖的导游。

巴拉巴特

这里是交通要道，去往沙摩西岛的渡轮码头、从苏门答腊岛各地出发的巴士也都在这里的巴士中心停靠。

注意揽客

巴拉巴特的渡轮码头附近揽客的商贩不太可信，他们不是酒店的工作人员而是为了赚取回扣的二道贩子。经常强行拉客，但实际的住宿设施条件很差、地理位置也偏远。

露天市场日历

周二：安巴瑞塔
周三：班瓜兰
周六：巴拉巴特、西马尼多
※ 巴拉巴特在周二和周四的时候还有小型的市场开市

图克图克

如果乘坐岛内运行的小型巴士，需要从 H 美丽湾民宿（→p.350）向多莫克方向徒步1.5公里，约25分钟。回程也是在这里下车，或者选择从多莫克乘坐摩的。

多莫克

通往沙摩西岛的入口之一，有渡轮通航。

王的石棺与博物馆

从渡轮码头附近的大道出发，然后沿着纪念品商店林立的小路对面右侧的台阶向上爬是三代国王的石棺。从这里沿着小路继续前行100米，右侧是第一任国王和第二代国王西的塔布塔尔王的石棺。继续前行50米是利用传统民居改建成的巴塔克博物馆（入场时间6:00~19:00　费用 任意捐赠Rp.5000左右）。

至沙摩西岛的大门口

巴拉巴特
Parapat
★　Map p.347

每周六开市的巴拉巴特码头

巴拉巴特是一座湖畔小镇，也是去往沙摩西岛的交通要塞。在码头周边有一些出售巴塔克族工艺品的商店。喜好音乐的巴塔克族人，有各式各样的乐器。例如有使用菩提树制成的二弦吉他，使用水牛角制成的古笛等，价钱方面可以讲价。此外，巴拉巴特码头附近每周六会有集市开市，周边的居民或者沙摩西岛上的人们届时会聚于此。蔬菜、水果、鱼类等均有出售，很有一种乡土复古的风情。

沙摩西岛的旅游集散地

图克图克
Tuk Tuk
★★　Map p.347

沙摩西岛位于多巴湖之上。整座岛上树木比较少，大都是草原台地，小村落在湖畔若隐若现。图克图克是这座岛上的旅游集散地，汇集了不少酒店和便宜的住宿设施。在这里可以欣赏到湖畔雄伟壮丽的景观，在这片秀丽而又恬静的大自然中可以悠闲地享受假期。

湖畔是舒适的小木屋住宿区

保留有巴塔克族王族的墓地

多莫克
Tomok
★★　Map p.347

这个村庄的小山丘上至今仍保留有400~500年前繁荣一时的王族墓地。在众多的石棺中最引人注目的是一座高1.5米、长3米的石棺。这座石棺是西塔布塔尔王的棺椁，石棺前是一张大型的国王脸，下面是护卫司令赛德将军的浮雕，后面是国王深爱的女人塞纳亚的石像。为了纪念国王之死而种植的大树的树荫下，是背着长满青苔的女人石像的国王的石棺，看起来相当有趣。

西塔布塔尔王的石棺

🍁 贴士 R 诸维塔咖啡馆 Juwita Cafe（MAP p.350 TEL（0625）451-217）可以报名跟老板学习苏门答腊特色菜的烹调方法。2小时 Rp.250000~。可以跟这里预订租借摩托车。

保留有石文化的传统村落
安巴瑞塔
Ambarita　　　　　　　　Map p.347　★

四周围被巴塔克族民族所环绕的中央广场上，保留有 300 年以前石造的会议场（Batu Kursi）和法院遗址。长满青苔的石桌四周围成环形的椅子，相传古代的时候大臣们是以国王为中心围坐在这里开会或者进行审判的。

直至 1816 年还被使用的处罚犯人的石质断头台

可以观看巴塔克族人传统舞蹈
西马尼多
Simanindo　　　　　　　Map p.347　★★

王曾经居住在村中央的位置，遗址尚存，中院面向游客开放专门表演传统民族舞蹈。村口前有王室的墓地，还有一座展示面具、乐器等民族器具的胡塔博隆博物馆 Huta Bolon Museum。

巴塔克族的舞蹈是先用牛来引路开场的，然后身着民族服装的男女排成一排站直，只有手做一些动作。最后跳一曲叫作西嘎雷嘎雷的木偶舞。这个提线木偶是使用生命之树菩提树制成的，寄托了人们想要召唤死者灵魂的哀思。

在充满田园野趣的乡间广场上跳一曲巴塔克民族舞蹈

可以眺望湖景的温泉度假地
帮古鲁兰
Pangururan　　　　　　　Map p.347　★

帮古鲁兰村本身没有什么景点，但是近郊有温泉。温泉位于从岩山上流向多巴湖的小河旁。当地人会裹着布下水泡温泉。虽说是男女分开的浴场，但是从山上的廉价酒店还是可以望到这里的。

可以将湖景尽收眼底的温泉地

安巴瑞塔
位于多莫克西北 3 公里、图克图克以西 3 公里处。
每周二有集市开市。从石头会议场、主路徒步至湖边大约有 400 米。门票 Rp.5000。

西马尼多
位于安巴瑞塔西北方向 15 公里处。每周六有市场开市。

胡塔博隆博物馆
入场　每天 9:00~17:00
费用　Rp.10000
巴塔克族民族舞蹈的表演时间（45 分钟）是平时 10:30，周日、法定节假日 11:45，门票 Rp.50000。只限有团体预约之时才会表演，平时 11:45 也可能会表演。

轮旁·苏西苏西村的纺织物
轮旁·苏西苏西村位于西马尼多以南 8 公里处，这里的人们盛行纺织巴塔克族的传统织物。游客可以在巴塔克民居环绕的庭院中参观手工编织棉线的样子，还可以现场购买产品。
传统的布料多用从橡树上提取的红色。制作一块大小约是 2 米 ×50 厘米的布大约需要 2 周时间。

帮古鲁兰
从多莫克乘坐小型巴士至此约需 1.5 小时。每小时通 1~4 趟车。从帮古鲁兰返程的车辆最终时间是 17:00。

帮古鲁兰的温泉地
距离村中心西北约 4 公里。没有在岛内，西侧位于山脚下，有路通车可以乘坐小型巴士或者摩的至此，所需时间 15 分钟。可以在温泉地逗留 1 小时，费用大约是 Rp.40000~。还有几家小型的温泉旅馆。

贴士　巴塔克族的民族特色味道是特制的辣酱，鱼类 Ikan Mas Arsik 和鸡肉类 Napinador 等比较知名。可以品尝使用从多巴湖打捞的鱼制成的烤鱼 Ikan Panggang。

酒店
Hotel

除了巴拉巴特与沙摩西岛的图克图克有一些快捷舒适的酒店，剩下的几乎都是比较廉价的民宿。周末的时候会有很多游客从棉兰至此旅游，因此需要提早预约住宿。推荐多巴湖地区可以住宿在沙摩西岛上。这里的住宿设施几乎都位于湖畔，有些地方可以直通渡轮，乘船过程中如果告知酒店名可以直接送到目的地。

图克图克

斯林通酒店
Silintong   POOL 餐馆 早餐

◆很多旅游团也会选择在这里入住，共有 58 间客房，干净整洁。酒店有专用的船只。从中庭可以眺望湖泊的风景，最适合度假。

设备完善的酒店	Map p.350
地址 Tuk Tuk　TEL（0625）451-242	
税费＆服务费 含　信用卡 不可	
Wi-Fi 只限公共区域、免费	
费用 AC HOT Cold TV ⑤① Rp.550000~1000000	

舒适安逸的环境非常适合度假

卡罗莱纳酒店
Carolina   POOL 餐馆 早餐

◆设施内共有 53 栋巴塔克族民居式的别墅，四周围是茂密的绿地。从酒店餐馆可以欣赏到湖景，悠闲用餐。客房内没有浴缸，有冷热水淋浴。房间按照使用面积、位置等分为几种类型。

面朝湖面而建的酒店

人气较高的酒店	Map p.350
地址 Tuk Tuk　TEL（0625）451-210	
URL www.carolina-cottages.com	
税费＆服务费 含　信用卡 MV	
Wi-Fi 只限公共区域、免费	
费用 AC HOT Cold TV 标准间 ⑤① Rp.275000	
AC HOT Cold TV 豪华间 ⑤① Rp.300000	

利贝塔家庭旅馆
Liberta Home Stay   POOL 餐馆 早餐

◆传统的巴塔克族样式的住宿设施。这家家庭旅馆不在酒店街区域内，喜欢僻静的游客可以选择这里。长期滞留的旅客也可以考虑这里。客房不多，共有 16 间，因此经常被预订满。有个别房间带有浴缸。

色彩的使用和设计都非常有特色

传统、僻静的传统样式酒店	Map p.350
地址 Tuk Tuk　TEL（0625）451-035	
税费＆服务费 含	
信用卡 不可	
Wi-Fi 只限公共区域、免费	
费用 AC HOT Cold TV ⑤① Rp.77000	
AC HOT Cold TV ⑤① Rp.88000	

塔波小屋
Tabo Cottages   POOL 餐馆 早餐

◆老板是当地人、老板娘是德国人，夫妻共同经营着这家有着 30 个房间的酒店。酒店区域内有餐馆和烧烤坊，在外国人游客中十分受欢迎。淡季的时候可以享受 20% 的优惠。还有按摩（1 小时 Rp.120000）服务。

临湖的舒适酒店	Map p.350
地址 Tuk Tuk　TEL（0625）451-318	
URL www.tabocottages.com　税费＆服务费 含	
信用卡 MV　Wi-Fi 客房有信号、免费	
费用 AC HOT Cold TV 标准间 ⑤① Rp.390000	
AC HOT Cold TV 豪华间 ⑤① Rp.490000	
AC HOT Cold TV 套间 Rp.950000	

美丽湾民宿
Bagus Bay   POOL 餐馆 早餐

◆共有 21 间小木屋的比较廉价的住宿设施，还拥有面朝湖面而建的浴场。并设的餐馆每周二、周六的 20:00~22:00 还有传统舞蹈表演（免费接送）。

各种活动是十分热闹	Map p.350
地址 Tuk Tuk	
TEL（0625）451-287	
URL bagusbay.com	
税费＆服务费 含	
信用卡 MV	
Wi-Fi 只限公共区域、免费	
费用 AC HOT Cold TV 豪华间 ⑤① Rp.200000	

图克图克 Tuk Tuk　区域地图 ▶ p.347

贴士　H 塔波小屋（→ p.350）餐馆在周六的时候有巴塔克族民族舞蹈、音乐的表演和自助餐会。还有去往湖畔瀑布的团体游项目（所需时间 5~6 小时，Rp.750000）等活动。

帮古里兰

西提欧迪欧度假村
Sitio-Tio Resort

POOL 餐馆 早餐

◆度假村位于帮古里兰中心城区以西 3 公里处，位于湖畔共有 22 间客房。从客房的露台上可以欣赏湖景和沙摩西岛。外观虽然看上去还行，温泉浴场却非常简单朴素。

带温泉的中档酒店	Map p.347

地址　Jl.Aek Rangat Pangururan
TEL（0626）20-036　税与手续费 含
信用卡 不可　Wi-Fi 只限公共各区域、免费
费用 AC Cold TV 标准间 Ⓢ Ⓓ Rp.400000
　　 AC HOT Cold TV 豪华间 Ⓢ Ⓓ Rp.500000

苏乌丽娜度假酒店
Saulina Resort

POOL 餐馆 早餐

◆建于帮古里兰镇中心以西 3 公里处的湖畔酒店，共有 21 间客房，价格便宜。徒步 10 分钟便可以到达温泉。

餐馆景观非常赞	Map p.347

地址　Jl. Aek Rangat, Pangururan
TEL　0821-6552-1763（手机）
税与手续费 含　信用卡 MV
Wi-Fi 只限公共区域、免费
费用 AC Cold TV 标准间 Ⓢ Ⓓ Rp.310000～
　　 AC HOT Cold TV 高级间 Ⓢ Ⓓ Rp.400000
　　 AC HOT Cold TV 豪华间 Ⓢ Ⓓ Rp.450000

巴拉巴特

巴特巴特茵纳酒店
Inna Parapat

POOL 餐馆 早餐

◆位于巴拉巴特中心城区的湖畔度假酒店，共有 97 间客房。每个房间都有阳台、电视等设施。酒店有专用的船只，也可以乘船去沙摩西岛。

面朝湖面而建的拥有美丽庭园的酒店

建于湖畔的近现代度假酒店	Map p.351

地址　Jl. Marihat No.1, Parapat
TEL（0625）41-012　URL innaparapathotel.com
税与手续费 含　信用卡 MV
Wi-Fi 客房信号、免费
费用 AC HOT Cold TV 高级间 Ⓢ Ⓓ Rp.1100000～
　　 AC HOT Cold TV 套间 Ⓢ Ⓓ Rp.1600000～

多巴纳乌丽酒店
Toba Nauli

POOL 餐馆 早餐

◆位于巴拉巴特中心地区的廉价酒店，共有 25 间客房。这家酒店是由旅行社所经营的。一层是纪念品商店，前台位于 2 楼。房间虽然不算宽敞，但是设施还算齐全。

巴拉巴特的廉价酒店

乘坐岸上的巴士至此也十分方便	Map p.351

地址　Jl. Haranggaol No.3
TEL（0625）41-156
税与手续费 含
信用卡 不可
费用 AC Cold TV Ⓢ Ⓓ Sp.200000～

多巴湖的餐馆

柏碧思餐馆的鱼类菜肴

巴拉巴特、沙摩西岛的酒店内几乎都设有餐馆。

想要品尝巴拉巴特的地方特色菜推荐 R 柏碧思餐馆 Popys（MAP p.350 TEL 0813-6123-9828 手机 营业 每天 7:00～22:00）。鱼类菜肴 Ikan Mas Arsik（Rp.80000），鸡肉类菜肴 Napinador（Rp.150000）等。位于高地的 R 霍拉斯苏格里餐馆 Horas Shugary（MAP p.350 TEL 0821-6487-6475 手机 营业 每天 8:00～22:00），这里也有鸡肉类菜肴 Sak Sang（Rp.38000）等，也能品尝到当地的菜肴。

R 伦巴餐馆 Rumba（MAP p.350 TEL（0625）451-310 营业 每天 8:00～24:00）是位于图克图克的餐馆，这里是沙摩西岛最正宗的比萨店。玛格丽特比萨（Rp.52000），金枪鱼意面（Rp.50000）。

人 口	约10万
海 拔	930米
长途区号	0752

武吉丁宜 *Bukittinggi*

保存着米南加保文化的高原之城

从高原城市武吉丁宜远眺新加朗山

位于高原上的城市，周围有萨戈、新加朗、梅拉蒂三座火山。向南50公里就是赤道，但是气候宜人，城市周边自然环境很好。该地自古以来就是米南加保文化的中心，19世纪时荷兰人在此修建了军事要塞，因此这里曾一度被称为科克要塞。

牛是米南加保名字的由来，也是当地文化的象征。当地人主要从事农业，所以对当地人来说，牛是耕种水田的重要帮手。另外，因为当地人是信奉伊斯兰教，所以牛肉也是他们的主要肉食来源。传统民居的屋顶，形似牛角，民族服饰中的头巾也为牛角状，各地至今仍保持着赛牛的习惯。

交通方式

巴士

从巴东有很多巴士开往这里，除此之外，棉兰、雅加达等地也有开往这里的长途巴士。ANS公司的巴士，票价较高，但乘坐舒适。比较高级的巴士上有空调及厕所等设备。

●从巴东出发的旅游巴士

在巴东～机场～武吉丁宜之间，有AWR公司的旅游巴士开行，可以把乘客从出发地的酒店送至目的地的酒店，白天每小时1班。对行李较大的游客来说非常方便。费用为Rp.50000~。可在各酒店办理乘车手续（需要提前1天预约）。

去往武吉丁宜的巴士

◆**从巴东出发**

每天车次很多，用时2~3小时，Rp.25000~30000

◆**从帕拉帕出发**

1天多个车次，用时15~16小时，Rp.180000~350000

◆**从棉兰出发**

1天多个车次，用时20小时，Rp.180000~350000

◆**从雅加达出发**

1天多个车次，用时32~40小时，Rp.260000~650000

去往武吉丁宜的旅游巴士

◆**从帕拉帕出发**

1天1~4班，用时14~16小时，Rp.250000~

从巴东机场乘坐出租车

从巴东的米南加保机场乘坐出租车，用时1.5~2小时，Rp.300000。有AWR公司的旅游巴士（TEL（0752）32-420）从武吉丁宜市内开往米南加保机场，白天每小时1班（Rp.60000~）。

从巴士枢纽站前往市内

巴士枢纽站位于武吉丁宜市中心东南3公里处，可以乘坐出租车（约Rp.30000）或红色Bemo（Rp.3000）。

从巴士枢纽站发车的Bemo

去往武吉丁宜市中心的Bemo沿Jl. Jend Sudirman向北，驶向集中了很多酒店的阿马亚尼街Jl. Ahmad Yani。经过吉南坦公园北侧，返回巴士枢纽站。

贴士 郊外的巴图桑卡尔Batu Sangkar（MAP p.359），周六上午有传统舞蹈表演，13:00~16:00有水田里的赛牛Pacu Jawi。应事先对具体的日程安排进行确认。斋月及斋月后的连休期间停止。

武吉丁宜 漫步

武吉丁宜市中心为1公里见方的区域，可步行游览。这座城市位于山丘之上，坡路及台阶较多，所以即便路程不远也要花费较多时间。

在贯穿市中心的阿马亚尼街 Jl. A. Yani 与阿马卡利姆街 Jl. A. Karim，有游客光顾的廉价旅馆、咖啡馆以及旅行社。走到街道中段抬头可见的白色建筑，是荷兰人修建的科克要塞的一部分（现为公园）。这一带有很多提供乡土菜肴的餐馆，钟楼北侧是阿塔斯市场 Pasar Atas，总是非常热闹。

古老街道上的马车

旅游咨询处

MAP 地图外

地址 Jl. Perwira No.54
TEL（0752）21-300
URL bukittinggiwisata.com
营业 周一～周五 7:30～16:00

货汇兑换

阿马亚尼街及钟楼周边有银行、货币兑换处。BNI银行及阿塔斯市场内的贵金属店的汇率比较划算。

摩托车租赁

可在市内的旅行社及客栈租赁摩托车。各租车点价格不一，大概1天Rp.60000～。

苏门答腊岛 ● 武吉丁宜

贴士　伴手礼店大多集中在市中心的阿塔斯市场西侧 Jl. Minangkabau 及钟楼附近的 Jl. Ahmad Yani，出售红色、金色米南加保刺绣，用黄铜、银制作的小盒子以及各种古玩。

棉兰南巴林都昂剧场
　位于 Ⓗ Jogja 与 BNI 银行之间。

入场 周日 20:30~22:10（旅游旺季及 10 人以上预约时，非节假日也有表演）

费用 Rp.70000

观赏精彩的表演

米南加保传统舞蹈
Minangkabau Dace

Map p.353/B2

可在棉兰南巴林都昂剧场 Medan Nan Balinduang 观赏米南加保传统舞蹈。有多种舞蹈表演，但最具魅力的当数名为塔利皮林的舞蹈。光着上身的男子在破碎的盘子上一会儿跳，一会儿趴。因为舞者使用了由名为西拉的武术演变而来的"魔法"，所以绝不会受伤。给舞蹈伴奏的加姆兰音乐也很独特，跟巴厘及爪哇不同，伴奏时使用了大鼓及笛子，让表演显得更加欢快并富有韵律。

手持盘子的塔利皮林舞者

Information 从武吉丁宜出发的团体游

　武吉丁宜的景点距离市区都比较远。参加团体游游览各景点既便宜又便捷。可在各酒店及旅行社预约。

武吉丁宜近郊有很多景点

　均有英语导游，最低成行人数 3~4 人。如人数不够，建议包车（1 天 Rp.600000~）游览。

◆ **米南加保文化之旅**
　时间 8:30~17:30　费用 Rp.500000~
　游览帕加鲁庸、利马卡温、巴图桑卡尔、巴林兵、番戴西卡等传承着米南加保文化的村落。可在各村落参观传统民居及手工艺品制作。行车过程中可以看到美丽的梯田，还可以看着新卡拉湖的美景享用午餐。周六下午可以观赏赛牛 Karapan Sapi，需另付 Rp.50000。

◆ **大王花与麝香猫咖啡之旅**
　时间 白天（3~4 小时）　费用 Rp.300000~
　在市区以北十几公里处的巴坦帕尔普自然保护区，有单程用时 60 分钟的徒步游览线路，途中很可能见到大王花。在山脚下的村庄，可品尝到西苏门答腊著名的麝香猫咖啡（取自麝香猫粪便的高级咖啡豆），1 杯 Rp.20000，还可以听到相关讲解。可以购买咖啡豆。

世界上最大的花——大王花

◆ **马宁焦湖 1 日游**
　时间 9:00~17:00　费用 Rp.500000~
　加来西阿诺河谷（观赏壮丽的风景，参观日军防空洞遗址）→科托加当（银饰品制作小镇）→拉旺托普（可以眺望整个湖泊）→拉旺村（甘蔗农园）→温布恩帕基村（观赏湖景）→马宁焦湖（可游泳，但水比较凉。可在吃午餐）。

寂静的马宁焦湖畔

◆ **西比路岛之旅**
　时间 5 天～　费用 Rp.4000000~
　前往裸族居住的西比路岛（→ p.362）游览的团体游，从武吉丁宜出发，1 周举办 3 次（周一、周三、周五出发。最低成行人数 4 人，需提前 1 周在旅行社报名）。西比路岛腹地没有酒店，旅行期间需在明打威人的高脚屋住宿。

游览明打威人生活的岛屿

武吉丁宜的旅行社
● Travina Inti　MAP p.353/A2
地址 Jl. Ahmed Yani No.95-105
TEL（0752）21-281

● Roni's Tours　MAP p.353/A2
地址 Jl. Teuke Umar No.11, Ⓗ 胡姬酒店内
TEL 081-2675-0688（手机）

 贴士　前往以大王花闻名的巴唐帕鲁普自然保护区（MAP p.359），可从巴瓦市场北侧乘坐小型巴士（用时 30 分钟，Rp.7000），1~2 小时 1 班。有英语导游 Joni（TEL 0813-7436-0439 手机）。

拥有博物馆与动物园的主题公园

吉南坦公园

Taman Kinantan

★★

`Map p.353/A2`

除了博物馆与动物园，还有小型游乐园，是市民休闲娱乐的场所。博物馆为米南加保式建筑，展出婚礼服装、金冠等服饰以及乐器、生活用品、出土文物等展品。紧邻博物馆的动物园位于山丘之上，有大象、鸟类等动物。

博物馆内展出米南加保文化的服装及家具

走过过街天桥，来到西边的山丘，有荷兰人修建的科克要塞 Benteng Fort de Kock 遗址，要塞建于 1825 年，当时为了对抗当地人的独立斗争。现在能让人感到一丝历史的遗存就只剩下当时的大炮了。站在水塔顶上，可以远眺火山。

景色壮美的大峡谷

加来西阿诺河谷

Ngarai Sianok

★★

`Map p.353/B1`

位于武吉丁宜西南的峡谷。被称为印度尼西亚的大峡谷，站在全景公园的观景台俯瞰全长 4 公里、深 100 米的峡谷，会感觉自己要被吸进峡谷。峡谷另一边是以银饰制作闻名的科托加当（→p.359），有吊桥及模仿万里长城而建的阶梯，步行需要 20~30 分钟。可以在峡谷边缘的线路上体验徒步游览的乐趣（参见下面的专栏）。

从全景公园远眺加来西阿诺河谷的景色。有保护峡谷的工程

吉南坦公园
入场　每天 8:00~18:00
费用　门票 Rp.10000（博物馆门票另付 Rp.2000）

全景公园
入场　每天 7:30~17:30
费用　门票 Rp.10000
　　园内有第二次世界大战时日军挖掘防空洞 Lobang Jepang，全长 1.5 公里。英语导游 20 分钟 Rp.100000。

公园里有日军挖掘的防空洞遗址

去往加来西阿诺河谷的徒步游览
　　在背包客较多的酒店找好向导。从武吉丁宜沿河步行至科托加当，半日游 Rp.350000，1 日游 Rp.500000。

加来西阿诺河谷漫步

有从全景公园出发，沿峡谷行至以银饰制作闻名的科托加当（→p.359）的徒步游览项目，需要半天到一天时间。可在住宿地点雇用向导，在向导的带领下，经过早市及传统民居，沿坡路向下，穿过农田，在热带雨林中行走，还可以听向导介绍各种植物。根据季节，有时能见到兰花以及巨蜥。下到河谷底部后，视野立即变得开阔，眼前呈现出荒凉的景色。从两侧陡峭的山崖中有河水流淌，需要多次脱鞋蹚过河流（最好带上凉鞋）。沿周围有猴子栖息的坡路

向上，可在科托加当的餐馆小憩。至此大约需要 2.5 小时。见到倒挂在大树枝头睡觉的水果蝙蝠以及银饰作坊后，沿被称作"长城 Janjang"的阶梯及吊桥前行，返回出发地点。如果是 1 日游，则会有更多时间去参观周围的村庄。

可以听到向导对各种植物的讲解

贴士　如包车游览武吉丁宜郊外，则行动比较方便，可以根据自己的兴趣前往团体游不去的地方游览。获得的服务比较快捷的话，不要忘记付小费。

餐馆
Restaurant

将椰奶的细腻与各种香料完美地结合在一起的巴东菜。在正宗的武吉丁宜餐馆，即使是不太能够吃辣味的客人也一定要品尝一下巴东菜。

家
Family

◆位于科克要塞南侧的高地上，可远眺市区及姆拉皮山，景色优美。主要提供普通的巴东菜，有巴东牛肉（Rp.15000）、蔬菜。

可以观赏景色的餐馆

可观赏美景的巴东餐馆 Map p.353/A2

地址 Jl. Benteng No.4
TEL（0752）21-102
营业 每天 8:00~21:00
信用卡 **M** **V**

新旁拉亚
Simpang Raya

◆位于阿塔斯市场西北的巴东菜餐馆。肉类菜肴（Rp.22000~）、蔬菜类菜肴（Rp.6000），当地人经常光顾，价格便宜。阿塔斯市场南侧也有一家同名餐馆。巴东也有分店。

深受当地人欢迎的人气餐馆

热闹的平民餐馆 Map p.353/A2

地址 Jl. Minangkabau No.77
TEL（0752）21-910
营业 每天 6:00~20:00
信用卡 不可

瓦伦加拉尔斯贝非克桑巴尔
Waroeng Jalal Spesifik Sambal

◆深受当地人欢迎的印度尼西亚菜餐馆，为家族式经营。人气较高的菜会很快卖完。香辣鱼（Rp.22000）、烤鸡（Rp.25000）、Aneka果汁（Rp.10000）。

很受当地女性喜爱的餐馆

夜晚霓虹灯妆点 Map p.353/A2

地址 Jl. Kesehatan
TEL 0823-3112-9824（手机）
营业 每天 10:00~22:00
税费 & 服务费 含
信用卡 不可

蒙娜丽莎
Monalisa

◆位于钟楼以北 300 米处，门面很小，看上去像是咖啡馆。主要提供中餐，有馄饨（Rp.25000）、各种豆腐菜肴（Rp.30000~）、炒饭（Rp.23000~）等，价格便宜，味道很好。经营者为和蔼可亲的华人。

糖醋里脊与面条很值得推荐

味道浓烈的中餐馆 Map p.353/A2

地址 Jl. Jend. A. Yani No.101
TEL 0823-1221-1400（手机）
营业 每天 9:00~21:00
信用卡 不可

在武吉丁宜品尝巴东菜
Column

在印度尼西亚各地都有巴东菜餐馆，西苏门答腊的米南加保就是巴东菜的发源地。在巴东菜餐馆，一进门就能看到展示橱柜里摆放着的盛满蔬菜及肉类的餐盆。客人落座后，服务员会把各种菜品盛入小盘端上来。客人可以只挑自己喜欢的菜品吃，最后结账时只按实际吃过的菜品付款即可。味道非常辣。有水煮牛肉干，还有用牛肉炖制的名为伦当的武吉丁宜名菜。一般来说，蔬菜类 1 盘 Rp.5000 左右，肉类 1 盘 Rp.15000 左右。

品尝地道的巴东菜

贴士 Jl. Ahmad Yani，晚上有出售烤串及简餐的路边摊。还有路边摊出售将椰奶、鸡蛋与米饭混合而成 Lon Tong，非常受欢迎，在过街天桥北侧及市场有摊位，一早就开始营业。

酒店
Hotel

　　武吉丁宜的酒店很多且价格合理。在市中心西侧的山丘上，有中档酒店及廉价酒店。因地势较高，所以当降水较少时，位置越高的酒店就越容易出现自来水出水量不足的情况。

武吉丁宜诺富特酒店
Novotel Bukittinggi

POOL 餐馆 早餐

中庭设有游泳池

◆位于钟楼西侧，与钟楼相隔一个街区，外观仿佛白垩色的城堡，共98个房间。绿树环绕，院内各色鲜花争奇斗艳，有游泳池、餐馆、酒吧等设施。客房面积不大，装修色调采用浅色系，给人感觉非常柔和。

高端度假酒店	Map p.353/B2

地址　Jl. Laras Datuk Bandaro
TEL（0752）35-000　FAX（0752）23-800
URL　www.accorhotels.com
税费＆服务费　含　信用卡 JMV
Wi-Fi　客房OK・免费
费用　AC HOT Cold TV　高级 SD Rp.900000～
　　　AC HOT Cold TV　豪华 SD Rp.1000000～
　　　AC HOT Cold TV　套房 Rp.3500000～

安布恩苏里
Ambun Suri

POOL 餐馆 早餐

房间面积不大但是设备齐全

◆位于全景公园以东300米处。很受外国游客欢迎，共有31个房间。室内明亮，价格合理，设备齐全。有电视、热水淋浴、电话。在非旅游旺季，可享受25%的优惠。

服务周到、物有所值的酒店	Map p.353/B2

地址　Jl. Panorama No.2
TEL（0752）34-406　FAX（0752）31-427
税费＆服务费　含　信用卡 不可
Wi-Fi　客房OK・免费
费用　AC HOT Cold TV　标准 SD Rp.400000
　　　AC HOT Cold TV　高级 SD Rp.500000

皇家德奈景观
Royal Denai View

POOL 餐馆 早餐

有露天餐馆

◆位于科克要塞南侧，共52个房间的中档酒店。很受游客及当地商务人士欢迎。所有房间均有电视、电话等设备。

环境舒适的人气酒店	Map p.353/A2

地址　Jl. Yos Sudarso No.7A
TEL（0752）22-953　FAX（0752）23-408
税费＆服务费　含　信用卡 JMV
Wi-Fi　客房Ok・免费
费用　AC HOT Cold TV　高级 SD Rp.525000
　　　AC HOT Cold TV　豪华 SD Rp.725000

你好客栈
Hello Guest House

POOL 餐馆 早餐

位于3层的宿舍房间

◆位于市中心的廉价旅馆，共有10个房间。位于3层的宿舍房间也有热水淋浴，价格非常合理。房间十分干净，工作人员很热情。

家庭氛围浓郁	Map p.353/A2

地址　Jl. Teuku Umar No.6b
TEL（0752）21-542　URL helloguesthouse.net
税费＆服务费　信用卡 JMV
Wi-Fi　客房OK・免费
费用　AC HOT Cold TV　宿舍 Rp.75000
　　　AC HOT Cold TV　S Rp.150000、D 185000

翠丽
Treeli

POOL 餐馆 早餐

◆位于科克要塞北侧，共8个房间。2014年开业，外观及室内设计都很现代。旅游旺季时经常客满，最好提前预约。

可以在餐馆观赏美景	Map p.353/A2

地址　Jl. Kesehatan No.36A
TEL（0752）625-350　税费＆服务费 含
信用卡 AJMV　Wi-Fi 客房OK・免费
费用　AC HOT Cold TV SD Rp.350000~780000

卡尔蒂尼
Khartini

POOL 餐馆 早餐

◆位于廉价酒店集中的街区，共有10个房间，价格合理。房间不大，但性价比很高，环境舒适。周围有很多餐馆，非常方便。

工作人员服务周到	Map p.353/A2

地址　Jl. Teuku Umar No.6
TEL（0752）22-885
税费＆服务费　含
信用卡 不可
Wi-Fi　客房OK・免费
费用　AC HOT Cold TV SD Rp.275000～

前往湖泊的途中可以见到猴子

前往马宁焦湖的方法

位于武吉丁宜以西 25 公里。从武吉丁宜的巴士枢纽站乘小型巴士约 1 小时 30 分钟（Rp.20000~）。

需要注意，从武吉丁宜出发的巴士的终点不是马宁焦（乘车时应告知司机要在马宁焦下车）。沿盘山路可下到马宁焦湖畔。

马宁焦湖的酒店

Ｈ Beach Guest House
地址 Jl. Raya Maninjau, Lubuk Basung KM1
TEL 0813-6379-7005（手机）
URL beachguesthousemaninjau. com

位于湖边，可以报名参加团体游，可以使用英语。共 11 个房间。费用 Ｓ Ｄ Rp.100000~。

湖畔观景点

前往湖东侧的观景点 Lawang Top（Puncak Lawang），可以乘往 Matur 的巴士，下车后乘坐摩的或步行。观赏完美丽的湖景后，可步行返回至 Bayur（约 2 小时）。需要向导同行。

前往帕加鲁庸的方法

从武吉丁宜乘巴士向东南行驶 41 公里至巴图桑卡尔 Batu Sangkar，之后换乘摩的。

前往哈劳河谷的方法

从武吉丁宜参加团体游，8:30~18:00，费用 Rp.500000~。

从奥尔可宁巴士枢纽站出发，在 Payakumbuh、Pasar、Sarilamak 换乘小型巴士。在 Payakumbuh 乘坐摩的，Rp.60000~。

壮丽的风景

武吉丁宜 短途旅行

僻静湖畔的避暑胜地 ★★ Map p.359

马宁焦湖
Danau Maninjau

从武吉丁宜乘坐 Bemo，经过 44 道急转弯下到山脚，眼前会出现美丽的湖泊。湖泊周围有很多价格便宜的旅馆，很适合背包客旅行。附近的村庄里有早市，可以买到当地人手工制作的甜点及各种水果。可以骑上租借的自行车沿湖骑行 1 周（约 52 公里），也可以乘划艇在湖上漫游，还可以去往湖北岸的观景点，总之在大自然中度过美好的时光。

绿色环抱的马宁焦湖

在王宫遗迹回想过往的历史 ★ Map p.359

帕加鲁庸
Pagaruyung

仿照米南加保最后的国王阿拉姆的王宫而建，设计保持了传统风格，体现了王国当时的强盛。19 世纪以后，在苏门答腊岛上，以班达亚齐为中心的伊斯兰原教旨主义势力非常猖獗。但是，米南加保人信奉伊斯兰教传入之前就已存在的传统宗教，有饮酒、赌博以及以女性为一家之主的习俗。伊斯兰原教旨主义对此非常反感，1815 年杀死了象征着传统文化的国王一家，阻断了传统文化的传承。王宫被烧毁，后又被重建，多次反复，2007 年因雷击失火，于 2012 年修复。

被修复后的帕加鲁庸王宫

参加 1 日游 ★ Map p.359

哈劳河谷
Lembah Harau（Harau Valley）

位于武吉丁宜东北 50 公里处，河谷两边的山崖高达 100 米。自然保护区内有多个瀑布，游览途中可以看见。村庄中有传统建筑，可以参观木薯片制作。

参观传统民居

巴林兵

★★

Balimbing

`Map p.359`

巴林兵的传统民居

村庄不大，保存着建于350年前的米南加保式传统民居。尤其是著名的巴林兵民居，甚至没有使用一根钉子。现在已经没人居住在里面，当地人在此举办婚礼及葬礼，可以进入内部参观。

在手工艺村落体验传统手工艺

番戴西卡

★

Pandai Sikat

`Map p.359`

番戴西卡村以织物与木雕闻名。尤其是木器的设计，很具装饰性。这个村名其实意为"精心打磨"，也就是指熟练的手工艺人。

位于河谷之中的银饰小镇

科托加当

★

Koto Gadang

`Map p.359`

著名的银饰小镇。位于武吉丁宜南面的西阿诺河谷的尽头，可以徒步游览。

前往巴林兵的方法

位于巴图桑卡尔以南12公里处。游客一般都参团前往。

前往番戴西卡的方法

位于武吉丁宜以南13公里处。可从巴士枢纽站乘Bemo前往。

可在作坊购买工艺品

科托加当

位于武吉丁宜西南2公里处。

可在科托加当参观工艺品的制作过程

米南加保的母系社会

米南加保人是一个母系社会的民族，这在当今世界上已经非常少见。他们坚信"大自然是最好的老师"，极为重视所有动物都是母亲所生、母亲所养这一自然现象，所以一直维持着母系社会。米南加保基本上就是指西苏门答腊整个地区，不仅限于武吉丁宜这样的地方，就连人口超过百万的大城市巴东也延续着母系社会制度。

家族内部的领导权与财产均由母亲掌控，很多情况，父亲只是劳动力及氏族的保卫者。直到现在，房屋及田地的所有权都属于母亲，男子可以耕种土地，但绝对不会获得所有权（男子经营企业，企业的所有权也大多属于妻子）。

武吉丁宜周边
Around Bukittinggi
区域地图 ▶ p.333/B2

巴唐帕鲁普自然保护区
BT.Palupuh
• 哈劳河谷 Lembah Harau
Lawang Top
科托加当（银饰）
Koto Gadang
水电站
武吉丁宜
Bukittinggi
Muko Muko
Bayur
Matur
• Tabek Patah（观景台）
▲沙火山
Lubuk Basung
Maninjau
姆拉皮山
Rao Rao
Tiku
马宁焦湖
Danau Maninjau
新加兰山
利马卡温
Lima Kaum
巴图桑卡尔（赛牛）
Batu Sangkar
番戴西卡
Pandai Sikat
Sie Limau
唐迪卡山▲
瀑布
Kubu
Kerambil
帕加鲁勇
（王宫博物馆）
Pagaruyung
帕当番江
Padang Panjang
Kayu Tanam
巴林兵
Balimbing
印度洋
Samudera Hindia
Pariaman
Sicincin
新卡拉湖
Danau Singkarak
▲
Tanjung Ampalu
Ulakan
Llubukalung
索洛
Solok
米南加保国际机场
Bandar Udara Minang Kabau
Cupak
Sijunjung
巴东
Padang
西比路岛方向
0   20km

在以银饰制作闻名的科托加当（→p.359），白天有无数的水果蝙蝠（Kelelawar）倒挂在枝头睡觉，到了傍晚，会飞向河谷。

贴士

Sumatera

棉兰

巴东

人口	100万
海拔	不足10米
电话区号	0751
机场代码	PDG

巴东 *Padang*

传统与现代相融合的城市孕育出美味的巴东菜

西苏门答腊省的省会，面向印度洋。米南加保文化在现代城市中得以保存。该地区农业发达，有很多从事农产品买卖及进出口的企业，所以商业也是当地的主要产业。这里有著名的"巴东菜"，不过旅游景点不多，很多游客都把这里当作旅行的起点城市。

海岸沿线有很多日落观景点

 ## 交通方式

飞机

狮子航空及斯里维查雅航空有从雅加达及棉兰等地飞往这里的航班。

飞往巴东的飞机（国际航线 → p.335）	
从雅加达出发	狮子航空、印度尼西亚鹰航空、City Link、斯里维查雅航空等1天共有21~27个航班，用时2小时，Rp.475000~2012000
从棉兰出发	狮子航空及斯里维查雅航空1天共有3个航班，用时1~1.5小时，Rp.408000~520000

巴士

各巴士公司的巴士及小型巴士从市中心以北6公里处的 S Basko Grand Mall 前发车并到达。开往武吉丁宜的小型巴士（Tranex 公司）从再向南500米处的购物中心 S Simpang Indah 前发车并到达。NPM 公司运营开往雅加达及棉兰的巴士，枢纽站位于 H 番盖兰海滩酒店南侧。

去往巴东的巴士	
从武吉丁宜出发	7:00~18:00 左右每小时 2~4 班，用时 3 小时，Rp.25000~30000。旅游巴士 Rp.50000
从棉兰出发	1 天多班，用时 22~24 小时，Rp.230000~400000
从雅加达出发	1 天多班，用时 27~30 小时，Rp.300000~460000

船舶

从明打威群岛前往西比路岛，可以从城市南部河流的姆阿拉（巴东阿拉乌）港乘坐高速渡轮 Mentawai Fast 号或者从南边 20 公里处的布恩格斯（Teluk Kabang）港乘坐 ASDP 公司的渡轮。

去往巴东（姆阿拉与布恩格斯港）的船舶	
从西比路岛出发	Gambolo 号（周六 19:00 出发，用时 10~12 小时，Rp.86100~180000）、Mentawai Fast 号（周二、周四、周六 14:30 出发，用时 3~4 小时，Rp.295000~550000）

贴士 从巴东开往西比路岛的渡轮，运行时间为：Gambolo 号，周五 19:00 出发；Mentawai Fast 号，周二、周四、周六 7:00 出发。

巴东　漫步

　　以清真寺为中心周围半径 1 公里的区域为市中心，默罕穆德亚明街 Jl. Mohamed Yamin 是这里的主商业街。尤其是清真寺北边的市场周边，白天的人流很多，非常热闹。邮局和银行位于东部，航空公司及旅行社也多在那里。市中心的阿迪亚瓦尔曼博物馆 Adityawarman Museum 介绍西苏门答腊的文化，很值得一去。

　　巴东南部有热闹的唐人街以及殖民地时期的仓库等老街区的风貌，沿巴东阿拉乌河边的步道行走，会令人感觉心情格外舒畅。

　　巴东的日照很强。游览时最好选择乘坐出租车（市内 Rp.7000~30000）或小型巴士（Rp.3000~）。

城市西侧为海滩

阿迪亚瓦尔曼博物馆建筑的传统装饰

巴东旅游咨询处

MAP　p.361/B1

地址　Jl. Samudra No.1
TEL（0751）34-186
营业　周一～周五 7:30~16:00
　　　周六·周日 9:00~14:00
URL　sumbar.travel

货汇兑换

　　银行集中在 Jl. Bagindo Azizchan 一带。有的银行只收外汇新钞，需要注意。

阿迪亚瓦尔曼博物馆

MAP　p.361/B1

TEL（0751）31-523
入场　周二～周日 8:00~16:00
费用　Rp.3000

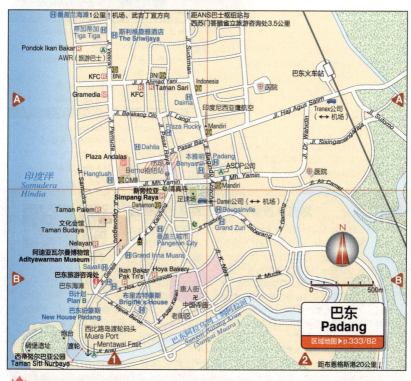

巴东
Padang

区域地图 ▶p.333/B2

貼士　这里是巴东菜的发源地，市中心有 R 新旁拉亚 Simpang Raya（MAP p.361/B1）等可以品尝到当地特色菜的餐馆。在海岸可以观赏日落，有很多海鲜餐馆。还有路边小吃摊。

酒店
Hotel

番盖兰海滩
Pangeran Beach
POOL 餐馆 早餐

◆位于市中心以北数公里处的海滩边，共有 178 个房间。周围的环境安静，经常客满，所以最好提前预约。

游泳池很大

位于僻静海滩	Map p.361/A1 外

地址 Jl. Ir. H. Juanda No.79
TEL（0751）705-1333　FAX（0751）705-4613
税费 & 服务费 含　信用卡 J M V
Wi-Fi 客房 OK · 免费
费用 AC HOT Cold TV S D Rp.1056000~

B 计划
Plan B
POOL 餐馆 早餐

◆距离海滩及旅游咨询处很近，共有 39 个房间，环境舒适。价格便宜，但设备齐全，面积适中。1 层有餐馆及酒吧。

现代风格的外观

年轻的工作人员非常勤快	Map p.361/B1

地址 Jl. Hayam Wuruk No.28
TEL（0751）892-100　FAX（0751）892-101
URL www.planb-hotel.com
税费 & 服务费 含　信用卡 J M V
Wi-Fi 客房 OK · 免费
费用 AC HOT Cold TV 高级 S D Rp.475000
　　 AC HOT Cold TV 豪华 S D Rp.575000

斯利维查雅酒店
The Sriwijaya
POOL 餐馆 早餐

◆位于巴东市中心的酒店，共有 29 个房间，很值得推荐。占地面积不大，内部装修以白色为基调，明亮整洁。房间内的设备也很齐全，环境舒适。

高级客房

性价比很高的酒店	Map p.361/A1

地址 Jl. Veteran No.26
TEL（0751）21-942　FAX（0751）890-190
URL www.thesriwijayahotel.com
税费 & 服务费 含　信用卡 J M V
Wi-Fi 客房 OK · 免费
费用 AC HOT Cold TV 高级 S D Rp.350000
　　 AC HOT Cold TV 豪华 S D Rp.400000

巴东纽豪斯
New House Padang
POOL 餐馆 早餐

◆距离海滩很近的廉价旅馆，共有 6 个房间。公共区域很大，有厨房并备有冰箱，可以申请各种团体游。

背包客喜欢入住	Map p.361/B1

地址 Jl. H.O.S Cokroaminoto No.104
TEL（0751）25-982　URL www.newhousepadang.com
税费 & 服务费 含　信用卡 M V
Wi-Fi 客房 OK · 免费
费用 AC HOT Cold TV 宿舍 Rp.100000
　　 AC HOT Cold TV S D Rp.250000~330000

布里吉特豪斯
Brigitte's House
POOL 餐馆 早餐

◆共有 12 个房间的民宿，在此住宿的游客很多。房东非常开朗，英语也很好，可以了解到很多户外运动的相关信息。3~4 人共住的房间 Rp.95000。

位于老街区内的住宅区	Map p.361/B1

地址 Jl. Kampung Sebelah l No.14D
TEL（0751）36-099　税费 & 服务费 含
信用卡 M V　Wi-Fi 客房 OK · 免费
　 AC HOT Cold TV S D Rp.250000
　 AC HOT Cold TV S D Rp.330000

Column
游览裸族居住的西比路岛的团体游

西比路岛是苏门答腊岛以西的一个小岛。当地的明打威人只穿一条短裤，身体强健并有刺青，生活状态至今仍处于石器时代。岛上不仅没有电及自来水，甚至几乎没有货币流通，游客需住在明打威人的高脚屋（房屋下面养猪，房屋里有狗和鸡，通风良好，虽地处高温多湿地区，但居住起来却十分舒适）。主食为用从西米椰子中提取的淀粉烤制的棒状食物，不过非常难吃，感觉就像咀嚼橡胶。

西比路岛的文化极为单纯。有去往岛内腹地的徒步团体游，但内容也极其单调，只是在热带雨林中行走而已。夜晚要在明打威人家里住宿，所以能够了解当地人的实际生活。每个游客都会为在当今的现代社会里还有这样的地方存在而吃惊。

全身刺青的明打威人

从巴东的码头乘船前往西比路岛，单程用时 3~12 小时。船上乘客很多，而且船摇摆的也比较厉害。在有大量游客到苏门答腊旅游的旺季，有从武吉丁宜及巴东出发、为期 5~10 天的西比路岛团体游（→ p.354）。

苏拉威西岛

Sulawesi

苏拉威西岛几乎位于印度尼西亚中央的位置，这座岛仿佛一朵盛开的兰花漂在浩瀚海洋之中。省首府是望加锡，早在大航海时代这里便是重要的贸易港口，盛极一时，历史悠久，如今这里依旧是香料等商品重要的集散地。此外，充满神秘色彩的塔纳托拉雅拥有独特的山岳文化，船形的传统民居、岩壁上的墓穴等保留至今。以万鸦老为起点，苏拉威西岛南部的一些小岛等也都是充满民族特色的旅游热点。

苏拉威西岛信息概况

苏拉威西岛基本信息

地理 & 人口 ▶ 位于赤道的岛屿，面积约 19 万平方公里。整座岛呈"兰花"状，东西南北共有 4 条狭长的半岛延伸。博物学家阿尔弗雷德·华莱士的研究表明，这座岛上拥有亚洲和大洋洲的生态系统和地质结构，据推测岛的西侧是加里曼丹、东侧是澳大利亚大陆的一部分。岛上共有 1740 万人，共分为 6 个省，分别是南苏拉威西省、东南苏拉威西省、中苏拉威西省、西苏拉威西省、哥伦打洛省、北苏拉威西省。

民族 & 宗教 ▶ 主要民族构成有南苏拉威西的马卡萨族人 Makassarese、武吉斯人 Bugis、托拉雅人 Toraja，北苏拉威西的米纳哈萨人 Minahasa、哥伦打洛人 Gorontalo 等。宗教信仰各州都有所不同，但主要还是信仰伊斯兰教、新教、印度教、佛教。在万鸦老、塔纳托拉雅周边，因受到荷兰殖民时代传教士的影响，所以信仰新教的教徒较多。

文化 & 历史 ▶ 据考察苏拉威西岛上居民是在公元前 2500~1500 年，从中国西南部地区渡海南下登岛的。塔纳托拉雅地区的居民深信自己的祖先是从中国南下的，因此传统的民居也是建成船屋形状，面朝北面而建。之后每个区域还有着当地的原住民的定居地，拥有独自的信仰和习惯。

16 世纪海上贸易盛行，与武吉斯人共同拥有南部势力的马卡萨人建立了戈瓦王国（Gowa）。但是由于戈瓦王国的首都望加锡是去仕香料里要产地马鲁古群岛的要地，1667 年荷兰推翻了戈瓦王国的统治，将这一区域列入管辖范围。另外，北部地区的万鸦老从 16 世纪开始作为海上贸易的中转港口，葡萄牙人与当地的米纳哈萨族人有着较为深刻的接触，不过到了 17 世纪荷兰人成了真正意义上统治这里的人。此后 300 年这座岛的主要地区成了荷兰的殖民地。随着基督教的渗入，荷兰语的普及，万鸦老的米纳哈萨人也深受影响。

苏拉威西岛
Sulawesi

0 ——— 200km

N

塞拉加锡海峡
Selat Makassar

Pantoloan

栋加拉
Donggala

帕卢
Palu

Pasangkayu

Karosa

T
Lore Lin

马穆朱
Mamuju

马马萨　塔纳托拉
Mamasa　Tana Tora
　　　　▶p.378

Lakawan

Polewali　恩雷港
　　　　　Enrekan

巴里巴里
Parepare

班提穆伦自然保护区
Bantimurung

梁梁史前公园
Taman Prasejalah Liang Liang

马罗斯
Maros

望加锡
Makassar
（乌戎潘当）

Bulukum

Pulau Tanekeke

巴拉罗摩帕博物馆
Balla Lompoa Museum

1

西里伯海　Laut Celebes

布纳肯岛
Pulau Bunaken

万鸦老
Manado

比通
Bitung

托莫洪 Tomohon

顿达诺
Tondano

▶p.376

托莫加博耐国家公园
T.N.Dumoga Bone

库万达
Kwandang

Buol

托利托利
ToliToli

Danau
Limboto

哥伦打洛
Gorontalo

Katamobagu

Doloduo

Tomini

Tilamuta

赤道
Equator

托米尼湾
Teluk Tomini

托吉安群岛
Pulau Togian

马鲁古海
Laut Maluku

帕吉马纳
Pagimana

卢武克
Luwuk

安波阿
Ampana

Batui

Tataba

帕伦岛
Pulau Peleng

Salakan

波索
Poso

丁直那
Tentena

Pandauke

考隆诺达尔
Kolonodale

婆梭湖
Danau
Poso

帕洛波
Pendolo

Danau
Matano

Wotu

Danau
Towuti

Latowu

肯达里
Kendari

班达海
Laut Banda

Kolaka

Watampone

Buapinang

Kembara

穆纳岛
Pulau Muna

Raha

布敦岛
Pulau Buton

卡巴那岛
Pulau Kabaena

巴务巴务
Baubau

班台比拉
Pantai Bira

萨拉亚尔岛
Pulau Selayer

Benteng

2

3

A

B

C

🧭 亮点

万鸦老是水中乐园，是人气非常高的潜水胜地。这里拥有丰富的水中物种和绿宝石色的海水，也是世界各国潜水爱好者们非常向往的仙境。拥有独特山岳文化的塔纳托拉雅有很多看点，船形的民居、岩壁上的墓穴，还有盛大的葬礼等。

苏拉威西岛与加里曼丹岛之间有一条华莱士线（亚洲与大洋洲的动植物分界线），这里还是珍稀动物的宝库。尤其是万鸦老周边有许多自然保护区，对大自然感兴趣的游客千万不要错过。

🧭 旅游提示

货币兑换与物价▶望加锡、万鸦老的酒店和潜水中心大都可以使用信用卡。可以兑换货币的兑换处也不少，市内的 ATM 可以直接取现，汇率也不错。兰特包等地方也在逐渐增加 ATM 的数量，货币兑换十分方便。

旅行的难易度▶人气较高的观光地旅游开发还是比较先进的，住宿和交通都比较方便。不过如果准备去地方的村落或者尚未开发的地区会有一些困难，英语的普及度不高，最好能适当地说一些印度尼西亚语，否则旅行起来会有些困难。

纪念品▶在各地都可以买到传统的手工艺品。塔纳托拉雅和武吉斯的纺织品和木雕比较有名。虽然塔纳托拉雅是高级咖啡的产地，但是纪念品包装的装入木雕箱中的咖啡豆并不好喝，不推荐购买。虽然包装不是很漂亮，在各商店门口的木箱中出售的咖啡豆味道还可以。不过，无论购买哪一种都不要有太高的期待，品质优良的咖啡豆都已经出口了。

🧭 安全信息

有很多来自其他国家的潜水爱好者滞留的万鸦老郊外和布纳肯岛等地区治安状况还不错，可以放心地生活。望加锡有很多小偷小摸的案件发生需要格外小心。包含万鸦老在内的城市地区，夜间外出的时候需要小心（尤其是女性独自外出）。

中苏拉威西省的波索县山区有比较激进的伊斯兰教分子，经常会有居民被袭击的事件发生。2015年以后当局对这一地区进行了反恐作战，形势有所缓和，不过如果准备前往这一地区的话建议还是要获得最新的信息。

🧭 气候与季节性

整座岛雨季与旱季的转换不十分明显，降水比较集中的季节是 11 月～次年 3 月。万鸦老等平原地区年平均气温在 25℃前后，最适合潜水的季节是 5~10 月的旱季的时候，雨季也会有 3~4 天的周期可以潜水。

塔纳托拉雅等山区高原地带全年的天气比较不稳定，一天中的温差变化也会比较大。塔纳托拉雅整体降水量不多，葬礼等集会活动比较集中的月份是 6~8 月。

Column 塔纳托拉雅的仪式与风俗

葬礼的时候使用大量的水牛进行活祭是塔纳托拉雅保留的众多传统文化之一。

Mangerara Banua

盖房子之前召集家人和亲戚会聚在一起，杀猪做菜宴请大家，载歌载舞预祝顺利。我国有些地区也有此习俗。被招待的客人会给需要盖房子的人一些份子钱。

Sisemba

收割完成之后少年和男性会聚在一起进行撞拐比赛。规则是不能使用双手，直到倒下的一方站起来为止不能再踢。每年6月末至9月初各地都会举行。

除了上述以外，还有村民汇集在一起杀鸡、做竹筒饭祈求五谷丰登的一种叫作 Mabugi 的风俗，以及杀猪宴请宾客围成一团跳舞祈福的 Mabua 等独特的仪式和风俗残留。

万鸦老的全年气候表

月份	1月	2月	3月	4月	5月	6月	7月	8月	9月	10月	11月	12月	全年
平均气温(℃)	25.4	25.4	25.5	25.8	26.2	26.0	26.1	26.4	26.4	26.2	26.1	25.6	25.9
相对湿度(%)	84	83	83	83	81	80	75	72	75	77	82	83	80
降水量(㎜)	377.2	340.6	269.7	229.1	221.6	182.7	116.1	131.1	121.8	127.3	216.0	318.3	2651.8

🧭 岛内交通

飞机 ▶ 万鸦老~望加锡之间有印尼航空、狮航等公司的航班通航，每天5个班次。

船舶 ▶ 贝鲁尼公司有从望加锡到万鸦老近郊的比通之间的渡轮，隔周通航。

从万鸦老至布纳肯岛有各式各样的船通航

巴士 ▶ 万鸦老、望加锡周边有巴士和摩的通车。从望加锡至塔纳托拉雅之间有多辆车通车，乘坐高档的巴士虽然移动的时间比较长但也别有一番乐趣。

团体游 ▶ 上岛后会有很多可以参加的团体游项目。从望加锡至塔纳托拉雅之间乘坐汽车移动的团体游项目最为便利。另外，去往各地近郊景点、可当日往返的团体游项目也比较丰富。

🧭 至苏拉威西岛的交通

空路 ▶ 国际航线方面胜安航空有从新加坡至万鸦老的航班，每周4趟（所需时间4小时），亚洲航空有从吉隆坡至望加锡的航班，每周4趟（所需时间3.5小时）。

国内航线各航空公司有从雅加达、苏腊巴亚、登巴萨、巴厘巴板、查亚普拉等地至望加锡的航班。望加锡的机场至今仍旧沿用旧名乌戎潘当（机票、时刻表等也都使用旧名记载）。也有从各地直飞至万鸦老的航班通航（很多是经过望加锡的）。

望加锡国际机场

海路 ▶ 港口有很多前往望加锡的 PELNI 渡轮停泊，乘船出游十分方便。此外还有从雅加达出发途经过泗水，以及前往巴厘巴板、万鸦老、巴布亚方向的渡轮。

Information ## 从万鸦老至塔纳托拉雅的陆上移动方法

哥伦打洛的中心城区

虽然万鸦老至塔纳托拉雅之间有一定的距离，但还是可以乘坐巴士或者船舶前往的。从万鸦老至哥伦打洛省 Gorontalo 的省府哥伦打洛（**MAP** p.365/A2），只有早班车发车，所需时间8~10小时。从哥伦打洛乘坐向西的巴士，到达位于半岛末端的帕卢 Palu（**MAP** p.364/B1）需要17小时，到达临近托米尼湾的波索 Poso（**MAP** p.365/B2）需要17~21小时。

此外，从哥伦打洛去往隔托米尼湾对岸的帕吉马纳 Pagimana（**MAP** p.365/B2）也可以乘坐渡轮。渡轮分为直航（2天一趟，所需时间10小时）和需要途中在托吉安群岛停靠的船只（每周2趟）。有的人为了可以在托吉安群岛体验潜水的乐趣，特意在那里停留几天。有些哥伦打洛的酒店也可以帮忙包船。乘坐巴士从帕吉马纳至安波阿 Ampana 大约需要5小时，然后从这里换乘去往波索的巴士（所需时间5小时）。从波索到塔纳托拉雅的中心地区兰特包，

中途需要换乘大约需要8小时的车程。巴士的线路会经过中苏拉威西的高原地带，途中还会经过婆娑湖 Danau Poso（**MAP** p.365/B2）和附近的田园风光小村庄丁直那 Tentena 和帕洛波 Pendolo，不妨在这里稍事休息一下。不过没有从丁直那或者帕洛波始发至兰特包的巴士，只能搭乘从波索或者帕卢始发的车，或者从当地搭乘小型巴士中途换乘2次才能到达兰特包（从帕洛波出发需要6~8小时）。小型巴士比巴士的车次多很多。如果不准备去托吉安群岛需要准备3~4天时间，也可以花上一周的时间体验从万鸦老至塔纳托拉雅的陆上移动。

横渡托米尼湾的渡轮

婆娑湖周边闲适的田园风光

★万鸦老

望加锡

万鸦老 *Manado*

潜水爱好者的天堂

人 口	45万
海 拔	不满10米
区 号	0431
机场代码	MDC

活动信息

● 7月14日
万鸦老自治区成立纪念日，将会在室外的舞台上举办各种表演秀。

● 9月
布纳肯节庆 Bunaken Festival，届时将会展示4个民族（米纳哈萨族、哥伦打洛族、桑吉族、莫甘多）的传统文化、艺术等。

● 11月
通达诺湖节庆 Danau Tondano Festival，通达诺是米纳哈萨族人的中心地，节庆活动时会有管乐表演和传统舞蹈表演。

关于万鸦老的一些表示

万鸦老 Manado，现名美娜多 Menado。现在国内很多旅行社都称这里为美娜多。本书中沿用了老的叫法。

浮于万鸦老近海的布纳肯岛是潜水爱好者深爱的地方

万鸦老是世界各国潜水爱好者的天堂，这里拥有世界上最大的潜水点，热带鱼在深色的海水中穿行如梦如幻。即便是浮潜也可以观察到色彩鲜艳的热带鱼在海中游弋的模样，这种美妙的感觉令人难以言表。在近郊还有可以观察到珍稀动物的自然保护区。

万鸦老自古以来便是一座以贸易著称的港口城市，还曾经是荷兰的殖民地，也是专门做香辛料贸易的据点。因此，这附近有不少荷兰人与其他民族的混血，也因多大眼睛肤色嫩白的美女而著称。基督教徒占人口的半数以上，城市内有许多宗派不同的教堂十分醒目。

印尼人常说的"万鸦老人"就是居住在这一带多民族人的总称。如果说他们是"米纳哈萨族人"不免有些狭义，万鸦老及其近郊还有其他7个民族聚居。因此"万鸦老人"这一个词可以代表米纳哈萨族人和其他7个民族的总称。

这里的水中世界除了鱼类之外，软珊瑚也十分美丽

万鸦老及其周边可以滞留的区域

大多数的游客都是以潜水为目的在此逗留的。如果想要在这里享受悠闲的度假生活和潜水的乐趣，选择一个适合自己的酒店和酒店所在区域是非常重要的。万鸦老市区酒店比较集中，无论是购物、就餐都是非常方便，去往周边区域的

潜水、旅游团体游项目也大多以这里为起点。

此外，如果选择住在潜水点附近的布纳肯岛 Bunaken 上，除了可以尽情地享受潜水，还可以度过一个安静的不被打扰的假期。选择哪个区域住宿，具体的还要根据自己的喜好来定。

贴士 万鸦老当地的甜品"椰丝蛋挞 Klappertaart"是一种加入椰子果肉的甜蛋奶派。可以在当地的蛋糕房或者机场出发大厅的咖啡馆品尝到这种甜品。

交通方式

飞机

印尼航空、狮航等有从雅加达、登巴萨至萨姆·拉图兰吉机场 Sam Ratulangi 的航班（部分航班需要经由望加锡）。

至万鸦老的航班（从万鸦老起飞 → p.442，国际航线 → p.367）	
从雅加达起飞	巴泽航空、印尼航空、狮航、城市快线航空每天有 13~14 趟航班，所需时间 3.5 小时，Rp.1131000~3538000
从苏腊巴亚起飞	狮航与城市快线航空每天有 2~3 趟航班，所需时间 2.5~3.5 小时，Rp.974000~1305000
从登巴萨起飞	印尼航空与狮航每天各有 1 趟航班。所需时间 2.5 小时，Rp.1450000~2649000
从望加锡起飞	狮航、印尼航空、城市快线航空每天有 5 趟航班。所需时间 1.5~2 小时，Rp.734000~1866000
从望厘巴板起飞	狮航每天有 1 趟航班，所需时间 1.5 小时。Rp.873000~1359000

巴士

去往哥伦打洛、帕卢、波索、望加锡方向的巴士从南郊的马拉拉阳巴士中心发车。由于道路状况很糟糕，行车时间长，因此很少有游客选择乘坐巴士。

从机场至市区

从机场至市中心乘坐出租车需要 30 分钟，Rp.130000（从万鸦老市区至机场的出租车 Rp.100000~）。达姆利公司有机场大巴，经由市中心的 Jl.Sudiman、Jl.Sam Ratulangi，终点到达市中心需要 30 分钟，Rp.30000）。如果提前告知，可以在道路沿线的任何地方停车。

以介绍万鸦老为中心的北苏拉威西的杂志 *What's Happening* 有专门的 PDF 版可以下载、URL www.manadosafaris.com/wh.php

苏拉威西旅游咨询处
MAP p.369/B1
TEL（0431）852-723
地址 Jl. Diponegoro No.111
营业 周一～周六 8:00~14:00

货币兑换
比起巴厘岛、爪哇岛等地，这里的汇率偏低，在BNI银行等可以兑换美元或者人民币。推荐可以在银行或者购物中心内的ATM上兑换。

北苏拉威西省立博物馆
MAP p.369/B2
地址 Jl. Supratman No.72
门票 周一～周五 8:00~16:00
费用 Rp.10000

展示有王族的收藏品

万鸦老 漫步

小型巴士穿行在萨姆拉图兰基大街上

万鸦老的市中心主要位于沿着海岸线而建的萨姆拉图兰基大街 Jl.Sam Ratulangi 周边。尤其与卡尔蒂尼大街 Jl. Kartini 交会的十字路口附近，有百货商店、邮局、旅行社等，总是很热闹。在市中心以东约1公里处还有专门介绍地方文化的北苏拉威西省立博物馆 Museum Negeri Propinsi Sulawesi Utara。

城市北侧的港口周边自古以来就因港口贸易而热闹非凡，沿途是便宜的住宿设施、食堂、小卖部等。布鲁斯哈提市场 Pasar Bersehati（旧称建基市场）是专门出售海鲜的市场，人来人往，熙熙攘攘。此外这里还是巴萨尔 45 这趟小型巴士的起点。

🟩 交通信息

街面上几乎没有空驶的出租车（打表制，市内移动 Rp.20000~50000），可以通过酒店叫车，或者在购物中心的出租车点等车。如果知道目的地的车站或者小巴线路，也可以乘坐小型巴士（Rp.4000~）。

从万鸦老出发的团体游项目

浮潜也可以尽情享受水中世界的奇幻之旅

● 浮潜之旅
Snorkeling Tour
时间 7:30~15:30
费用 US$87~
　　在布纳肯岛周边的珊瑚礁浮潜（包含器具）。午餐在布纳肯岛就餐。也可以预订至潜水中心的住宿。

● 米纳哈沙高地之旅
Minahasa Highland Tour
时间 9:00~17:00

传统的村落里残留有形状奇特的石棺

费用 US$97~135（2人以上成团）
　　游览保留有米纳哈沙样式传统民居的沃老望、有当地食品和鲜花市场的托莫洪、浦路唐陶艺村、东达纳湖、力诺湖等。含午餐。出发时间可以商谈。

● 淡可可自然保护区之旅
Tangkoko Nature Reserve Tour
时间 12:00~20:30
费用 US$130~165（2人以上成团）
　　在英语导游的陪同下一起巡游自然保护区。必须要穿着适合徒步的鞋子。费用包含入园门票、午餐等。

万鸦老的旅行社
● Manado Safari Tours　**MAP** p.369/B1
地址 Jl. Sam Ratulangi No.176
TEL（0431）857-637
URL www.manadosafaris.com
营业 周一～周六 8:00~18:00

🌸 **贴士** 🅗 西里伯斯岛酒店 Celebes 可以帮忙包车。6 小时 Rp.450000，12 小时 Rp.550000。去往布纳肯岛的船只每天 14:00 发船，费用是每人 Rp.50000。

栖息在珊瑚上的海羊齿

在利广断崖 3 号潜水点进行峭壁潜水（摄影布纳肯茶茶）

万鸦老 户外活动

●轻潜水 Scuba Diving

距离万鸦老西北 7 公里处、浮于海面上的布纳肯岛周边是水肺潜水的好去处。这里不仅有世界上为数不多的 1000 米以上的海中峭壁，还有各式各样的特色潜水点。沿着峭壁下潜，可以欣赏到美丽的珊瑚和腔肠类色彩斑斓的世界，还有大量的热带鱼在水中遨游，这种美丽令人感动不已。有时还会有魔鬼鱼、海牛、翻车鱼、软鳍鲨等大家伙出没。

布纳肯岛周边如今已经被指定为国家公园，有很多潜水点散布在附近，从西拉丹岛上可以欣赏到暗礁浅滩中巨大的桌珊瑚，蒙特哈吉岛因梭鱼坪而知名，美娜多岛周边拥有美丽的珊瑚礁。

状况与潜水季

浪潮的方向比较容易改变，也有地方会有强暗流等，只要可以到浅滩上就一切安全了。海水透明度 15~25 米，水温全年都在 25℃~29℃。4~10 月早季期间是潜水季，但是即便是早季也有上午晴天午后雷雨的状况。相反的雨季的时候也有连续三五天放晴的时候。

布纳肯国家公园门票
费用 一日券 Rp.50000（一年有效券 Rp.150000）
潜水标准费用
2 种 Rp.800000~
夜间 Rp.450000~
（都包含器材）

开放水域的课程在学习期间包含餐费、住宿费，一共需要 US$530~635。各潜水中心含住宿费用的价格是 US$30~205（包含餐费、住宿费、潜水）。

租借器材
潜水服	Rp.60000~
调节器	Rp.40000~
BCD	Rp.40000~
面罩 & 脚蹼	Rp.100000~

潜水手续
p.374 中登载的布纳肯岛、莫比斯海滩的住宿设施，以及潜水中心内部并设有可以办理潜水预约手续的柜台。

至布纳肯岛
公共船只是从布鲁斯哈提市场以北的船坞出发去往布纳肯和里昂海棠，在每周一~周六 14:00~15:00 出发，布纳肯岛是 7:00~8:00 出发（出发日期与时间需要提前确认）。所需时间 45~60 分钟，单程 Rp.50000。

包船的码头
如果在布纳肯住宿一般是由酒店船只负责接送的。大多都从 [H] 西里伯斯岛酒店北侧的码头出发。去往布纳肯岛单程需 30~50 分钟（即便没有在岛上预约住宿，也可以跟码头的船家交涉乘船）。

这个码头上的船也可以包船，至布纳肯岛需 Rp.500000~600000（整天包船的价格 Rp.900000~1600000）。

布纳肯岛周边的潜水点

Muka Kampung
穆卡康普

Muka Kampung 的意思是"村子前"。正如其名，这个潜水点就位于村子的前面。在这里可以看到七彩麒麟鱼，尤其是在珊瑚堆积的缝隙里，可以看到若隐若现的七彩麒麟鱼。此外，在岩壁上的孔隙里还栖息着鰕虎鱼、蓝氏刺尾鱼等。对于喜欢观察枪鱼类的潜水爱好者这里是不容错过的潜水点。

在海中崖壁上观察到的蓝氏刺尾鱼

Lekuan 2
利广断崖 2 号潜水点

利广断崖 2 号潜水点位于布纳肯岛南侧，在这里可以尽情地享受岩壁潜水的乐趣。沿着岩壁下潜前行可以遇到霞蝶鱼、黑白关刀、蓝黄梅鲷、沙坝尾等鱼群。有时仿佛在沐浴着鱼雨。另外专门以捕食这些小鱼为生的蓝鳍鲹、浪人鲹等也有机会观察到，需要密切观察鱼群的动向。燕鱼群虽然也可以偶尔见到，但是需要下潜到比较深的地方，需要格外注意水深。

利广断崖 2 号潜水点的珊瑚花非常美丽

Lekuan 3
利广断崖 3 号潜水点

虽然 3 号潜水点与 1 号、2 号潜水点几乎位于同一个平面上，但是 3 号潜水点是金枪鱼爱好者的胜地。在岩壁的孔隙之间栖息着蓝氏刺尾鱼和鰕虎鱼，顺着砂地豁开的直径 3 厘米的洞还可以看到大帆鸳鸯鱼。此外，这里还可以观赏到与 1 号、2 号潜水点相同的霞蝶鱼、黑白关刀、蓝黄梅鲷、沙坝尾等鱼群。这个潜水点可以夜潜，如果有机会前往千万不要错过（不过夜潜只限放流潜水）。

Sachiko's Point (cha cha 2)
幸子角（恰恰 2）

幸子角位于布纳肯岛的东北侧，这里的水流强劲、峭壁险峻。峭壁上生长着柳珊瑚，天气好的时候阳光直射进来，会有梦幻般的景象呈现。在此地可以观察到霞蝶鱼、黑白关刀的鱼群，还有浪人鲹、马夫鱼、拿破仑鱼等鱼类。岩壁上珊瑚、柳珊瑚等都非常好看，记得一看。此外，要是幸运的话还可以与海豚邂逅，除了海里，在船上也可以留意一下周围有没有海豚出没。

幸子角是黑白关刀鱼群经常出没的地方

Pangulingan
潘格林干

这里是针对美娜多岛上的高阶潜水爱好者的潜水点，位于布纳肯岛的西侧。水深 7~40 米，巨型的珊瑚群看起来就像一面墙。康氏马鲛、裸狐鲣、吸血鬼虾虎、蓝面鸳鸯等都可以在这里观察到，此外霞蝶鱼、黑白关刀、沙坝尾等鱼群也是这里的常客。有时候甚至也会有浪人鲹、金眼鲹、马夫鱼等出现（偶尔也会有燕鱼群出没）。在这个潜水点既能看到大型鱼类，也可以观察到小型鱼群，可以满足潜水者的各种愿望，是一处人气很高的潜水点。

潘格林干潜水点附近有金眼鲹的鱼群出没

贴士　万鸦老周边栖息着 500 多种珊瑚，来自世界各地的海洋生物学者造访这里是为了探索新的物种和研究海洋生物。浮潜的时候也可以观察到海龟和海牛。

餐馆
Restaurant

贯穿市中心的萨姆拉图拉兰基大街周边分布着餐馆。在购物中心内还有美食城。这条街以西的 Jl. Piere Tendean 是一条沿海的大街，夜晚的时候会有当地的小吃摊。最近海岸线沿线还新增加了很多新的餐馆。比较知名的当地菜肴有酱料鸡、万鸦老粥等。

拉贾·萨特
Raja Sate

◆人气超高的烤串店。午餐时间（11:30~16:30）会有很多套餐提供（Rp.30000~50000）。小编推荐沙嗲鸡肉串（Rp.30000）、沙嗲牛肉串（Rp.60000）、沙嗲虾（Rp.46000）等。

位于热闹街区的餐馆，营业至深夜

可以品尝到烤串和海鲜的味道 Map p.369/B1
地址　Jl. Piere Tendean No.39
TEL（0431）852-398
营业　周一~周六 11:30~23:00；周日 18:00~22:30
税费&服务费　含
信用卡　MV
Wi-Fi 免费

绿园
Green Garden

◆当地一家评价非常高的餐馆。入口处是开放式厨房。除了常规的炒饭（Rp.32000~）、炒面（Rp.28000~）之外，还有当地米纳哈萨族的菜肴。辣味独到的酱料鸡价格是 Rp.70000~。此外还有新鲜的大虾、螃蟹、鱼等海鲜菜肴。上述菜肴需要从厨房自行选取食材进行烹制。虾和螃蟹都是时令价格，需要称重。

很多当地人在此就餐

菜品丰富的海鲜餐馆　　Map p.369/B1
地址　Jl. Sam Ratulangi No.170
TEL（0431）870-089
营业　每天 8:00~24:00
税费&服务费　含
信用卡　MV

拉贾欧奇餐馆
Raja Oci

◆位于马雷森美娜多瑞士酒店斜对面的一家当地餐馆。菜谱是根据鱼的种类以及烹制方法烤制、炒等来区分的，并且菜谱上附有照片可供参考。Oci 的意思是类似鲹鱼的一种鱼类菜肴（Rp.18500~）、炒虾（Rp.110000）等。

烤鱼套餐的价格是 Rp.27500

价格便宜的大众餐馆　　Map p.369/A2
地址　Jl. Sudirman No.85
TEL（0431）863-946
营业　每天 11:00~21:30
税费&服务费　含
信用卡　不可

Yellow Page
黄页

●加鲁达航空（印尼鹰航）
地址　Jl. Sam Ratulangi No.212
TEL（0431）877-737、877-747　营业　周一~周五 8:00~17:00；周六·周日 9:00~15:00
●狮航　　　　　　　MAP p.369/B1
地址　Jl. Piere Tendean No.19, Lion Hotel 内
TEL（0431）847-000　营业　周一~周五 8:30~17:00、周六~15:00、周日 9:00~12:00
●胜安航空　　　　　MAP p.369/A1
地址　Jl. Sarapung No.5　TEL（0431）863-744、864-844　营业　周一~周五 9:00~16:00、周六~13:00

●斯利维查雅航空
地址　Jl. Pendean No.12A　TEL（0431）888-0988
营业　周一~周五 9:00~17:00、周六·周日~15:00
●Virgo Ekspres（贝鲁尼代理店）
　　　　　　　　　　MAP p.369/B1
地址　Jl. Sarapung No.23　TEL 0852-2072-1520（手机）URL virgotravel.com
●移民局
地址　Jl. 17 Agustus　TEL 0822-3430-7111（手机）营业　周一~周五 9:00~16:00

贴士　苏加诺桥 Jembatan Ir. Soekarno（MAP p.369/A1）是当地比较受欢迎的观景点。于2015年竣工。站在这里可以看到海面上的夕阳西下，还有周边的夜景，夕阳西下时很多游客会聚于此。

酒店
Hotel

万鸦老市中心的酒店比较齐全，既有高档酒店又有廉价的住宿设施，不过也有不少老旧的酒店。如果只是在这里潜水，建议选在距离市区 7 公里莫拉斯海滩或者布纳肯岛，因为在这里住宿可以更好地享受潜水的乐趣。

万鸦老市内

阿雅度塔酒店
Aryaduta Manado

POOL 餐馆 早餐

◆一家位于海滨商业区的大型酒店，共有 199 间客房。酒店入口面朝海岸路而建，内部还拥有环境极好的西餐馆。客房外的山景和海景都很美丽。房间内带有吹风机、电视、电话、迷你吧。

位于中心城区的一家大型酒店

购物观光都十分方便　　Map p.369/B1
地址 Jl. Pierre Tendean
TEL（0431）855-555　FAX（0431）868-888
URL www.aryaduta.com
税费＆服务费 含　信用卡 A D J M V
Wi-Fi 客房内有信号，免费
费用 AC HOT Cold TV 豪华房 S D Rp.910000～
　　 AC HOT Cold TV 海景房 S D Rp.990000～
　　 AC HOT Cold TV 套间 Rp.1840000～

马雷森美娜多瑞士酒店
Swiss-Belhotel Maleosan Manado

POOL 餐馆 早餐

◆酒店地处市街的东北侧，位于 Jalan Jenderal Sudirman 的生态旅游和商务区中心，共有 170 间客房，属于 4 星级酒店。周边有许多其他住宿设施和餐馆，商务入住也十分方便。豪华房以上的房型带有浴缸，从高层的房间可以欣赏到周边的海景和山景。

客房使用了明亮的暖色调给人感觉十分舒适

可以欣赏到海景山景　　Map p.369/B2
地址 Jl. Sudirman No.85-87
TEL（0431）861-000
FAX（0431）862-000
URL www.swiss-belhotel.com
税费＆服务费 含　信用卡 A J M V
Wi-Fi 客房有信号，免费
费用 AC HOT Cold TV 高级房 S D Rp.875000
　　 AC HOT Cold TV 豪华房 S D Rp.955000
　　 AC HOT Cold TV 行政俱乐部房 S D Rp.1385000

顶端酒店
Top

POOL 餐馆 早餐

◆这是一家中档酒店，2014 年新开业，设施还比较新，建筑物的外观酷似一栋商厦。客房设计是以大海为主题设计的，因此亮堂时尚，使用起来也都很顺手。地处市中心可以徒步的范围之内。共有 105 间客房。

外观有些许波普艺术的感觉

色彩亮丽的外观很吸引人　　Map p.369/B1
地址 Jl. Diponegoro No.1
TEL（0431）849-888
FAX（0431）843-777
税费＆服务费 含
信用卡 J M V
Wi-Fi 客房内有信号、免费
费用 AC HOT Cold TV 标准间 S D Rp.350000

布纳肯岛

双鱼潜水酒店
Two Fish Divers

POOL 餐馆 早餐

◆这家住宿设施是由一对英国情侣所开办的，他们被万鸦老的大海深深吸引扎根这里开办住宿设施。酒店内并设有潜水用具商店，两潜的费用是 Rp.1170000。还有一些住宿与潜水打包的套餐价格。

在岛上享受悠闲的假期　　Map p.371
地址 Bunaken
TFl 0813-5607-0384（手机）
URL www.twofishdivers.com
税费＆服务费 含　信用卡 M V
Wi-Fi 公共区域有信号，免费（部分客房也有信号）
费用 AC HOT Cold TV 1 人 Rp.525000～

丹尼尔度假村
Daniel's Resort

POOL 餐馆 早餐

◆位于岛东侧的海滩上，共有 25 栋小木屋。这里环境优美，既有漂亮的中庭花园又有海滩风景。有很多外国人在这里入住。住宿费包含一日三餐。

中庭有茂盛的绿植

汇集了来自世界各地的潜水爱好者　　Map p.371
地址 Bunaken　TEL 0823-4949-0270（手机）
URL danielsbunaken.com
税费＆服务费 含
信用卡 A J M V（只限线上预约客户）
Wi-Fi 公共区域有信号，免费
费用 AC HOT Cold TV S Rp.250000、D Rp.460000
　　 AC HOT Cold TV S Rp.450000、D Rp.800000

贴士 H 万鸦老精品酒店 Manado Quality [Jl.Pierre Tendean No.88-89　TEL（0431）888-3888　URL www.manadoqualityhotel.com] 是一家共有 143 间客房的快捷酒店。S D Rp.1000000～。

神秘的动物宝库

★★★

淡可可自然保护区
Tangkoko Nature Reserve

Map p.376

森林中常见的黑猴

正式名称为 Tangkoko Batuangas Dua Saudara Nature Reserve，保护区位于海岸线上，非常广阔，面积达8800公顷。森林中栖息着眼镜猴、袋貂等奇异的动物。前往自然保护区的起点为马鲁古海沿岸的小渔村巴图普蒂。村里只有简陋的住宿设施、杂货店以及居民住宅，生活非常单调。男子们一早就乘小舟出海捕鱼，白天女人们在家织渔网。

巴图普蒂村前有个岔路，一条进村，沿着另一条路前行马上就能到达淡可可自然保护区的入口。动物只在清晨及夜晚活动，想观看眼镜猴的游客可以在村里住宿一晚。在自然保护区内要跟随导游走。观看眼镜猴，需在16:00出发（眼镜猴在17:30左右开始出来活动）。早上在热带雨林中漫步，很可能看见黑猴、马来犀鸟、袋貂等动物。

可以见到非常可爱的眼镜猴

淡可可自然保护区
TEL 0853-4016-7411（手机）
费用 1 天 Rp.100000

淡可可自然保护区的交通及住宿

万鸦老的帕尔杜阿巴士枢纽站（MAP p.399/B2 外）乘坐开往毕图恩 Bitung 的巴士（每天 4 班），途中在基利安 Girian 下车（50 分钟，Rp.11000）。之后换乘坐开往巴图普蒂村的合乘卡车（1 小时，Rp.20000），但车次很少，而且车上人很多。

在巴图普蒂村，有 H Ranger Homestay（TEL 0812-1811-7588 手机）及 H Tangkoko Lodge（TEL 0853-4394-2283 手机）等 5 家住宿设施。内部设备都很简单。可以洗澡，包含 3 餐，1 个人 Rp.250000~400000。

Tangkoko Lodge 有比较新的房间

苏拉威西岛中不可思议的生态系统

大树的树干上附着着寄生性植物

19世纪，前往马来半岛、印度尼西亚群岛采集标本的英国博物学家阿尔弗雷德·华莱士发现了动植物的分界线。在巴厘岛与龙目岛之间，以及北边的加里曼丹岛与苏拉威西岛之间的海峡，存在亚洲区与澳大利亚区在生态上的分界线。但是苏拉威西岛却让华莱士大伤脑筋。最初苏拉威西岛被划分在澳大利亚区，但是却有眼镜猴等亚洲区的动物以及类似非洲狒狒的黑猴栖息于此。淡可可的森林中还有袋貂等有袋类动物，如此特殊的生态圈在全世界也非常少见。

世界上最小的猴子——眼镜猴

眼镜猴 Tarsius，也叫苏拉威西眼镜猴。本属于亚洲区的动物，但在这里已经栖息了4000万年，是世界上体形最小的猴子（体长10厘米，体重100~300克）。眼睛很大，耳朵非常软且很灵活，手指细长，像雨蛙的爪子。这种猴子喜欢在树木之间跳来跳去，看上去非常可爱。眼镜猴为夜行性动物，要观看这些猴子，需要在眼镜猴开始出来活动的日落时前往（多蚊虫，需带上驱蚊喷剂）。而且林中非常昏暗，还要带上手电筒。观看眼镜猴的最佳季节为6~9月。

贴士 当地的导游在巴图普蒂村，在导游的带领下游客除了可以在自然保护区内徒步游览，还可以乘船出海观看海豚或者钓鱼、观鸟。导游费用 2 小时 Rp.170000，1 天 Rp.400000。

前往托莫洪的方法
从万鸦老向南约25公里。万鸦老的卡隆巴桑巴士枢纽站有巴士开行。还有从万鸦老出发的团体游。

前往通达诺的方法
从万鸦老向东南约36公里。从卡隆巴桑巴士枢纽站乘车，在托莫洪换车后，去往通达诺。从通达诺的巴士枢纽站乘马车或者包租小型巴士去往通达诺湖以及拉诺帕诺斯的温泉。还有从万鸦老出发的团体游。

前往萨瓦干的方法
从帕尔杜阿巴士枢纽站（MAP p.369/B2）乘小型巴士去往阿尔马迪迪 Airmadidi，用时45分钟。在阿尔马迪迪换乘后，继续行驶10分钟。还有从万鸦老出发的团体游。

萨瓦干的石棺反映了当地的传统文化

可远眺火山的美丽高原

托莫洪
Tomohon
Map p.376

米纳哈萨人居住之地，周围有火山。这里地处高原，是僻静的乡村地区，能见到马车行驶，也是著名的热带花卉产地。有住宿设施，附近还有雕刻村。

位于湖畔的米纳哈萨人中心地区

通达诺
Tondano
Map p.376

火山口湖非常广阔，面积达4278公顷，周围是美丽的乡村风光，通达诺就坐落在这样的环境之中。湖边有淡水鱼养殖区域，还有可品尝到美味鲤鱼的餐馆。向西10公里，有利诺湖 Danau Linow，根据光线及时间段的不同，湖水的颜色会发生变化，所以这里成了著名的拍照地点。

附近是通达诺湖，有温泉

石棺上独特的图案

萨瓦干
Sawangan
Map p.376

基督教传入之前的11~17世纪，万鸦老一带有将死者葬于石棺中的习俗。石棺在当地被称为瓦尔加 Warga，一律朝向北方。在万鸦老郊外能见到很多石棺，但保存状态较好的是萨瓦干的瓦尔加，还有介绍石棺的博物馆。

万鸦老周边
Around Manado
区域地图 ▶ p.365 / A3

贴士 在淡可可自然保护区，观看不同动物的时间段也不相同，黑猴、袋貂、马来犀鸟为 6:00~17:00。夜行性的眼镜猴则为 17:30~ 次日 5:00 左右。

塔纳托拉雅 *Tana Toraja*

桃花源中的梯田与传统民居

凯特凯苏村的船形传统民居

人　口	约50万
海　拔	700米
区　号	0423

活动信息
● 5~10月
　　当地最大的民众活动为葬礼。举行时间不定，但收获季节的 6~8 月期间较多（周日不举行）。另外，还举行斗牛，作为葬礼的一个仪式。

　　塔纳托拉雅地区保存着称为 Tongkonan 的传统民居及石窟墓，举行盛大葬礼等传统文化仍然存在于人们的生活之中。位于海拔 1000 米左右的腹地高原，人们大多从事咖啡种植等农业活动。"塔纳"意为土地，"托拉雅"是托拉雅人的意思。该地区的中心为马卡莱 Makale，不过旅游的起点为向北 18 公里处的兰特帕奥 Rantepao。从那里出发游览各个村庄，可以观赏到群山环抱的梯田及传统民居，在农闲时期，还能见到葬礼及其他的祭祀仪式。可以花一些时间，在这里接触独特的文化及壮丽的大自然。

🌀 交通方式

巴士

　　从望加锡有 10 个公司的巴士开往这里。用时 8~9 小时，各公司均在上午及夜间（夜行）发车。巴士为对号入座，在周末及旅游旺季应至少提前一天订票。从望加锡出发的车次，在各公司的枢纽站发车。也有经由达雅巴士枢纽站的车次。另外，有的车次，将兰特帕奥的住宿地点告知司机，司机可以免费将客人送至指定地点。

出租车包租

　　在望加锡包车前往塔纳托拉雅非常方便。可在望加锡市内的旅行社或机场的旅行社窗口办理包车。从望加锡市内或机场出发需行驶 8~9 小时。参考价格，单程 1 辆车 US$ 120~150（如果行程包括塔纳托拉雅市内观光或返程，往往价格可以再优惠一些，可以咨询各旅行社）。

去往塔纳托拉雅的巴士
● 从望加锡出发
　　利塔公司（TEL（0423）21-204）的 AC 巴士 9:30（Rp.150000）及 22:00（Rp.150000~ 170000）出发，无 AC 的巴士 20:00 出发（Rp.120000）。
　　滨坦普利马公司（TEL（0423）21-142）的 AC 巴士 10:00（Rp.150000）及 21:30（Rp.190000）出发。

望加锡巴士乘车提示
　　望加锡的达雅巴士枢纽站为望加锡机场与市区之间，事先前往枢纽站购买前往托拉雅的巴士的车票会比较方便。如果不在望加锡停留，而是直接前往托拉雅的话，可以乘坐到达当日的夜行巴士。

选择乘坐舒适的巴士

 贴士　乘坐望加锡～塔纳托拉雅之间的卧铺巴士非常舒适。在豪华巴士上，可以躺下睡觉。相同时刻有多家公司的巴士开行，需要注意。

塔纳托拉雅旅游的起点城市为兰特帕奥 Rantepao。城市的面积不大，市中心有很多酒店及餐馆，可以帮游客办理参加团体的手续及雇用导游。如果时间充裕，可以乘坐 Petepete（面包车）或徒步到周边村庄游览。例如，前往隆达及莱莫时，可乘 Petepete 沿连接兰特帕奥与马卡莱的道路行驶，下车后沿小路步行去往各个村庄。可以观看稻田里的水牛，可以与过往的村民聊天，会遇到很多新鲜的人和事。日照很强，但地处高原，所以湿度不高。从兰特帕奥去往南边的景点，道路比较平坦，但去往北边则多坡路。

可乘坐 Petepete 去往近郊游览

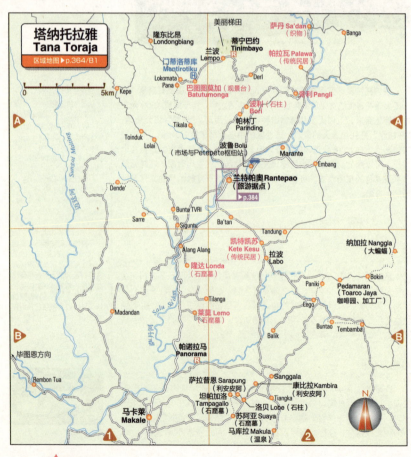

从兰特帕奥向南

排列着通科南小屋的传统村落　　　　　　　　★★

凯特凯苏

Map p.378/B2

Kete Kesu

保存着船形民居"通科南"的村落之一，整个村落就像一件精美的艺术品。这种民居为粗大木桩支撑的高脚屋，两端像船头一样指向天空。墙板上有白、黑、红、黄各种颜色的图案，建筑正面的上部左右两边对称地画着站在太阳上报时的雄鸡图像，再往上是水牛的图像。有的建筑，支撑屋脊的正面廊柱上还装饰着十多根水牛角。托拉雅建筑的屋顶上覆盖着多层被劈为两半的竹子，看上去非常厚实。房屋后边有通往山上的小路，沿小路前行，可以见到死者的人像以及在山体上开凿的洞穴等典型的托拉雅墓葬。

凯特凯苏村与住宅形状相同的谷仓

安放着遗骨的石窟墓　　　　　　　　　　　★★

隆达

Map p.378/B1

Londa

在兰特帕奥以南6公里处的隆达，有很多山上的溶洞被直接当成墓穴使用。导游会手持矿灯带领游客参观洞窟，不过岩石旁有棺椁及散乱的遗骨，给人非常凄凉的感觉。入口之上还有死者的人像。

溶洞之中的隆达墓葬。岩壁上安放着棺椁

前往凯特凯苏的方法

乘坐开往拉波的小型巴士 Petepete 沿兰特帕奥的阿夫马亚尼街向南，用时15~25分钟（Rp.5000）。

塔纳托拉雅市内的交通

前往兰特帕奥郊外的景点，可乘坐 Petepete（小型巴士）或者包车。Petepete基本上可以到达所有村落，且车次很多，不过车上没有去往地点的标识，所以只能先拦下车，然后询问开往哪里。多有线路的车均在18:00左右停止运行，需要注意。也可以包租摩的前往。

另外，从兰特帕奥出发的 Petepete，各个线路的乘车车站（ MAP p.384 ）不同。如前往凯特凯苏、隆达、莱莫，可乘坐沿阿夫马亚尼街南行的 Petepete。前往兰特帕奥北边的景点（巴图图奥加、旁利、帕拉瓦、萨丹等地），先到波鲁的 Petepete 枢纽站，然后换乘开往各地的车次。前往波鲁，可以乘坐从兰特帕奥市中心的十字路口沿迪波奈戈洛街向东行驶的 Petepete。

前往隆达的方法

乘坐沿兰特帕奥的阿夫马亚尼街向南行驶并开往马卡莱的 Petepete，用时10~15分钟（Rp.5000）。看见左侧写着隆达入口的标识后下车，之后步行25分钟。从莱莫出发，乘坐开往兰特帕奥的 Petepete，用时10分钟，Rp.5000。

进入洞窟后，有手持照明设备的村民带路。向导费Rp.30000。

洞窟内有被随意放置的人骨

贴士　凯特凯苏也是著名的"木雕村"。从停车场去往通科南小屋的途中有多个木雕作坊，制作托拉雅传统木雕。

★★★

莱莫
Lemo

Map p.378/B1

前往莱莫的方法

在兰特帕奥的阿夫马亚尼街乘坐向南开往马卡莱的Petepete，用时20分钟（Rp.5000）。在左侧有莱莫入口标识牌处（事先告知司机）下车，步行约10分钟。

关于进村费

在墓葬及通科南小屋等景点，需要交纳Rp.20000的进村费。该费用会被用于维护通往村庄的道路，游客应积极付费。

塔纳托拉雅的伴手礼

在塔纳托拉雅能买到各种传统手工艺品。其中尤以织物、木雕及人像最受欢迎。

可应游客要求为游客定做塔乌塔乌人像作为伴手礼。价格根据使用材料及规格大小而定，Rp.50000~1500000。莱莫有着名的人像雕刻工匠，可按游客提供的照片进行雕刻。大概数日至数周可以完成，具体时间根据作品的大小而定。

莱莫位于兰特帕奥以南约10公里处，有著名的石窟墓，是塔纳托拉雅具有代表性的景点。在垂直的岩壁的中段，有横向开凿的石窟，石窟呈长方形，像阳台一样安装着围栏，围栏后排列着头戴头巾，身穿白袍的人像塔乌塔乌。

遗体被安放在横向洞穴内，洞口有木盖。当地人认为把人葬在高处可让死者升入天堂，所以有了这种丧葬习俗。能在如此高的岩壁上开凿墓穴的大多是王室或有钱人。沿着左侧的小路向安放有塔乌塔乌的石窟墓方

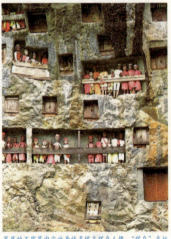

莱莫的石窟墓中安放着许多塔乌塔乌人像。"塔乌"在托拉雅语中是"人"的意思，"塔乌塔乌"表示人像

制作塔乌塔乌的技术被代代相传

向前行，可以见到没有塔乌塔乌的石窟墓。这些墓是平民的墓葬。

赤道上的墓地巡游

在托拉雅可以体验到乡村徒步游览的乐趣。托拉雅七王国之一的萨加拉 Sangalla 的王室墓地位于苏阿亚 Suaya（MAP p.378/B2），可直达的Petepete一天只有2~3班，所以一般要从阿卡莱向东步行1.5小时左右。可以参观石窟中的塔乌塔乌以及被吊在岩壁上的棺椁。

向北步行，可以到达坦帕加洛 Tampagallo 村，河边的石窟里安放着船形的棺椁及人骨。

之后，去往萨拉普恩 Sarapung 村，可以见到将婴儿安葬于树干之中的利安皮尔。由于利安皮尔的树木能产生大量的白色汁液，人们希望死去的婴儿可以随时喝到奶汁。还有洛贝 Lobe 村，有立有许多石柱的葬礼场地，可在旁边的建筑前观赏身着民族服装的孩子们进行竹质乐器演奏以及舞蹈的表演。

可以眺望远处，美丽的梯田上有人在耕作，从马卡莱步行3小时可以到达马库拉 Makula。那里有带温泉泳池的马库拉温泉浴场，可以洗浴后乘Petepete（在马卡莱换乘，用时60分钟，共Rp.15000）返回。门票Rp.10000。

安葬着尚未长出牙齿的婴儿的利安皮尔

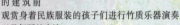

在马库拉享受温泉之后返回

 贴士　塔乌塔乌制作也已经脱离了过去的简单而不断发展。近年来，将衣服也雕刻出来，看上去栩栩如生的塔乌塔乌的数量开始增加。传统工艺品也在发生变化。

从兰特帕奥向北

观赏将云海染成红色的日出 ★★

巴图图莫加

Map p.378/A1

Batutumonga

位于兰特帕奥西北部，乘汽车约1.5小时。海拔2150米的塞塞安山的半山腰有一个观景台，可以俯瞰兰特帕奥市区（日出尤为壮观）。早晚气温较低，这里建有价格便宜的客栈。

壮丽的田园风光

有徒步游览线路，从这个村庄向南，经由蒂卡拉后返回出发地点。走完全程需3~4小时，也可以乘坐小型巴士Petepete从蒂卡拉前往兰特帕奥。

葬礼广场上的石柱 ★★

波利

Map p.378/A2

Bori

位于兰特帕奥以北9公里处的村庄，能见到近5米高的石柱矗立在广场上。这里是举行葬礼的地方，中央是摆放生祭的台子，周围的石柱象征着对死者的悼念。故去的人地位越高，则使用的石柱越大。

立有众多石柱的葬礼广场

前往巴图图莫加的方法

从波鲁的Petepete枢纽站1天有1~3班，用时1小时，Rp.15000。从兰波村Lempo步行30分钟可至巴图图莫加。很容易搭到便车。

巴图图莫加的旅馆

H 门蒂洛蒂库 Mentirotiku
MAP p.378/A1
TEL 0813-5550-3399（手机）
位于观景餐馆后边的旅馆，共有10个房间。房间里铺着垫子来代替床并且共用浴缸的通科南房间 ⑤Rp.150000。带冷水淋浴 ⑩Rp.300000。工作人员会用水桶给客人送热水。晚间比较冷。

在兰波村观赏梯田

兰波村 Lempo 位于旁利与巴图图莫加之间，可以俯瞰美丽的梯田。悬崖边上的观景点有山间茶屋 **R** 蒂宁巴约 Tinimbayo（MAP p.378/A2），徒步游览途中可以前去休息。

前往波利的方法

从潘利向西4公里，步行约50分钟。

从波利通往兰特帕奥的道路非常平坦，可以徒步返回。途经帕林丁村Parinding，步行1~2小时，可进入兰特帕奥~蒂卡拉之间的铺装道路。这条线路上有Petepete开行，可以乘车返回兰特帕奥。

前往旁利的方法
从波鲁的 Petepete 枢纽站乘坐开往萨丹的 Petepete，用时 15 分钟，Rp.8000。

保存状态良好的帕拉瓦传统民居

前往帕拉瓦的方法
从波鲁的 Petepete 枢纽站向东北行驶 9 公里。乘坐开往萨丹的 Petepete，用时 20 分钟，Rp.8000。

传统民居中织布的萨丹女子

前往萨丹的方法
从波鲁的 Petepete 枢纽站乘坐开往萨丹的 Petepete，用时 30 分钟，Rp.10000。

特别的石雕塔乌塔乌　　　　　　　　　　★

旁利
Pangli　　　　　　　　　　　　　　Map p.378/A2

旁利位于兰特帕奥东北 7 公里处，这里的石窟墓与其他地方的不同，棺椁被放入形似通科南的木质容器内。这是因为这个村庄没有可供修建墓地的山崖及石窟。住宅前有石雕的坐在椅子上的塔乌塔乌人像。

旁利的石雕塔乌塔乌

托拉雅的风景名胜　　　　　　　　　　★★

帕拉瓦
Palawa　　　　　　　　　　　　　　Map p.378/A2

从旁利向北，沿路边建有民居的道路步行 10 分钟左右，在道路尽头可以见到很多通科南小屋。其图案与装饰之美，在塔纳托拉雅地区屈指可数。

可参观伊卡特制作　　　　　　　　　　★★

萨丹
Sa'dan　　　　　　　　　　　　　　Map p.378/A2

位于兰特帕奥以北 12 公里处的村庄，以机织闻名。可在通科南小屋里观看妇女们在地板上织布的情景，而且还可以直接向织布者购买伊卡特 Ikat。周围是一片田园风光。

Column

托拉雅的葬礼

葬礼是人生中最重要的仪式

在托拉雅，葬礼的花费巨大，当地人有"死比活着更花钱"的说法。整个葬礼 Rambu Solo 包括处理遗体、守夜、制作随葬人像、修建墓葬等程序，每个程序都要杀牛宰猪，村里人及参加葬礼者都要进行隆重的祭奠。贵族的葬礼甚至会延续数月，一次葬礼要使用大量生祭，曾有宰杀了 150 头水牛及 1000 头猪的纪录。当地人饲养水牛主要是用于祭祀而不是耕种，经常能见到的一幅画面是村民们在田地里挥汗如雨，而肥硕的水牛在田边悠闲地吃草。

祭祀大多在农闲期的 6 月至 10 月举行，所以在这一时期造访当地，很容易能见到杀牛献祭的场面。强健的男子左手握住牛角，右手从腰间拔出刀，快速刺向牛的喉咙，瞬间鲜血四溅，水牛巨大的身躯轰然倒下。

85% 以上的托拉雅人是基督教徒，其余的信仰原始宗教 Aluk Todolo 或伊斯兰教，但是葬礼却与宗教信仰无关，所有人都保持着过去的习俗。在攒足葬礼费用之前，遗体会被制成木乃伊在家里放置多年。

需要多头水牛作为生祭的塔纳托拉雅的葬礼

如何参观葬礼

可在旅游咨询处了解到葬礼的日程安排。有时会遇到葬礼在偏僻村庄举行的情况，但只要是葬礼，周围的人就会步行前往，所以很容易知道哪里举行葬礼。按照当地人的习俗，参加葬礼的人应给死者家属送上白糖（1 袋）和香烟（1 条），不跟随导游前往的游客可以自行购买。跟随导游前往者，需要注意检查导游是否买了多余的物品留作自用。

贴士 旁利村的石雕塔乌塔乌，是彭马桑卡的雕像，此人为旁利村人，曾与荷兰军队战斗，后长年被关押于监狱，1960 年去世。

酒店
Hotel

　　兰特帕奥市中心有通科南小屋风格的高级客栈，也有各种价格便宜的酒店。托拉雅地区气候凉爽，所以室内基本上都没有空调。县首府所在地马卡莱也有住宿设施，大多数游客都选择在兰特帕奥住宿。

托拉雅传统酒店
Heritage Toraja

`POOL` `餐馆` `早餐`

◆沿去往凯特凯苏的岔路向山上行驶 800 米左右可达。景色很好，共有 134 个房间。还建有 64 栋通科南风格的别墅，内部装修为传统风格。有 SPA 及游泳池等设施。房间里有电话、电视、小酒吧。在非旅游旺季，可以享受 30% 的优惠。

大厅内设有酒吧

位于托拉雅顶级的别墅住宅区	Map p.384

地址　Rantepao
TEL　(0423) 21-192
URL　www.toraja-heritage.com
税费 & 服务费　含
信用卡　`M` `V`
`Wi-Fi`　只限公共区域·免费
费用　`AC` `HOT` `Cold` `TV`　标准 `S` `D` Rp.1100000
　　　`AC` `HOT` `Cold` `TV`　高级 `S` `D` Rp.1250000

鲁塔度假村
Luta Resort

`POOL` `餐馆` `早餐`

◆位于市中心以西 200 米处的河边，共有 36 个房间。从餐馆与酒吧能看见美丽的风景，有游泳池及 SPA。

所有房间均带浴缸的中档酒店	Map p.384

地址　Jl. Sam Ratulangi No.26, Rantepao
TEL　(0423) 21-060　　FAX　(0423) 21-357
税费 & 服务费　含　信用卡　`M` `V`
`Wi-Fi`　客房 OK·免费
费用　`AC` `HOT` `Cold` `TV`　标准 `S` `D` Rp.555000
　　　`AC` `HOT` `Cold` `TV`　高级 `S` `D` Rp.755000

托拉雅托尔西纳
Toraja Torsina

`POOL` `餐馆` `早餐`

◆位于市中心以南 1 公里处。共有 18 个房间，均围绕着中庭而建。房间的陈设简单，但是打扫得非常干净。

可在中庭的游泳池里休闲放松	Map p.384

地址　Jl. Pongtiku No.119, Rantepao
TEL　(0423) 21-293　URL　www.hotel-torsina.com
税费 & 服务费　含　信用卡　不可　`Wi-Fi`　客房 OK·免费　费用　`AC` `HOT` `Cold` `TV` `S` `D` Rp.500000

托拉雅英迪拉
Indra Toraja

`POOL` `餐馆` `早餐`

◆位于足球场以北，与足球场相隔一个街区，共有 29 个房间。客房楼为二层建筑，围绕中庭而建，周围有美丽的花草树木。有很多旅游团的游客入住。

位于市中心的廉价酒店	Map p.384

地址　Jl. Landorundun No.63, Rantepao
TEL　(0423) 21-163　URL　indratorajahotel.com
税费 & 服务费　含　信用卡　`M` `V`　`Wi-Fi`　客房 OK·免费　费用　`AC` `HOT` `Cold` `TV`　豪华 `S` `D` Rp.484000~

皮森
Pison

`POOL` `餐馆` `早餐`

◆位于兰特帕奥的南端，共有 32 个房间。房间及卫生间都很干净，在阳台上可以眺望到周围的绿色景观。

安静优雅	Map p.384

地址　Jl. Ahmad Yani, Rantepao
TEL　(0423) 21-344　税费 & 服务费　含
信用卡　`M` `V`
费用　`AC` `HOT` `Cold` `TV`　`S` `D` Rp.200000
　　　`AC` `HOT` `Cold` `TV`　`S` `D` Rp.300000

 Column

波鲁的水牛市场

　　位于兰特帕奥东北 2.5 公里处的波鲁 Bolu，紧邻 Petepete 枢纽站，旁边还有一个非常热闹的市场。市场里出售水牛、猪等家畜，还有从水田里捕到的鳗鱼等鱼类以及百香果等水果、红米及黑米等当地特产。每月 6 日是水牛集市，枢纽站后面会聚集着许多水牛，非常壮观。前往波鲁，可从兰特帕奥市中心的十字路口乘坐沿迪波奈戈洛街向东行驶的 Petepete。

买卖水牛的波鲁市场

`贴士`　用黑色香料与猪肉、牛肉、鱼一起炖煮而成的帕马拉桑 Pamarrasan 是与帕皮恩齐名的塔纳托拉雅名吃。基本上在所有餐馆都能吃到。

维斯马蒙顿
Wisma Monton

POOL 餐馆 早餐

◆ 酒店位于中心城区的北部，这一地段比较安静，共有 16 间客房。在酒店内有可以眺望山景的露台和餐馆。在酒店前台还可以咨询托拉雅的旅游信息。

从高层眺望风景甚好 — Map p.484

地址 Jl. Abd. Gani No.14A, Rantepao
TEL（0423）21-675　税费 & 服务费 含　信用卡 不可
费用 AC HOT Cold TV　经济房 S D Rp.200000
AC HOT Cold TV　豪华房 S D Rp.250000

面朝碧绿庭园而建的维斯马蒙顿

维斯马玛利亚1
Wisma Maria 1

POOL 餐馆 早餐

◆ 这是一家位于足球场北侧的民宿，共有 22 间客房。房间性价比不错，在同等价位中面积算是比较宽敞的，共有 2 个房型，分别是冷水淋浴房和热水淋浴房。提供租借自行车服务。

价格便宜的酒店 — Map p.384

地址 Jl. Sam Ratulangi No.23, Rantepao
TEL（0423）21-165　税与手续费 含　信用卡 不可
费用 AC HOT Cold TV S D Rp.170000
AC HOT Cold TV S D Rp.200000~250000

莫妮卡
Monika

POOL 餐馆 早餐

◆ 位于维斯马玛利亚1对面的民宿，设备比较齐全。共有 16 间客房，全部都装修过，还算整洁。

有带空调的客房 — Map p.384

地址 Jl. Sam Ratulangi No.36, Rantepao
TEL（0423）21-216　税与手续费 含　信用卡 不可
Wi-Fi 公共区域有信号，免费
费用 AC HOT Cold TV S D Rp.300000
AC HOT Cold TV S D Rp.400000

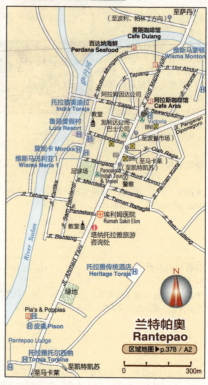

兰特帕奥
Rantepao
区域地图 ▶ p.378 / A2
0　　　　　　300m

塔纳托拉雅的餐馆

塔纳托拉雅的地方特色菜是竹筒饭，做法是将鸡肉（或者鱼肉、牛肉）装入竹筒内，加入蔬菜和椰蓉，然后使用柴火蒸煮。因为这种饭需要一定的烹饪时间，如果想吃请提前跟餐馆预约。

兰特帕奥是塔纳托拉雅旅行的起点，这里还算有一些设施，但是餐饮店的数量比酒店的数量少得多。白天还有一些小餐馆开门营业，傍晚以后基本上都会关店。因此，仅有的几家餐馆里会集了大量外国客。以下，小编介绍的餐馆内都可以使用 Wi-Fi。

Ｒ **阿拉斯咖啡馆 Cafe Aras**（MAP p.384　地址 Jl. Mappanyuki No.48　TEL 0823-9627-5688 手机　营业 每天 10:00~22:00）位于兰特帕奥的中心地区，专门针对游客开办的餐馆。除了

有托拉雅的特色菜帕拉玛萨（Rp.60000），竹筒饭（需要提前预约 Rp.60000）等，还有水牛排（Rp.55000~）、意人利面（Rp.50000~）等。

Ｒ **度朗咖啡馆 Cafe Dulang**（MAP p.384　地址 Jl. Mappanyuki No.115　TEL（0423）23-366　营业 每天 8:00~22:00），这是一家老铺子了，使用当地的旧名 Rimiko 也可以找到。除了可以品尝到托拉雅的特色菜帕拉玛萨（Rp.50000），牛排（Rp.50000~）之外，还有普通的印度尼西亚菜。

Ｒ **百达纳海鲜 Perdana Seafood**（MAP p.384　地址 Jl. Wolter Monginsidi No.16b　TEL 081-1420-0847 手机　营业 每天 8:00~22:30），位于河畔的餐馆，在这里可以品尝到各种鱼类菜肴。

384

望加锡（乌戎潘当）

Makassar (Ujung Pandang)

因香料贸易繁荣一时的南苏拉威西省省会

人口	170 万
海拔	不足 10 米
区号	0411
机场代码	UPG

位于鹿特丹要塞内的民族博物馆

　　位于苏拉威西岛西南部，为南苏拉威西省省会。自古以来为香料的集散地，曾为望加锡人所建的戈瓦王国的首都。直到今日，由于其优越的地理条件，这里都是印度尼西亚的重要贸易港口，很多外国船舶都往来于此。

　　市内有很多旅游景点，也有很多游客把这里当作去往塔纳托拉雅的落脚点。但是，在这一带海域捕获的海产品被誉为"印度尼西亚最美味"的海产品，所以除了品尝望加锡菜之外，还要品尝当地的海鲜。

交通方式

飞机

　　从雅加达、泗水、登巴萨、万鸦老、巴厘巴板每天有航班飞往望加锡市区以东 25 公里处的苏丹哈萨努丁机场 Sultan Hasanuddin。

飞往望加锡的航班（从望加锡起飞 → p.442，国际航班 → p.367）

从雅加达起飞	印度尼西亚鹰航空、狮子航空、巴泽航空、斯利维查雅航空等 1 天共 41~44 个航班，用时 2.5 小时，Rp.733000~2493000
从登巴萨起飞	狮子航空、印度尼西亚鹰航空、斯利维查雅航空 1 天共 6 个航班，用时 1.5 小时，Rp.518000~1588000
从泗水	狮子航空、斯利维查雅航空、印度尼西亚鹰航空、City Link 等 1 天共 19 个航班，用时 1.5 小时，Rp.476000~1757000
从万鸦老起飞	狮子航空、印度尼西亚鹰航空、City Link 1 天共 5 个航班，用时 1.5~2 小时，Rp.734000~1866000
从巴厘巴板起飞	狮子航空、印度尼西亚鹰航空、City Link、斯利维查雅航空 1 天共 7 个航班，用时 1~1.5 小时，Rp.634000~1398000

巴士

　　市中心以东 14 公里（机场以西 11 公里）处的达亚巴士枢纽站 Daya Terminal 有各巴士公司开往塔纳托拉雅的巴士。还有开往马洛斯 Maros 的小型巴士，可在马洛斯换乘，前往市中心的新望加锡购物中心、班蒂姆伦。

活动信息

● 4 月（或 10 月）的第二周

　　展示南苏拉威西 4 个民族传统文化及艺术的活动 Festival Seni Budaya Sulsel，为期 1 周，非常热闹。

从机场前往市内

　　从机场乘坐购票制出租车至市中心，需要 30~50 分钟，Rp.150000~175000（从市内至机场的费用大致相同）。机场到达大厅（外侧）内的旅行社可提供去往市中心的车辆。

　　另外，有达姆利公司运营的机场巴士，开行于机场与市中心的卡莱波西广场之间，每天 8:00~21:00 期间开行（用时 30 分钟，Rp.29000）。

市内的机场巴士车站

开往望加锡的巴士

◆ 从塔纳托拉雅出发

　　利塔公司（TEL（0411）442-263）的 AC 巴士，9:00 出发（Rp.150000）、20:00 出发（Rp.170000）、21:00 出发（Rp.150000），无 AC 的巴士，19:00 出发（Rp.120000），用时 8 小时。

　　滨坦普利马公司（TEL 0852-4287-8266 手机）的 AC 巴士，9:00 及 20:30 出发（Rp.150000~190000）。

🍁 贴士　在望加锡机场航站楼内，有 H 宜必思快捷望加锡机场酒店 Ibis Budget Makassar Airport（TEL（0411）365-6156 URL www.ibis.com），方便中转旅客。⑤ Rp.343000~。

望加锡（乌戎潘当） 漫 步

从鹿特丹要塞开始向南延伸的沿海区域为望加锡的市中心，有很多酒店及餐馆。市中心为 2~3 公里见方的区域，可以步行游览。

在望加锡湾沿岸的帕萨尔康康街 Jl. Pasar Ikan 南侧路边，有步道，道路旁还有成排的椰子树。当海湾上的夕阳西下时，很多当地人会走上街头，看上去非常热闹。

在市内出行，可以乘坐出租车（打表 Rp.14000~）、三轮车 Becak（Rp.7000~）或者合乘巴士 Petepete（Rp.5000）。开行于市中心的 Petepete 经停新望加锡购物中心。

富有南国风情的望加锡市中心

关于望加锡的名称

从 1971 年开始，这里被称为"乌戎潘当"，1999 年恢复旧名"望加锡"。

苏拉威西旅游咨询处

MAP p.386/B2

地址 Jl. Dr. Sam Ratulangi
TEL（0411）872-336
营业 周一~周五 8:00~16:00

货币兑换信息

阿马亚尼街有很多银行，可以兑换货币。如果打算前往塔纳托拉雅，最好在这里换一些货币。

各银行及机场都设有 ATM。

望加锡（乌戎潘当）
Makassar(Ujung Pandang)

区域地图 ▶ p.364/C1

贴士 鹿特丹要塞方向有 ❶ 康普恩波普萨 Kampoeng Popsa（MAP p.386/A1）餐馆，就餐的游客很多。可以在面向海湾的露天座位上喝上一杯啤酒。营业时间为 10:00~23:00。

望加锡的重要历史舞台
鹿特丹要塞
Benten Rotterdam
★★

Map p.386/A1

戈瓦王国的苏丹在海岸筑起堡垒，之后荷兰人将堡垒改建为要塞。高高的石墙内侧是红色屋顶、白色墙壁的荷兰商会及教堂等建筑。建筑内有介绍南苏拉威西的布吉斯人、望加锡人、托拉查人的民族博物馆以及陶瓷与考古学博物馆对游客开放。

要塞中的荷兰式建筑

鹿特丹要塞
TEL（0411）363-1305
入场 每天 8:00~16:30
费用 仅收取捐款（Rp.10000左右）
　　参观要塞内的博物馆，需另外购买门票（Rp.10000）。

入口位于海边的柏萨尔伊康街

 # 餐馆
Restaurant

海鲜菜肴堪称印度尼西亚的顶级，螃蟹既便宜又好吃。一定要尝一尝索普孔洛（用水牛肉熬制的汤）等乡土菜肴。

乔托努桑塔拉
Coto Nusantara

◆店面并不起眼，但在望加锡非常有名。小碗里有浓厚的乔托望加锡汤（Rp.18000），搭配包饭科特帕特（Rp.2000）。

分量比较小，所以很多客人会要第二份

乔托望加锡的人气店铺 Map p.386/A1
地址 Jl. Nusantara
TEL（0411）363-0884
营业 每天 7:00~18:00
税费 & 服务费 含
信用卡 不可

苏尔雅
Surya

◆位于望加锡购物中心西南处，与购物中心相隔1个街区，是当地著名的海鲜餐馆。有用辣酱及蚝油制作的超级蟹（1公斤 Rp.395000），很值得推荐。

超级蟹可供多人享用

以螃蟹菜肴著称的中餐馆 Map p.386/A2
地址 Jl. Nusakambangan No.16
TEL（0411）361-7066
营业 每天 10:00~15:00、18:00~22:00
税费 & 服务费 +10%
信用卡 M V

拉埃拉埃
Lae Lae

◆门口有烤鱼时冒出的烟。餐馆非常平民化，冰桶里摆放着新鲜的鱼虾供客人自己挑选，客人还可以选择烹饪方法（烤、蒸、炒等）。烤鱼（1条 Rp.65000~）、烤虾（6只 Rp.65000）。

平民化的海鲜餐馆 Map p.386/B1
地址 Jl. Datu Museng No.8-10
TEL（0411）363-4326
营业 每天 9:00~23:30
税费 & 服务费 含
信用卡 不可

索普孔洛卡莱波西
Sop Konro Karebosi

◆位于卡莱波西广场东面的路边，与广场相隔1个街区，提供望加锡名吃索普孔洛，非常受欢迎。用带骨水牛肉熬制的索普孔洛汤（Rp.39000）与索普吉吉尔（Rp.39000），加上米饭（Rp.6000）就是一顿美味的大餐。

索普吉吉尔是用水牛骨髓熬制的汤

乡土菜肴餐馆 Map p.386/A2
地址 Jl. G. Lompobattang No.41
TEL 0851-0235-400
营业 每天 11:00~23:00
税费 & 服务费 含
信用卡 不可

 贴士　在望加锡，建议品尝当地名吃乔托望加锡 Coto Makassar。这是一种将牛肉及牛的内脏经过长时间炖煮并加入香料制成的汤。在每个小吃摊都有这种汤。

酒店
Hotel

望加锡的商务旅客的数量正在急速增加，中档以上酒店的数量不足，都呈满客态势。另外，与印度尼西亚其他地区相比，这里的住宿价格上涨得也很快。建议提前预约。

潘泰加普拉
Pantai Gapura

POOL 餐馆 早餐

◆位于鹿特丹要塞以南 300 米处，共有 67 个房间。有面朝大海的船形餐馆及酒吧、海上别墅。夜晚有非常漂亮的灯光，是著名的夜景观景点。

环境优雅的海上别墅

可以观赏日落的海上酒店 | Map p.386/A1

地址　Jl. Pasar Ikan No.10
TEL（0411）368-0222
FAX（0411）361-6303
URL　www.pantaigapura.com
税费 & 服务费　+21%　信用卡　MV
Wi-Fi　客房 OK・免费
费用　AC HOT Cold TV 高级房 ⑤Ⓓ Rp.600000
　　　AC HOT Cold TV 别墅 ⑤Ⓓ Rp.1020000~

望加锡黄金酒店
Makassar Golden

POOL 餐馆 早餐

◆位于鹿特丹要塞向南 500 米处海滩上的高级酒店。有 59 个客房（高级）与 10 栋海上别墅，有的房间风景非常好。

位置极佳的人气酒店

商务旅行与度假都很适合 | Map p.386/A1

地址　Jl. Pasar Ikan No.52
TEL（0411）363-3000
FAX（0411）362-0951
URL　www.makassargolden.com
税费 & 服务费　含　信用卡　JMV
Wi-Fi　客房 OK・免费
费用　AC HOT Cold TV 高级房 ⑤Ⓓ Rp.450000
　　　AC HOT Cold TV 别墅 ⑤Ⓓ Rp.1050000

望加锡阿斯顿酒店
Aston Makassar

POOL 餐馆 早餐

◆位于市中心的中档酒店，共有 177 个房间。有 SPA 及健身中心。

现代风格的豪华客房

有非常不错的餐馆 | Map p.386/A1

地址　Jl. Sultan Hasanuddin No.10
TEL（0411）362-3222
URL　astonhotelsinternational.com
税费 & 服务费　含　信用卡　ADJMV
Wi-Fi　客房 OK・免费
费用　AC HOT Cold TV 高级房 ⑤Ⓓ Rp.651000
　　　AC HOT Cold TV 豪华房 ⑤ⒹRp.726000

阿光
Agung

POOL 餐馆 早餐

◆外观颜色鲜艳，非常醒目。共有 73 个房间，价格便宜。有很多在网上订房的外国游客。

价格合理的酒店 | Map p.386/A1

地址　Jl. Jampea No.33　TEL（0411）362-3685
FAX（0411）363-9311　URL　www.hotelagung.
com　税费 & 服务费　含　信用卡　AJMV
Wi-Fi　客房 OK・免费
费用　AC HOT Cold TV 标准房 ⑤Ⓓ Rp.199000
　　　AC HOT Cold TV 豪华房 ⑤Ⓓ Rp.250000

大维萨塔
Grand Wisata

POOL 餐馆 早餐

◆位于酒店集中的区域，共有 121 个房间。工作人员服务很好，房间比较大。高级以上标准的房间，有的还配有浴缸。

位于市中心 | Map p.386/B1

地址　Jl. Sultan Hasanuddin No.36-38
TEL（0411）362-4344　税费 & 服务费　含
信用卡　MV　Wi-Fi　客房 OK・免费
费用　AC HOT Cold TV 标准房 ⑤Ⓓ Rp.300000
　　　AC HOT Cold TV 高级房 ⑤Ⓓ Rp.350000

新传奇
New Legend

POOL 餐馆 早餐

◆位于鹿特丹要塞入口以北 300 米处，共有 35 个房间的廉价旅馆（2015 年搬至道路西侧）。房间略小，不过位置优越，很受背包客欢迎。可以帮客人预订前往塔纳托拉雅的巴士，还可以帮客人办理摩托车租赁。在酒店内的餐馆可以品尝到中餐及当地菜。

价格低廉 | Map p.386/A1

地址　Jl. Jampea No.1　TEL（0411）363-2123
URL　www.newlegendhotel.com　税费 & 服务费　含
信用卡　MV　Wi-Fi　客房 OK・免费
费用　AC HOT Cold TV 宿舍 Rp.125000
　　　AC HOT Cold TV 高级房 ⑤Ⓓ Rp.350000
　　　AC HOT Cold TV 豪华房 ⑤Ⓓ Rp.400000

望加锡（乌戎潘当）短途旅行

博物学家华莱士曾经造访的蝴蝶谷 ★★
班提穆伦自然保护区　　Map p.364/C1
Bantimurung

位于望加锡近郊的自然保护区，有美丽的瀑布及洞窟。这里被称为蝴蝶谷，19世纪中叶，博物学家华莱士曾到这里采集标本，有大量的蝴蝶栖息于此。很多蝴蝶都落在瀑布周围的地面上来从土壤中吸收磷。

瀑布流淌的自然风光

不容错过的古代动物壁画洞窟 ★
梁梁史前公园　　Map p.364/C1
Taman Prasejalah Liang Liang

在石灰岩洞窟内，有古代人留下的动物壁画，据说已有5000年的历史。顶部是猪的图案，为褐色，侧面岩壁上有多个手印。如果对苏拉威西的史前文化感兴趣，可以去参观一下。

洞窟中的古代人手印

了解戈瓦王国的历史 ★
巴拉罗摩帕博物馆　　Map p.364/C1
Balla Lompoa Museum

对13~17世纪强盛一时的戈瓦王国的宫殿进行了复原，作为巴拉隆波尔博物馆对外开放。展出过去的服装、武器、祭祀用品等文物。

对古代宫殿进行复原后建成的历史博物馆

班提穆伦自然保护区
TEL（0411）388-0252
入场 每天24小时
费用 Rp.255000
　　位于望加锡东北42公里处。从达雅枢纽站乘坐开往马洛斯的Petepete（用时1小时，Rp.5000），之后换乘开往班提穆伦的Petepete（40分钟，Rp.5000）。

梁梁史前公园
入场 每天8:00~17:00
费用 Rp.20000（需另付导游小费Rp.25000左右）
　　乘坐开往班提穆伦的Petepete，在终点站之前2~3公里处的帕萨尔下车。之后乘摩的行驶5公里（包括等候时间 Rp.65000左右）。

游览近郊可以乘坐出租车
从望加锡市内往返班提穆伦自然保护区及梁梁史前公园，大概需要Rp.500000。如果要去多个景点，可跟司机商讨包车半日，费用会便宜一些。

巴拉罗摩帕博物馆
入场 8:00~16:00
费用 只接受捐款（Rp.10000左右）
　　位于望加锡东南11公里处。乘坐出租车，往返Rp.150000左右。

 贴士　班提穆伦一带有苏拉威西地区为数不多的喀斯特地貌。可以乘船在穿行于石灰岩山体之间的河流上游览，拉芒拉芒 Rammang Rammang 村是游客喜欢前往的地方。

野生动物众多的自然之岛

加里曼丹岛
Kalimantan

世界上第三大岛婆罗洲的72%，属于印度尼西亚的加里曼丹岛。这里也是世界上著名的石油产地，同时热带雨林盛产木材等天然资源。有红毛猩猩等野生动物栖息于此。岛西南部的丹戎普丁国家公园很适合以大自然为主题的团体游。另外，沿河流进入腹地，有达雅人等原住民居住的村落，可以了解到当地的传统生活习俗。

加里曼丹岛信息概况

加里曼丹岛基本信息

地理 & 人口▶婆罗洲是世界第三大岛，该岛南部占全岛72%的面积属于加里曼丹岛（婆罗洲北部为马来西亚的沙巴州、沙捞越州以及文莱王国）。这片广阔的区域位于国土东西狭长的印度尼西亚的中部，在爪哇岛北面，有赤道横贯其间。总面积55万平方公里，在行政区域上，分为东、西、南、北、中加里曼丹5个省。人口约1380万。在各个河流的入海口处，有坤甸、马辰、巴厘巴板等大城市，不过全岛的人口密度还是很低的。

东部沿海地区丰富的地下资源得到开采，有油田、天然气田、铝土矿、铁矿、金矿，大量出口柳桉木，有很多外国的商务人士造访这里。内陆地区有可供耕种的土地，出产大米、橡胶、香料、椰子等。虽然经济在不断发展，但是因大规模地采伐树木，过去曾占全岛面积75%的热带雨林及湿地都在急速减少，从而引发了人们对环境问题的担忧。

民族与宗教▶沿海城市地区的居民多为马来爪哇人。另外，西部沿海地区有不少华人，东部沿海地区有很多武吉士人。原住民达雅人则居住在内陆地区。

宗教方面，绝大部分人为伊斯兰教徒，原住民保持着原始自然信仰，并且各个部族都有自己的语言。

文化与历史▶沿海地区及河流沿岸，自古就有中国文化及印度文化传入，政治上受苏门答腊岛及爪哇岛的影响，形成了若干个王国。从5世纪开始，穆拉瓦夏佛教王朝曾兴盛于马哈坎河流域登加龙附近的穆阿拉卡曼。东边有库尔卡荼加拉王国，在12世纪时开始崛起。各王国在15世纪以后逐渐伊斯兰化，贸易成为支撑经济的基础。荷兰的殖民统治始于16世纪，19~20世纪期间逐渐扩展至加里曼丹全境。

第二次世界大战结束后的苏哈托政权时期，在这里推行了30年的国内移民同化政策，有数万爪哇人被迁入这里。移民与原住民之间存在情感上的对立及冲突，今后事态如何发展值得持续关注。

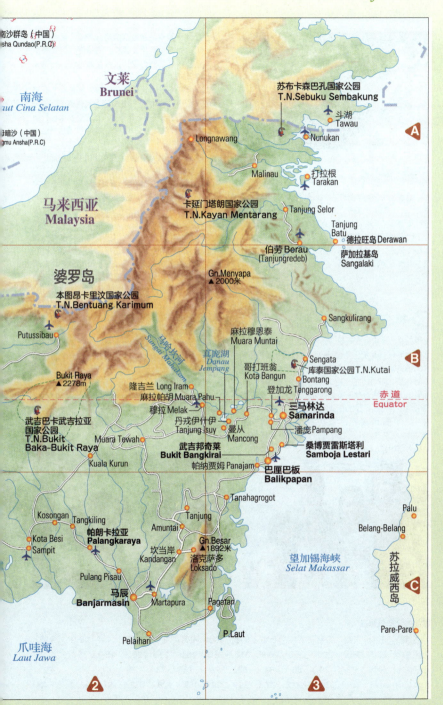

南沙群岛（中国）
nsha Qundao(P.R.C)

南海
aut Cina Selatan

暗沙（中国）
gmu Ansha(P.R.C)

文莱
Brunei

苏布卡森巴孔国家公园
T.N.Sebuku Sembakung

斗湖
Tawau

Nunukan

A

Longnawang

马来西亚
Malaysia

Malinau

打拉根
Tarakan

婆罗岛

卡延门塔朗国家公园
T.N.Kayan Mentarang

Tanjung Selor

Tanjung Batu

本图昂卡里汶国家公园
T.N.Bentuang Karimum

伯劳 Berau
(Tanjungredeb)

萨加拉基岛
Sangalaki

德拉旺岛 Derawan

Gn.Menyapa
▲2000米

Putussibau

Sangkulirang

麻拉穆恩泰
Muara Muntai

B

真庞湖
Danau Jempang

哥打班翁
Kota Bangun

Sengata

库泰国家公园 T.N.Kutai

Bontang

Bukit Raya
▲2278m

隆吉兰 Long Iram

麻拉帕胡 Muara Pahu

登加龙 Tenggarong

赤道
Equator

穆拉 Melak

丹戎伊什伊 Tanjung Isuy

三马林达
Samarinda

武吉巴卡武吉拉亚
国家公园
T.N.Bukit Baka-Bukit Raya

Muara Tewah

曼从 Mancong

潘庞 Pampang

武吉邦奇莱
Bukit Bangkirai

桑博贾雷斯塔利
Samboja Lestari

Kuala Kurun

帕纳贾姆 Panajam

巴厘巴板
Balikpapan

Tanahagrogot

Palu

Kosongan

Tangkiling

Tanjung

帕朗卡拉亚
Palangkaraya

Amuntai

Belang-Belang

Kota Besi

Sampit

坎当岸
Kandangan

Gn.Besar
▲1892米

洛克萨多
Loksado

望加锡海峡
Selat Makassar

苏拉威西岛

Pulang Pisau

马辰
Banjarmasin

Martapura

Pagatan

P.Laut

Pare-Pare

C

爪哇海
Laut Jawa

Pelaihari

2

3

393

岛内有红毛猩猩栖息的自然保护区

🄿 旅游亮点

因水上市场而非常热闹的马辰被称为"东方威尼斯"，在这里可以感受到古老城市的氛围。岛内有种类繁多的热带动植物，在位于西南海岸的丹戎普丁国家公园以及南部的帕朗卡拉亚，能见到红毛猩猩。另外，位于婆罗洲东面海域的德拉旺岛，有很多潜水的游客。

🄿 旅游提示

货币兑换与物价▶在马辰、巴厘巴板、三马林达等地的主要银行及货币兑换处可以兑换美元等外汇。有的小城镇，会规定达到最低兑换金额为 US$ 100 才能兑换，需要注意。在 ATM 上用信用卡或者国际借记卡提现反而会更加方便（但是，也有像庞卡兰布翁机场那样没有 ATM 的地方）。

至于物价情况，市区的廉价旅馆 1 晚 Rp.200000 左右。除此之外的服务及商品价格与其他岛大致相同。

旅行难度▶如果只在城市活动，与印度尼西亚其他地区一样，没有什么旅行上的难度。但如果要去国立公园及自然保护区，因交通不便，所以在制订行程时应留出充足的时间。

在丹戎普丁国家公园及帕朗卡拉亚乘坐沿河游船，需要事先预约。也可以通过英语电子邮件向当地的旅行社或导游直接预约（对方会要求先行汇款，不过只要跟对方交涉，有时也可以到达当地后再付款）。

根据当地的条例规定，在南加里曼丹省禁止出售酒精饮料，所以不要期待能喝上一杯冰冷爽口的啤酒（如果一定要喝的话，可以试着问一问酒店前台的工作人员，有时候也许能得到一些指点）。

去往马哈坎河流域的游客减少▶从东加里曼丹省的三马林达乘船沿马哈坎河逆流而上，前往达雅人村落的"马哈坎河乘船之旅"非常著名，也是加里曼丹旅游的一大亮点。全长 920 公里的大河两边是茂密的森林，沿途能见到传统民居及当地人的生活场景。但是随着热带雨林不断遭到砍伐，当地的景色已经大不如前，现在游客如果要体验乘船游览的乐趣，一般会选择其他地区的"观看红毛猩猩的团体游"。在马哈坎河流域，现在仍然可以乘坐名为卡帕尔帕布里克的定期航船，也可包租小船，喜欢感受"秘境气氛"的游客能在这里见到许多令人兴奋的景色。

伴手礼▶内陆地区有原住民的色彩鲜艳的服装、金银首饰、藤编提包等。沿海地区比较著名的有宝石、串珠、中国或荷兰制造的瓷器以及玻璃制品等。

船上的达雅儿童

各地均有出售玛瑙等贵重宝石的店铺

坤甸的全年气候表

月别	1月	2月	3月	4月	5月	6月	7月	8月	9月	10月	11月	12月	全年
平均气温(℃)	25.7	26.2	25.7	26.6	26.8	26.6	26.3	26.5	26.5	26.3	25.9	25.8	26.2
相对湿度(%)	80	79	79	80	80	80	78	78	78	79	81	81	79
降水量(㎜)	249.5	235.0	371.0	290.2	273.3	229.4	229.0	189.1	228.4	332.1	407.6	320.1	3354.7

安全信息

无论是在城市，还是在偏僻地区，都很少会遇到犯罪。但是，在中加里曼丹省的桑皮，原住民达雅人与来自马都拉岛的移民曾经发生过冲突。虽然还没有过游客被卷入冲突的报道，但是最好还是要事先获取最新的安全信息。

气候与季节

包括加里曼丹在内的婆罗洲属于典型的热带雨林气候。7~9月为旱季，也是旅游旺季。10月~次年3月为雨季，但其他季节降雨也很多。

岛内交通

飞机▶马辰、巴厘巴板等主要城市之间有定期航班开行。岛内有的地方道路状况很差，所以乘坐飞机会比较方便。

巴士▶沿海城市地区，巴士网络发达，马辰~巴厘巴板之间有长途巴士开行。

团体游▶在加里曼丹，最近非常受欢迎的是从丹戎普丁国家公园及帕朗卡拉亚出发的乘船沿河游览。在当地的旅行社报名参团，乘坐中型船只顺流而下，途中可能见到红毛猩猩等野生动物。船很舒适，有用餐区及厕所等设施。帕朗卡拉亚是中加里曼丹省的省会，有飞往雅加达、泗水的航班。

沿河游览乘坐的船只

前往加里曼丹的方法

航空▶从雅加达、泗水、万鸦老、望加锡等印度尼西亚主要城市，有印度尼西亚鹰航空、狮子航空的航班飞往马辰、巴厘巴板、坤甸。
有胜安航空的国际航班从新加坡飞往巴厘巴板，1周3~4个航班。

水路▶国营的Pelni公司有定期船舶开行于爪哇岛的雅加达、泗水以及苏拉威西岛的望加锡等各主要城市之间。
●从马来西亚东部的斗湖出入境
加里曼丹东北部的打拉根Tarakan与马来西亚的斗湖之间有飞机及轮船开行。
马来西亚之翼航空（URL www.maswings.com.my）每周有3个航班（用时40分钟，RM414）。渡轮每天开行1班（用时3小时，RM145）。

原住民达雅人

达雅人是对加里曼丹原住民的总称，实际上有数十个部落，从语言上分，也要分为4大集团。居住在加里曼丹中部及南部并使用巴里托语的集团、居住在加里曼丹并使用马来语的集团、使用加里曼丹中部的卡扬语的集团以及居住在北部并使用伊达汉语的集团。母语不同的达雅人对话时，一般都使用班贾尔语。

达雅人在河边建立村落，住在高脚屋Lamin中，奉行大家庭主义。各个部族在家庭构成形式、社会阶层、土地使用等方面都有各自的特点。一直到最近几年，达雅人都保持着在战斗中获取敌人首级的风俗。

游客比较容易前往的是居住在马哈坎河流域的布努阿人、同戎人、塔尼亚人的村庄。在这些部族之中，尤其是内陆地区部族的老年妇女，有很多人都戴着多个大耳环，使得耳垂上形成了很大的洞并向下垂落。

身穿艳丽传统服装的达雅男子

马辰　巴厘巴板

人　口	63 万
海　拔	不足 10 米
区　号	0511
机场代码	BDJ

马辰 *Banjarmasin*

巴里托河沿岸的加里曼丹古都

早晨的水上市场最能体现马辰的独特风貌及活力

南加里曼丹省的省会马辰位于巴里托河 Sungai Barito 沿岸。市内有多条注入巴里托河的支流通过，因此这里被称为"东方威尼斯"。过去这里曾为班贾尔人的王国，19 世纪时成了荷兰人的殖民地。支流之一的马塔普拉河沿岸是以大清真寺为中心的街区，有很多酒店及餐馆，十分热闹。

◎ 交通方式

飞机

位于市区东南 26 公里处的夏穆苏丁诺尔机场 Syamsuddin Noor 有多个航空公司运营的飞往雅加达、日惹、泗水、巴厘巴板的航班。

飞往马辰的航班	
从雅加达出发	狮子航空、印度尼西亚鹰航空、City Link 1 天共计 17~19 个航班，用时 1~2 小时，Rp.742000~2000000
从日惹出发	狮子航空 1 天 1 个航班，用时 1.5 小时，Rp.823000~1364000
从泗水出发	狮子航空及 City Link 1 天共 9 个航班，用时 1 小时，Rp.1126000~1183000
从巴厘巴板出发	狮子（翼航）航空、印度尼西亚鹰航空、斯利维查雅航空 1 天共 6 个航班，用时 1 小时，Rp.536000~1020000

巴士

根据去往方向分为多个巴士枢纽站，游客经常前往乘车的是 6 公里巴士枢纽站（Km 6）。顾名思义，这个车站位于马辰东南 6 公里处，有开往巴厘巴板、三马林达的大型巴士以及开往马塔普拉方面的小型巴士。

开往马辰的巴士	
从巴厘巴板出发	13:30~19:20 每小时 1~2 班，用时 12~14 小时，Rp.150000，带空调车次 Rp.205000~
从三马林达出发	9:00~17:00 每小时 1~2 班，用时 14~16 小时，Rp.175000~，带空调车次 Rp.235000~250000
从庞卡兰布翁（丹戎普丁方面)出发	1 天 5~6 班，用时 16~18 小时，Rp.220000~，带空调车次 Rp.230000~

侧栏

✉ **水上市场很值得一去**

在巴里托河上的水上市场，可以见到当地人一直未变的生活习俗。需要清晨 5:00 起床，可以跟当地人一起购买新鲜的水果。

从机场前往市区

乘坐购票制出租车，40 分钟。票价 Rp.120000，从市区去往机场的出租车价格与此相同。

印尼鹰航空　　MAP p.397/ 右
地址　Jl. Hasanuddin No.31
TEL（0511）336-6747

市区与巴士枢纽站之间的交通

从市中心的哈萨努丁街的交通环島乘坐黄色小型巴士 15 分钟，Rp.5000。乘坐长途巴士时，可以提前在巴士枢纽站前的巴士公司窗口购票。

巴士公司
● Pulau Indah
TEL（0511）325-0658
有开往三马林达及巴厘巴板方面的巴士。

6 公里巴士枢纽站的长途巴士乘车点

  贴士 在机场及马车市中心的 Jl. Sudimampir 两旁有很多伴手礼店，出售著名的扎染 Kain Sasirangan 及达雅人的各种手工艺品。

船舶

　与泗水之间有 Dharma 公司的渡轮开行，每天 1 班（用时 23 小时，Rp.260000~）。前往特利沙蒂皮尼西港 Trisakti Pinisi，可从 Jl. Antasari 的巴士枢纽站乘坐合乘出租车，Rp.5000。

马辰 漫步

　整个城市沿马塔普拉河而建，市中心位于河流转弯处的内侧、潘格兰萨穆德拉街 Jl. Pangeran Samudra 与兰布翁曼科拉街的交叉路口一带。酒店、餐馆也多集中于这一带。沿河区域有帕萨尔巴尔等多个市场，白天非常热闹。

可以乘小船沿运河航行，参观当地人的日常生活

交通指南

　市内景点均徒步可至。不过白天气温较高，即便是当地人也很少步行外出，一般都乘坐三轮车（Rp.5000~）或摩的（Rp.5000~）。前往巴士枢纽站，可以乘坐小型巴士。市内没有出租车沿街行驶，所以只能让酒店帮助叫车，或者到 H 加里曼丹阿鲁姆后面的停车处乘车。出租车上没有里程表，需要事先商定车费。

行驶于市内的合乘出租面包车

市中心有载客三轮车穿行

去往泗水的渡轮
● Dharma Lautan Utama 公司
　MAP p.397/左
地址 Jl. Yos Sudarso 4, Blok C
TEL（0511）441-0555
URL www.dlu.co.id
　船票分为大船舱和指定座位两种。在旅游旺季之外，登船前就能买到船票。

当地的英语导游
Joe Yas（TEL 0812-5182-8311 手机　E-mail joyas64@gmail.com）与 Mulyadi Yasin（TEL 0813-5193-6200 手机 E-mail yadi_yasin@yahoo.co.id）很熟悉当地的徒步旅行。还可以为游客安排去参观早晨的水上市场。

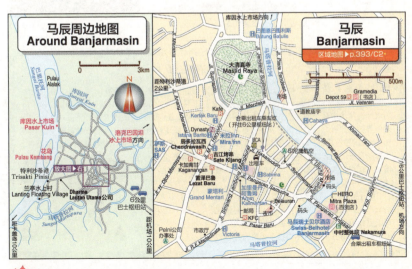

贴士 E 中村整体院 Nakamura［MAP p.397/右　TEL（0511）336-1269　营业 每天 10:30~22:30］是一家很受欢迎的按摩店。指压 30 分钟 Rp.50000，全身按摩 2 小时 Rp.140000~。

前往水上市场的方法

可以通过酒店报名参加团体游，或者包车（Rp.200000~）前往。人比较多的是 6:00~7:00 期间，所以最好在 5:30 左右就从市内出发。

从马辰出发的旅游团

可在各酒店报名参加。团费包括包租可以乘坐 10~15 人的小船的费用及英语导游的费用。

●洛克巴因坦水上市场
5:30~9:00，根据参加的人数，费用为 Rp.150000~300000，包含花岛的行程 Rp.300000~600000
●库因水上市场与花岛
5:30~9:00，Rp.200000~450000（包含在水上咖啡馆吃早餐）
●运河团体游
17:00~18:30，Rp.150000

花岛

营业 每天 7:00~17:00
费用 周一~周六 Rp.100000、周日 Rp.150000

如参团，行程中一般还包括库因水上市场。如在市中心包船前往，单程约 40 分钟（往返 Rp.150000~）。

运河巡游

保存至今的马辰运河，是马辰畔居民的生活场所。包船沿河行驶，可以见到河边居民做饭、洗衣、洗澡、刷牙等生活场景（最好选择较为凉爽的傍晚时前往）。

包船费用的参考价格为 1 小时 Rp.100000。可前往码头与船主直接交涉。

马辰 **主要景点**

参观当地人的水上生活

洛克巴因坦与库因水上市场 ★★

Pasar Lokbaintan & Kuin

Map p.397/左

巴里托河向着马辰的西方流去，河边有许多历史悠久的水上市场 Pasar Terapung。其中最著名的是洛克巴因坦水上市场 Pasar Lokbaintan，从市中心前往，单程 1 小时左右。市场里有 300 多只小船，出售来自各个村庄的蔬菜、水果、鱼等商品。还有库因水上市场 Pasar Kuin，从市中心出发，单程 1 小时可至。这个市场最近有不断缩小的趋势，大概只能见到 30 多只小船。所有市场均从清晨开始营业，一直到 8:00 左右都很热闹。

一早就非常热闹的洛克巴因坦市场

感受水城的自然环境

花岛 ★

Pulau Kembang

Map p.397/左

位于库因水上市场附近、巴里托河中央的无人岛，全岛被红树林覆盖。有 300 多只猴子栖息在岛上。码头附近有祭祀猴神（哈奴曼）的小型庙宇，周日会有很多市民前来祭拜。入口处的商店出售可用于给猴子喂食的花生，有时猴子会扑过来抢食，需要注意。庙宇后边有游览红树林的步道，走一圈需要 5 分钟左右。

栖息着很多猴子

Information

参观钻石矿场

马辰郊外的辰帕卡村，有钻石矿场 Pendulangan Intan Cenpaka。河边有多个矿坑，用水冲洗从坑中运出的沙土，基本上依靠人力来搜寻钻石原石。过去这里曾发现过重量超过 100 克拉的钻石原石，现在能看到工人们在认真工作的身影。也有游客来此参观，但不要随意走动、打扰工人们的工作。需要付给导游小费（Rp.20000~）。

除了可以从马辰包车前往，还可以乘坐小型巴士，即便中途需要换乘，有半日时间也可以完成游览。从马辰的 6 公里巴士枢纽站乘坐开往马尔塔普的橙色小型巴士至班贾尔巴鲁（用时 40 分钟，Rp.11000）。下车后，在大型交迪坏岛处，有开往辰帕拉的小型巴士（用时 15 分钟，Rp.4000）。辰帕卡村的路边，有指示前往矿场线路的标识，从那里开始沿未铺装道路前行 500 米左右。在中转换乘的班贾尔巴鲁，有南加里曼丹省立博物馆，可以顺便参观。

地道中的钻石挖掘现场

 贴士 从马辰乘坐巴士向东北行驶 4 小时左右，可到达 Kandangan，继续乘巴士前行 1.5 小时是 Loksado，以那里为据点，可以徒步游览，也可以去往周边的温泉及瀑布。最好与导游同行。

酒店
Hotel

马辰瑞士贝尔酒店
Swiss-Belhotel Banjarmasin

POOL 餐馆 早餐

◆ 可以接受团体游客入住的人气酒店，共有 96 个房间。位于河边，方便步行游览市中心。房间内设备齐全，非常方便。在酒店内的餐馆，周五~下周三 20:00~23:00 有现场演奏会，早餐为自助式，食物的种类丰富。酒店住宿客人可以免费参加前往水上市场及花岛的团体游（限每个房间 2 人。增加 1 人，需要支付 Rp.100000）。

房间宽敞舒适

可以欣赏河景的人气酒店　　Map p.397/ 右
地址　Jl. Pangeran Antasari No.86A
TEL（0511）327-1111
FAX（0511）326-1369
URL www.swiss-belhotel.com
税费 & 服务费 含
信用卡 MV
Wi-Fi 客房 OK·免费
费用 AC HOT Cold TV 豪华 S D Rp.650000~
　　 AC HOT Cold TV 行政 S D Rp.1300000~

米拉 Inn
Mira Inn

POOL 餐馆 早餐

◆ 位于市中心的酒店，共有 21 个房间。可以用便宜的价格住到有空调和热水淋浴的房间。不足之处是工作人员不太会讲英语，以及附近的清真寺有时会比较吵闹。

房间虽小，但设施齐全

市中心的廉价酒店　　Map p.397/ 右
地址　Jl. Haryono MT No.2A
TEL（0511）336-5849
税费 & 服务费 含
信用卡 不可
费用 AC HOT Cold TV 标准 S D Rp.150000
　　 AC HOT Cold TV 豪华 S D Rp.200000
　　 AC HOT Cold TV 套房 S D Rp.250000

萨斯
SAS

POOL 餐馆 早餐

◆ 位于市中心以西 400 米处，共有 27 个房间的廉价酒店。每个房间前放有供人休息的椅子和桌子。房间宽敞整洁。如想参观水上市场，可告知前台工作人员，工作人员会帮游客安排英语导游。

房间整洁明亮

外国游客经常入住　　Map p.397/ 右
地址　Jl. Kacapiring Besar No.2
TEL（0511）335-3054
税费 & 服务费 含
信用卡 不可
Wi-Fi 客房 OK·免费
费用 AC HOT Cold TV 标准 S D Rp.190000
　　 AC HOT Cold TV 豪华 S D Rp.279000

马辰的餐馆

　　没有多少面向游客的餐馆，基本上都要去当地人光顾的小餐馆、小吃摊就餐。

R 辰多拉瓦西 Chendrawasih ［MAP p.397/ 右
地址　Jl. Pangeran Samudra No.65　TEL（0511）743-7329　营业 每天 8:00~22:00］没有菜单，菜品放在入口处的玻璃橱柜里，客人可以从

中选择，有烤鱼 Rp.20000、大虾 Rp.100000~ 等海鲜，价格实惠。

辰多拉瓦西的海鲜

R 吉江烤串 Sate Kijang ［MAP p.397/ 右
地址　Jl. Pangeran Samudra No.14　TEL（0511）770-8440　营业 每天 9:00~22:00］顾名思义，是烤制吉江（鹿肉）的烤串店。除此之外，还有鸡肉烤串、羊肉烤串，10 根 Rp.60000。还能吃到马辰烤串 Rp.20000 等美食。

R 雷泽巴鲁 Lezat Baru ［MAP p.397/ 右　地址　Jl. Lambung No.22　TEL（0511）335-3191　营业 每天 11:00~13:30、17:00~21:00］酒店看起来就像是一个简陋的小餐馆，属于这一带比较高级的中餐馆。味道清淡的蔬菜类菜肴 Rp.25000~、肉类菜肴 Rp.50000~，还有猪肉类菜肴。

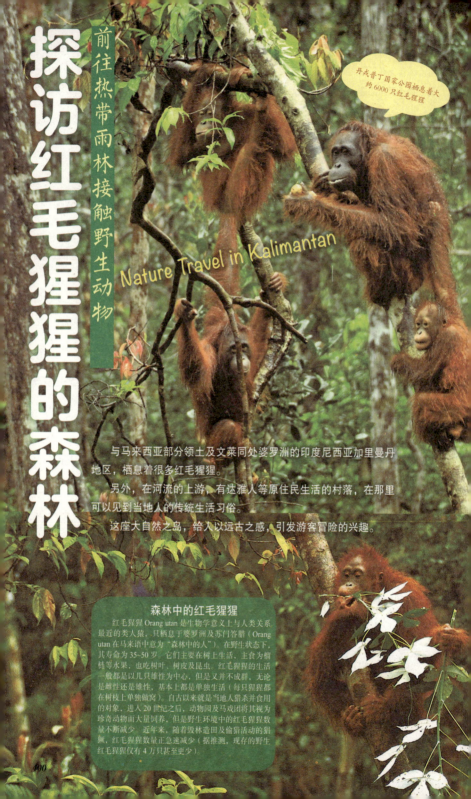

探访红毛猩猩的森林

Nature Travel in Kalimantan

丹戎普丁国家公园栖息着大约 6000 只红毛猩猩

与马来西亚部分领土及文莱同处婆罗洲的印度尼西亚加里曼丹地区，栖息着很多红毛猩猩。

另外，在河流的上游，有达雅人等原住民生活的村落，在那里可以见到当地人的传统生活习俗。

这座大自然之岛，给人以远古之感，引发游客冒险的兴趣。

森林中的红毛猩猩

红毛猩猩 Orang utan 是生物学意义上与人类关系最近的类人猿，只栖息于婆罗洲及苏门答腊（Orang utan 在马来语中意为"森林中的人"）。在野生状态下，其寿命为 35～50 岁。它们主要在树上生活，主食为榴梿等水果，也吃树叶、树皮及昆虫。红毛猩猩的生活一般都是以几只雌性为中心，但是又并不成群，无论是雌性还是雄性，基本上都是单独生活（每只猩猩都在树枝上单独做窝）。自古以来就是当地人猎杀并食用的对象，进入 20 世纪之后，动物园及马戏团将其视为珍奇动物而大量饲养，但是野生环境中的红毛猩猩数量不断减少。近年来，随着毁林造田及偷猎活动的猖獗，红毛猩猩数量正急速减少（据推测，现存的野生红毛猩猩仅有 4 万只甚至更少）。

丹戎普丁国家公园
Taman Nasional Tanjung Puting
MAP p.392/C1

一般都是3~4名游客乘坐1艘科洛托，吃住都在船上

婆罗洲西南部、面积达415040公顷的森林，是一片神秘的土地。可以乘船前往观察红毛猩猩的起点，旅途中充满冒险的氛围。热带雨林中的起点为栖息着200~300只红毛猩猩的研究基地利基营地 Camp Leakey。在每天14:00公园管理员会给红毛猩猩喂食，游客可以参观。管理员大声模仿红毛猩猩的叫声并走向森林，游客与管理员同行。从森林中窜出来的红毛猩猩，并不习惯见人，所以具有攻击性，靠近时会有危险。如打算在其他时间段在公园里游览，可以咨询管理员。

在苏科涅尔河上乘船游览也非常有趣。可以从库迈包租被称为科洛托、可住宿的中型船只，单程4小时。船在河上行驶，游客可以坐在甲板的坐垫上，品尝咖啡和甜点，观看周围的鳄鱼、猴子。日落之后，船会继续在星空之下航行，有灯光照明。

建议在萤火虫栖息地 Nipa Palm 停船。乘船人数越少就越舒适，如果带上睡袋就更理想了。

午餐很丰盛。船上有厨师

长鼻猴是婆罗洲的特有物种

在河边喂食处遇到的红毛猩猩母子

●交通
有特里嘎纳航空及斯利维查雅航空的航班，从雅加达飞往庞卡兰布翁 Pangkalanbun，每天2班（用时1.5小时，Rp.650000~926000）。当地的旅行社可为游客安排从机场至库迈乘坐的车辆。

从马辰出发，每天上午有2~3班巴士（用时18小时，Rp.205000~）开行。

●住宿设施
河流游船之旅吃住基本都在船上（但是床和淋浴都比较简陋）。在国家公园的丹戎哈利潘有 H 林巴生态旅馆 Rimba Ecolodge［TEL（0361）722-775（预约） URL rimbaecolodge.com 费用 Rp.900000~1300000］、H 弗洛拉家庭寄宿 Flora Homestay（TEL 0812-516-4727 手机 费用 Rp.600000）等住宿设施。

机场所在的庞卡兰布翁有高级酒店及廉价酒店，游船码头所在的库迈也有廉价酒店。

●河流之旅的注意事项
参加前往丹戎普丁国家公园的河流之旅，一般都是通过庞卡兰布翁的旅行社报名。在各旅行社的网站均可以使用英语交流，可到达当地后付款。参观国家公园，需要在庞卡兰布翁的警察部门登记，还需要在公园管理处 PHKA 办理入园许可证（旅行社可为游客代办登记和许可证）。

●庞卡兰布翁旅行社
■ Orangutan Exotic Tours
TEL 0813-4902-1411（手机）
URL www.orangutanexotictours.com
■ Borneo Orangutans Orangutans
TEL 0852-3289-7697（手机）
■ Jenie Subaru
TEL 0857-6422-0991（手机）
URL www.jeniesubaru.blogspot.com
从库迈前往利基营地的2晚3天的团体游，1名 Rp.5500000~，2名 Rp.6000000（6~9月旺季期间价格会上涨10~30%）。是否包含国家公园入园费（1名 Rp.150000~225000/天）需事先确认。

●NGO 推荐 HP
URL www.mandilaut.com

从帕朗卡拉亚出发的河上游船
River Cruise from Palangkaraya
MAP **p.393/C2**

以中加里曼丹省会帕朗卡拉亚为起点，乘坐游船去往红毛猩猩及长鼻猴栖息的湿地雨林。在红褐色的朗庚河航行，有翠鸟及蝴蝶飞来飞去，河面上凉风习习，让人感觉非常舒适。在帕拉斯岛 Pulau Pallas 的河边，有完成康复后准备返回森林的红毛猩猩栖息（可以从康复中心乘小船近距离观察）。黄昏时分，乘船沿蜿蜒曲折的河流游览，可以见到热带雨林地平线上美丽的晚霞。

如果在坦基林村住宿，第二天可以再向上游航行 30 分钟至卡贾岛 Pulau Kaja 观察红毛猩猩。继续航行 2 小时左右到达卡纳拉坎的达雅人村庄，这里保存着被叫作拉敏（Long House）的高脚屋。

栖息于帕拉斯岛河边的红毛猩猩。为了避免把人类的疾病传染给动物，需要保持 10 米以上的距离

乘船游览能见到水上人家的日常生活

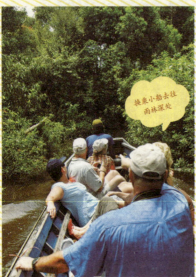

换乘小船去往雨林深处

●◎交通与住宿设施
前往旅游起点的帕朗卡拉亚，从雅加达出发有印度尼西亚鹰航空及狮子航空场的航班，每天共有 6 班（用时 1.5~2 小时，Rp.706000~1951000），从泗水出发有狮子航空及 City Link 的航班，每天共 3 班，（用时 1~1.5 小时，Rp.477000~）。从马辰也有巴士夜行，1 天数班（用时 4~5 小时，Rp.70000~）。

帕朗卡拉亚的酒店有 Ⓗ Dandang Tingang（地址 Jl. Yos Sudarso No.13　TEL（0536）322-1805　费用 Ⓓ Rp.285000~）、Ⓗ Mahkota（地址 Jl. Nias No.5　TEL（0536）322-1672　费用 Ⓓ Rp.275000~）等。

河边的坦基林村有 Ⓗ Rungan Sari（地址 Jl. Tijlik Riwit Km.36　TEL 0811-520-8801 手机　URL rungansariresort.com　费用 Ⓓ Rp.702000~）及 Ⓗ Eco Village（地址 Jl. Tijliik Riwit Km.36　TEL 0813-1648-6559 手机　费用 Ⓓ Rp.380000~）。

●当地的旅行社
■ Kalimantan Tour Destinations
TEL 0811-520-648（手机）
URL www.wowborneo.com
有乘坐中型船的河流游船之旅（含餐 1 晚 2 天 Rp.7045000~，2 晚 3 天 Rp.12250000~）。有时也有 1 天的行程。

■ Blue Betang
TEL 0813-4965-5021（手机）
E-mail bluebetang_eventorganizer@yahoo.co.id
有观赏红毛猩猩之旅及达雅村庄探险之旅、费用包含英语导游，1 天 Rp.350000~，包车 1 天 Rp.1700000~。

可以在带凉棚的中型船上悠闲地用餐

桑博贾雷斯塔利
Samboja Lestari
MAP p.393/B3

河对岸的小岛上栖息有康复中的红毛猩猩

桑博贾雷斯塔利位于巴厘巴板东北40公里处，是一面面积约2000公顷的保护区。有十几只红毛猩猩栖息在被河流分隔开的7个小岛上。游客可以隔岸观察红毛猩猩。正在接受治疗的幼年红毛猩猩，手脚都很纤细，看上去有点可怜，但与母亲嬉戏时又十分可爱。被森林环绕的山丘上有观景台（一半是酒店的客房），可以俯瞰整个设施。这里的森林为人工种植的再生林，但看上去已经与原生林无异，沿着自然步道（住宿者免费）游览，单程2公里，能见到野鸟、鹿、猪等动物。另外，这里还有收容失去家园的马来熊的设施，也可以供游客参观。

这里的红毛猩猩的生活环境接近自然状态。9:00与15:00为喂食时间，游客可以隔岸观看

长鼻猴母子。周围的森林也可以参团游览

从桑博贾雷斯塔利出发的短途旅行

从酒店乘车向西南行驶1小时左右即可到达武吉邦奇莱 Bukit Bangkirai。可在原生林中徒步游览，高达40米的大树上有吊桥，可以在吊桥上体验"Canopy Walk"。森林中也有长鼻猴及犀鸟等动物栖息，但是否能见到只能凭运气。在非节假日，只要没有修学旅行的团体游客，环境会非常安静，可以悠闲地游览，但是每到周末，都会有很多当地的家庭游客，环境会变得比较嘈杂。

在原生林中散步

■**武吉邦奇莱 Bukit Bangkirai** **MAP p.393/B3**
费用 门票 Rp.5000，Canopy Walk Rp.75000
※ 从桑博贾雷斯塔利出发的团体游，用时半日，费用根据人数而定，Rp.300000~800000（包含门票等费用）

●交通与住宿设施

从巴厘巴板机场乘坐出租车1小时，单程Rp.280000。但是，从主街道到酒店为未铺装的山路，所以乘出租车只能到达中途有保安值守的大门处（如事先联系，酒店可派车到此迎接）。要求酒店迎接，从机场乘车Rp.350000，从巴厘巴板乘车Rp.400000，从三马林达乘车Rp.520000。

在 **H** Samboja Lodge（地址 Jl. Balikpapan-Handil, km.44 Margomulyo **TEL** 0821-5133-3773（手机）**URL** www.sambojalodge.com 费用 **D** Rp.1550000~）住宿，可选择参加园内团体游及带餐的住宿服务。

在观景酒店眺望周围的景色。1日服务（Day Visit），包含园内团体游和午餐，8:00~12:00，Rp.500000

⊠桑博贾客栈住宿体验

因为想观看红毛猩猩，所以选择了在此住宿。每个客房都有面向森林的庭院及室外平台，环境舒适（套间以外的房间都没有热水淋浴，这是唯一的缺点）。屋顶有观景台，建议傍晚时去观景台观看夕阳落入森林。

带床的房间也与大自然非常和谐

大厅里通风很好，与面向森林的餐馆相通。饭菜也很好吃，有肉类、鱼及素食主义者菜品，可按客人要求安排。餐馆中有森林中的红毛猩猩的照片，可以跟来自世界各地喜爱大自然的游客进行交流。

巴厘巴板 *Balikpapan*

拥有大型石油联合企业的工业城市

人　口	56 万
海　拔	不足 10 米
区　号	0542
机场代码	BPN

从机场至市区

乘坐购票式出租从机场至市区大约需要 20 分钟，Rp.70000。从市区至机场乘坐出租车大约需要 Rp.600000。

从机场出发的小型巴士

从机场去往市内的小型巴士票价非常便宜。乘坐 7 路巴士（绿色）从机场出发，进入普通道路，向左沿着背向机场的道路至终点站，换乘 6 路（蓝色）小型巴士。这班巴士经过 S 巴厘巴板广场，去往海边的甘榜巴鲁附近的市场。票价，7路 Rp.5000，6 路至 S 巴厘巴板广场 Rp.5000 左右。

印度尼西亚鹰航空

地址 Jl. Jend. Sudirman, Kompleks Balikpapan Permai Blok H1 No.23-24
TEL（0542）422-301

苏西航空

TEL 081-1211-3080（24 小时接听的客服中心）

去往三马林达的接送巴士

● Kangaroo
TEL 0812-555-1199（手机）
URL www.kangaroo.co.id
从巴厘巴板的 H Budiman（MAP p.407）出发，经由机场去往三马林达。每天5:00~23:10 期间每小时 2~6班，用时 4 小时，Rp.150000。

石油联合企业与水上人家共存的城市

　　巴厘巴板人口 56 万，是印度尼西亚的石油生产基地。自 1897 年发现油田以来，使得从前的小渔村逐渐发展成为拥有大型炼油企业及港湾的城市。现在仍有很多国家从印度尼西亚进口原油，来巴厘巴板进行商务活动的外国人非常多。

　　现代国际机场及市中心的街区，给人的感觉与所谓的"神秘的婆罗洲"完全不一样，但只要来到郊外，则又是一片悠然自得的田园风光。从排列着水上人家的海边远眺工业地带，可以看到天然气燃烧的火焰，呈现出现代工业与传统文化的对比。虽然这里已经成为全球经济的一环，但是当地居民仍然保持着过去的生活方式，整个城市充满了活力。

◎ 交通方式

飞机

　　从雅加达、日惹、泗水、登巴萨、望加锡等地有航班飞往位于巴厘巴板市中心以东 8 公里处的塞平甘机场 Sepinggan。从加里曼丹的马辰每天也有狮子航空、印度尼西亚鹰航空、斯利维查雅航空的航班飞往这里。

塞平甘机场的新航站楼

飞往巴厘巴板的航班（从巴厘巴板起飞的航班→p.442）	
从雅加达出发	印度尼西亚鹰航空、狮子航空、巴泽航空、City Link 1 天共 19~22 个航班，用时 2~2.5 小时，Rp.928000~2215000
从日惹市出发	狮子航空、印度尼西亚鹰航空、Ciity Link、斯利维查雅航空 1 天共 6 个航班，用时 2 小时
从望加锡出发	狮子航空、印度尼西亚鹰航空、City Link、Sriwijaya 航空 1 天共 7 个航班，用时 1 小时，Rp.634000~1398000
从马辰出发	狮子（翼航）航空、印度尼西亚鹰航空、Sriwijaya 航空 1 天共 6 个航班，用时 1 小时，Rp.536000~1020000
从三马林达出发	Sriwijaya 航空周一、周三、周五 7:50 起飞，用时 30 分钟，Rp.363000~438000

🍁 贴士 　巴厘巴板的海岸是高耸的山崖，道路沿山梁修建，大多坡路。主要道路上有很多小型巴士行驶，乘车非常方便。

巴士

巴厘巴板有 3 个巴士枢纽站。去往三马林达方面车次的枢纽站为位于市区以北 5 公里左右的北郊巴图安帕尔尔巴士枢纽站 Batu Ampar。去往马辰方面的车次，从普劳因达 Pulau Indah 及盖洛拉 Gelora 的巴士枢纽站出发。

开行于巴士枢纽站与市区之间的小型巴士（合乘出租车）

市内～巴士枢纽站

从市中心前往巴图安帕尔、普劳因达、盖洛拉巴士枢纽站，可以乘坐 3 路小型巴士。用时 20～30 分钟，Rp.10000。

巴厘巴板的船只

Pelni 公司各艘渡轮每两周有 1～2 班，开往苏拉威西岛的万鸦老、望加锡及爪哇岛的泗水等地。

巴厘巴板的巴士	
从三马林达出发	6:00～19:30 左右每小时 1～4 班（乘客达到一定数量后即可发车），用时 2.5 小时，带空调 Rp.38000
从马辰出发	12:00～18:00 左右每小时 1～2 班，用时 12～14 小时，Rp.150000，带空调 Rp.205000～

加里曼丹岛

●巴厘巴板

贴士　巴厘巴板西南的默拉瓦伊海滩（**MAP** p.405/B1）没有沙滩，不适合海水浴，但大树下有很多小吃摊及商铺，是著名的日落观景点。

巴厘巴板 漫 步

主要道路简苏迪尔曼街

便利的购物中心
S 巴厘巴板广场
The Plaza Balikpapan
MAP p.407
TEL（0542）424-000
营业 每天 10:00～22:00

　　有空调，环境舒适。入口处有 24 小时营业的麦当劳。

甘榜巴鲁　MAP p.405/A1
　　从市中心乘坐向北行驶的 5 路合乘出租车。用时 20 分钟，Rp.5000。

因普莱斯库布恩萨尤尔市场
MAP p.405/A1
营业 每天 8:00～18:00
　　除了蔬菜及水果，在市场西边区域有出售及加里曼丹产的宝石、首饰。

货币兑换信息
　　简苏迪尔曼街有很多银行，可以兑换美元等外汇，还有 ATM。汇率比较划算的货币兑换机构为 H 太平洋酒店以北 100 米处的 Marazavalas（MAP p.405/B2）
TEL（0542）413-492
营业 周一～周五 8:00～20:00 及周六、周日 9:00～17:00）。
　　准备前往马哈坎河流域的游客，应在此兑换足够的印尼卢布。

　　在名为 S 巴厘巴板广场的购物中心一带为巴厘巴板的市中心。尤其是阿马亚尼街与简苏迪尔曼街是当地的两条主要街道，有很多商店。
　　这里虽然没有什么特别的景点，但是观察一下当地人的日常生活也是一个不错的体验。甘榜巴鲁 Kampong Baru

充满乡愁之感的甘榜巴鲁水上人家

为市区北边的一个小村庄，海边有很多水上人家，当地人的生活非常恬静，能见到孩子们在海边钓鱼。东边有因普莱斯库布恩萨尤尔市场 Pasar Inpres Kebun Sayur，可以在那里购物及吃饭。

交通指南

　　行驶于市区的小型巴士有"Angkot"（合乘出租车）及"Texikot"。车辆根据行驶线路有不同的编号及颜色。票价根据里程而定，Rp.5000～。
　　出租车基本上不会在路上空车行驶，所以乘坐时可以让酒店帮助叫车。行驶时不打表，应在乘车前确认费用。市内各主要场所都有摩的等候乘客，如果行李不多，可以乘坐，非常便捷。

巴厘巴板的餐馆

　　鲁科邦达尔是位于市中心简苏迪尔曼街南侧（海滨一侧）的开发区，面向大海的木板步道旁有几家海鲜餐馆及咖啡馆，周末的夜晚非常热闹。
　　最有人气的餐馆是 R 海洋餐馆 Ocean's Resto（MAP p.407 TEL（0542）739-439 营业 每天 11:00～次日 2:00）。海鲜菜品价格为时价，不过鱼为 100 克 Rp.25000～（1～2 人份需要 Rp.120000 左右）。可以要求餐馆把鱼加工成 Ikanbakar（烤鱼）。店内有螃蟹、虾、椰子蟹供客人挑选，点菜时可以选择烹饪方法。配料丰富的海鲜印尼炒饭（Rp.45000）非常好吃。
　　简苏迪尔曼街上的 R 咖啡 De Cafe（MAP）p.407 TEL（0542）739-267 营业 每天 8:00～

22:30）是一家提供牛排、比萨等国际化餐食的餐馆。还有印度尼西亚菜肴及各种甜点。

海边有很多海鲜餐馆

贴士 H 我家 My Home（MAP p.407 TEL（0542）720-3999 URL www.myhomeguesthouse.com）是距离海岸很近的酒店，共有 19 个房间，干净整洁。 S Rp.218000～、D Rp.228000～。

酒店
Hotel

巴厘巴板瑞士贝尔酒店
Swiss-Belhotel Balikpapan

POOL 餐馆 早餐

◆设于购物中心内的酒店，可以眺望望加锡海峡，共有230个房间。与SPA及健身房同在一层的半室外游泳池能看到外面的大海。所有房间都很安静典雅，有阳台、保险柜、迷你酒吧、电热水壶等。

可以观赏海景

位于市中心海边的四星级酒店   Map p.405/B2

地址 Balcony City, Jl. Jend. Sudirman
TEL（0542）758-2800
URL www.swiss-belhotel.com
税费 & 服务费 含   信用卡 J M V
Wi-Fi 客房 OK · 免费
费用 AC HOT Cold TV 豪华 S D Rp.768000〜
　　 AC HOT Cold TV 高级 S D Rp.1021000〜

嘎贾马达
Gajah Mada

POOL 餐馆 早餐

◆位于市中心，面向大海，便于乘坐合乘出租车。共有71个房间，非常干净，但建筑略显陈旧。大部分房间的窗户都朝向建筑内侧而无法观看远处的风景，淋浴仅在17:00〜次日9:00期间有热水。

地板为瓷砖，设计简约

海边的廉价酒店   Map p.407

地址 Jl. Jend. Sudirman No.328
TEL（0542）734-634
FAX（0542）734-636
税费 & 服务费 含
信用卡 不可
Wi-Fi 只限公共区域 · 免费
费用 AC HOT Cold TV S Rp.185000、D Rp.205000
　　 AC HOT Cold TV S Rp.270000〜、D Rp.290000〜

艾科
Aiqo

POOL 餐馆 早餐

◆从 S 巴厘巴板广场步行5分钟可至的中档酒店，共有41个房间。入口处有咖啡商店。房间干净，性价比好，有很多商务人士入住，经常客满。

舒适的商务酒店   Map p.407

地址 Jl. Apt Pranoto No.9
TEL（0542）750-288 　FAX（0542）421-604
URL www.aiqohotel.com 　税费 & 服务费 含
信用卡 M V 　Wi-Fi 只限公共区域 · 免费
费用 AC HOT Cold TV S D Rp.278000〜

艾达
Aida

POOL 餐馆 早餐

◆位于市中心以北2公里处的廉价旅馆，共37个房间，可乘合乘出租车前往市中心，非常方便。所有房间都很狭小，陈设简单。均有电视及空调。

背包客喜欢的民宿   Map p.405/A2

地址 Jl. Ahmad Yani No.1/12
TEL（0542）421-006 　税费 & 服务费 含
信用卡 不可 　Wi-Fi 客房 OK · 免费
费用 AC HOT Cold TV S D Rp.200000
　　 AC HOT Cold TV S D Rp.250000

Kalimantan

三马林达

巴厘巴板

人　口	84 万
海　拔	不足 10 米
区　号	0541
机场代码	SRI

去往三马林达的巴士
◆从巴厘巴板出发
　6:00~19:00 每小时 1~4 班，用时 2.5 小时，带空调 Rp.38000
◆从马辰出发
　12:00~18:00 每小时 1~2 班，用时 16 小时，Rp.180000~带空调 Rp.235000~

去往巴厘巴板的接送巴士
● Kangaroo
地址 Jl. W.R. Supratman No.7A
TEL 0812-555-1199（手机）
URL www.kangaroo.co.id
从三马林达中心（MAP p.409）出发，经由巴厘巴板机场，去往布迪曼酒店 H Budiman（MAP p.407）。每天 1:20~19:40 开行 2~ 6 班，用时 4 小时，Rp.150000。

去往三马林达的船只
◆从默拉出发
　1 天 1~2 班，用时 15~18 小时，Rp.165000
◆从隆吉兰出发
　1 天 1~2 班，用时 20~24 小时，Rp.220000

苏西航空
TEL 081-1211-3080（24 小时接听的客服中心）

东加里曼丹省政府旅游局
MAP p.409
地址 Jl. Jend. Sudirman No.22
TEL （0541）736-850
URL www.pariwisatakaltim.com
营业 周一~周四 8:00~16:00
周五 8:00~11:00
可获取旅游手册和地图。

三马林达 *Samrinda*

马哈坎河流经的东加里曼丹省省会

马哈坎河流经的三马林达人口 84 万，为东加里曼丹省的省会。这里是著名的东南亚木材出口基地，每天都有船只牵引着木材从内陆地区航行至港口。郊外有许多胶合板工厂，这里也被称为木材之城 Kota Tepian。

市中心的帕基市场

◎ 交通方式

飞机

与巴厘巴板之间每周一、周三、周五有苏西航空的航班（用时 30 分钟，Rp.363000~438000）。16:00 从巴厘巴板起飞，7:50 从三马林达起飞。经常取消航班，需要注意。

巴士

有两个长途巴士枢纽站，在市中心以西 6 公里处的森盖昆江巴士枢纽站 Sungai Kunjang 有开往巴厘巴板、哥打邦翁、默拉的巴士。前往市中心，可以乘坐小型巴士，用时 20 分钟，Rp.5000。乘摩的 Rp.30000~，乘出租车 Rp.50000。

从市中心前往马哈坎河对岸的塞伯朗巴士枢纽站 Seberang，有开往马辰的巴士。

船舶

在森盖昆江巴士枢纽站前面的码头，从 Kapal Public 前往马哈坎河上游，在每天早晨 6:00~7:00 有 1~2 班小船开往默拉、隆吉兰方向。

三马林达 漫步

马哈坎河北岸的帕基市场 Pasar Pagi 一带为三马林达的市中心，有很多酒店、银行。苏迪尔曼街有 BCA 银行等可从事货币兑换业务的银行。汇率与巴厘巴板的银行差不多。

从市内去往距离较近的地方，乘坐摩的（1~2 公里 Rp.10000 左右）非常方便。前往森盖昆江的巴士枢纽站及码头，可从嘎贾马达乘坐绿色的小型巴士，也就是合乘出租车 20 分钟可至，Rp.5000。

 贴士 市中心的帕基市场一带有面向大众的餐馆，阿布都尔哈桑街有多家海鲜餐馆。在购物中心里也有美食区。

酒店
Hotel

　　望加锡的商务旅客的数量正在急速增加，中档以上的酒店数量不足，都呈客满态势。另外，与印度尼西亚其他地区相比，这里的住宿价格上涨得也很快。建议提前预约。

三马林达瑞士贝尔酒店
Swiss-Belhotel Samarinda

POOL 餐馆 早餐

◆旁边有一个大型购物中心，是一家共有 180 个房间的四星级酒店。室内安静，高层风景很好，可眺望船只往来及马哈坎河对岸的街区，有室外游泳池、SPA、桑拿浴、健身房等设施，环境整洁。早餐为自助式，菜品的种类丰富。

在高层眺望马哈坎河

在高层可以眺望马哈坎河	Map p.409

地址　Jl. Mulawarman No.6
TEL（0541）200-888
FAX（0541）201-888
URL www.swiss-belhotel.com
税费 & 服务费 含　信用卡 J M V
Wi-Fi 客房 OK・免费
费用 AC HOT Cold TV 高级 Ⓢ Ⓓ Rp.625000～
　　 AC HOT Cold TV 豪华 Ⓢ Ⓓ Rp.725000～
　　 AC HOT Cold TV 套间 Rp.1600000～

梅加森托萨
Mega Sentosa

POOL 餐馆 早餐

◆位于帕基市场所在街区的西部，共有 59 个房间。所有房间都有空调及热水淋浴。地处市中心，出行、吃饭都很方便。办理入住手续时需要交押金。

价格便宜的中档酒店	Map p.409

地址　Jl. Veteran No.88　TEL（0541）747-015
税费 & 服务费 含　信用卡 不可
Wi-Fi 只限公共区域・免费
费用 AC HOT Cold TV 标准 Ⓢ Ⓓ Rp.280000
　　 AC HOT Cold TV 高级 Ⓢ Ⓓ Rp.320000

三马林达客栈
Guest House Samarinda

POOL 餐馆 早餐

◆位于三马林达市中心的廉价旅馆，共有 20 个房间。1 层大厅有公用厨房，客房不大，打扫得很干净。不接受未婚情侣住宿。

人气廉价旅馆	Map p.409

地址　Jl. Pangeran Hidayatullah, Gg. Batu No.6
TEL（0541）734-337　URL www.guesthousesa-marinda.com　税费 & 服务费 含
信用卡 不可　Wi-Fi 客房有信号，免费
费用 AC HOT Cold TV Ⓢ Rp.100000、Ⓓ Rp.120000

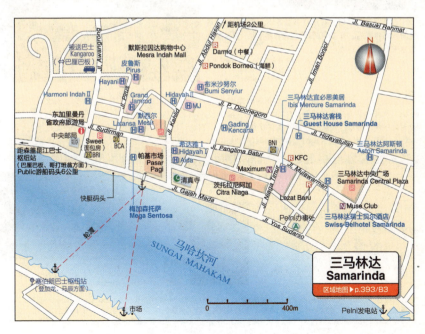

三马林达
Samarinda
区域地图 ▶ p.393/B3

潜水爱好者喜爱的神奇海域 MAP P.412/A1

拉贾安帕特群岛

大型毯虹成群出没

Raja Ampat

　巴布亚主岛西边，有 600 多座岛屿，这些岛屿就是拉贾安帕特群岛。有 1300 多种鱼类栖息于此，是全世界潜水爱好者向往的地方。

左 / 珊瑚种类达 550 种，为世界最多
中 / 有地毯鲨等珍稀物种
右 / 岛屿中与外海相隔的水域

🌴 **交通** 位于巴布亚岛西北部的索龙为游览的起点。从雅加达有斯里维查雅（NAM）航空、印度尼西亚鹰航空、巴泽航空的航班飞往索龙机场，1 天各 1 班（用时 4 小时，Rp.1559000~4520000）。

从登巴萨出发，可以乘坐斯里维查雅航空及印度尼西亚鹰航空的航班，在望加锡或万鸦老换乘（用时 8.5~12 小时，Rp.1190000~3551000）。

酒店

　世界著名的潜水地点，住宿设施很多。拉贾安帕特潜水客栈有很多外国游客入住。

H 拉贾安帕特潜水客栈
Raja Ampat Dive Lodge
MAP P.412/A1

　位于曼苏阿尔岛的客栈，很受外国潜水爱好者的欢迎。有餐馆及游泳池，环境舒适。1 次潜水 US$ 66、浮潜 US$ 55、观鸟 US$ 55。

左 / 共有 20 个房间，木质家具非常温馨　上 / 在绿色的曼苏阿尔岛悠闲地度假

地址 Mansuar Island, Raja Ampat, West Papua　TEL（0361）842-7072（预约电话）　URL www.rajaampat-divelodge.com
费用 豪华房间 US$ 297（包含早餐、午餐、晚餐）　税费 & 服务费 含　信用卡 MV　接送 索龙的机场有小船接送，用时约 2 小时。单程 1 艘 US$ 646，可接送（周五入住及周五退房的住宿一周的客人可以享受免费接送）

《《 探索原生态秘境

巴布亚
Papua

世界上第二大的岛屿新几内亚岛（伊里安岛）被分成西半部分的新几内亚和东半部分印尼境内的巴布亚。印尼最高峰查亚峰海拔 5050 米就耸立在这座岛上，峰顶终年被冰雪覆盖。山坳里有一片秘境之地，住在巴利姆山谷的人们直到 1938 年才接触到现代社会。至今裸族人仍旧保持着石器时代的生活习俗。如果能够来到这样的村落里徒步旅行，真是让人仿佛瞬间进入了时间机器一样。

巴布亚信息概况

巴布亚基本信息

地理＆人口▶巴布亚位于世界第二大岛新几内亚岛
（77万平方公里）上，是印尼最东边的省（旧称伊里安
岛），人口约有240万。巴布亚省占据岛上西半部的大
部分面积（42万平方公里），从东经141°处画了一条
国境线，岛的东半部分是巴布亚新几内亚。

位于岛中央的毛克山脉是东西走向的山脉，海拔
4000米以上的山区常年被冰雪覆盖。最高峰查亚峰
Puncak Jaya海拔5050米。岛屿北侧以省府查亚普拉为
首的一些村镇主要以种植稻谷和根茎类蔬菜为主，南侧
是大面积的湿地，中部是被列入世界自然遗址的洛伦
茨国家公园T.N.Lorentz。西北部的极乐鸟半岛，因形
状像极了一只鸟头Bird's Head而得名。除了高山以外，
有75%以上的面积被热带雨林所覆盖，不过这里与巴
布亚新几内亚相比还是要落后很多。但是这里的天然
气、石油、铜、金等地下资源和森林资源比较丰富，20
世纪70年代后半期印尼政府也逐渐对这一地区进行开
发。20世纪90年代后期，极乐鸟半岛的南部发现埋藏
有巨大的天然气资源，2009年开始对这里进行正式的
开采。

与巴厘岛有1小时时差，与雅加达有2小时时差。
民族与宗教▶居民构成比较复杂，达尼人、拉尼人和
黑皮肤的巴布亚系人种较多。各地区所使用的语言也各
有不同，划分成很多个小的集团。居住在热带雨林中的
原住民，至今仍旧居住在高脚屋等民居中，靠着狩猎以
及使用原始的种植方法种植芋头、番薯等做法，自给
自足地生活着。靠近海岸边生活的居民，靠旱地和捕
鱼为生，还有一些人受到外来文化的影响过着新式
的生活。

此外，城市地区居住着许多印尼其他民族的移民，
查亚普拉有爪哇人，瓦梅纳有苏拉威西的武吉斯人、托
拉查人等。原住民之间也都有不少信奉基督教的教徒，
在偏僻的小山村里也建有教堂，岛内的各个地区还都拥
有各自独特的自然崇拜色彩。

巴布亚
Papua

太平洋
Samudera Pasifik

赤道 Equator

N

0   300km

A

Yansoriba

Pulau
Supiori

马诺夸里
Manokwari

比亚克岛
Pulau Biak

Pulau Numfor

比亚克Biak

Ransiki

Pulau Yapen

Dombo

萨米
Sarmi

圣塔尼
Sentani

Mumi

塞鲁伊 Serui

旺迪欧山自然保护区
**Wondiwoi Mountain
Reserve**

极乐鸟湾
Teluk Cenderawasih

Asori

查亚普拉
Jayapura

巴利姆山谷
Baliem Valley

Wasion

▲1070米
Gn.Wasada

纳比雷
Nabire

Mulia

Ilaga

瓦梅纳
Wamena

巴布亚新几内亚

Lobo

Danau Paniai

Enarotali

▲5050米
查亚峰
Puncak Jaya

▲4750米
特里特拉峰
Gunung Trikora

B

▲3376米
Gn.Yaramniapuka

提米卡
Timika

4760米▲
曼达拉峰
Puncak Mandala

Aiduna

Amamapare

洛伦茨国家公园
T.N.Lorentz

塔纳默拉
Tanah Merah

Aru Islands

Senggo

Ewer

阿斯马特地区
Asmat Region

阿加特斯
Agats

Atsy

Pantai
Casuarina

Bade

阿拉弗拉海
Laut Arafura

Kimaan

瓦斯鲁国家公园
T.N.Wasur

C

Pulau
Yos
Sudarso

Kumbe

马老奇
Merauke

Pulau
Komoran

Tamarike

Yanggandur

2

3

文化与历史▶自 15 世纪与马鲁古群岛的王国建立联系以前，基本上没有任何关于这里的文献记载。16 世纪初，葡萄牙与西班牙的探险家来到这里，并给这里用马来语起名为"巴布亚"。自 17 世纪开始，西欧各国正式进入这里，1828 年成为荷兰的殖民地。荷兰人觉得这里的原住民的肤色近似非洲的几内亚人，所以给这里取名为"巴布亚新几内亚"。

岛内有边境线，将岛分为东西两部分。1885 年分别统治东部南北的英国与德国签署了协议，制定了这条边境线。荷兰的殖民统治实际上始于 1898 年。第二次世界大战期间，北部岛屿比阿周围的海岸被日军占领，但遭盟军打击，加上饥饿与疾病，有数千名日军死亡。

战后，印度尼西亚获得独立，但这里仍为荷兰的领地，1961 年爆发海战，之后在联合国的斡旋下，1969 年正式归属印度尼西亚。但是，巴布亚当地居民谋求独立的运动也随之展开，虽然苏哈托政权积极推进从爪哇等地向巴布亚移民的政策，但以巴布亚独立组织 OPM 为核心的斗争一直持续，经常与印度尼西亚国防军发生冲突。

1999 年年末，当时的瓦希德总统宣布将印度尼西亚政府制定的省名"伊利安查亚"改为"巴布亚"。但是，2001 年 11 月独立运动领导人"巴布亚委员会主席团"Theys Eluay 遭绑架并被杀害。政府成立的国家调查委员会的调查报告指出，印度尼西亚陆军特种部队有很大嫌疑参与了这起事件。2002 年省名正式变更为巴布亚。2003 年该省西部被划出，成立了西伊利安查亚省（2007 年改为西巴布亚省）。

手指不全的达尼族女性。按照当地的风俗，如果家族中有人故去，需用石斧切断一根手指以表示哀悼

🔹 旅游亮点

探访瓦梅纳地区的巴列姆河谷（瓦梅纳盆地）是在当地旅游的亮点。前往保持着巴布亚或美拉尼西亚文化的达尼人等原住民的村庄游览时，一般都把瓦梅纳作为起点。也可以参加近郊的 1 日游或者花几天时间体验徒步游览。

如果潜水的话，最近比较流行前往比阿岛 Pulau Biak 及班达群岛，不过一般都选择参加旅行团或请旅行社帮助安排行程。

可徒步游览瓦梅纳周边地区，接触当地的传统文化

🔹 旅行提示

取得进入许可证▶前往瓦梅纳等内陆地区时，需要从查亚普拉或瓦梅纳等地的警察部门（→p.416、p.418）取得"进入许可证 Surat Jalan"。办好后应多复印几张，届时提交给指定的警察部门及军事部门。当地的情况经常发生变化，所以应事先向旅行社确认最新信息（2014~2017 年曾一度不需要进入许可证）。前往查亚普拉、比亚克、索龙等北岸开放的区域及瓦梅纳市中心无须进入许可证。

货币兑换与物价▶在查亚普拉的银行可以兑换美元，不过汇率不算太好，建议在巴厘岛或雅加达多兑换一些。关于物价，在城市及内陆地区的景区，1 晚 Rp.300000~，出租车及 Bemo 的价格也只比巴厘岛略便宜一点。

旅游难度▶如果只在查亚普拉及瓦梅纳周边旅游，不会感到有什么不方便。有通往近郊的铺装道路，可以乘车去往各景点。但是，如果打算深入内陆，则需要乘小型飞机去往游览起点的村庄，之后在导游的陪伴下展开旅程。查亚普拉与瓦梅纳等各主要城市之间的道路尚未开通。

巴布亚的全年气候表

月份	1月	2月	3月	4月	5月	6月	7月	8月	9月	10月	11月	12月	全年
平均气温(℃)	26.3	26.8	27.8	27.6	26.2	26.6	26.6	27.0	27.1	27.2	26.7	26.9	26.9
相对湿度(%)	85	79	78	79	80	80	87	85	80	83	84	84	82.4
降水量(mm)	228	—	—	—	70	253	396	230	—	221	130	—	1528

伴手礼 ▶ 出售 Koteka（阳具护套）等原住民的身上饰物以及使用贝壳、动物骨头制作的装饰物。

另外，巴布亚各地都出产木雕，木雕爱好者非常喜欢这里的木雕。大型作品价格不菲，但是独创性与艺术性都很高。

市场里独具匠心的伴手礼

安全信息

基本上没有游客被卷入纠纷的事情发生，不过徒步旅行需在途中住宿时，应选择身份可靠的导游。在巴布亚省，谋求当地从印度尼西亚独立的声音很强，"自由巴布亚运动（OPM）"强硬派与治安当局有时会发生冲突。省会查亚普拉及巴列姆河谷中心地带瓦梅纳的独立运动势力也很强大，开始旅行前应确认最新信息。

气候与季节

查亚普拉等沿海低地为高温多湿的热带雨林气候。与此相反，瓦梅纳等山区因海拔较高，所以夜间比较冷。如果是途中需要住宿的徒步旅行，应带上睡袋或者毛毯。

受东南季风影响，气候相对干燥的 5~9 月最适合旅游，7~8 月的游客最多。

岛内交通

飞机 ▶ 查亚普拉～瓦梅纳之间有定期航班，除此之外，还可在机场联系搭乘军用飞机。这个航线上旅客较多，所以最好提前通过信誉较好的旅行社预订机票。另外，以瓦梅纳为起点前往内陆各地的村庄，可以乘坐小型飞机（查亚普拉～瓦梅纳航线之外的飞往小村庄的航班在 2015 年曾发生过坠毁事故，所以不建议乘坐）。

船舶 ▶ Pelni 公司的客轮定期航行于查亚普拉的比亚克

前往巴布亚

航空 ▶ 每天都有印度尼西亚鹰航空、狮子航空、巴泽航空的航班从雅加达及望加锡飞往这里。从登巴萨出发，选择经由望加锡的航班或在望加锡换乘会比较方便。

水路 ▶ 国营轮船公司 Pelni 在各个岛屿之间开行定期航班。从雅加达、苏拉威西岛的望加锡驶往索龙、比阿、查亚普拉等巴布亚城市，大概每月有数班。因为飞机的廉价机票越来越多，所以现在基本上没有游客乘坐船只。

裸族的祭祀活动巴列姆河谷文化节

每年 8 月上旬开始，瓦梅纳周边的村庄都要举办巴列姆河谷文化节。可以在各种活动中见到各部族的仪式，这一时期也是一年中游客最多的时期。

文化节的主会场是一个长满绿草的大广场。平时已经习惯穿着西式服装的达尼人，此时会恢复过去的装束，表演战斗 Mock 场面。遭遇袭击的村民会非常夸张地满地打滚，还有模仿性行为的传统舞蹈，会引起观众的欢呼。实际上，当地氏族之间的战斗一直持续到 1970 年左右，他们会猎取首级、吃人肉，想想这样的历史，就会感到今天能与他们欢聚一堂、谈笑风生是一件颇令人感慨的事情。

达尼男子们发出奇怪的叫喊声，身体及面部涂抹着颜料，身着用极乐鸟、鹤鸵的羽毛以及动物毛皮制成的装饰物，戴着发饰物、腕饰、贝壳首饰以及用野猪牙制成的鼻饰，看上去非常华丽。除此之外，全身唯一的遮体之物就是使用一种瓜制作的阳具护套（印度尼西亚语为 Koteka，达尼语为 Horim）。女子也只穿草裙，唱着歌走来走去。巴列姆河谷文化节再现了"石器时代的祭祀活动"，其风貌与 70 年前探险家发现这里时的样子并无二致。

战斗仪式上男子们手持长矛、弓箭行进。文化节期间能见到各种表演

查亚普拉★

查亚普拉 *Jayapura*

巴布亚省的省府，是体验异国风情的入口

人 口	31万
海 拔	不足10米
区 号	0967
机场代码	DJJ

查亚普拉是巴布亚省的省府，也是这里的政治、经济中心。人口大约有31万，大多数是响应政府的同化政策从其他岛上移住过来的，城市的风景也是印尼大多数地方城市的模样，没有什么特色。这里是去往瓦梅纳等巴利姆山谷地区的门户城市。

圣塔尼湖畔至今仍旧保留有过去的生活风景

至查亚普拉的航班

◆从雅加达出发
印尼航空、狮航等每天有4~5个航班，所需时间5.5~7.5小时，Rp.1973000~6155000

◆从泗水出发
斯利维查雅航空每周有4个航班，所需时间4.5小时，Rp.1717000。

◆从望加锡出发
印尼航空、狮航等每天有4~5个航班，所需时间3.5小时，Rp.1102000~3755000

◆从瓦梅纳出发
特里戛纳航空、狮航（Wings）等每天有6~7个航班，所需时间30~60分钟，Rp.581000~

圣塔尼机场服务台
TEL（0967）594-161
营业 每天 6:00~18:00

货币兑换
在圣塔尼不能兑换货币，但机场和市内有ATM。兑换美元可以在查亚普拉市内的 Mandiri（只限US$100的新币）和 BII。

交通方式

飞机

印尼航空、狮航、巴泽航空每天都有从雅加达、望加锡至此的航班。查亚普拉~瓦梅纳之间有特里戛纳航空和狮航等公司的航班通航。

●机场至市区
从查亚普拉的圣塔尼机场乘坐出租车至市区大约需要1小时，Rp.300000~。乘坐小巴去往市区需要换乘2次（所需时间2小时）。首先从机场到贾兰圣塔尼~阿布普拉（Rp.12000）~恩特罗（Rp.7000）~查亚普拉市区（Rp.5000）。

查亚普拉 漫步

游客一般都会在圣塔尼机场起降，这里距离查亚普拉市内以西36公里。如果只是准备在这里换乘，不妨选择下榻机场附近的酒店。

因为查亚普拉市内没有什么值得游览的景点，如果时间富裕可以去位于机场南侧的圣塔尼湖 Danau Sentani。

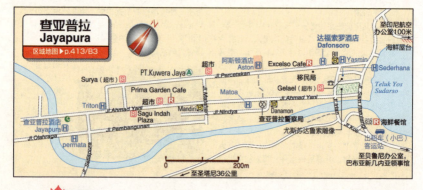

查亚普拉
Jayapura
区域地图 ▶ p.413/B3

至印尼航空办公室100米
海鲜屋台
达福索罗酒店 Dafonsoro
BII Yasmin
阿斯顿酒店 Aston
超市 Excelso Cafe R
Sederhana
PT.Kuwera Jaya A 超市 Jl.Percetakan
Surya（超市） 移民局
Prima Garden Cafe 超市 Gelael（超市）R Teluk Yos Sudarso
超市 Matoa
Triton H Jl.Ahmad Yani Danamon 海鲜餐馆
查亚普拉酒店 Mandiri Jl.Nindya
Jayapura 查亚普拉警察局 出租车（小巴）客运站
permata Sagu Indah Plaza
Jl.Olahraga Jl.Pambangunan 尤斯苏达鲁索雕像
至贝鲁尼办公室，巴布亚新几内亚领事馆
200m
至圣塔尼36公里

贴士 进入瓦梅纳周边需要获得区域许可证，可以在查亚普拉警察局 [MAP] p.416 地址 Jl.Ahmad Yani No.11 TEL（0967）533-872）办理，所需时间30分钟，手续费Rp.10000。办证时间周一~周五8:00~15:00。

浮于圣塔尼湖湖面上的阿塞伊岛，因树皮画而闻名

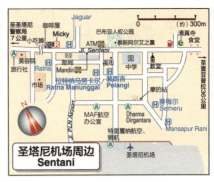

圣塔尼机场周边
Sentani

酒店
Hotel

　　查亚普拉市内有大约 10 间的酒店，从高档至廉价，但经常被从其他岛上来此做生意的商务人士约满，因此需要提前预约。如果只是准备在查亚普拉中转一下，建议在机场附近的酒店入住，因为价格便宜的房间多。

达福索罗酒店
Dafonsoro　　POOL 餐馆 早餐

◆位于查亚普拉市中心的酒店，共有 30 间客房。与其他酒店一样一周之前就会预订满房，请提早预约。

查亚普拉的人气酒店

查亚普拉市内的中档酒店	Map p.416

地址　Jl. Percetakan No.20
TEL（0967）531-695
FAX（0967）534-055
税费 & 服务费　含
信用卡　不可
Wi-Fi　客房有信号，免费
费　AC HOT Cold TV ⑤Rp.302000～

裴朗吉
Pelangi　　POOL 餐馆 早餐

◆这家住宿设施与几家商店同在一个建筑物内，共有 15 间客房，相对比较廉价。虽然房间比较暗而且狭窄，但是距离机场和圣塔尼繁华街区都不算远，交通便利。浴室内没有淋浴只能冲水洗澡。

从机场徒步仅需 5 分钟	Map p.417

地址　Jl. Airport
TEL（0967）594-631
税费 & 服务费　含
信用卡　不可
费　AC HOT Cold ⑩Rp.300000

拉特纳马努卡尔
Ratna Manunggal　　POOL 餐馆 早餐

◆酒店位于机场北侧约 500 米，是一家共有 25 间客房的便利酒店。

位于圣塔尼机场附近	Map p.417

地址　Jl. Penerangan No.2, Sentani
TEL（0967）592-277　FAX（0967）591-797
税费 & 服务费　含　信用卡　不可
Wi-Fi　只限公共区域，免费
费　AC HOT Cold TV ⑤Rp.275000～，⑩Rp.330000～

Yellow Page
黄页

● 印尼航空　　　　MAP p.416 外
地址　Komp. Ruko Pasifik Permai Blok. G11-G12
TEL（0967）522-222　营业 周一 ~ 周五
8:00~17:00（周六·周日 9:00~15:00）

● 狮航 Lion　　　　MAP p.417
地址　机场内　TEL（0967）592-042
营业 每天 6:00~17:00

● 特里夏纳航空 Trigana　　MAP p.417
地址　Ruko Pasifik Permai, Blok B 128
TEL（0967）535-666　营业 每天 8:00~17:00

● 移民局　　　　MAP p.416
地址　Jl. Percetakan No.15　TEL（0967）533-647
营业 周一 ~ 周五 8:00~16:00

● 巴布亚新几内亚领事馆　　MAP p.416 外
地址　Jl. Kelapa Dua　TEL（0967）531-250
营业 周一 ~ 周四 9:00~12:00、13:00~16:00；周五 9:00~12:00

　　可以在 2~3 个工作日内免费获得最长 60 天的旅游签证。申请签证的时间是周一 ~ 周五。
去往瓦梅纳的团体游项目
　　查亚普拉市内还有很多旅行社，有去瓦梅纳周边的徒步远足团体游。

● Papua Adventure
地址　Jl. Raya Sentani
TEL（0967）572-622
URL　www.papua-adventures.com

瓦梅纳 *Wamena*

在巴里姆山谷的中央乘坐时光机器回到远古时代

人 口	~3万
海 拔	1554 米
区 号	0969
机场代码	WMX

达尼人战斗仪式

活动信息

● 8 月上旬~中旬

每年 8 月以瓦梅纳为中心的巴利姆山谷一带会举行山谷节（Baliem Valley Festival p.415）。届时将会有很多战斗仪式和传统舞蹈的表演。虽然日程和会场会在 2 个月前就定下来，但也会出现临时变更。

进入许可证

造访瓦梅纳周边的村落时需要获得许可证（Surat Jalan）。需要准备护照证件照 1 张和护照（护照照片页与入境盖章页）的复印件，以及申请表。

瓦梅纳警察局 MAP p.419

TEL（0969）31-072

进入许可证的申办时间是，周一～周五 9:00~14:30，周五 ~ 14:00，周六 ~ 12:00。所需时间 30 分钟，无须手续费。

至瓦梅纳的航班

◆从查亚普拉出发

特里戛纳航空与狮航 Wings 等每天有 6~7 个航班，所需时间 30~60 分钟，Rp.549000~705000

特里戛纳航空

地址 Jl. Surdarso
TEL（0969）34-590、31-611
营业 每天 8:00~15:00

狮航

地址 机场内
TEL 0811-420-757（手机）
营业 每天 4:30~14:00

瓦梅纳盆地（巴里姆山谷）地处雨林深处，四周被万年雪覆盖的 5000 米高山所环绕，生活在这里的人们因为严峻的自然环境，长期以来拒绝其他民族的侵入，直到 1938 年年初美国探险家阿奇波尔多在飞机上发现这里，这片印度尼西亚的秘境才被世间所知晓。

近几年来从苏拉威西岛和爪哇岛上来了大量的移民，开始逐渐向着现代化的生活发展，原住民达尼人、雅丽人、拉尼人的生活也开始逐渐向文明世界过渡。即便是这样，他们的生活习惯中还是有大部分在石器时代遗留下来的。"柯迪卡"是男性唯一的服饰（一种阳具遮挡罩），女性的腰间则别着一些草编的帘子，这些身着原始服饰的原住民坐着吉普骑着摩托，看着在眼前穿行的"原始"与"现代"相交织的奇幻场面也只有这里才能够体验到。如果能够进入到巴里姆山谷的深处，可以亲眼见到"人类起源"与"上古时代的生活风景"，简直可以说是生活节奏与大自然节奏的完全契合。

◎ 交通方式

飞机

特里戛纳航空和狮航等有从查亚普拉至此的航班。起飞时间是 7:45~12:30。在 7~8 月旅游高峰期时很难约，请提前做好计划。经常会出现约满或因天气条件而取消航班的现象，安排日程时请留出富余的时间。

此外，MAF 航空等有小型飞机，每周一趟专门连接瓦梅纳与周边村落（卡尔巴嘎、波空地尼等），不过比较难预约。

贴士 预约特里戛纳航空经常会出现无故取消的现象，请提前做好确认。有时候还会出现取消航班，优先重要人物或者熟人优先的暗箱操作。

瓦梅纳 漫 步

游览巴利姆山谷时，瓦梅纳是起点城市。这座城市不大，特利科拉街 Jl. Trikora 及伊利安街 Jl. Irian 两旁有酒店、银行、商店、餐馆、路边摊。

去往周边村庄的小型巴士在基巴马市场发车

这里的居民以半裸的状态往来于街头，可能有的游客会觉得这里是一个极为落后不便的地方，但实际上无论是用餐还是购物都不会有什么问题。只要没有过多的要求，在此旅游是不会感到不便的。但是，这里海拔较高，所以早晚气温较低，需要准备毛衣或运动衣。

交通指南

在市内出行，可以乘坐三轮车。前往基维卡、阿吉马等周边村庄，可在枢纽站乘坐小型巴士（在当地被称为出租车或 Bemo），乘客达到一定数量就发车。或者包租巴士，需要支付满载（20 名乘客）费用。下午 3:00 以后及周日车次减少。

● 前往瓦梅纳近郊

前往瓦梅纳近郊的基维卡、阿吉马、库利马等地，可以徒步游览，也可以乘坐当地的小型巴士，一个人单独前往也完全没有问题。

在各个村庄参观保持着原始风貌的当地人的生活

但是，只要离开瓦梅纳市区，基本上找不到懂英语的人，所以最好有导游跟随，可以为游客讲解当地的文化及生活习俗。跟导游一起包车出行，用 1 天的时间在近郊各地游览。

货币兑换信息

在瓦梅纳无法兑换货币。但在 ATM 上可以提取现金，在 Ⓑ BRI 上可使用 VISA Plus 及 Master cirrus，Ⓑ Mandiri 上可使用 VISA Plus。

三轮车费用

例如从机场去往 Ⓑ Mandiri，费用为 Rp.10000。两人乘车及搭载大型行李时，需支付双倍的车费。

小型巴士费用

从瓦梅纳去往基里巴马市场出租车枢纽站，Rp.5000。从枢纽站乘坐出租车，无论去往村庄距离远近，1 个区间 Rp.10000。从瓦梅纳的沃马出租车枢纽站去往苏戈默，Rp.20000。

前往瓦梅纳近郊的包车
1 日 Rp.700000~1000000

瓦梅纳 Wamena
区域地图 ▶p.421

419

传统的制盐方法

旅游信息中心"巴布亚卡姆"

瓦梅纳有探险家藤原一孝经营的巴布亚卡姆。在这里可以了解到当地的徒步游览信息,还可以联系导游。到达瓦梅纳后可以去看一看。

● 巴布亚卡姆 Papua.com

MAP p.419

地址 Jl. Ahmad Yani No.49
TEL 0822-2624-1111 手机
E-mail fuji0627@yahoo.co.jp
营业 周一~周六 8:00~18:30

前往基维卡的方法

从瓦梅纳乘车 30 分钟。步行需 4.5 小时。乘坐小型巴士 Rp.15000。

战斗仪式

包场观看战斗仪式 Rp.600000~800000。杀猪祭祀仪式 Rp.1600000~2000000。参观木乃伊 Rp.70000~(2人以上 1人 Rp.50000)

村庄摄影

给村民拍照,很多时候会被要求支付 Rp.10000。费用金额可商量,但砍价有时会引起当地人严重反感。

前往孔蒂洛拉的方法

从基维卡乘车 10 分钟。步行 2 小时。
费用 门票 Rp.20000

瓦梅纳 主要景点

盐池边的传统村落　　　　　★★

基维卡
Jiwika

Map p.421

在瓦梅纳一带,盐曾经一直是稀缺品。基维卡因食盐贸易而繁荣一时,现在沿陡峭的山坡攀登 1 小时左右可以到达半山腰的盐池,当地的盐就是在那里生产出来的。将香蕉树的根茎敲打碎,在池中浸泡 1 天,之后在阳光下晒干,焚烧晒干的根茎,从灰烬中获取盐。据当地人说,这种混着烟灰的盐比洁白的精盐好吃。现在当地已经有飞机通航,可以在当地买到普通的白盐,但是当地人至今仍然非常喜欢食用这种通过传统工艺制作而成的盐。盐池周围的岩石中有很多化石。

另外,还有两个村落对外展示他们祖先的木乃伊并给游客表演战斗仪式及杀猪祭祀仪式。

可以观看战斗仪式等多种表演

蝙蝠栖息的洞窟　　　　　★★

孔蒂洛拉洞窟
Gua Kontilola

Map p.421

从道路旁边的大门进入后步行 5 分钟,沿着山崖攀登一段可到达即便在白天也很昏暗的大型洞窟。可以听见从洞内传出的蝙蝠叫声,但却什么都看不见。如果要进入洞内,需要高亮度的手电筒。洞内有流水,洞的另一边有出口。

内有钟乳石的洞窟

贴士 **R** 鲁马贾 [**MAP** p.419　TEL(0969)34-400　营业 每天 8:00~21:00]是深受当地人欢迎的廉价餐馆。罗非鱼 Mujair Rp.60000~,印尼炒饭 Rp.30000。

阿吉马
Akima

保存着木乃伊（当地称为 Mummy）的村落，按照当地人的说法，木乃伊为他们 18 世纪时的祖先。这个说法也许并不可信，但在那里确实能见到一具表面呈黑色且有光泽的木乃伊。给木乃伊拍照有时会被要求支付费用。

阿吉马当地人祖先的木乃伊

瓦梅纳 徒步游览

前往巴利姆山谷的徒步游览线路

这条线路可以深入巴利姆山谷，可以接触大自然及仍然过着石器时代生活的人们，可以说是巴布亚旅游的一大亮点。住宿与吃饭都很不便，但是对于远道而来的游客来说，还是很值得体验一下。普通的线路，以达尼人、拉尼人居住的南部村落吉利塞、北部村落沃洛及波孔迪尼、西北部村落卡尔巴加及蒂奥姆、西部的阿贝马湖为起点，游览周边地区。也可把东部的安格鲁作为起点，探访加利人的村落。前往各个起点，可乘坐小型巴士，也可包车或乘坐小型飞机以节省时间。

行程方案多样，有 1 日游，也有超过 1 周的，可以根据个人的游览线路及游力选择。出发前应跟英语导游详细商讨交通工具、景点、步行时间、住宿设施等相关事宜。

徒步游览途中路过的面向游客的住宿设施霍纳伊（简陋的茅草屋）的数量也有所增加，单在内陆深处则只能借宿当地教师家。而且，当地可提供的食物只有蒸山药，所以只能从瓦梅纳将按日程天数购买的食品、饮用水等物资带至沿途各地。

与导游一起在山谷中徒步游览

前往阿吉马的方法

从瓦梅纳乘车 15 分钟，步行 2 小时。跨过皮凯的大桥后继续前行约 4 公里。乘坐小型巴士 Rp.15000。

参观木乃伊

参观木乃伊 Rp.70000～，2 人以上 1 人 Rp.50000。

防范机场的导游

近年来有很多游客遭遇了不良导游。最好让酒店或旅行社介绍身份可靠的导游。

徒步游览携带物品

除了食物及饮用水，还要有进入许可证、易于穿着的鞋、保暖服装（运动衣等）、毛毯（睡觉用）、帽子、雨具、手电筒、防虫喷剂等必备品。这些物品，如果不考虑质量的话，都可以在瓦梅纳购入，为了能让旅行更加舒适，最好带上适合健走的鞋及睡袋。

巴利姆山谷
Baliem Valley

区域地图 ▶p.413/B3

0   10km

卡尔巴加、
波孔迪尼方向

沃洛
Wolo

波拉克梅
Bolakne

穆纳
Munak

皮利梅
Pilime

布基
Bugi

蒂奥姆方向

查连坦
Jalengga

曼达
Manda

金字塔
Pyramid

梅加伊马
Meagaima

沃西利默
Uwosilimo

金滨
Kimbin

瓦加瓦加
Waga Waga

孔蒂洛拉洞窟
Gua Kontilola

伊塞莱加
Iselega

基维卡
Jiwika

盐池

埃拉加伊马
Elagaima

基巴马市场出租车
（小型巴士）枢纽站

霍利马
Holima

观景的山丘

阿吉马
Akima

霍姆霍姆
Hom Hom

皮克
Pikhe

阿内拉卡
Analagak

瓦梅纳 Wamena

▶p.419

机场

化石山

布基马
Pugima

埃蒂基马
Hetigima

苏戈莫 Sugokmo

库利马 Kurima

塞伊马
Seima

吉利塞
Kilise

乌盖姆
Ugem

希图基
Hitugi

坦马方向

安格鲁方向

N

贴士 在巴布亚省，周日早晨至傍晚 5:00，餐馆及商铺均关门，需要注意（市内交通也如此）。在瓦梅纳，只有 Ⓗ 巴里姆皮拉莫（→ p.423）的餐馆在周日白天营业。

421

住宿设施

霍奈伊及教师之家等住宿设施，按照当地的习惯，作为答谢，游客需支付1晚Rp.120000左右（仅在基利塞有带发电机的住宿设施）的费用。

徒步游览导游的参考价格

1天 Rp.350000~500000。

搬运工

1天 Rp.100000~。

食物费用

1天1人份，Rp.100000。

✉ **进入许可证**

为了游览巴利姆山谷，在瓦梅纳警察局办理了进入许可证。只要负责办理许可证的工作人员在办公室，即便不在受理时间，游客也可以试着要求工作人员同意办理。办好许可证后，应立即复印2~3张。需要提交许可证复印件的检查点（警察及军队的办公室）并不确定，所以多准备一些翻译件会更加保险一些。

❗ 关于导游

实际上瓦梅纳有很多人靠当导游为生，雇用导游时需要注意的首先就是导游的身份。在机场或路上主动搭讪的导游往往会发生问题，最好雇用出入于酒店的导游或者旅行社的导游。也可以让其他的游客帮忙介绍导游。

其次要看导游的英语能力（不过英语好的导游费用也比较高）及对当地的了解程度（最好是出生于旅行目的地的人），而且因为要跟导游同处数日，所以性格上是否合得来也是一个需要考虑的因素。

导游的费用，根据导游个人能力而异。另外，为了搬运随行物品及食物，还要雇用搬运工。徒步旅行途中的交通费及饭费也都由游客负担。导游总会试图购入大量食物，但其实能生火做饭的只有晚餐。搬运工的要价也会虚高，需要注意。

导游与搬运工在准备晚餐

巴利姆山谷的徒步游览线路

吉利塞（1日游~3天4晚）

徒步游览线路的行走难度并不大，但是途中没有酒店及餐馆，所以必须有导游、厨师及搬运工跟随。他们会为游客挑选途中需要的食物、矿泉水、烹调器具并负责搬运。

徒步游览途中住宿，可住在村里的霍纳伊（茅草屋）并借用烹饪场所，厨师可为游客做印度炒面、印尼炒饭、巴厘八宝菜、粗盐腌牛肉等美食，游客如向导游提出要求，也有可能借宿在当地居民家里。但是住在霍纳伊更有利于跟当地人交流，能观察他们的日常生活，所以也更有乐趣。

前往吉利塞，可从瓦梅纳的Bemo车站乘坐开往苏戈默Sugokmo的Bemo，之后步行。大约1小时后，可以到达库利马Kurima。接下来转入山路，步行1小时后，到达有住宿设施的

沿巴利姆河延伸的吉利塞徒步线路

吉利塞（可以以有住宿设施的乌盖姆及希图基为起点，前往内陆深处）。

卡尔巴加（4晚5天~5晚6天）

全程要经过多个山口，根据个人的体力，路上花费的天数也会有所不同。在这里能见到戴着Koteka的拉尼人的日常生活。沿途没有酒店及餐馆，所以同样需要导游、厨师以及搬运

道路断绝后可乘摆渡船渡河后继续前行

工。也可以选择单程乘坐飞机，去时或回来时都可以。不过，当地游客非常多，所以很难保证能立即预约。

还有飞往波孔迪尼、库利拉的飞机。MAF航空的话，费用较高，但乘坐机型为可搭载5人的小型螺旋桨飞机，这样的空中之旅很令人兴奋。即便是晴天，如果多云，也会取消飞行。去时或回来时乘坐Bemo，可在金字塔~瓦梅纳区间或曼达~瓦梅纳区间乘车。

贴士 按照当地的习惯，无论游客跟几个导游交涉过，第一个与游客接洽的导游将成为给游客提供服务的导游，所以游客很难自由选择导游，即便游客执意更换导游，导游也可能私下将获得的酬劳转给最初的导游。

酒店
Hotel

　　瓦梅纳有从中档到高档的住宿设施10多家，此外郊外还有高原度假村。每年7~8月瓦梅纳旅游旺季的时候，酒店都会比较难定，建议提早规划。

巴利姆山谷度假村
The Baliem Valley Resort

`POOL` `餐馆` `早餐`

◆这是一家三星级酒店，位于瓦梅纳以东15公里的高地上。广阔的辖地内散布着15栋河内风的豪华小木屋。每个房间都十分宽阔，从阳台可以俯瞰山谷的壮丽景观。可以提前在线预约。

巴厘岛大型酒店旗下的度假村　　Map 地图外

地址　Sekan Village
TEL　（0361）761-877（预约）
URL　www.baliem-valley-resort.com
税费 & 服务费　含　信用卡　不可
费用　`AC` `HOT` `Cold` `TV`　豪华小木屋 ⑤ⒹUS$150

时尚旅馆
Trendy

`POOL` `餐馆` `早餐`

◆这家家庭旅馆共有21间客房，位于机场以西600米处。房间内带有卫生间和水浴缸，如果跟前台申请还可以搬来水浴缸用的热水。

旅馆内使用的是双人床

房间整洁很有人气　　Map p.419

地址　Jl. Trikora No.112A
TEL　0823-9922-0800（手机）
税费 & 服务费　含
信用卡　不可
费用　`AC` `HOT` `Cold` `TV` ⑤Ⓓ Rp.450000~

卜拓丽达尼
Putri Dani

`POOL` `餐馆` `早餐`

◆位于机场西北方1公里的民宿，共有14间客房。有很多从海外来的游客也会选择入住这里。客房带有热水淋浴。

背包客中人气较高的住宿设施

虽然距离中心城区较远但是值得推荐　Map p.419 外

地址　Jl. Irian No.40
TEL　（0969）31-223
税费 & 服务费　含
信用卡　不可
`Wi-Fi`　客房有信号、免费
费用　`AC` `HOT` `Cold` `TV` ⑤Rp.450000~、ⒹRp.650000~

兰奴察雅 1
Rannu Jaya 1

`POOL` `餐馆` `早餐`

◆位于机场西北方1.3公里处，共有22间客房。房间内采光不太好，但是还算比较整洁。酒店服务人员都比较友好热情，还会介绍靠谱的徒步导游。虽然酒店内可以使用Wi-Fi，但是信号不太稳定。机场东侧还有一家姊妹店 Ⓗ 兰奴察雅 2Rannu Jaya 2。

价格便宜深受旅行者的喜爱　　Map p.419

地址　Jl. Trikora No.109
TEL　（0969）31-257
税费 & 服务费　含　信用卡　不可
`Wi-Fi`　只限公共区域，付费
费用　`AC` `HOT` `Cold` `TV`　标准房 ⑤Ⓓ Rp.400000~
　　　`AC` `HOT` `Cold` `TV`　豪华房 ⑤Ⓓ Rp.450000~
　　　`AC` `HOT` `Cold` `TV`　高级房 ⑤Ⓓ Rp.550000~

巴里姆皮拉莫
Baliem Pilamo

`POOL` `餐馆` `早餐`

◆位于机场以西700米，Jl. Trikora 沿线，经常有旅游团的客户在这里入住，共有87间客房。热水淋浴、电视等设备比较齐全。

房间内设施齐全

瓦梅纳中心地区设施最齐全的　　Map p.419

地址　Jl. Trikora No.114
TEL　（0969）31-043
税费 & 服务费　含
信用卡　`M` `V`
`Wi-Fi`　客房有信号，免费
费用　`AC` `HOT` `Cold` `TV`　标准房 ⑤Ⓓ Rp.456000~
　　　`AC` `HOT` `Cold` `TV`　豪华房 ⑤Ⓓ Rp.726000~

夏利阿尔马克穆尔
Syahrial Makmur

`POOL` `餐馆` `早餐`

◆位于机场东南方300米，客房比较暗比较窄，但由于比较便宜，因此很多来自欧美的背包客喜欢选择入住这里。共有12间房间，带有水浴缸。很多徒步导游经常出入这里。

瓦梅纳风格质朴的住宿设施

机场附近的廉价酒店　　Map p.419

地址　Jl. Gatot Subroto
TEL　0822-3886-6702（手机）
税费 & 服务费　含
信用卡　不可
费用　`AC` `HOT` `Cold` `TV` ⑤Ⓓ Rp.300000~

旅行的准备与技巧

Travel Preparation & Technique

旅行信息

印度尼西亚驻中国大使馆
地址 北京市东直门外大街4号
TEL 010-6532-5486
URL kemlu.go.id/beijing/lc

印度尼西亚驻上海总领事馆
地址 上海市延安西路2299
号上海世贸商城1611室
TEL 021-5240-2321

服装的 TPO

　　在东南亚国家印度尼西亚，穿着随意的服装基本上不会有什么问题。在巴厘岛的海滩及度假酒店内，完全可以穿T恤衫、短裤、凉鞋。白天建议戴帽子及太阳镜（无论是早季还是雨季，印度尼西亚的日照都很强烈）。不过，在高级酒店内的餐馆，最好还是穿着带领子的衬衫、长裤或者连衣裙、长裙，而且不要穿凉鞋。

　　另外，在巴厘印度教寺庙及伊斯兰教清真寺，要对宗教表示尊重，应与当地人穿着同样的服装。即便是在旅游景点，也要保持穿着得体。

▶深入了解印度尼西亚

　　开始印度尼西亚的旅程之前，最好先了解一下当地的最新旅行信息。旅行信息可以分为两种，一种是有助于顺利完成旅行的实用性信息，一种是

事先获取祭祀等活动的相关信息，让旅途变得更有乐趣

介绍当地风土人情、让旅行变得更加充实的知识性信息。可以通过有关印度尼西亚的各种文章、书籍来了解知识性信息。至于实用性信息，可通过参加印度尼西亚的友好团体以及浏览网页的方式获取最新的信息。

▶想了解当地举办活动的信息

　　在旅游大国印度尼西亚，除了每年定期举办的祭祀活动及演出之外，还会举办一些特别活动。另外，在巴厘岛，有按照印度教历制定日程的祭祀活动，开斋节及其他印度尼西亚祭祀活动也都按伊斯兰教历或印度教历的日期举行，所以每年这些活动的公历日期都会变化。出发前应仔细地确认。

　　详细介绍巴厘岛及印度尼西亚传统艺术的网站上会刊载祭祀活动及艺术活动的最新日程安排。

▶在当地获取信息

　　在印度尼西亚旅行期间也可以获取各种信息。最常见的方法就是前往政府旅游局及旅游咨询处。工作人员很多，可以用英语为游客介绍当地及周边地区的最新信息。

　　另外，背包客聚集的廉价旅馆也是信息的集散地。在印度尼西亚，游客之间互相交换旅行信息是很常见的。有的地方还有非常详尽的信息手册，或者工作人员对周边的旅行信息非常熟悉。

旅行计划

旅游季节

印度尼西亚的国土分布在东西5100公里、南北1900公里的广阔区域内，气候类型属于热带雨林气候及热带干湿季气候。大部分地区的湿度很高，全年炎热。

季节分为雨季与旱季，但没有明显的界线。但是，大致上10月～次年3月为雨季，4～9月为旱季。印度尼西亚全国的旅游旺季，一般为4～9月的雨季期间。在这段时间里，天气比较稳定，湿度也不会太高，相对比较舒适。而且海水的透明度也比较高，非常适合潜水。

雨季降雨频繁，湿度升高，但旅游环境不会有太大的变化。在暴风雨来临时，会出现高强度的降雨，但是马上又会雨过天晴。当地基本上没有类似梅雨那样长时间的持续降雨。除了新年前后，机票及酒店住宿费都比较便宜，还能吃到各种热带水果。

旱季里多为晴天

旅游提示

▶ 极具文化气息的地区

在印度尼西亚旅游，最吸引人的是丰富多彩的文化与壮丽的自然风光。所以，那些能够见到鲜活的文化以及可以近距离接触到大自然的地方会让旅游变得更加有趣。当地人生活悠闲，待人和蔼亲切，治安也很好。物价很便宜。大城市基本上一切都围绕着经济运转，所以并没有什么乐趣。还有许多来自乡村的居民，抱着致富的梦想，但又找不到工作，最终变成了恶徒，所以与乡村相比，城市的治安要差得多。对游客而言，城市基本上就是一个旅行途中的中转地而已。

▶ 制订宽松的行程

在印度尼西亚，基本上无法完全按照行程来完成旅行。尤其是乘坐轮船，延误2~3天也很平常。巴士很难准点运行，只要能够安全到达目的地，乘客就不会有什么意见。至于飞机，除了印度尼西亚鹰航空的航班，基本上所有航空公司的航班都经常会出现取消飞行的情况。

要有足够的时间，这样可以在旅途中有新的发现，而且也可避免因在热带地区舟车劳顿而引起身体不适。为了能健康、快乐地完成旅行，建议制订行程时留出充足的时间。

▶ 按照自己的喜好享受旅程

对于旅游，可能每个人都有自己的喜好。交通工具、酒店、餐馆等等，这些都可以根据个人的喜好及旅游的预算来进行选择。对自己特别喜欢的，应不惜花费时间及金钱，这一点很重要。例如，即使时间有限，如果有"学习传统演艺""体验潜水""品尝海鲜""享受海滩"等愿望，一定要在制订旅行计划时将其放在优先的位置。

欣赏各地不同的风景

旅游最佳季节

印度尼西亚国土面积广阔，各地区的旅游季节与气候特点不尽相同。可参考各地的简介。一般来说，天气比较稳定的旱季为旅游季节，适合进行各种户外运动。在雨季能吃到各种好吃的水果及海鲜，观光地的住宿价格会比较便宜，这可以降低旅游费用。

需要注意的节日

新年前后，游客会比较多，这一点在世界各地都差不多，在当地被称为"Idul Fitri"的伊斯兰教开斋节正值印度尼西亚的旅游旺季，所以在开斋节前后两周内，住宿设施及公共交通都会比较拥挤。另外，在印度教沙卡历新年"安宁日"，巴厘岛内禁止一切外出，飞机也将停航，需要注意。

每个节日的具体日期每年都会变化，需事先查询确认（→ P.2）。

获取当地信息的方法

出现阿贡火山喷发等紧急情况时，通过社交媒体收集信息会更加快捷方便（在印度尼西亚 Facebook 是主流社交媒体）。中国驻印度尼西亚的使领馆网站及其他商业网站都提供当地的相关信息。

 贴士 即便是英语、印度尼西亚语的网站，也可以通过常用的翻译网站对其内容进行翻译，虽然不尽完美，但是大致可以读懂意思。

●信用卡

在中档以上的酒店及面向游客的餐馆、商店都可正常使用。在廉价酒店及面向当地人的餐馆则基本无法使用。带 Plus 及 Cirrus 功能的信用卡，可以在合作银行的 ATM 提取印尼卢布现金。

另外，各种信用卡在印度尼西亚的通用度，VISA 及 MASTER 最高，其他的按银联、American Express、Diners 的顺序，信用卡的通用度依次降低。

●借记卡

除了不能透支，在付款及 ATM 取款方面与信用卡基本上没有什么不同（付款仅限一次）。与信用卡不同的是，办卡时基本上无须接受审核。

●海外专用预付卡

这种卡可以让用户避免兑换货币的麻烦，而且很多币种的汇率也非常划算。

●国际现金卡

在国内向卡里预存现金，可在旅行目的地提取当地货币。

旅行支票

旅行支票即便在旅行途中丢失也可以再次签发。过去曾为长期旅行者的必备之物，但随着信用卡等金融工具的普及，已经很少有人使用了。

已购买的旅行支票仍可以在海外使用。但是，在印度尼西亚，旅行支票也已经不太被接受，巴厘岛的恩古拉机场，所有的货币兑换处都不办理旅行支票的换汇。

旅行预算

▶不同类型的旅行预算

去印度尼西亚旅游的游客大致可以分为三种类型，富豪型、中产型、经济型。这里逐一介绍一下各阶层的旅行方式及相关预算。

●类型 1·富豪型

富豪型游客多为一些高级背包客。他们选择入住的酒店，设施齐备，工作人员的礼仪及服务水平都很高，而且旅途中的安全性也有切实的保障。这种类型的旅游，唯一的缺点可能就是花费较多。如果是自由行，1 天的费用，包括住宿费、餐费，需要 400~500 美元。

●类型 2·中产型

普通的背包客可被划为此种类型的游客。住宿的选择区间，一般是从略贵一些的廉价酒店到便宜的中档酒店。用餐会选择餐馆而不是路边饮食摊。如果是自由行，1 天需要 60~120 美元。

●类型 3·经济型

这种类型的游客往往都是在当地长期旅行，只住廉价酒店，在路边饮食摊上填饱肚子。以最低的花费来完成旅行也是这些游客的旅行乐趣之一。1 天的预算为 20~40 美元。

▶全部费用需要多少？

以上 3 个类型的旅行预算中都不包含交通费。印度尼西亚国土面积辽阔，所以根据旅行中移动距离的长短，需要的交通费会有很大的差别。关于交通费，可以参考介绍各地交通情况的内容，但在印度尼西亚旅游，大致需要花费多少钱呢？

类型 1 与类型 2 的游客，可按天数 × 按类型区分的单日预算 ×1.2+ 交通费来计算。比预算多出来的 20% 为准备金。除此之外，还需要准备应急费用，以备生病、与家人联系等不时之需。类型 3 的游客，按天数 × 类型 3 的单日预算 + 交通费来计算就可以了。即使出现需要花费的应急费用，也可以从预算中节省出来。

▶巴厘岛旅行的预算

游客在观光地巴厘岛旅行花费的费用要高于在印度尼西亚其他岛屿旅行的费用。一般来说，仅供外国游客使用的旅游设施（高级度假地、高级餐馆、高级 SPA 等）的价格比发达国家便宜不了多少。但印度尼西亚的大学毕业生刚入职时的平均工资仅有 300 万印尼卢布（大约相当于1500 元人民币）。面向当地人的交通工具及餐馆的价格只相当于发达国家的几分之一。游客如果使用这些交通工具并在这样的餐馆用餐，就可以大幅度降低旅行费用。

在路边摊吃饭可以大大节省旅行费用

究竟需要花多少钱，这因人而异。取决于花多少钱购物、用餐以及是否参加团体游及户外运动，而且差别会非常大。以下餐费标准可供参考。面向当地人的餐馆一顿饭只需1~3 美元，而高级酒店的餐馆则需要 20~50 美元。选择在什么样的地方消费会对旅行的花费产生很大的影响。

印度尼西亚ATM利用方法

在印度尼西亚，ATM已经普及，无论是多小的城镇，只要有银行，基本上都会有ATM。除了银行、机场、火车站、巴士枢纽站、购物中心也有ATM，而且是24小时提供服务。货币兑换处及银行关门后也可使用。VISA/Plus、MASTER/Cirrus基本上在所有ATM上可用。

用信用卡提取现金

持有开通了海外现金服务的信用卡就能在海外提取现金。出国前，应确认可提取现金的额度。**操作界面及操作顺序因ATM而异**，这里介绍一般的取款方法。

大概会在1~2个月后，从本国的账户扣款。按信用卡公司指定日期的汇率扣款，还要加上一定的服务费及利息（根据距截止日期的天数而定）。不过，早一点向信用卡公司确认需支付的金额，然后立即向指定账户打款，就能避免支付不必要的利息。

1 将信用卡插入 ATM。首先出现的是语言选择界面，可以选择英语或印度尼西亚语。也有的 ATM 会先出现语言选择界面，选择英语后，出现 "INSERT YOUR CARD（请插卡）" 提示。阅读完界面显示内容并完成操作后，按 "PROCEED（下一步）" 按键。

2 出现 "ENTER YOUR PIN（输入密码）" 提示后，输入 4 位 PIN 码（密码），按 "ENTER" 或 "OK" 按键。有的 ATM 会省去输入密码的第③步，而直接进入第④步，确定提款金额。

3 进入选择交易界面。提取现金选择 "WITHDRAWAL（取款）" 或 "CASH ADVANCE（提取现金）"。之后出现 "CREDIT（信用卡）" "CHECKING（法人账户）" "SAVING（普通账户）" 的选择界面。使用信用卡，选择 "CREDIT"。使用国际现金卡，选择 "SAVING"。

4 输入取款金额。会出现 "Rp.500000" "Rp.1000000" 等固定金额的选项，可以从中选择。也有的 ATM 是按 "OTHER AMOUNT" 后，输入想要提取的金额。
※ 大部分地方都规定 1 次可提取的额度为 Rp. 2500000。

5 有的 ATM 会提示对取款金额进行确认。如果金额正确，选择 "CORRECT（或 TURE）"。如果不正确，选择 "INCORRECT（或 FALSE）"，然后返回输入金额界面。即便中途操作出错，也可以通过按 10 字键旁边的 "CANCEL（取消）" 来终止操作，此时卡会自动退出，所以完全不必担心。

6 印尼卢布现金出来，操作结束。之后，有时会询问客户 "ANOTHER TRANSACTION？（是否需要继续进行操作？）"，此时可以选择 "NO（或 CLEAR）" 来结束操作，或者选择 "YES（或 ENTER）" 来继续操作。最后不要忘记取卡及明细单。

借记卡、海外专用预付卡、国际现金卡

在 ATM 上的使用方法与信用卡一样（但取款方式需选择 "SAVING"）。因为是从自己的账户里扣款，所以不会产生利息（从 ATM 提款后，一般会在几天内从账户上扣款）。但是，每次提款都要支付一定的手续费，还要按汇率加上利息。

 贴士 贴在 ATM 上的 Rp. 50000 及 Rp. 100000，表示在 ATM 出口可出的纸币金额。Rp. 50000 纸币使用起来更方便，但张数会多一些，可能不便携带。

使用 ATM 兑换货币更加方便

随着 ATM 的普及，使用信用卡、借记卡提取印尼卢布现金的做法已经比较普遍。特别是在巴厘岛及爪哇岛之外的中小城市，很多时候用卡换汇比用现金换汇在汇率上会更划算一些。但是在海外提取现金，汇率会因用户使用卡的种类不同，当地的各家货币兑换处，其汇率也不尽相同，所以无法做准确的比较。另外，还会发生 Skimming 犯罪（→ p.498），所以使用 ATM 时应注意地点及时间。

▶在爪哇岛及巴厘岛可以使用现金换汇

人民币、美元等外汇，可在货币兑换处及银行兑换。即使是主要使用卡进行消费的游客，也应准备一些现金，以防出现卡丢失的情况（有的乡村只有一台 ATM，出现故障则无法取款）。在爪哇岛、巴厘岛的旅游景区游览，可以携带人民币。用人民币直接兑换印尼卢布，因汇率产生的损失只是有一次（如使用美元兑换，则需要先把人民币换成美元，然后再换成印尼卢布，这样因汇率产生的损失就有两次）。基于这个理由，也可以带上一些人民币，作为以防不时之需的费用。

▶使用美元兑换更加划算的情况

在巴厘岛、爪哇岛等游客较多的地区，可以使用人民币兑换当地货币，但在相对比较偏僻的地区，很多地方只能用美元兑换（在这些地方的货币兑换处，即使可以直接使用人民币兑换，但是汇率一般也不会太好）。辗转于各岛屿游览的游客，最好多带一些美元。

▶不能用美元现金直接支付

2015 年，印度尼西亚政府修改了流通货币法，规定"在印尼国内进行支付时，只能使用印尼卢布"。以前，很多情况，酒店及旅行社都接受美元现金付款，现在已经不行了，需要注意。

旅游时携带的行李

▶行李一定要轻

带着沉重的行李旅游，行动就会不便，这样容易被坏人盯上。而且，身处气候炎热的印度尼西亚，本身就非常消耗体力。

在印度尼西，牙刷、毛巾、洗发水、浴液、换洗衣物等生活必需品都能买到，而且价格便宜。日用品有很多都是使用天然材料制造的，服装也极具民族特色，所以可以少带一些行李，到达当地后按需要购买即可。

▶保暖物品

位于赤道地区的印度尼西亚，大部分地区都很炎热，不过海拔较高的地区及带空调的巴士上则温度较低。如果打算去多地旅游，最好带上卫衣等保暖服装。可在当地购买纱笼，既可用于保暖，也可当作床单使用，还可以当作礼物送人。

热带地区的高原气温也很低

 贴士 各公司信用卡使用规定及相关设置不同。如果在初期设置时，把海外可提取现金金额设置得比较低，那么使用这种卡后，会被收取较高的利息。

旅行行李检查清单

品　类		当地是否可入手	必需程度	手提行李	备　注
必需物品	护照	×	◎		准备一份复印件
	信用卡	×	◎		可以在当地的 ATM 提现
	借记卡	×	○		作为信用卡的辅助卡
	人民币现金	×	◎		国内的交通费 + 当地兑换用
	美元现金	×	◎		小额纸币 +US$100
	机票	×	○		准备一份复印件
	境外旅行保险	○	◎		海外客服电话做个记录
	国际学生证	×	◎		可以享受部分优惠
	证件照	×	○		护照丢失时需要 2 张
	国际驾照	○	○		原则上禁止游客自驾
生活用品	洗发水	○	○		不确定当地住宿设施是否有洗发水
	肥皂	○	△		巴厘岛上有纯天然的手工皂售卖
	毛巾	○	○		1~2 条毛巾即可。旱季的时候很快就可以干
	化妆品	○	◎		有需要的人持必备品即可
	刮胡刀	○	△		可以携带一次性的
	常备药	○	◎		消毒水和止痒药是必备品
	生理用品	○	◎		当地购买比较困难
	防晒	○	◎		南方日照比较强烈
	驱蚊液	○	○		便宜的住宿设施特别需要
	湿巾	○	◎		便携式方便擦拭
	太阳镜	○	○		当地日照强烈，海滩也需要
衣服	T恤	○	◎		半袖 3~4 件。去往高原需要长袖
	裙子 / 裤子	○	◎		速干型的比较方便
	内衣 / 袜子	○	◎		一次性的比较好
	游泳衣	○	○		准备去海边度假的需要准备
	短裤	○	○		酒店房间内穿着比较方便
	拖鞋	○	○		也可以在当地购买
	帽子	○	◎		可以折叠的比较方便。
	冲锋衣	○	◎		机舱内比较冷
便利小物品	雨具	○	○		便携型的比较方便
	小包	○	○		逛街的时候携带比较方便
	手绢	○	○		纸巾或者吸汗巾比较方便
	塑料袋	○	◎		方便整理衣物，也可以装脏衣服
	打火机	○	○		飞机内有可能禁止携带
	钥匙	○	○		提高防范意识，请给包上锁
	手表	○	○		看时间比较方便
	手电筒	○	△		当地停电时比较方便
	电池	○	△		除了特殊型号，也可以在当地购买
	数码相机	○	○		手机的相机也可以代替
	记忆卡	○	○		相机的周边产品
	计算器	○	△		手机也可以有内置的
	望远镜	○	△		观鸟必备
	音乐播放器	○	△		长途旅行的必备品，手机可替代
	笔记本电脑 / 平板电脑	○	○		很多酒店和咖啡馆都配有 Wi-Fi
	智能手机	○	◎		旅行必备品
书本	旅游指南书	×	◎		《走遍全球》必备
	字典	×	△		无聊的时候也可以打发时间
	笔记用具 / 记事本	○	◎		填写出入境手续时需要用到笔
	书籍	○	○		可以在海滩晒太阳的时候阅读

MEMO

※ "必要程度"◎代表必需、○代表需要、△依据个人喜好

 贴士 很多信用卡一旦在海外丢失不能马上补发，需要联系境外的客服中心。

去往印度尼西亚的方法

燃油附加费

燃油附加费是随着燃油价格而变化的。2018 年 5 月时印尼鹰航的国际航线 1 区单程大约是 400 元。

去往印尼的航线

▶从中国出发的直飞航线

首都雅加达和巴厘岛的登巴萨是印度尼西亚的门户城市。从中国去往印尼的直飞航班有从多个城市出发的。

▶从中国出发的转机航线

虽然转机需要花费额外的时间，但是转机的机票大多比较廉价，因此对于想要压缩旅行成本的游客来说还是很有魅力的。尤其是旺季的时候，廉价航班瞬间就会被一抢而空，去往巴厘岛的航班比较多，因此相对来说比较容易购买。

愉快旅行的开始

巴厘岛团体游的参考价格

以旅游淡季到最旺季、为期 6 天的团体游为例。

●入住经济型酒店

600~1000 美元

●入住普通酒店

900~1500 美元

●入住高级酒店

1000~2000 美元

●超高级酒店

1600~3000 美元

事先确认团体游的具体内容

一般的团体游为 5~6 天左右，时间比较长的也基本上不会超过 10 天。超过这个时间的就是个人旅游了。

尽量不要参加自由活动时间较少的团体游。如果是行程安排比较满的团，游客大多会在返家后对旅游感到不满意。最好选择全部行程均为自由活动的团体游。如果有想去的地方，可临时参加自选式团体游及当地的团体游，或者乘坐公共交通工具自行游览。

自由行与旅游团

▶自由行

与跟团出游相比自由行更自由一些，旅行期间的住宿设施、路线都可以根据自己的喜好挑选。当然，需要自行努力做好攻略，越细致越详细，旅行中越省心。首先，先从购买去往雅加达或者登巴萨的机票入手。

● 购买机票的方法

可以通过互联购票，这样可以综合对比各航空公司机票的价格。有些航空公司会为旅行社提供廉价机票，但是一旦购票不能更改或者退款，需要提前确认清楚。通过航空公司官网购票可以取消，手续费也相对便宜很多，而且航空公司还有儿童票等价格的设定。旺季出游建议提早订票。印尼鹰航还专门设有成人与儿童同行优惠 25% 的政策。

▶参加旅游团

如果计划出行 4~10 天并想入住高级度假酒店，那可以考虑参加旅游团。对可带来大量游客的旅行社，酒店以优惠的团体价提供房间。因此，要比个人订房便宜。

● 前往巴厘岛的团体游

大部分前往巴厘岛的团体游，都允许游客选择旅游地区及入住酒店。供选择的地区主要有金巴兰、努沙杜瓦、沙努尔、库塔与雷吉安、水明漾与科洛波坎。还有前往人气旅游地乌布及僻静的甘地达萨的团体游。参加旅游团，选择旅游地区是最重要的。

● 选择酒店

除非预算不太充裕，以参加旅游团的方式旅游，最好还是尽量选择入住高级酒店。一般来说，为期一周左右的团体游，入住价格最便宜的经济型酒店与入住四星、五星级高级度假酒店之间，团费的差价可达数百美元。而且不只是价格上的差别，更重要的是酒店设备及环境氛围也大不相同，一定要在仔细比较后再做决定。

从周边国家前往印度尼西

▶ 从新加坡出发

航空　印度尼西亚鹰航空、新加坡航空、亚洲航空每天有 40 多个航班从新加坡飞往雅加达，飞往登巴萨的每天有 20 多个航班（往返 US$ 120~730）。另外，胜安航空、捷星航空每天有 6~7 个航班（单程 US$ 34~390）飞往苏门答腊岛的棉兰。苏拉威西岛方面，有胜安航空的航班（每周 4 班）飞往万鸦老。胜安航空每周还有 4 个航班飞往加里曼丹的巴厘巴板。

水路　有渡轮从新加坡的 Harbourfront 开往巴丹岛，单程 US$ 18~24（往返 US$ 37~44）。从巴丹岛有开往印度尼西亚各主要城市的轮船。

签证　中国公民入境新加坡需要获得签证，在新加坡的机场转机，只要持有第三国有效签证及相关机票则一般不需要签证。

▶ 从马来西亚出发

航空　前往棉兰（苏门答腊岛），有从吉隆坡起飞的亚洲航空的航班，1 天 14~15 班（单程 US$ 35~220），从槟城起飞的航班，1 天 5 班（单程 US$ 18~44）。前往巴东，有从吉隆坡起飞的亚洲航空的航班，1 天 3 班（单程 US$ 18~100）。各航空公司都有从吉隆坡飞往雅加达、登巴萨的航班，其中亚洲航班的机票最便宜。

水路　从吉隆坡郊外的巴生港（每周 3 班）及马六甲（每天）有渡轮开往杜迈。

签证　中国公民入境新马来西亚需要获得签证，在马来西亚的机场转机，只要持有第三国有效签证及相关机票则一般不需要签证。

▶ 从澳大利亚出发

航空　印度尼西亚鹰航空、捷星航空、澳大利亚维珍航空有从悉尼（1 天 4~5 班，单程 US$ 256~770）、珀斯（1 天 13 班，单程 US$ 124~730）飞往印度尼西亚各主要城市的航班。

签证　中国公民入境澳大利亚需要获得签证，在澳大利亚的机场转机，只要持有第三国有效签证及相关机票则一般不需要签证。

澳大利亚移民局的 ETA 申请界面

▶ 从东帝汶出发

航空　City Link 及斯里维查雅航空有从东帝汶首都帝力飞往巴厘岛登巴萨的航班，每天共 2 班（用时约 2 小时，US$ 80~100+ 机场税 US$ 10）。

陆路　与西帝汶的巴都格德 Batugede 的边境为开放式管理，但需要事先取得东帝汶的签证。

签证　入境东帝汶需要签证。可在到达帝力后办理落地签证。乘飞机出境时，需要支付 US$ 10 的机场使用费。

※ 从东帝汶经陆路进入印度尼西亚（西帝汶）需要事前取得印度尼西亚的入境签证

以落地签证的方式入境
中国公民前往印度尼西亚的部分地区，可以落地签证的方式入境。具体规定可咨询相关部门。

周边国家的签证规定
办理签证的手续及条件有时会突然发生变化，而且当地的负责办理入境手续的移民官员的判断具有决定性意义。如果打算前往周边国家，一定要在出发前就如何办理签证详细咨询目的地国的驻华使领馆。

新加坡的旅行社
● Panda Travel
TEL 65-6337-1616
URL www.pandabus.com

获取东帝汶的相关信息
● 东帝汶驻华大使馆
地址　北京市朝阳区霄云路 18 号京润水上花园别墅雅趣园 D 区 15 号
TEL 010-6468-1316
● 中国驻东帝汶大使馆
URL tl.chineeembassy.org

出发前的手续

燃油附加费

　　燃油附加费是随着燃油价格而变化的。2018 年 5 月时印尼鹰航的国际航线 1 区单程大约是 400 元。

印度尼西亚入境必要的手续

▶签证

　　中国公民前往印度尼西亚的签证有各种类型，对于短途旅行的游客来说使用免签签证或者落地签的政策最方便。

▶免签签证

　　这种签证适用于来印尼短暂旅游的人群，来这边不用缴纳 35 美金，直接下飞机，盖上出境章就可以了。但是这类签证也是有相应的关口要求的。

　　根据官方的要求，中国旅行者如果想享有免签待遇，必须从以下的 9 个口岸入境，否则只能申请落地签证或者提前申请旅游签证：

　　a. 巴厘岛——伍拉·莱国际机场（DPS）

　　b. 雅加达——苏加诺 - 哈达机场（CGK）

　　c. 棉兰——瓜拉纳姆国际机场（KNO）

　　d. 巴丹岛——汉那丁国际机场（BTH）/ Sekupang Harbour/Batam Center Harbour

　　e. 民丹岛——Sri Bintan Harbour

　　f. 廖内群岛——Tanjung Ubah Harbour

▶落地签（一次性签证，可以逗留的时间为 2~30 天不等）

　　这个签证并不需要提前在国内办理任何签证，只需要准备好 35 美金，在机场做个 VISAON ARRIVAL 的签证就可以了，这个签证的有效期是 30 天，30 天后可以在移民局合法申请延期一次，有效期也是 30 天。但是如果出境印尼了，再回来，这个签证视为无效。此签证只可以用于旅游。

● 申请护照

　　护照是在国外证明自己身份的重要证件。申请护照要留足时间，至少应在出发前一个月左右就开始办理。向户口所在地县级以上公安机关出入境管理部门提交办理护照所需资料。办理护照需要的天数（工作日），各地区会有所不同。前往国外旅行，护照的剩余有效期只要长于在当地实际滞留时间即可，但最好应在 6 个月以上。

● 申请护照必备的资料

　　填写完整的申请表原件（1 份）

　　2 寸近期正面免冠彩色照片（2 张）国家公职人员不着制式服装，儿童不系红领巾，背景色以各地出入境管理处的规定为准。

　　已满 16 周岁的居民携带本人户口簿（集体户口提交《常住人口登记表》）、居民身份证（或者临时身份证）。

　　未满 16 周岁的居民携带本人户口簿（集体户口提交《常住人口登记表》）、其监护人居民身份证原件以及能证明监护关系材料的原件（如户口簿、出生证等），并由其监护人陪同前往办理。

海外旅行保险

　　在海外遭遇盗窃的案件每年都在增加，而且如果没有保险的话，出

现需要在当地就医的情况时会给就医者造成巨大的经济负担。所以，出发前务必要办理好相关的海外旅行保险。

▶根据实际情况选择保险类型

海外旅行保险，一般来说，有事先已确定保险与赔付内容的"套餐型"，也有可以根据个人的需要以及预算自由选择内容的"定制型"。应该根据实际情况，慎重决定选择哪种类型的保险。

▶遇到麻烦时要冷静

如果遭遇意外，要迅速与保险公司驻当地的工作人员联系，了解处理问题的程序。报险需要出示购买保险时的相关书面材料，旅行时不要忘记带上。出发前还应该确认索赔是否需要就医证明、失窃证明等文件，以备回国后提交资料时之需。

刺激有趣，但还是要多加小心

▶货比三家、谨慎选择

办理海外旅行保险业务的保险公司有很多，但是每个保险产品的特点以及保费都不尽一致，保险公司是否在当地设有联络机构，受保者是否能得到使用中文的紧急服务等，这些问题上各保险公司的做法也可能不尽相同，因此购买保险时要仔细了解情况。

信用卡

印度尼西亚的主要酒店、面向游客开放的餐馆、正规的纪念品商店、免税店等地均可以使用信用卡。当然信用卡也有许多种类，按照通用程度依次为 Master Card、VISA、AMEX、银联。申请信用卡需要有一定的收入，如果是学生出游可以使用父母的信用卡副卡。一般办理信用卡需要 1~3 周的时间，请提早申办。

关于信用卡的使用问题

由于使用信用卡可以降低风险，因此最近信用卡成了旅行中的主要支付工具。但是，在印度尼西亚一些中档以下的酒店，由于管理不严格，经常会发生伪造信用卡、盗刷等被害事件。建议尽量在高端酒店使用信用卡，其他场合需要格外小心。

此外，个别店里设有单独的货币兑换汇率（多为对客人不利的），使用信用卡结算时如果是换算成人民币结算可能会损失很多，请选择使用印尼卢布结算。

国内的出入境手续

从中国出境

起飞前两小时到达机场，办理以下手续（参团游客到指定地点集合）。

在机场可办理海外旅行保险。还可以兑换货币。

▶办理登机

首先前往所乘航班航空公司的登机柜台（国际航班停办手续的时间要早于国内航班）。出示护照及机票（电子机票），换取登机牌。办理大行李托运，领取行李牌。应确认目的地是否正确并妥善保管。另外，如果在旅行中需要使用美元现金，可以在机场的货币兑换处兑换。

▶随身行李检查

接受安检。可带入机内的行李需要通过 X 线检查，乘客本人也要通过安检门并接受检查。超过 100 毫升的液体，一般都不能随身带上飞机，需要注意。

 贴士　有很多航班规定不能携带或托运打火机。刀具只能放入托运行李，不然在安检时会被没收。

很多航班都会对乘客携带液体（包括饮料、化妆品、药品、膏状物、喷雾剂等）进行限制。可随身带上飞机的液体必须放入容量为100毫升的容器中，之后将容器放入容量为1升的透明塑料袋中（1人只限1袋）。超过限量的，只能在登机时办理随机托运或者扔掉。需在机内服用的药物及婴儿牛奶等，只要进行申报，可随身带上飞机。对在免税店及机内购买的液体物品没有限量规定，但是需要跟购物收据一起装入透明塑料袋。

印度尼西亚鹰航空航班可免费托运行李的重量

经济舱乘客46公斤，商务舱乘客64公斤（单个行李不超过32公斤）。

除了普通的托运行李，还可以免费托运1件重量不超过23公斤的冲浪板或高尔夫球杆包等体育用品。

印度尼西亚鹰航空的飞行常客奖励计划

印度尼西亚鹰航空的飞行常客奖励计划"Garuda Miles"可在线加入。2014年加盟天合联盟，乘客可以把乘坐印度尼西亚鹰航空的里程累积在达美航空、法国航空、大韩航空等同联盟航空公司的飞行常客奖励计划中（只累积在一个飞行常客奖励计划中）。里程的累积率因机票的种类而异，详情可咨询各航空公司。

入境旅客行李物品申报单

入境中国需要提交旅客行李物品申报单。旅客可在回国的航班上填写。

▶ 海关

携带价值较高的外国商品及贵金属物品的乘客，应办理相关申报手续。如果不申报，在回国时可能会被视为在境外购买的物品而被要求缴纳关税。

▶ 出境审查

向边检人员出示护照与登机牌，边检人员会在护照上加盖出境章。

▶ 前往登机口

到登机口登机。登机口开放时间在起飞前45分钟至10分钟。注意不要延误。

尽量早一些办理登机手续

回国

▶ 检疫

下飞机后有检疫检查。将在机内填写相关表单交给检疫工作人员即可（如在旅行中出现了痢疾、发高烧等症状，应告知工作人员）。

▶ 入境审查

在入境审查窗口，出示护照，让边检工作人员加盖入境章。

▶ 提取行李

找到所乘航班的行李传送带，拿回托运行李。如有丢失或损坏，应向工作人员出示行李牌并谋求解决（丢失的行李在海外旅行保险的赔偿范围内）。

▶ 动物检疫

携带动植物、动植物产品和其他检疫物入境的需要实施检疫。

▶ 海关

● **禁止入境物品**

禁止携带假冒品牌物品（假冒手表、违法复制的光盘等）及珍稀动植物入境。医药品、化妆品有限量。在巴厘岛，纪念品店出售玳瑁制品，但根据华盛顿公约（濒危野生动植物种国际贸易公约），禁止买卖玳瑁制品，所以无法带回。骨舌鱼等热带鱼类也适用相关规定。

违犯规定者将会受到处罚，携带物品会被没收或销毁。具体的手续及限制名单可咨询海关。

▶ 前往出口

从达到大厅以适当的方式回家。较重的行李可在到达大厅的快递公司办理快递。

中国禁止携带水果入境

中国禁止携带水果入境。具体规定可咨询海关检验检疫部门。

  贴士　现在很多地方已经有出境自助查验通道，旅客出境时可在机器上自助办理出境手续。

印度尼西亚出入境

出入境的程序

▶印度尼西亚的出入境手续

在飞往印度尼西亚的航班上，会发给旅客海关申报单 Customs Declaration Card，这个申报单是提交给海关 Customs 的文书。到达印度尼西亚之前填写好申报单。

到达机场后，按照"Immigration"标识的指示前行。在入境检查窗口，入境检查工作人员会在护照上加盖入境章。

通过入境检查后，应去拿回托运行李。在标记着所乘飞机航班号的行李传送带处，拿回自己的行李，然后前往海关。在海关提交申报单并出示护照。如果有需要申报的物品，应主动申报。没有需要申报的物品则基本上不需要接受任何检查就可以通关。

▶办理签证

在印度尼西亚有很多地方可以办理落地签证。在标有"Visa on Arrival"的地方支付签证费，可以获得两张收据。之后前往入境检查窗口，出示护照、已经填写好的出入境卡及签证收据。如果申请签证理由是旅游而且填写出入境卡时没有遗漏，一般不会受到问询，工作人员会将签证贴纸贴在护照上并将护照还给游客。最后在旁边的窗口让工作人员在签证贴纸上加盖印章。

从机场前往市内

通过海关检查后，便可进入机场到达大厅。这里有出租车柜台及货币兑换处。首先到 ATM 或货币兑换处兑换当天使用的印尼卢布。如果还没有订好酒店，可以到酒店预订点咨询一下。

基本上不需要出入境卡

过去入境印度尼西亚都有提交出入境卡 E/D Card，现在在雅加达、登巴萨等地的机场基本上已经不需要提交了（仍需在护照上加盖出入境章）。

可免税携带入境的物品

除了随身用品，可免费携带入境的物品还包括香烟200支或雪茄50支、酒类1升及个人使用范围内的香水。照相机、摄像机、小型录放机、胶卷、盒式磁带、望远镜等物品，如无在印度尼西亚国内出售的意图并且在出境时携带出境，则可免征关税。

检疫

除途经了发生疫情的地区，一般情况都不需要接受检查。

---

for your Safety

入境时的注意事项

检查入境章的日期

在入境检查窗口完成入境手续后，应马上检查入境章的日期及可滞留时间。如果入境章有错误，出境时可能给游客带来很大的麻烦。

与海关进行交涉

如果携带物品超过印度尼西亚规定的免税范围，或者携带了多个同型号电器及超出个人使用需求数量的高价值商品时，会被海关要求缴纳关税或将物品留在机场。有时个别海关人员会向游客索贿，但如果自己本没有什么过错则应强势应对。遇到刁难时，如果不会英语往往也可以摆脱困境。

机场的搬运工

登巴萨的恩古拉国际机场提取行李处站着许多身着机场工作人员制服的男子，这些人会若无其事地上来直接把游客行李搬至海关检查处。若任由这些人搬运行李，即便最后只是推着行李车移动了几十米，也会被他们索要高额的服务费，但他们的要求都是不合规的。按照机场规定，他们为乘客搬运一件行李只能收取Rp.5000（折合人民币不到3元）。

另外，从到达大厅出来，如要打车，也会遇到很多同样身着机场工作人员制服的男子。这些人只为乘客搬运几十米行李也会收取很多服务费，需要注意。不过只要了解这些人的做法就能避免上当受骗。

贴士 苏加诺哈达机场到达大厅行李寄存处（24小时）的寄存费用为10公斤以内1天 Rp. 50000，20公斤以内 Rp. 75000、冲浪板 Rp. 85000~、高尔夫球杆包及自行车 Rp. 150000。

印度尼西亚的出入境手续

　　起飞前2~3小时可以办理登机手续。值机柜台经常非常混乱，请提早到达机场。

　　入口处出示电子客票后便可以进入到机场内了。然后进行行李安检，之后便可以前往各航空公司的值机柜台办理值机，领取登机牌（Boarding Pass）。领取完登机牌之后就可以去海关了，将护照和登机牌出示给相工作人员，检查无误后工作人员会在护照上盖章并且将登机牌归还，接下来就是等待登机了。入关之后会有免税店、纪念品商店、货币兑换窗口、酒吧、餐馆等。没有用完的印尼卢布可以在这里兑换成人民币。起飞前30分钟可以登机。请在此之前结束购物，前往候机室等待登机。

请注意行李的重量

瓶装水不能携带上飞机

雅加达等地会有人疏导乘客进行自助登机

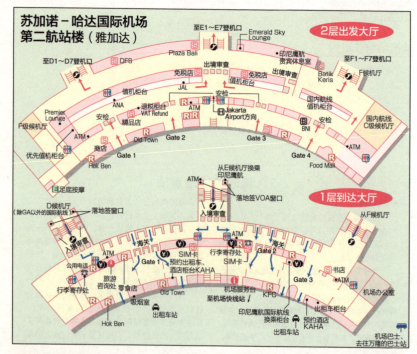

　　贴士 乘坐印尼鹰航的航班，可以在出发前24~4小时前在印尼国内的印尼鹰航支店办理值机手续，也可以网上值机。

海关申报单与入境卡

机舱内会发海关申报单，入境后需要提交。入境卡（E/D Card）是 2018 年 5 月时的样本，免签的机场和海港不需要提交入境卡。

▶《海关申报单》填写方法

❶ 姓名
❷ 生年月日
❸ 职业
❹ 国籍
❺ 职业
❻ 在印度尼西亚停留的地址
❼ 入境航班号
❽ 到达印度尼西亚的日期
❾ 同行人数
❿ a － 手提行李总数
　 b － 托运行李总数
⓫ 持有以下物品请在 "YES" 处打勾，没有请在 "NO" 打勾
　 a. 动物、鱼类、植物与其相关制品
　 b. 麻药品、精神类药物、打火机、气枪、刀具、弹药、爆炸物、色情类物品
　 c. 持有价值 1 亿印尼卢布以上的现金、外币、有价证券等
　 d. 香烟 200 根、雪茄 25 根、烟叶 100g、酒精 1L
　 e. 商业用品（出售商品、样品、产业用品）
　 f. 个人携带价值 US$250 的物品，家族携带价值 US$1000 的商品在印尼国内使用
⓬ 签字
⓭ 日期（日月年）

▶《入境卡》的填写方法

❶ 姓名（使用英文字母拼写，姓氏在前）
❷ 性别（Male= 男性，Female= 女性）
❸ 国籍
❹ 出生地（都市名、国名）
❺ 出生年月日（按日月年顺序）
❻ 护照号
❼ 护照发行地
❽ 护照有效期
❾ 居住国
❿ 出境地（或出境机场）
⓫ 航班号（入境时）
⓬ 职业（Professional/Technical = 专门、技术职业、Management/Administration = 经营者、Sales/Clerical = 销售、文员、Student = 学生、

Housewife = 主妇、Others = 其他）
⓭ 拜访目的（游客请在 Holiday 处打钩）
⓮ 住宿设施（游客请在 Hotel 处打钩）
⓯ 滞留预定日期
⓰ 印度尼西亚地址（酒店名）
⓱ 签字（与护照上签字相同）
⓲ 姓名（使用英文字母拼写，姓氏在前）
⓳ 性别（Male= 男性，Female= 女性）
⓴ 国籍
㉑ 护照号
㉒ 护照发行地
㉓ 护照有效期
㉔ 目的地
㉕ 航班号（出境时）

巴厘岛国际机场
Ngurah Rai Airport

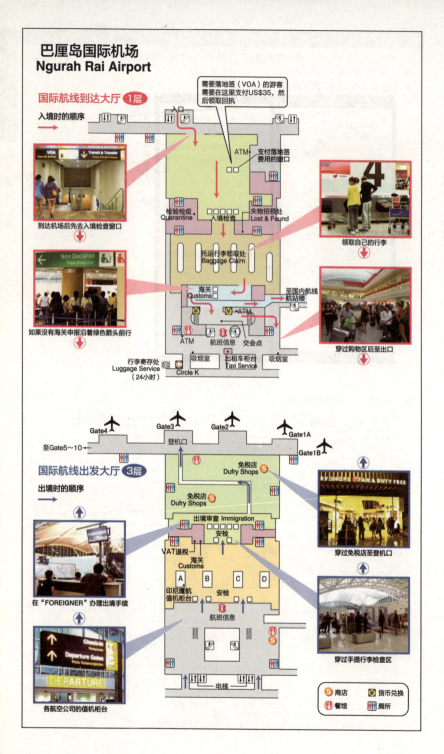

国际航线到达大厅 `1层`

入境时的顺序

需要落地签（VOA）的游客需要在这里支付US$35，然后领取回执

ATM

支付落地签费用的窗口

检验检疫 Quarantine

入境检查

失物招领处 Lost & Found

到达机场后先去入境检查窗口

托运行李领取处 Baggage Claim

领取自己的行李

Non Declared Tidak Dilaporkan

如果没有海关申报沿着绿色箭头前行

海关 Customs

至国内航线航站楼

ATM

航班信息

交会点

穿过购物区后至出口

吸烟室

出租车柜台 Taxi Service

吸烟室

行李寄存处 Luggage Service （24小时）

Circle K

Gate4

至Gate5~10

Gate3

Gate2

Gate1A

Gate1B

登机口

国际航线出发大厅 `3层`

出境时的顺序

免税店 Dufry Shops

免税店 Dufry Shops

穿过免税店至登机口

在"FOREIGNER"办理出境手续

出境审查 Immigration

安检

VAT退税

海关 Customs

A   B   C   D

印尼鹰航值机柜台

安检

航班信息

穿过手提行李检查区

各航空公司的值机柜台

电梯

商店

货币兑换

餐馆

厕所

440

印度尼西亚国内的交通

飞机

▶印尼国内航空公司事宜

在印尼国内航线中信用度最高的是印尼鹰航（本文中有时用"鹰航"来表示），这家公司的航班连接印尼全境大型城市。而且机型较大，很少出现超员售票的现象，严守航班信息很少取消。不过也正是因为信用度高，票价也会相比其他航空公司要高一些。印尼鹰航有中文官网，可以预约购票。

此外，狮航、斯利维查雅航空、印尼城市快线航空等公司也都拥有各自的特色航线。连接地方小城市之间的航线大都使用可以搭乘 20~40 人的小型飞机。上述这些航空公司的航线即便航路表上有通航的航班，乘客少的时候也会经常取消航班，有时候还会跟其他航空公司拼航，建议提前有个心理准备。

▶预约与购票

印度尼西亚主要航空公司的机票可以通过各公司的官网（英文／印度尼西亚语）购票（信用卡结算）。另外，也可以通过当地的航空公司和旅行购票。票价随着季节而变动，旺季与淡季时的票价相差 2 倍以上。即便是相同的日期也会根据不同时段而票价不同。

印尼国内航线的旺季是各学校放假的 6 月下旬~7 月末，斋月结束后的假期（1 周左右），年末年初。在此期间除了票价高涨以外，机票会在一周前就处于预约爆满的状态，如果计划在此期间旅行的游客一定要提早安排。相反的，淡季的时候无论是船票还是火车票都会有同等的降价。尤其是连接雅加达与泗水等大城市之间的线路，本身班次就比较多，各公司之间的竞争比较激烈，届时会有降价的倾向。与此相对，连接各小岛之间的线路等，即便是淡季也不太会降价。

巴丹机场使用了传统样式的建筑

航空公司的 URL
● 印尼鹰航
URL www.garuda-indonesia.com
※ 官网可以订票，取消和变更需要使用英语或者印尼语去鹰航总公司办理
● 城市快线航空
URL www.citilink.co.id
● 印尼狮航
URL www2.lionair.co.id
● 斯利维查雅航空
URL www.sriwijayaair.co.id
● 亚洲航空
URL www.airasia.com
● XpressAir
URL xpressair.co.id
● 特里加纳航空
URL www.trigana-air.com
● 托朗斯努亚航空
URL www.transnusa.co.id
● 卡尔斯达航空
URL kalstaronline.com
● 苏西航空
URL susiair.com

当地机票

印尼的廉价航空可谓便宜到了极致，其中最便宜的还要数狮航和亚洲航空。雅加达至日惹之间的航线提前一个半月预约大约是 US$28~，吉隆坡～雅加达之间的机票是 US$30~，非常便宜。廉价航空公司经常会出现航班延误、行李丢失的现象，不过对于长期旅行的人来说价格低廉是一大利点。机票的价格根据航空公司的制度不同，但是越早预约价格越便宜。还有临近起飞日期也会有价格低廉的机票。

机场~市区之间的移动

除了雅加达和望加锡有连接机场至市区之间的巴士，其他城市都没有。大都需要乘坐购票式的出租车，使用固定的价格前往市区。出租车票的价格在正常值范围内，完全没有必要走出机场去外面打车。此外，大多数的机场在数百米以外都会有小巴通车的道路。如果想要省一些路费，可以选择乘坐小巴。如果行李较少，也可以选择乘坐摩的。

贴士　印度尼西亚机场运营公司　URL www.angkasapura2.co.id
巴厘岛国际机场　URL www.baliairport.com

印度尼西亚国内线主要航班

目的地	航班数	航空公司	所需时间	票价
◆ 爪哇岛 雅加达（CGK）起飞				
日惹	每天 27~40 趟	GA/JT/QZ/ID/SJ/QG/IN	1~1.5 小时	Rp.336000~1998000
棱罗	每天 16~21 趟	GA/JT/QG/SJ	1~1.5 小时	Rp.318000~1285000
泗水	每天 57~72 趟	GA/QG/ID/JT/SJ/QZ	1.5 小时	Rp.450000~1644000
登巴萨	每天 51~59 趟	JT/GA/QZ/XT/QG/SJ	2 小时	Rp.538000~1951000
龙目岛	每天 10~13 趟	GA/JT/ID/QG	2 小时	Rp.726000~1935000
棉兰	每天 40~50 趟	GA/JT/QG/ID	2.5 小时	Rp.667000~2454000
巴东	每天 21~27 趟	GA/JT/QG/ID/SJ	2 小时	Rp.475000~2012000
万鸦老	每天 13~14 趟	GA/ID/JT/QG	3.5 小时	Rp.1131000~3538000
望加锡	每天 41~44 趟	GA/JT/ID/SJ/QG	2.5 小时	Rp.733000~2493000
马辰港	每天 17~19 趟	JT/GA/QG	1~2 小时	Rp.742000~2000000
巴厘巴板	每天 19~22 趟	JT/GA/QG/SJ/ID	2~2.5 小时	Rp.928000~2215000
查亚普拉	每天 4~5 趟	GA/JT/ID/QG	5.5~7.5 小时	Rp.1973000~6155000
◆ 爪哇岛 日惹（JOG）起飞				
雅加达	每天 27~40 趟	GA/JT/QZ/ID/SJ/QG/IN	1~1.5 小时	Rp.336000~1998000
泗水	每天 8 趟	IW/GA/SJ	1~1.5 小时	Rp.329000~1476000
登巴萨	每天 8 趟	GA/JT/XT/IN	1~1.5 小时	Rp.432000~1543000
◆ 爪哇岛 泗水（SUB）起飞				
雅加达	每天 57~72 趟	GA/QG/ID/JT/SJ/QZ	1.5 小时	Rp.450000~1644000
巴东	每天 7 趟	JT/QG/GA/IN	1.5 小时	Rp.502000~1692000
日惹	每天 8 趟	IW/GA/SJ	1~1.5 小时	Rp.329000~1476000
登巴萨	每天 14~15 趟	JT/QG/GA/SJ/ID/IN/XT	1 小时	Rp.344000~908000
龙目岛	每天 9 趟	JT/QG/GA	1 小时	Rp.402000~1157000
望加锡	每天 19 趟	JT/SJ/GA/QG/ID	1.5 小时	Rp.476000~1757000
巴厘巴板	每天 15 趟	JT/QG/SJ	1.5 小时	Rp.493000~564000
◆ 巴厘岛 登巴萨（DPS）起飞				
雅加达	每天 51~59 趟	JT/GA/QZ/XT/QG/SJ	2 小时	Rp.538000~1951000
日惹	每天 8 趟	GA/JT/XT/IN	1~1.5 小时	Rp.432000~1543000
泗水	每天 14~15 趟	JT/QG/GA/SJ/ID/IN/XT	1 小时	Rp.344000~908000
龙目岛	每天 8~9 趟	GA/IW/JT	0.5~1 小时	Rp.241000~544000
比马	每天 3 趟	IW/IN	1 小时	Rp.458000~740000
拉布汉巴焦	每天 7~8 趟	GA/IW/IN	1~1.5 小时	Rp.731000~1711000
毛梅雷	每天 2~3 趟	IW/IN/GA	1.5~2 小时	Rp.796000~2458000
望加锡	每天 6 趟	JT/GA/SJ	1.5 小时	Rp.518000~1588000
◆ 龙目岛（LOP）起飞				
雅加达	每天 10~13 趟	GA/JT/ID/QG	2 小时	Rp.726000~1935000
泗水	每天 9 趟	JT/QG/GA	1 小时	Rp.402000~1157000
登巴萨	每天 8~9 趟	GA/IW/JT	0.5~1 小时	Rp.241000~544000
◆ 佛罗勒斯岛 拉布汉巴焦（LBJ）起飞				
登巴萨	每天 7~8 趟	GA/IW/IN	1~1.5 小时	Rp.731000~1711000
◆ 苏门答腊岛 棉兰（KNO）起飞				
雅加达	每天 40~50 趟	GA/JT/QG/ID/QZ	2.5 小时	Rp.667000~2454000
巴东	每天 3 趟	JT/SJ	1~1.5 小时	Rp.408000~520000
多巴湖	每天 1~2 趟	JT/GA/SI	1 小时	Rp.235000~619000
◆ 苏拉威西岛 万鸦老（MDC）起飞				
雅加达	每天 10~11 趟	GA/ID/JT/QG	3.5 小时	Rp.1234000~3468000
泗水	每天 2~3 趟	JT/QG	2.5~3.5 小时	Rp.974000~1305000
登巴萨	每天 2 趟	JT/GA	2.5 小时	Rp.1450000~2649000
望加锡	每天 5 趟	JT/GA/QG	1.5~2 小时	Rp.734000~1866000
巴厘巴板	每天 1 趟	JT	1.5 小时	Rp.873000~1359000
◆ 从苏拉威西岛 望加锡（UPG）出发				
雅加达	每天 41~44 趟	GA/JT/ID/SJ/QG	2.5 小时	Rp.733000~2493000
泗水	每天 19 趟	JT/OJ/GA/QG/ID	1.5 小时	Rp.476000~1757000
登巴萨	每天 6 趟	JT/GA/SJ	1.5 小时	Rp.518000~1588000
万鸦老	每天 5 趟	JT/GA/QG	1.5~2 小时	Rp.734000~1866000
巴厘巴板	每天 7 趟	JT/GA/QG/SJ	1~1.5 小时	Rp.634000~1398000
◆ 苏拉威西岛 巴厘巴板（BPN）起飞				
雅加达	每天 19~22 趟	JT/GA/QG/SJ/ID	2~2.5 小时	Rp.928000~2215000
望加锡	每天 15 趟	JT/QG/SJ	1.5 小时	Rp.493000~564000
◆ 巴布亚 查亚普拉（DJJ）起飞				
雅加达	每天 4~5 趟	GA/JT/ID/QG	5.5~7.5 小时	Rp.1973000~6155000
望加锡	每天 4~5 趟	GA/QG/JT/ID/SJ	3.5 小时	Rp.1102000~3755000
瓦梅纳	每天 6~7 趟	TGN/IW/JT	0.5~1 小时	Rp.549000~705000

※ 航空公司省略

GA＝印尼鹰航　QG＝城市快线航空　JT＝狮航（ID＝巴迪卡航空、IW＝WINGS 航空），SJ＝斯利维查雅航空　（IN＝NAM 航空）　QZ＝亚洲航空（XT＝亚洲航空 X）　TGN＝特里戛纳航空　8B＝托朗斯努沙航空　XN＝XpressAir　SI＝苏西航空

※ 随着时间推移，航班表与机票价格可能会发生改变。根据所利用的航空公司、预约的搭乘时间会有一定的变化。印尼的国内航线经常会有停运、线路变更的情况，请提前确认。

贴士　还有一些例如 URL www.tiket2.com 等可以检索与预约印度尼西亚国内航线的网站，可以使用英文检索。

巴士

▶巴士的利弊

印度尼西亚各岛内最普遍的交通工具就是巴士。

巴士的优势在于路线丰富，车次充足，而且车票价格低廉。爪哇岛上同一区域内也有铁路的线路可以选择，但是相比巴士来说车次较少，耗时较长。

不过，当地巴士的车厢内比较杂乱、狭窄，乘坐体验不是很舒服。此外，雅加达等大城市的巴士中心大部位于距离市中心有十几公里远的郊外，连接十分不方便。

各式各样的巴士从巴士中心发车

▶巴士的种类

普通市民的交通工具是公共巴士，最近车内环境舒适宽敞的空调大巴（AC）的数量也在逐渐增多。如果是长途移动，选择车费稍微高一些的Bisnis、VIP或者Eksekutif等级别的巴士是比较明智的。长途巴士大都是夜班车，相比日间行驶会节约1/3的价位。中途会停车数次，可以就餐、如厕、休息。

巴厘岛、爪哇岛、龙目岛有普拉玛公司运营的旅行巴士通车。这些旅行巴士连接着主要的景点之间，坐席之间的间隔比当地的公共巴士要宽敞很多。而且，基本上只有外国游客才会选择乘坐，因此很少会遇到小偷。

爪哇岛和苏门答腊岛上有一种叫作Travel（或者touristbus）的小型巴士。这种小巴可以去游客入住的酒店直接接人，然后再送往目的地，十分方便。票价大约比大巴贵1.5倍，从巴士中心至酒店的移动是免费的，因此十分实惠。

普拉玛公司的巴士连接着巴厘岛内各个景点

巴士车票的预约网站

● Bosbis
TEL（021）7918-7902
URL www.bosbis.com
● RedBus
TEL 0812-9000-6420（手机）
URL www.redbus.id

还有一些App，出发前4天可以在线预约电子客票。出发前3天至24小时可以在线订票和电话预约（英语可以）。预约完毕后需要在45分钟之内赶往当地的Lawson或者Alfamart系的便利店（手续费+Rp.7000）电子客票将会通过邮件发送。

如果没有在当地可以使用的手机，可以跟酒店等商量借用，或者直接跟巴士公司预约。

服务区的小商贩

巴士一旦停靠在服务区便会有很多拿着各种食物的少年蜂拥而至。一边敲着窗户一边叫卖着商品的名字。其中有些少年手里拿的是只有在当地才能品尝到的美食。如果一旦知道这里的"名特产"是什么，不要犹豫，不妨入手买来尝尝。

<table>
<tr><td colspan="2">

Column

推进爪哇岛的行政巴士

</td></tr>
</table>

爪哇岛上的部分长途巴士除豪华巴士以外，大都是上车后直接跟司机付款。虽然有发车时刻表，但是很少整点发车，因此要去巴士中心的服务台询问，或者跟车站的工作人员确认具体的发车时间。经济车型、行政车型的车费大约相差一倍，但是如果是坐长途还是推荐选择商务级别以上的巴士。一般来说商务级别以上的巴士不会搭乘超出座位的乘客，经济型的巴士则会装满乘客，而且会等到乘客汇集到一定程度才会发车。而且如果乘客较少会在中途将乘客分发到其他的车上。

如果是没有空调的车型，行车中还会稍微觉得凉爽一些，但是如果一旦停车车内温度就会飙升，此时就连车内的印尼本地人也会大喊"帕纳斯（热！）"。满员的时候车内过道都会站满人，买水的小孩和吉他演奏者也会搭乘，乘车会相当消耗体力。而且，司机也不太守规矩，经常在途中适当的地点让乘客下车，结果还需要搭乘摩托去往最终的目的地。除非你对自己的体力十分有自信，否则搭乘长途巴士还是建议选择带有空调的高档一些的车次。

列车时刻表与运费
●铁路公社 Kereta Api
TEL 121
URL kai.id
可以通过官网确认列车
时刻表和运费，但是不能使
用信用卡购票。长途车票可
以通过电话预约，选择4会
转到自助服务，预约成功后
3小时之内去印尼的便利店
或者火车站内取票，需要当
场支付车票费用。需要护照
号码。

✉ **铁路安全舒适**
在爪哇岛上大约乘坐了
6次火车。车内和大型车站
安检非常频繁，不过车内
十分干净。夜间行驶的商务
车还会配发毛毯和枕头，夜
间车灯不关闭，特别亮，巡
视的人也很频繁。车内还有
出售便当、点心、饮料等食
物的餐车，跟国内的高铁差
不多。

▶ **购票方法**

短途的移动可以当天购票，如果准备乘坐长途巴士一定要提前预订。
可以通过巴士中心或者市内的旅行社购票。如果在巴士中心购票，需要
自行前往售票窗口确认金额后购票。巴士中心周围会有一些代购，经常
会从中抽取高额的中介费，尽量不要从中介手中购票。巴厘岛等印尼各
地的观光地也可以通过酒店前台预订巴士车票。

铁路

爪哇岛内的移动还可以选择铁路。方
便而便宜的巴士，近年来因新兴的廉价航
空航线充实而受到影响，但在众多的交通
工具中总会有机会需要用到铁路。铁路有
其独特的韵味和乐趣。尤其是 ARGO 打头
的优等列车，堪比国内的高铁。

在爪哇岛上铁路旅行也是非常有乐趣的

租车 & 租摩托车

▶ **租车**

一般来说印尼可以租车自驾的只有巴厘岛和爪哇岛。除此之外的区

爪哇岛铁路

购票方法

爪哇岛内的旅行如果高效地利用铁路，会
比乘坐巴士还要方便舒适。火车站大都位于中
心城区，很多从酒店徒步可至。与之相反的大
城市的巴士中心大都位于郊外，一旦发生交通
拥堵去程就要花费很长时间。此外，考虑到道
路状况、卫生间、餐食等方面的问题，长途移
动还是火车比巴士要方便很多。

火车的运营公司是原国铁 Kereta Api 公司。
火车票可以在印尼的便利店内购买。大城市的
便利店内通常都会有能讲英语的工作人员帮忙
购票。便利店购票与互联网购票同样需要收取
Rp.7500 的手续费，不过考虑到往返火车站的时
间和车费，还是在就近的便利店购买方便。询
问一下住宿设施的工作人员就会获知附近的便
利店信息。大型的火车站当日车票和预约车票
的售票窗口是分开的，有些车站预约车票的售
票窗口位于车站外的建筑物内。预约车票的售
票窗口会预备有预约申请表，需要填写需要购
买的车票的车次号、日期等。

座位的等级

座位等级 Kelas 分成一等座 Eksekutif（有
时也会用 Special 表示），二等座 Bisnis，三等座
Ekonomi。二等座以上的车厢都带有空调，每个

座位附近还有充电插口，车内的乘务员还会提
供食物、饮料的车内服务（付费）。特急和快车
二等座以上的车厢都是相互连接的。如果是长
途移动建议预订二等座以上的席位。

一等座的座位非常舒适，有些车厢内还有
电影放送，将来还准备增加 Wi-Fi 功能。近年
来最便宜的三等座的车厢也在逐渐增设空调车，
座位是木质座椅或者塑料座椅，座位是自由坐
席。如果需要 10 小时以上乘坐长途列车，而且
行李很多的游客，乘坐三等座会十分狼狈。三
等座车厢的乘客上下车会比较频繁，自己行李
的保管要格外小心，除了短途列车以外不建议
选择三等座。

透过车窗可以欣赏到窗外风景

域没有租车公司，一般会选择带司机包车的方法。巴厘岛、爪哇岛等旅游区，可以从酒店、市区的旅行代理店租借车辆。车型大都是 1.0 排量的铃木小型车 Kalimun、丰田的 Avansan、铃木的 APV 等中型车、小型面包车。租车的费用一般是含保险一天 US$30~50。如果以一周为单位租借会有 15% 的优惠。没有针对行驶距离的单独收费，还车时加满油即可。

▶租摩托车

在印度尼西亚各地租借摩托车是比较普遍的。巴厘岛的乌布附近、苏门答腊岛的多巴湖周围等这些景点周边的交通不太方便，大多数游客都会选择租摩托车游览周边。但是需要注意的是整体来说道路状况不太理想，没有在国内驾驶过摩托车的游客不建议租借。初学者很容易发生摔倒事件，因此而受伤的情况也比较普遍，一定要注意安全。

租借摩托车跟租车一样也是通过市区的旅行社租借的。此外还可以通过下榻的酒店和餐馆的工作人员介绍。可以租车的车型有 90cc、100cc、125cc。费用大概是一天 Rp.40000~50000。连续租借一周的话大约是一天 Rp.30000~35000。不过不包含保险费用。如果需要加入保险大约需要花费跟租车相同的费用。

▶巴厘岛的交通状况

摩托车是巴厘岛内非常受欢迎的交通工具。准备去稍微远一点的地方散步或者购物等，可以一边兜风一边欣赏沿途的风景。尤其是库塔、乌布、艾湄湾、罗威纳等，在餐馆、酒店周边散步的区域有辆摩托车确实非常方便。

印尼的交规是左侧通行，感觉上跟国内的右侧通行略有不同。所以驾驶时要格外小心。印尼的交规大致跟国内没有很大差别，但是实际情况比较混乱，机动车、行人、动物等混杂，一定要在确保安全的情况下再出发。当地人经常会出现不规范超车、不规范横穿马路等现象，车辆间距也不太保持。路况非常不理想，路面崎岖不平，山区在下雨的时候还经常发生泥石流。所以在巴厘岛租车、租摩托车自驾的游客一定要格外小心。

在农村骑车移动也是一个不错的选择

加油站

大城市跟国内一样也有加油站。但是到了小地方，就经常是使用汽油桶加压泵等加油的方式，当地称之为"汽油商店"，而且位置都不太明显。汽油的价格是每升 Rp.6450。

船舶

Pelni 公司的渡轮

▶国营 Pelni 公司的游船之旅

乘船旅游是一种非常有情调的旅游方式，大家在船上有充足的自由时间。在由 1 万多个岛屿组成的印度尼西亚，有种类繁多的游船之旅可供游客选择。

国营轮船公司 Pelni 是印尼最主要的长途渡轮公司。有航行于棉兰～雅加达～泗水～望加锡（乌戎潘当）等主要港口之间的航班。

乘船旅行容易受天气左右，船只在船坞期间只能停航。应事先到当地的轮船公司办事处询问通航日程安排。近年来，经常出现停运及改变航线的情况，越来越不方便乘坐了。

Pelni 公司
TEL（021）2188-7000
URL www.pelni.co.id
可查询各艘渡轮的行程
安排。

港口名称解读

港口一般都位于大城市
的近郊。港口名称与城市名
未必一致，需要注意。有
勿拉湾港（棉兰）、丹戎不
碌港（雅加达）、伯诺阿港
（巴厘岛）、兰巴尔港（龙目
岛）、比通港（万鸦老）等。

主要港口间的船票价格
（经济舱~1 等舱）
● 泗水 ~ 望加锡
Rp. 272000~567000
● 巴厘岛（伯诺阿）~ 恩德
Rp. 340000~511000
● 万鸦老 ~ 望加锡
Rp. 476000~1717000
● 望加锡 ~ 查亚普拉
Rp. 763000~2756500

其他渡轮公司
达摩拉乌坦乌塔马公司
TEL（031）535-3505
URL www.dlu.co.id
有从泗水开往加里曼
丹、努沙登加拉、望加锡等
地的渡轮。
ASDP 印度尼西亚渡船公司
TEL（021）191
URL www.indonesiaferry.
co.id
在印度尼西亚 34 个港
口有船开行。

雅加达 ~ 新加坡的游船之旅

Pelni 公司的渡轮从雅加
达北部的丹戎不碌港出发开
往新加坡。去往新加坡南边
的印度尼西亚属巴丹岛的巴
图安帕尔港、民丹岛的吉江
港，1~2 周 1 班。除了船票，
还要支付岛内交通费及住宿
费，所以乘船并不比乘飞机
省钱。如乘坐经济舱，需要
提早登船以确保床位，所以
非常消耗体力。但是对于想
近距离接触当地社会的游客
来说，游船之旅是非常不错
的选择。

出租车的派车服务

在雅加达及巴厘岛南部
地区，已经开通了利用智能
手机 APP 为乘客派车的服务。
游客可以事先下载 APP，登
录后就能使用。完成注册后，
开通智能手机的位置信息，
输入乘车及下车地点。之后
便自动显示在周围行驶的车
辆，几分钟后就会有车来接

● 等级

舱位分为 1 等、2 等、3 等、4 等、经济。1 等为双人间，2 等为 4 人间，
3 等为 6 人间，4 等为 8 人间。房间基本上都是男女分开的宿舍式，即便
是一家人也会被按性别安排到不同的房间。

经济舱为大房间，即便乘客人数已超过定员也会继续售票。因此房
间内的乘客数可能会超过床位数，有时过道与楼梯上也会挤满人。待在
这种船舱里，非常消耗体力和精力，看管好行李也十分困难，建议至少
选择 4 等舱（票价约为经济舱的 1.5 倍），以保证有自己的床位。经济舱
之外的舱位，每个乘客都有单独的可存放行李的箱子。

● 用餐

船上提供 1 日 3 餐。只有经济舱没有专门的餐馆，乘客只能在自己
船舱内用餐。舱位等级越高，饭菜也越好吃。

● 购票方法

可在市内的旅行代理店购票。Pelni 的办事处也出售船票，不过因船
票都优先提供给旅行代理店，所以在办事处购票有数量限制。

其他的游船

▶可搭载巴士的渡轮

距离较近的岛屿之间有渡轮开行。对乘
坐长途巴士旅行的人来说，这些渡轮是不可
或缺的。爪哇岛~巴厘岛~、爪哇岛~苏门
答腊岛、巴厘岛~龙目岛、泗水~马都拉岛
之间的渡轮，有很多游客乘坐。

从松巴哇岛开往弗洛勒斯岛的渡轮

▶悠闲自在的河流游船

在加里曼丹的丹戎普丁国家公
园等地，可以乘游船沿河漂流，游
客很多。与海上的游船相比，别有
一番风味。

在河流之旅中能见到祥和的生活场景

市内交通

印度尼西亚各地区都享受高度的自治。各地区的交通系统有很大差
异。除了市内的公交巴士，还有许多其他类型的交通工具。

▶出租车

在路上开行揽客的出租车，并不打表，靠双方商量来决定乘车费用
（巴厘岛、爪哇岛的城市实行打表制）。如不在乘车前商量好费用，之后
可能会产生纠纷。另外，即便是打表的出租车，乘客也有注意观察司机
是否确实已经打表、是否是从起步价开始计费、是否故意绕远。虽然大
部分司机都能正常载客行驶，但还是有少数司机会欺骗游客。

▶有多种名称的小型巴士

根据地区有 Bemo、Colt、Petepete、Mikrolet、Oplet、Angkota 等不
同叫法，但其实都是使用面包车来载客的小型巴士。这些车一般都在市

内按线路行驶，只要在行车线路上，在哪里都可以自由上下车（乘车人数不能超过车上现有空位）。基本上可以认为是合乘的小型巴士。之所以有很多不同的名称，是因为车型不同。例如称为 Colt 是因为过去采用的车型是三菱 Colt。各地的车型可谓五花八门。

巴厘岛仅在南部地区有沿街行驶揽客的出租车

▶机动三轮车

雅加达有红色的机动三轮出租车，被称为 Bajaj。车型很小，所以价格比普通的出租车便宜一些。这种车只能在被允许通行的道路上行驶，所以司机都不会同意去远一些的地方。不过，还是很适合在市内观光时乘坐。当不太清楚该乘坐哪一路市内巴士或 Bemo 时，可以选择乘坐三轮车。

雅加达的三轮车

▶摩的

摩的在当地被称为 Ojek。在印度尼西亚全国都有，行李不多及去往不远的地方时可以乘坐，非常方便。各城市的十字路口、市场、大型超市、火车站前、巴士枢纽站等人流较多的地点，基本上都有摩的停车待客。另外，在不通 Bemo 的小巷入口处，也能见到摩的。行中的摩的司机有时也会问游客是否乘车，总之摩的的数量很多。司机加乘客一共两人乘车，乘客戴上头盔后坐在司机后边。背包等行李可以放在司机脚下，为了安全，最好不要自己背着行李乘车。在基本上没有出租车的偏远小城游览或前往未开通小型巴士的景点或需要在汽车很难进入的未铺装道路上行驶的地方，可以选择乘坐摩的。

在市场周围等待乘客的摩的

乘客。Grab Taxi（URL www.grabtaxi.com）等 APP，对司机的身份都进行过登记，价格便宜且计价方式透明。

找零钱时需注意

乘坐出租车及巴士时，游客如果拿出大面额纸币，司机经常会说没有零钱找。不过只要坚持让司机找钱，基本上还是会给乘客。最好事先准备好零钱。

面包车巴士的票价

有的地方实行市内均一价格，不过可驶往郊外的车辆都按乘车距离收费。价格大致为 Rp. 4000~5000。

在各城市开行的面包车巴士

智能手机 APP GO-JEK
URL go-jek.com

可以呼叫头戴绿色头盔、身穿绿色上衣的摩的司机（印尼全国共 20 多万人）的 APP，非常方便。在雅加达、万隆、日惹、泗水、巴厘、望加锡、棉兰、巴厘巴板等主要城市都有。

除了可以呼叫（GO-RIDE），还可以叫快递（GO-SEND）、叫订餐外卖（GO-FOOD）。游客可以下载（支持 iOS 及 Android）后使用（注册需要当地的电话号码）。只要输入当前位置及目的地，就能获得附近司机

Column 在城市徒步游览的小提示 ▶何为 Jalan？

在印度尼西亚的城市徒步游览，应该先记住一个词，那就是 Jalan，缩写为 Jl.，表示"街道"的意思。

接下来可以拿出某个城市的地图来看一看。会发现随处可见"Jl.~"。印度尼西亚的街道都有名称，而且沿同一道路前行，每过几个街区，道路名称就会改变。每个街角都立有写着街名的路牌。按照路牌的指示，很容易找到自己想要去的地方。

两个 Jalan 重叠变成"Jalan Jalan"，表示"散步"的意思。早晨，出门徒步游览时，可以跟已经有几分面熟的酒店工作人员说上一句"Jalan Jalan"。不过，在当地过马路却是十分危险的。在车道较多的宽阔道路，有时即使信号灯变成红色，过往车辆也不会停车。有的十字路口，规定只有直行车见到红灯时需要停车，而左转及右转车都不需要停车。过马路时，应等待已经熟悉当地交通规则的当地人开始过时再跟随其后行动，而且还要前后左右仔细观察。如不加注意，很容易发生交通事故。

巴厘岛的路标

的位置信息，几分钟后，司机就会到达。乘坐摩的时，起步价格为 Rp. 15000，之后每公里 Rp. 2000。网站首页链接的 Go-BUSWAY，可以实时显示公交专用道的车辆运行情况。

乘坐巴士及 Bemo

如果对如何查询去往目的地的巴士及 Bemo（合乘小型巴士）还比较生疏，则会比较麻烦，此时可以向巴士司机请教。司机基本上都会为游客细心地解释。关于乘车费用，可以事先向当地人打听一下，或者观察周围的人如何付钱。也可以先少付一些，如果对方提出异议，再增加金额。有时会多收游客车费，但在乘车的过程中就能知晓是否被多收了钱。

叫车 APP 既便宜又便捷

使用 GO-JEK 及 Grab 等 APP 要比直接搭乘出租车或摩的更便宜，更安全。不过，如果完全不会英语或印度尼西亚语，使用起来会不太方便，另外，相关法规也尚不健全，这些都是需要注意的，除此之外，这些 APP 还是非常好用的，很值得推荐。

乘车费用基本上都靠双方商议决定，所以应事先在酒店或旅游服务中心打听当地的乘车价格。大致的行情为 1~2 公里 Rp. 10000、5 公里左右 Rp. 20000。这个费用大致相当于出租车的一半或三分之一。如果线路规划合理，也可包租一辆在当地游览。

▶三轮车

三轮车被称为 Becak。座位位于三轮车的前部，司机坐在后边骑车。这种车在日惹、梭罗、泗水等东爪哇地区现在仍很常见，看上去很有情趣且极具印度尼西亚特色。

乘坐三轮车在市内悠闲地游览

▶三轮摩托车

最近出现了非使用人力驱动的三轮车，座位位于车的前部或侧面，被称为 Becak Machine 或 Bentul。费用与摩的相当（Rp. 10000~）。速度比普通的摩的快，在棉兰等城市比较方便，但是不太适合在塔纳托拉查郊外的坡路及路况较差的路段行驶。

三轮摩托车

▶马车

按地区有 Dokar（巴厘岛）、Andhong（爪哇岛）、Cidomo（龙目岛）等多种叫法。至今马车仍是当地居民的一种重要交通工具。但是，在一些旅游景区，也有面向游客的马车。

马车仍是当地居民的重要交通工具

旅行信息

电话·网络

▶电话

在海外使用手机

在海外使用手机有多种方法。可以直接使用国内的手机，还可以租赁当地的手机，还可以带上从国内租赁的随身 Wi-Fi。

节假日·深夜优惠

印度尼西亚的国际电话公司 IDD（001）对拨号通话有优惠时间段。非节假日的 21:00~次日 6:00、周六·周日及法定节日期间 24 小时，可享受 25% 的打折优惠。在这些时间段内拨打国际长途电话可自动享受该优惠。

在印度尼西亚拨打电话与在其他国家一样，市内电话无须拨区号，长途电话要拨从 0 开始的区号＋对方电话号码（使用酒店房间电话拨打时，按酒店的指示说明操作）。

随着手机的普及，公用电话等其他电话服务已经很难见到。除了入住的酒店，在电话局、部分网吧也可以拨打电话，如果是需要经常拨打电话的游客，应事先准备可用的通信设备。

中档以上的酒店，房间内都有电话

▶在当地购买手机

在各地的手机商店及便利店可以购买手机。如果购买三星及诺基亚的廉价机型，大概 30 美元（手机 Rp. 300000＋SIM 卡 Rp. 30000~）。可事

从中国往印度尼西亚拨打电话的方法

| 国际电话
识别号码
00 | + | 印度尼西亚
的国家代码
62 | + | 地区号码
（去掉前面第一个 0）
×× | + | 对方的
电话号码
× × × × × × |

从印度尼西亚往中国拨打电话的方法

| 国际电话
识别号码
001 | + | 中国的
国家代码
86 | + | 地区号码
（去掉前面第一个 0）
×× | + | 对方的
电话号码
× × × × × × |

※ 上述为普通电话拨打方式，若从酒店客房拨打，还需在 00 前加拨酒店连接外线的号码

先购买 PURUSA（个人用预付话费），印度尼西亚国内通话费 1 分钟 Rp. 300~700，国际长途 1 分钟 Rp. 12000~ 左右。

SIM 卡与通话费 PURUSA，可在各机场、城市的手机商店及便利店购买（需要出示护照并办理登记）。出售的 SIM 卡为普通型号，如使用 microSIM 或 nanoSIM，则需

市区里有很多手机商店

要对大小进行处理。这种 SIM 卡的使用期限为 30~90 天，如果继续缴费，使用期限可延长（游客基本上都是一次性使用在当地购买的 SIM 卡）。

▶网络电话

在印度尼西亚可使用 LINE 或 Skype 拨打国际长途电话，话费便宜（如双方为同一 APP 用户则拨打国际长途可免费）。也可使用其他社交媒体软件进行通话。

互联网

▶使用互联网非常方便

现在基本上所有的中高档酒店（以及部分廉价酒店）都提供无线 LAN（=Wi-Fi）服务。但是，有很多酒店只能在大厅及咖啡馆内使用，客房内没有信号。在城市里，挂有"Hot Spot Wi-Fi"标识牌的咖啡馆及餐馆可连接 Wi-Fi。

机场大厅内有出售 SIM 卡的地方

▶当地的网吧

在巴厘岛及印度尼西亚其他地区都有网吧，游客较多的地方很容易就能找到。标准费用为 1 小时 Rp. 10000~30000（具体费用因网速而异）。很多网吧的电脑都可使用外国文字的输入。

有可使用 Skype 的网吧

使用当地的 SIM 卡
可使用在当地购买的 SIM 卡。当地的大型通信公司有 simPATI 及 XL 等，SIM 卡价格为 Rp. 10000~150000。需让工作人员办理开通。之后，购买 "Pulsa"（一种用来支付通信费的信用卡），让工作人员录入信息就能开始使用。在雅加达机场购买，8GB 流量的费用为 Rp. 250000，在雅加达市内购买，30GB 流量的费用为 150000。

🍁 贴士　使用手机往国内拨打电话时，要先拨国家代码，再拨对方的电话号码。

在印度尼西亚使用智能手机及网络

　　首先，可使用酒店的上网服务（收费或免费）以及各种 Wi-Fi 覆盖区域（可上网，免费）的网络信号。在印度尼西亚，主要酒店及市区繁华地段都有 Wi-Fi 覆盖区域，可事先在网上查询入住酒店是否可上网以及哪里有 Wi-Fi 覆盖区域。但是 Wi-Fi 覆盖区域也有缺点，例如信号会不稳定，有时可能会无法连接。如果想顺畅地上网，建议选择以下方法。

☆各移动通信公司的"定额套餐"

　　可以直接使用平时使用的智能手机。在海外旅行期间，可购买"定额套餐"服务，在套餐规定范围内使用网络流量。不同国家、地区的套餐费用及具体的使用规定可能不同，需要注意。

☆租赁可在海外使用的移动 Wi-Fi

　　可以租赁在印度尼西亚可使用的移动 Wi-Fi，支付固定的费用即可。所谓移动 Wi-Fi，就是可供智能手机、平板电脑、PC 上网的器材，事先预约，可在机场取得。费用比较便宜，1 台移动 Wi-Fi 可供多个终端使用（可与同行者分享），无论何时、无论在什么地方，即便是乘车途中也可以享受速度很快的上网服务。

可在机场获取预约好的路由器

住宿信息

各档次住宿设施的住宿用品
● 高级酒店
　　香皂、洗发水、护发素、浴液、浴帽、牙刷、毛巾等。
● 中档酒店
　　香皂、毛巾。
● 商务酒店
　　不提供任何用品。有的地方有厕纸。

印度尼西亚式洗浴
　　在印度尼西亚语中洗浴被称为 Mandi。在这个热带国家，非常容易出汗，当地人都习惯一天多次洗澡。
　　廉价商务酒店内设有洗浴间，有水盆及厕所。洗澡时用舀子舀水冲洗身体。有的水盆比较大，但水盆非浴缸，所以不能进入泡澡。廉价旅馆的厕所不能用水冲走厕纸。水冲厕所会导致管道堵塞，在印度尼西亚人们习惯用手加水冲洗臀部。所以左手被视为不洁之手，不能用左手传递或接受物品。

　　印度尼西亚住宿设施种类很齐全，从高级的度假酒店到家庭经营的廉价旅馆都有。根据住宿设施等级的不同，具体的住宿规定也不尽相同，但因为当地的住宿设施数量非常多，所以大多数情况下，不预约也能顺利入住。

住宿设施的类型

▶高级酒店与度假酒店

　　印度尼西亚的景区及城市都有很多住宿环境非常舒适的高级酒店。尤其在度假胜地巴厘岛，有很多世界级水准的酒店。住宿费用 1 晚超过 US$ 200。基本上都建于海滨及山谷等景色优美的地方，设有游泳池、网球场、健身房、餐馆，还可以为客人联系各种户外运动。房间内有空调、电视、迷你酒吧、浴缸、热水淋浴等各种标准设备。很适合希望享受舒适的度假生活的游客。如果入住时间超过 1 周，参加旅游团会比个人入住便宜。

▶中档酒店与平房旅馆

　　巴厘岛的度假旅游区内的中档酒店，多为独栋式平房旅馆。住宿费用 1 晚 US$ 25~150，可供选择的范围很广。印度尼西亚其他地区，相同档次的住宿设施也基本上是独栋平房及独栋楼房。

▶廉价旅馆种类很多

在印度尼西亚，民宿型廉价旅馆被称为 Home Stay 或 Guest House。同样是廉价旅馆，商务酒店被称为 Losmen 或 Penginapan（除此之外，还有表示"家"的意思的 Wisma 或者 Pondok 的叫法）。乡村地区的住宿设施都为此种类型，价格非常便宜，带早餐 Rp. 150000 左右～。尤其是 Home Stay 形式的民宿，可以了解到印度尼西亚人的日常生活，很适合时间充裕的游客。

预订酒店

一定要入住自己心仪的酒店，或者不想花时间寻找合适的酒店，可以提前预订房间。如果是高级度假酒店，可通过酒店官方网站或办事机构预订。没有官网的酒店及平房旅馆，可通过电话或电子邮件预订。用电子邮件预订时，应用英语写明自己的姓名、几个人从几月几日开始入住几晚以及房间的类型（单人间、双人双床间、双人大床间、套间等）。

但是，除去新年前后及 7~8 月的旅游季节，在当地直接前往酒店便可入住。在当地办理酒店预订也很简单，所以长期旅行的游客一般都是亲自察看酒店情况后再决定入住哪里。如果是初次到印尼旅游、对当地情况不太熟悉的游客，最好事先预订酒店。

印度尼西亚旅游季节的注意事项

印度尼西亚的旅游季节为新年前后及伊斯兰教斋月期间。特别是被称为 Idul Fitri 的开斋节，作为当地最重要的节日，基本上相当于中国的春节，人们都要回到家乡并走访亲友。因此在开斋节之后的两周时间内，住宿设施及公共交通都很拥挤，需要注意。在此期间应提早预订酒店。而且城市的交通拥堵状况也会很严重，超市及旅游景区的人非常多。

只要不是旅游旺季，都可在当地直接寻找酒店

乡村地区有很多建筑形式模仿传统民居的平房旅馆

酒店住宿费之外的费用

在印度尼西亚的中高档酒店住宿，在住宿费之外要支付 21% 的税费及服务费。在非旅游旺季，有的酒店会给客人打折以抵消税费。在廉价酒店，税费包含在住宿费中，无须单独支付。

酒店会话

● 有空房间吗？
Apakah ada kamar kosong?
● 1 晚多少钱？
Berapa satu kamar, semalam?
● 可以打折吗？
Bisakah dikurangkan biayanya?

选择巴厘岛的停留地

巴厘岛的各个地区都极富个性。在不同的地方停留，旅游的方式及获得的印象也会有很大的不同，选择停留地时应先思考自己的旅游目的是什么。

库塔与雷吉安、水明漾与科洛波坎、金巴兰、努沙杜瓦与贝诺阿、沙努尔、乌布都是岛上的住宿地，选择时应主要考虑地理位置及酒店的情况。如果想入住高级酒店体验度假地的乐趣，建议选择水明漾、金巴兰、努沙杜瓦与贝诺阿。高级酒店的安全性也比较高较高，很

适合初次造访巴厘岛的游客。如果旅游的主要目的是体验海滩户外运动，可以选择在努沙杜瓦与贝诺阿停留。沙努尔及乌布的住宿设施种类齐全，从廉价旅馆到高级酒店都有，环境都很不错。

库塔与雷吉安有很多价格便宜的当地团体游，当然这种团体游入住的酒店也会相对差一些。其中一些酒店的房间及保险箱会出现失窃现象，甚至会发生偷窥。该地区具有很强的国际氛围，跟其他地区明显不同。

被当地的家庭派对所招待欢迎

如果被当地人邀请参加家庭聚会，可以带上一些简单的小礼品。

●从国内带去的伴手礼

当参加当地人的家庭聚会时，建议带上中式甜点，印度尼西亚的朋友会非常高兴。入住酒店之后，也可以给已经熟悉的工作人员送一些小礼物以进一步拉近双方的关系。

如果是可以饮酒的聚会，则可以带去一些中国的酒作为礼物。在雅加达等大城市，可以买到中国的食物及饮料（价格要贵一些），所以不一定要从国内带去。

●关于服装及礼仪

参加印度尼西亚人的聚会，需要注意与宗教有关的事宜。例如，在雅加达的居民当中有90%为伊斯兰教徒。根据宗教戒律，伊斯兰教徒不能吃猪肉，也不能饮酒。所以在聚会中，印度尼西亚人都不会饮用酒精饮料。另外，伊斯兰教和印度教徒都把左手视为不洁之手，所以在传递或接受物品时，不能使用左手。如果打算向参加聚会的印度尼西亚人赠送礼物，可以选择具有特色的中国工艺品（机场有售）。

在当地办理打折优惠

如果是入住中高档酒店，在机场的预订中心或通过当地的旅行社预订，可享受到较大幅度的打折优惠，这会比直接到酒店前台商讨价格更划算。也就是说个人客户价格＞旅游业内价格＋回扣。

在巴厘岛、爪哇岛的大城市，高级酒店的数量非常多，在非旅游旺季，很多酒店的折扣优惠幅度可以达到50%以上。印度尼西亚的中档以上的酒店其实数量都已经过多，所以除了在旅游旺季期间，基本上所有酒店的住宿价格都会打折。

✉ 浏览酒店预订网站的地图时应注意

酒店预订网站的地图中所标的地点经常会有一些出入。如果打算入住的酒店有官网，最好在预订前确认一下。有时直接询问酒店，可能酒店答复的价格会比预订网站还便宜。

以便宜的价格入住度假酒店

度假酒店有标准价格（Rack Rate）与优惠价格两种价格设定。例如旅游团的住宿价格就是已经享受了优惠的价格。不通过举办团体游的旅行社而自己办理住宿，如果是通过预订酒店的网站预订或者是通过当地的旅行社预订，住宿费用都可能比标准价格低。

入住舒适的度假酒店

▶通过预订酒店网站预订

无论是在海外入住高级酒店，还是廉价旅馆，现在人们都经常使用酒店的官网来预订酒店。查询想要入住的酒店并进行比较，然后按下按键就能完成预订。很多网站都向客人保证预订的价格为最低价格。可用信用卡支付，凭据可通过电子邮件收取。

▶通过国内的预订机构预订

如果是跨国的高级度假酒店，可以通过国内的预订机构或代理机构来预订房间。以此种方法预订房间，在非旅游旺季或在周末连续入住时，可以享打折优惠。一些特别高级的酒店，打折幅度很大，或者以非常便宜的价格提供房间升级、用餐、接送、高尔夫球等服务。

▶通过酒店官网预订

可以在各酒店的网站上了解最新的标准价格及优惠价格。另外，很多酒店规定，只要是在线预订房间，就能享受较大幅度的打折优惠。有的时候，打折幅度能达到接近50%的程度，有的酒店还提供早餐及机场接送服务。

▶通过当地的旅行社预订

当地旅行社赠送的优惠券对游客来说也是很实用的。有的时候以这

种方式预订酒店会比通过国内的旅行社预订还要便宜。可在到达当地后直接前往当地的旅行社领取优惠券。如果是没有安排详细行程的长期旅行，在入住高级酒店时，这种预订方法是非常值得推荐的。

可在各主要城市机场的酒店预订处办理打折优惠

在家庭寄宿中融入巴厘 Menginap di Home Stay

如果想穷游的话，就自然会选择便宜的旅馆住宿。想深入了解巴厘文化，建议选择家庭寄宿或入住由个人经营的客栈。这样就可以体验当地的传统文化，也有机会参加当地的文化活动。

快乐的巴厘岛家庭寄宿

巴厘岛的家庭寄宿 Home Stay 是指入住当地人在自己家里开设的民宿。设备都比较一般，不过床上都铺有床垫（少数地方还有弹簧床），卫生间里有淋浴（基本上都有热水），还提供简单的早餐。与老板一家住在同一个地方，对安全可以比较放心，还能近距离观察巴厘岛居民的日常生活。有的时候，当地人还会邀请游客吃饭以及参加寺庙的祭祀活动。另外，如果老板家里有人从事艺术的话，还可以教游客学习跳舞、民族乐器甘美兰以及绘画。总之，游客可以把自己的喜好告诉当地人，他们会热情地满足你的愿望。

非常简陋的廉价商务旅馆

印度尼西亚的商务旅馆被称为 Losmen，在登巴萨及吉女雅等城市区域很容易见到。房间为一字排列，室内只有床、洗面台以及一个小储物柜。卫生间里没有淋浴，洗澡时需要从一个四方的水桶中舀水浇身，这种方式被称为"Mandi"。很多地方都提供早餐，基本上只要咖啡机简单的甜点。但是，价格便宜还是非常吸引人的，而且还能认识来自其他岛屿的人。跟印度尼西亚的工薪族交流是一件很有趣的事。

入住廉价旅馆的提示

如果想尽量节省旅行费用，那肯定要自己洗衣服。巴厘岛的洗衣店价格也很便宜，牛仔裤等比较难洗的衣物可以送洗衣店。自己洗衣服时，可把洗好的衣服晾在毛巾杆上。如果自己拉绳子晾晒衣物，则高度一定要低一些。巴厘人视头部为神圣的东西，所以不能把衣服晾在高处。

家庭寄宿的房间基本上与普通的巴厘民居一样

另外，如果入住时间比较长，早餐肯定会吃腻。可选择的食物有松饼、煎饼、吐司，但每天如此，总会吃腻。此时可以将自己喜欢吃的食物的做法传授给工作人员。只要有制作早餐的食材，就可以做法式吐司、煮鸡蛋等简单的饭菜，不妨进厨房给工作人员演示一下。巴厘人工作并不教条，所以他们会很愿意学习的。

发生纠纷时

廉价旅馆内没有保险箱。所以要看管好自己的贵重财物。即便是跟关系不错的工作人员谈话，也要在公共区域，一定不要轻易让别人进入自己房间。如果是管理严格的住宿设施，原则上，除了打扫卫生，也不会有工作人员进入客人房间内。万一出现被盗等情况，应立即通知老板。可能会因此影响与工作人员的关系，但其实这也能促使老板对工作人员加强管理，对旅馆来说并不是什么坏事。入住廉价旅馆，只要自己比较注意，基本上不会发生什么问题。可以在家庭氛围的旅馆里享受旅行的时光。

淋浴设施已经开始逐渐取代过去的 Mandi

家庭寄宿过程中可以学习一些传统艺术

旅馆的阳台

购物信息

购物之前了解一下物价

超市、百货商店、大型伴手礼店都实行明码标价。尤其是当地人光顾的超市及百货商店，商品的价格都不会虚高，建议游客可以在购物前到这些地方大致了解一下当地的物价。大型伴手礼店，商品主要面向游客，所以即便明码标价，其价格也是比较高的。

在机场购物的注意事项

并不只限于印度尼西亚，在机场内的商店购物需要特别注意。经常出现的问题就是"在免税店购物后，发现被多收了钱"。人们一般都会觉得，机场内的商店比较令人放心，所以购物之后往往不会立即查看购物明细，导致容易被骗。尤其是购买伴手礼数量较多时，一定要当场核对付款金额。

有质朴的天然材质日用品、Batik 及 Ikat 蜡染、传统绘画、木雕等巴厘岛及印度尼西亚各地的民族特色伴手礼。为了能更好地享受在当地购物，应该对商店的分类及基本的购物常识有所了解。

大型免税店内有各种名牌商品及民族手工艺品

▶深受游客欢迎的商店与画廊

现在，游客的主要购物形式是在根据游客需求打造的天然材质杂货店以及各种精品店购物。这些点大多由外国老板经营，出售的物品都很受顾客欢迎。所卖商品都为明码标价，基本上不用担心上当受骗。部分个人经营的店铺，接受砍价，所以在购买商品较多时，不要忘了砍价。

▶需要砍价的当地店铺

在当地的印度尼西亚人光顾的店铺，跟国内的小市场一样，购物时都需要砍价，即便是同样的商品，根据砍价的幅度，出售价格上会有很大的差别。品质也良莠不齐，经常会遇到"贪贱没好货"的情况，需要注意。

出售传统工艺品的店铺，情况也基本上差不多。价签上的价格，其实都包含了砍价的空间。在印度尼西亚，游客可以在小店铺集中的市场里，以顾客的身份参与竞买。

▶可在超市了解当地物价

超市及百货商店，从商品种类到购物环境都跟其他国家差不多。顾客不分阶层，所有商品都按实际价格出售，明码标价，所以能了解到当地的物价。有各种伴手礼及 T 恤衫，初次来到印度尼西亚的游客，应该到这里大致了解一下各种商品的价格，以防止在其他店铺上当受骗。

能在超市买到伴手礼

Information

增值税（VAT）退税制度

从 2010 年 4 月开始，雅加达、巴厘岛实行增值税（VAT）退税制度。退税对象仅限持有外国护照的游客（滞留时间不超过 2 个月）。退税的条件为在指定的商店一次购物的合计金额超过 500 万印尼卢布（不含税）。

在指定商店购物时，出示护照并领取《缴税证明》。最后出境时在苏加诺哈达机场或恩古拉机场的增值税退税窗口申请退税（原则上应

在 Check in 之前办理）。完成手续后，可退回 10% 的购物费用。免税品、食品及饮料、香烟不在可申请退税的商品范围内（其他商品也仅限离开印度尼西亚前 1 个月之内购买的商品）。退税规定会发生变化，需要注意。适用退税规定的指定商店，现在数量还很少（巴厘岛的 Discovery Mall 内的 SOGO 等）。

Column

购物技巧 Cara belanja di pasar

乌布市场里有很多面向游客的伴手礼

人们往往只注意那些出售天然材质杂货的商店以及出售各种名牌商品的大型免税店，但是其实各地的小市场及艺术品市场也很值得一去。商品都很特别，还能体验跟店员讨价还价的乐趣。可以说购物本身就是一种娱乐活动。

在市场里寻找富有个性的伴手礼

市场（Pasar）从清早开始就充满活力。有食材、日用杂货、祭祀时不可缺少的花卉等，可谓应有尽有。对印度尼西亚人来说，市场就是平时购买生活用品的场所，但是对游客来说，市场是一个独具魅力的地方。例如，巴厘岛的市场，有用椰子树的树汁制作的红糖。味道比较淡，但 100% 手工制作，没有任何添加剂。属于对身体非常有益的健康食品。另外，祭祀用品也很值得一看。有用细竹条编的竹筐等手工艺品，比伴手礼店的商品更具品位。祭祀活动中使用的装饰物，有很多也很适合作为家居陈设使用。夜市从傍晚开始，出售儿童玩具的路边摊位，有很多非常有趣的玩具。

艺术品市场里价格便宜的杂货

在巴厘岛的库塔与雷吉安以及其他游客较多的岛屿，都有被称为“艺术品市场”的地方，出售伴手礼。有印着 Bintang 啤酒 Logo 的物品及 T 恤衫、首饰、木雕、铜排琴等各种面向游客的“伴手礼”，商品范围非常广泛。虽然这些商品并非什么精品，但是要承认，印度尼西亚人很擅长仿制。人气店铺里的度假地服装及首饰，有时在艺术市场里也能见到（出售名牌商品的仿制品属于违法行为，所以不应购买）。

梭罗的古董市场里的仿古商品

砍价的技巧

在没有明码标价的市场，毫无疑问，购物时需要砍价。卖家当然想要获得最高的利润。如果是熟人，可能会以进货价出售，但是如果能以高价卖出的顾客，卖家当然也不会客气。特别是在艺术品市场这种以游客为主要销售对象的地方，最初的要价都会很高。

重要的是了解当地的物价，然后判断自己想要购买的商品的价值。例如，决定以两万印尼卢布购买一件自己喜欢的 T 恤衫。如果对方的要价高于这个价格，则应表现出觉得价格太贵。之后，卖家会问“你想多少钱买”此时应表示“这个价格反正买不了。如果能便宜点的话，可以考虑”，总之不要主动给出具体价格。接下来，接续询问价格。对方给出的价格应该会比刚才便宜。此时不要着急，可以看一看其他商品或者跟卖家聊一聊其他事情，以这样的方式来拖一拖时间，不到最后，绝不轻易出价。最后可以跟卖家说：“两万印尼卢布怎么样？”如果对方提出再加一些的话，可以稍微抬高一点。假如未达成交易，可以说再去别的店铺看一看，然后准备离开，这样砍价，效果会不错。对方可能会同意这个出价，如果不行，也可以观察对方的态度并给出新的价格。砍价的秘诀是不要着急，要把对方当成朋友一样，在这种气氛中体验砍价的乐趣。

在艺术市场砍价是非常有趣的

民间艺术品的批发价格非常便宜

印度尼西亚的美食

基本餐饮词汇
菜单 =menu
收据 =kwitansi
牙签 =tusuk gigi
盘子 =piring
勺子 =sendok
叉子 =garpu
餐刀 =pisau
筷子 =sumpit

印度尼西亚菜使用的调料
Garam：盐
Gula：砂糖。Gula Pasir 是普通的白砂糖。Gula Merah 是椰子糖
Kecap Asin：普通的酱油
Kecap Manis：甜味酱油
Terasi：用小虾制作的肉酱
Asam：酸豆。用于添加酸味
Kelapa：椰蓉

▶种类繁多的各民族菜肴

印度尼西亚有很多民族，所以菜肴的种类也很丰富。一般来说，苏门答腊岛及苏拉威西岛的菜肴比较辣，爪哇岛则比较甜。例如，有一种美食叫 Sate Ayam（烤鸡肉串），各民族在吃这种美食的时候都使用不同的调味汁。到印度尼西亚各地旅游，可以品尝到各种不同的风味，这也是在印度尼西亚旅游的乐趣之一。

品尝美味的印度尼西亚菜

▶食材 + 烹调方法 = 菜名

印度尼西亚菜的菜名基本上都以材料名后边加上烹调方法的形式组成。例如印尼炒饭 Nasi Goreng，Nasi 是"米饭"的意思，Goreng 是"炒"的意思，加在一起就是炒饭。

即使在只能讲印度尼西亚语的乡村餐馆，只要按照这个方式表达菜名，对方基本上是可以理解的。

食 材		烹调方法
ayam = 鸡肉		goreng = 炒、炸
sapi = 牛肉		rebus = 煮、炖
ikan = 鱼	**+**	bakar = 明火烤
udang = 虾		panggang = 烤箱烤
nasi = 米饭		kukus = 蒸
mie = 面条		mentah = 生的

用于点菜的食材及味道口感的相关词汇

主食与肉类	米饭	=	nasi	鱼类	螃蟹	=	kepiting
	面包	=	roti		鱿鱼	=	cumi-cumi
	面条	=	mie		金枪鱼	=	ikan tongkol
	鸡蛋	=	telur		鲷鱼	=	ikan kakap
	肉	=	daging				
	鸡肉	=	ayam	水果	水果	=	buah-buahan
	牛肉	=	sapi		香蕉	=	pisang
	猪肉	=	babi		橙子	=	jeruk
	羊肉	=	kambing		柠檬	=	jeruk nipis
	鸭肉	=	bebek		木瓜	=	pepaya
					菠萝	=	nanas
蔬菜	蔬菜	=	sayuran		杧果	=	mangga
	洋葱	=	bawang bombai		西瓜	=	semangka
	马铃薯	=	kentang		榴梿	=	duren
	胡萝卜	=	wortel				
	空心菜	=	kangkung	味道口感	甜	=	manis
	黄瓜	=	ketimun		咸辣	=	asin
	西红柿	=	tomat		辣	=	pedas
	茄子	=	terong		苦	=	pahit
	大蒜	=	bawang putih		酸	=	asam
	豆	=	kacang		热	=	panas
	蘑菇	=	jamur		冷	=	dingin
					软	=	empuk
鱼类	鱼	=	ikan		硬	=	keras
	虾	=	udang		味道	=	rasa

餐馆信息

▶可以吃饭的地方很多

可以吃饭的地方，除了餐馆 Restoran 以外，还有 Rumah Makan 及 Warung，这两个名字都是小餐馆的意思。一般来说，餐馆相对高级一些，即便是对当地不太熟悉的游客在用餐时也不会感到什么不方便。Rumah Makan 大致相当于中档餐馆，很适合去品尝便宜且美味的当地菜肴。Warung 是廉价餐馆兼杂货店，卫生条件较差，前往用餐时应慎重。但是有的高级餐馆比较低调，也会使用 Warung 作为名称。

▶餐桌礼仪

在印度尼西亚用餐，没有什么特别需要遵守的礼仪。但是，如果在度假酒店内的餐馆吃饭，则需要稍微注意一下着装。在面向游客的餐馆吃饭，需要在餐费之外另支付占餐费 10% 的税费，有的地方还会收取服务费。收小费的习惯并不普遍，但如果餐馆的服务非常不错却不收取服务费，则可以在餐桌上留下一些小费（相当于一杯咖啡或一包香烟的价钱即可）。

高级度假酒店的餐馆价格也不贵

印度尼西亚是 Bungkus 文化的国度

Bungkus 是印度尼西亚语包装的意思，用于在餐馆或路边摊将食物带回家时。但是并非任何食物都会被包起来，汤汁类食物会被装入塑料袋。其他食物会用香蕉叶或纸包起来。

在当地，会发现所有菜品都会被以这种方式打包。

在小吃摊可以找到老百姓的味道

关于酒精饮料

在巴厘岛及爪哇岛的旅游景区，能喝到啤酒、葡萄酒、鸡尾酒等酒精饮料。但是，在伊斯兰教徒非常重视的斋月期间，伊斯兰教色彩较强的地区，部分商家会暂停出售酒精饮料。

在 Warung 享受美食 Cobalah makan di Warung！

如果想好好品尝当地的美食，可以选择去 Warung 吃饭。无论哪个 Warung，只要入座后就可以顺利完成就餐，但是初次前往的客人可能会有一些不习惯。这里介绍一下在速度快、价格便宜、味道好的 Warung 如何用餐。

Warung 是当地人经常光顾的餐馆

Warung 包含的范围很广，有 Ayam Goreng（炸鸡）店，也有 Sate Ayam（烤鸡肉串）店，不过最受欢迎的是米饭加各种菜品的 Nasi Campur。每家店的菜品、种类及味道各有特色，人气店铺的客人非常多。总之可以亲自去品尝一下，找到自己喜欢的菜肴。成为自己喜欢的餐馆的常客，也是旅行途中的一种乐趣。

如何在 Warung 用餐

如果是专门做 Nasi Campur 的 Warung，在展示橱柜中摆放着各种菜品，那么只要客人一坐下，就会自动开始上菜。如果想自己选择菜品，可在刚进入餐馆时就在展示橱柜前点好菜。在准备了菜单的店，有时店员会把笔和纸递给客人。此时可以把想

巴厘岛最受欢迎的美食是 Nasi Campur

要的菜品及份数写在纸上，然后递给店员。另外，Warung 主要提供的饮料有冰茶、咖啡、冰橙汁等。如果担心卫生状况，可以要瓶装软饮或瓶装茶。如果想节省花费，可以跟店员说 "Minta air putih"，店员就会端来白开水。

可以选择自己喜欢的菜品

其他的用餐场所

除了 Warung 以外，还有很多以便宜的价格提供当地菜肴的地方。如果是初次来印度尼西亚的游客，建议去百货商店及大型超市内的餐饮区。有可以一次品尝到各种美食的露天美食街。有很多小店，可以吃到印度尼西亚菜、各种乡土菜、中国菜、甜品等。店门口有带照片的菜单，便于点菜。

在较大的市场，从傍晚开始会有夜市，很值得一去。夜市上排满了出售 Ikan Bakar、Babi Guling、Martabak 的摊位，其间还能见到出售 Jamu 及玩具的摊位。虽然清洁度上有所欠缺，但是能获得许多新鲜的体验，非常有趣。在巴厘岛，登巴萨的 Kereneng 市场有规模最大的夜市。另外，Gianyar 市场以及巴图布朗的夜市，也极具当地风情。

贴士 印度尼西亚于 2015 年 4 月开始禁止便利店及杂货店等小型商铺出售酒精饮料。可在超市等大型商业设施里购买。

旅行用语

在巴厘岛的景区旅行时，即便是不会说印尼语也没有什么大问题。酒店、旅行社也会有个别可以讲中文的工作人员，无论是移动、就餐、参观还是购物，各种场景都需要一定的英语沟通能力。

不过，如果准备去往印尼的各个地区深度游，需要在一定程度上理解当地的语言。有些地方不用说中文，就连英语也很难沟通。多民族国家的共通语言是印尼语，如果能记个一句半句的就很容易跟当地人搭话，还可以在一定程度上提高旅行的安全性。

基本问候语

▶首先记住问候语

Selamat pagi	早上好

问候语一定要记住。问好的时候基本上都是用 Selamat 后面加上时间带。也就说 pagi 是"早晨"的意思。举一反三。

Selamat siang	（正午 ~16:00）你好
Selamat sore	（16:00~18:00）你好
Selamat malam	（18:00~）晚上好

如果在后面加上 tidur "睡觉"，组合成 Selamat tidur 就是"晚安"的意思。除此之外 Selamat 后面还可以加上以下的词。

Selamat jalan	（留下的人跟先走的人说）再见
Selamat tinggal	（先走的人跟留下的人说）再见
Apa kabar?	你好吗?
Kabar baik / Baik-baik saja	很好
Nama saya	我的名字是
Senang bertemu dengan anda.	见到你很高兴

▶表示"感谢的意思"

Terima kasih（banyak）	（十分）感谢

banyak 是"十分""多多"的意思。

Sama-sama / Kembali	没关系

人称代词
- **第一人称**
  我……saya
  我（男、女）……aku
  我们
  （包含对方）……kita
  （不包含对方）……kami
- **第二人称**
  你……anda
  你……kamu
  男性长辈……bapak（简称pak）
  女性长辈……ibu（简称bu）
- **第三人称**
  她……dia（ia）
  他……mereka

Tida apa apa. 别介意。

Maaf. / Permisi. 对不起。

    Maaf 是在道歉的时候使用。Permisi 是在想表达"劳驾、麻烦"的时候使用。跟英语中的 Excuse me 用法基本相同。

▶表示是与否的时候

Ya./ Tidak. / Bukan. 是 / 不是 / 不是。

    Tidak 是对动词和形容词的否定，Bukan 是对名词表示否定。

很实用的单词与句子

▶使用范围比较广泛的疑问词

Apa？：什么？

Apa Ini（Itu）？ 这（那）是什么？

Siapa? 谁?

Siapa nama anda? 你叫什么名字?

Kapan? 什么时候?

Kapan datang? 什么时候来的?

Mana？：哪里？（哪个？）

Dari mana? 从哪开始?

Ke mana? 去哪?

Di mana? 在哪?

Berapa？多少钱？（多少个？）

Berapa harga ini（itu）? 这个（那个）多少钱?

Berapa umur anda? 你几岁了?

Jam berapa? 几点了?

Boleh：～可以吗?

Boleh coba? 可以试试吗?

Boleh. / Tidak boleh. 可以 / 不行。

Ada？：～有吗?

Ada nasi goreng? 有炒饭吗?

旅行的准备与技巧　●　旅行用语

表示时间的单词

早上	pagi
中午	siang
傍晚	sore
晚上	malam
每天（周）	setiap hari（minggu）
夏季	musim panas
冬季	musim dingin
雨季	musim hujan

记住会有帮助的形容词

大	besar
小	kecil
多	banyak
少	sedikit
早	cepat
近	dekat
远	jauh
干净	bersih
脏	kotor
贵	mahal
便宜	murah
凉快	sejuk
冷、凉	dingin
热、烫	panas
新	baru
真棒	bagus
好	baik
美（风景）	indah
可爱	cantik
难	sulit
简单	mudah
忙	sibuk
聪明	pintar

记住会有帮助的动词

去	pergi
来	datang
吃	makan
喝	minum
起床	bangun
睡觉	tidur
坐	duduk
回来	pulang
住在	tinggal
住下	menginap
说话	bicara
寻找	tanya
听	mendengar
打开	membuka
行走	berjalan
见面	bertemu
写	menulis
送	mengirim
洗	mencuci
看	melihat
卖	menjual
买	menbeli
累	capek

高兴·····················gembira
快乐·····················senang
害怕·······················takut
喜欢························suka
悲伤·······················sedih
生气·······················marah
哭泣··················menanggis
笑·······················tertawa
可怜·····················kasihan
害羞························malu
奇怪（有趣）···············lucu

数词

0·························nol
1·························satu
2·························dua
3························tiga
4·······················empat
5························lima
6·······················enam
7·······················tujuh
8······················delapan
9·····················sembilan
10·····················sepuluh
50···················limapuluh
100····················seratus
200··················duaratus
300··················tigaratus
1000···················seribu
2000··················duaribu
3000··················tigaribu
1 万·············sepuluh ribu
1.5 万·········limabelas ribu
10 万············seratus ribu
100 万···········satujuta

标识日期、时间的词汇
● 日期 hari
~ 天前·············hari yang lalu
前天···········kemarin sulu
昨天·················kemarin
今天·················hari ini
明天···················besok
明天····················lusa
● 周 minggu
上周·············minggu lalu
本周·············minggu ini
下周···········minggu depan
● 月 bulan 参考周的用法

▶方便的单词

Mau：~ 想做

Saya mau makan ini.　　　　　　　　　　　　想吃这个。

Saya mau pergi ke~.　　　　　　　　　　　　~ 想去。

Bisa: 可以

Saya tidak bisa bicara bahasa Indonesia.　　　我不会说印尼语。

Sudah：已经

Sudah makan.　　　　　　　　　　　　　　已经吃过了。

Belum：还没有

Belum makan.　　　　　　　　　　　　　　还没吃呢。

Akan:~ 准备

Akan makan.　　　　　　　　　　　　　　准备吃。

▶紧急情况时的用语

Saya tersasar.　　　　　　　　　　　　　　我迷路了。

Di mana toilet?　　　　　　　　　　　　　厕所在哪里?

Paspor saya hilang.　　　　　　　　　　　我的护照丢了。

Dompet saya dicuri orang.　　　　　　　　我的钱包被偷了。

Dompet saya jatuh di dalam taxi.　　　　　我钱包忘在出租车里了。

Maling!　　　　　　　　　　　　　　　　有小偷!

Tolong　　　　　　　　　　　　　　　　救命!

Tolong panggil polisi.　　　　　　　　　　请帮忙叫警察。

Tolong buatkan surat keterangan kehilangan barang.
　　　　　　　　　　　　　　　　请出具一份物品遗失证明。

月		星期
1 月 Januari	7 月 Juli	星期天 Hari Minggu
2 月 Februari	8 月 Agustus	星期一 Hari Senin
3 月 Maret	9 月 September	星期二 Hari Selasa
4 月 April	10 月 Oktober	星期三 Hari Rabu
5 月 Mei	11 月 November	星期四 Hari Kamis
6 月 Juni	12 月 Desember	星期五 Hari Jumat
		星期六 Hari Sabtu

紧急情况时的医疗对话

在酒店领药

我身体不适。

Saya tidak enak badan.

有止泻药吗？

Adakah obat untuk menceret ?

去医院

请问最近的医院在哪里？

Di mana rumah sakit terdekat ?

有没有会说中文的医生？

Adakah dokter yang bias berbahasa Jepang ?

请带我去医院。

Tolong antar saya ke rumah sakit.

在医院的对话

请帮我诊察一下。

Minta pemuriksaan.

有可以翻译中文的工作人员吗？

Adakah yang bisa menerjemahkan bahasa Cina.

叫到我名字的时候请提醒我一下。

Tolong beritahu bila say dipanggil.

在诊疗室内

请问我需要住院吗？

Apakah saya harus diopname di rumah sakit ?

请问我得了什么病？

Saya sakit apa ?

需要多久可以治好？

Berapa lama saya bisa sembuh ?

我准备在这里停留一周。

Saya tinggal dii sini selama satu minggu.

诊疗完成后

请问诊费大约多少钱？

Berapa biaya pemuriksaannya ?

可以用保险吗？

Bisakah pakai asuransi ?

可以用信用卡支付吗？

Bisakah bayar dengan kartu kredit ?

请帮我开具保险证明。

Tolong buatkan surat untuk asuransi.

※ 如果有以下症状，请打钩

□ 恶心 ……………………mual	□ 每天 X 次 …… ○ kali sehari	□ 听力下降 …… susah dengar
□ 呕吐 ……………… muntah	□ 有时 …… kadang kadang	□ 眼屎多 …… kotoran mata
□ 寒颤 …………… kedinginan	□ 频繁 …… banyak kali	□ 眼睛充血　kemerahan mata
□ 食欲不振　tidak ada nafsu makan	□ 难以忍受 ……………terus	□ 视力障碍 …… susah lihat
□ 头晕 ………………… pening	□ 感冒 …… masuk angin	□ 哮喘 …………… asma
□ 疼 ………………… sakit	□ 头疼 …… sakit kepala	□ 出疹子　bintik-bintik pada kulit
□ 发热 ……………… demam	□ 流鼻涕 …………… piluk	□ 过敏 …………… alergi
□ 贫血 ……………… anemia	□ 打喷嚏 …………… bersin	□ 皮肤瘙痒 …………gatal
□ 腹泻 …………………diare	□ 咳嗽 …………… batuk	□ 牙疼 …… sakit gigi
□ 便秘　susah buang air besar	□ 有痰 …………… dahak	□ 生理期 …… datang bulan
□ 水样便　air besarnya seperti air	□ 呼吸困难 …… susah nafas	□ 孕期 …… sedang hamil
□ 腹痛 …………… sakit pelut	□ 失眠 …… susah tidur	

※ 可以指着下列单词向医生表达自己意思

▶吃了什么状态的食物

生的 ………………… mentah
野生的 ………………… liar
油腻的 ………… berminyak
凉的 ………………… dingin
臭的 ………………… busuk
不太熟的 ……… belum matang
时间长的 ………… sudah lama

▶受伤时

被蜇了、被咬了 …… digigit
切到了 …………… dipotong
摔倒了 ………………jatuh

被打了 …………… pukul
出血了 …………… berdarah
扭到了 …………… keseleo
烫伤了 …………… terbakar

▶疼痛

发痒 ………………… pelih
发热 ……… merasa panas
隐隐作痛 …………… tajam
很疼 ………… sakit sekali

▶原因

蚊子 …………… nyamuk
蜜蜂 ……………… lebah

毛毛虫 ………………… ulat
毒虫 ……… serangga beracun
老鼠 ………………… tikus
蛇 …………………… ular
野狗 ……………… anjin liar

▶做什么的时候

路上走着的时候
……… berjalan kali di jalan
开车的时候
………… menyetir mobil

461

在印度尼西亚需要注意的疾病

巴厘岛、爪哇岛等比较开放的地区，传染病比较少。但是，有的内陆地区存在流行性肝炎、疟疾等致命疾病蔓延的情况。在苏门答腊、加里曼丹、巴布亚需要注意预防疟疾，前往这些地区旅行，一定要带上防虫喷剂。虽然有相关的预防药物，但是副作用较大，而且即使服药也不能保证100%安全。

▶感冒 Cold

天气非常炎热，但如果开着空调或电风扇睡觉，则可能会感冒。患感冒后，首先需要静养。如果勉强而为，则会引发其他疾病。感冒被视为众多疾病的根源，如果染病，不要怕浪费掉宝贵的旅行时间，应该卧床静养。最好带上一些平时常用的感冒药。

▶痢疾 Diarrhea

在新的环境里很容易患上痢疾。特别是游客非常多的巴厘岛，痢疾十分常见。不过即便染上痢疾也完全不用担心。只要服用治疗痢疾的药物并注意休息，很快就能康复。另外，还要注意不要饮用生水、不吃平时不常吃的水果及刺激性食品。

▶消化系统感染 Alimentary infection

只要游客自己足够注意，痢疾、伤寒等消化系统感染是可以有效预防的。首先要做到绝对不喝生水。当地的自来水，如果未烧开则不适合饮用，要时刻提醒自己只饮用矿泉水（在城市地区都能买到）。高级酒店的客房里放有免费的瓶装饮用水）。另外，用餐时，如果觉得餐馆的卫生状况欠佳，则不吃刺身及生的蔬菜。如痢疾症状持续2~3天仍不消失，此时需尽早前往医疗部门，接受检查及必要的治疗。

▶登革热 Dengue Fever

登革热是经蚊子传染的感染症。东南亚地区快速的城市化进程被认为是引起登革热流行的一个原因，在印度尼西亚有时会突然爆发。该病的潜伏期为4~7天，伴随突然发烧、头疼、关节痛等症状。目前还没有相关疫苗，为了防止染病，应避免被蚊子叮咬。通常3~7天可痊愈。

▶中暑•晒伤 Sun Stroke/Sunburn

热带地区的日照要比想象中的强烈得多。如果尚未适应，长时间被强烈的阳光照射能引起严重的晒伤（会出现水泡，症状跟烫伤差不多）。这样下去，人会出很多汗，最终可能因水分及盐分的缺失而出现中暑症状。不能让皮肤轻易被晒。最初的1~2天，每天只晒几分钟即可，逐渐让身体适应。另外，在阳光下步行时，应戴上帽子并及时补充水分。

印度尼西亚的医疗

印度尼西亚的医疗机构，设备及医疗水准参差不齐。如出现身体不

适或受伤，需要就医时，建议前往雅加达或巴厘岛的大医院。

如病情或伤情非常严重，可以考虑回国或前往澳大利亚、新加坡，接受更高水准的治疗。

突发事件的对策

▶常识非常重要

在闹市区行走时应注意周围

在自己的国家很少会遭遇危险，是因为我们的常识可以帮助我们远离危险之地以及危险之人。即便在自己的国家，如果身处不良人员之中，就很可能遭遇不测。同样的道理，在印度尼西亚也会遇到此类问题。所以无论在哪里，最重要的是要有常识。可以用在本国掌握的常识来类推当地的常识。

▶主动搭讪的人

如果有人莫名其妙地走过来主动搭讪，此时一定要多加防备。当然，有的人可能只是想表示友好，但是也不能排除有的人是别有用心的。如果轻易相信对方的话并跟随对方去往那里，则很可能遭遇危险。在完全了解了对方的身份之后再跟对方交朋友也为时不晚。

▶注意周围

大城市的巴士上有小偷，这些人一般都不单独行动，一旦遭遇抵抗，他们就可能拿出身上带的刀。一定要对周围的人保持警惕，如果感到有问题，要立即离开。万一遇上抢劫，不要执着于财物，保证生命安全才是最重要的。

对付强烈日照及蚊子叮咬的方法

印度尼西亚全年都是夏天，需要准备好夏季用品。首先要考虑防晒。如果不想被晒黑，就要带上遮阳伞或涂抹防晒霜。

当地蚊子也很多，所以一定要带上防虫喷剂。在印度尼西亚各地的药店、杂货店也能买到防虫喷剂及蚊香。

关于厕所

旅游景区及宗教设施内设有公共厕所，但是卫生环境一般，而且有时会被收取小费。城市里没有公共厕所，可以去附近商店或餐馆内的厕所。厕所的干净程度取决于店铺的等级。

拒绝毒品

印度尼西亚禁止大麻等毒品。印度尼西亚政府对非法持有毒品者的处罚非常严厉，听说有的法律甚至规定可以当场枪决，不过毒品犯罪却并不少见。印度尼西亚警察跟美国警察一样，会实行钓鱼执法，需要注意。

有关艾滋病的注意事项

印度尼西亚与其他国家一样，也有艾滋病毒感染者。因为设备齐全的医院不多，所以实际的艾滋病毒携带者数量可能远远高于政府公布的数字。要警惕面首，不要与刚认识的人有过于亲密地交往。

---

for your Safety

游客的安全对策

2002 年至 2005 年期间，在巴厘岛库塔等地发生了多起炸弹袭击事件。2006 年以后，一直没有发生类似事件，不过在巴厘岛内游客较多的场所，对恐怖分子的警戒措施仍然十分严格。驾车进入高级酒店院内需要接受检查（安全人员用镜子检查车辆底部），有的大型购物中心也会检查客人的包。虽然会感觉不太方便，但这些措施都是为了保证游客的安全，应积极配合。

除了恐怖袭击，每当出现政治纷争或选情比较激烈的国会选举时，会时而发生学生及工会组织的游行示威活动。另外，在亚齐特区、马鲁古省安汶岛、巴布亚省、西巴布亚省、中苏拉威西省（波索县及帕卢市）等地，仍有有关独立问题及宗教对立的武装冲突发生，前往这些地区需要特别注意。

为了保证人身安全，游客在出发前应了解最新的旅行目的地相关信息。可以查看外交部网站。另外，在滞留印度尼西亚期间，尽量少去购物中心、舞厅等外国人较多的场所，并尽量不要在夜间外出。除此之外，一般认为，西方国家的使领馆及企业容易成为恐怖袭击的目标，需要注意。要随身携带在海外可以使用的手机，以备在紧急时刻有对外联络的手段。

应确认信用卡付费币种

最近在海外使用信用卡时，很多人会发现付款收据上显示的币种并非当地货币。用外汇换算成当地货币付款虽然不违法，但其设定汇率对持卡人来说可能很不划算，需要注意。

付款时，有时对方会问"用人民币支付吗？"有时会什么都不说就直接用人民币办理支付，所以签字前一定要仔细确认。

顺手牵羊式的盗窃

即使有当地人说"没关系，你就把行李先放在这吧。"也要坚持自己照看自己的行李。如果不自己照看，经常会发生行李丢失的情况。而且承诺帮忙照看行李的人也不会赔偿。

巴厘岛库塔一带经常发生骑摩托车抢劫的案件

保存贵重财物的方法

如果护照、信用卡、机票、现金等贵重财物失窃，就只能终止旅行了。在高级度假酒店，可以把贵重财物存放在保险箱中，随身携带时，可放入用于存放贵重财物的腰包或可挂在脖子上的袋子中，以防被盗。

犯罪类型

在世界范围内，犯罪都具有地域性。旅游国家印度尼西亚也有其独特的犯罪类型，事先进行了解，可以大大减少遭遇犯罪伤害的概率。

▶骑摩托车抢劫

巴厘岛的库塔与雷吉安、沙努尔、乌布、爪哇岛的日惹等地，游客经常步行的道路上发案较多。尤其是库塔与雷吉安，这种犯罪更是极为常见。绝对不要携带贵重财物步行外出。包要背在胸前或靠路边一侧。

▶公交巴士、Bemo 上的小偷

巴厘岛的 Bemo（合乘的小型巴士）、雅加达市内的巴士及巴士车站、日惹市内的巴士上有持刀行窃的小偷。外国游客经常遭遇此类犯罪，所以尽量不要乘坐。车票虽然便宜，但如果随身贵重财物被盗，将得不偿失。

应注意巴士内的小偷

▶抢劫

在巴厘岛的银行或货币兑换处兑换大量现金后，容易被人驱车尾随并遭抢劫。所以兑换货币时应控制金额，如果需要兑换数额较大的货币，即使汇率稍微差一些，也要在入住的酒店内兑换，而且不要让别人见到自己持有大量现金。

在雅加达的繁华街区，夜间会发生针对乘坐出租车的外国人的抢劫。还有以使用迷药的方式进行抢劫的案件，所以一定不要喝陌生人的饮料。甚至发生过因迷药剂量过大导致被害人死亡的案例。

▶毒品

在巴厘岛的库塔与雷吉安、龙目岛的圣吉吉，经常有贩卖毒品者在街头揽客。印度尼西亚对毒品犯罪的处罚极其严格，切记绝对不要触碰毒品。而且在当地的毒品案件中被逮捕的基本上都是游客，这也是需要认真考虑的问题。

▶诈骗

如果贪图对方给出的所谓的好处，就很容易遇到结婚诈骗、不动产诈骗等犯罪。如果有人说"我家有土地，你可以出钱建一个酒店，咱们

一块经营"之类的话，要提高警惕。印度尼西亚禁止外国人在当地拥有土地及商铺，付出资金后，主动权就到了对方手里，如果最终反目成仇，外国人一方会血本无归。

▶赌博骗局

有人会主动搭讪游客，然后带游客去登巴萨等地，让游客参加骗局赌博，骗取游客钱财。实施骗局的是犯罪集团，有人负责搭讪（通常为女性），有人扮演荷官，会跟游客说"我可以通过作弊的方式让你赢得盆满钵满"，还有扮演受骗者的，整个角色分配就像漫画故事一样。现在巴厘岛已经成为一个国际性的旅游胜地，所以吸引了大量犯罪集团来此作案。

这些犯罪人员一般都会事先调查游客是否持有信用卡，有的游客的受害金额会非常高。切记不要跟随讲英语的陌生人去没去过的地方。

▶性犯罪

在巴厘岛的库塔与雷吉安、沙努尔，外国女性很容易遭遇性骚扰。部分外国女游客来此旅游的目的是寻求一夜情，所以导致部分当地人错误地认为外国女游客都是这样的人。

在夜店游玩时要保持警惕

另外，也有女游客从舞厅出来或者驾车兜风之后被带到其他场所，喝下混有抑制意识活动反抗功能的饮料遭强奸的案例发生。也有一起玩乐的当地人实际上是面首，如果女游客对面首出手不够大方，也可能因此遭到性侵。

▶面首

巴厘岛的旅游景区有专门将外国游客作为目标的面首。有一些面首还能讲一点游客的母语。他们的目的是骗取钱财，而不是游客的身体。

面首会跟游客讲一些有趣的事情，总是笑容可掬，装成很善良的样子，所以切记不要立即相信刚刚认识的人。这些人都是职业骗子，诈骗手段高明，很容易博取游客的信任。

▶兑换货币时产生的纠纷

在巴厘岛的库塔与雷吉安、沙努尔、机场内的货币兑换处换汇时，经常会发生实际得到的现金数少于换汇金额的情况。如果已经离开货币兑换处，即使再回来要求补钱，也不会被理睬。所以换汇时一定要当面点清。最近在库塔及沙努尔，出现了一些招牌上显示汇率极为划算的货币兑换处（通常还同时经营伴手礼店），这些地方基本上都有问题。兑换时需要支付手续费，结果可能还没有其他兑换处划算，甚至还可能遭受巨大的损失。这些地方会使用经过改装的计算器，窗口故意摆放大量小额纸币，借此掩护，像变戏法一样从交给客人的现金中抽出一部分，犯罪手法极为恶劣。

✉ **城市拥堵**

印度尼西亚的大城市，非节假日的 7:00~10:00、16:00~20:00 的交通高峰时段以及周末期间的大型购物中心周边会出现严重的道路拥堵。除此之外，还经常会因道路施工、游行及下雨而出现拥堵。可以使用导航软件了解拥堵路段及到达目的地所需的时间，还可以知道最佳路线。如果碰到比较容易交流的出租车司机，可以将导航信息告诉他。

解决问题

警察开具的遗失证明
Surat Keterangan Kehilangan
Barang
　　发现遗失后，立即到最
近的警察局办理遗失证明。

丢失信用卡时
　　有的信用卡可在海外补
办，例如JCB卡可在巴厘岛
的JCB Plaza补办。当发现
丢失后，应先挂失，停止信
用卡的使用，具体事宜可以
咨询客服。

随身携带护照的复印件
　　印度尼西亚人都持有被
称为KTP的身份证。外国人
在进入某些地方以及遇到一
些麻烦时也需要出示身份证
明。如将护照放在入住的酒
店，则应随身携带护照的复
印件。

▶丢失护照

　　丢失护照时，首先应去
当地的警察局，办理失物证
明。之后到大使馆或领事馆
办理遗失手续，申领新护照
或旅行证。

　　申领新护照需要提交身
份证明、遗失声明、照片，
还需缴纳手续费。所以应事
先保存护照照片页的复印件，
并与原件分开保管。

在拥挤的环境中行走要注意行李

　　丢失护照就意味着丢失了入境记录，所以办理完申领新护照或旅
行证的手续后，应立即前往最近的移民管理部门，办理出境的相关手续
（有时需要半天到一天的时间）。可向大使馆或领事馆咨询办理出境手续
时需要提交的文件，有时移民管理部门会要求出示机票。出境时，当事
人还会被机场的移民管理部门询问事情经过，可出示警察局出具的失物
证明并解释相关经过。

▶丢失信用卡

　　丢失信用卡时，应立即联系国内的相关客服，首先要暂停信用卡的
使用。基本上所有信用卡都带有保险，但如果不及时跟客服取得联系则
可能被拒绝理赔。可在当地补办新卡，大概需要几天到一周的时间。

▶丢失机票

　　随着电子机票的普及，基本上已经不会发生旅途中丢失机票的情况
了。使用电子机票出行，要携带"电子机票凭据"，在办理登机手续时出
示。如果将"电子机票凭据"丢失，只要出示可证明身份的证件（护照、
购票时使用的信用卡等），就能再次获得。

▶丢失全部现金

　　如果带了信用卡，即便遗失也可以在当地补办。现金如果丢失，则
很难找回，所以尽量不要只带现金出游。

　　如果丢失了全部现金后仍想继续旅游，可以让人从国内汇款。但是，
即便是电汇也要2~3天时间。联系使领馆，说明情况，也许可以借到一
些应急的费用，但最好还是选择其他解决办法。

希望所有的游客都能圆满地完
成旅行

将卡与现金分开保存以分散风险

需要了解的习惯及礼仪

●基本礼仪

发怒及伤害别人自尊心的行为被认为是最不礼貌的。即便过错完全在对方，一般也会冷静地讲道理，谋求和解。

有乐善好施的习惯。有钱人把钱拿出来帮助穷人的观念很强。如果见到沿街乞讨的人，可以像当地人一样，给乞讨者一些钱。

不能触碰别人的头部。左手被视为不洁之手，所以传递物品及握手都应使用右手。

说话时把手放在腰间的行为会被对方认为是生气了。

只要遵守社会规范，在当地可以喝酒及抽烟。印度尼西亚的政府部门，例如警察局、机场、政府旅游局的入口处，都贴着显示各部门名称的标识。标有○及×的男女图画，是对穿着的规定。表示"禁止穿着无袖服装、短裤、拖鞋者进入此建筑"。进入寺庙时也要注意穿着。

●关于宗教

印度尼西亚人有着虔诚的宗教信仰。生活习惯多基于伊斯兰教或印度教。游客应注意不要在不经意间伤害到当地人的宗教情感。不管做什么事，应遵从当地人的习惯。印度尼西亚政府公认的四大宗教为伊斯兰教、基督教、印度教、佛教，当地人都是某一宗教的信徒。

印尼是世界上最大的穆斯林国家，不过在基督教徒较多的地区也能吃到猪肉

●斋月期间

伊斯兰教历中的斋月期间，虔诚的伊斯兰教徒只在早上5:00之前吃一餐，之后在下午6:30以后再吃一餐，以这样的断食 Puasa 方式生活一个月。除了不能随意吃饭，也不能吸烟，不能喝水，甚至不能咽口水，度过13小时以上的时间。在此期间，印度教徒、基督教徒、佛教徒都照常生活，但在伊斯兰教徒较多的地区，为了对别人的信仰表示尊重，一般都不会外出用餐。游客也应谨慎行事。伊斯兰教历中的斋月在太阳历中，每年错后11天左右。

巴厘岛的女性每天都给神灵献上供品

●阶级社会

印度尼西亚是一个阶级社会，有钱人要比发达国家的中产阶级富裕得多。这些人拥有豪宅及高级汽车。他们的孩子大多都在西方国家接受教育。与此相对，占印度尼西亚人口大多数的还是并不富裕的人。虽然同为印度尼西亚人，但这两类人之间，在思想意识上有着非常大的差别。平时去往的场所以及穿着打扮也会因所属阶级的不同而相去甚远。

旅行社也提供高级的服务，但与此相应，费用也会非常高。也可以在普通人就餐的小餐馆（其阶级性或多或少被过度强调），费用很低。游客在当地可以说是一个流动的阶级，既可以体验富人的生活，也可以体验普通人的生活。在什么时候选择何种体验，也是一种旅游技能，可以让自己的旅途变得更加精彩。

●对外国游客的认识

在印度尼西亚，外国游客被认为是有钱人。所以当地人有时会编造一个理由向游客要钱，而且认为这种行为是合理的，游客应该帮助他们。遇到这种情况不要动怒，可以用开玩笑的方式岔开话题。

●小费

当地基本上没有收取小费的习惯，不过在巴厘岛等旅游地区则会收取小费。让机场的行李员或酒店的工作人员帮助搬运行李，每件行李大概要付 Rp. 10000 作为小费。机场的行李员会强行从乘客手里夺过行李来搬运，如果不加制止，会被收取高额的小费。不过这些人是靠赚取小费为生，所以也可以理解。可以事先了解一下小费的行情，之后按行情支付合理的小费即可。

另外，在印度尼西亚入住高级酒店时，很多人都会在床头给打扫房间的人留下小费，一般为1晚 Rp.10000。

印度尼西亚概况

南洋岛国印度尼西亚

政治·地理·教育

●从沙璜到马老奇

印度尼西亚的领土面积为190.5万平方公里。东西长5100公里，南北宽1900公里，有1万多个大小岛屿。印度尼西亚人用"从沙璜到马老奇"这句话来形容国土的广阔。沙璜是苏门答腊岛最北端的亚齐特区以北的一个小岛，为印度尼西亚领土的最西端。与此相对，马老奇是西巴布亚省的最东端。所以"从沙璜到马老奇"这句话不仅表示印度尼西亚领土广阔，还指代印度尼西亚这个国家。印度尼西亚首任总统苏加诺的著名演说中都提到过"从沙璜到马老奇（Sabang~Merauke）"，以此激发听众的爱国热情。另外还有名为《从沙璜到马老奇》的歌曲，在国家活动中会演唱。

●主要城市

首都雅加达人口最多，有大约1018万人（2015年）。接下来依次是东爪哇省的省会泗水（SURABAYA）、北苏门答腊省的棉兰（MEDAN）、西爪哇省省会万隆（BANDUNG）、中爪哇省省会三宝垄（SEMARANG）、南苏门答腊省省会巨港（PALEMBANG）。在总人口2.5546亿人中，有大约60%的人集中在爪哇岛上。

印度尼西亚首都雅加达

●地方行政制度

印度尼西亚全国有31个省（PROVINSI=一级行政区）级行政区。其中包括雅加达首都特别市、亚齐特区、日惹特区。

省长为省议会选举产生，总统任命。担任省长者多为军人出身。省级行政区以下的行政区有：

① KABUPATEN=县
② KOTAMADYA=市
③ KECAMATAN=郡
④ KELURAHAN=镇

相当于村的 DESA、KAMPUNG 不是正式的行政区名称。

●居民与语言

印度尼西亚有490多个民族（也有观点认为如果细分，民族数量可超过3000），其中人口最多的民族是爪哇人，约6000万人。接下来依次为2700万的巽他人（西爪哇）、320万的巴塔六民族（北苏门答腊）。

各民族使用的语言超过250种，根据1945年制定的宪法，全国共通语言为"印度尼西亚语"，学校从小学阶段开始教授印度尼西亚语。随着广播及电视的普及，现在基本上所有印度尼西亚人都懂印度尼西亚语。从这个意义上说，印度尼西亚语在印度尼西亚国家统一中发挥了巨大的作用，并依然是维持统一的重要因素。印度尼西亚语源自马来语，尤其在口语中，没有烦琐的语法及严格的时态、人称，所以对外国人来说是比较容易学习的语言。

●政治

印度尼西亚的政体为"共和制"。1945年8月18日颁布的《1945年宪法》是印度尼西亚的政治基础。苏哈托总统积极推动将宪法前言中所述的"建国五原则"（PANCASILA）作为国家的政治理念，例如规定所有的社会性组织、团体都必须基于建国五原则设立。所谓建国五原则就是：（1）对神明的绝对信仰；（2）人道主义；（3）印度尼西亚的团结统一；（4）民主主义；（5）社会正义。苏加诺总统在1945年6月的演说中首次提出这些原则。

国家元首为总统，任期5年。由全体选民的普选产生。1945年8月独立后到2015年，只有苏加诺、苏哈托、哈比比、瓦希德、梅加瓦蒂、尤多约诺、维多多7任总统。宪法赋予总统很大的权限，1998年实现民主化以来，总统的作用也在发生变化。

相当于国会的人民代表会议（DPR）的代表数为560人，在全国77个选区按照开放名单的比例代表制选出，任期5年。人民代表会议与地方代理事会（理事数128人）共同组成人民协商会议（MPR）。

政党有民主党（PD）、斗争民主党（PDIP）、专业集团党（PG）及公正福利党（PKS）、国民使命党（PAN）、发展统一党（PPP）、民族复兴党（PKB）等。

●军队

印度尼西亚的军队（ABRI=Angkatan Bersenjata Republik Indonesia）由陆军、空军、海军、国家宪兵4个军种组成。其中以陆军实力最强并形成了独立的势力。苏哈托总统及许多内阁部长、省长、国企负责人都是军人出身，国家政治的军人独裁色彩曾经很浓。

●教育

小学至高中的教育为六三三制，大学的教育年限现在多为4年。

1984年5月，开始实行7~12岁（小学阶段）的义务教育，对教育非常重视，全国的义务教育就学率已超过90%。

根据印度尼西亚政府公布的数字，7~44岁人口的文盲率已经低于10%，达到8.1%（870万人）。但是，在农村地区，虽然进入小学学习但因经济原因最终退学的儿童也非常多。

●全国的学校

有小学、初中、工业初中、家政初中、普通高中、工业高中、商业高中、家政高中、师范学校、体育师范学校、国立大学等学校。

除此之外，雅加达、万隆、日惹、泗水、棉兰等城市有不少被称为 Academy 的学校（2~3年）及私立大学。1984年设立了 UNIVERSITAS TERBUKA（UT）"电视大学"，努力促进教育机会的平等。

小学至高中每天开始上课的时间比较早，因校舍不足，很

多学校都采用二部制。私立学校数量很多，基本上为伊斯兰教团体设立，被称为 Madrasa 或 Pesantren。

社会·生活

●结婚与离婚

所处地域越偏僻，女性的结婚年龄也随之降低。在农村地区，有受命于父母、为了获取彩礼而结婚的现象。有的女孩13岁出嫁，14岁生孩子，20岁之前就是4~5个孩子的母亲了。在雅加达等城市，随着受教育水平的提高，结婚年龄也在上升，二十几岁出嫁的女孩也很常见。

离婚者不少，但很难弄清实际的离婚率。印度尼西亚男性对女性很温柔，恋爱时也非常浪漫。有很多女性因此步入婚姻，但婚后发现对方支撑家庭的能力不足或者有出轨的行为并因此对婚姻非常失望，不过这种现象在任何国家都有。

●家庭计划

印度尼西亚的人口达到约2.5亿，现在"最多只生两个孩子"的小家庭的数量正在增加。出生率很高，如此发展下去，在不久的将来，人口问题会凸显出来。现在印度尼西亚正在全国范围内推进"Keluarga Berencana"

计划，但孩子也已经是重要的劳动力来源，所以该计划的推行并不顺利。

其中，巴厘岛、西爪哇省的计划实施率比较高。计划的基本内容为让已经生育了两个孩子的女性了解避孕方法，推广节育环及口服避孕药的使用。虽然外国也在提供援助，但在当地，使用避孕套的男性仍然很少。

●相互扶助

Gotong Royong 在爪哇语中意为"一起工作"。这个词所表述的是印度尼西亚最重要的一个社会风俗。

地区居民全体出动，共同从事某一事业，在农村，可以一起插秧、一起收割，在城市，可以一起维护治安、一起打扫街道。通过互助合作来维护社会秩序及和平。Gotong Royong 已经进入每个家庭，非常重视亲人之间的互助。这种"相互扶助"的精神奠定了这个国家的社会基础。

祭祀活动也体现了相互扶助的精神

体育与音乐

●足球最受喜爱

在全国深受喜爱的体育运动是足球。大人和孩子都很喜欢观看欧洲足球联赛的电视转播。在赛季期间，国内的职业足球联赛也几乎每天都有比赛（周末之外也有多场比赛）。顶级联赛为"Indonesia Supper League（ISL）"，优胜队伍可参加 AFC 亚洲冠军联赛。因印度尼西亚足协的内部斗争，2011年新成立了"Indonesia Premier League（IPL）"。足球场内的球迷非常狂热，球队里有来自世界各地的球员。

●多样的音乐文化

Dangdut 是印度尼西亚的代表性民族音乐。这是一种以高低起伏的鼓点为特征的舞蹈音乐。最著名的 Dangdut 音乐家是 Roma Irama。1969年出道，但他的诸多名曲至今仍被年轻人改编。印度尼西亚的流行音乐水平也很高，女性歌手 Agunes Monica 及 Anggun 在印度尼西亚国内外都很受欢迎。另外，因表现性很强的歌曲而深受喜爱的 Iwan Fals 是印度尼西亚摇滚界的大师。爵士乐风格原声音乐组合 Endah 'n'Rhesa 在乐迷圈内人气很高。

Column

多元中的统一

印度尼西亚的国家口号是"多元中的统一 Bhin-neka Tunggal Ika"。国徽上的神鸟"Garuda"脚下抓住的就是这句话。

由一万多个岛屿组成的印度尼西亚，国土面积广阔，有490多个民族及250多种语言。即便同在一个岛上，但是只要翻过一座山，可能居民所讲的语言就不一样了。

将不同的民族连接在一起的就是这句"多元中的统一"。并不谋求把某一语言、某种文化、某种传统强加给所有人，承认各民族之间的差异，以此理念为基础，创造出新的国家、新的文化就是这句口号要表达的。

因此，国徽上的 Garuda 胸前有代表建国五原则（Pancasila）的图案。第一为"对神明的绝

对信仰"，第二为"人道主义"，第三为"印度尼西亚的团结统一"，第四为"民主主义"，第五为"社会正义"。

除了国家口号，在印度尼西亚的统一中发挥了巨大作用的还有印度尼西亚语 Bahasa Indonesia。这种语言源自马来语，口语非常变通，易于学习。

在尚为荷兰殖民地的1928年10月28日，印度尼西亚青年宣布的三大誓言中的一个誓言就是"将印度尼西亚语作为统一的语言"。独立后，积极推进共通语言的教育，现在所有印度尼西亚人都能掌握印度尼西亚语。

印度尼西亚的国徽

印度尼西亚的历史

保存着古代文化的加里曼丹民居

●爪哇猿人

爪哇岛中部梭罗以北约18公里的桑吉兰村Sangiran，是著名的化石宝库。1936年荷兰古生物学家在此发现了一个头盖骨、两颗牙齿及左大腿骨的化石。有学说认为这些化石是猿人向现代人类过渡的古人类的化石（近年也有很有力的观点认为这些化石并不属于现代人类的祖先，而属于已灭绝的古人类）。关于化石年代也有不同观点，不过据推测，在100万年以前，爪哇猿人就已经直立行走。也就是说，人类的祖先在相当久远的年代就已经在这片土地上生活。

●印度尼西亚的民族迁移

关于民族迁移的年代也有诸多学说，一般认为公元5世纪左右有人类从中国南部向南迁移至此。因此原来栖息于此的人类被新来的人类驱赶，沿马来半岛南下，经过缅甸、越南、柬埔寨的沿海地带，逐渐迁移至印度尼西亚各岛屿。印度尼西亚人的起源比较复杂，祖先有南岛语系民族、蒙古人种马来人、尼格利陀人，还有经印度迁移至此的高加索人。

现在，印度尼西亚有490个民族（如细分，有3000多种语言及文化），这与民族迁移有关。根据起源地、年代、迁移路径以及后来的通婚，形成了现在极为复杂的民族分布。当时传入的水稻种植、机织、青铜器铸造技术，至今仍存在于印度尼西亚各地。

有起源于越南北部的青铜打击乐廿米兰，除了印度尼西亚，在马来西亚、菲律宾等地也有。与水稻种植密切相关的对山水的信仰也流传于巴厘岛等地。

●与印度的接触

距今2000年前，就与印度及中国有贸易往来，并且开始接受文化上的影响。

当时希腊人会到波斯购买香料。波斯人则从南边的印度购入香料，依靠垄断贸易而繁荣一时。香料在当时极其昂贵，1公斤香料能换1公斤黄金。因此生产香料的印度尼西亚开始广受关注，印度人冒生命危险驾船到印度尼西亚获取香料。

●印度文化的传播

在印度，佛教被认为是印度教的一个流派，不过在印度尼西亚，最初盛行佛教，之后印度教才占据主流。5世纪时，印度尼西亚最古老的王国Mulawarman佛教王国兴盛于加里曼丹的登加龙一带的马哈坎河边。现在，在古戴王国故地有博物馆，展出当时的梵文石碑、金质佛像、象头神石雕等文物。

先后出现了很多模仿印度政治形态而建的小国，7世纪时，以苏门答腊岛巨港为中心，出现了强大的三佛齐王国，信奉佛教。这个王国位于连接波斯、印度、中国的海上丝绸之路上，依靠贸易及海军成了强盛的海洋国家，势力延伸至马来半岛南部及爪哇岛西部。最终印度为打破其垄断贸易，派海军将其灭亡，不过贸易中使用的语言成了马来语及后来的印度尼西亚语的起源。东南亚各地的港口城市有很多词汇都来自当时的语言。至今，巨港的男子成年后，会从德高望重的长辈那里得到一把小刀，而且保持着外出打工的习惯。

●印度教、佛教文化的兴盛

到了8世纪，在爪哇岛中部北海岸地区，出现了继承了三佛齐王国文化的夏连特拉王国。这个王国与三佛齐王国一样，都是信仰佛教的海洋王国，公元8世纪中叶半至9世纪中叶修建了婆罗浮屠。

普兰巴南是同时期爪哇岛中部南海岸地区珊查耶王国统治的马打蓝国修建的。这座遗址当时为印度教建筑，但是也掺入了佛教要素。之后印度教的中心由爪哇岛转移到巴厘岛，巴厘印度教与佛教的结合始于这一时期。

●爪哇岛的战国时代

11世纪初至16世纪初，以爪哇岛东部为中心，先后出现了谏义里、埃尔朗加、新柯沙里、满者伯夷等印度教王国，11世纪中叶，埃尔朗加王国灭亡后，出现了持续250年之久的小国割据，斗争非常激烈，但没能出现一个强大的国家。13世纪后期的新柯沙里王国、13世纪后期至16世纪的满者伯夷王国，先后统治海上丝绸之路的重要中转点巨港。之后击退了中国海军，依靠贸易获得巨额财富并不断壮大。

●伊斯兰教的传播

14世纪后期，海上丝绸之路的中转点马六甲、巨港均优良港口，通过与伊斯兰商人进行贸易而获得繁荣，当地人也改信了伊斯兰教。其他港口城市也掀起改变信仰的风潮，伊斯兰教徒的比例占到90%以上。

因贸易而繁荣一时的满者伯夷王国逐渐衰落。16世纪初，受伊斯兰教势力挤压，上层印度教徒从爪哇岛逃到巴厘岛。与此同时，成长于爪哇岛的印度教文化也被带到巴厘岛。人们纷纷改信印度教、伊斯兰教，但这并不意味着之前的宗教及文化也随之消亡。旧的文化往往会与新的文化共存。爪哇岛的伊斯兰教徒继续传承着罗摩衍那，巴厘印度教中也混合着其他宗教的成分，各地也仍然保持着印度文化传入之前就已存在的信仰。这让印度尼西亚各地的文化变得非常多元，而且具有深度。

●大航海时代

欧洲国家直接前往印度尼西亚地区购买香料，终于在1602年，荷兰在现雅加达的港口建立东印度公司。之后又把天然良港棉兰、望加锡、安汶变为殖民地，逐渐还把手伸向万隆等内陆地区。这些很早就成为殖民地的地方，至今仍有很多拥有荷兰血

爪哇岛佛教王国遗存婆罗浮屠

统的居民。

除了曾为葡萄牙领地的帝汶岛东部，现在印度尼西亚的绝大部分领土都曾为荷兰的殖民地。荷兰殖民者将印度尼西亚分成若干地区进行统治。这种分而治之的策略可以防止形成大的反抗势力。历史上出现过与爪哇岛蒂博尼哥罗领导的武装力量进行的爪哇战争、与苏门答腊岛伊玛目·朋佐尔领导的武装力量进行的帕德里战争以及亚齐战争，但都未能摇撼荷兰人的统治。

●印度尼西亚独立

第二次世界大战胜利后，苏加诺发表了印度尼西亚独立宣言。针对试图卷土重来的荷兰，在除安汶之外的印度尼西亚各地都爆发了反抗斗争。加上来自国际社会的谴责，荷兰最终放弃了对印度尼西亚的殖民统治，1949年"印度尼西亚联邦共和国"成立，1950年改为"印度尼西亚共和国"，实现了完全的民族独立。

●从苏加诺政权到苏哈托独裁

"建国之父"苏加诺在印度尼西亚推行社会主义政策，但国内经济状况恶化，亲共的苏加诺与素来反感共产党政治的军队之间矛盾不断加深。1965年印度尼西亚退出联合国，加强了国内的统治，同年9月30日发生了军事政变。仅过了1天，政变就被军队镇压，之后军队领袖苏哈托掌握了统治国家的实权。1968年苏哈托正式就任总统，印度尼西亚也重新加入联合国。

苏哈托实行亲美政策，决定上马了许多大型工程，被称为"建设之父"。但是，他把大量的国家权益变为自己家族所有，进行了30多年的独裁统治，对印度尼西亚的负面影响也很大。1998年，苏哈托再次当选总统，

正当他准备开始自己的第七个总统任期时，爆发了"亚洲金融危机"，加上印度尼西亚的经济早就陷于困境，以首都雅加达为中心，全国各地都出现了反对苏哈托政权的暴动。在大城市，大学生的反政府运动愈演愈烈，在要求苏哈托下台并进行政治改革的示威游行中不断与军队发生冲突。

●苏哈托政权的垮台与各地的民族对立

1998年5月13日至15日，印度尼西亚暴徒发动一系列针对华人的暴动，亦称为"黑色五月暴动"。披露的大量事实则表明，以苏哈托女婿、陆军后备部队司令普拉博沃中将为代表的苏氏家族和军方内部一些人，为转移民众视线、强行实行军管、延长家族统治而阴谋策划的枪杀学生、残害华人、挑动种族矛盾等卑劣行为，才是"五月骚乱"的幕后黑手。此次严重骚乱，导致大量平民伤亡，印尼国家经济和社会运转遭受巨大损失。面对混乱，苏哈托总统表示自己将不会参加下一届的总统选举。但是，民主派则要求苏哈托立即辞职，到国会门前静坐示威的群众多达5万人，体制内部也出现了要求苏哈托辞职的声音。

1998年5月，苏哈托总统终于宣布辞职，持续32年的独裁统治瓦解，副总统哈比比接任总统的职位。但是，因为哈比比是苏哈托的心腹，所以人们普遍担心苏哈托虽然让出总统的职位，但很可能躲在背后继续操控政权，执政党专业集团党及军队内部的权力斗争也不断激化。

在这样的情况之下，苏哈托政权为加强统治而推行的国内移民政策的弊端也开始显现。来自爪哇岛的移民与各地区原著居民之间的对立，已经无法再依靠军队与警察的力量解决。尤其在长年坚持独立运动的原葡萄牙领地东帝汶及马鲁古群岛、达雅人与马都拉族移民居住的西加里曼丹等地，对立变得愈加严重。部分居民之间的冲突演变成民族、宗教矛盾，导致发生数百人规模的武斗，难民也因此层出不穷。也

有人认为，这种民众间的矛盾激化，是因为背后有人策划，目的是把民意导向支持伊斯兰教政治的方向。

●新印度尼西亚的探索

当国内各地独立运动风起云涌之际，哈比比政府于1999年做出了承认东帝汶独立的决定。同年8月，东帝汶举行全民公决，有78.5%的民众支持独立。

在1999年的国会选举中，苏加诺总统的女儿梅加瓦蒂女士领导的斗争民主党成为第一大党。2001年梅加瓦蒂就任总统，被印度尼西亚国民寄予厚望。但是，在恢复经济发展及平息独立运动上，梅加瓦蒂并没有取得什么成效，所以支持率不断下降。

在2004年的总统大选（印度尼西亚首次直接选举）中，军人出身的苏西洛有一举胜出。之后，苏西洛政府的刺激经济政策及金融政策取得了成效，国内消费开始增长。2014年，商人出身的佐科·维多多当选总统。为了进行针对港湾、电力、铁路的大规模基础设施建设，他通过放松管制，大力推进海外投资进入印度尼西亚。对外资进入制定了优惠政策并放宽了入境签证。

项目策划：王欣艳　翟　铭
统　　筹：北京走遍全球文化传播有限公司　http://www.zbqq.com
责任编辑：王佳慧　林小燕
责任印制：冯冬青

图书在版编目（CIP）数据

印度尼西亚 / 日本《走遍全球》编辑室编著；赵智
悦，马谦，王启文译. -- 北京：中国旅游出版社，2020.1
（走遍全球）
ISBN 978-7-5032-6428-3

Ⅰ . ①印… 　Ⅱ . ①日… ②赵… ③马… ④王… 　Ⅲ .
①旅游指南—印度尼西亚　Ⅳ . ①K934.2

中国版本图书馆 CIP 数据核字（2020）第 000279 号

北京市版权局著作权合同登记号　图字：01-2019-7218
审图号：GS（2019）6053 号　本书插图系原文原图

书　　名：印度尼西亚

作　　者：日本《走遍全球》编辑室编著；赵智悦，马谦，王启文译
出版发行：中国旅游出版社
　　　　　（北京市建国门内大街甲 9 号　邮编：100005）
　　　　　http://www.cttp.net.cn　E-mail: cttp@mct.gov.cn
　　　　　营销中心电话：010-85166536
排　　版：北京中文天地文化艺术有限公司
经　　销：全国各地新华书店
印　　刷：北京金吉士印刷有限责任公司
版　　次：2020 年 1 月第 1 版　2020 年 1 月第 1 次印刷
开　　本：889 毫米 ×1194 毫米　1/32
印　　张：15
印　　数：5000 册
字　　数：672 千
定　　价：128.00 元
ISBN　978-7-5032-6428-3